실학파와 정다산

최익한 전집 1

실학파와 정다산

초판1쇄 인쇄 2011년 10월 5일
초판1쇄 발행 2011년 10월 10일

지은이 최익한
엮은이 송찬섭
펴낸이 이영선
펴낸곳 서해문집
이　사 강영선
주　간 김선정
편집장 김문정
편　집 허　승 임경훈 김종훈 김경란 정지원
디자인 오성희 당승근 안희정
마케팅 김일신 이호석 이주리
관　리 박정래 손미경

출판등록 1989년 3월 16일 (제406-2005-000047호)
주　소 경기도 파주시 교하읍 문발리 파주출판도시 498-7
전　화 (031)955-7470 | **팩스** (031)955-7469
홈페이지 www.booksea.co.kr | **이메일** shmj21@hanmail.net

ISBN 978-89-7483-484-5 93900

이 도서의 국립중앙도서관 출판시도서목록(CIP)은 e-CIP홈페이지(http://www.nl.go.kr/ecip)와 국가자료공동목록시스템
(http://www.nl.go.kr/kolisnet)에서 이용하실 수 있습니다.(CIP제어번호: CIP2011003877)

최익한 전집 1

실학파와 정다산

최익한·지음 / 송찬섭·엮음

서해문집

| 책머리에 |

　최익한의 명저 《실학파와 정다산》을 1980년대 후반 처음 접했으니 20년이 훌쩍 넘었다. 이제 이 책을 다시 간행하려 차근차근 읽어나가니 그간 소홀히 대한 점이 매우 부끄러웠다.
　이 책과 인연을 맺은 것은 우연은 아니었던 것 같다. 처음 이 책을 봤던 것은 대학 시절 경남 산청의 내당서사에서 중재重齋 김황金榥 선생에게 함께 한학을 공부하였던 분에게서 집안 서재에 있던 책을 얻어 봤기 때문이다. 월북한 인물이 북한에서 간행한 책이 왜 한학 집안의 서재에 있었던 것일까? 최익한이 그 분의 선조인 면우俛宇 곽종석郭鍾錫 선생의 제자였기 때문일 것이다. 돌이켜보면 나도 인연의 한 자락을 붙들고 있다고 하겠다. 산청에 은거하면서 한학에만 전념하던 중재 선생도 바로 면우 선생의 제자였기 때문이다. 면우 선생은 3·1운동 이후 파리장서사건을 주도한 인물로 널리 알려져 있다. 그는 제자인 최익한에게 근대학문을 권하였고 최익한은 서울에서 학교를 다니고 일본 동경에 유학을 하면서 사회주의사상을 접했고 결국 사회주의운동가가 되었다. 최익한과 김황, 한 사람은 옛 학문을 지키고 한 사람은 근대학문을 통해 사회운동으로 나아갔다. 길은 달라졌지만 두 사람은 매우 막역한 사이였다고 한다. 1920년대 일본에 유학하던 시절 최익한이 중재 선생에게 보낸 시조는 둘 사이의 우의를 짐작케 한다.

최익한이 월북한 뒤 간행한 《실학파와 정다산》은 매우 뛰어난 저작이었다. 우선 실학과 실학자들에 대한 안목이 뛰어났다. 당시 역사의 흐름과 실학자들의 저작을 넓게 소화한 데다가 쉬운 문체로 정리하였다. 여기에는 젊은 시절 최익한의 한학에 대한 소양이 밑바탕이 되었다. 실학사상에 대한 중요한 저작이므로 출간과 더불어 저자와 책에 대한 소개가 필요하다고 생각했다. 결국 최익한의 생애와 학문에 대한 짧은 논문을 싣기로 하고 이 일을 내가 맡게 되었다.

마침 최익한의 고향인 울진에는 아직 가까운 친척이 살고 있다는 이야기를 듣고 곧바로 찾아갔다. 당시 생존하셨던 사촌 최익성崔益晟 옹 그리고 그의 아들 최구소崔九昭 씨가 반갑게 맞아 주었다. 그 분들은 최익한의 일제하 사회주의 활동, 해방 후 월북으로 인해 오랫동안 고통을 받았지만 일제시대 항일운동가이자 국학자로서의 위상을 알리고 싶다며 적극 도와주셨다. 그 도움으로 부족하나마 책머리에 그의 삶과 학문을 알리는 짧은 글을 싣고 1989년 한 출판사에서 출간했다. 그러나 이 책은 곧바로 기관에 회수당했고 시중에서 구할 수 없게 되었다.

그 뒤로도 실학에 관한 여러 저작을 살펴보았으나 《실학파와 정다산》만큼 완숙하게 정리된 책은 보지 못했다. 게다가 다시 20년이 지난 시점에서 그의 많은 저술을 새롭게 평가해 보고 싶었기에 먼저 이 책부터 다시 출간하기로 했다.

최익한은 이 책을 왜 썼을까? 다산을 통해 혁명가로서의 자신을 돌이켜본 것은 아닐까? 그는 다산을 '농민혁명'의 이념을 제시한 혁명가로 이해하고 있으며 전론田論, 탕론蕩論 등이 그 같은 혁명이념을 담은 대표적인 글로 생각하고 있다. 특히 전론은 이 책 전체의 체제로 볼 때 매우 어색함에도 불구하고 전문을 번역해 실을 정도로 최익한이 중요시했다. 다만 다산의 시대에는 아직 사회적 물질적 근거가 부족하다는 점을 아쉬워하고 있다.

이 책은 그의 학문적 깊이와 글솜씨를 종합적으로 보여 주고 있다. 먼저 조선 후기 역사의 흐름, 특히 정치사, 경제사 등을 기반으로 하고 있다. 아직 근대 역사학의 폭이 좁은 상황에서 자신이 조선시대 수많은 자료를 직접 보면서 해석하고 있다. 또한 동서양을 오가는 방대한 독서를 통해 수많은 저작을 잘 소화하고 있다. 동서양의 사상과 문학을 꿰뚫고 있어서 수많은 사상가들의 이론을 원용하고 문학 작품을 인용하여 비교하고 있다. 그러면서도 자신의 주장은 분명하게 담고 있다. 사회주의자로서 정치경제학 측면에서도 많은 이론을 원용하고 있다. 그 자신도 책 속에서 '연구에 의하면'이라는 표현을 여러 차례 써서 다산의 학설을 중심으로 폭넓게 연구하였음을 자부하였다.

특히 위민爲民을 우선으로 하는 실용주의자로서 다산의 학문적 자세를 무척 존경하였다. 다산은 '백성의 일상적 실용이 없다면 학문이 아니다.'고 단언하였고 최익한은 이 점을 밝혀 나갔다. 마치 호치민이 "혁명을 하고서도 인민이 여전히 가난하고 불행하다면 그것은 혁명이 아니다."라고 한 일성이 떠오르는 것은 지나친 일일까?

작업을 하면서 몇 가지 어려움을 겪었다. 당시로서는 상당히 쉽게 풀어쓴 책이지만 오늘날의 기준으로는 어려운 한자 용어가 많았다. 한자는 가급적 우리말로 옮기고 한자는 괄호 속에 넣었다. 그리고 우리말이라도 당시로서는 흔히 쓰는 표현이지만 오늘날에는 어색하고 이해하기 힘든 경우 최소한으로 손질했다. 원본 자체에도 단어 표기, 연대 등의 오류가 있어서 바로잡고 외래어 표기도 최근에 맞춰 바로잡았다. 처음에는 내용에 대한 설명이나 보완하는 편주를 최대한 많이 달려고 했는데 워낙 다양하고 논쟁이 될 만한 항목이 많아서 최소한으로 줄였다. 그리고 정치색을 띠어서 그의 생각이라고 보기 힘든 일부 구절은 삭제했다. 한학의 대가인 그의 글에 손을 대고 가필하는 일은 몹시 두려웠다. 일반 독자들을 위한 어쩔 수 없는 선택이라는 마음으로 조심스럽게 작업했지만 혹시 그의 뜻을 어그러뜨린 곳이 있다면 편자의 책임이다. 돌이켜보면 20년 전 이 책을 압수당하고 판본을 빼앗기는, 이른바 '분서파판焚書破板'을 당하지 않았으면 이 작업을 하지 않았을 것이다. 그런 점에서 시련을 겪었기에 한 단계를 더 나아간 것이 아닐까 한다.

  이 방면에 서투른 편자가 이 작업을 하는 데는 많은 분들의 도움을 받았다. 일찍이 《목민심서》를 완역하였던 다산연구회를 비롯해 박석무朴錫武, 정해렴丁海廉 등 수많은 선학자의 연구와 번역서의 도움이 컸다. 그리고 20여 년 전 최익한과 인연을 맺게 해 주었고, 또 이번 작업에서도 성리학 부분과 한문 해석에서 지도를 아끼지 않은 상지대 곽진郭槇 선생에게도 깊이 감사드린다. 그 밖에도 이 책에 담겨 있는 다양한 내용을 설명하기 위해 주변의 많은 연구자에게서 도움을 받았음을 밝힌다. 또한 방송대 문화교양학과를 졸업한 정윤화 씨(현재 충남대 대학원)가 입력 등 기초 작업을 맡아서 일을 원활하게 해 주었다. 서해문집에서 이 책을 비롯해 최익한에 관한 일련의 작업을 흔쾌히 허락한 점에 대해서도 참으로 반가움을 표현하고 싶다. 마지막으로 최익한의 정당한 평가를 위해 한평생을 노력하신 최구소 님께 경의를 표하며 이 책을 바친다.

2011년 8월 송찬섭

차.
례.

책머리에 _ 4
해설 _ 최익한의 삶과 《실학파와 정다산》_ 12

서문 _ 31

상편. 실학파의 사적 발전

머리말 _ 36

1장 실학의 술어와 개념 _ 40

2장 실학파의 선행자들 _ 45

3장 '실학' 발전의 사회적 환경
  _ 17세기 말부터 19세기 초까지의 조선에 대한 몇 가지 고찰 _ 58

  1. 국내적 제 모순의 관계

  2. 대외적 제 모순의 관계

  3. 영정시대 18세기 조선의 신문풍과 그 특징

  4. 1801년 '사학' 사건과 그 후 사회적 정세

4장 유형원, 이익 일파의 실학사상 _ 114

5장 홍대용, 박지원, 박제가 일파의 실학사상 _ 150

주 _ 209

하편. 실학의 대성자 정다산에 대한 연구

머리말 _ 214

제1부 다산의 사상가적 경력에 대한 사회적 개관 _ 217

1장 다산의 약전略傳 _ 218

2장 다산의 실학적 연원과 경로에 대한 고찰 _ 244

    1. 가계와 학파

    2. 무학武學과 이술吏術의 전통

3장 실학파의 서학_천주교와 서양 과학의 관계에 대한 고찰 _ 258

    1. 기독교-천주교의 입국과 시대적 변질

    2. 동서 문화의 상호영향과 반기독・반유교의 사상적 대조

    3. 천주학의 과학적 의상衣裳과 실학자들의 바판적 태도

    4. 가톨릭교회의 '의례 금지령', '사학' 취제의 강화, 실학파
       -다산 일파의 배교 표명과 '내수외화'의 의의

4장 실학파의 발전과 수난에 대한 역사적 고찰 _ 289

    1. 남인・서인・성호학파・채당의 교착관계

    2. 당쟁과 척사의 표리적 관계

    3. 정조의 '벽파' 퇴치 계획과 서학파의 관계

4. 정조 서거, 서학파의 격화와 신유 사학사건

　　5. 서학의 교학 양파 분열과 학파로서의 다산의 사상과 영향

제2부 다산의 여러 철학적 견해 _ 325

5장 새로운 과학적 견해와 미신타파론 _ 326

6장 유학개혁 사상과 실용주의 _ 336

　　1. 유교경의에 대한 새로운 해설들

　　2. 덕치론과 사공론

7장 인식과 비판에서의 유물론적 제 요소 _ 354

　　1. 인성론

　　2. 음양·오행론

　　3. 왕양명의 '치양지致良知' 설

　　4. 퇴계·율곡의 이발기발론

　　5. 귀신과 신앙론

제3부 다산의 정치 경제 사상 _ 387

8장 정치사상 _ 388

　　1. 균민주의 정치론

　　2. 《경세유표》에 나타난 개신안

　　3. 문벌계급과 지방차별의 타파와 '인재위흥'의 필요에 대한 강조

　　4. 민주＝민권주의사상

9장 경제사상 _ 428
    1. 중농경제사상
    2. 농민문제에 대한 제론
    3. 신전제론
10장 다산의 〈전론田論〉 7장 역술 _ 461

제4부 다산의 실학에 대한 간단한 재론 _ 479
    1. 철학-세계관
    2. 경제 정치사상과 민주주의
    3. 애국사상과 민족문화 운동의 선구적 형태

주 _ 515

부록 _ 519
    1. 다산연보
    2. 다산의 일사逸事와 일화逸話
    3. 다산의 저서 총목總目
    4. 종두술-우두술과 정다산
    5. 다산의 이상사회와 그 역사적 제약성

주 _ 577

창해 최익한 선생 연보 _ 578
찾아보기 _ 585

| 해설 |

최익한의 삶과 《실학파와 정다산》

　최익한은 흔히 알려진 인물은 아니다. 일제 식민지시기와 해방 초기에 사회주의 운동가로 활동했으며 국학연구 분야에서도 상당한 기여를 하였다. 그런데도 그동안 최익한에 대해 제대로된 소개와 평가가 이루어지지 못한 것은 사회주의 운동가였고 해방 초기에 월북해 북한에서 활동했기 때문일 것이다. 다행스럽게도 최근 들어 그의 활동과 저술에 대한 연구가 조금씩 보인다.
　일찍이 남한 학계의 대표적인 실학연구자인 홍이섭은 최익한의 학문적 위치를 가늠해 볼 수 있게 하는 다음과 같은 글을 남겼다.

> 그중 《동아》(동아일보—필자)에 발표된 글로는 최익한씨의 여유당전서 독후감이 감명 깊었던 것으로 아직도 잊을 수 없는 글이다. 뒷날 들어서 알았지만 최씨는 곽면우郭俛宇 문하의 한학자로 근대 사회과학의 소양을 겸비하였으며, 독후감 집필 때는 전서를 치밀히 읽어가며 하나하나를 정인보 선생께 왕방 질의 논담하였으며, 한편 이능화李能和 선생의 《조선기독교급외교사朝鮮基督敎及外交史》를 이용하였음은 당시로는 다산 이해의 새로운 국면을 열었던 것이다(《동아일보》 1970년 4월 4일).

아마도 학자로서의 최익한에 대한 최초의 언급인 듯하다. 짧은 글이지만 최익한의 면모와 학문적 성과를 잘 평가하고 있다. 특히 그의 업적은 정약용 이해의 새로운 국면을 열었다고 할 정도로 극찬하고 있다.

그렇지만 이 글은 최익한이 일제시기에 《동아일보》에 연재한 〈여유당전서를 독함〉이라는 글을 칭찬하는 데 그쳤다. 그 뒤 그가 남긴 수많은 글에 대해서는 언급조차 되지 않았다. 만일 홍이섭 선생이 최익한이 남긴 최고의 작품인 《실학파와 정다산》을 읽었다면 어떤 평가를 하였을까?

최익한의 생애는 그야말로 파란만장하였다. 그는 1894년 갑오농민전쟁이 좌절된 뒤 제국주의 열강들의 경제적, 군사적 침략이 본격화되는 시기인 1897년 강원도 남단 울진군 북면 나곡 2리(지금은 경북에 속한다)에서 태어났다.

그의 본관은 강릉이지만 대대로 서울에서 살다가 1855년(철종 6) 증조부 때 울진으로 이사하였다. 당시 울진에 세거한 6대성 가운데 강릉 최씨가 포함되나 최익한의 집안과는 다른 파였다. 울진으로 옮겨온 뒤 재산이 늘어나서 그의 부친 대에는 천석꾼으로 불릴 정도로 부유하였다. 그는 어렸을 때부터 집안에서 한학을 배우다가 두각을 나타내어 15세에 당시 영남학파의 거두인 면우俛宇 곽종석郭鍾錫(1846~1919) 문하로 나아갔다. 그와 함께 수학한 동문으로는 중재重齋 김황金榥(1897~1977)이 있다. 그는 경상남도 산청에 거주하면서 한평생 학문과 저술에만 힘쓴 인물로서 《중재선생문집重齋先生文集》 12책을 남겼다. 그와의 친분은 직접 보낸 편지 속에서도 잘 드러난다. 그의 편지는 산청에 있는 김황의 서재(내당서사內塘書숨)에 보관되어 있었는데 필자가 자료를 복사한 얼마 뒤에 도난당하여 귀중한 원본이 사라지고 말았다. 최익한은 이때부터 1916년까지 5년 동안 한학에 매우 심취하였으며, 이것이 뒷날 국학연구의 큰 힘이 되었다. 한학자로서 그가 남긴 글은 별로 없지만 1917년 약관의 나이로 당시 기호학파의 거두인 간재艮齋 전우田愚(1841~1922)에게 약 5000자에 달하는 장문의 질의서(《최익한상전간재崔益翰上田艮齋》)를 보냈으니 대단한 기개라고 할 수 있다.

그 뒤 최익한은 서울과 동경에 유학하여 신학문을 익히는 한편 항일운동에 참여하였다. 신학문 초기엔 민족주의운동을 하였고 그 뒤 사회주의 운동으로 나아갔다.

1917년 그는 스승의 권유로 서울에 가서 21세라는 늦은 나이에 신학문을 배우기 시작하였다. 중동학교를 1년 만에 마친 다음 1918~1919년 2년간은 기독교청년회관에서 신흥우에게 영문학을 배웠다. 이 시기에 조선의 실상을 더욱 깊이 인식하면서 항일운동에 뛰어들었다. 1919년 3·1운동이 그에게 직접적인 영향을 준 것이다. 그는 3·1운동 직후부터 임시정부의 군자금 모금원으로 활약하였다. 그러나 그 해 8월 경북 영주군에서 1600원을 모금하여 상해로 보낸 사건이 발각되어 일제에 체포되었다. 그는 1921년 경성 복심법원에서 징역 4년형을 선고받았으며 복역 중인 1924년에 감형으로 석방되었다.

감옥을 나온 그는 바로 일본으로 건너가 와세다대학 정경학부를 다녔는데 이때부터 사회주의사상을 받아들이기 시작하였다. 그리고 진보적인 청년사상 단체인 고려공산청년동맹, 일월회, 재일본무산청년동맹, 신흥과학연구회 등에 가입하였다. 그의 활동이 표면적으로 드러나기 시작한 것은 1927년 4월 중동학교와 와세다대학 동창인 박낙종이 3차 조선공산당(일명 ML파 공산당) 일본부를 조직할 때 그의 권유로 조선공산당에 입당하면서다. 이때 박낙종은 조선공산당 일본부의 책임비서였으며, 최익한은 조직부장을 맡았다. 그 뒤 그는 일본과 조선을 오가며 활동하였다. 그리고 신간회 창설을 전후하여 방향전환론을 적극 주장하면서 ML당의 이론가로 두각을 나타내기 시작하였다.

그는 3차 조선공산당 김준연 책임비서 시기(1927년 9월~11월)에는 조직부장을, 김세연 책임비서 시기(1927년 11월~1928년 2월)에는 선전부장을 맡으며 활동하다가 1928년 2월 조선공산당에 대한 대대적인 검거가 행해졌을 때 동경에서 박낙종과 함께 체포되었다. 이때 김준연, 김세연 등과 함께 최고형인 징역 6년을 언도받은 것을 보면 그의 위치를 알 수 있다. 최익한은 서대문형무소에서 복역하다가 1932년 7월 대전형무소로 이감하는 도중 대전역에서 만세시위를 주도하여 징역 1년이 추가되어 모두 7년간 옥살이를 하였다.

실형사상으로 복역 중이던 1934년 2월에는 울산에서 조선녹립공작단사건이 발생하였다. 그의 두 아들이 연루되어 장남 재소在韶는 2년형, 차남 학소學韶는 3년형을 받아 복역하였는데, 재소가 옥중에서 사망하는 비운을 겪었다. 전후 약 10년간의 감옥살이가 말해주듯이 이 시기에 그는 매우 어려운 여건 속에서도 소신을 굽히지 않고 활동하였다.

최익한은 1936년 1월 오랜 감옥살이를 마친 뒤 가족을 거느리고 서울로 옮겨 왔다. 그러나 일제의 대륙 침략이 감행되고 조선에 대한 탄압이 강화되었기 때문에 사회주의 운동에 깊이 관여해 온 그는 일제로부터 감시를 받을 수밖에 없었다. 공개적인 사회 활동만이 아니라 비공개적인 활동마저 곤란해진 상황에서 그는 학문과 저술에 전념하였다.

최익한은 이즈음 활발히 일어난 국학운동에 편승하여 신문, 잡지를 통하여 많은 글을 발표하였다. 특히 1938년 5월에는《조선일보》의 향토문화 조사위원으로, 1939년 2월에는《동아일보》의 논설사원으로 관여하면서 양 신문에 글을 실었고, 신문이 폐간된 뒤에는 새로이 창간된《춘추》지를 지면으로 활용하였다.

해방을 맞으면서 최익한은 다시 사회주의 활동을 시작하였다. 그는 곧 과거 ML계 인사들과 함께 조선공산당 서울시당부 간판을 내걸었고 그 뒤 서울계가 중심이 된 장안파와 합치면서 장안파의 중진이 되었다. 그리고 조선건국준비위원회와 조선인민공화국의 중앙간부로서 활동하였다. 그는 해방 당시 우리 사회의 변혁론에 대해 박헌영의 재건파와는 입장을 달리하였지만 장안파가 대세에 밀려 재건파에 흡수되자 그도 재건파가 주도하는 조선공산당(1945년 9월 11일)에 입당하였다. 그 뒤에도 그는 변혁의 성격, 반제민족통일전선 형성 문제 그리고 대중정당으로서의 남조선노동당 건설을 위한 조선인민당, 조선공산당, 남조선신민당 등 3당 합당 방법론에서 박헌영을 중심으로 한 주류파와는 입장을 달리하였다. 이 때문에 그는 박헌영 일파의 노선에 반대하는 사회로동당(1946년 11월), 근로인민당(1947년 5월) 창당에 참여하였다. 특히 통일전선 형성 문제에서는 박헌영 일파와 달리 참여 대상을 보다 넓게 포괄하려는 태도를 보였다. 예컨대 1945년에는 한민당, 국민당 등 우익정당과도 제휴하려 하였으며, 1947년 김규식이 중심이 된 민족자주연맹(1947년 12월)에 참여하기도 하였다.

그 뒤 최익한은 1948년 4월 평양에서 열린 남북연석회의에 참석하기 위해 가족을 데리고 월북하였다. 그는 최고인민회의 제1기 대의원을 지냈으나 그 밖에는 정치적으로 뚜렷한 활동을 하지 않았다. 그는 학문에 치중하여 주로 우리 역사와 문화에 관한 글을 쓰거나 강의를 하였다고 한다. 그 뒤 그에 대한 소식은 잘 알 수 없는 실정이다.

앞에서 언급하였듯이 최익한은 당대 최고의 실학연구자였다. 본래 그는 우리 역사와 문화에 대한 관심이 남달랐다. 최익한이 처음으로 발표하기 시작한 글은 1925년 《동아일보》에 실은 〈허생許生의 실적〉이다. 이 글은 허생의 모델을 밝힌 점에서 대단히 의미 있는 글이었다.

그가 본격적으로 국학에 참여한 것은 3차 조선공산당 사건으로 7년간 옥살이를 마친 뒤부터였다. 1935년 다산 서거 100주년을 맞이하여 각 신문, 잡지사에서 특집 기획을 마련했을 때 그도 신조선사의 요청으로 〈다산茶山의 일사逸事와 일화〉, 〈다산茶山의 저서총목著書總目〉을 작성하였다고 한다. 실학에 대한 관심의 시초라고 볼 수 있다.

그는 1937년부터 언론 매체를 통하여 자신의 재능을 발휘하기 시작하였다. 특히 《조선일보》 지면에 한문학, 역사, 향토문화 등에 관하여 꾸준히 글을 실었다. 이 가운데 한시에 대한 글과 중국 역사에 대한 글을 제외하고는 한국의 역사, 인물, 문화유적을 다룬 국학에 해당된다. 대체로 관심을 한군데 집중하지 않고 다양하게 글을 썼다.

1938년말부터 다시 《동아일보》와 관계를 맺으면서 1940년 8월 《동아일보》가 폐간될 때까지 많은 글을 집필하였다. 이때도 한시를 제외하고는 모두 국학에 관한 것이었다. 곧 우리 역사에서 중요한 인물이나 저작, 여러 유적과 문헌에 대한 고증, 역사적 인물 탐구, 사회제도사, 한문학 등 여러 시기의 다방면에 걸쳐 실증적이고도 흥미 있는 글을 독자에게 전달하였다. 인물을 보더라도 최치원, 이규보, 이색, 허목, 정약용, 홍대용 등 뛰어난 사상가들을 많이 다루었지만 잘 알려지지 않은 여류 인물을 중시한 것도 흥미롭다.

그 뒤 《동아일보》가 폐간되자 그는 《동아일보》 기자였던 양재하가 중심이 되어 창간(1941년 2월)한 《춘추》지로 활동의 장을 옮겼다. 이때 실은 글들은 신문에 비한다면 소논문의 형태를 취하고 있다. 대부분 제도사, 정책사 등으로서 1940년대 들면서 여러 영역으로 관심이 넓어졌음을 보여 준다.

해방 초에는 정치적 활동이 재개됨에 따라 국학연구에 몰두할 만한 시간적 여유가 없었다. 다만 일제 시기에 쓴 〈재해災害와 구제救濟의 사적史的 단편관斷片觀〉, 〈조선朝鮮의 후생정책厚生政策 고찰考察〉 등을 모아 우리나라 최초로 사회정책에 관한 저술인 《조선사회정책사朝鮮社會政策史》(1947)를 간행하였다.

월북한 뒤에는 곧 정치적으로 소외되면서 다시 국학연구에 몰두하였다. 북한 역사학의 출발과 더불어 간행된 《력사제문제》, 《력사과학》, 《조선어문》 등에 우리나라의 역사, 문화, 문학에 걸쳐 여러 편의 글을 실었다. 3·1운동 30주년에 쓴 글을 제하면 문학사, 사상사가 중심이었으며 그 가운데 실학이 자리 잡고 있었다.

실학에 대해서는 별도로 단행본 작업을 하며 왕성한 의욕을 보였다. 홍기문과 함께 《조선 봉건 말기의 선진학자들》(1954)을 간행하였고 곧바로 이 시기에 그의 최대의 역작인 《실학파와 정다산》(1955)을 간행하여 실학연구의 획기적 성과를 거두었다. 그 뒤로도 박지원, 정약용 선집 등 실학자들의 저작을 계속 출간하였다.

이렇듯 최익한은 우리나라 역사와 문화를 다양하게 다루었지만 그중 실학연구가 가장 중심이었다. 그 가운데 맨 먼저 연재한 〈여유당전서與猶堂全書를 독讀함〉은 65회라는 긴 연재 기간을 통해 그의 학문적 소양과 국학연구의 의도를 뚜렷이 보여 주었다. 이 글은 정약용 서거 100주년을 맞아 1936년 신조선사에서《여유당전서》를 발간한 것을 기념하여 연재하였다.

최익한은 매우 심혈을 기울여 이 글을 썼다. 방대한《여유당전서》를 모두 소화했을 뿐 아니라 당시 국학의 연구 성과를 흡수하고 정약용의 고향과 서울 거주지를 답사하는 등 치밀하게 자료 조사를 하였다. 그러나 무엇보다도 이 글은《여유당전서》에 대한 독후감 형식을 취하면서도 실상은 정약용의 인물과 사상에 초점을 맞추었다는 데 주목할 필요가 있다. 그 자신이 일제의 통제 속에 활동이 정지된 처지에서, 조선 후기 권력에서 소외되고 탄압받아 유배 생활을 하면서 사회 개혁을 제시한 정약용에 대해서 깊은 애착을 보였던 것이다.

실상 1930년대에 들어서 다산에 대한 연구가 고조되면서도 연구 방향은 일치되지 않았다. 거의 모든 민족주의 계열의 학자들은 정약용이 조선 제일의 학자임을 선양하고, 나아가 그가 유학, 문학, 의학, 농학, 법학 등 각 방면에서 보인 업적을 부각시켜 박학자, 고증학자로서 높이 평가하는 데 치중하였다. 반면 사회주의 계열에서는 사상의 사회성을 강조하였다. 예를 들면 백남운은 정약용의 사상을 '역사를 초월한 순수사유'니 '순수한 개인의 자기사상'이니 하는 관념론을 비판하면서 "사상가나 선각자란 그 역사의 변동성과 사회의 운동성을 정당하게 기민하게 인식한 사람들"을 칭한다고 하였다.

최익한도 다산 서거 100주년을 기하여《여유당전서》가 간행되자, "전서의 유포를 따라 선생의 위대한 존재와 력사적, 사상적 내포와 학문적 경륜적 가치를 력사적 사회적 법칙에 의하여 정당히 이해하고 비판하는 데서만 이 전서 간행의 목적이 발로될 것이다."고 주장하면서, 후학으로서 지양 계승하려는 목표를 설정하고 있다.

글의 내용은 먼저 정약용의 연보, 명호, 거주지 등 개인적인 문제와 저서 총목을 소개하였다. 다음으로는 당시 사회문제와 학문적 분위기, 정치적인 흐름 등을 정리하였다. 여기에는 학문의 연원 경로로서 성호 이익의 학파, 서학, 무학武學 등을 들고 있으며, 당쟁과 척사의 관계를 설명하고 있다. 특히 서학과의 관계에 대해서도 자세히 소개하였다. 그리고는 그의 사상을 과학, 유학, 정치사상, 경제사상 등을 살펴보고 마지막으로 사상 전반을 다시 다루었다.

최익한은 정약용의 개혁을 상당히 높게 평가하였다. 곧 정약용은 낡은 나라를 혁신하려고 하였으며 왕도, 덕정 등 옛 것에 기탁하는 것도 이러한 큰 목적을 달성하기 위해서라고 하였다. 그러면서도 그의 학설을 수기修己, 경세經世로 나누어 본다든가 그의 사상 밑바닥에는 유교의 중용이 있다고 보았다. 따라서 정약용은 이상적 혁명을 피하고 현실의 가능을 택하면서 모든 개혁을 뛰어난 군주의 결단에 호소했다는 점에서 개혁의 한계를 지니고 있다고 평가하였다. 그러므로 그의 개혁론은 결국 군주의 이익은 될지언정 군주와의 불상용적 관계에 이르지는 않았다고 보았다. 따라서 정약용에 대해서도 "사회제도에 대하야 극히 온아한 개량논자요 반역적 정신을 가진 혁명론자는 아니었다."고 비판하였다.

대체로 이 글은 정약용 서거 100주년과 관계있듯이 정약용 개인에 초점이 맞춰져 있으며 아직 실학에 대한 전반적인 이해는 담지 못하였다. 그러나 이때 이미 유형원, 이익, 신경준, 신위, 박지원, 이진상, 곽종석, 유희, 최한기 등 조선 후기 유명한 학자들의 글을 섭렵했던 점으로 보아 뒷날 실학파 연구에 대한 기초를 닦고 있었다.

 그 뒤로도 최익한은 실학, 실학자에 관한 글을 몇 편 실었다. 그러나 일제 말을 거치면서, 해방 공간과 월북 이후 정치 활동과 한국전쟁 등으로 한동안 글을 쓰지 못하였다.

 전쟁이 끝나면서 실학연구를 하기 시작하였다. 이는 정치적 분위기와도 관련이 있다. 막바지에 이른 1952년 12월 15일 조선노동당 중앙위원회 제5차 전원회의에서 김일성은 〈당의 조직적 사상적 강화는 우리 승리의 기초〉라는 보고를 통하여 "우리 선조들이 써놓은 역사나 지리나 기타 군사, 정치, 경제, 문화 분야의 고귀한 유산들은 마르크스 레닌주의적 견지에서 분석하고 그것을 섭취하여 발전시켜"야 한다고 주장하였다. '정다산의 생애 및 학설에 대하여 사회, 경제, 정치, 철학, 문화 등 각 방면으로 분석 연구했다'고 그 스스로 책 속에서 공언한 것은 이전 업적뿐 아니라 이 시기 집중적인 연구가 있었기 때문으로 보인다. 당시 연구 성과는 잘 밝혀지지 않았지만 《실학파와 정다산》 속에서 충분히 가늠할 수 있다.

 다만 이런 연구와 관련하여 1954년 실학자 6인을 간략하게 정리한 《조선 봉건 말기의 선진학자들》을 발간하였다. 이 책에서 최익한은 유형원·이익·정약용을, 홍기문은 홍대용·박제가를, 김하명은 박지원을 다루었다. 이 책은 아마도 다음 해 《실학파와 정다산》으로 실학파 전체를 대상으로 삼는 작업을 하는 데 중요한 계기가 되었을 것으로 보인다. 실제로 여기에 수록한 유형원, 이익에 관한 글은 거의 그대로 《실학파와 정다산》에 수록되었다. 정약용의 경우는 이미 〈여유당전서를 독함〉에서 축적된 것이 있기 때문에 오히려 그 내용을 기반으로

《봉건 말기의 선진학자들》의 글을 작성했을 것이다. 그렇지만 이 글이 다시 《실학파와 정다산》 하편의 정약용 약전으로 들어갔다는 점에서 이 책의 의미가 두드러진다. 홍기문과 김하명의 글은 직접 활용하지 않았으나 상당히 참고가 되었을 것이다. 이런 점에서 본다면 이 책도 《실학파와 정다산》의 간행에 보탬이 되었다고 볼 수 있다.

그 뒤 1955년 《실학파와 정다산》이 간행되었다. 이 책은 크게 〈실학파의 사적 발전〉과 〈실학의 대성자 정다산에 대한 연구〉 상하 양편으로 구성되었다. 이로써 그의 연구 목적이 정약용이라는 한 인물의 선양에 있지 않고 이 시기의 시대적 산물로서 실학을 체계화하고 그 가운데 한 개인을 위치 지으려고 함을 분명히 하였다. 양편은 각 편에 머리말이 있어 분리된 형태를 취하면서도 서로 내용상 유기적으로 연결되어 있다.

또한 이 책은 연구서 형태를 충분히 갖추었다. 실학파의 문집뿐 아니라 연대기를 비롯한 각종 문헌을 활용하였고, 나아가 서구의 중세, 근대의 제반 사상 조류(특히 사회주의 사상), 중국의 고전과 고증학 등을 폭넓게 인용하면서 자신의 주장을 객관화하려고 하였다. 이 점에서 신문 연재물이 신문 매체의 제한성이라든가, 일제의 사상 통제 때문에 제대로 기술되지 못한 점과 대비될 수 있다. 아울러 그 자신의 국학연구가 축적되면서 질적 양적으로 내용이 상당히 보완되었다. 그러면서도 뛰어난 문장력으로 쉽고 흥미 있게 서술되어 책의 가치를 더해 준다. 대체로 〈여유당전서를 독함〉에 비해 내용을 상당히 보충하고 다듬었다.

상편은 크게 실학의 배경을 다룬 1~3장과 정약용 이전의 중요한 실학자와 실학사상을 다룬 4~5장으로 구성되었다.

1장에서는 실학의 술어와 개념을 아주 간략하게 다루었다. 여기서 실학이 될 수 있는 조건인 "사상과 학설이 그 시대의 역사 발전과 인민의 이익에 기여되는가"에 따라 실학 여부를 판정할 수 있다고 보고, 따라서 "조선에서 실학 개념은 단순히 실행이나 실증학이라기보다도 민생과 사회에 실리와 실용성이 있는 학문, 즉 경세학을 주로 의미"한다고 규정지었다. 구체적인 내용으로는 당시 실학자들이 일반 유학자들과 달랐던 특징인 송유宋儒의 성리학과 경전 해설을 비판하여 그의 우상적 권위를 부인하고 자기들의 의문과 창견을 제시, 천문학, 수학 등 서양 근세 과학을 섭취, 정치, 경제와 민생의 실지 문제를 연구하여 현 제도의 개선을 주장, 자기 조국의 역사, 지리, 언어, 풍속, 문화 등을 고찰 기술하기에 노력하였다는 점을 들었다.

2장에서는 실학파의 선행자로서 송대 성리학인 유리론唯理論에 대항하여 유기론唯氣論을 주장한 서경덕, 자기 조국의 역사, 지리, 언어, 제도의 연구에 대한 관심과 서양문물, 천주교 서적을 소개한 이수광, 고증학적 방법을 조선 역사, 지리학에 적용한 한백겸 등을 소개하였다.

3장에서는 사상이 사회적 산물이라는 관점에서 실학 발전의 사회적 환경을 두루 살폈다. 곧 대내적으로는 계급 모순, 당파 모순, 지방적 대립, 사상적 모순 등을 그리고 대외적으로는 동양 봉건주의 대 서양 자본주의의 모순을 설정하였고, 그 밖에 국학에 대한 관심, 경세적 학풍, 정치적 상황, 청조학 등과 서양 문화의 수입 등을 배경으로 들었다. 특히 순조 때 신유사옥으로 실학 일파가 탄압받은 뒤 학술계는 침체하였으나 실학은 비합법적 혁명적 사상으로 인민의 사상에 잠류하였다고 주장하였다.

4, 5장에서는 정약용에 앞선 실학자들을 유형원, 이익, 김육, 홍대용, 박지원, 박제가로 분류하여 각 개인별 업적을 정리하였다. 그 밖에

직접 논술하지는 못했지만 이덕무, 신작, 성해응, 서유구, 한치윤, 유희, 이긍익, 정동유, 신경준, 위백규, 황윤석 등 다양한 분야의 인물들을 실학파로 분류하였다.

이 글에서 실학자들에 대한 평가를 구체적으로 하고 있다. 곧 그들의 이론이 대중의 물질적 역량으로까지 발전되지는 못하였다고 한계를 지으면서도 그들에게 일관적으로 흘러내려 오는 전체적 성격은 보수 혹은 퇴보가 아니고 새로운 이상과 경향을 가진 출발이었다는 점을 강조하고 있다.

하편 〈실학의 대성자 정다산에 대한 연구〉는 상편과 달리 부와 장의 체제로 구성되었다.

1부에서는 다산의 사상이 형성되기까지의 사회적으로 개관하였다. 여기서 다산에게 영향을 준 인물이 주로 남인, 성호학파들이었으며, 학문적으로 이익과 유형원을 이어받았다고 밝혔다. 그리고 서학과의 관계에 대해서도 자세히 소개하였는데, 서학의 영향을 많이 받았으나 서학교파西學敎派는 천주 교리를 맹신하여 서양 숭배와 외력 의존의 경향을 빚은 반면, 다산과 같은 서학학파西學學派는 서학의 과학 부분만을 섭취하려는 자주적인 애국사상을 가졌다고 구분하였다. 그 뒤 다산의 영향을 받은 동학도 표면적으로는 천주교의 영향을 받았으나 그 내용과 성격은 정다산 일파의 농민혁명의 이념과 연결되었다고 강조하였다.

2부에서는 다산의 철학적 여러 견해를 소개하였는데, 먼저 그는 천문, 지리, 과학, 기술, 의학에서 수준이 높았으며, 유교경의에 대해 새로운 해석을 하는 등 유학 개혁사상을 지녔고, 인식과 비판에서 유물론적인 요소를 가졌다고 주장하였다.

3부는 정치 경제사상으로서 최익한이 가장 중시한 부분이었다. 먼저 다산의 정치사상은 균민주의, 문벌, 계급, 지방 차별제의 타파, 민권주의 사상 등으로 혁명적 민주사상이라고 해석하였다. 그리고 경제사상은 중농주의로서 당시 가장 큰 농민문제였던 환곡의 폐지, 지세의 지주 부담, 공전균세公田均稅를 제시하였고, 나아가 농민문제의 최종적 해결안으로서 여전제라는 토지국유에 의한 민주주의적 토지분배를 지향하였다고 했다.

4부는 앞의 글의 내용이 방대하기 때문에 독자들을 위하여 중심적인 내용을 다시 간추려서 간단하게 재론하고 그의 문학에 대하여 간단하게 덧붙였다. 전체적으로 본다면 이 책의 결론격이다.

마지막으로 부록에서는 〈여유당전서를 독함〉에서 썼던 연보, 일사와 일화, 저서총목 등을 다시 실었다. 다산 연구의 종합본임을 뜻한다고 하겠다.

다산 연구에 대한 기본 입장은 다산의 사상과 학설을 고립적이며 단선적인 형식으로 연구 분석하지 않고 될 수 있는 대로 그의 다방면한 경력과 사회적 배경을 서로 반영하는 가운데에서 사상과 학설의 발전이나 기복을 지적하여 그가 지니고 있던 시대적 성격을 구체적으로 천명하려고 하였다.

그리고 다산에 대한 평가로서 우리 민족의 문화적, 사상적 역사를 이해하기 위해서는 그의 사상이나 학술을 과학적으로 연구하는 것이 중요한 학적 사업이라고 하였다. 다산은 고난한 생활과 여러 방면에 걸친 학설을 통해서 그 사회의 물질적·정신적 모순과 인민의 동향과 역사 발전의 방향을 풍부히 반영하였다고 높이 평가하였다.

최익한은 이 책을 통하여 실학파들을 민주주의적 반봉건사상으로 높이 평가하면서 개항 이후 개화사상과 농민혁명의 이념으로 연결한다. 특히 다산의 경우 현존하는 이서일표(《목민심서》, 《흠흠신서》, 《경세유표》)는 합법적 저서이고 그와는 달리 《경세유표》 비본과 같은 비합법적 저서가 있어서 직접 농민전쟁의 지도자에게 전달되었다고까지 주장하였다. 그가 근거로 내세우는 《강진읍지》 〈명승초의전名僧草衣傳〉에는 '다산이 유배로부터 고향으로 돌아가기 직전에 《경세유표》를 밀실에서 저작하여 그의 문생 이청과 친승親僧 초의에게 주어서 비밀히 보관 전포할 것을 부탁하였는데 그 전문은 중간에 유실되었고 일부는 다른 경로를 통해 갑오년에 기병한 전녹두(전봉준), 김개남 일파의 수중에 들어' 갔다고 기록되었다고 한다. 그러나 이 자료는 현재 전하지 않아서 확인할 수 없다. 물적 증거가 없는데도 이러한 주장을 하는 것은 실학파, 특히 다산 사상의 혁명성을 강조하고 싶었기 때문으로 보인다. 예를 들면 〈여유당전서를 독함〉에서 다산의 유교적 한계를 거론하면서 유자의 이상은 '예악의 정政'이라고 하면서 《경세유표》의 본명이 《방례초본邦禮艸本》임을 증거로 들었는데, 이 책에서는 《경세유표》의 비합법적 저서의 존재를 내세우면서 다산 사상의 혁명성을 주장하는 것은 그간 다산에 대한 이해가 상당히 바뀌었음을 보여준다.

이처럼 시대를 선도하는 사상임에도 객관적으로는 사회의 낙후성과 역사적 제약성 그리고 주관적으로는 사상적 미숙성과 계급적 제한성 때문에 앞으로 다가올 부르주아사회를 사상화하지 못한 것이 한계라고 하였다.

그러나 《실학파와 정다산》의 성과는 매우 크다. 무엇보다도 남북한을 막론하고 처음으로 출간된 연구서이기 때문이다. 또한 당시 남한의 실학연구가 1930년대 실학연구의 업적을 학문적, 실천적 의식을 본받지 못하였고, 또 실학사상의 발생을 실학자 개개인들의 양심, 천재성, 용기에 지나치게 의존하거나 청의 고증학, 서양의 과학, 기술 등 영향을 강조하였던 것과 비교할 때 거의 독창적으로 실학사상의 시대적 성격을 폭넓게 추구하였다. 더구나 북한 입장에서는 유물론에 입각하여 체계적으로 정리한 최초의 성과이므로 《조선통사》 등에서 볼 수 있듯이 곧바로 북한 학계에 수용되면서 공식적인 견해로 인정되었다.

그러나 그 뒤 실학에 대한 평가의 방향과 원칙이 달라졌다. 1969년 김일성은 실학파와 그들이 주장한 제 견해를 주체적 입장에서 바르게 평가하라고 교시하였고, 이에 따라 실학파의 역사적 위치와 역할, 계급적 기초와 사상적 본질, 그 진보성과 제한성 등에 걸쳐 새롭게 연구되었다. 여기에는 북한 역사학의 발전에 따라 조선 후기 사회 발전의 방향으로 자본주의 맹아의 형성과 인민의 역동성을 강조하면서 실학 사상은 봉건체제 내의 사상으로 규정되어갔던 것으로 보인다. 그와 함께 최익한의 견해는 비판을 받고 수정되었다.

1971년에 간행된 《력사사전》에 따르면 곧 실학의 사상적 본질을 중소토지소유자 계층에 속하는 진보적 양반들이 낡고 반동화된 양반들을 반대하는 사상이며, 따라서 실학자들은 계급적 시대적 제한성 때문에 낡은 유교사상에서 벗어날 수 없었다고 평가하였다.

정약용에 대해서도 근로인민을 대표하거나 그들을 위하여 저술한 것이 아니라고 하면서, 가령 최익한이 가장 높이 내세운 〈전론〉에 대해서도 "봉건적 농본사상에 기초하여 대토지소유자들에 대한 토지 겸병과 가혹한 착취를 다소 조절함으로써 봉건국가의 이익, 전체로서는 지배계급의 이익을 더 잘 보호하자는 것이라는 한계를 분명히 하였다.

이러한 견해는 1974년에 발간된 실학에 대한 개설서격인 《실학파의 철학사상과 사회정치적 견해》에서 종합적으로 정리되었다. 여기에선 최익한의 견해를 직접적으로 비판하고 있다. 예를 들어 다산의 합법적 비합법적 저술을 구분하는 것은 잘못이며, 다산은 봉건제도 자체를 부인하지 않았고 그의 사회 정치사상의 기초는 이상화된 고대의 봉건국가라고 하였다. 곧 다산이 열렬한 개혁론자이고 애국적 사상가임은 인정하면서도 봉건체제를 유지하기 위한 사상으로 한정 지었다.

최익한에 대한 이러한 비판은 어느 정도 타당성이 있다고 생각된다. 최익한이 실학파의 한계를 제시하지 않은 것은 아니지만 전반적으로 그들의 역할을 상당히 높이 평가했다. 그들이 직접 실천하지는 못했으나 이어지는 시대의 운동의 주류인 농민혁명의 이념이 되었다고 단정했던 것이다.

이렇듯 《실학파와 정다산》은 최익한의 한평생 실학연구를 종합적으로 담고 있으며, 정약용을 중심에 놓고 실학사상 전체를 체계화하는 성과를 거두었다. 그가 처한 시대적 상황에 따라 정약용을 지나치게 혁명적 지식인으로 부각한 점도 있지만 그의 연구는 뛰어나서 아직도 생명력이 있다.

무엇보다도 최익한의 해박한 지식에 놀라움을 금할 수 없다. 참고문헌이 제시되어 있지만 여기서 빠진 것도 적지 않으리라 생각한다. 서양 문헌도 상당히 활용하였는데 원서를 직접 읽었다기보다 일어판 또는 해방 초기 번역본 등을 이용했으리라 본다. 당쟁사 등은 어쩌면 집안이나 면우 문하 등 공부하는 과정에 들은 이야기도 적지 않았으리라 생각한다. 속담, 가요 등 자료를 활용한 부분은 어떤 자료도 놓치지 않는 면모를 보여 준다. 사실 자료에 대한 철저한 파악은 놀라울 정도

다. 몇 가지 소중한 도서에 대해서는 당시 규장각에 보관 중이라는 정보도 서술하였듯이 자료에 대해 참으로 소중하게 여기고 있음을 짐작케 한다.

최익한의 관심은 정약용 그리고 실학에만 머물러 있지 않았다. 이 책에서도 동학, 농민전쟁 등 19세기 후반까지도 포괄하고 있듯이 그의 관심은 항상 현재에서 출발한다고 볼 수 있다. 다만 그가 나중에 덧붙인 글에서는 '애국주의'와 '조국'을 강조하여 북한에 몸담은 현실을 의식한 것은 아쉽다. 미처 밝히지 못한 분야에서는 연구를 다음 기회에 다루겠다는 표현에서 보듯이 실학에 대한 지속적인 연구 의욕을 보이고 있다. 현재로서는 그의 이후 삶을 잘 알 수 없는데 만일 그가 오랫동안 생존하면서 연구를 계속할 여건이었다면 얼마나 많은 성과를 냈을까 하는 아쉬움이 든다.

| 일러두기 |

1. 이 책은 《실학파와 정다산》(북한 국립출판사, 1955)의 영인본(한국문화사, 1996)을 활용해 새롭게 편집했다.
2. 원저(1955)의 특성상 불필요하게 북한의 정치이념 등을 표현한 내용은 삭제했다.
3. 원저 집필 당시의 문장 표현은 될 수 있는 한 현재에 맞게 가다듬었다.
4. 한자 용어 가운데 일반적으로 흔히 쓰는 표현은 한글로, 그 외는 한글과 한자를 병기했다.
5. 뜻이 어려운 한자 용어는 쉬운 말로 풀어쓰거나 각주를 이용해 뜻을 설명했다.
6. 한문 문장을 인용한 경우는 번역해서 싣고 원문은 〔 〕 속에 넣었다.
7. 최익한의 주석은 각 편 끝에 번호순으로 정리했고, 편자의 주석은 본문 하단에 각주 처리했다.
8. 편자의 주석은 용어를 설명하거나, 원저의 내용이 잘못된 경우 독자들의 이해를 돕기 위함이다.
9. 본문의 ( ) 속 내용은 최익한이 직접 설명을 첨가한 경우다.
10. 외래 인명은 원저의 표기법을 따르되, 필요한 경우 편주를 활용해 원어를 표기했다.
11. 원저 속의 오류는 내용을 바로잡은 뒤 본래 내용을 덧붙였다.

| 서문 |

　우리 민족의 우수한 문화적 사상적 전통을 이해 천명하기 위한 한 개의 중요한 고리로서 본저本著는 조선 근세 실학파의 사상과 학설에 대한 연구를 자기의 테마로 선정하였다. 완강하고 장구한 조선의 봉건사회-양반사회가 역사와 인민의 자기활동에 의하여 동요 붕괴하기 시작한 이 시기에 일련의 실학자들이 출현하였다. 현란한 제왕의 극광極光과 요란스러운 도학자들의 목가牧歌와 난잡한 우상의 무도舞蹈가 최후의 발광적인 기염을 토하는 그 험악한 환경 속에서 우리 실학자 일파는 가혹한 박해와 '이단'의 낙인을 무릅쓰고 아무런 외부의 이론적 원조도 없이 모든 신성神聖과 권위를 부정하는 자기들의 창조적인 견해와 주장을 발표하여 사회의 모순과 인민의 소리와 역사 발전의 경향을 공연히 혹은 은연隱然히 반영 대변하였다. 그들의 사상은 그 당시에 있어서는 실로 '코페르니쿠스적 전회轉回'였다. 그러므로 그들의 사상과 학설을 연구 분석하는 것은 즉 근세조선의 정치, 경제, 철학, 과학, 문학과 문화 일반에 관한 사상사의 중요한 부분을 구성할 수 있는 것이다.

　이제 필자가 조선 봉건 말기 실학자들의 사상을 서술함에 있어서 첫째로 실학자들의 학설이 사회적 및 역사적 제약성으로 말미암아 다소 소박하고 미숙한 형태로 나타난 동시에 이론과 이론, 이론과 실천의 상호 간에 모순들을 적지 않게 내포하고 있었으며 또 물론 그들의 이론이 대중의 물질적 역량으로까지 발전되지는 못하였으나 어쨌든 그들에게 일관적으로 흘러내려 오는 전체적 성격은 보수 혹은 퇴보가 아니고 새로운 이상과 경향을 가진 출발이었으며 지금 일부 평론가들의 평가와 같이 그들의 사상적 방향이 다만 선량한 지주 혹은 중소 지주의 입장에서 노쇠한 봉건체제를 수정 개량하는 것으로 만족하는 영역에 머물러 있지 않았던 것.

둘째로 실학파의 활동은 그 시대에 있어서 선진 인사들의 자아 반성과 애국적 정신에 의거한 비판적 계몽적 활동이었으며 동시에 후래後來 19세기 말~20세기 초에 전국적으로 발흥한 민족독립과 민족문화 운동에 대한 선구적 형태였던 것.

셋째로 조선의 봉건 말기에 필연적으로 산출된 실학 일파의 민주주의적 반봉건 사상은 과거 일제 어용학자들과 통속 역사 강사들이 대중없이 지껄이던 바와 같이 단순히 서양학 혹은 서양 정치 문화의 영향에서만 파생되지 않았던 것.

이 세 관점을 밝힘으로써 우리는 실학파 학자들의 역사적 위치와 진보적 의의와 역할을 똑똑히 인정할 수 있다.

요컨대 조선 봉건 말기 일련의 실학자들은 '이용후생利用厚生'을 학문의 목적으로 한 새로운 과학자들이었다. 유럽에서 16세기부터 장족적으로 발달하여 종교와 스콜라철학의 세계를 거꾸로 흔들어 놓은 천문학, 지리학, 수학, 역학力學 등 자연과학이 우리 조선에서는 17세기부터 창발創發된 실학 일파에 의하여 출현되었다.

이 새로운 자연과학의 생장은 필연적으로 우리나라 선진 인사들의 세계관의 기초에 유물론적 요소를 제공한 동시에 중세기적中世紀的 의식 형태와는 적대적인 지위에 서지 않을 수 없었다. 그들의 역학曆學, 기하학幾何學, 지원지전설地圓地轉說, 월구물질설月球物質說, 성하우주설星河宇宙說, 진적설塵積說, 기불멸설氣不滅說, 영혼환망론靈魂幻妄論, 기중기설起重機說, 우두술牛痘術 등 훌륭한 제반 과학적 견해들을 통하여 종래 모든 신비, 미신, 사대주의, 독경주의讀經主義의 편협 고루한 동굴을 파괴하고 유교적 승려들의 고집불변한 관념 세계에 치명적인 위협을 주었다. 그들은 '이단異端'의 낙인과 '사문난적斯文亂賊'의 장작불 더미를 달게 받으면서 성리학의 공담주의空談主義와 부문허례浮文虛禮*의 형식주의를 반대하고 동양 고대문명과 원시유교를 찾았으며 민족의 언어, 역사 민속과 인민성의 특징을 자기들의 반봉건적 문학예술 분야에서 살리려고 하였다. 이는 유럽의 15, 16세기 이후 인문주의자와 프로테스탄트에 의하여 '로마 교황의 정신적 독재가 파탄 나고 고대 그리스가 각성되고 또 그와 함께 새로운 시대의 예술에서 가장 높은 발전이 실현되고 낡은 시야가 파괴되고 지구가 비로소 처음으로 발견'된 위대한 시대(프리드리히 엥겔스, 〈자연변증법〉 논문 1949년 러시아어판 152쪽)가 시작되었던 것과 자못 유사하였다. 이 점에서 실학 발전의 시대는 즉 조선의 '문예부흥' 시대로 지칭될 수 있다.

또 실학파 학자들은 종래 유교학자와 기타 여러 관념론자들이 '제세안민濟世安民'의 근본적 원리를 도덕, 윤리의 선천적 범주에서 구하였던 것과는 정반대로 인민의 생활 조건을 개변改變하는 경제정책에서

---

* 내용이 빈약하고 꾸밈에 치우친 글과 현실과 동떨어진 절차나 형식

구하였다. 그들은 사회 발전의 동력이 물질적 생산력과 생산관계에 있다는 것을 물론 인식하지 못하였다. 그러나 정치, 도덕, 교육, 문화의 향상이 경제제도의 합리화에 의존한다는 것은 철저히 간파하고 토지의 평균 분배, 노동의 존중, 조세와 화폐의 개선, 흥농興農, 흥업興業, 통상, 부국 등 경제문제에 집중적으로 공구攻究하였으며 동시에 지주의 착취와 관료의 전제와 문벌세습 등 봉건제도의 일반을 비판하고 인민의 권리와 자유를 옹호하였다. 이 점에서 실학파의 성격은 프랑스 계몽학풍의 특징과도 공통되는 것이었다.

이상과 같은 실학파의 특징들은 우리나라 문화 발전사의 극히 당연한 합법칙적 표상이었으며 동시에 그 시대로 보아서는 실로 경이로운 사실이었다. 그런데 이 경이로운 사실은 현재 파렴치한 계몽주의자들의 눈 가리고 아웅하는 수작에 의하여 더욱 확증된다. 즉 천문학, 물리학, 생물학, 철학과 사회학은 20세기 문명의 대낮에 앉아서 코페르니쿠스의 태양을 프톨레마이오스의 지구와 동일한 평가를 주고 다윈의 유인원을 여호와의 진흙 손으로 주물러 버리며 루소의 '사회계약설'과 몽테스키외의 '법의 정신'과 프랭클린의 '자유' 등을 전쟁상인들의 발굽 밑에 무참히도 깔아 버렸다. 이와 같은 암흑주의의 도당으로부터는 우리나라 봉건 말기 실학자들의 진보적 이론들도 당시 관학파官學派의 완미頑迷한 태도 이상으로 질시와 비방을 받고 있는 형편이다. 그러나 역사의 수레바퀴는 이 따위 무력하고 우둔한 쇠똥벌레의 앞다리들에 의하여 역전될 수는 없다. 우리는 마르크스-레닌주의적인 광명한 노선을 향하여 역사의 수레를 힘차게 밀고 전진할 따름이다.

실학파의 사적 발전

머리말

　이 책은 상하 두 편으로 나뉘었다. 1장 실학實學의 술어와 개념, 2장 조선 실학의 선구자들, 3장 실학 발전의 시대적 사회적 환경―17세기 말경부터 19세기 상반기까지의 조선에 대한 몇 가지 고찰, 4장 유형원, 이익 일파의 실학사상, 5장 홍대용, 박지원, 박제가 일파의 실학사상. 이상 다섯 장으로 상편을 구성하여 실학 발전에 대한 사적 개관을 준 동시에 실학의 대성자大成者 정약용의 사상과 학설을 오로지 논술한 하편과 대조시킨다. 그러나 이 대조란 것은 대립을 의미하지 않고 다만 서술의 편의상 분편分編에 지나지 않는다. 다시 말하면 상편은 하편의 전편이며 하편은 상편의 속편이다.

　그러므로 1장은 순서상 비록 상편에 속하였으나 그 용어의 개념은 상·하편에 관통된 것이며 3장도 상편에 국한된 것이 아니다. 원래 실학자들마다 사상 그 자체가 당시의 정치 경제 문화와 일반 사회적 환경의 산물인 만큼 각 개인의 주장과 이론이 적으나 크나 반드시 그 시대 환경을 반영하였기 때문에 이에 대한 필자의 독립적인 논문을 필요로 하지 않을 수도 있다. 그러나 거의 200년에 걸친 조선 봉건 말기의 사회적 특징들에 대한 체계적 서술이 각 학자들의 주장과 이론을 이해하는 데 독자들의 참고가 될 뿐만 아니라 이들의 이론과 견해에 결부되어 있는 많은 문제가 있다. 예를 들면 당시 양반제도, 전결, 화폐, 조세, 환곡, 공물, 대동법, 군포, 당쟁, 사대주의, 성리학, 천주교, 서양과학의 수입, 신유사옥辛酉邪獄사건 등 기타 사상事象들에 대한 초보적인 그러나 비교적 똑똑한 개념을 준비함이 없이는 각 학자들의 견해를 구체적으로 비판하기가 자못 곤란하다. 이와 동시에 학자들마다의 각양각색 개념들을 그대로 승인 혹은 방임할 수 없는 이상 또는 그들의 각 용례를 번번이 따라 다니면서 필자의 해설을 첨부하는 수고를 절약하기 위하여 이 3장을 설정하였다. 독자들이 미리 유의하기 바란다.

그리고 본편에서 각각의 장절을 차지하고 있는 실학자들 이외에도 논술해야 할 만한 학자들이 적지 않으나 본편에서는 그들의 시대와 주요 필자들을 간단히 소개하는 데 그쳤다. 이는 첫째로 본편의 범위가 실학 발전사에서 대표적인 문필가들을 논술하는 데 제약되었으며 둘째로 기타 학자들의 끼친 문헌을 현재 입수하기가 어려운 조건 밑에 있는 때문이며 셋째로 그들의 사상과 경향의 내용들이 본편의 체계에 대개 직접, 간접으로 연결되어 있는 때문이다.

본편 실학의 사적 발전을 논술하면서 필자는 다음과 같이 두 관점을 밝힘으로써 일련의 실학자들의 사상 성격과 그 역할을 옳게 평가하리라고 믿는다.

첫째로 이 실학 발전의 시대는 우리나라 양반사회가 물질적으로나 정신적으로나 이미 노쇠하고 잔약殘弱한 시기였음에도 불구하고 일련의 실학자들의 사상 견해와 학설은 건전하고 자신 있는 기분과 건설적인 이상으로 충만했다. 양반사회가 이미 노쇠하고 잔약해지는 반면에 그 사회의 지반을 격동시키는 모순이 새로운 동력으로 발전하려는 징후를 표시하고 있기 때문이었다. 즉 양반계급의 무위, 무능, 유식遊食, 타태惰怠, 기생寄生 현상에 대응하여 실학자들은 인민의 노동을 도덕의 신성한 행위로 찬양하였으며 지주 귀족의 가혹한 착취와 억압에 대항하여 토지 균분과 재산 평등을 농민대중의 정치적 이념으로 주장하였으며 관학파들의 공담空談, 위선, 미신, 기만을 반대하여 새로운 세계관에 입각한 관찰 경험, 비판과 과학의 실현성을 사회개조의 최대 능력으로 선전하였다. 이리하여 그들 학파의 당파적 성격과 학문적 경향은 여타 수구파들의 이데올로기에 비하면 대단히 활발하고 광채가 있었다.

둘째로 일련의 실학자들은 그들의 신분과 가계가 대개 양반 계급 혹은 그의 종속자들이었음에도 불구하고 그들의 이론과 작품은 양반적 이데올로기로부터 평민적인 염원의 방향으로 일보 일보 진출하고 있었다. 즉 그들은 양반제도와 세습적 특권을 반대하고 인재 본위를 주장하였으며 노예와 천민을 동정하고 호족豪族 부민富民의 방종을 규탄하였으며 빈부의 격차, 의관, 복식의 차별 기타 일체의 차별을 부정하고 차별 없는, 따라서 자기 능력을 자유로이 발휘할 수 있는 이상사회를 고찰하였다. 이와 같이 양반 출신으로서 양반제도를 옹호하지 않은 것은 그들 개인으로 볼 때 물론 이해하기 어려운 모순이었으나 사회적으로 볼 때 이는 합법칙적 모순이며 변증법적 모순이었다. 또 그들의 이론과 창작은 그들의 사상적 미숙성과 역사적 제약성에 의하여 자체의 모순, 갈등을 면하지 못한 점들이 적지 않았다. 그러나 이도 우리가 이해할 수 없는 모순은 아니었다.

러시아의 위대한 예술가 '톨스토이'의 작품, 견해, 학설과 그 학파에 있어서의 모순'에 대하여 플레하노프Plekhanov*는 그가 위대한 작가이기는 하지만 지주 귀족이었다는 결론을 냄으로써 그 모순을 한층 캄캄한 미궁으로 끌어들였다. 이는 오직 레닌의 천재적인 논문으로서만 그 모순의 비밀을 해명했다. 즉 '레닌은 플레하노프와는 달라서 톨스토이의 작품에서 그가 지주였다는 것만을 보지는 않았다. 톨스토이의 창작물에서 주가 되는 것, 결정적인 것은 그가 러시아의 농민혁명, 그 모순, 그 강한 면과 약한 면을 반영하였다는 것이다.'[1]

이와 같은 톨스토이적 모순은 우리 실학자들의 사상, 학설과 작품들에서도 공통적으로 발견된다. 그러나 그들의 모순은 그들 개인 사상의 모순뿐만이 아니었다. 그것은 당시 우리나라 봉건 말기 물질적 생활의 모든 조건과 역사적 전통과 또는 각 계급의 심리적 영향의 복잡한 모순을 반영한 것이다. 다시 말하면 그것은 당시 반봉건적 농민 투쟁의 강점과 약점을 아울러 반영하였다. 그러나 그들의 견해와 이론과 작품이 반봉건적 투쟁의 직접적인 역량으로 되지 못한 약점을 가졌음에도 불구하고 그것이 우리나라 완고한 양반사회의 자기비판 역할을 전개한 데서는 의연히 그들의 사상적 강점을 표시하였다.

---

* 러시아의 마르크스주의 이론가

1장 실학의 술어와 개념

근세 조선 사상가 반계磻溪 유형원, 성호星湖 이익, 담헌湛軒 홍대용, 연암燕岩 박지원, 초정楚亭 박제가, 다산茶山 정약용 등의 학설과 학파를 우리 학계에서는 일반적으로 '실학'이니 '실학파'니 하는 명칭으로 불러 왔다. 이 특징 있는 명칭의 역사적 유래를 잠깐 고찰해 보는 것이 이제 취급하려는 본 문제를 해명하는 데 도움이 될 것이다.

실학이라고 하면 얼른 보아도 공허 무용한 학문이 아니고 실리와 실용을 위한 학문으로 생각될 것이다. 그러나 이 세상에 무슨 학문이든지 그 근원과 출발에서는 인간 생활의 요구에 직접, 간접으로 관련을 가지고 있는 만큼 누구나 다 자기 학문을 제일 진실하고 유용하다고 간주할 것이다. 과거 중세기에 동양 봉건적 윤리 개념을 선구적으로 고집하던 유교학자들은 자기들의 유학만이 오직 진정한 실천적 학문이라고 자랑하였으며, 일체의 세계는 가상이요 오직 각성을 진여眞如의 실체라고 인식하던 불교학자들은 자기들의 교리만이 인간 구제의 실實 사업을 수행할 수 있다고 떠들었다. 심지어 한 개 바늘 끝에 열두 천사가 앉을 수 있나 없나 하는 기괴한 문제를 열광적으로 논쟁하던 스콜라철학들도 자기들의 철학만이 우주 창조의 진리와 인간 교화의 기밀을 파악할 수 있는 것으로 선전하였다.

그렇기 때문에 우리가 어떤 학문을 평가할 때에 학자들의 말대로 인정해 줄 것이 아니라 첫째로 그들의 사상과 학설이 그 시대의 역사 발전과 인민의 이익에 기여되는지 혹은 방해되는지를 전면적으로 검토함으로써만 그들의 학문이 실학인지 아닌지를 판정할 수 있다.

그런데 실학이란 술어는 '실사구시학實事求是學'의 약어이며 실사구시는 실제적인 사물에서 그 진리를 탐구한다는 뜻이다. 다시 말하면 공상이나 공담이나 또 현실을 초월한 어떤 엉터리없는 것이 아니고 일정한 구체적인 절실한 사물을 대상으로 하여 그것의 진리와 진상을 구득求得한다는 것이다. 《전한서前漢書》에 하간헌왕河間獻王이 '수학호고修學好古 실사구시實事求是'* 하였다'는 고전에서 이 실사구시 네 글자가 보인다. 하간헌왕은 그의 전기에서 말한 바와 같이 학문을 좋아하는 왕자王子로서 옛 서적을 수집하고 학자를 많이 초빙하여 유학을 장려하였다. 하니 응당 그는 당시 허무를 종지宗旨로 한 황로학黃老學이나 기괴한 미신을 조작해 놓은 도참설圖讖說 같은 것을 배척하고 유가의 이른바 수신修身 제가齊家 치국治國의 도와 예악禮樂 형정刑政의 법을 연구 숭상하였으므로 실사구시라는 호평을 받았던 것이다. 그러나 이때 이 네 글자가 아직 어떤 학풍의 대명사로 쓰이기까지에는 이르지 못하였다.

훨씬 뒷시대에 와서 청조淸朝 고증학풍이 일어나면서 주대소朱大韶는 그의 서재를 '실사구시재齋'라고 하였으며,³ 또 고증학의 대가 대진戴震은 '실사구시 부주일가不主一家'**를 표방하고 그의 학파인 환파皖派는 '실사구시 무증불신無證不信'***을 주장한 이래로 청조 고증학은 드디어 실사구시학 혹은 실학이란 명칭을 갖게 되었다.

---

* 학문을 하는데 옛 것을 좋아하고 실제 일에서 올바름을 구한다
** 여러 학설을 참고 종합하고 한 사람의 학설에 국한하지 않는다는 것   *** 증거가 없으면 신뢰하지 않는 것

청조 고증학은 청나라 유사儒士들이 정程, 주朱, 육陸, 왕王 등 선유先儒의 학설을 분석 비판하는 데서 형성되었다. 그들은 생각하기를 송유宋儒 이래 일련의 학자들이 공맹孔孟의 박실樸實, 평이한 교훈에 노불老佛의 공허, 심원한 교리의 요소들을 다분히 밀수입하여 그 본래의 의미를 혼란 또는 몰각해 버린 폐해가 컸었다고 인정하고 이에 한서漢書의 주석을 주로 참고하여 고대 유교의 경전을 옳게 연구한다는 것이었다. 그런데 연구의 범위는 점차 분화되며 광대廣大하게 되어 고증학이 문자학, 음운학, 교감학校勘學,* 변위학辨僞學,** 훈고학, 지리학, 집일학輯逸學,*** 역산학曆算學 등으로 분류될 수 있고, 저명한 학자로서는 황종희黃宗羲, 고염무顧炎武, 염약거閻若璩, 만사우萬斯友, 모기령毛奇齡, 호활胡滑, 매문정梅文鼎, 주이존朱彝尊, 혜동惠棟, 대진戴震, 진혜전秦蕙田, 강영江永, 전대흔錢大昕,**** 은옥재殷玉裁, 왕염손王念孫 부자 등이었다.

　더 정확히 말하면 청조 고증학은 한족漢族의 지식분자들이 이족異族인 청조의 통치하에서 정치적으로 대항하지 못한 반면에 자기들의 선조로부터 전래하는 문헌과 문화를 보존 정리하는 방면에서 시작하였다. 그러면서 고대 경전에 대한 송유들의 연역적 해설을 비판하며, 서양 실증과학의 영향을 섭취하는 한편 청조를 타도하고 한족의 자주권을 부흥시키려는 민족적 사상과도 합류된 부분이 있게 되었다. 최근 중국 사학자들이 '청조 초기 학풍이 경전과 사학에 주중主重하여 독서가 반만反滿과 연결하며 저술이 실천(실용)과 일치하였으므로 고거학考

---

* 같은 종류의 여러 책들을 비교하여 문장이나 문자의 오기 따위를 바로잡는 학문
** 거짓을 판별하는 학문　*** 빠진 내용을 모으는 학문
**** 청의 고전학자. 최익한은 昕을 '근'이라고 명기하였지만 '흔'으로 읽는다

據學(고증학)파의 계몽시기라고 할 수 있다.'[4]고 한 것이 이를 말한다.

    그들은 공리공담 방면으로 흐르고 있는 송유의 성리학을 망국학亡國學이라고까지 혹평하고, 자기들 고증학의 특징을 표시하였다. 고증학풍이 드디어 하나의 민족문화운동의 선구적 형식으로 나타난 것이다. 그리하여 고증학은 실사구시학의 대명사로 불렸으며 혹은 실사구시학을 실학이라고도 불렀다.

    조선에서 실사구시를 하나의 특수한 학풍으로 장려할 것을 제일 먼저 발론發論한 사람은 덕촌德村 양득중梁得中[5]이었다. 그는 영조 5년(1729), 국왕을 뵙고 즉석에서 근래 학문계에 허위가 일종의 풍습으로 되어 있다고 지적한 다음 하간헌왕은 한나라의 현명한 왕자이며, 그가 주장한 실사구시는 참으로 격언이라고 진술하였다. 그리고 실사구시를 하나의 테마로 하여 논설을 발표한 사람은 추사秋史 김정희金正喜라고 할 수 있다. 그는 소년으로 사절使節을 따라 북경에 가서 당시 중국의 고증학자 완원阮元, 옹방강翁方綱 등과 교유, 토론하고 서울에 돌아와서도 서신 왕복을 자주 하였으며 종래 조선의 고루하고 공허한 학풍에 항의하였다.

    그는 자기의 '실사구시설'에서 말하기를 "학문의 도는 마땅히 요堯, 순舜, 주周, 공孔으로 귀취歸趣*를 삼을 것이요, 결코 한·송의 학설과 주朱, 육陸, 설薛, 왕王의 문호를 분별할 것이 아니며 다만 평심정기平心淨氣하고 독학篤學 실행함에 있다." 하였다. 그는 또 말하기를 "무릇 성현의 도는 실행하는 데 있고 공론空論을 숭상하지 아니하며 마땅히

---

* 歸依處

진실한 것을 구할 것이요 공허한 것은 증거가 없다.……"고 하였다.[6]

그러나 현재 조선에서 실학을 운운하는 개념 속에는 단순히 실행이나 실증학이라는 것보다도 민생과 사회에 실리와 실용성이 있는 학문 즉 경세학經世學을 주로 의미하는 것으로 볼 수 있다. 이하에 조선 근세 실학의 사적 발전에 대하여 간단히 논술하려 한다.

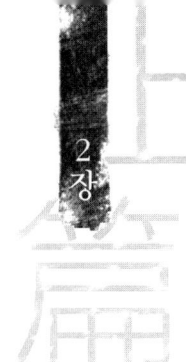

실학파의 선행자들

앞에서 이미 논술한 바와 같이 청조 고증학풍이 '실사구시학'이란 명칭을 갖게 되었는데 이와 거의 때를 같이하여 우리 조선에서도 유형원, 이익, 홍대용, 박지원 등 여러 학자들이 배출되어 이전 또는 당시 일반 유학자들의 태도와는 달리하였다. 그들은 첫째로 송유宋儒의 성리학性理學과 경세학설을 비판하여 그것의 우상적 권위를 부인하고 자기들의 의문과 창견創見을 제기하였으며, 둘째로 천문학, 수학 등 서양 근세 과학을 섭취하여 낡고 편협한 경원經院철학적* 세계관에 한 대의 화살을 던졌으며, 셋째로 정치, 경제와 민생의 실지實地문제를 연구하여 현제도의 개신을 주장하였으며, 넷째로 자기 조국의 역사, 지리, 언어, 풍속, 문화 등을 고찰 기술하기에 노력하였다. 이에 드디어 '실사구시학' 즉 '실학'이라는 칭호를 얻게 되었다.

    청조 고증학자들에게는 문자 그대로 고대 경전을 고증하는 것이 주요한 내용으로 되었으나 우리 조선 근세 실학자들에게 고대 경전을 고증하는 것은 오히려 부차적이었고 경제, 정치와 문화 등 제반 제도를 개혁, 혹은 개선하려는 사상과 주장이 학문의 주요한 특징으로 되었기 때문에 동일한 '실사구시학'이라 하더라도 두 나라 학자들 사이

---

* 서양 중세 스콜라철학을 일컬음. 형식적이고 까다롭다는 뜻으로 쓴 듯

에 학문적 경향이 서로 구별된 내용을 가지고 있다는 것을 의미한다.

'실학'을 광의적으로 말하면 우리 조선에서는 (중국에서도 그러하였거니와) 그 개념이 역사 발전과 함께 많이 변천하여 왔다. 신라 강수强首가 어렸을 적에 그의 아버지가 "너는 불교를 배우겠느냐? 유교를 배우겠느냐?"고 물은즉 그가 대답하기를 불교는 세외교世外敎며 유교는 세간교世間敎니 내가 이 세상의 사람인 이상 공허하고 무용한 불교를 그만두고 진실하고 유용한 유교를 배우겠다고 하였다. 이와 같이 불교나 도교에 비하여 유교를 실학의 의미로 인정하는 사상은 그 뒤 조선 중세기를 통하여 줄곧 내려왔다.

고려왕조 초기에 유명한 유학자 최승로崔承老는 국왕 성종成宗에게 올린 글 가운데서 "불교를 숭상하는 자는 내생의 인과를 심는다고 하나 국가를 경세하는 요령이 없다."[7]고 지적하여 유학만이 경국제세의 실용학문임을 주장하였다. 그리고 고려 말기에 들어서서 안향安珦(안유安裕) 일파는 유학 중에서도 특히 송유 주희朱熹(주자朱子)의 학설을 국내에 수입하여 태학太學 생도들에게 가르쳐 주고 훈시하기를 "공자를 배우려면 먼저 주자를 배워야 하니 그대들은 힘써 배워 소홀히 하지 말라."고 하였으며 또 말하기를 "성인의 도는 일용日用 논리에 불과한 것 …… 저 불교신자들은 부모를 버리고 가정을 떠나서 인간 윤리를 없애고 도의를 저버리니 즉 오랑캐의 종류다 …… 마땅히 배워야 할 사람들이 배우지 않고 아득한, 또 비고 고요한 취지를 숭배하며 믿으니 대단히 아픈 일이다."[8]고 하였으니 이는 안향이 주자 성리학설이 노불老佛의 관념적, 사변적 요소를 다분히 섭취한 데 대해서는 아무런 비판을 가하지 않고 다만 주자가 중국의 유교 철학을 집성하여 조직하는 과정에서 집요하고 교묘하게 설명한바 인간 일상 윤리의 선험적 규범과 개인 수양 상의 예의禮儀 절차를 인간과 사회의 실천도덕의 유일한 원리로 간주한 것이다.

　조선에 들어와서 송유 성리학이 유학계를 지배하면서 유리론唯理論이 일종의 '순수이성' 철학으로서 크게 기염을 토하였다. 이 유리론적 성리학 앞에서는 문학, 예술, 기술 들은 말할 것도 없고 정치, 경제 등 민생문제를 취급하는 학문까지도 모두 긴요하지 않은 일로 인정되었다. 성리학은 출발부터 관념적 이론임에도 불구하고 모든 학문에 대한 왕좌적 지위를 점령하여 유일한 실학적 원천을 가진 고귀한 학문으로 행세하였다.

　이상과 같은 이원론理元論 즉 유리론에 대항하여 기원론氣元論 즉 유기론唯氣論을 주창하고 이원론의 공허성을 지적한 학자는 오직 조선 중엽의 화담花潭 서경덕徐敬德(1489~1546)뿐이었다. 그의 견해에 따르면 이理란 종래 송유 성리학자들이 주장하듯이 어떤 신적 지위를 가지고 물질의 세계를 창조하며 지배하는 것이 아니고 기氣 즉 형이하적 세계 운동의 원인과 결과, 즉 법칙을 지칭한 것이므로 '이선기후理先氣後'니 '이주기종理主氣從'이니 하여 이와 기를 분리해 보는 것은 허용할 수 없는 오류다. 그는 자기 논문 〈이기설〉에서 다음과 같이 말하였다.

> …… 기의 밖에 이가 없다. 이가 기의 주재主宰라고 하나 이는 이가 기의 외부로부터 들어와서 기를 주재하는 것이 아니라 기의 활동이 그 소이연所以然의 정正(=합법칙성 – 필자, 이하 같음)을 잃어버리지 않는 것을 가리켜 주재라고 하는 것이다. 이는 기보다 먼저 있는 것이 아니며 기는 처음이 없고 이도 본래 처음이 없는 것인데 만일 이가 기보다 먼저 있다고 하면 이는 기도 처음이 있다는 것이 될 것이다. 노자老子는 허虛

가 능히 기를 낳는다고 하였으니 이러하면 기가 처음이 있고 한限이 있는 것으로 될 것이다…….[9]

그는 또 자기 논문 〈원이기原理氣〉에서 다음과 같이 썼다.

> 그 담연淡然한 체體〔質〕를 말하면 일기一氣라고 하며 그 혼연混然한 주周〔量〕를 말하면 태일太一이라고 한다. 염계濂溪(송나라 주돈이周敦頤의 호)도 무엇이라고 형용할 수 없어서 다만 무극이태극無極而太極이라고 하였다 …… 이것이 홀연히 약동하며 홀연히 개폐하니 누가 시켜서 그러한가? 아니다. 자체가 그러하며 또한 그러하지 않을 수 없으니 이것을 이의 시時(시간성)라고 한다.……동정動靜과 개폐가 없을 수 없게 되는 것은 무슨 까닭인가? 고등* 자체가 그러하다〔원문 - 機自爾也〕.
>
> 일기라고 하는 이상 일은 스스로 이二를 포함하며 태일이라고 하는 이상 일은 곧 이를 함축하므로 일은 이를 낳지 아니할 수 없고 이는 곧 스스로 극克(자기극복)을 낳으며 낳으면 이기고 이기면 낳는다. 기가 미동하는 데로부터 격동하기에 이르는 것은 상생과 상극이 그렇게 되는 것이다…….(방점은 필자)

화담은 이와 같이 간략한 한문 용어를 썼기 때문에 이해하기가 다소 어려운 듯도 하나 그 의미는 대단히 청초清楚하며 명백하다. 그는 기를 모든 물질 형성의 원천 또는 원인으로 보고 이 이상 아무것도

---

* 중심, 핵심, 기틀, 근간 등을 뜻하는 우리말로 기機에 대한 해석으로 쓰였다

'제1원리'로 전제하지 않았으며 기에 따라 형성 변화하는 원인과 필연성을 기의 구체적인 계기契機 자체 내에서 추구하였다. 그뿐만 아니라 그는 동정과 개폐의 우주현상에 대하여 그 원인과 필연성을 기, 즉 물질원천의 상생상극의 내재적 모순에서 설명하였다. 그의 의견에 따르면 기 즉 물질원천 자체의 고유한 성질로서 '일一'의 자체 내에서 서로 대립하는 계기로서 '일의 분열'인 '이二'는 다시 자기부정인 자기극복을 촉진한다는 것이다. 이 상생상극의 발전 변화로 말미암아 천지, 일월, 산천, 기타 만상이 생성 변화하는 끝없는 역사를 창조하고 있다는 것이다.

고대 그리스 변증법 창설자 헤라클레이토스가 "만물은 투쟁을 통하여 발전한다."고 말하면서 자체의 내적 모순을 온갖 변화와 발전의 동력으로 인정하였다면 우리 화담은 기, 즉 형이하적 세계의 상생상극, 자기분열과 자기부정의 부단한 운동을 통하여 우주 만물이 생성 발전과 변화를 수행한다는 견해로서 또한 변증법을 발견하였다. 그런데 이 상생상극의 변증법적 계기는 중국 고대 철학자들의 오행설五行說에서 이미 제기되었으나 화담은 이 오행상극설에서 참위적讖緯的인 요소를 전부 제거하여 버린 동시에 상생상극의 필연적 계기를 기, 즉 형이하적 세계 운동의 본질적이며 보편적인 것으로 파악하여 우주만물의 생성 변화 전반에 적용하고 어떤 신이나 조물주를 기의 내적 계기의 이상에 혹은 그 이내에 인정하지 않았다. 이 점에서 화담은 변증법적 방식과 유물론적 경향을 자연발생적으로 연결시켰던 것이다.

요컨대 화담의 시대에 이르러 조선 봉건 체제는 그의 물질적 면에서와 이에 상응한 이데올로기적 면에서 이미 자체의 모순과 불합리성을 발로發露하고 있었다. 이는 당시 화담과 같은 선진 인사의 의식 형성에 필연적으로 반영하게 되었으며 특히 화담은 폐도廢都 개성開城의 빈한한 학자로서 사환仕宦과 공명功名을 단념하고 물리 연구와 학자 양성에 전력한 나머지 자연과 사회 현상의 내부로부터 미묘한 계기를 투시할 만한 냉철한 안광을 가지고 있던 것을 자기 철학으로써 증언하고 있다.

화담은 또 자기 논문 〈귀신사생론鬼神死生論〉에서 종래 송유의 범리론적汎理論的 신을 부정하고 동시에 물질불멸론物質不滅論에 접근한 기불멸설氣不滅說을 제창하였다.

> 정자程子* 장자張子(張載), 주자朱子가 사死, 생生과 인人, 귀鬼의 정상情狀을 극히 구비具備하게 말하였으나 그 최고의 원인〔所以然之極致〕을 설파하지 못하였다……. 정자는 사, 생과 인, 귀가 하나이되 둘이며 둘이되 하나라고 하였으니 이 말이 극진하다. 그러나 나는 또한 사, 생과 인, 귀가 다만 기의 모임〔聚〕와 흩어짐〔散〕뿐이라고 한다. 기가 모임과 흩어짐은 있으되 유와 무가 없는 것은 본체가 그러하다. 기의 담일청허淡一淸虛**한 것이 밖이 없는 공간에 가득 차서 모임이 큰 것은 천지가 되고 모임이 적은 것은 만물이 되었는데 모이며 흩어지는 세勢가 희미와 현저〔微顯〕, 더딤과 빠름〔遲速〕의 차가 있을 뿐이다……. 사람이 사멸했다는 것은 형체와 혼백이 사멸하였을 뿐이며 모였던 담일청허한 기

---

* 송의 정호程顥, 정이程頤 형제
** 순수하고 잡스럽지 않으면서 맑고 허명虛明하다는 의미. 이 용어는 송의 학자 장재張載(1020-1077, 호는 횡거橫渠)가, '형적을 확인할 수는 없고 느낌으로만 감지된다.' 는 '기氣' 의 속성을 설명한 말이다. 후대 성리학자들은 횡거의 이 설을 원용하여 이기의 특성을 이해할 때 중요한 논거로 삼았다. 담일청허淡一淸虛의 '일一' 은 '무잡無雜' , '허虛' 는 빈듯하지만 영명하거나 신령스러운 모습을 묘사한 글자다

는 끝끝내 소멸되지 않고 넓은 공간(太極淡一之中)에 흩어져 있다. 왜 그러냐면 기의 담일청허한 것이 그 처음이 없는 이상 그 마침도 또한 없는 까닭이다. 이것이 이와 기의 극히 미묘한 점이다……. 비록 한 개 향촉의 연기라도 그것이 보기에는 목전에 소멸되는 듯하나 그 남은 기는 마침내 소멸되지 않는 것이다. 이것을 어찌 다 없어진다고 할 것이랴.[10]

이 인용문 중 이른바 '담일청허한 기'란 것을 현행 학술어로 바꿔 말하면 물질의 원소를 의미하므로 이것이 모임과 흩어짐은 있으나 소멸하여 개무皆無하는 지경에는 이르지 않는다는 것이니 그 관점이 근대 물리학상의 물질불멸론에 자못 근사近似하다고 인정할 수밖에 없다. 근대와 같은 과학적 실험과 관찰이 불가능한 시대에 화담이 이와 같이 과학적인 가설을 구성하였다는 사실은 그의 유기론이 얼마나 자연과학적 유물론에 근접하였던지를 알 수 있게끔 한다. 또 사, 생과 인, 귀의 분별을 근본적으로 기의 모임과 흩어짐의 존재 형식에 귀착시킨 것은 그가 종래 귀신설의 신비적 성격을 여지없이 박탈해 버린 것이며 동시에 도교, 불교와 잡교들에서 항상 고취하는 정신불멸, 윤회왕생 등 미신설을 또한 원칙적으로 부정한 것이다.

화담은 후래後來 많은 실학파 학자들의 반대론과 같이 송유 성리학이 인간의 실천생활과 국가사업에 아무런 실용이 없다는 결과로부터 그것을 비판, 공격하는 것이 아니라, 직접 성리학의 철학적 성격에 대하여 이를 신격화시키는 이원론과 혹은 물질세계로부터 그 운동법칙을 분리, 대립시키는 이기이원론理氣二元論의 부당성을 근본적으로 논박하였다.

이理는 기氣, 즉 형이하적 세계의 외부로부터 무형무적無形無迹한 신이나 혹은 그 무엇으로서 들어온 것이 아니고 기, 즉 형이하적 세계의 고유한 운동 변화의 합법칙성이란 것, 또 우주만물의 변화활동은 오직 기, 즉 형이하적 세계의 내적 모순에 근원한 변화 활동이란 것 — 화담의 이와 같은 논점에 대하여 우리는 "변증법적 세계관은 외부로부터의 보충 없이도 자연을 그가 있는 그대로 인식하는 것을 의미한다."[1]고 한 엥겔스의 말을 상기할 수밖에 없다. 화담의 유기론唯氣論=기원론氣元論은 훌륭한 무신론적 유물론의 성격을 포함하고 있는 것이다. 그러나 그의 이론은 일종의 간소하고 소박한 형태로 전개되었을 뿐이므로 곧 뒤이어 발흥한 퇴계退溪 이황의 이원론과 율곡栗谷 이이의 이기이원론이라는 공동전선적 공세로 말미암아 영향력을 잃어버리게 되었다. 율곡의 학설은 화담의 기원론이 유물론적 요소를 다분히 포함하고 있는데 대하여 어느 정도 공명共鳴하였음에도 불구하고 그의 '기발이승氣發理乘' 론은 의연히 주자의 이른바 "이와 기는 결정적으로 한 개의 물건이 아니라〔理氣決非一物〕"는 견지를 고수하여 '이주기종理主氣從'의 기본적 인식을 버리지 못하였기 때문에 그의 철학은 결국 퇴계의 이원론적 관념론을 극복하지 못하고 도리어 그의 위압을 받을 수밖에 없었다. 그래서 화담의 유물론적 경향은 후래 200년이나 지나 성호, 담헌, 다산 등의 실학 일파에 의하여 그들 철학의 명의名義 밑에서 일부 계승되었고 완전히 발전되며 증명되기까지는 근대 과학적 유물론의 출현을 기다릴 수밖에 없었다.

* * *

조선 양반 봉건사회는 이미 전반기를 지나 임진壬辰(1592)과 병자丙

子(1636) 두 차례의 전쟁을 겪으며 경제, 정치, 문화 각 방면에 걸쳐 통치계급의 무능력과 제도의 불합리성을 자체 폭로하기 시작하였다. 전후 거대한 상처와 파탄된 재정을 미봉하기 위한 각종 착취 기구와 경제외적 강제가 더욱 강화됨에 따라 생활의 불안에서 일어나는 인민대중의 동요는 진정될 수 없었다. 조국의 난국과 국제적 변동을 직접 경험한 인민들에게는 애국심이 급속도로 자라는 동시에 시야도 점차 넓어지게 되었다.

더욱이 병자전쟁*을 전후하여 새로 대두한 만주 세력은 중국의 명朝明朝와 조선의 이조를 위협하여 장차 '화華, 이夷'의 역량적 위치를 전도시키려 하였으며 서양으로부터 화포, 자명종, 천리경, 지구도, 횡서문자橫書文字** 같은 신기한 물건과 '복음' 전도사, 상업원정대 같은 수상한 인물들이, 동방 '군자의 나라'에 접근하여 왔으므로 일부 양반 지식층에서 소위 '소중화小中華' 관념은 변동을 가질 수밖에 없게 되었다. 다시 말하면 중국이, 곧 세계라는 이념과 유학, 즉 만능이라는 신념은 요동하기 시작한 반면에 낡고 편협한 종래 지식으로서는 세도世道와 인심을 관리할 수 없음을 점차 깨닫게 되었다.

이와 같은 자각적 태도를 처음으로 보인 사람은 지봉芝峯 이수광李睟光(1563~1628)이었다. 그는 전주全州 이씨이며 임진조국전쟁***을 몸소 겪은 공로가 많은 문신이었다. 그는 전쟁 후 세 번이나 중국 북경에 사신으로 갔다 와서 유럽의 영국과 프랑스와 서양포西洋布, 화포, 기타 문명이기와 천주교(가톨릭교)를 소개하였다. 조선의 저명한 사람으로서 제

* 병자호란   ** 영어와 같이 가로쓰기 하는 문자   *** 임진왜란

일 먼저 천주교를 신봉한 자가 《홍길동전》의 저자인 허균許筠 (1569~1618)이라고 하면 천주교를 제일 먼저 국내에 소개한 자는 이수광이라고 할 것이다.

그는 자기 저서 《지봉유설芝峯類說》[12]에서 천문, 지리, 역사, 제도 풍속, 도학, 예술 기타 각 분야에 걸쳐 자기의 견문과 견해를 기술하였는데 유교 이외 불교, 도교 등의 서적을 기탄없이 참고하였으며 또 서양 문물과 천주교 서적 《천주실의天主實義》를 소개하였다. 《지봉유설》의 전편을 통하여 일정한 새로운 사상을 체계적으로 표현하지는 못하였으나 종래 유학자들이 감히 가지지 못한 '부주일가不主一家' 즉 지식을 널리 탐구하고 한 학파에만 국한 편주偏主하지 않는 비판적 태도를 제일 먼저 취한 학자로서는 지봉 이수광을 들 수밖에 없다.

그는 조선에 "송나라시대까지는 중국 상선이 끊임없이 왕래하였는데 명나라에 이르러 왜적의 환란으로 말미암아 항해에 대한 금령이 심히 엄해져서 서로 교통되지 않았다."[13]고 서술하여 조선의 쇄국정책을 애석히 여기고 해외통상의 필요를 명시하였다. 또 그는 서양 천주교의 교화황敎化皇(교황敎皇)은 세습제가 아니고 현명한 사람을 가려서 세우며 그 풍속이 우의를 존중히 하고 사유재산을 저축하지 않는다는 소문을 기술하여 (물론 사실이 아닌 과장된 소문을 그가 오신誤信한 것) 막연하나마 군주선거와 재산공유를 동경하는 자기의 이념적 경향을 보였다. 이런 사상은 당시로 보아 진보적인 생각이었다.[14] 그래서 조선 실학파의 역사상에 제일 선행자로 등장한 인물로서 지봉을 꼽지 않을 수 없다.

그는 박학 능문能文한* 학자로서 성격은 고결하고 언론은 강직하였다. 당시 동인당류東人黨類가 남북으로 분파되자 그는 유성룡柳成龍을 지지하여 남인당파南人黨派라는 지목을 받았으나 임진왜란의 난관을 돌파하기 위하여 북인北人과 서인西人이 유성룡을 수상의 지위에서 방축放逐하고 또 유성룡의 특별 추천에 속한 이순신 장군을 무함誣陷하는 이적적利敵的 행위에 대해서도 반대 투쟁하였다.

당시 임진왜란이 끝나자 조국을 외적의 침략으로부터 구출한 승리의 기본적 역량에 대하여 평가가 구구하였다. 혹자는 몇 개 소위 '옹성공신擁聖功臣', 즉 국왕을 호위 시종한 고관의 공로를 제일로 평정評定하며, 혹자는 명나라 응원군應援軍에게 과대한 평가를 돌리기도 하였다. 그러나 이수광은 그와 같은 무원칙한 견해를 반대하고 외적 섬멸과 국가 광복의 원동력이 인민의 애국심과 의병투쟁에 있다고 강조하였다. 그는 자기 명저《지봉유설》에서 다음과 같이 평정하였다.

> 임진년에 국왕이 서쪽으로 피란한 뒤로 국내는 비었고 적병은 충만하였으며 조정의 명령은 사방에 선달되지 못하여 거의 무정부상태에 빠져 있은 지가 한 달 이상이었다. 이 무렵 영남의 곽재우郭再祐, 김면金沔과 호남의 김천일金千鎰, 고경명高敬命과 호서의 조헌趙憲 등이 솔선해서 의병을 일으키고 각 지방에 격문을 선포하니 이로부터 인민은 비로소 애국심에 고무되었으며 각도, 각군 인사들은 도처에 민병을 모집하여 의병장으로 명칭한 자가 무려 수백 명이었다. 왜적을 섬멸하고 국가를 회복한 것은 의병의 힘이었다.[15]

---

* 글 짓는 솜씨가 뛰어난

또 당시 (그 후에도) 평론가들이 임진왜란에서 발휘한 군사적 공훈에 대하여 혹은 정실관계로, 혹은 당파관계로, 혹은 사대주의적 견지로, 제각기 개별적 영웅과 전투를 내세워 과장하였으나 이수광은 가장 공정한 견지에서 그 어느 누구보다도 이순신 장군의 전략 전술적 공적을 제일 높게 찬양하였다. 그는 같은 책에서 또 이렇게 말하였다.

> 통제사 이순신이 주사舟師*를 독려 영솔領率하고 해상에서 적군의 진로를 차단하여 왜적의 함대를 여러 번 격파하며 무수히 살상하니 적군은 두려워하여 감히 해로를 좇아 서쪽으로 진출하지 못하였다. 조선과 중국 두 나라 조정이 안전을 얻어 회복하게 된 것은 모두가 이순신 장군의 힘이다.[16]

이상과 같은 몇몇 간단한 군사적 평론에서도 그가 전쟁 승리의 중요한 요소와 전략적 관점을 얼마나 정확히 인식하였는지, 따라서 그가 얼마나 애국적인 감정을 가졌는지를 우리는 잘 알 수 있다.

그는 시도 잘하였기 때문에 임진왜란에 관한 많은 애국적 시편들을 내었는데 (전부 한문) 그중 간단한 것으로 이순신 장군을 기념한 충민사忠愍祠(전라도 우수영-현재 여수시에 있음)에 써서 붙인 시 한 편[17]을 소개하면 다음과 같다.

第一中興將 조국 보위에 으뜸가는 위훈을 세운 위의 장군!

---

* 수군水軍

艱難活我東	온갖 곤란을 무릅쓰고 우리나라를 되살렸다.
山河餘怒氣	불길 같은 분노의 기백은 이 강산에 길이 있고,
宇宙有雄風	적을 삼키던 영웅의 바람은 온 세계를 떨치노나.
對馬春燾息	그처럼 거칠던 대마도 봄 파도는 이제 가라앉았고,
扶桑曙靄空	몹시도 음침하던 부상의 새벽안개도 어느덧 개었구나.
至今滄海上	그러나 저 넓고 깊은 동쪽 바다 위에
誰復嗣戎功	그 누가 그대의 크나큰 공훈을 이어 주려나?

그는 정묘호란丁卯胡亂(1627)에 국왕 인조仁祖를 쫓아 강화江華에 갔으며 그 이듬해에 이조판서의 배명拜命*이 있었으나 노병老病으로 8회나 사직장辭職狀을 내었고 그해 10월에 서거하였다. 그의 저술은 대단히 풍부하여 시문 32권, 《미신잡록米薪雜錄》, 《독서록讀書錄》, 《선경어잡편鮮警語雜篇》 각 1책, 《병촉잡기秉燭雜記》, 〈잉설여편剩說餘篇〉, 〈승평지昇平志〉 각 2권, 《찬록군서纂錄群書》 5부 25권과 《지봉유설》 20권이 있는데, 대부분 간행되지 못하고 《지봉유설》만이 20세기 초에 비로소 간행되었다.

이수광과 동시대 사람으로 실학적 경향을 가졌던 학자는 구암久庵 한백겸韓百謙(1552~1615)이다. 그의 학문적 영역은 그다지 넓지 못하였으나 고증학적 방법을 처음으로 조선 역사와 지리학에 적용하였다. 그의 저서로 《구암집久庵集》이 전해지고 있다.

---

* 관직에 부임하라는 왕의 명령

'실학' 발전의 사회적 환경
―17세기 말부터 19세기 초까지의 조선에 대한 몇 가지 고찰

1. 국내적 제 모순의 관계

조선의 봉건 말기에 진보적 사상 조류인 실학의 발전은 철두철미 당시 사회적 산물이었다. 조선의 17세기 후반기로부터 19세기 전반기까지의 사회적 정세를 대내 대외 두 방면으로 고찰하면 과연 어떠하였는가?

    조선 말엽의 사회는 낡은 전통과 세습의 성벽 안에서 '도원桃源'의 꿈을 아직도 깨지 못한 양반계급의 지배 밑에 놓여 있었다. 봉건적 경제가 종래 쇄국정책과 서로 호응하는 고질적인 압력으로 말미암아 도시의 발달과 국제적 교통을 적극적으로 요구할 만한 물질적 조건은 국내에 구비되어 있지 않았다. 인구의 절대 다수인 농민에 대한 지주 관료의 착취는 가장 심하였으며 상공기술商工技術에 대한 사회적 천대는 극도에 달하였다. 상평통보전常平通寶錢(숙종 4, 1678년부터)이 이미 국내에 유통되어 화폐경제의 맹아가 생장하고 있었으나 그것은 동시에 도시 상인과 농촌 지주의 고리대금의 의욕을 일층 강하게 자극하였으며 국가의 조세를 통한 수탈방법과 관리와 토호의 경제외적 토색의 대상을 보다 더 간편화시키는 데 도움을 주었던 것이다.

    상평통보가 주조 발행된 직후인 숙종 중년에 우의정 최석정崔錫鼎의 상소문은 전폐錢幣 사용으로 인한 고리대금의 폐해를 아래와 같이 비교적 구체적으로 지적하였다.

수백 년 동안 전폐錢幣를 사용하지 않았으므로 향촌 사람들이 모두 미米, 포布를 통화로 하였다. 춘궁기에 미곡을 대부하며 추수기에 매 10두斗에 본 리利 합계 15두를 받으니 이것이 장리법長利法이란 것이다. 그런데 전폐로서 대부하면 봄에 꾸어준 1냥兩이 봄 시세로 2두미斗米에 상당하였으나 가을에 가서 갚아 주는 1냥 50푼은 미곡을 받는 것으로 계산하면 가을 시세로 5두미에 상당한 돈이다. …… 심한 예로는 봄에 꾸어준 1냥이 매년 10푼씩 증식되어 가을에 가면 1냥 60~70분(푼)이 되며 또 혹시 쓰기 긴급한 경우에 배수의 이식利息으로 대출하면 가을에 가서는 2냥이 되니 2냥은 가을 시세로 10두 혹은 15~16두의 미가米價에 상당한 것이다. 빈천한 인민이 1년 내에 힘써 노동하여 수확 전부를 들여 공사채를 갚는 데 쓰고 마니 그들이 무엇으로 살아갈 것인가? …… 전폐가 한번 세상에 나온 뒤로 부자는 더욱 가멸고 빈자는 더욱 가난하여진다. 전폐를 사용한 지 20년이 못 되는데 그 폐해는 날로 심하므로 국내 인민이 모두 폐지하기를 바란다.[18]

그는 계속하여 "이 밖에도 전폐 사용의 폐해로서 수령들의 탐오貪汚 주구誅求와 이서吏胥들의 수뢰受賂와 도적의 절발竊發 등 종종 해민害民의 폐단이 한둘이 아니어서 다 말할 수 없다."고 하였다.

또 18세기 실학자 성호星湖 이익李瀷은 그의 전폐론에서 전기前記 최씨崔氏의 견해와 거의 동일한 그러나 보다 악화된 현상을 논술하였다. 그는 말하기를

농리農利는 1배에 불과하고 또 풍작과 흉작이 같지 않으며 상리商利는 비록 크나 실패하는 수가 많으므로 모두 밑천과 이식의 취산聚散에 확

신을 가지지 못한다. 그러나 오직 금전의 취리取利는 힘들이지 않고도 큰 이식을 거둘 수 있으므로 항간에 넉넉하지 못하던 사람도 문 닫고 들어앉아서 돈 세기에 바빠하며 잠깐 동안에 천금을 모아 가진다. ……봄철에는 돈을 꾸어서 비싼 쌀을 사먹고 가을에는 이식을 갚기 위하여 헐값으로 많은 쌀을 팔게 된다. 이렇게 한 해 두 해 지나면 손해에 손해를 더하고 곤란에 곤란을 겹쳐서 집을 팔고 밭을 넘겨서 인민의 빈궁은 말할 수 없다. 그래서 민호民戶 10분의 8, 9가 파락破落 유리遊離하니 이는 무법한 대금貸金의 취리 점탈占奪한 때문이다.[19]

17세기 말경에 금속 화폐가 전국적으로 또는 영속적으로 유통되었다는 것은 조선경제사상에 획기적인 사변事變이었음에도 불구하고 초기에 자급자족적인 봉건 전제 지배하에서 주로 아시아적 형태의 고리대금으로 발달하게 되었다. 마르크스는 고리대 자본의 경제적 역할에 관하여 다음과 같이 말하였다.

> 고리대금업은 어떠한 전前 자본주의적 생산 방법 하에서도 정치 체제의 공고鞏固한 기초로 되어 있으며 또한 정치 체제의 존립상 부단히 동일한 형태로 재생산되어야 할 소유 형태를 파괴하며 분해시킴으로써만 혁명적으로 작용한다. 아시아적 형태의 고리대금업은 경제상의 퇴폐와 정치상의 부패 이외에는 아무런 결과도 낳지 않고 오랫동안 존속할 수 있다. 자본주의적 생산방법의 다른 조건들이 존재하는 그곳에라야 또는 그때에라야 비로소 고리대금업은 일방으로 봉건 영주와 소생산을 파괴하고 타력으로 노동 제 조건을 자본에 집중시킴으로써 새로운 생산 방법을 형성하는 수단의 하나로 나타난다. (《자본론》)

물론 17~18세기 조선의 경제적 환경에서는 자본주의적 생산방법의 다른 조건들이 아직 뒷받침되지 않은 만큼 고리대금업은 경제상의 퇴폐와 정치상의 부패를 결과하는 이외에 상업의 독립적인 활동을 추진시키고 자본의 원시적 축적에도 전화하는 등 새로운 측면을 가지고 봉건 영주와 소생산을 파괴하는 혁명적 작용에까지 도달하지 못하였던 것이다. 그러나 이와 같이 파렴치하게 일반 인민의 원성을 불러일으키는 고리대금업의 유리한 물질적 전제가 되는 전폐는 조선 수백 년 동안 저폐楮幣(지폐紙幣, 정종 원년, 1399), 조선통보朝鮮通寶(세종 5, 1423), 만력통화萬曆通貨(인조 12, 1634), 상평통보(효종 2, 1651) 등 일련의 형태로 출현하여 중단 혹은 유산流産의 운명에 시종하였으나 17세기 말엽에 허적許積, 권대운權大運 등의 발의로 실시된 전기 상평통보 전폐는 모든 반대와 저해에도 불구하고 급전직하의 형세로 발행되어 계속 통용하게 되었으니 그 이유는 어디 있는가?

그것은 첫째로 17세기 말엽에 이르러 일본과 여진의 수차 대침략이 있은 후 이미 수십 년을 지내면서 인민의 애국적 노력에 기초한 복구 사업으로 황폐되었던 경지는 개발되고 감소되었던 인구는 증식되고 농민과 수공업자들의 생산품은 상품으로 전화될 수 있는 여유가 늘었기 때문이며 둘째로 전쟁이 끝나고 평화가 회복됨에 따라 국제적 무역이 소규모적이나마 일단 발전되었던 때문이며 셋째로 봉건 착취계급의 착취적 한계가 이제 와서는 "봉건 영주와 가신들의 위胃의 용적 여하에 의하여 규정되"(《자본론》)는 것이 아니라 현물 대신에 "화폐는 치부욕致富慾의 대상이 되는 동시에 또한 그 원천이 되는 것"(《경제학비판》)이기 때문이다. 그리하여 그들의 치부욕을 극도로 자극하는 화폐의 유통은 필연적으로 공사채의 고리대적 방법으로 인민 생활을 광범히 또 심각히 파멸의 구렁으로 몰아넣는 동시에 지주 부호와 관료와 일반 인민의 모순 대립을 일층 첨예화시켰다. 다시 말하면 조선 봉건 말기의 사회에서 화폐의 고리대적 자본으로서의 전화에 의한 경제적 역할은 봉건착취계급의 경제적 체제와 소유 형태를 극히 서서히 잠식 분해하는 반면에 중소 농민층의 생활 조건은 급속히 또는 가혹하게 파멸시킴으로써 그들을 광범하게 투쟁선상으로 불러일으켰던 것이다.

*　*　*

조선 봉건사회의 말엽에 농민대중의 투쟁적 표어에 항상 오르내리던 '삼정三政' 즉 전부田賦, 군포軍布, 환곡還穀은 그 내용과 형식이 극히 잔혹하였다.

　1. 전부田賦에서는 첫째로 결부법結負法의 폐해를 들 수 있다. 실지實地 면적을 양전量田의 기준으로 하지 않고 무정형한 토품土品의 후박厚薄을 양전의 기준으로 삼은 불합리한 결점을 기화奇貨로 하여 지주 부호의 양전良田, 옥토는 면적과 위치 여하를 불문하고 대체로 박전薄田, 척토瘠土로 규정되어 박세薄稅를 바치게 되는 것이 보통의 실례였다. 이 결부법은 한 걸음 나아가서 대량의 은결隱結을 산출하였다. 지주 부호는 탐관오리와 결탁하여 토지 원적原籍으로부터 그들이 소유한 옥토의 결수를 삭감 내지 삭제하고 진전陳田, 화전火田, 성천成川, 포락浦落의 지단地段을 대신 기입하며 또 무권력한 농민들의 손바닥만 하고 쥐꼬리만 한 박전薄田 악답惡畓을 높은 등급으로 기입하여 삭제된 원적의 결수를 미봉하고 따라서 결수에 해당한 세액의 대부분을 간고하고 영세한 농민의 어깨에 부담시켰던 것이다. 18세기 조선 영·정조시대에

전국 은결의 액수가 결부 총수의 거의 절반에 달하였으므로 당시 토지의 겸병과 농민의 파산 상태에 따른 중앙 정부의 재정 곤란을 아울러 상상하기 어렵지 않다.

이 전부에 수반된 그들의 착취는 이상의 것에 그치지 않았다. 당시 착취계급은 소위 전분田分 6등에 연분 9등이란 번쇄煩瑣한 규정을 이용하여 무지한 농민들을 마음대로 기만할 수 있었으며 재년災年 간평看坪의 기회에 지주 부호들은 방결防結, 방납防納이란 명목 밑에서 간리奸吏를 매수하여 오곡이 풍성한 부호의 전답을 대개 '전재全災'로 재장災帳에 기입케 하며 흉황으로 곡식이 익지 않은 빈민의 전답에 대하여는 재민災民의 애소哀訴에도 불구하고 간리들은 대개 '초실稍實' 혹은 '내재內災'[20]로 재장에 기입하여 부민富民의 비만을 옹호하는 동시에 빈민의 고혈을 여지없이 착취하였다.

이 밖에도 탐관간리들이 '작부作夫', '양호養戶', '차징丫徵', '속무망束無亡'[21] 등 각종 명목 밑에서 간교무비한 방법으로 인민의 생활을 파괴하고 국가의 세입을 좀먹은 실례를 이루 헤아릴 수 없었다.

이와 같이 양반 부호의 전지田地에 대한 은결, 감결減結이 날로 증가함과 함께 궁전宮田, 둔전屯田 등 면세 전결도 또한 날로 넓어지므로 원전原田 세액은 날로 감축되어 중앙정부의 재정은 말할 수 없는 곤란에 빠지게 되었다. 이 곤란의 타개책은 가렴苛斂 잡세雜稅와 각종 토색討索을 통하여 농민의 고혈로 다시 환원할 수밖에 없었던 것이다.

당시 전부에 따른 인민의 고통 상태는 정약용의 〈파지리波池吏〉, 〈해남리海南吏〉 등 유명한 시편으로도 그 일면을 충분히 볼 수 있을 것이다.

2. 군포軍布는 소위 첨정수포簽丁收布의 법으로서 병역 해당자가 매년 베 두 필씩을 정부에 바치는 것인데 양반 부호와 그들의 종속자와

투탁자投託者들은 병역면제의 특권을 받고 있으므로 군포가 그들에게는 문제되지 않고 오직 빈천한 일반 인민만이 부담하고 있었다. 그러나 이 군포 징수를 16세에서 60세까지의 병역 연령 해당자에게만 한정한다면 오히려 구실이 되겠지만 대체로 무제한하게 적용하였다. 예를 들면 빈천한 집에서 남자가 나기만 하면 탐관간리는 심지어 남녀 미분한 태아에게 군포를 징수한 극악한 사례와 군포 해당자가 이미 사망한 뒤에라도 군포를 계속 징수하므로 소위 '백골촉루白骨髑髏의 세稅'라는 명칭까지 있게 되었다. 황오黃五**의 〈삼정대책문三政對策文〉*** 가운데 "청산青山에 보귀保鬼가 있으니 지하의 뼈가 어찌 썩을까. 주묵朱墨으로 병정兵丁을 점명點名하는데 뱃속에 피가 아직 어리지도 않았다."는 문구는 이를 신랄하게 풍자한 것이다.²² 이뿐만 아니라 만일 군포를 납입할 본인이 도망했거나 사망했거나 혹은 납입할 수 없는 형편에 처해 있는 경우라면 그의 친족이나 이웃 사람에게 그의 군포를 징수하므로 '족징族徵', '인징隣徵'의 용어가 있게 되었다. 영조 26년(1750)에 균역청均役廳을 설치하고 균역법을 시행하여 군포의 편증한 폐해를 다소 경감시켰으나 이는 결국 미봉책에 불과하였다.²³ 왜냐하면 종래 군포의 매년 매인당 두 필을 한 필로(돈으로는 4냥을 2냥으로 쌀로는 12두를 6두로) 절반 경감하였으나 그 반면에 첨정簽丁의 액수는 몇 배로 증가된 동시에 기괴천만한 각종 폐해가 출현되었던 것이다.

* 아전들의 수탈에 신음하는 농민들의 참상을 담은 정약용의 시. 파지는 지금의 강진군 도암면 부근이며 해남은 지금의 해남군　** 1816-?, 원문에는 黃伍로 잘못 기재되었음
*** 1862년 삼남을 중심으로 농민항쟁이 확산되자 왕이 삼정구폐에 대한 책문을 전국에 내렸고 이에 따라 올렸던 글

3. 환곡還穀은 속칭 '환자(還上)'로서 근원을 추구追求하면 옛날 고구려 초기부터 본래 농민에 대한 진대賑貸제도로서 출발한 것이었다. 즉 농민의 춘궁기에는 정부가 국가창고의 저장 곡물을 적당히 대여하여 농량農糧과 곡종穀種을 공급하는 방법이었으므로 이는 물론 농민 각 개인의 필요에 응한 것이었으며 추수기에는 이자 없이 현물로 환상還償하는 것을 원칙으로 하였던 것이다. 그러나 역사가 증명하는 바와 같이 조선 중엽에 이르러 진대제도의 본의는 전혀 상실되어 버렸다. 즉 정부는 농민 각 개인의 필요 여부를 불문하고 농민 일반에게 관곡을 강제 배부하였다가 수확기에 이르러 고율의 이식을 붙여 환수하였으니 이는 국가 진대제도가 자연경제의 형태를 쓴 고리대금 사업으로 전환된 것이었다. 환곡제는 폐해에 폐해를 거듭하여 소위 '허감虛勘', '백징白徵' 즉 장부에 엉터리없는 숫자를 기입하고 대부를 받지 않은 사람에게도 징수하는 실로 파렴치한 강탈을 감행하는 것이 드물지 않았다.

이상 삼대정책은 서로 얽히고 꼬리를 물어서 다시 정리 개선할 수 없는 문란의 구렁에 빠져 있었으므로 여기에는 일련의 제도 자체를 근본적으로 또는 전체적으로 철폐함으로써만 국가 경제와 인민 생활에 대한 문제들을 해결할 수 있는 전제조건을 지을 수 있었다.

그러나 소위 삼정의 폐해란 것도 폐해의 원인이 삼정 자체에 있는 것이 아니고 본질적으로 봉건 경제 자체에 있는 것이다. 왜냐하면 그 시대의 중요 생산수단인 토지가 농민의 손에 있지 않고 소위 '막비왕토莫非王土'라는 허위적인 국유의 명목하에 양반, 지주와 부호들의 사유로 분속되어 있는 이상, 농노적인 경작자로서의 농민들에게 부담되는 전부, 군포, 환곡의 악제도惡制度는 봉건 경제적 기구에 내재한 필연성으로부터 발전된 결과였고 어떤 폭군 악리惡吏의 일시적인 악의와 착오에 따라 만들어진 우연한 산물이 아니었던 때문이다. 그러므로 그것은 조선 봉건 경제의 특수성과 연결되어 있는 특징적인 착취제도였던 것이다.

조선 봉건사회에선 인민의 대다수가 농민이었으며 또 농민의 대다수가 양반, 지주의 토지를 경작하는 소작인으로서 전 수확물의 절반 이상을 도조賭租로 지주에게 바쳤으며 이와 함께 습관적으로 여러 형태의 노역과 물품을 바치지 않을 수 없었다. 그들은 도조 이외에 군포와 환곡을 정부에 바쳤을 뿐 아니라 지주를 대신하여 지세地稅를 바치기도 하였으며 또 지세에 몇 배나 되는 공물을 바쳤다.

그들은 중앙정부뿐만 아니라 지방 각 관서에서도 여러 가지 명목으로 별별 착취를 당하였으며 탐관오리와 토호, 열신劣紳*의 강도와 같은 토색은 항상 농민들의 고혈에 광범히 집중되었다.

이와 같이 십중十重 백중百重으로 농민을 중압하는 다종다양한 제도는 봉건 경제의 착취적 토대가 전적으로 전복되지 않는 한 의연히 또는 더욱 발전적으로 존속되고 있었던 것이다.

* * *

17세기에 들어와서 조선 정부에 의하여 실시되기 시작한 경제정책으로서 대동법大同法이 세상에 유명하였다. 어떤 속학자俗學者들은 흔

---

* 토호열신은 대체로 붙여 쓰며, 주로 악덕지주들을 가리킨다

히 대동법을 덮어 놓고 진보적이며 인민에게 유리하였던 경제정책의 하나로 평가하고 있으나, 과연 그처럼 당시 봉건지배계급이 자기들의 세입을 증가시켜 재정을 보충하는 필요에서 고안한 것이 아니고 다만 공물의 폐해를 제거하여 인민의 부담과 고통을 경감시킨 우수한 정책으로만 간주될 것인가?

  대동법이란 현물을 공납貢納하는 공물제도를 대체한 일종의 간편한 방법이었다. 원래 조선 공물제는 왕실 각 중앙관서들이 수백 종류나 되는 필요 물품들을 각 지방 인민들에게 배정하면 각 지방은 그 지방의 농산품, 수공품과 천연산품의 특산물들을 현물로서 왕실과 각 관서의 소재지까지 운반하여 공납하였다. 여기에는 공물의 수량, 품질과 운반을 기회로 하여 탐관오리의 농간이 말할 수 없이 자행되었으며 급기야 지방 이서들이 서울까지 운반하여 오면 왕실과 각 관서의 접수자로부터 품질이 불합격하다는 구실로 대개 퇴짜를 만나고 각 관서의 접수자와 깊이 결탁한 도시 상인들에게 합격의 현품들을 고가로 사서 공납한다. 그러는 동안에 생긴 비용은 지방 이서들이 지방에 돌아가서 인민에게 다시 부담시켰다.

  그런데 공납에 따른 소위 지방의 폐해는 더욱 심하였다. 방납이란 것은 탐관오리와 간상奸商 부민들이 지방의 공납자를 대신하여 왕실과 각 관서의 소요 물품을 전납前納하고 그 대가의 몇 곱을 공납자 즉 인민에게 추징하는 것이었다. 그리하여 선조 34년(1601) 사간원司諫院의 상소에 "듣건대 제도諸道의 감사와 병사가 진상하는바 방물方物은 모두 각읍各邑에 배정하되 의례히 열 배의 가격으로 전결田結에다가 매겨 받는다. 그 한두 가지의 실례를 들면 아다개阿多介(호피석虎皮席) 한 장의 값이 많게는 면포 200필에까지 이르고 표피豹皮 한 장의 값도 또한 면포

60필이나 되며 그 밖에 여러 고을 피물皮物의 값이 모두 이와 같다." 하였다.[24]

공물제의 폐해가 이와 같이 커서 인민이 견딜 수 없었으므로 율곡 이이는 일찍이 선조 2년(1569)에 자기정론自己政論인《동호문답東湖問答》을 국왕에게 올리며 공물제를 수미법收米法으로 대체할 것을 건의하였으며 그 뒤 선조 말년(1608)에 영의정 이원익李元翼은 건의하기를 "각 군이 진상하는 공물을 각 관사官司 방납인들이 막는 바람에 한 물품의 값이 수십백 배의 고가로 올라서 그 폐해가 너무 심한데 그중에도 경기도가 가장 심하다. 이제 한 관청을 따로 만들어서 전지田地 1결에 미米(현미) 16두씩 받아들이고 이 밖에는 한 되도 더 받지 못하게 하며 매년 춘추 2기로 나누어 8두씩 본청에 납입케 할 것이다. 본청은 미米의 시가대로 소요의 물품을 수시 납입하여 부정업자들이 물가를 올리고 내리는 길을 막아 버릴 것이다. 또 16두 중 춘추에 각 1두씩 그 고을에 주어 군수 공사公私의 비용으로 사용하게 하며 다만 산릉山陵에 왕래하는 칙사勅使의 임시비와 중국과 일본으로 오가는 사객使客이 많은 데는 이 한도 내에 두지 않을 것이다."라고 하였다.[25]

이와 같은 건의에 따라 국왕의 답사答辭 중에 '선혜宣惠'란 용어가 있었기 때문에 수미법을 취급하는 관서를 선혜청宣惠廳이라 하였고 또 그 수미법이 중앙과 지방을 통하여 동일하므로 대동미大同米라고 이름하였다. 그러므로 대동법은 성질상으로 보아 공貢과 부賦를 겸하여 일정한 세율로 전지에 부과한 것이었다. 종래 지배계급의 개념에 의하면 공貢은 하민下民이 국가 통치의 은혜를 갚기 위하여 토산土産을 공납하는 것이요 부賦는 국가의 필요에 따라 관부官府가 하민에게 재물의 납부를 명령한 것이다. 이는 본래 토지에 과세하는 것이 아니고 백성의 역역力役에 의하여 물품을 모아서 납부하는 것이므로 이 두 가지는 수량이 일정치 않았으며 고려시대에도 공, 부제가 있었으나 일정한 세율은 없었다. 그러나 공, 부에 일정한 세율이 없는 것이 도리어 탐관오리의 무제한적 착취를 조장하기 때문에 조선에 들어와서 태조 원년(1392) 10월에 공부상정도감貢賦詳定都監을 설치하고 책자를 만들어 기록한 뒤로 태종, 세종시대에 다소 변경이 있었으나 왕실과 관아의 소용은 공물로 충당하고 또 공물의 수량을 전결에 배정하여 공물은 드디어 공, 부 겸용의 형태를 갖게 되었다.

공물이 전결에 배정되어 전결의 본세本稅와 병행되고 또 일정한 세율로 징수되게 된 것은 과거의 공법이 토지에 배정되지 않고 세율이 일정치 않은 것에 비교하면 착취 방법이 일층 조직화되고 중앙정부 세입이 증가되었으며 농민의 부담은 일층 정규적으로 무거워졌음을 의미한다. 그러나 여러 관서가 여러 공물을 제각기 접수하던 대신에 선혜청이 공물을 접수하는 전문적 관서로 특설되었으며 다종다양한 공물 현품을 각 지방에 과부課賦하던 대신에 각 지방 공물의 총 수량을 일정케 하고 그에 해당한 가격을 쌀 혹은 베로 따지어 통일적으로 받게 하였으니 이 점에서는 대동법이 공물의 폐해를 줄이고 인민에게 다소 유리했다는 사실을 인정하지 않을 수 없다.

그리하여 선조 말년에 앞서 이원익의 건의로 선혜청을 설치하고 우선 경기도에 대동법을 실시하였다. 광해왕 때는 충청, 전라, 강원 3도에 실시하려 했으나 방납의 폭리를 탐구하는 토호 간리들이 극력 반대했고 그 뒤 인조 2년(1624)에 역시 영의정 이원익의 주장으로 겨우 강원도 몇 고을에 실시하였다. 효종 2년(1651)에는 영의정 김육金堉의 노력으로 충청도에 실시되었으며 같은 왕 9년(1658)에는 전라도에, 숙종 3년(1677)에는 경상도에 실시되었으며 같은 왕 34년(1708)에는 황해도에 '상정법詳定法'을 따로 실시하였다. 이리하여 꼭 100년이라는 긴 시일에 걸쳐서 대동법은 평안, 함경 2도를 제외한 전국에서 겨우 실시하게 되었다.

그렇다면 대동법 실시의 이익은 인민에게 있기보다는 주로 세입을 증가시켜 재정 곤란을 완화시키는 데 목적을 둔 조선 봉건 정부에 있었던 것이다. 그것은 첫째로 공물이 대동미로 전환됨에 따라 종래 현품 평가를 절호의 기회로 삼던 방납자防納者들의 중간 폭리를 제지하고 중앙 정부의 수입을 정상적인 수량으로 증가시켰기 때문이다. 1결 16두의 대동미가 나중에 12두로 감소되었으나 당시 1결 4두의 전세田稅에 비교하면 몇 배의 고율이었다(영남, 호남 지방의 상전上田 1결에 12두 혹은 16두의 전세는 특수한 예외로 하고). 그러므로 선혜청이 단순히 대동미 수취를 위한 별설別設 기관인데도 전세와 기타 정상 세입을 주관하는 호조보다 더 중요한 재정기관으로 되었다.

둘째로 대동미가 일정하게 전결과 결부된 이상 이론적으로 토지를 사유한 자만이 부담할 테지만 실제 많은 경우에 소작인들이 지주의 전세를 대신 물어 주던 일과 마찬가지 관례로서 대동미도 결국 소작인들의 어깨에 부담이 되고 말았다. 또 대동미 실시 이후에도 공물제의 잔재로서 왕실에 바치는 '진상' 품과 지방 관아에 바치는 토산품들은 의연히 인민의 고혈을 직·간접으로 짜내고 있었다.

요컨대 대동법은 종래의 공물제를 폐지시킨 것이 아니라 또 하나의 변형으로 출현했다. 그런 이유로 17세기의 우수한 평론가 유형원은 토지 실수확량에서 15분의 1을 토지의 단일세單一稅로 하고 그 밖에 일체 현물 공납과 대동법까지도 폐지하여 지방의 농어민과 수공업자들의 부담을 덜고 그들의 생산 의욕을 높이자고 주장하였다. 이 주장을 보면 대동법의 이해관계가 어떠한지를 잘 이해할 수 있다.

그러나 현물 공납을 지양한 대동미는 중앙과 지방의 많은 관사官司들이 필요로 하는 방대한 물품을 종래 독점하던 대신에 대가를 주고 시장에서 사서 쓰게 되었으며 그들로부터 지정받은 '공인貢人'이 상인으로서 현품을 각 관상에 공급하여 그들의 구매에 응하게 되는 결과를 낳았다. 이는 필연적으로 시장 확대, 상품유통, 수공업의 발달과 화폐의 통행을 자극 촉진하는 경제적 역할을 하지 않을 수 없었다. 그러므로 대동법은 조선 봉건 경제의 태내에서 발생하는 물질적 모순을 조장하는 데 일면적인 의식을 가졌던 것이다.

* * *

토지는 물론 기타 경제적, 정치적 권리의 쟁탈을 내용으로 하고 명분의 시비와 언론의 경쟁을 표면으로 하고 있는 종래 양반계급의 당쟁은 숙종, 영조의 시대에 이르러 그 절정에 달하였다. 당시 집권적인 서인 노론 일파는 국가와 정부와 인민을 자기의 권세신權勢神의 제단 위에 피 흐르는 희생으로 올려놓기에 조금도 주저치 않았다. 그들 극소수 대귀족의 전제專制 밑에 억눌려서 영달의 길이 막혔으며 따라서 경제적으로 몰락하는 위기에 처해 있던 재야 당파들과 중소 지주 양반들의 정치적 불평 또한 적지 않았다.

당시 문벌과 당쟁의 폐해에 대하여 이익은 다음과 같이 지적했다.

지금 세상 사람들이 원통하고 울분할 수밖에 없다. 국가에서 인재를 천대하므로 현명하고 유능한 사람들이 퇴장되며 문벌제도를 숭상하여 서족庶族과 중인中人을 차별 대우하므로 그들 자손은 백대를 지나도 좋은 관직에 오를 수가 없으며 또 서북 3도의 사람들은 등용의 길이 막혀 있은 지가 이미 4백여 년이나 되었으며 노비의 법이 엄격하여 전국 인민의 10분의 9가 모두 원한과 울분에 싸여있다. 그리고 양반당쟁이 공공연히 연행되어 삼삼오오로 모여서 제각기 패를 만들어 한 패가 득세하면 다른 패는 전부 방축放逐을 당한다. 이와 같은 살풍경에는 천지도 변하며 초목도 마를 지경이다.[26]

또 이익의 종손자이며 《택리지擇里志》의 저자인 청담淸潭 이중환李重煥은 말하기를 "신축辛丑(1721), 임인壬寅(1722)* 이래로 조정 안에 노론, 소론, 남인 세 당파가 날로 깊어가는 원수로서 서로 역적이라고 부른다. 그 영향은 먼 시골까지 미쳐서 한 전쟁판을 나타내고 있으며 혼인과 교제도 서로 하지 않아서 불상용不相容의 형세에 이르렀다. 천지간 만국 중에 지금 우리나라 전쟁처럼 인심이 궤도와 본성을 잃어버린 전례가 없으니 이대로 가면서 개혁이 없으면 우리나라가 장차 어떠한 세계로 될는지는 알 수 없다."고 하였다.[27]

그는 계속하여 조선 문벌 차등의 폐해를 다음과 같이 말하였다.

> 인품의 층급層級이 심히 많아서 왕족과 사대부가 중앙정부의 고관이 되며 하사대부下士大夫(중소남반中小南班 - 필자)는 지방 시골의 관리, 즉 중

---

* 원문에는 경종이 죽고 영조가 즉위한 초년이라고 부기하였으나 숙종이 죽고 경종이 즉위한 초년이어야 한다

정공조中正功曹˙의 종류이며 그 밑에는 보통 선비, 평민, 장교將校, 역관譯官, 산관算官, 의원醫員 방외한산方外閑散한 사람들이며 또 그 밑에는 이서, 군호軍戶, 양민들이며 또 그 밑에는 공천公賤, 사천私賤, 노비들이다. 그런데 노비로부터 경향 이서까지가 '하인下人'으로 한 층이며, 사대부가 한 층이며, 사대부 중에도 대가大家, 명가名家의 제한이 있어서 명목이 심히 많고 서로 교유하지 아니한다. 그 구애와 속박은 이와 같다.

다산은 당시 문벌과 당쟁의 해독이 국가와 인민에게 미치는 영향을 또한 다음과 같이 통탄하였다.

> 인재는 원래 얻기 어렵다. 일국의 정영精英을 죄다 뽑더라도 부족할 것인데 하물며 10에 8, 9를 버림이랴! 일국의 생령을 죄다 배양하더라도 오히려 왕성치 못할 것인데 하물며 10에 8, 9를 버림이랴! 소민을 버리고, 중인(우리나라에 의학, 통역, 음률, 역법, 서화, 산수를 전문으로 하는 부류가 중인이 된다 - 원주)을 버리고, 관서와 관북의 사람들을 버리고, 관동과 호남의 사람들의 반절을 버리고, 남인과 북인은 버리지 않으나 버림과 다름없고, 버림을 받지 아니한 것은 오직 문벌 좋은 수십 집뿐이나 그중에도 사변事變으로 인하여 버림을 받은 자가 또한 많다…….[28]

소위 지방적 차별 대우는 황해, 평안, 함경 3도에 대하여 더욱 심했다. 무남강직武男剛直한 고구려 인민의 성격적 전통을 받고 있는 서

˙ 중정은 중국 삼국시대 위나라, 공조는 한나라의 지방 관직. 이중환은 지방의 토착사족을 임명했다는 점에서 이 용어를 끌어쓴 듯하다

북인들은 기호양반과 그 종속자들의 '선천적' 혈통의 특권 밑에 제압되어 수백 년 동안 쌓고 쌓은 그들의 울분의 불길이 폭발되지 않을 수 없는 위험한 기세를 보였다. 순조 11년(1811) '신미서적辛未西賊'의 칭호를 지배계급으로부터 받은 홍경래洪景來, 우군칙禹君則 일파가 농민봉기의 토대 위에서 궐기하여 평안도 내 인민에게 선포한 격문 가운데 "조정이 서도西道를 버리기를 분토糞土와 다름없이 하므로 심지어 권세가들의 노비들까지도 서도 사람을 보면 반드시 평안도놈〔平漢〕이라고 하니 서도 사람으로서 어찌 원통하고 억울하지 않겠느냐!"고 한 것은 즉 이를 말한 것이다.

* * *

양반제도의 유일한 지지자인 유생儒生학자들은 공孔, 맹孟, 정程, 주朱의 학도라기보다도 차라리 그의 정신적 예속자로서 봉건 윤리적 세계관의 질곡 속에서 아무런 의문과 창견創見을 발휘하지 못하고 다만 부문허례浮文虛禮와 공담공리에 정력을 바치어 한갓 지배계급의 추악 무도한 정체 위에 '신성神聖'한 '도덕적' 의상을 입혀 주고 있었다. 그들은 자기 통치계급의 선조들이 '병자호란'을 당하여 무능력, 무책임한 결과로 이족異族 여진의 침략 군대에게 무조건 굴복하였던 엄중하고 수치스러운 객관적 사실을 주관적이며 공담적인 '대의명분론'으로 은폐하려고 고안해 낸 소위 '존명의리尊明義理'에 대하여 백여 년의 긴 시일을 지난 뒤에도 의연히 그것을 하나의 중대한 정강政綱으로 표방하고 있었다.

이와 같은 공담적인 기풍은 특히 산림유생들의 수도원적인 수다

한 서원들을 중심으로 하여 전국적으로 고취되고 있었다. 이와 함께 청조清朝 배척의 '의리'가 필연적으로 제기하는 '북벌론'은 한때 '와신상담'의 뜻을 품고 군사적 준비에 관심을 가졌던 효종(재위 1649~1659)이 서거한 뒤로는 단순히 통치계급의 염불 소리로 전화되어 군사나 국방문제와는 아무런 관련이 없게 되었다. 그리하여 사대주의의 변태인 존명 사상은 결국 일방으로는 집권당파의 명분적 측면과 '도의적' 구호를 보장하여 주었으며 타방으로는 지식인들로 하여금 조국의 현실에 눈을 감게 하며 민족적 기개의 발양發揚을 방해하고 민족문화의 맹아를 거세하였을 뿐이었다.

사대주의는 조선 양반계급 이데올로기 특징 가운데 하나다. 원래 이성계 일파가 위화도에서 회군한 이래로 친명 정책을 표방하고 자기 왕조를 수립한 결과 그들의 내부에 잠류하고 있던 사대주의는 유교의 명분론에 뿌리를 박고 점차 국시로 발전되었다. 세종시대의 국문 창제와 북경 개척 등 위업으로도 사대주의를 극복하지 못하였으며 후래 문약文弱에 병든 양반 사대부들은 자주 독립적인 기개를 거의 잃어버려 임진왜란을 당한 초두에 국왕 선조와 일부 무모한 조신朝臣들의 입으로부터 국토를 버리고 압록강을 건너 중국으로 피난하자는 소위 '내부內附'론까지 나오게 되었다. 이것이 존명사상의 제1단계적 발전이었다.

임진왜란에 명나라 응원 부대의 역할이 컸다는 것은 누구도 부정하지 않는 사실이었다. 그러나 강포한 일본 침략군대를 격멸 소탕한 결정적 역량은 첫째로 천재적 전략가 이순신 장군의 영도하에서 백전백승한 무적함대와 전국적으로 궐기하여 열화 같은 애국정신을 발휘한 인민 의병 부대들에게 있었던 것이다. 그러나 당시 일부 기회주의적 관료들(주로 북인과 서인당파의 일부)은 자기들이 헌신적으로 싸운 대신에 오로지 응원 부대에게 기대를 걸고 동료 영웅과 애국 인민들의 혁혁한 전공을 시기 비방한 반면에 응원 부대의 은혜를 찬송식으로 평가하였다. 그리고 선조의 뒤를 이은 광해군은 명나라와 만주와의 관계에 대하여 전망적인 태도를 취하면서 기민한 외교로 위기를 완화시키려 하였다. 당시 실권당파失權黨派인 서인들은 이런 외교를 대의명분에 배치되는 정책으로 지적하고 광해군과 그의 지지자들(북인당)을 정치적 지위에서 쫓아 내는 중요한 구실의 하나로 사용하며 소위 존명대의를 재강조하였다. 이것이 그들의 존명사상의 제2단계적 발전이었다.

이미 정권을 탈취한 서인당파(주로 서울 귀족의 상층부)는 닥쳐오는 만주의 위협과 침략에 대하여 군사상으로나 외교상으로나 아무런 구체적 대책을 세우지 못했다. 따라서 그들의 붕당주의는 지방과 인민으로부터 고립되어 인민의 애국적 역량을 조직 동원하는 데 극히 무력하였다. 급기야 남한南漢의 성하맹城下盟*에서 소위 존명의 깃발을 자기들의 손으로 찢고 수치스러운 정체를 엄폐하려 하였다. 특히 그들의 대변자인 송시열宋時烈 일파는 국왕 효종의 북벌책을 빈 말로만 지지 호응하여 존화양이의 주인공으로 자처하고 명 말의 의종황제를 숭사崇祀하는 사당 즉 만동묘萬東廟를 산간山間에 사설私設하여 자기 당파에게 특수한 수도원의 정치적 지반을 공고히 하여 주었다. 또 주자를 유교의 조사祖師로 적극 숭배하여 그의 일언 일자도 감히 개변할 수 없다는 철칙을 고조함으로써 반대 당파와 신진 청년들의 비판과 여론을 억눌렀다. 이것이 존명사상의 제3단계적 발전이었다. 그러나 이 위선적인 의리의

---

* 1636년 인조가 남한산성에서 나와 삼전도에서 청 태종에게 항복한 사실을 가리킴

표어가 아무런 실질적 의의도 없고 다만 정권 쟁탈과 관위 독점을 위한 당파전의 무기로 노골화되자 자체 내부의 알력으로서 노소론의 분파 투쟁이 격렬하게 일어나서 자기들의 사상적 정체를 여지없이 폭로하였다. 그리고 사회적으로 민족 자주와 학술의 자유를 지향하는 북학론, 통상론과 예학타파론 등 실학사상이 특히 송시열 당계黨系의 후배인 홍대용, 박지원 등에 의하여 소위 존화양이적 쇄국주의에 대한 모순 대립물로서 출현하게 된 것은 우연한 일이 아니었다.

* * *

조선 중엽 이래로 소위 정통 유학자들의 태도는 너무나 고루하고 편협하였다. 관리시험제도인 과거제도의 폐해와 서로 박자를 맞추어 유학의 중심 과업은 경전을 읽고 외우며 그 문구들을 표절하여 과문科文과 시문時文에 팔고八股식*으로 이용할 뿐이었으며 가장 고상 오묘한 원리를 연구하는 학문으로 자처하는 성리학은 역시 송유의 찌꺼기를 되씹는 데 그치고 자주적이며 독창적인 기풍을 배척하였다. 공맹의 경전은 말할 것도 없고 정, 주의 주해 같은 데도 한 자 한 구만 자기 창견創見대로 해설하면 그의 머리 위에는 곧 사문난적斯文亂賊이라는 철퇴가 내려져 유럽 중세기 기독교회의 금형禁刑과 파문형破門刑에 유사한 처단을 관학계 혹은 정계로부터 받게 된 실례가 가끔 있었다. 즉 백호白湖 윤휴尹鑴가 송시열에게 역적으로 피살된 것과 명곡明谷 최석정崔錫鼎

---

* 중국 명·청대의 과거에 관한 특별한 형식의 문장을 말함

이 사후 노론당에게 분서파판焚書破板*의 화를 당한 일은 드러난 실례들이었다.

그들은 도학을 운운하고 예법을 표방하는 이면에 대개 정권 쟁탈의 당파적 연계를 굳게 가지고 있었다. 그리하여 《주영편晝永編》의 저자 정동유鄭東兪는 자기 저서 중에 "…… 그 명현名賢이라고 일컫는 사람들의 학술은 먼저 자기 당파를 옹호하는 것으로 도의를 삼고 반대 당파를 배격하는 것으로 사업을 삼는다. 상대자를 죄주는 데 반드시 의리의 이름으로서 엄혹한 처형안을 구성한다. 이 의리 두 글자가 사람을 죽이는 칼과 도끼가 되었으니 심히 통탄할 일이다."고 지적하였다.29

요컨대 임진, 병자 양대 국난을 겪은 뒤로 100년을 지나면서 전쟁의 상처는 회복되고 외적의 직접적인 위협은 없어져서 외관상 일시 안전 상태를 보였다. 그러나 내부에서는 조선 중앙집권적 체제가 집권 당파의 난폭한 발호로 말미암아 이미 무력화된 동시에 물질적으로나 정신적으로나 자체 모순을 적극 산출하였으며 따라서 각종 대립은 첨예화하였다. 봉건 와해의 서곡인 농민봉기는 간단間斷없이 증대되어 장차 전국적인 대폭동을 일으킬 수 있는 징후가 도처에 보이고 있었다.

알력과 포학과 부패와 위선이 횡행하는 조선 양반사회의 세기말적 분위기 속에서 일부 양반계급의 지식분자나 혹은 소위 '뜻을 잃고 정부를 원망하는〔失志怨國〕' 야당계 출신들이나 혹은 경제적으로 몰락해 가는 유학자들은 자아를 반성하고 자기 주위를 돌아본 뒤에 현실에 대한 비판의 무기를 들기 시작하였다. 그들의 무기가 처음에는 대체로

---

* 책을 불사르고 판각을 부숨

풍간적諷諫的,* 사의적私議的인 어조와 이상적인 색채를 가졌을 뿐이고 그가 적나라한 현실을 무자비하게 폭로하여 인민을 은인隱忍**과 굴종의 세계로부터 격렬한 투쟁의 세계로 내몰 수 있는 선전적 수준에 도달하기까지는 상당한 과정을 요하였다. 그러나 이때까지 신비하고도 유장悠長한 선약仙藥의 소리로만 채워져 있던 유교의 왕국에서 그들의 쌍스럽고 온순치 않은 언론은 지배계급의 귀를 찌르는 듯한 잡음이었으며 또 점차 낡은 전통의 권위에 대한 항의로 전화되고 있었다.

그들은 수치스러운 '소중화小中華' 사상을 부인하고 유교의 만능성을 부인하였으며 사회 개조의 원리를 도덕 윤리의 관념적 영역에서가 아니라 정치, 경제의 실제 문제에서 추구하여 사회 발전에 대한 유물론적 견지의 경향을 소박한 이론적 형태로 발전시켰다. 유형원, 이익을 위시한 실학파의 발전은 이러하였다.

이상에서 간단히 열거한 조선 봉건사회의 말기 특히 일본과 여진족의 대규모적 침략을 겪은 이후 두 세기에 걸쳐 양반 사회 내부에서 격화된 여러 모순을 요약해 말하면 다음과 같다.

1. 지주 양반 대 농민, 수공업자와 소상인들의 계급적 모순
2. 정쟁에 의한 양반동료 자체 간의 당파적 모순 – 대지주, 상층귀족과 중소지주층과 지방사족들의 알력
3. 기호 주민과 서북 주민의 차별대우로서의 지방적 대립
4. 관학파 = 정통학파와 실학파 = 이단학파의 사상적 모순

---

* 완곡한 표현으로 잘못을 고치도록 말함   ** 마음속으로 참고 견딤

2. 대외적 제 모순의 관계

이상에서 이미 논술했듯 대내적 여러 모순도 일정한 기회에 이르면 현존한 사회적 정치적 기구를 파탄의 길로 인도할 수 있거든 하물며 대외적 모순은 세계사적 의의와 관련을 가지고 당시 조선 양반사회를 위협하고 있었다.

그러면 대외적 모순은 무엇인가? 광의적으로 말하면 동양 대 서양의 모순 — 서양 자본주의 대 동양 봉건주의의 모순이다.

18세기의 부르주아지 혁명을 예보한 15세기 문예부흥과 16세기 종교개혁이 있은 이후로 서유럽 각국에서 생산기술의 발전과 시민 계급의 발흥은 봉건 경제적 토대를 급격히 흔들어 놓았으며 항해술의 발달에 따른 신대륙의 발견과 중금, 중상주의의 식민지 경쟁은 자본주의적인 새로운 분야를 마술적으로 전개하였다. 천문학, 물리학 등을 위시한 각종 과학은 중세기 종교적 세계관을 근본적으로 타격하였으며 영국의 입헌제도와 프랑스의 민권사상은 부르주아지의 계급적 투쟁으로 말미암아 착착 선전되었다. 북아메리카가 독립을 선언하던 1777년*은 조선 봉건 군주인 정조가 즉위한 원년이며 프랑스에서 부르주아지 혁명이 폭발하던 1789년은 실학자 정약용이 소년등과한 정조 13년이었다. 순조시대(1800~1934)에 영미에서는 철도가 개통되었고 독일에서는 전신이 발명되었으며 특히 영국에서는 증기기관과 방적기가 발명되어 산업은 매뉴팩처로부터 급속히 기계공업으로 전환하였으므로 대량적으로 산출되는 상품은 장차 전 세계 시장에서 활약하게 되었다.

---

* 미국독립선언은 1776년임

이는 "자기의 생산물 판매를 부단히 확장하려는 요구는 부르주아지를 지구의 전면에다가 내몬다."(마르크스-엥겔스,《공산당선언》)는 것을 의미하였다.

1498년 바스쿠 다 가마가 동인도에 착륙한 이래로 유럽 각국의 원정대들 — 과거 십자군의 원정대와는 전연 다른 상업자본의 원정대들은 동양에 몰리기 시작하였다. 그들의 선발대인 포르투갈 상인은 1510년 고아*를 약취하고 1518년(중종 13, 기묘사화의 전년)에는 벌써 중국 광동에 입항하여 통상 허가를 얻은 다음 영파(절강성), 대만, 일본의 여러 항만에서 활발히 무역하였다. 그러나 그때 포르투갈인의 무역은 자기 나라에 상품 생산의 원천은 조금도 가지지 못한 동시에 주로 왕실과 귀족의 소수자 손에 장악되어 발전하는 데 애로는 이미 예견되었다. 1565년(명종 20, 황해도 농민 '반란'의 수령인 임꺽정이 반란에 실패하고 피살된 후 3년) 스페인인은 필리핀을 점령하고 려송麗宋**을 중심으로 하여 극동무역에 착수하였으나 아메리카 대륙경영에 주력한 까닭으로 극동 상권을 다른 나라들에게 빼앗길 수밖에 없었다.

1602년(임진왜란이 끝난 후 4년) 동인도회사를 창립한 네덜란드는 1623년(광해군이 퇴위하고 인조가 즉위) 팽호열도彭湖列島***를 점령하였으며 곧이어 대만에서 명나라 군대를 격퇴함으로써 식민지를 설정하여 상관商館을 설치했을 뿐만 아니라 대남臺南에 성을 쌓고 정청政廳을 열어 동인도회사 밑에 두었다. 그들은 바타비아****를 중심으로 하고 대남을 발판으로 하여 일본과 광동의 무역에 종사하였다. 이즈음 스페인인

---

* 인도의 고아Goa 주   ** 필리핀의 루손 섬   *** 대만 서쪽에 위치한 군도
**** 자카르타의 네덜란드 식민지 때 이름

도 대남, 융기항隆基港과 담수항淡水港*을 점령하고 성채를 쌓았으나 1642년 네덜란드인에게 구축되었으므로 네덜란드 상선은 당시 동인도무역의 패자로 불리어진 동시에 암스테르담은 세계 상업의 심장으로 인정되었다.

공업 발전의 경제적 기초를 튼튼히 가지고 있던 영국인은 네덜란드인을 대신하여 동양 무역의 패권을 잡게 되었다. 1600년 그들은 동인도회사를 창립하고 극동 특히 중국 대륙에 상품판매의 대시장을 노리면서 1624년 동인도회사를 발기한 프랑스 즉 그들의 유일한 경쟁자를 도처에서 제압하였다. 서구 대 극동의 물질적 모순의 일대 격돌은 1839년(실학자 정약용 사후 3년) 소위 중영中英 아편전쟁을 시작하였다.

이와 같이 점차 증대하여 가는 서양 자본주의 세력의 포위권 내에 들어가면서 조선은 그의 안한安閑한 은자 생활을 더 이상 계속할 수 없었다. 마르크스와 엥겔스가 일찍이 말한 바와 같이 부르주아지가 동양을 서양에 종속시키는 과정에서 조선도 예외의 대상으로 있을 수는 없었다.

조선이 서유럽 사람들에게 알려진 것은 또한 오래전이다. 그런데 13세기 말경 중국 북경으로부터 베네치아에 돌아간 이탈리아 사람 마르코 폴로의 《동방견문록》 가운데 조선에 관한 기사가 없었다는 것은 의문이다. 14세기에 원양을 항해하던 포르투갈 사람들의 소개에 의하여 그 나라 서적 가운데 '코리아'가 보였으며 17세기 초(선조 때) 이탈리아 사람 프란시스코 카를레티Francisco Carletti**는 극동을 돌아다니다가

---

* 융기항과 담수항은 대만 북부의 항구   ** 1573~1636, 원본에는 Corlettio로 되어 있다

중국 마카오에 와서 조선의 사정을 약간 얻어 들었고 또 조선 청년 한 사람을 데리고 고아에 가서 기독교로 개종케 하고 로마에 가서 그 청년을 안토니오 코레아라고 개명하였다. 이때 카를레티가 조선에 관한 것을 유럽에 소개하였으니 이는 뒷날 네덜란드 사람 하멜의 표류기가 조선을 비교적 자세히 소개한 때(1668)보다 약 5, 6년 전이었다.*

그러나 이런 것들은 서양 사람이 조선을 간접적으로 접촉한 것에 불과했다. 그러면 그들의 직접적인 접촉은 과연 어떻게 발전되었는가?

16세기 말경 조선 선조 때에 영국 상선이 전라도 홍양**에 표착한 것을 위시하여 인조 6년(1628) 네덜란드 사람 박연朴燕 일행과 효종 4년(1653, 즉 조선에서 서양 사람 탕약망湯若望***의 시헌력을 채용하던 해) 동국인同國人 하멜(표류기 저자) 일행 36명이 제주도에 표착했으며 1785년 프랑스 정부의 명령을 받고 브레스트항을 출발한 라 페루즈La Pérouse, Comte de, Jean François de Galaup****는 2년 후인 조선 정조 11년에 제주도 부근에 와서 근해를 측량하고 울릉도를 발견하여 다듀레도島〔Isle Dagetet〕라고 이름 지었으며 동왕 21년(1797) 로버트 브라우튼Robert Broughton*****은 원산에 도달하여 원산만을 브라우튼만〔Broughton's bay〕이라고 이름 짓고 그의 《북태평양탐험항해기》 가운데 조선의 풍속과 기타를 자기 멋대로 기록하였다.

---

* 그의 여행기 《나의 세계일주기》는 1606년 피렌체 귀환 이후 글로 남겼는데, 여러 번 필사를 거쳐 1701년 간행되었다(곽차섭, 《조선청년 안토니오 코레아, 루벤스를 만나다》 푸른역사, 2004, 59쪽 참조)
** 지금은 전남 고흥군에 속함   *** Joannes Adam Schall von Bell S. J. Germanus(1591~1666), 독일 신부
**** 1741~1788, 프랑스의 탐험가로 루이 16세의 명으로 아시아의 동북 해안을 탐험하였다. 원본에는 라파로 세로 되어 있다
***** 우리나라에 찾아온 최초의 탐험자. 1797년 부산에 정박하여 식물과 우리말 어휘를 조사하기도 하였다

이와 같이 '이양선'들이 조선의 해안에 출몰하여 주민의 신경을 흥분케 하는 동시에 조총, 화포, 홍이포 등 무기와 홍모포紅毛布, 자목화紫木花, 담배, 감자, 아편 등 화물과 지구도地球圖, 태양역법, 천리경(망원경), 자명종(시계), 수총水銃(펌프) 기타 과학 문물과 한역서적漢譯書籍들이 중국 혹은 일본을 통하여 국내에 유입되었다. 인도양과 태평양을 횡단하는 영국 상선은 1816년(순조 16) 충청도 마량진馬梁鎭에, 1831, 1832년에는 홍주洪州,* 고대도古代島에 연거푸 입항하여 당시 정부에 무역을 청하였으니 이는 조선이 서양 자본주의 상업 원정대의 정식 방문을 받은 첫 기록이다.

* * *

이 서양 상업 원정대들의 앞에는 정신적 탐험대가 반드시 선행하였으니 그것은 '천국'을 국경 통행권으로 써먹는 기독교=천주교 교도들이었다. 상업자본의 전초대前哨隊인 서양 선교사들의 동방 활약의 개막은 어떠했는가?

노쇠와 부패로 둘러싸인 천주교 즉 기독교 구교인 가톨릭교회는 16세기 초기부터 프로테스탄트Protestant 신교도들의 발흥에 충격을 받아 자체 유지에 급급하였다. 같은 세기 중간쯤 스페인 군인 로욜라는 군사적인 반동 성격을 내포한 제수이트 교회를 조직하였으며 트렌트 종교회의는 교황을 두령으로 구교 체제의 파탄에 관한 미봉책을 강구하였다. 그들은 일방으로 신교도에게 태반이나 빼앗긴 유럽의 교구를

---

* 지금의 충남 홍성

보충하기 위하여 타방으로는 각기 자기 나라의 상품 판로와 식민지 정책에 대한 전도적傳導的 역할을 수행하기 위하여 포교의 개척지를 광대한 아시아에서 구하려 하였다. 그 중에도 중국은 가장 그들이 부러워하고 희망하는 이상적 목적지로 보였다.

중국에서 기독교는 페르시아 조로아스터[拜火敎] 즉 현교祆敎와 거의 동시에 유입하였으므로 상당히 오랜 유서를 가지고 있었으나 그 교회는 근세 이전까지는 가끔 중단되었다. 당 태종 정관 5년(631) 페르시아 사람 소노지蘇魯支가 중국에 와서 기독교를 전하였고 당 태종은 그를 위하여 칙령으로 수도 장안長安에 대진사大秦寺를 세웠다.* 그 뒤 당나라의 유명한 대신 곽자의郭子儀는 '경교유행중국송景敎遊行中國頌'을 지어 비석에 새겼으니** 경교는 곧 기독교다. 13세기 말경 원 세조 쿠빌라이(忽必烈) 때《동방견문록》저자 마르코 폴로는 그의 아버지 니콜로 폴로***를 따라와서(1271) 원나라 조정에서 오랫동안 벼슬하였을 뿐 아니라 원나라 황제와 로마 교황 보니파키우스 8세와의 사이에 사절로서 왕래하였다. 또 포교사들이 직접 파견되어 원나라 수도 연경(지금 북경)을 극동 선교회의 수도로 정하였으며 나중에는 세례 받은 자가 2만여 명에 달하였다 한다.

그러면 당나라와 원나라시대는 신라와 고려와의 교통이 가장 빈번하던 시대이므로 우리의 많은 사절, 유학생과 수만의 거류민들 중에는 기독교에 직접 접촉하여 국내에 소개 혹은 전파한 사람들이 응당

---

* 635년 당 태종은 동돌궐을 위무하기 위하여 서방에서 건너온 페르시아 기독교 선교사들을 후하게 맞이하고 장안성에 파사사를 건립하였다. 대진은 로마를 가리킨다
** 781년 서안에 '대진경교유행중국비' 라는 이름으로 세워졌다. 지금은 서안의 공자 사당을 개조한 비림碑林 박물관에 전시되었다   *** 원문에는 이각노보록尼各老保錄라고 기재되었다

실학파의 사적 발전 · 85

있었을 것이나 이제 그 흔적을 찾아볼 수 없다. 다만 이제현李齊賢 (1287~1367)의 《익재난고益齋齊亂稿》 중 신마가神馬歌의 '불랑신마래황도 佛郞神馬來皇都' 운운의 시구가 있는데˙ 원주原註에 '말은 서쪽 끝 불랑국 에서 헌납한 바馬西極佛郞國所獻'라 하였으니 황도는 즉 송도松都이며 불 랑국은 즉 프랑스의 음역이었으나 이른바 서극에 있다는 것은 유럽의 불랑국인지 혹은 아라비아 지방 양마良馬를 산출하는 어느 나라를 지 칭한 것인지 알 수 없다. 그러나 기독교의 소식은 여기에도 아직 보이 지 않는다.

위에서 이미 말한 대로 1518년 포르투갈 상인이 광동에 입항하여 통상 허가를 얻었지만 얼마 안 되어 명나라 정부는 광동항을 폐쇄하고 포르투갈인의 입항을 금지하였다. 그러므로 그들은 광동 상인의 운동 과 함께 정부에 강요하여 고주부高州府 전백현電白縣에 임시로 개항 통 상하였으며 1535년 그들의 차지료借地料 연액年額 2만 원圓을 바치고 마 카오항의 통상권을 얻어 거류지를 설정하고 상관商館을 설립하여 관청 을 개척했다. 따라서 광동의 외국 무역에 거의 독점적 지위를 차지하 고 있었다. 그 후 그들은 다시 북진하여 영파항寧波港을 획득하고 중국 남방과 일본과의 무역을 착착 계획하다가 1542년 포르투갈 상인의 폭 리와 발호에 분개한 현지 인민이 궐기하여 포르투갈인 800여 명을 죽 이고 상선 25척을 격침하고 교회에 참가한 중국인 1만여 명을 살육하 였다. 이것으로 보아 당시 기독교회가 중국 남방 해안에 상당히 번창

˙ 4권에 '조삼장趙三藏과 이가정李稼亭의 신마가神馬歌에 차운하다'는 제목의 시가 있다. 여기에는 '拂郞國' 이라고 기재되어 있다

하였고 또 그들이 외국 상업자본의 세력에 얼마나 이용되고 있었던지를 잘 알 수 있다.

영파 사건이 생긴 이듬해에 포르투갈인은 서양 각국 상인들보다 훨씬 먼저 일본을 방문하였고 6년 후인 1549년(명종 4. 소수서원 사액으로 서원제도가 시행. 일본 무로마치막부室町幕府 足利義煇*의 초년) 포르투갈인 프란시스코 사비에르가 일본에 가서 처음 기독교를 선포하였다. 그러나 이때 조선은 중국남방과 일본에서 활동하던 서양 상인들과는 직접 관계가 없었던 만큼 그들의 포교선布敎線도 국내에 파급되지 않았다.

그러면 기독교의 국내 수입은 명나라 말경 북경 교회 계통으로서 기원을 삼지 않을 수 없다. 1601년(임진왜란이 종결된 지 3년) 명나라 신종 만력 29년에 이탈리아 사람 이마두利瑪竇**가 북경에 와서 포교에 착수하였다. 국경 봉쇄로 인하여 포교의 유파流波가 비록 미약하였으므로 기독교가 조선에 들어온 것은 그 직후의 일이었을 터이다. 인조 22년(1644, 청국이 북경을 점령)에 대마도주는 조선 정부에 서신으로 지금 남만南蠻***의 크리스천의 여당餘黨인 야소종문耶蘇宗文****이 중국과 조선 사이에 출몰하니 이들을 경계하며 체포하여야 한다고 하였으며 그 뒤에도 여러 번 이와 같은 보고를 올렸다. 이러한 사실은 서양교회의 극동에서 활동이 이미 극동의 국제적 문제가 되었다는 것을 의미한다.

그러나 현재 전하고 있는 기록들을 본다면 조선의 인사人士로서 천주교를 제일 먼저 소개한 사람은 《지봉유설》의 저자 이수광이었고 천

---

* 13대 쇼군 아시카가 요시테루   ** Matteo Ricci(1552~1610), 이탈리아 선교사
*** 인도네시아의 수마트라와 자바섬을 가리킴. 이런 지역에서 활동하던 사람들을 모두 남만인이라고 불렀던 것 같음. 벨트브레, 하멜을 모두 남만인이라고 불렀음
**** 예수의 사람들, 즉 기독교인을 일본에서 이르던 말

주교를 제일 먼저 믿은 자는 《홍길동전》의 저자라고 하는 허균이었으니 이 두 사실은 선조, 광해군시대에 북경 교회의 영향이 이미 존재하였다는 것을 증언한다.

그러므로 서양 종교의 우승자인 기독교가 천주교의 명칭을 가지고 조선에 들어온 지는 정조시대(1776~1800)에 이르러 벌써 두 세기 가까웠던 것이다. 그동안 인조 21년(1643) 서양학 사건을 위시하여 숙종, 영조시대에 천주교는 수만의 군중을 연결하여 정치 당국의 취체取締*를 환기하는 일이 가끔 있었고 정조시대에는 천주교가 빈궁한 하층 군중으로부터 성호학파를 중심한 일류 지식층에 침투하여 갑자기 정치적, 문화적 국면에 나타나게 되었다. 실학의 대성자 정약용의 매형 이승훈李承薰은 정조 7년(1783)에 그의 아버지 이동욱李東郁의 동지사절冬至使節을 따라 북경에 가서 천주교당을 방문하고 포르투갈인 탕사선湯士選**에게 세례를 받고 교리에 관한 각종 서적과 기타 서양과학서적과 기물을 가지고 돌아왔으며 정약용의 친우요 저명한 박학가인 광암曠庵 이벽李檗은 천주교 신앙의 필요를 학리적으로 주창하였으며 정약용의 선배요 성호의 종손자인 정헌貞軒 이가환李家煥(호는 금대錦帶)은 서양과학 특히 천문학과 기하학에 정통했을 뿐만 아니라 기독교 성경을 우리 말로 번역하였다 하며 정약용의 중형仲兄 약전若銓은 서양학에 깊었고 삼형三兄 약종若鍾은 성교명도회장聖敎明道會長으로서 또한 성경을 번역 선전하였다고 한다. 그들의 친척지구親戚知舊 중 특히 성호학도들을 중심한 많은 우수한 인사들이 모두 천주교와 서양과학에 직접 간접으로

---

* 규칙, 법령, 명령 따위를 지키도록 통제함
** Alexandre de Gouvea(1751~1808), 북경 주교(1782~1808)를 지냈다

관계를 가지고 있었으며 학술과 언론을 좋아하는 국왕 정조까지도 이에 대하여 적지 않은 흥미를 가지고 있었다.

이때 천주교가 사류士流와 서민을 막론하고 광범히 침투되었던 상황의 일단은 다음의 문건에서도 볼 수 있다.

이규경李圭景의 《오주연문五洲衍文》 중에 정조 12년(1788) 진사 홍낙안洪樂安의 춘당대春塘臺 대책문對策文에 몇 구절을 인용하기를 "금일에 가장 우려할 것은 서양의 일종 사설邪說이 장차 점점 성행할 형세가 보인다. 심지어 을사년(정조 9) 봄과 작년 여름에 호우湖右(충청남도) 일대에 거의 가송家誦 호전戶傳하며 진서眞書 언문으로 번역 등사하여 부인, 유자孺子*까지도 사교邪敎를 가지고 공자에게 종속시켜 경전을 인증하고 성인을 속이며 마침내 정주程朱를 헐뜯어서 미혹하기는 쉽고 깨우치기는 어려우며 생고사락의 사설이 풍미하여 세례, 참회에 종종 작괴作怪**하는 것이 옛날 부수符水*** 연교連敎(백련교白蓮敎)의 종류라."고 하였다.

요컨대 종교 특히 기독교는 시대적 변장을 가장 잘하는 정치적, 사상적 시녀이므로 동일한 기독교의 명칭을 가졌으나 명나라 말년에 중국으로 들어온 교회는 당나라, 원나라시대에 들어온 것과는 역사적으로 성격을 달리하였다. 즉 전자를 자기들의 제왕과 귀족의 머리 위에 번쩍거리는 황금관의 위력을 신의 말로 선전하는 '우아한 천사'라고 한다면 후자는 자기 나라의 자본가와 상인들의 행진곡에 박자를 맞춰 칼춤을 추는 '용감한' 정신적 전초대라고 할 수 있다. 꽃송이 속에 들어 있는 꿀을 채취하려는 벌과 나비가 자기 목적이 아닌 수술과 암

---

* 나이 어린 남자 ** 괴이한 일을 저지르는 것
*** 부적을 담그거나 태운 물. 병을 치료하는 수단으로 이 물을 마시게 하였다

술의 교구交媾를 매개하여 주는 것과 마찬가지로 동양에 와서 '천국'의 전파를 목적한 당시 서양 선교사들은 유럽의 속세적인 자본주의 과학과 문화의 산물들을 부대적으로 동양에 전파하게 되었다. 이리하여 봉건 이데올로기인 공, 맹, 정, 주학을 국교로 한 조선 양반계급은 유럽 자본주의의 척후대인 천주교파에 대하여 사상적으로 서로 접촉 충돌하게 되었다.

이와 같은 국내와 국제의 물질적 모든 모순의 교충 속에서 현실을 저주하고 새로운 살 길을 찾아 헤매던 인민대중은 기회가 닿는 대로 소위 '천국'의 문을 다투어 가며 두드릴 수 있었고 그와 동시에 이미 낡고 부패한 양반계급 자체 안에서 발생한 일부 과학과 기술을 갖추고 있는 외래사상의 강렬한 자극에 대하여 신기한 느낌을 가지지 않을 수 없었다.

낡은 사회체제와 사회문화의 막다른 골목으로부터 관념적 출구를 기독교 신앙에서 구하려던 과거 시대 사람들에 관하여 엥겔스는 다음과 같이 말하였다.

> 모든 계급 중에 물질적 해결에는 절망하고 그의 대용물로 정신적 해결을 구한다. 즉 전체적 절망에 빠지도록 하지 않은 의식 중에서 위안을 구하는 사람들이 있다. 이 위안은 스토아학파도 에피쿠로스학도들도 줄 수가 없었다. 왜냐하면 그들은 철학을 일반 의식에는 산입시키지 못하는 때문이며 그리고 둘째로는 그들 제자들의 품행은 그 학자들의 교리를 불신용케 하였기 때문이다. 위안은 잃어버린 철학이 아니고 잃어버린 종교를 회복하지 아니하면 안 되었다. 이 위안은 당시 또는 아직 17세기에 이르기까지 대중을 파악하였던 것과 같이 정히 종교의 형태

로 출현하지 않으면 안 되게 되었다.[30]

과연 근세 조선에서도 봉건적 이데올로기로서 이미 동맥이 경화된 유교철학이나 추락하고 위신 없는 유학자들의 품행 또는 역사 발전 과정에서 너무나 낡아 빠졌고 유교의 억압 밑에서 기백을 전연 잃어버린 불교도 모두 막다른 골목에서 헤매는 인민에게 위안을 줄 수 없었다. 그래서 무지한 대중과 함께 일부 지식분자들까지도 외래 종교 — 그들이 그의 종래 약점과 폐해의 추태에 대하여는 전연 알지 못하고 그의 처음 보는 면모에 대하여는 신기한 눈을 뜨게 된 종교 — 즉 천주교에서 위안을 구하며 따라서 살 길의 출구를 찾으려 하였다. 당시 사족 출신 청년 유학자 일파가 외래 종교인 천주교에서 한동안 신앙의 형식을 비밀히 취하였던 것은 사회적 의의가 실로 근거없지 않았던 것이다.

그러나 당시는 벌써 국내적으로는 봉건사회 말기였으며 국제적으로는 자본주의의 상승기였다. 내외적 모순들의 연결이 아직 미숙하다 하더라도 자체로 해결할 수 있는 구체적 방도가 점차 발견되고 있었으므로 실학파는 관념적 위안에는 마침내 만족하지 아니하고 다시 물질적 해결의 방향으로 자기들의 첨예한 안광을 돌렸다. 그리하여 실학 일파는 신앙이 아닌 학리와 이론에 근거한 반봉건적 민주사상과 농민혁명의 이념을 지향하고 발전하였다.

특히 그들의 개혁론은 이성의 심판과 인도주의적 호소로서 출발하였는데도 사회도덕의 모든 부정에 대한 원인을 정치제도의 불합리에서 구하였으며 정치제도의 불합리를 또한 민생문제의 근원인 경제관계에서 해결하려 하였다. 이는 당시 이미 심각화한 사회적 모순들이 출산한 실학의 진보적인 사상 활동이었다.

3. 영정시대 18세기 조선의 신문풍과 그 특징

임병양란壬丙兩亂은 당시 우리나라에서 통치계급과 인민들의 모든 단점과 장점을 적나라하게 검열한 커다란 기회였다. 더욱이 병자丙子 국치를 겪은 지배계급은 자기들의 무능력한 정체를 여지없이 폭로하고 그에 따른 미봉책으로 불합리한 착취체제를 일층 강화하여 청조淸朝에의 거대한 공납과 이미 곤란에 빠진 중앙정부 재정의 충당을 위한 과중한 부담을 인민의 어깨에 걸머지었다. 또 정치적으로는 귀척과 훈벌을 중심한 일당파一黨派 전제주의 정권을 수립하여 인민 각층의 반정부적 기세를 제압하기에 필사적으로 노력하였다. 이도 부족하여 그들은 '존명', '북벌'의 관념적 표어를 내걸고 자기들의 약점을 은폐하여 인심을 수습하려고 애썼다.

그러나 인민은 양반 정치의 추악한 정체를 증오하고 불신하는 반면에 조국을 사랑하는 정신과 외적에 용감히 항전한 명장 의사들을 존경하는 심리와 인민자체의 역량에 대한 자신감은 상당히 제고되고 광범화하였다. 전후 민간에 유행하기 시작한 기이하고 아름다운 여러 구전 전설과 《임진록壬辰錄》, 《병자록丙子錄》(국문본) 등을 위시한 많은 충용담, 영웅, 열사의 전기들이 이를 표시한 것이었다.

이 점에서 '전쟁의 긍정적 측면'을 천재적으로 지적한 스탈린의 말과 같이 "전쟁은 다만 저주할 물건이 아니고 전쟁은 동시에 인민의 모든 힘을 시험하여 검열하는 위대한 학교"였으며 "모든 국가, 모든 정부, 모든 정당의 진정한 얼굴을 가리는 일체 피막과 엄호물을 용서 없이 박탈하며 그들로 하여금 모든 단점과 장점을 가지째로 가면과 분식이 없이 무대에 나타나게 하였던 것이다."[31]

다음으로 인민대중의 곤궁한 상태와 억울한 사정을 동정하고 그들의 희망과 이상을 대변하며 탐관오리의 비행과 유생 학자의 위선을 폭로 풍자하는 문학작품들이 많이 출현하였다. 문인과 민간으로부터 일어나는 한문과 국문의 번역과 번안 등 독물讀物*은 당시 중국으로부터 계속 수입되는 명, 청의 패관잡서稗官雜書에 자극되어 숙종 이후 영정 시기를 일대 획기로 하였으며 또 인정세태에 관한 전설 우화와 민요, 가시歌詩, 기행문, 소설, 창극 등 형식은 한문에서 국문으로 대량 전화되기 시작하여 민족문학의 맹아를 발육시킨 것도 이 시기 전후였다. 이와 동시에 한문 한시에서도 소위 '순정문학醇正文學'이 형식주의의 완강한 기세를 지속 혹은 강화하는 반면에 실학풍의 일파는 종래 강학가講學家의 진부한 체제와 고문가古文家의 승척주의繩尺主義**와 과거科擧 변려駢儷 문체***의 문구 표절주의와 그 부허浮虛한 내용들을 전반적으로 배격하고 간명, 절실, 청신, 분방한 사실적인 풍격을 숭상하였다. 이러한 새로운 풍격은 문학뿐만 아니라 서화에까지도 침투되었다. 표암豹庵 강세황姜世晃의 서화와 추사 김정희의 금석학적 서예와 (주로 순조 이후) 단원 김홍도의 영모翎毛,**** 산수山水, 인물과 풍자성 있는 풍속화들도 이를 반영한 것이다.

이 시기에 새로운 기색을 띤 문풍에 호응한 신진 청년 학자들은 중국의 문화를 추상적으로 추구하기 싫어하고 자기 나라의 역사, 지리, 제도와 풍속의 연구에 관심을 돌리며 인민의 감정과 흥미를 담고

---

* 읽을거리 ** 승척은 먹줄과 자, 따라서 규율이나 규칙을 엄격히 지키는 일을 비유한 뜻
*** 한문 문체의 하나. 사륙문四六文·사륙변려문四六駢儷文이라고도 하는데 문장이 4자와 6자를 기본으로 한 대구對句로 이루어졌다
**** 새의 깃과 짐승의 털, 따라서 새나 짐승을 그린 그림

있는 격언, 이언俚言,* 음운, 일용언어와 전설, 가요에까지도 주의를 기울여서 많은 저작과 편찬을 뒷사람에게 끼쳤다. 그중 두세 가지 예를 들면 몽헌夢軒 홍만종洪萬宗의 6부총서 —《해동이적전海東異蹟傳》,《시화총림詩話叢林》,《소화시평小華詩評》,《동국역대총목東國歷代總目》,《순오지旬五志》,《명엽지해蓂葉志諧》— 와 (효종, 현종, 숙종 때) 여암旅庵 신경준申景濬 등 학식 있는 유신儒臣들이 편술한《동국문헌비고東國文獻備考》와 (영조 때) 김천택金天澤의《청구영언青丘永言》(영조 3, 1727)과 김수장金壽長의《해동가요海東歌謠》(영조 39, 1763)와 (정조 때) 이긍익李肯翊의《연려실기술練藜室記述》(정조 21, 1797)과 한치윤韓致奫의《해동역사海東繹史》같은 것들은 조선 고전적 편술 사업의 가치 있는 산물이다.

    더욱이 이용후생을 목적한 경세가적 실학은 17세기부터 발족하여 18세기 영정시대에 이르러 고조에 달하였다. 그들은 첫째로 악화되어 가는 봉건적 착취제도를 비판하고 새로운 정책들을 고안하며 둘째로 과학과 기술을 널리 탐구하여 산업, 교통 등 발전에 이바지하려 하였다. 정약용이 이른바 "이때에 원래 일종의 풍기가 있으니 즉 천문, 역상曆象의 전문과 농정 수리의 기구와 측량, 추산推算, 실험의 방법을 설명하는 사람들이 있으면 세상에서는 이들을 박흡博洽한** 지식가로 칭찬하였으며 나도 어렸을 적부터 이것을 흠모하였다."[32]고 말한 것이 이 시기에 발흥하던 경세적 학풍을 가리킨다.

    이상과 같은 여러 사실에 따라 조선의 18세기는 영정英正의 '치세' 또는 조선 문화의 최대 개화기라는 호평을 속류 역사가들로부터 받고

---

* 속담이나 방언 ** 아는 것이 많아 막힐 데가 없는

있다. 그러나 소위 문화의 개화기라는 것은 당시 조선 봉건사회의 자기모순이 이전 어느 때보다도 더 복잡하고 더 첨예화한 내용들을 반영하는 다양 다채한 광선에 불과한 것이므로 당시 인민의 입장에서 본다면 '치세'라는 찬사를 올릴 이유가 결코 없었다.

마르크스는 다음과 같이 말하였다 — 예술의 어떤 개화기는 사회의 물질적 기초의 발전과 합치하는 것이 아니라고. 또 그의 학도 F. V. 콘스탄티노프는 다음과 같이 연역하였다. "예술이나 문학의 어떤 영역에서 달성된 극히 다대한 성과의 시기는 농노제도를 반대하는, 그 다음에는 자본주의를 반대하는 인민대중의 첨예한 투쟁의 시기, 사회적 억압을 반대하는 투쟁에 있어서의 인민적 격앙의 시기와 합치하고 있다."[33]

조선의 18세기 — 영정의 시기는 사회의 물질적 기초에서 비록 이렇다 할 변동이 없고 도리어 일시 소강상태의 외관을 보였으나 내면에서는 농민 대 지주의 계급적 투쟁과 실학 대 관학의 사상적 투쟁이 바야흐로 격앙하던 시기였으므로 이 시기는 문학예술 등 영역에서 일찍이 볼 수 없던 문화적 개화기와 필연적으로 합치하였다. 속류 사론가史論家들에 의하여 신비화되었던 소위 영정 '치세'의 문화는 이로서 해명된다.

또 여기에서 한번 고찰하고 지나가야 할 문제는 속류 사론가들의 특별한 흥미를 끄는 소위 '탕평론'이다. 탕평 두 글자는 기자箕子의 '홍범洪範' 중 "무편무당無偏無黨 왕도탕탕王道蕩蕩. 무당무편無黨無偏 왕도평평王道平平"에서 따온 것인데 영조가 자기 지지자인 노론당파를 옹호하고 반대자인 소론당파를 어르기 위하여 기만적으로 제창한 표어였다.

원래 영조의 형 경종은 신체가 허약하고 정신이 건전치 못하여 정사를 보기 어렵고 아들을 둘 희망도 없으므로 김창집金昌集, 이건명李健命 등 노론 일파는 왕제王弟 연잉군延礽君(후일 영조)을 세제世弟로 삼아 국정을 대리케 하자고 하니 조태구趙泰耉, 이광좌李光佐 등 소론 일파가 크게 반대하여 김창집 이하 노론 수백 명을 역모죄로 몰아 죽였다. 그러나 경종은 왕위에 오른 지 4년 만에 죽고 영조가 왕위를 계승하여 자기를 모해하던 소론당파에게 복수하려 하였으나 그 당류가 아직 조정에 충만하므로 이광좌, 유봉휘柳鳳輝 등 완화파緩和派를 끌어 그들을 안심케 하는 한편 김일경金一鏡, 목호룡睦虎龍 등 과격파를 차례로 죽여 소론의 세력을 억압하려 하였다. 때마침 그의 여당餘黨 김영해金寧海(김일경의 아들), 목시룡睦時龍(목호룡의 아우) 등이 실세失勢를 불평하는 남인 이인좌李麟佐, 정희량鄭希亮과 통모通謀하여 반기를 들다가 실패하니 영조는 더욱 소론을 미워하여 표면으로는 당쟁의 탕평을 내걸고 소론의 중진인 이광좌와 노론의 맹장인 민진원閔鎭遠을 자기 앞에 불러 앉히어 서로 악수하고 화해하라고 권고하였으나 그들은 응종應從하지 않았다(영조 8, 1732). 그러나 영조는 기회 있을 적마다 소론을 꺾고 노론을 등용하여 그 결과 이때부터 조선이 멸망할 때까지 노론정권으로 일관되었다.

이상의 사실에서 소위 영조 탕평정책이 당쟁을 탕평하는 것이 아니고 도리어 당쟁을 격화시킨 데 불과한 것을 우리는 잘 알 수 있다. 그러나 초당파적 존재를 자처하는 것은 종래 제왕들의 상습적인 태도인 동시에 왕권 강화를 위해서는 자기 신하들의 세력을 균형적으로 대립시키고 일파 전권을 싫어하는 것이 또한 상례였다. 영조의 탕평정책이 이러한 의도에서 나왔던 것도 간과할 수 없는 사실이었다. 여하간 그의 탕평론은 당시 양반 내부의 알력이 격심한 이면을 반증

한다.

그러나 영정시대를 다른 왕대와 비교하여 조금 특징을 갖고 있었다고 평가하는 내용은 다음의 사실들에 귀착될 것이다. 즉 생산기술의 요구, 농사장려, 절검숭상, 형법개량, 탐오취체貪汚取締,* 학문장려와 문헌편찬 등의 사업이었다.

그중 열거할 것은 영조의 칙령 밑에서 《농가집성農家集成》과 《구황촬요救荒撮要》를 간행하였고 전라좌도 수사水使 전상운田祥雲이 고안한 해골선海鶻船**을 통영統營과 수영水營에서 제조하여 병선으로 사용케 하였으며(영조 15) 표준 포백척布帛尺***과 유곡鍮斛****과 측우기를 제조하여 중외에 반포하였으며 신문고를 복설하였으며 사형 3심제를 정하고 압슬壓膝, 낙형烙刑, 경자黥刺, 포청난장捕廳亂杖, 전도剪刀, 주리와 전가사변全家徙邊 등 악형을 폐지하였으며 균역법을 실시하고 비공법婢貢法을 폐지하였으며 《속병장도설續兵將圖說》,《동국문헌비고》외 기타 많은 서적을 편찬하였다.

그리고 정조는 조선의 역대 군주 중 학문과 문학이 우수하였으니 그의 저작집인 《홍재전서弘齋全書》 100권이 이를 증명한다. 그의 재위 기간에 왕의 명령으로 편찬된 각 부문의 서적들이 118종류에 달하여 동시대 청조 건륭乾隆의 편서編書 업적과 백중을 다툴 수 있었다. 또 그는 대자大字 16만, 소자小字 14만의 활자를 주조하여 서적 인쇄에 편리케 하였으니 이것이 소위 정리자整理字였다(정조 26). 규장각奎章閣이란

---

* 탐욕스러워 더러운 행위가 많은 자를 법령이나 제도로 제어함
** 모양이 매와 같은 전투선, 밖에서는 안이 잘 안 보여서 싸움에 유리함
*** 조선시대 의류나 직물류의 길이를 측정하기 위해 사용된 자   **** 곡물의 양을 재기 위한 되

도서관을 궁중에 설립하고 방대한 도서를 저장하고 이덕무李德懋, 박제가朴齊家, 유득공柳得恭, 서이수徐理修 4재사才士를 서얼庶孼로부터 뽑아서 검서檢書란 관직을 맡겼으니 이들이 유명한 4검서였다. 그는 중국으로부터 《고금도서집성古今圖書集成》(1만 권=5200책)과 기타 많은 신구도서를 수입하였으며 문인 학자와 기술자를 우대하고 사상, 신앙, 학술의 자유를 어느 정도로 허용하였다.

정조의 업적 중 제일 특기할 것은 자기 부자父子를 모해하던 당파(벽파)에게 복수하기 위하여 또 정치와 문화를 개신하고 군권을 강화하기 위하여 이른바 시파 남인의 우수한 인물인 채제공蔡濟恭, 이가환李家煥, 정약용 등 기타 신진 인사들을 등용하고 따라서 그들을 당시 반대당인 서학西學=사학邪學을 가혹히 탄핵하는 예봉으로부터 극력 보호하였던 것이다. 이에 호응한 실학 일파는 기회를 보아 자기들의 정치적 포부를 왕권의 비호 밑에 한번 실현하려 하였다.

이상과 같은 영정시대의 신문풍은 박지원, 정약용 일파의 실학 발전에서 자못 유리한 분위기를 조성하여 주었다.

* * *

다음 이 시기 청조 학풍과 서양 문물의 수입에 관하여 조금 논술하려 한다. 그러나 이 청조 학풍의 영향은 이미 위에서 논술한 영정시기의 신문풍과 서로 교차 연결되므로 고립적으로 생각할 수는 없다.

청조는 강희, 건륭시대에 유생학자들을 회유하고 그들의 정력과 기절氣節을 방대하고 번쇄한 문필로 소모시키기 위하여 통치에 방해가 없어 보이는 저술과 편찬 사업에 복무케 하였으니 그것이 곧 《강희자전康熙字典》,《연감유함淵鑑類函》,《패문운부佩文韻府》,《고금도서집성》, 《사고전서四庫全書》 등 거대한 서질書帙의 편찬 사업이었다. 그러나 이 사업은 반면에 이족 만주가 중국의 풍부한 문헌적 유산을 보존 정비하여 중국 인사들의 자기 나라 문물에 대한 기념과 자부심을 조장하고 동시에 청조가 중국 문화에 도리어 압도 동화되는 결과를 현출現出시키는 데 도움을 주었다. 그리하여 청조가 장려한 사업은 다시 고증학파의 발전을 편리케 하였으니 고증학은 다시 실사구시학을 산출하여 청조 신학풍을 구성하였다. 혹자의 말과 같이 청조 고증학은 중국 봉건사회 말기에 서양 르네상스 운동의 성격을 내포하였다고 말할 수 있는 것이었으며 따라서 청조 초기에는 송유 성리학의 공담적 성질을 반대하고 서양 실증적 과학의 방법을 다소 섭취하여 중국문화계의 신유파로서 근대 민족문화운동의 맹아적 역할을 수행하였다.

그런데 고증학은 청조 중기 즉 건륭, 가경시대에 와서 이미 창신적인 철학적 성격을 잃어버리고 고증을 위한 고증 즉 인민의 실제 이익과 유리된 지식적 유희로 전락된 경향이 없지 않았으며 또 고증학풍이 조선에 단적으로 파급되기는 건륭시대부터라고 할 수 있으므로 영향은 우리 학계에 이익을 준 반면에 손실도 주었다. 그러나 송유 성리학의 전통과 경전 주석의 우상적 권위를 부정하는 조선 실학파의 사상적 운동에 청조 고증학풍은 적지 않은 도움을 주었다.

그리고 청조 고증학풍의 수입도 서양과학 사상의 수입과 거의 때를 같이 하여 진행되었으며 조선 영정시대 ― 청조 건륭시대에 조선 입연사절入燕使節의 왕래에 따라 활발히 실행되었다. 그들의 건륭 문화와의 직간접 기록으로서 중요한 입연 기행문을 열거하면 다음과 같다.

1. 《담헌연기湛軒燕記》(건륭 30~31, 영조 41~42, 1765~1766)

   6책冊, 사본寫本 홍대용洪大容

2. 《입연기入燕記》(건륭 43, 정조 2, 1778)

   1책, 사본寫本 이덕무李德懋

3. 《열하일기熱河日記》(건륭 45, 정조 4, 1780)

   10책, 간행刊行 박지원朴趾源

4. 《연행록燕行錄》(건륭 49~50, 정조 8~9, 1784~1785)

   1책, 사본寫本 엄숙嚴璹

5. 《연행록燕行錄》(건륭 55, 정조 14, 1790)

   2책, 사본寫本 서호수徐浩修

6. 《열하기행시주熱河紀行詩註》(건륭 55, 정조 14, 1790)

   1책, 사본寫本 유득공柳得恭

이와 같이 조선의 서울과 중국의 북경을 연결한 약 3000리의 교통선은 양국의 물자를 교환시킬 뿐만 아니라 문화교류도 이 외줄기길을 이용할 수밖에 없었다. 따라서 이 길을 왕래하는 조선 사절단은 조선에 돌아와서 국제적으로 물자교역의 상대商隊인 동시에 문화교역의 사자使者였다.

그 당시 연행 사절단의 조직체는 대체로 다음과 같다.

> 입연入燕 사행使行에 수행하는 인원은 명수名數가 많다. 이제 동지사행冬至使行으로서 말한다면, 상사上使, 부사副使, 서장관書狀官, 각 1원(이상은 정사正使), 당상관 3원, 상통사上通事 2원, 질문종사관質問從事官 1원, 압물종사관押物從事官 8원, 압별종사관押幣從事官 3원, 압미종사관狎米從

事官 2원, 청학신체아清學新遞兒 1원, 의원醫員 1원, 사자관寫字官 1원, 화원畵員 1원, 군관軍官 7원(이 7인은 사신이 자벽自辟*하며 자제군子弟軍 또는 반당伴倘이라고 이름 하였다), 우어별차偶語別差 1원, 만상군관灣上軍官 3원이며 이 밖에 삼상蔘商과 잡색인원雜色人員이 적지 않다.³⁴

　이들은 일정한 토산물을 청조에 제공하고 답례물을 받아 국왕에게 드리며 수행한 상인들은 가지고 간 은銀, 삼포蔘包 등으로 북경시장에서 주단紬緞, 진물珍物, 사치품을 사가지고 돌아왔다. 동시에 왕실 이하 각 학궁學宮과 개인의 필요한 도서 구입도 중요한 사항의 하나였다. 또 직위 없는 문인과 학자들은 군관이나 기타 명색으로 수행하여 이국 문물의 특징을 보고 기록하며 저명한 인사들을 방문하고 필담과 시문으로 사상과 학식을 교환하였다. 위에 언급한 몇몇 기행문은 다 이러한 내용이다.

　홍대용의 《담헌연기》에 자기가 유리창琉璃廠 서점을 열람하던 광경을 묘사하기를 "벽의 주위에 시렁을 십수 층이나 가설하였고 아첨牙籤** 있는 권질卷帙이 정연하게 쌓여 있으며 매투每套***에 표지가 있다. 이 한 서점의 책이 적어도 수만 권이 될 것이다. 한참 쳐다보아도 그 표호標號를 다 볼 수 없고 눈은 이미 현혼眩昏****하여졌다."고 하였다. 또 이덕무는 1778년 북경에 온 지 사흘 만에 유리창에 가서 조선에 없는 혹은 보기 드문 서적들을 찾았으며 십이가서점十二家書店에 가

---

* 조선시대 관원을 채용하던 방법의 하나로서 각 관아의 장관이 자의로 하급관원을 추천하여 등용함
** 찾아보기 편리하도록 축의 아래쪽에 서명과 권차를 적어넣은 꼬리표　　*** 덮개마다
**** 어둡고 아찔거리다

서는 130여 종의 서적들을 발견하고 하나하나 서명을 기록하였으며 만청滿淸의 금서로 된 명나라 사람의 저작에는 더욱 주의하였다. 또 그는 소개를 거치지 않고 직접 중국학자들을 찾아서 서로 필담하였다.

또 유득공, 박제가 두 사람은 진전鱣陳, 전동원錢東垣, 고순顧純 등과 모두 오류거서점五柳居書店에서 서로 만나 알게 되어 연일 학술을 토론하였다. 그래서 진전이 그 뒤 유득공, 박제가를 추억하면서 말하기를 "한 번 보고는 친구와 같았다. 언어는 비록 통하지 않으나 각기 붓을 잡고 써서 문득 서로 기뻐하며 이해하였다."고 하였다. 이를 보아도 그들이 조중朝中 문화 교류에서 얼마나 유효한 활약을 하였던지를 알 수 있다. 그리고 유득공의 《연대재유록燕坮再遊錄》에 따르면 오류거서점의 도정상陶正祥과 취영당서점聚瀛堂書店의 최기崔琦의 구술로써 당시 천초川楚(사천四川과 호남湖南, 호북지방湖北地方)지방에 부역이 번중하므로 농민 반항이 발발하였는데 만주滿洲 대신大臣이 탐오 불법하며 공명을 취득하려고 향용鄕勇(지방 군인)을 조발調發하여 농민 반항을 진압하려 하였으나 식량을 공급하지 않고 잔혹한 법령으로만 구속하므로 향용은 모두 농민 대오에 가입하였다는 사실을 알게 되었다. 이를 보면 당시 조선 사절단원들이 서적 구입, 문물 수입에만 국한하지 않고 조중 인민의 친선과 중국 정세의 내면적 관찰에서도 중요한 역할을 하였음을 알 수 있다.

사절단은 중국문물을 수입하는 데 노력하였을 뿐만 아니라 중국을 중계점으로 하여 서양문물을 수입하는 데도 많은 효과를 얻었던 셈이다.

중종 15년(명나라 정덕正德 15, 1520) 12월에 통사通事 이석李碩이 중국으로부터 돌아와서 국왕에게 보고하기를 "포르투갈이 말라카를 격멸하고 명조明朝에 사자使者를 보내어 봉책封冊을 구하였으며 그 얼굴 생김새는 왜인과 같고 음식, 의복은 인도人道*와 같지 않다.……"고 하였으니[36] 이를 조선 사람으로서 서양 소식을 전한 첫 기록으로 볼 수 있다. 그 후 연경에 왕래하던 이수광의 《지봉유설》중에 유럽=대서국大西國에 사용하는 화기火器인 불랑기와 매미 날개같이 극히 가늘고 얇은 서양포西洋布와 영국에서는 맥설麥屑을 먹고 피구皮裘를 입으며 철편鐵片으로 선체船體의 내외를 싼 사중선四重船이 선미船尾에 생풍기生風機를 설치하고 전투 시에 대포를 사용하여 견고하고 신속하므로 해중海中제국諸國이 감히 항거치 못한다 하였으며 야소교회耶蘇教會**와 이마두에 관해서도 언급하였다. 또 동서同書에 선조 36년(1603) 입연사入燕使 이광정李光庭과 권희權憘가 〈유럽여지도歐羅巴輿地圖〉1건 6폭을 가지고 왔는데 지도가 정교하여 서방을 특별히 상세히 하였고 중국, 우리나라 팔도와 일본까지를 남김없이 그렸다 하였으니 이는 서양 사람의 지도가 조선에 수입된 첫 기록이었을 터이다.

그 후 인조 9년(1631)에 진주사陳奏使 정두원鄭斗源이 명나라로부터 돌아와서 서양인 장교관掌教官*** 육약한陸若漢****이 지증持贈한 도서, 각종 무기와 염초화焰硝花, 자목화紫木化 등을 국왕에게 올렸는데《국조보감國朝寶鑑》에 쓰기를 "치력연기治曆緣起 1책, 이마두 천문서 1책, 원경서遠鏡書 1책, 천리경설千里鏡說 1책, 서양풍속기 1책, 서양국공헌신위대경소西洋國貢獻神威大鏡疏 1책, 천문도 남극도 양폭, 천문광교天文廣教 양폭,

---

* 정상적인 사람을 뜻함　** 예수교회　*** 선교사　****Johannes Rodorigue, 예수회의 포르투갈 신부

만리전도萬里全圖 5폭, 홍이포제본紅夷砲題本 1이었는데, 천리경 1부는 천문을 관측하며 또 백리 밖에서도 적진 중의 미세한 물건을 볼 수 있으니 그 값은 은 300, 400냥이라 하며 일구관日晷觀 일좌一座는 시각을 정하고 사방을 정하고 일월의 행정行程을 정하며 자명종 1부는 12시에 매시마다 스스로 울며 화포 1부는 화승火繩을 쓰지 않고 화석火石으로 치면 불이 저절로 일어나서 우리나라 조총이 두 발 발사하는 동안에 네다섯 발을 발사하고 빠르기가 신神 같으며 염초화는 구운 염초의 소금이며 자목화는 면화의 붉은 빛이 나는 것이다." 하였다.

이 기록에서 보는 바와 같이 정두원의 이번 연행을 통하여 서양과학 산물이 처음으로 또 제일 다양하게 국내에 수입되었다. 이때 역관 이영준李榮俊은 이탈리아인 육약한에게 서양의 천문 추산법을 배웠는데 후래 안정복의 《잡동산이雜同散異》에 그들이 질문 왕복한 서한을 수록하여 조선 과학사상 귀중한 기록으로 되어 있다. 또 별패장別牌將 정계길鄭季吉은 홍이포 제조법을 습득하고 중국인 포수砲手 박무길朴武吉을 데리고 귀국하였다.

그 후 인조 14년(1636)에 잠곡潛谷 김육金堉은 북경에 가서 자명종을 목도하였고 밀양密陽 교장巧匠 유흥발劉興發은 일본 사람에게 사 얻은 자명종을 모제模製하기에 성공하였다 하며[36] 서양 역법은 인조 27년(1649) 김육이 연경에 갔을 때 서양인 탕약망의 시헌력법時憲曆法에 관한 서적을 사가지고 돌아와서 관상감관觀象監官 김상범金尙範 등으로 하여금 연구케 한 결과 효종 4년(1652)에 채용하였다. 이 뒤부터 서양 역법에 대한 연구는 일단 성과를 얻었으며 이 역법의 추산에 의하여 정조 때 천세력千歲曆을 편찬하였다.

그 후에도 연행 사절을 통하여 한역漢譯 서양 서적, 과학과 기술이

부단히 수입되었는데 그중 저명한 실례로서는 경종 때 소재踈齋 이이명
李頤命이 연경에 가서 서양인 소림蘇霖,* 대진현戴進賢**으로부터 이마두,
애유략艾儒畧*** 등이 저술한 교리 서적들과 천문 역산 등 서책들을 얻어
가지고 왔으며 또 소림과 교리에 관한 왕복서한이 있었다.37 영조 41년
담헌 홍대용은 동지사 겸 사은사의 연경행을 따라가 서양인 교회를 찾
아서 서양문물을 참관하고 왔으며 정조 때 연암 박지원은 또한 북경
서양인 교회를 방문하고 교리, 지구地球 내지 양화洋畫에 대한 논평이
있었으며 정조 8년(1784) 이승훈은 아버지 동욱東郁의 서장관 사행을 따
라가서 북경 교회에서 프란체스코파 포르투갈인 선교사 탕사선으로부
터 세례를 받고《기하원본幾何原本》,《수리정온數理精蘊》, 망원경, 지평표
地平表와 많은 교리 서적을 얻어 가지고 왔다. 북경 사행에서 공개적으
로 서양 교회를 방문하고 서양인의 교리 서적과 기타 과학적 기물을
받아가지고 오는 것은 이승훈의 북경행으로서 종지부를 찍게 되었다.

    이상과 같은 사실들에서 북경 사행이 외국 문화와 문물의 수입
에 얼마나 중요한 역할을 했는지를 알 수 있으며 동시에 조선의 18
세기 — 영정시대의 신문풍이 어떠한 특징을 가졌는지도 이해할 수
있다.

4. 1801년 '사학'사건과 그 후 사회적 정세

1801년 '사학邪學' 사건은 순조 원년 신유 즉 19세기 벽두에 일어난 이가

---

* Saurez, J., 포르투갈 신부　　** Ignatius Koegler, 독일 신부　　*** Giulio Aleni, 이탈리아 선교사

환, 권철신權哲身, 이승훈, 정약전, 정약용 등 실학 일파와 정약종, 홍교만洪敎萬, 최창현崔昌顯, 유항검柳恒儉, 황사영黃嗣永 등 신교자信敎者들에게 가해진 박해사건이었으며 이를 '신유사옥辛酉邪獄' 사건이라고 불렀다. 이는 조선 역사상에 처음 보는 사상적 박해며 조선 정치계의 중대한 사변 중 하나였다. 그들이 서양으로부터 전래한 과학과 종교 — 천주교 — 에 직접, 간접으로 관계하였던 것은 물론이며 그들의 영향 밑에서 움직이는 군중은 실로 수만에 달하였다. 그러나 그들 중에 혹은 과학을 환영하고 종교는 반대하며 혹은 종교를 열심히 신앙하고 과학에는 그다지 관심하지 않았음에 불구하고 당시 반동정부는 그들에게 일률적으로 사교邪敎 신봉이라는 죄명을 덮어 씌워서 일망타진의 참극을 연출하였다.

당시 반동정부가 혈안을 부릅뜨고 적극적으로 탄압하는 칼날의 중심방향이 어디 있었던가 하면 소위 사교 즉 천주교를 신앙하던 자들에게 있지 않고 서양의 과학과 사상을 자기 학문의 요소로 섭취하던 실학 일파에게 있었으며 또 반동정부가 실학 일파를 원수와 같이 미워하고 두려워한 이유는 실학을 반대하는 학리적 견지에 있었다기보다도 차라리 실학 일파가 반동정부 자신들의 종래 정적政敵인 '시파時派' 남인의 우수한 인물들이었다는 데 있었다. 그러므로 이 옥사가 종교박해를 외관으로 한 격렬한 양반 정쟁의 사건이었음을 간과하여서는 안 될 것이다.

원래 이가환, 정약용 등 실학 일파가 대개 초기에는 천주교리를 연구하고 교회와도 접촉하여 신자로 오인될 수 있었으나 나중에는 교리를 반대하거나 혹은 그에 대한 흥미를 잃어버렸고 주로 서양의 과학과 기술을 수입 응용할 것을 주장하였으므로 비록 친척이나 지우 가운데 신자들이 많았으나 직접 그들 자신이 사교 신봉의 지목을 받을 근거는 없었다. 다만 그들이 정조 부자를 보호하던 시파 남인의 계통에 속하였고 또 정조가 자기의 재위기간에 인간적으로, 정치적으로 깊이 결탁하여 신임하고 기대하며 극력 애호하던 인물들이었으므로 반대당인 서인 노론 벽파는 자기들이 잡고 있는 궁척宮戚 세력을 이용하여 국왕 정조를 모해하였다. 그리고 1800년 정조가 사망한 이듬해 정월부터 10월까지 3회에 걸쳐 시파 남인의 정예분자를 중심하여 학파, 교파의 구별이 없이 소위 사학 처단의 불구덩이에 집어넣었던 것이니 양이兩李(이가환, 이승훈), 삼정三丁(정약용의 삼형제)을 선두로 하여 오석충吳錫忠, 이학규李學逵, 홍헌영洪獻榮, 이기양李基讓, 홍낙민洪樂敏, 이치훈李致薰(승훈의 아우), 권철신·권일신權日身 형제와 황사영 등 일류 신진 인사들이 혹은 피살되고 혹은 유배되어 혹독한 화망禍網은 수백 수천의 다수에게 미쳤다.

사학옥사에서 희생된 인사들이 이와 같이 많았는데도 시파 남인 이외에 저명한 타당他黨 인사로 이 사건에 연루된 자는 서인 노론 명가名家 출신인 김건순金建淳(김상헌金尙憲의 종손이며 김양행金亮行의 손자) 한 사람뿐이었으며 또 당시 실학을 숭상하고 서양문물의 수입을 주장하여 사학의 혐의를 받을 수 있는 인사들이 타당에도 없지 않았건만 사건의 결과에서는 사학의 죄명이 마치 양이 삼정을 중심한 일파의 전유물처럼 표시되었으니 이를 보더라도 옥사의 이면이 어떠했는지는 잘 알 수 있다.

옥사는 이에 그치지 않고 한 걸음 한 걸음 확대되었다. 벽파의 손에서 조종된 당시 반동정부는 장헌세자莊獻世子의 아들이요 정조의 서제庶弟인 은언군恩彦君 인䄄과 서인 시파의 두령이요 정조의 외조外祖인 홍봉한洪鳳漢의 아들 홍낙임洪樂任을 이 사건에 관련시켜 사교도의 와굴窩窟로 성토하고 사사賜死의 형에 처하였다. 그리고 다음 절차로서 2년 전에 이미 사거死去한 고故 영의정 채제공을 사교도의 극력 비호자로 규정하여 관작을 추탈하였으며 또 문신 윤행임尹行恁을 사학의 체결자로 낙인찍어서 신지도薪智島(전남 강진) 유형 중에서 사사케 하였으니, 채제공은 시파 남인의 수령으로 정조 평일에 가장 신임하던 대신이며 윤행임은 역시 정조의 학식 있는 신신信臣으로 그의 사후에 벽파와 그의 전권專權을 반대하여 그들의 미움을 받던 까닭이었다.

이 사건으로 말미암아 가혹한 사상 취체의 그물이 전국 각층에 뻗쳤으며 당시 사상적·정치적으로 진보적 경향을 가진 인사들은 거의 다 연루되었다. 이 사건의 일면에 대해서는 천주교회의 사료史料로부터 인용한 다음의 일절이 대체로 설명하고 있다.

> 기독교가 조선에 들어왔을 때 새 교도의 대부분은 유명한 학자였고 정종正宗(후칭 정조)은 그들을 매우 존경하였으므로 그들의 정치상 종교상의 적대자들이 모두 모해하였음에도 불구하고 국왕은 도저히 그들을 희생시키려는 결심을 할 수 없었다. 그들을 사형에 처하기에 성공한 것은 실로 1800년 정종이 사거한 후와 또 새로 즉위한 국왕의 미성년 시기이었다. 지금도 오히려 이들 초기 개종자들의 과학상 문학상의 명성에 끌리어서 이 교도가 신앙생활에 인도되는 일이 적지 않다.[38]

요컨대 1801년 대탄압 사건은 대내적으로 집정당인 서인 노론 벽파의 재야당인 남인 시파에 대한 억압인 동시에 관학파의 실학파에 대한 박해였으며 대외적으로 국내 봉건주의적 세력의 자본주의적 사상의 국제적 전파에 대한 배척이었다. 18세기를 만조기滿潮期로 하여 발흥하던 신진 사상은 이 사건을 전기로 하여 반공개 상태로부터 완전히 지하로 들어가게 되었으며 따라서 이들은 저명한 지식층에서 이탈하여 대부분 무명한 군중 속으로 침몰하게 되었다. 그리고 사회적 표면에 남아 있는 실학의 잔영은 어떤 철학적 체계의 이론적 발전이 아니라 흔히는 박식가의 노트와 백과사전식 표현들이었다. 이와 같은 침체적 현상은 '개화' 운동이 일어나기 전까지 즉 19세기 1860년대까지 계속되었다. 그 이유는 첫째로 반동정부가 인민의 사상, 신앙과 학술의 자유를 극도로 탄압하여 신유옥사 이후에도 천주교도에 대한 헌종 5년(1839) 학살, 고종 3년(1866) 학살과 동학교도에 대한 수차 박해가 지식인들에게 대조적인 공포를 주었으며 둘째로 종래 중국을 통하여 부절不絶히 유입되던 서양의 과학문물이 반동당파의 강요로 정조 15년(1791)에 드디어 금지되는 동시에 홍문관에 간직하고 있던 서양 서적을 전부 소각하고 또 홍수처럼 밀고 들어오던 중국의 패관잡기稗官雜記와 명청明淸 문집에까지 금구령禁購令*을 내리었던바 신유옥사 이후 더욱 여행勵行**되어 국내 인사들은 대부분 외국의 선진 문화와 서로 절교된 상태에 놓여 있었다. 그리하여 조선의 학술계는 문학계까지도 새로운 자극과 혁명적인 정열을 거의 잃어버린 듯한 현상을 보이고 있었다.

그러나 인민대중의 편에서는 침체한 상태에 잠겨 있던 지식층의 세계와는 반대로 자연생장적인 성격이었는데도 발전적이며 혁명적인 기세로 충만되었다. 그리하여 조선의 19세기는 농민봉기의 세기로 나타나고 있었다. 18세기를 지난 조선 봉건체제는 자기모순의 발전에 따라 존재의 위협을 물질적 기초로부터 받고 있었으므로 양반 지주 계급의 정치는 더욱 발악화하여 노골적인 강도 집단의 행위를 인민의 면

---

* 책을 구입하지 말라는 명령   ** 엄격하게 시행

전에서 감행하고 있었다. 이에 대응하는 농민대중의 불평과 투쟁은 점차 지역적인 제한성을 확대시켜 1군 1읍에서 수개 군의 투쟁으로 수개 군에서 전도全道 내지 전국의 투쟁으로 발전되고 있었다. 그 실례로서 순조 4년(1804) 관서關西 인민들이 평양 감영을 자기들의 원부怨府로 인식하고 감사의 청사를 방화하여 전부 소각하였으며 순조 11~12년(1811~1812) 홍경래를 지휘자로 한 폭동은 가산嘉山 다복동多福洞에서 기의起義하여 청북淸北* 일대를 휩쓸었으며 이 폭동에 영양되어 남방 여러 고을에서도 인민이 일어났다. 그중 제주濟州 인민의 봉기는 전도全島에 확대되었다(1813). 또 순조 34년(1834) 수년간 흉작을 기회로 하여 경성京城 미상米商들이 개점을 않는 데 크게 분개한 기민饑民들은 무리로 둔취하여 미전米廛을 파괴하고 대신을 모욕하였으며 철종哲宗 13년(1862) 대규모의 농민봉기인 진주晋州 '우통'**이 있은 후 연달아 익산益山, 개령開寧, 함평咸平, 함흥咸興 각지에서 폭동이 있었으며 19세기 말 1893년 성천成川, 강계江界, 함종咸從 각지에서 발단한 폭동은 관서 전체에 영향을 주었고 이듬해 고부古阜에서 발단한 갑오농민전쟁甲午農民戰爭은 전국에 파급되어 조선 역사상에 획기적인 충동을 주었다. 이리하여 19세기의 인민투쟁은 18세기와는 다른 특징을 가져왔다.

이와 같은 농민 폭동의 거대한 기세와 발을 맞추어 반동정부의 연속적인 박해가 있었는데도 각종 신교도들은 사상 신앙의 자유를 위하여 중세기적 양반도兩班道와 결사적으로 싸워서 조금도 굴복하지 않고 요원燎原의 형세로 인민 속에서 발전되었다. "착취자들과의 투쟁에서

---

* 청천강 북쪽 곧 평안북도를 가리킴   ** 진주민란을 가리킴. '우통'의 뜻은 잘 알 수 없다

피착취계급의 무력無力은 자연과의 투쟁에 있어서 미개인들의 무력이 신, 악마, 기적 등등에 대한 신앙을 낳는 것과 마찬가지로 보다 좋은 내세에 대한 신앙을 불가피적으로 낳는다."[39]고 레닌은 말하였다. 당시 조선 인민의 많은 신앙자들은 물론 착취자와의 투쟁에서 자기들의 무력을 고백했으나 보다 좋은 내세에 대한 열렬한 신앙에 착취계급을 반대하고 저주하는 감정과 이상을 도리어 보강하는 일면이 있음을 우리는 간과할 수 없다. 그러므로 당시 그들의 계급적 제약성에 비추어 보아 또한 당연한 현상이었다.

18세기를 지나 19세기 1830년대까지 자기 생애를 걸쳤던 다산 정약용에게는 신유사학옥사가 도리어 그를 평화적이며 합법적인 사상에서 비합법적이며 혁명적인 사상으로 전향케 하였다. 정약용의 풍부한 저작과 진보성 있는 논설들은 대개 유배 생활의 산물이었다. 실학파의 역사 발전에서 정약용 일파의 학설과 사상이 점령하고 있는 지위는 실로 중요하나. 이들의 영향은 직접 간접으로 인민 속에 잠류潛流하니 19세기 말경의 반봉건적 개화운동과 농민전쟁에 이론적 표어적이고 선전적인 목적과 방향을 도와주었다 할 수 있으며 또 서양을 배우면서 서양을 경계하고 자주 독립적인 입장을 내세우는 애국적인 사상의 전파에서도 선구적인 태도를 보였다.

정조가 죽고 그의 어린 아들 순조가 즉위한 19세기 벽두에 실학파에 대한 대탄압이 개시되었고 그 뒤 곧 노론 벽파를 밀어낸 외척 김씨(소위 안동 김씨)에 의하여 '세도정치'가 완전히 실시되었으므로 왕권은 더욱 미약해졌고 극소수 귀족의 전제주의는 극도로 폭악화하였다. 따라서 조선 양반정부는 인민의 지지로부터 완전히 고립되어 풍전등화의 운명을 보이고 있었다.

당시 정치적, 사회적 상태에 대하여 다음과 같은 두 풍자화諷刺畵의 설명을 인용하려 한다.

1. 호화豪華한 의복을 입은 노론이 성대히 차린 식탁에 앉아서 마음껏 가장 맛있는 음식을 먹고 있다. 소론은 그 옆 조금 뒤편에 앉아서 애교 있게 시중하고 아첨하는 대가로 요리를 조금 얻어먹고 있다. 그 잔치가 자기를 위한 것이 아님을 아는 소북小北은 멀리 떨어져서 얌전한 태도로 앉아 있다. 상기한 두 자(노론과 소론)가 배부르게 먹고 날 때에는 얼마쯤이라도 그 나머지가 돌아올 것이다. 최후에 남루한 옷을 입은 노론의 뒤, 노론 쪽에서는 보이지 않는 곳에 서서 이를 갈면서 분개하며 분명히 복수를 맹세하는 사람같이 주먹을 내밀고 있다. – 20, 30년 전에 발표된 이 풍자화는 현재 각 당파의 각개 지위를 정확히 묘사하였다.[40]

2. 왕권은 이론상으로는 지극히 높은 것으로 되어 있으나 현재 실제에는 매우 약화되어 있다. 대귀족들은 23대의 유명무실한 왕에 대한 여러 번 계속적인 세습적 보필을 이용하여 거의 모든 권력을 장악하였다. 왕은 보지 못하고 알지 못하고 아무 능력 없는 것이라고 조선 사람들은 말하게 되었다. 그들은 현 사회 상태를 다음과 같이 그렸다. — 머리와 다리는 완전히 위축되었으나 가슴과 배는 곧 터질 듯이 한껏 팽창한 사람의 모양으로 나타내고 있다. 머리는 왕이고 다리와 팔은 인민임을 표시하며 가슴과 배는 위로 왕을 약화 무력케 하고 밑으로 인민의 피를 빨아먹는 대관과 귀족을 의미하고 있다. — 이 풍자화를 입수한 선교사들은 반란의 요소가 매일 불어가며 점점 압박을 받고 있는 인민들이 자기들을 약탈로 유도하는 어떠한 폭동에라도 귀를 기울이게 되며 한 점의 불씨

가 예측할 수 없는 화재를 확실히 일으키게 될 것이라고 말하고 있다.

이상 인용한 두 풍자화에 관한 설명*은 상당히 흥미 있는 인민적 작품으로서 당시 조선 정부의 부패상과 일반 인민의 양반정치에 대한 반감을 간명하게 형상화한 귀중한 사료다. 당시 양반 악대들의 값싼 태평곡 소리에 자기도취하고 있는 동안에 양반계급의 거동과 운명을 조소, 폭로하는 이와 같은 풍자화들은 민중 속에서 창작된 것으로 널리 유행하여 인민의 반양반적인 혁명사상을 고취하였으며 또 외국인 선교사의 손을 통하여 유럽 자본주의 여러 나라 사람들의 눈앞에까지 전파되었다.

그런데 첫째 만화漫話는 1801년 대탄압이 일어난 직후의 작품이었을 것이며 둘째 만화는 19세기 중엽 즉 정약용이 서거하던(1836) 전후의 작품이었을 것이다.

---

* 인용문의 내용으로 볼 때 1947년 간행된 이능식, 윤지선 번역 《조선교회사서설》(대성출판사)을 활용하였다

4장 유형원, 이익 일파의 실학사상

유형원

반계磻溪 유형원柳馨遠은 풍부한 지식과 이상으로 조국을 사랑하고 인민을 동정한 학자 가운데 한 사람이었다. 그는 17세기 조선이 낳은 우수한 정치 사상가였다. 그는 이른바 조선 실학파의 창시자였다.

반계는 문화文化 유씨柳氏며 당시 남인당계에 속한 양반 가벌家閥이었다. 1622년(광해군 14)에 출생하여 1673년(현종 14)에 52세로 일생을 마쳤다.

그는 재질이 뛰어나서 5세에 이미 산수에 통하고 글 읽기를 좋아하며 한 번 읽으면 곧 외울 수 있었다. 10세에 작문을 잘하며 경전과 여러 서적들을 통람通覽하였으나 소년 때부터 과거(문관시험) 보기를 싫어하였으며 중년에 자기 조부의 강요로 한 번 나가 진사進士(국립대학생)에 합격하였으나 다시는 출세할 뜻이 없었다.

그에게 다음과 같은 일화가 있다. 그가 15세적에 '병자호란'을 당하여 자기 조모와 모친과 두 고모를 모시고 피란 가는 도중에 강도들이 산곡山谷으로부터 길을 막고 위협하였다. 그는 조금도 당황하지 않고 강도들 앞에 가서 말하기를 "이 세상에 부모 없는 사람은 없을 것이다. 내 부모를 존경할 줄 알면 남의 부모도 존경할 것이다. 당신들은 내 부모를 조금도 놀래게 하지 말고 우리가 휴대한 물건만은 가져가라." 하였다. 어린 소년의 정직하고 대담한 태도에 감복한 강도들은 그만 고개를 숙이고 흩어져 가버렸다.

　　병자호란의 국치가 있은 후 10년이 못 되어 청국은 중국을 강점하였다. 당시 무능 무력한 조선의 통치계급 ― 서인당파는 국가의 흥망과 인민의 이해를 돌아보지 않고 자기들의 세력 유지에만 광분하고 있었다. 이와 같은 사회현상에 애국적인 분노를 참을 수 없던 청년 유형원은 그들과 더불어 정계에서 벼슬을 경쟁하기를 단념하였다. 그가 일찍이 서울에 있을 때 학식과 인격에 대한 명성이 높아서 사회의 저명한 인사들이 모두 그와 사귀기를 원하였으나 그는 출세하기를 끝내 싫어하고 자기 고향인 경기도 지평砥平을 떠나 전라북도 부안 우반동愚磻洞에 이주하였다. 그래서 자기 별호를 반계라 하였다.

　　유형원은 이와 같은 정치 중심지를 버리고 먼 시골 해변 한 벽촌에 와서 초라한 은자의 생활을 하고 있었으나 불길 같은 정열과 냉철한 관찰력으로 교차된 그의 눈초리는 항상 조국의 운명과 인민의 동향에 머무르고 있었다.

　　그는 본래 상당한 재산과 전답을 소유하였으나 자기 생활은 대단히 검소하였으며 당시 양반 토호들이 갖은 꾀를 부려 도피하거나 혹은 비참한 소작인에게 전가시키던 지세 즉 국세는 자기가 솔선하여 제때에 바쳤으며 식솔을 반드시 절약 저축하여 가난한 친척들과 이웃 사람들을 구조하였다.

　　그는 우반동에 은거한 뒤로 자기의 의장意匠에 의하여 체제가 극히 편리한 큰 배 넷다섯 척을 만들어 자기 집 앞 바다에 띄워 성능을 시험하였으며 매일 수백 리를 달릴 수 있는 준마를 사 길렀고 좋은 활과 조총 수십 자루를 구득하여 촌민과 노복奴僕들에게 사격하는 방법을 가르쳐 주고 군사훈련을 가하였다. 이 때문에 그 후 우반동의 포수砲手가 국내에서 유명하였다. 그는 또 중국에 건너가는 해로에 관한 기록과 표풍漂風으로 해외에 갔던 사람들의 견문담을 수집蒐輯하여 지리에 대한 지식을 풍부히 하였다. 이와 같은 일련의 시도는 과거 '임진', '병자'의 수치에 대한 복수와 외래 침략에 대한 방어책을 준비하는 데 도움을 주려는 것이었다. 국방대책에 크게 유의한 그는 《기효신서절요紀效新書節要》, 《무경초武經抄》 등 병서를 편술하였다.

＊　＊　＊

당시 사상계와 문화계를 지배하는 유학이 공리공담과 형식주의에 흘러 인민의 실용생활에 아무런 이익을 주지 못할 뿐만 아니라 학풍은 지식의 발전을 봉쇄하며 학문의 창의성을 전적으로 억압하였다. 반계는 첫째로 이에 대한 항의를 제출하였다. 그리하여 그는 편협하고 고루한 설교주의적 성벽을 깨뜨리고 지식을 널리 구하였다. 그는 17세기 초두부터 수입되기 시작한 서양과학의 영향을 감수한 선각자로서 천문, 지리, 수학, 음악, 군사, 전술, 의학, 방역方譯(외국어)으로부터 문예, 도불道佛 서적들까지 광범히 연구하였으며 세계 여러 나라의 산천, 도로, 풍속들에 정통하였다. 그는 국내의 명천名川 승지勝地를 직접 답사하여 지리에 대한 지식을 넓히고 따라서 《기행일기紀行日記》를 지었으며 《동국여지승람東國輿地勝覽》이 지리서로서는 체계가 미비된 것을 지적하고 《여지지輿地志》를 새로 지어 우리나라 지리를 상세히 밝혔으며 또 《지리군서地理群書》를 편술하였다.

그는 종래 유교의 성리학을 비판하여 《이기총론理氣總論》, 《경설문답經說問答》 등을 저작하였으며 또 종래 학자들이 대개 등한히 보던 조국의 역사와 언어에 특별한 관심을 가지고 《동국강목조례東國綱目條例》, 《역사동국가고歷史東國可考》와 《정음지남正音指南》 등을 저술하였다.

그는 방대하고 다방면한 저작을 통하여 자기의 광범한 지식과 숭고한 포부를 표시하였다. 그는 번쇄한 스콜라철학적인 학풍을 증오하고 부패 유약한 양반 유생의 기습氣習을 탈각脫却하고 부국강병을 목적한 경세가적 학술을 창립하려 하였다. 그의 얼굴은 준수하고 키는 크고 성품은 웅장하고 눈빛은 사람을 쏘는 듯하여 얼른 보아도 그가 비상한 수양과 사상의 소유자임을 알 수 있다 하였다.

그는 양반 출신으로 양반을 싫어하고 평민적인 생활을 좋아하였다. 그의 척숙戚叔 민유중閔維重*(뒷날 숙종의 처부妻父)이 유형원의 재능을 국왕에게 천거하려 하니 정색하면서 "아저씨는 나를 아는 사람이 아닌데 어찌 나를 추천하겠는가" 하고 굳이 사절하였다. 그 뒤에 다른 대관들도 그의 학문이 깊고 효도와 우애가 지극하다는 것으로 벼슬을 주려 하니 그는 좋아하지 않으며 "내가 그 일을 맡은 대신들을 모르는데 대신들이 어찌 나를 참으로 알 수 있느냐" 하고 끝내 거절하였다. 다른 사람 같으면 이처럼 좋은 출신의 기회에 두 손을 벌리고 달려들 것인데 그는 어찌하여 그처럼 냉담하였던가? 그것은 일반이 인정할 수 있는 염세주의나 은둔사상에서 나온 행동이 절대로 아니었다. 조국과 인민을 파멸로 인도하는 당시 통치계급들은 정권쟁탈을 목적한 당파전을 계속하여 인민의 적개심을 자기들의 지위 유지에 이용하기 위하여 소위 '존명', '북벌'의 위선적인 간판을 내걸었다. 이와 같이 난

---

* 숙종의 비妃 인현왕후仁顯王后의 아버지

잡하고 비열하고 다시 정리할 수 없는 정국에 단순히 자기 개인의 영달을 추구하려고 가담하는 것은 양심 있고 기개 높은 유형원으로서 절대로 할 수 없는 일이었다. 그 자신이 양반의 자손임에도 불구하고, 양반사회를 그처럼 내려다보며 양반정치를 타협할 수 없는 한 개의 추잡한 물건으로 미워하였으니 이것이 그가 보인 당시 양반제도의 내적 모순을 반영한 비판적 태도였으며 실학자의 특징이었다.

그는 끝까지 당시 양반사회를 지지하지 않은 까닭에 불우한 신세로 자기 일생을 지냈다. 따라서 그의 고상한 재능과 정치적 포부를 참으로 아는 자가 없었고 다만 자기 선배인 미수眉叟 허목許穆이 그를 치국안민할 수 있는 대정치가라고 평가하였으며 박지원의 〈허생전許生傳〉 가운데 허생이 "유형원은 일국 군대의 식량을 능히 조달할 수 있는 인재로서 속절없이 바닷가에서 늙는다."고 개탄하였다. 그의 사후 18세기에 들어와서 성호 일파의 실학이 발전되면서 반계의 사상과 이론이 계승 발전되고 그의 명성과 영향이 비로소 커졌다.

* * *

유형원의 풍부하고 다방면한 저서들이 대개는 즉시 인쇄되지 못하였고 또 당시 통치계급과 소위 '정통파'의 학문에 저촉된 것이 많았던 까닭으로 세상에 나타나지 못하고 그만 파묻혀 버렸다. 그래서 그의 이론과 학설의 전모에 대하여 구체적으로 고찰할 길이 없는 것은 우리 우수한 문화유산에 적지 않은 손실이다.

그러나 지금 우리들이 다행히 그의 정치적 사상과 이상을 비교적 개관할 수 있고 또 그의 후계 실학자들에게 많은 영향을 준 것은 오직

《반계수록磻溪隧錄》이 당파의 장벽을 뚫고 학자들 간에 널리 읽혀진 까닭이다. 이 저서의 내용이 저자의 최고 이상이 아닐는지도 모르겠으나 여하간 그의 당면한 긴급 대책으로서 전제田制, 교육, 인재선발, 관리 임명, 녹제祿制, 병제兵制와 조폐造幣, 통화 등 각 방면에 걸쳐 구체 정연하고 절목이 상세하게 논술되었다. 이 방대한 저서는 오랫동안 초고로서 등사 전파되어 있다가 그의 사후 거의 백년 만에 비로소 발행되어 세상에 공개되었다.[41]

그런데 《반계수록》이 저작되던 시기 즉 17세기 말경의 사회적 환경은 과연 어떠했던가?

조선 봉건사회는 구성에서 왕실, 귀족, 정부, 지방관청, 관리, 유생, 토호와 서리를 착취계급 및 복무자로 하고 영세한 농민, 소작인, 소상인, 수공업자와 일반 천민을 피착취계급으로 하여 공연히 혹은 은연히 대립하고 있었다. 소위 '막비왕토莫非王土'*의 불문법적 규정에 의하여 토지는 국왕이 소유라는 표방하에 왕실, 귀족, 관리, 토호들이 사유지로 분배 내지 세습되었고 피와 땀으로 경작하는 농민들은 대체로 토지의 권리에서 제외된 농노적 상태로 존재하였다. 전국 인구의 대다수는 농민이었고 또 농민의 대다수는 소작 농민이었다. 그들은 지주들의 소유지에 얽매여 수확물의 절반을 소위 도조賭租로 지주에게 바치며 도조 이외에도 여러 형식으로 지주의 초경제적 착취를 당하였다. 또 소작인들은 어떤 지방에서나 지주를 대신하여 중앙정부에 국세 즉

---

* 《시경詩經》 소아小雅편에 나오는 말. "너른 하늘 아래 어떤 곳도 왕의 땅 아닌 곳이 없고, 어느 땅 물가의 사람도 왕의 신하 아닌 자가 없다〔溥天之下 莫非王土 率土之濱 莫非王臣〕"

지세를 바치며 일반 농민들은 지방 특산물인 '공물貢物'과 병역의 대가인 '군포軍布'를 바쳤다. 또 그들은 지방 관청에 여러 종류의 납세를 부담하였을 뿐만 아니라 탐관오리와 토호 유생들의 횡포 무법한 착취는 삼중사중으로 그들을 중압하였다.

특히 임진왜란과 병자호란을 겪은 뒤로 농민의 피착취 상태는 더욱 심했다. 전란으로 인하여 대다수의 인민이 유리流離, 감소되었으며 경작지는 많은 부분이 황폐되었으며 토지의 경계는 모호하게 되었다. 이처럼 혼란한 틈을 타서 양반 토호들의 토지 강탈은 무제한적으로 진행되었으며 그들의 은결, 누결漏結의 폐해는 중앙정부의 수입을 격감시켜 재정 곤란은 극도에 이르게 되었다. 그러나 전후 군제 개편에 의한 군사비 증가와 청국과의 관계에 따른 외교비 지출은 정부의 재정 궁핍에도 불구하고 일정한 미봉책을 강구하지 않을 수 없었다. 이 미봉책의 재원은 결국 인민의 고혈을 다방면으로 더 가혹히 짜내는 수밖에 없었다. 농민에게 나날이 가중되어 가는 과세가 복잡해질수록 관리의 농간과 양반 토호의 협잡은 더욱 극심하였다.

이와 같이 극악한 착취 상태에 처해 있는 인민-노인대중은 자연발생적으로 착취계급에 대항하였다. 탐관오리를 방축하고 지주 토호를 살해하며 부자의 창고를 공개하고 정부의 세금을 탈취하여 빈민을 구제하며 또는 지주 귀족의 장원莊園으로부터 탈주하여 착취와 압박이 없는 이상향을 찾아 가려 하였다. 《홍길동전洪吉童傳》의 활빈당活貧黨과 율도국硉島國과 〈허생전〉의 변산邊山 '군도羣賊'와 무인도 개척은 모두 반계 시대의 농민투쟁과 그들의 심리를 여실히 반영한 것이었다.

＊　＊　＊

《반계수록》의 저자 유형원은 우리나라 농민사회에서 민생문제의 기본적 해결이 국내 사유 토지 전부를 무조건으로 몰수하여 다시 합리적으로 분배함에 있다고 주장하였다. 그의 이론에 의하면 고대 정전제井田制는 지금 시대에 도저히 실행될 수 없고 오직 균전제均田制를 내용으로 한 과전제科田制만이 가능하다는 것이다. 과전제란 인민이 각자의 사회적 지위에 따라 일정한 토지를 국가로부터 받고 그가 사망하면 이를 국가에 환납하는 제도다. 토지는 사방 대척大尺 옛날 주척周尺을 기준한 것을 1보一步로, 100보를 1묘畝로, 100묘를 1경頃(경=1만 보는 지금의 약 5000평)으로 4경을 1전佃으로 하여 1전 내에 농민 네 명이 각각 1경씩 경작하고 조세를 바치며 1전에서 병사 한 명을 내되 농민 네 명 중에 가장 건장한 자가 병역에 복무하여 병농 합일의 체제를 실행할 것이다. 이는 일반 농민에 대한 것이다.

그리고 일반 사무원적 신분을 가진 자들에 대하여서는 그들의 지위에 따라 토지를 차등 있게 분배한다는 것이다. 유생 중에 하학下學(즉 읍학邑學의 액외생額外生)˙은 2경을, 상학上學(액내생額內生)은 4경을 받고 병역을 면제하며 직관職官에서는 9품으로부터 7품까지 6경이요 그 이상은 체가遞加하여 정2품의 고관에 이르면 12경을 받는다. 실직實職에 있는 동안에는 이 직관전職官田 이외에 직록職祿 즉 봉급을 받고 실직을 떠나더라도 직관전은 종신토록 회수되지 않는다. 이서吏胥, 관복官僕에

˙정원 외 학생

대하여서도 서울에 있는 자들에게는 봉급을 후히 주고 지방에 있는 자들에게는 봉급 외에 두 명씩 1경의 전지를 주며 병역을 면제한다. 이는 반계가 일반 관리의 박봉(조선 초기 과전과 직전이 폐지된 후)과 이서의 무급제도를 행정사업의 태업怠業과 착취와 탐오의 성행에 대한 중요 원인으로 인정한 까닭이었다.

20세 이상의 평민은 한 사람에 해당하는 전지를 받고 그의 가내에 여러 아들이 있을 경우에는 16세 이상 자에게 따로 여전餘田을 주고 전지를 받은 자가 사망하면 그것을 반환하는 것을 원칙으로 하되 고독자孤獨者와 유약자幼弱者에게는 그 부친이 받은 전지를 계승하다가 20세가 되면 그에 해당한 과전을 바꿔 받으며 처만 남는 때에는 구분전口分田을 주되 과전 면적의 절반으로 하며 공신, 청백리, 절사자節死者의 처에게는 금액을 주며 공인, 상인은 농민의 절반에 해당한 전지를 받으며 무당, 승려, 도사들은 전지를 받지 못한다는 것이다.

이와 같은 토지제도를 실시하려면 선결 조건으로서 전지를 정확히 측량하여 종래 문란한 토지 경계와 유치한 양전量田 기술을 기화로 한 부호의 농간 협잡을 일소하여야 할 것이라고 강조하였다. 그에 의하면 측량관은 반드시 경계를 방형方形으로 고쳐서 측량의 정확성을 기필期必할 것이며 또 종래 불합리한 양전법인 결부법結付法을 폐지하고 실지면적을 표준한 양전법을 실시하여야 한다고 하였다. 결부법이란 종래 우리나라에 관행하여 온 토지측량법인데 토지의 실지면적을 일정하게 표준하지 않고 토지 품질의 등급에 따라 측량척의 길이를 달리하여 1부 1결의 면적을 규정하는 것이다. 예를 들면 척박한 토지의 2부 2결은 비옥한 토지의 1부 1결과 동일한 것으로 토지대장에 기입하는 동시에 양자의 토지 세액 또한 동일하게 매기는 것이다. 다시 말하면 당해 토지의 수확 능력과 그에 대한 세율의 대소로서 당해 토지 면적의 척도를 규정하는 주관적 방법이 결부법이다. 토지의 자연적 대상을 착취자의 수탈적 견지에서 임의로 규정하는 결부법은 이면에 착취의 무한한 비밀과 폐해를 내포하고 있다. 토지의 실지 면적을 기록한 지적도가 존재할 수 없는 이상 결부법은 토지의 비옥과 척박의 객관적 근거로부터 도리어 지주 관리의 이기적인 이용물로 귀결되고 말 것이다. 결부를 실지 면적으로부터 바꾸자는 논의가 조선 세종 때 제기되었으나 관리들의 반대로 실행되지 못하였다.

반계를 선두로 한 실학파 학자들의 토지 개혁론에서 일치하게 결부법의 폐지를 주장한 것은 그것이 양전법의 기술적 진보만이 아니고 종래 지주들의 무리한 착취의 이면을 폭로한 동시에 농민의 이익을 보장하는 중요한 일면을 가지고 있기 때문이다.

또 그는 전지의 등급을 9등으로 나누고 풍작, 흉작의 등급은 3등으로 나누며 대개 실지 수확량의 15분의 1을 전세 즉 지세로 국가에 바치고 그 외 유명 무명 다종다양한 공적과 사적 부담은 전부 폐지하여 가렴잡세苛斂雜稅*로부터 농민을 해방할 것을 주장하였다. 그의 계산에 의하면 농민이 실수확의 15분의 1만을 단일세로 하여 바치더라도 국가의 재정은 충분하다는 것이다.

그리고 그가 창안한 토지제도를 유효하게 운영하려면 땅은 넓고 인구는 희박한 지방과 인구는 많고 땅은 적은 지방과의 상호 이동을 민활敏活히 실행하여 경지를 조절하고 주민을 고루 배치하여야 할 것

---

* 갖가지 명목으로 조세租稅나 공물貢物 등을 가혹하게 거두어들임

이라고 그는 주장하였다.

그는 종래 왕실과 중앙 각 관서에 대한 공물 즉 각 지방 산업의 현물 공납을 전부 폐지하고 왕실과 중앙 각 관서가 필요로 하는 물품에 대하여서는 농산물의 15분의 1의 경상 국세 중에서 지출하여 시장에 나오는 상품을 직접 사서 쓸 것이라고 하였다. 이는 유명한 대동법이 다종다양한 현물 공납을 미米 혹은 포布의 대납으로 단순화시킨 데 비해서도 말할 수 없을 정도로 훨씬 더 인민의 이익을 옹호할 것이었다. 왜냐면 대동법은 공물의 존재를 전제로 한 반면에 반계는 공물의 어떠한 형식도 전부 폐지할 것을 주장했기 때문이다. 또 그는 왕실과 중앙 각 관서의 비용은 예산 긴축과 함께 예산의 한도를 엄격히 지켜야 할 것이라고 주장하였다. 그의 왕실 재정 개혁안에 의하면 인민착취의 대본영인 내수사內需司를 폐지하고 그 소속 재정은 인민에게 반환하며 국왕은 대신 봉록의 열 배에 해당하는 예산만으로 생활하여야 한다고 하였다.

* * *

그는 환자법[還上法] 폐지를 주장하였다. 환자법이란 본래 정부가 춘궁기에 농량과 종자로 농민에게 국고 저장 곡물을 꾸어 주었다가 추수기에 이르러 회수하는 것이니 즉 고구려의 진대법賑貸法이다. 삼국 고려 조선을 통하여 계속 실행되어 왔으나 특히 조선 중기에 이르러서는 본래의 의의를 전연 상실하고 다만 정부의 중요한 착취 수단과 탐관오리의 유일한 기화奇貨로 전화되어 인민의 의사 여하를 불문하고 일반적으로 강제 대부하며 강제 회수하되 대여의 일정량에다가 몇 배나 되는 기괴하고 다양한 고율 이자를 첨부하여 회수하므로 환자법은 당시 인민에게 제일 고통스런 중압이었다. 반계는 이를 전적으로 폐지하고 상평법常平法을 합리적으로 실행할 것을 주장하였다.

상평법은 원래 미곡조절정책으로서 춘궁기나 혹은 어떤 때에 곡물이 부족하여 곡가가 등귀하면 국고의 곡물을 저렴한 값으로 발매하여 일반 인민의 식량 결핍을 완화시키고 곡가를 하락시키며 추수기나 혹은 어떤 때에 곡가가 떨어지면 정부는 비싼 값으로 민간의 곡물을 매수하여 식량 낭비를 방지하고 농민의 구매력을 제고시키는 방법이다. 이 법은 간상奸商들이 인민 생활을 침해하고 시장을 농단하는 폐단을 금지하고 물가의 평형을 항상 보장하므로 상평이라는 명칭이 있게 되었다. 그러나 반계는 상평법을 실시할 때도 민간과 시장에 대하여 정치적 강제 수단을 취하지 말고 순전히 경제적 방법으로 진행하여야 할 것이라고 주장하였다.

반계는 농민문제와 함께 병역문제에 관한 개혁안으로 균포법을 폐지할 것을 주장하였다. 한 농부가 1경의 공전公田(국유지)을 경작하여 15분의 1의 단일세를 국가에 바친 이외에 4경을 단위로 한 네 명의 농부가 한 명의 병역을 부담할 뿐이며 기타 일체 부담은 전부 폐지하여야 한다는 것이다. 원래 조선 병역제도는 특수한 일부 양반을 제외하고는 전 국민이 다 같이 일정한 호수戶首, 보인保人의 조직 밑에서 병역을 부담하였던 것이나 이는 하나의 규정이었고 반드시 그대로 실행되었던 것은 아니었으며 임진왜란 이전부터 병제의 부패로 인하여 병역 적령자들이 입영되는 대신에 매년 매인이 면포 두 필씩을 국가에 바치게 되었으니 소위 군포. 병역의 대가가 면포이기 때문에 면포에 '보병步兵', '여정餘丁'의 명칭까지 붙게 되었다. 유명무실한 병역의 인원수가 늘면 그만큼 정부의 면포 수입이 늘어 가는 것이나 그것은 양반 호족과 부민들은 전부 병역으로부터 면제되고 오직 빈곤한 또는 천대받는 인민들만이 과중한 군포를 부담할 뿐이었다. 그러므로 반계의 군포 폐지론은 당시 인민들에게 거대한 이익의 옹호였던 셈이다.

반계는 전지의 국유를 주장할 뿐만 아니라 산림 초목까지도 일체 국유지로 하여 인민이 자유 사용할 것을 주장하였다. 또 그는 산림의 부근에 위치한 과실나무밭, 뽕나무밭, 닥나무밭, 옻나무밭, 대밭 같은 특산물을 장려하기 위하여 그들 경영에는 일체 면세할 것을 주장하였다.

그는 각종 수공업자와 행상, 좌상 등 상인들에게 가한 종래 봉건적 착취와 억압을 반대하고 그들의 기술적·경제적 발전을 촉진시키기 위하여 극히 가벼운 세금을 징수할 것을 주장하였다. 또 어선, 상선에 대하여서도 일정한 가벼운 세를 물게 하고 종래의 파괴적인 징세는 폐지할 것을 주장하였다.

이상의 서술에서 《반계수록》이 민생문제의 가장 중요한 부분에 대하여 취한 개혁안의 태도를 우리는 이해할 수 있을 것이다. 이상의 개혁안들 이외에 교선제敎選制, 임관제任官制, 녹제祿制, 병제에 관한 상세한 개혁론들이 있는데 그의 진보적 태도는 일관되어 있다.

* * *

반계의 우수한 계승자인 성호星湖는 반계의 개혁론에 대하여 말하기를 "아조我朝(조선을 가리킴) 입국 이래 수백 년 동안에 시무時務를 아는 학자는 오직 율곡과 반계 두 사람뿐인데 율곡의 주장은 그 시대에 대부분 실현할 수 있는 것이며 반계에 있어서는 근본적으로 일제히 혁신하여 이상적 정치를 창설하려 하였으니 그 뜻이 참으로 크다."[42]고 하였다.

성호의 반계에 대한 이와 같은 논평은 결코 과장이 아닌 적절한 평가일 것이다. 반계는 당시 이데올로기 세계를 지도하는 유교 도학자들이 수신제가와 치심양성治心養性을 사회 개선의 근간으로 삼는 교조적 관념론과는 방향을 달리하여 일국의 경제적, 정치적 개혁에서도 토지개혁을 모든 개혁의 기본으로 인정하였다. 그의 개혁론에 의하면 토지는 국유를 원칙으로 하여 사유와 매매를 일체 금지할 것이며 현재 국내 대부분의 사유지를 단연히 몰수하여 일정한 공전의 법규로써 이를 적당히 분배 경작케 할 따름이다.

그는 말하기를 "나라를 다스리는데 공전을 실시하지 아니하고 공거貢舉(인재를 지방에서 선발해 올리는 것)를 실행하지 않으면 모든 것이 해결되지 않을 것이다. 공전이 한 번 실시되면 모든 제도가 순조롭게 진행되어 빈부의 차별이 정리되며 호구가 스스로 밝혀지며 군인의 대오가 스스로 바로 잡아질 것이니 이러한 다음에 교화를 실행할 수 있으며 예악을 일으킬 수 있을 것이다."고 하였다. 그는 이와 같이 정치개혁을 사회의 물질적 토대의 개조로부터 출발시켰으며 따라서 빈부 차별과 도덕, 교화와 제도 일체의 원천이 경제적 조직에 있다는 것을 인식함으로서 자기의 실학적 특징을 선명히 표시하였다.

그러나 그의 기본적 개혁안인 과전에서 농자農者와 비농자非農者가 모두 토지를 받는 것이라든지 유생과 직관에게 토지를 주며 또 농부보다 훨씬 더 많이 주어 일정한 범위 내에서 농민을 착취할 것을 공인한 것이라든지 하는 주장은 그의 개혁 사상의 본질적인 한계를 스스로 고백한 것이었으며 그의 개혁 방법은 주로 위정자의 자각에 기대하였고 봉건지주 계급을 반대하여 일어나는 농민 투쟁에 대하여서는 아무런 호소와 가담이 없었으니 이는 그의 개혁 사상이 농민의 권익을 중요시하는 입장에 튼튼히 서지 못하고 봉건 지배계급의 이성적 생활과 도의적 절제력을 아울러 고려하였다는 양면성을 말하는 것이다.

그러나 어쨌든 그가 토지를 지주 귀족의 독점과 겸병으로부터 몰수하여 국가 공유의 기초 위에서 분배와 회수를 실시하려 한 것은 또한 중대한 개혁안이 아닐 수 없다. 동일한 과전이란 명칭을 사용하였으나 고려 말 조선 초에 이성계 일파가 실천한 과전제는 고려 귀족과 사원의 세습 전지를 몰수하여 새로 나선 조선 지지파의 관료들에게 재분배한 데 불과한 것이었으나 《반계수록》에 논술된 과전제는 일반 관료와 지주의 사유 토지를 몰수하여 일반 인민과 소수의 관직자들에게 분배하려는 것이므로 양자의 내용은 같지 않다.

그의 개혁안은 조선 봉건 경제제도의 모순에 대한 전면적 비판이었다. 과전과 전전제佃田制를 위시하여 공물, 환상, 군포의 폐지로부터 내수사의 폐지와 국왕의 봉록제와 왕실 예산의 확립, 일반 상공업자의 자유 발전의 조장, 교육 선거와 병제의 개편에 이르기까지 실로 거대한 체계를 고안하였다. 그는 봉건제도의 쇠퇴하여 가는 현세를 만회하려는 의도 즉 일종의 복권주의에 국한되지 않고 농민 생활의 향상과 시민 계급의 성장을 촉진할 수 있는 보다 새로운 사회와 또 어떠한 외적의 침략에도 능히 자주 독립을 유지할 수 있는 부강한 국가를 이상하였다. 그리고 그는 조국의 역사, 지리, 언어, 문학과 철학에 대하여서도 특별한 관심을 환기하였다. 그의 진보적이며 민족 자각적 사상의 경향은 18~19세기 이익, 정약용, 박지원, 박제가 등 실학자들에 의하여 계승 발전되었으며 오늘날 우리 조국의 우수한 문화유산의 보물고에서 귀중한 한 지위를 차지하고 있다.

이익

조선의 실학은 17세기 하반기 반계로부터 시작되어 18세기 상반기의 성호에 이르러 발전된 형태를 갖게 되었다.

성호星湖 이익李瀷은 여주麗州 이씨며 대사헌 이하진李夏鎭의 막내 아들이었다. 자기 아버지의 유배관계로 1682년(숙종 8) 평안도 벽동군碧潼郡에서 출생하였고 경기도 광주廣州 첨성촌瞻星村에서 일생을 거주하며 별호를 성호라고 하였다. 1746년(영조 40)에 그는 83세의 고령으로 서거하였다.

성호는 남인당계에 속한 가문의 자제로 어릴 때부터 유교 학문을 공부하였으며 본래 청명이 남보다 뛰어난데다가 글 읽기를 좋아하고 서적을 박람하고 작문을 잘하였다.

그의 중형仲兄 섬계剡溪 이잠李潛은 학문이 우수한 청년으로서 숙종 32년에 서인 노론당파의 맹장들인 김춘택金春澤, 이이명李頤命 등이 세자(장래 경종)를 모해하려는 것을 탄핵하여 국왕에게 상소한 까닭으로 반대당에게 살해되었다. 본래 출세의 뜻이 없던 성호는 이 사건이 있은 뒤로는 더욱 벼슬을 단념하고 학문을 전공하기로 결심하였다.

그의 학문은 유교 경전에 국한되지 않고 천문, 지리, 경제, 군사, 문학의 광범한 영역에 걸쳤으며 조국의 역사, 지리, 제도, 풍속 연구에 특별한 관심을 가진 동시에 당시 중국을 통하여 들어오는 서양의 자연과학과 천주교리 서적들에 대하여서도 깊이 연구 비판하였다.

그의 학설은 비록 관학계의 배척을 받았으나 당시 학문의 새로운 기풍을 탐구하는 신진학자들이 그의 문하에 많이 모여들어서 성호의 명성은 국내에 높아졌다.

그는 체질이 건강하고 풍신風神이 고결하고 눈은 광채가 있고 수염이 길게 드리워진 얼른 보기에도 수양과 인격이 높은 학자로 보였다 한다. 그는 학문 연구 사업에 규율이 엄밀하고 권태를 몰랐으며 항상 정숙한 태도로 서책을 대하였으며 사색하는 도중에 얻은 바가 있으면 언제든지 필기하여 두었으므로 그의 저작은 실로 다방면하고 방대하였다. 그는 자기 제자와 친구를 대할 때는 겸손한 어조로서 토론하고 문답하는 것을 좋아하였으며 농촌에 거주하는 동안에 항상 농민 생활에 대한 연구를 통하여 당시 경제 제도의 불합리한 점들을 발견하고 발견하면 반드시 비판을 가하여 자기의 개혁적 사상을 논술하였다.

그가 44세 되던 해, 영조 원년에 국왕은 재야의 유학자들을 예우한다는 명목으로 선공 가감역繕工假監役*이란 벼슬을 주었으나 그는 출사하지 아니하였다. 그가 별세하던 해에는 연로자를 우대하는 통례에 의하여 첨지중추부사僉知中樞府事라는 직함을 받았으나 그는 일생을 포의한사布衣寒士로 마쳤다.

그의 학문과 사상이 관학계의 환영을 받지 못하였을 뿐만 아니라 그의 아버지를 유배시키고 그의 중형을 살해하고 또 후일 1801년 실학 대탄압 사건(소위 신유사옥)에 그의 종손자 이가환李家煥을 '사교邪敎'의 주범으로 몰아 죽인 정적인 서인 노론당파가 정권을 잡고 있는 이상 그의 생전 사후에 관계官界의 혜택은 있을 수 없었다. 그의 사후 거

---

* 토목, 영선營繕을 담당하는 선공감의 가감역

의 100년 만에(고종 4, 1866. 양이침범洋夷侵犯이 있던 이듬해) 당시 집정자 대원군이 사색병용四色倂用한다는 표방하에 우의정 유후조柳厚祚(남인계)의 건의에 의하여 성호에게 이조판서의 증직을 주어 일부 사류의 여론에 영합하려 하였다. 그러나 성호 학문의 전통은 개화운동의 발전과 함께 점차 빛나게 되었다.

*　*　*

성호의 저서와 논문은 실로 방대하다. 후래 그의 우수한 학도 정약용의 말에 의하면 "성호의 유집遺集이 거의 100권이나 된다. 우리들이 능히 천지가 크고 일월이 밝은 것을 알게 된 것은 모두 이 선생의 힘이다."[43]라고 하였으니 저작의 양과 질이 어떠하였는지를 짐작할 수 있다. 그러나 그의 유집은 역시 시국에 기휘忌諱*된 바가 많은 관계로 세상에 공포되지 못한 채로 남아 있다가 20세기에 들어와서 간행에 대한 학계의 요망이 높아졌고 일제 강점이 있은 뒤에 경상남도의 일부 고루한 유생들이 그 유집 중에서 참신한 학설 부분은 거의 전부 빼어놓고 퇴계 문집의 체계를 모방한다고 하여 유교경전 해설과 예설 같은 의의가 적은 부분만을 주로 편집 간행하였다. 그러므로 현행《성호선생문집》을 가지고 성호 학설의 전모로 인정한다면 이는 적지 않은 착오일 것이다. 연구가의 참고를 바란다.

성호의 저서로서는 저 문집보다 조금 먼저 서울의 서점상이 간행한《사설유선僿說類選》10권 2책이 유명하다. 그러나 이 저서는 한 전문

---

* 꺼리거나 두려워 피함

의 체계적인 저작이 아니고 성호 자신이 연명한 바와 같이 그가 수십 년 동안 자기가 글을 읽거나 남과 문답하거나 혹은 연구하는 기회에 자기의 견해와 소감들을 단편적으로 기록해 놓은 하나의 노트다. 천지天地, 인사人事, 경사經史, 만물萬物, 시문時文, 5대 편목 밑에 21부문 130여 개 항목으로 세분하여 광범한 영역에 걸친 일종 백과사전식이다.

이 백과사전식의 작풍은 실학의 선구자인 지봉 이수광의 노작인 《지봉유설》로서 필두를 삼을 수 있다. 이는 연구와 지식이 편협하고 고루한 동굴로부터 해방되어 광범하고 전망적인 시야로 발전하는 경향을 증시證示하는 것이다.

그러나 이 《사설유선》은 성호의 수십 년 동안의 노트이며 대개는 그의 초년, 중년의 견해였으므로 그의 최후 견해와 상위相違된 것이 없지 않았을 것이며 또 여러 제목으로 분류한 것과 원저에서 거의 절반 분량으로 취사 선발한 것은 그의 제자 순암順庵 안정복安鼎福의 손으로 행해졌으므로 성호의 초년과 만년의 기록이 시간 순서대로 편찬되어 있지 않고 따라서 그의 사상 발전 과정을 이제 차차 보기가 곤란하다. 뿐만 아니라 당시 세상에 전파될 것을 예상하고 이것을 분류 선발하였으며 또 안정복은 정약용 등 신진학자들의 논조에 의하면 성호 학도의 우파를 대표한 사람이었으므로 본서의 비합법적 부분과 크게 말썽될 이론은 대개 삭제되었을 것이다. 금후 성호의 사상과 학설을 연구하는 사람들에게 이러한 사정이 참고되어야 할 것이다.

그러나 성호의 저작 전부를 얻어 볼 수 없는 오늘의 형편에서 그의 진보적인 사상과 학설을 연구하는 데는 그의 문집보다 이 《사설유선》이 더 가치 있는 저작이란 것을 단언할 수 있다.

* * *

　성호시대에 유학 특히 주자학의 우상적 권위는 극도에 달했다. 주자의 학설에 조금만 배치되는 흔적이 보이면 곧 '사문난적斯文亂賊'이란 죄명을 덮어 씌워 그의 지위와 명예뿐만 아니라 심지어 생명까지 빼앗아 버린 실례가 드물지 않다. 혹독한 정도는 마치 유럽 중세기 종교재판에 근사한 것이었다. 이러한 사태는 학문 자체의 논쟁을 위한 것보다 주로 정권 쟁탈을 위한 양반 당파전에 의하여 격화되었다. 학문의 자유가 이처럼 억압된 분위기 속에서 학자들의 창조적 기백은 마비상태에 빠졌었다. 이도 마치 유럽 중세기 내지 말기에 교회 세력과 아리스토텔레스의 전통적 학설의 권위 밑에서 신학자나 철학자들이 성경과 고서에 대하여 일자일구一字一句를 감히 비난하지 못한 것과 유사하였다.

　이와 같은 학문적 억압과 사상의 부자유를 통절히 개탄한 성호는 일찍이 주자의 경전 주석 중에서 발견한 오자誤字의 예를 들면서 말하기를 "지금 학자들은 주자의 주석에 대하여 다만 한 글자라도 의심하면 그만 망발이라고 하며 참고 대조만 하여도 그만 범죄라고 한다. 주자의 문구에도 오히려 이러하거든 하물며 고대 경전에랴! 이러하면 우리나라 학문은 고루하고 무식한 것을 벗어 날 수 없을 것이다."44고 하여 당시 독경주의자讀經主義者들이 창조적 학풍을 억압하는 보수주의를 비난하였다.

　또 그는 송나라의 유명한 학자 윤화정尹和靖이 "경전을 읽을 때에는 신기한 것을 좋아하면 위험하다."고 한 말을 반대하여 학자의 첨예한 분석과 창발적 견해가 학문의 발전에 절대 필요하다는 것을 강조하였다. 그는 자기 견해를 옳다고 인정하면 반드시 제기하여 기록해 두거나 자기 제자들의 토론에 붙여 연마를 구하였다. 그는 새로운 서적을 국내외에 널리 구득하여 자기의 지식을 발전시켰다.

그는 명말청초부터 중국에 들어온 서양인 천주교사들의 저서와 그들이 포교의 미끼로 소개한 자연과학 특히 천문, 수학, 지리, 생리학 등에 대하여 연구를 가하였다. 그는 탕약망의 《주제군징主制群徵》과 양마락陽瑪諾(Emmanuel Dias〔junior〕S. J. Lustanus)의 《대문략大問畧》, 애유략의 《직방외기職方外紀》, 웅삼발熊三拔(Sabotlinus de Ursis)의 《태서수법泰西水法》 등 서書를 읽고 일구日球, 월구月球, 지구의 대소와 도수에 관한 학설과 은하성광설銀河星光說, 종동천宗動天,* 지심地心,** 공기와 지진 제설을 찬동하였으며 지동설은 코페르니쿠스의 태양중심설이 그때 아직 동방에 소개되지 않았으므로 문제에 오르지 않았으나 대지가 구형球形인 것과 지구의 상하 표면에 인류가 산재한 것을 인정하고 종래 유행하는 천원지방天圓地方, 대지중심론은 학리적 근거가 없는 망견으로 간파하였다.

성호의 이와 같은 자연과학적 견해는 당시 낡은 전통과 보수적인 이데올로기 체계를 부수고 그의 새로운 세계관과 보다 넓은 시야를 준비하는 데 가장 중대한 요소가 되었다.

그는 서양 의술의 정확과 뇌의 각성을 인정하고 종래 동양의술의 심장주재설을 의심하였으며 서양 수학의 정밀성을 찬동하고 서광계徐光啓의 《기하원본幾何原本》 서문에 "수학은 능히 이학자理學者로 하여금 그 부기浮氣를 버리고 정심精心을 단련케 하며 학사자學事者로 하여금

---

* 불교에서 지구를 중심으로 회전하는 아홉 개의 천체를 나눌 때 가장 마지막 천체 ** 지구의 중심

그 정법定法을 응용하여 그 교사巧思를 발휘케 한다."는 구절을 극히 칭도稱道하여 수학 연구의 중요한 의의를 강조하였으며 서양 화법에 대하여서도 원근배경의 장점을 지적하였다. 또 그는 특히 서양화기 ― 조취총鳥嘴銃, 불랑기佛狼機, 홍이포紅夷砲와 '대전大箭' 자모탄子母彈 같은 것 등에 대하여 연구를 가하려는 동시에 우리나라 국방책임을 맡은 자들이 무기의 제조와 사용에 관한 유의가 전연 없는 것을 개탄하였다. 그는 기술과 과학에서 뒤에 나오는 것이 더욱 공교하다는 것을 고조하여 기술의 보수주의를 배격하고 인지人智의 진화를 인정하였다.

그는 서양과학과 기술에 대하여 이와 같이 적극적으로 섭취할 것을 주장한 반면에 그들의 종교에 관해서는 어떠한 태도를 취하였는가? 그는 자기 논문 〈발천주실의跋天主實義〉에 다음과 같이 논평하였다.

> 《천주실의》는 이마두가 저술했다. 그 학學이 오로지 천주를 숭배하였으니 천주란 것은 유교의 상제上帝에 해당한 것이며 그 경건하게 섬기고 두려워하고 신앙하기를 불교도가 석가모니에게 하듯 한다. 천당과 지옥으로 사람들을 권징하고 주류도화周流導化(널리 구제한다는 의미)를 예수라고 하니 예수란 것은 서쪽 나라의 말에 구세救世란 명칭이다……예수 기원 1603년에 이마두가 중국에 와서 ……중국의 말을 배우고 중국의 글을 읽고 그의 저서는 수십 종이나 되었다. 그의 천문, 지리와 수학, 역법의 정묘한 것은 중국에 일찍이 없었던 것이다. 먼 나라 외인으로서 바다를 건너와서 중국의 학사대부와 교유하매 그들은 모두 깍듯이 예우하여 선생이라고 받들었으니 그도 또한 호화스러운 인사였다. 그러나 그가 불교를 배척한 것이 철저하나 자기의 천주교도 결국 불교와 같이 환망幻妄한 데로 귀착될 것을 깨닫지 못하였다.[45]

또 그는 자기 노작 《사설유선》에서 서양인 천주교 전도사 방적아龐
迪我*가 지은 《칠극七克》에 대하여 "조목條目은 차서次序가 있고 비유는
절실하여 우리 유학자들이 발명하지 못한 것이 더러 있으니 이는 극기
공부에 유조有助한 것이 크다…… 다만 천주 귀신의 설명으로 섞어 놓
은 것은 해괴하다. 만일 그 불순한 부분을 도태하고 정당한 논지만을
채택하면 유학과 동일할 것이다."고 하였다.[46]

　이 간단한 실례를 보더라도 성호의 학문적 비판력이 얼마나 강한
지를 알 수 있다. 천주교도들은 승려의 옷을 입고 서양 상업자본의 앞
잡이로 왔다는 것, 천주교회가 본토에서는 자연과학의 발전을 적대함
에도 불구하고 자기 교회의 전능을 가장하기 위하여 동양에 와서는 약
간의 과학과 기술을 전파하는 것 또는 중국에 와서는 그들이 자기 교
회의 수양 이론을 될 수 있는 대로 유교의 이론에 합치시켜서 중국 사
람의 환심을 사려는 것 ― 이 몇 가지 그들의 교묘한 전술적 내막에 대
하여서는 서양 사정에 생소한 성호로서 갑자기 변별할 수 없었으나 그
들이 내어 놓은 구체적 사실들에 대하여서는 인민 생활에 필요한 과학
과 기술은 전폭적으로 접수하고 미신과 환망으로 근간을 삼은 그들의
교리 즉 귀신설, 천당 ― 등 설교는 일고의 가치도 없는 것으로 단정하
였다. 이는 성호 이하 홍대용, 박지원, 정약용 등 여러 학자에게서 일
관된 사상적 태도였다.

　그리하여 르네상스 이래 서구의 새로운 과학자와 철학자들의 타
격을 받은 천주교리는 우리 조선의 실학자들에게도 또한 엄중한 비판

---

* Didacus de Pantoja, 스페인 예수회 신부

의 화살을 받지 않을 수 없었다. 이와 같이 맹목적인 배외주의排外主義
가 아니고 학리적 진보성에 반천주교의 기치를 처음 든 조선의 학자들
에게도 성호의 사상적 역할은 실로 중요하였다. 다시 말하면 그는 자
기 역할의 결과에서 서양 전도사들이 가장하고 온 기술의 외피를 하나
도 남김없이 벗겨 놓고 그 외피 속에 숨어 있던 종교의 알몸뚱이를 민
중 앞에 폭로 배격하였던 셈이다.

* * *

성호는 정신, 귀신 등 철학적 문제에 관하여 "사람과 동물의 형체
를 구성하는 것은 기혈이며 기혈의 정영精英은 정신이라 한다."[47]고 하
여 인체의 구성을 객관적인 자연의 요소인 기혈에 근거시킨 동시에 정
신의 근원을 자연의 산물인 체내 이외 어떤 신, 또 신의 의지에 구하지
않았다. 또 그는 인간의 정신을 동물의 감각, 지각과 전연 다른 어떤
신비한 원리에서 설명하려 하지 않았다.

성호는 종래 성리학자들의 관념론인 이원론理元論과 달리 기원론氣
元論을 주장하였으며 각종 종교들이 선전하는 영혼불멸설과 달리 물질
불멸설을 제기하였다. 그는 다음과 같이 말하였다.

> 우주 간에 충만한 것은 모두 기다. 그러나 그것이 응결하여 물物이 되니
> 즉 기의 정영이다 …… 음으로 형질을 구성하며 형질이 이미 생기면 넋
> 〔魄〕도 또한 그 가운데에 있다. 양은 음에서 나는 것이므로 이미 넋이 있
> 으면 곧 혼이 있다 …… 혼백이 합하여 이목의 총명과 구비의 호흡과
> 인간의 허다한 정신 근력이 된다. 늙어 죽으면 양기가 분산하니 이것이

《주역》에 이른바 '遊魂爲變'*이니 변變이란 것은 사는 것이 죽는 것으로 변화되는 것이나 그 기는 또한 우주 안에 존재한다…….

이와 같이 성호는 정신 혼백을 초물질적이며 초육체적인 어떤 신비한 것으로 인정하지 않고 육체 기관의 미묘한 기능으로 설명하였으며 사람과 물체의 생사는 기의 취산聚散에 불과한 것이므로 그것을 구성하는 기의 원소는 항상 우주 간에 존재하나 육체의 기능으로 활동하던 정신 혼백은 각기 조건에 따라 산멸散滅의 지속은 있을지언정 항구 불멸할 수 없다는 것이다. 이 점에서는 성호의 인식론은 화담花潭 서경덕徐敬德의 기원론과 기불멸론의 우수한 전통을 어느 정도 계승하였다.

화담의 기불멸설이나 성호의 기불멸설을 엄밀한 의미에서 말한다면 현대 과학이 말하는 물질불멸론과는 꼭 같지 않다. 그러나 인간과 만물을 구성하는 기=원소(화담의 이른바 청허담일지기淸虛湛一之氣)는 원래 신비한 것이 아니고 구체적인 자연변화를 통하여 우주 간에 항상 존재한 것이며 정신과 혼백은 그 기=원소의 취산에 의하여 생성 사멸하는 것이므로 이 밖에는 어디든지 그의 신비한 원천을 가지고 있지 않다. 이러한 관점으로 보면 기불멸설은 물질불멸설과 공통된 내용의 요소를 가지고 있다. 그리고 유기론唯氣論〔氣元論〕이 유물론과는 개념상 물론 같지 않으나 우리의 정신 이성과는 독립적이며 그보다 선차적으로 존재한 기에 의하여 육체와 형질이 구성되고 구성체의 자연적 기능으로 작용하는 정신 혼백은 또한 객관적인 물질의 파생물이란 것으로 바꿔

---

* 《주역》 계사전繫辭傳에 나오는 말로 '혼이 흩어져서 소멸된다'는 뜻

말할 수 있다. 이런 의미에서 유기론이 유물론으로 발전될 수 있는 성격을 내포하고 있다.

성호는 귀신에 관해서도 송유 장횡거張橫渠의 "귀신은 이기二氣[陰陽]의 양능良能"이란 말과 주자의 감자甘蔗의 비유 — "그 기는 신神이라 부르고 그 장즙漿汁은 귀鬼라 부를 수 있다."는 문구를 인용하여 귀신의 신비성을 제거하고 우주 만상의 구체적인 자연변화의 적극적인 면을 신으로 소극적인 면을 귀로 간파하였다. 즉 인간의 혼백이 한 귀신인 동시에 우주의 음양도 한 귀신이란 것이며 사생, 왕래, 굴신, 부침, 청탁의 만유 현상이 모두 귀신의 명백한 형적形跡이란 것이다.[48] 이는 성호가 송유의 범신론적 세계관을 적출하여 유신론에 대항하며 '세계즉신世界卽神'인 관념론적 세계관으로부터 '신즉세계神卽世界'의 자연주의적 세계관으로 진출하여 유물론으로 다시 전진할 수 있는 계기를 준비하고 있는 것이었다.

그러나 이와 같이 성호의 철학이 정신 귀신설에서는 다분히 유물론적 요소를 가졌는데도 그의 도덕론 발전 행정에서는 인간의 윤리적 규범 개념을 종래 성리의 개념에 결부시켜서 이것을 선험적인 것으로 가끔 표현하였으니 이는 결국 맹자의 '성선'설이나 플라톤의 '신이데아'설의 선험적 관념론과 서로 교섭되지 않을 수 없었다. 이는 변증법적 유물론의 견지에 도달하지 못한 일체 철학자들이 공통적으로 범하는 크고 작은 약점이다.

그러나 구체적인 자연 현상으로서의 기불멸을 주장하고 환상으로서의 영혼불멸을 부정한 것은 성호의 철학이 반종교적인 경향에서 자기의 과학적 시각을 보인 것이었으며 또 유교의 '이단' 배척주의에서 나온 것이 아니고 조선의 반봉건적 문화운동의 첫 계단에 한 사상투쟁의 신호로서 출현한 것이었다.

* * *

성호는 당시 지식계급이 유의유식遊衣遊食하면서 노동을 천시하고 정치적 실무에 어둡고 공담과 허식을 일삼는 것을 통절히 미워하였다. 그는 "조선 입국立國 이래 수백 년 동안에 시무時務를 아는 학자는 오직 율곡과 반계 두 사람뿐인데 율곡의 주장은 그 시대에 대부분 실현할 수 있는 것이며 반계는 근본적으로 일제히 혁신하여 이상적 정치를 창설하려 하였으니 뜻이 참으로 크다."[49]고 하여 오랫동안 유림의 숭배를 받는 국내 다른 여러 도학자들을 무능무재한 무리로 인정하고 자기 당계의 반대자 — 서인 당계 — 의 조사祖師라고 할 수 있는 율곡을 시무를 아는 학자로 공정하게 평가하였으며 반계에 대하여서는 가장 높은 평가를 주어 자기의 '변법變法' 사상으로서 그의 개혁론에 크게 공명하였다.

그는 당시 귀문천무貴文賤武의 폐습으로 국방 대책이 너무나 등한시된 것을 개탄하고 문관, 관리 선발제도의 개혁을 주장하였으니 문묘文廟와 병립하여 무묘武廟를 설립하고 김유신, 강감찬, 이순신 등 애국 영웅들을 숭배할 것을 역설하였다.

그는 과학제도에 대하여 "현명하고 재능이 있는 사람을 민간에서 구하지 않고 세습 귀족의 가문에서 구하며 인품이 현명한지 재능이 있는지는 불문에 붙이고 다만 사장詞章의 말기末技로만 사람을 선택하다가 현능賢能한 사람을 구득하지 못하면 그만 세상에 쓸 만한 사람이 없다고 하니 …… 지금 재능 있는 사람을 천대함이 극도에 달했다."고

하였다.⁵⁰

그는 당시 양반사회의 문벌제도와 편당 폐습을 크게 증오하며 양반 차별, 지방 차별, 적서 차별, 노비제도의 철폐를 주장하여 다음과 같이 말하였다.

> 지금 세상에 인민들이 원통하고 울분할 수밖에 없다. 국가에서 인재를 천대하므로 유능한 사람들이 퇴장退藏되며 문벌제도를 숭상하여 서얼, 중인의 차별이 있어서 그들의 자손은 백대를 지나도 좋은 관직을 할 수 없으며 또 서북 3도는 폐색閉塞된 지 이미 400년이나 되었으며 노비의 법이 엄격하여 그 자손들이 평민과 같이 서지 못하니 전국 인민의 10분의 9가 모두 원한과 울분에 싸여 있다. 그리고 지금 양반 당파 싸움이 공공연하게 벌어져서 셋씩 다섯씩 끼리끼리 모여서 제 각기 패를 만들어 한 패가 득세하면 다른 패들은 모두 구축을 당하니 이와 같은 살풍경에는 천지도 변하며 초목도 마를 지경이다.⁵¹

그는 노비제도의 비인도적인 점을 지적하고 우리나라 노비의 세습법과 종모법從母法은 동서고금에 없는 것이라고 배격하였다. 더욱이 노비와 상전의 관계를 군신의 관계에 비등比等하는 것이 유례없는 불합리임을 논증하였다. 그가 노비제도의 근본적 철폐를 호소한 표어는 발견되지 않으나 철폐하는 점진적 방법으로서 노비를 근로하는 사람으로 대우하고 학대와 매매와 세습의 폐지를 주장하였으니 실질에서

---

* 변변치 못한 기술이나 재주

는 노비제도 철폐를 의미한다. 그는 자기 집에 복무하다가 죽은 늙은 남종에게 친히 제문을 지어 그의 무덤에 고하고 제사 지내준 일까지 있었다. 이 제문의 첫머리에 우리나라 노주奴主의 차별이 군신지분君臣 之分과 같이 엄격한 것이 부당함을 지적하였으며 다음 상전으로서 노비에게 제문을 고하는 것이 당시 양반사회의 비난을 모험하여 가면서 계급적 차별을 부정하는 행동이라는 것을 언명하였다.[52]

그는 인재와 관리를 반드시 노동하고 빈천한 인민 속에서 뽑아 올려야 한다고 하였으며 또 정치의 강령이 용인用人과 입법立法 두 가지에 있는데 법이 없으면 인민을 다스릴 수 없고 현능한 인재가 없으면 법을 실시할 수 없다고 하여 '인법상유人法相維' 즉 인재와 국법이 서로 불가분리의 관계에 있다는 것을 주장하였다.

그는 중앙정부 내에 하급관리를 중심한 합의제 조직을 주장하였다. 그의 고안에 의하면 조정의 정치적 검토에 대관과 상관이 독단하고 그 하부 관원들은 아무런 발언을 하지 못한다. 그 지식과 모략은 하관이 반드시 대관만 못하지 않건만 세력과 지위에 눌려서 자기 의견을 발휘하지 못한다. 그래서 위험하고 곤란한 판국에 훈척 권신들이 중의 衆意를 무시한 결과 반드시 나라를 멸망하게 하고 만다. 무릇 나라의 정치는 한 사람의 사사私事가 아니므로 어린아이와 농민의 의견까지도 반드시 들어야 한다. 조선은 고려조의 도평의제都評議制를 본떠서 비변사를 서궁西宮* 앞에 설치하고 재상 대신들을 선택하여 군사 국방의 중대 문제를 토의 결정케 하였다. 그 후 점차 해이해져 세력 있는 자의

---

* 서궐을 가리키는 듯, 조선 후기 창덕궁(동궐)과 경희궁(서궐)이 법궁으로 이용되었으며 궁궐 앞에 각각 비변사가 있었다

독판이 되고 다른 인원들은 아무 존재도 없으며 한갓 유명무실한 기관이 되었다. 그래서 그는 반드시 관위는 낮고 신망은 상당한 사람 10여 명을 그의 속관屬官으로 하여 논의에 적극 참가하며 각자 의견서를 작성한 다음에 대관이 종합하여 국왕에게 올려 그의 재가를 받는 것이 좋겠다고 하였다. 이러한 고안은 물론 합법적인 정견이었고 그의 최고 개혁안은 아니라 할지라도 아래로부터의 합의제를 고안한 데 진보적인 의의가 있다.

* * *

성호는 당시 관료, 지주의 가혹한 착취와 인민대중이 극도로 빈궁화한데 대하여 폭로 비판한 동시에 토지제도의 개혁을 민생문제 — 농민문제 — 의 근본적 해결로 인식하였다. 그는 말하기를 "왕도정치는 전지의 분배를 근간으로 하지 않으면 모든 것이 구차할 뿐이다. 빈부가 균등치 못하고 권리의 강약이 같지 아니하면 어찌 국가를 다스릴 수 있겠는가?" 하였다.

그의 균전법均田法 이론은 다음과 같다 — 고대 정전법井田法은 지금 실행할 수 없고 또 반계의 과전科田과 전전佃田도 실행하기 곤란하며 오직 균전법만이 현실에 적당하다. 이 균전법은 일종의 한전법限田法인데 전한前漢 말기의 공광孔光, 하무何武는 민전民田을 30경으로 한도할 것이라고 하였으며 원나라 정개부鄭介夫의 병전법並田法도 민전의 한도를 10경으로 하고 그 이상은 그의 친족들에게 분배하여 줄 것이라고 하였으나 성호의 균전법은 송나라 임훈林勳의 전제설田制說을 주로 참고한 것으로서 사유전지私有田地의 현존 상태에 대하여 급격한 개혁을 취하지 않고 다만 국가가 전지의 약간 묘畝를 한 농부의 영업전永業田으로 한정한다. 그러므로 매 개인이 한정 이상으로 소유한 전지에 대하여 소유한 전지 중으로부터 법정 영업전을 관청에 제출케 하고 전지의 문권文券은 소각하는 동시에 관청의 토지대장에만 기재하여 본인 혹은 자손들이 전지를 사서 먹지 못하게 하며 또 토지 소유 면적이 법정 영업전의 한도에 차지 못한 자에 대하여서는 그가 촌토척지寸土尺地를 사들임에 따라 역시 전지 문권을 소각하고 관청의 토지대장에만 기입하되 그것이 영업전의 법정 면적에 가득 차게 되면 역시 그 이상의 매입과 매각을 금지할 것이다.

이러한 방법은 빈민의 영업전 한도까지의 확보와 부자의 영업전 한도 이상 겸병의 방지를 유일한 목적으로 한 것인데 전지의 사적 매매를 제한하는 것으로 출발하여 전지의 전반적 국유화 원칙을 서서히 실현시키려는 방법이었다. 요컨대 성호의 균전법은 토지문제에서 일종의 억부부빈抑富扶貧 정책으로서 전국 농가의 소유 전지가 영업전의 법정 표준점에서 거의 평균화될 것을 예상한 것이었다. 성호는 소위 영업전의 법정 면적에 관하여서는 명백히 규정하지 않았으나 대개 당시 사회적 경제적 모든 정형情形에 비추어 본다면 일가생활一家生活을 능히 유지할 수 있을 정도 즉 1경, 2경 사이의 면적을 의미한다고 추측된다.

성호의 균전법은 반계의 과전법에 비하면 사회적 현실을 더 교묘히 조종 유도하려 했다는 데 그 특색이 있다. 이는 봉건제도가 동요됨

---

* 이상 내용은 《성호사설》 제3권 〈천지문天地門〉 한민명전限民名田에 나오는데 다만 병전법이라는 표현은 없다

과 함께 재산 자유사상이 생장하는 것을 사회적 특징으로 하고 있는 당시에 중소농 내지 소시민의 사상을 대변한 것이었다. 소위 영업전이 비록 법적 면적의 형식을 가지고 있다 하나 인민 상호 간의 토지매매가 자기들의 내증적內證的인 방법으로 진행될 수 있는 이상 토지의 국유화와 겸병의 근절책은 마침내 실현될 수 없을 것이다. 이와 같은 성호 균전법의 이론적 모순을 간파하고 토지의 전반적 공유를 근본적으로 전제한 이론적 기초 위에서 토지의 공동 병작과 각자 노력에 의한 분배제를 실행하여 농민의 집단농적 사회를 건설하려는 것이 뒤에 전개되는 다산의 여전제론閭田制論이다. 다산의 여전제는 종래 각종 유명한 전제론의 위대한 발전인 동시에 당시 사회의 빈농사상을 우수하게 대변한 것이었다. 그러나 그의 이론적 계통에서는 다산이 성호 균전론 중 매매 제한의 비현실성과 중·소농민의 소소유적小所有的 이상을 비판 지양함으로서 일보 전진한 것이었다.

결론

이상과 같이 성호는 성리학의 비실용성, 유생 학자들의 유식주의遊食主義, 과거제와 양반당파전의 망국적 폐해, 문벌과 계급적 차별의 사회적 죄악, 지주, 관료와 부호의 살인적 착취에 의한 토지제도의 문란과 인민 생활의 곤궁화 등에 대하여 정력적으로 분석 비판하고 따라서 자유 평등과 부국강병을 내용으로 한 제반 개혁을 주장하였다.

성호는 자기의 민주사상적 경향에 입각하여 세 가지 악제도惡制度를 특별히 지적하였다. 그는 말하기를 군주를 높이고 신하를 억제하는 것은 진시황으로부터 시작하였으며 문벌을 숭상하는 것은 위魏, 진晉

에서 강화되었으며 사화詞華로서 인재를 취하는 것은 수隋, 당唐에서 성행되었는데 이 세 가지가 우리나라에 집중적으로 실시되고 있으니 이것들이 폐지되지 않으면 모든 정치가 다 허사로 될 것이라고 하였다. 물론 그가 봉건제도의 물질적 토대를 규명하지 못하고 토대가 존속하는 한 언제든지 크나 작으나 산출되고야 마는 중요한 상부 구조의 현상만을 보았으므로 그의 폐지론은 결국 악정의 뿌리를 제거할 대신에 지엽만을 제거하려는 공상적 정치 개혁론에 불과했다. 그러나 이 세 제도가 봉건사회의 합리적이며 자연스러운 제도로 보여서 수백 년래 어떠한 학자도 그 부분적인 폐해에 대한 지적은 있었으나 그것을 사회의 최대 악정으로 규정하고 전면적인 폐지를 주장한 이론은 오직 성호에서 처음 표현되었다. 그러므로 성호의 정치적 논조가 한 걸음 한 걸음 봉건제도를 지지 옹호하는 방향으로부터 이탈하여 가는 태도를 우리는 여기에서도 볼 수 있다.

그는 또 말하기를 정치가 잘 되지 않은 것은 간악하고 탐오한 사람들이 있기 때문이며 간악과 탐오는 재산이 풍족하지 못한 데서 생기며 재산이 부족한 것은 농업을 힘쓰지 않는 데서 생기는데 농사를 힘쓰지 않는 것은 여섯 가지의 좀〔六蠹〕이 있기 때문이다. 여섯 가지의 좀은 무엇인가?

첫째는 노비니 노비제도가 있으므로 상전이란 자들이 호의호식하고 남의 노력을 착취할 뿐이며, 둘째는 과거니 과거는 아무 쓸데없는 문사文詞에 사람의 정력을 허비케 하고 다행히 급제될 사람들도 한갓 벼슬의 권리를 악용하여 인민의 고혈을 짜먹게 하며, 셋째는 문벌이니 문벌은 양반이란 명목 밑에서 노동을 싫어하고 농업을 천시하고 무재무능하면서도 인민을 내려다보며, 넷째는 기교 즉 실용성이 없는 사치

품만을 좋아하고 요술과 미신으로 인민을 미혹시킨 동시에 인민의 재산을 낭비하며, 다섯째는 승려이니 승려는 신앙한다는 것보다도 노동과 병역을 도피하고 유식遊食의 무리로 전화하며, 여섯째는 나태니 나태는 근로를 천시하고 남의 등골을 빼먹기만 힘쓰다가 나중에는 사기와 절도를 일삼게 된다.

이 여섯 가지 좀은 그 해독이 도적보다 더 크다는 것이다. 그는 이와 같이 중농주의적 견지에서 이상의 여섯 가지 해독을 지적하면서 착취제도를 반대하고 개로주의皆勞主義*를 고조하였다.

그는 이 여섯 가지 좀을 제거함으로써 농업의 발전을 보장하며 따라서 나태와 간악과 착취가 없는 이상적 농민 사회를 건설하려 하였다. 그러나 그는 중농사상을 가졌는데도 이 여러 좀 중에 상인商人은 들어가지 않을 뿐더러 상인이 사농공상 4민四民의 하나로서 사회에 통상 교역의 이익을 가져온다는 점을 특히 강조하였다. 성호가 종래 경제학자들과 같이 상업을 말기末技로만 규정하지 않고 통화 교역의 사회적 이익을 인정한 것은 당시 상인자본의 발전과 대내 대외 무역의 점차 증가되는 경향이 무시할 수 없음을 이해하는 동시에 농업의 자연경제만으로서는 부강한 나라를 실현할 수 없다는 점을 또한 깨달은 까닭이다.

그러나 그가 금, 은 채광과 전폐錢幣 통용을 만족스럽게 여기지 않은 것은 금, 은과 전폐의 경제적 역할을 부정한 것이 아니고 그것이 악용되어 국가와 인민에게 유해한 까닭이었다. 금, 은이 국가의 재부로

---

* 모두 일한다는 뜻

서 장래 국가의 필요와 전란 시기에 대한 준비를 위하여서도 반드시 국내에 저장되어 있어야만 할 것인데 당시 형편을 보면 연경 무역에서 인민의 생필품이 아닌 사치품의 대가로 금, 은 전부가 중국으로 수출되고 있는 반면에 일본의 은을 도리어 고가로 또는 필수품의 대가로 사들여 자국의 소용에 충당하고 있으므로 그는 금은의 수출을 반대하였다. 그리고 숙종 초년부터 전폐가 국내에 통행되어 온 이래로 농민 가운데 농사를 버리고 도시로 나가서 상업에 종사하는 자가 증가되어 농업 생산이 감소되고 유식遊食하는 사람이 많아졌으며 또 전폐가 광범히 유통됨에 따라 고리대금이 발호하여 농민에게 막대한 피해를 입혔다. 예를 들면 빈농민들이 춘궁기에 빚을 내어 비싼 값으로 미곡을 사고 가을에는 헐값으로 자기 곡물을 팔아 빚을 갚게 되어 결국 빈민으로서 파산한 자가 다수에 달하였다. 이와 같은 폐해가 성호로 하여금 전폐 통행의 폐해를 강조케 한 것이었다.

이상과 같은 일련의 사실에 의하여 본다면 성호의 경제적 이론에서도 그의 최후 이념은 착취와 겸병을 당하지 않는 농민 이상 사회의 건설에 있었고 장래할 부르주아지 사회를 예상치 못하였다. 그의 사상의 역사적 제약성은 이러하였다.

성호의 사상은 비록 봉건제도와 유교 교리의 전체를 근본적으로 반대하는 견지에까지는 도달하지 못하였으나 그의 주관적 의도는 다만 부분적 개선에만 만족하지 않고 봉건제도와 유교 교리로부터 단점을 버리고 장점을 선택하여 자기의 새로운 견해와 체계의 안에 포괄하려 하였다. 다시 말하면 그는 동서를 종합하고 고금을 절충하여 하나의 새로운 학적 체계를 구성하려 하였다, 그의 이러한 시도는 그가 살던 사회의 낙후성과 계급적 미숙성을 여실히 반영한다.

그러나 성호는 서양학(당시 과학과 종교를 합친 말)에 대하여 종교의 환망을 이론적으로 비판하고 과학과 기술은 극도로 환영하여 장래 그의 계승자들이 이구동성으로 제창한 북학론의 단서를 열어 주었으며 또 우주 생성과 인간 정신 등 문제에 대하여 종래의 점성술적 우주론과 영혼불멸적 관념론을 부정하고 자기의 세계관에 자연과학적 견해를 도입하였다. 그리하여 그는 우리 조선 사상사에서 서양의 문화를 비판적으로 섭취한 최초의 학자로서 손꼽지 않을 수 없다.

그는 종래 사대주의 학자들이 방기하였던 조국의 역사, 지리, 문화, 언어와 풍속에 대한 연구와 천명에 특별한 관심을 가지고 자기 제자들에게 그것을 긴급한 과제로 지시하였다. 이는 임진, 병자 두 전쟁 이래 대두하기 시작한 민족적 자각의식의 맹아를 대변한 것이었다.

그의 학도로서 자질에서는 이만림李萬林의 경제학과 이용휴李用休의 문학이 유명하였으며 손자뻘에 있어서는 이삼환李森煥의 박고학博古學과 이가환李家煥의 문학, 사학, 수학과《택리지擇里志》저자인 이중환李重煥의 지리학이 모두 유명하였으며 그의 제자들에서는《잡동산이雜同散異》와《동사강목東史綱目》의 저자인 안정복의 국사학과 황운대黃運大의 천문학과 수학과 정상기鄭尙驥의 군사학, 정치지식과 조선 지도와 윤동규尹東奎의 지리학과 신후담愼後聃의 문학 소설과 권철신權哲身, 일신日身 형제의 주자학에 대한 비판들이 모두 실학의 특징을 발휘하였다. 이들 사상은 성호의 창발적이며 비판적인 정신과 민주주의적이고 민족 자각적인 경향을 계승 발전하여 실학의 새로운 학풍을 뚜렷이 수립하였다. 그리하여 성호학파는 근대 민족 문화 운동의 선구자들로서 활동하여 그 영향은 실로 거대하였다.

5장 홍대용, 박지원, 박제가 일파의 실학사상

반계, 성호학파와 직접적 관계는 비록 없었으나 그들의 영향을 적지 않게 받았다고 인정할 수 있는 실학 일파가 존재하였으니 이는 홍대용, 박지원, 박제가 일파였다. 이들은 조선 실학 발전사에서 중요한 지위를 차지한 인물들이었다.

연암, 담헌보다 약 1세기 먼저 나서 실학의 단서를 이들에게 끼쳐준 자는 잠곡潛谷 김육金堉(1580~1658)이었다. 그는 서인 한당파漢黨派의 수령이며 인조 때 벼슬이 영의정(수상)에 이르렀다. 그는 학식이 넓고 제도의 개신改新에 뜻을 둔 사람이었다.

그는 인조 22년(1644)에 사절로 연경을 다녀왔으며 관상감觀象監 제조提調로서 탕약망에 의하여 편술된 서양 역법을 우리나라에서 채용할 것을 주장하여 효종 4년(1653)에 비로소 실현되었으니 이른바 시헌력時憲曆이었다.

김육은 인조 때 충청감사가 되어 대동법 실시를 건의하였으며 그 절목을 자세히 규정한 2책을 제출하였는데 전결田結을 계산하고 왕실과 관아의 수요를 비교하고 정부의 용도를 계량한 동시에 부賦를 평균이 하고 역役을 공평히 하여 모두 대동을 목적하였다. 관료들의 이의와 싸워가면서 효종 2년(1651)에 충청도에 실시케 하여 대동법의 모범을 보였다 한다.

그는 주화鑄貨의 통용과 차車의 사용으로 교역을 편리케 하고 물자의 편체偏滯*를 해결하려 하였다. 또 수차水車를 사용하여 관개사업을 발전시키려 하였다. 전기前記 대동법을 충청도에 실시하던 동년에 그는 '상평통보常平通寶' 전錢을 주조하여 서북西北 여러 도와 서울에 사용하도록 하고 당시 포폐布幣인 오승포五升布의 사용을 금지하여 주전鑄錢 통용을 촉진하였다(수년 후 관료들의 반대로 중지되었다).

요컨대 그의 사상은 봉건 경제체제가 이미 자체의 견고성을 잃어버리는 시기에 중소 지주와 소시민의 이익을 대변하였다. 이 전폐와 차제車制의 실시 운동에서 김육의 동반자이며 박제가의 고조高祖인 박수진朴守鐵은 참모 역할을 하였다고 한다.53

후래後來 박지원, 박제가 일파가 적극적으로 주장한 차제설車制說, 홍상론興商論과 통화론이 그들의 영향을 받은 것은 사실이었다.

홍대용

연암의 친우이며 6년 연장이었던 담헌湛軒 홍대용洪大容은 자字를 덕보德保라 하였으며 대사간 홍용조洪龍祚의 손자요 목사牧使 홍력洪櫟의 아들이었다. 그는 1731년(영조 7)에 서울에서 태어났고 목천木川의 향촌에 가서 살았으며 1783년(정조 7)에 53세로 연암보다 22년 먼저 서거하였다.

그는 자질이 통민通敏하고 학식이 정심精深하였으며 일찍이 서인 노론당계의 유학자 김원행金元行 문하에 출입하였으나 공담과 허례를 숭상하는 유학을 싫어하고 '개물성무開物成務'**의 실학을 좋아하여 천

---

* 걸리거나 막힘   ** 《주역》계사전繫辭傳에 나오는 말로, 만물의 뜻을 깨달아 모든 일을 이룸

문, 지리, 수학, 역법에 정통하고 정치, 경제, 병제와 교육에 큰 관심을 가지고 있었다.

그는 음사蔭仕로 선공감繕工監 감역監役과 돈녕부敦寧府 참봉參奉을 거쳐 세손(뒷날 정조) 익위사翊衛司 사직伺直을 지내고 나가서 태인 현감, 영주榮州 군수가 되었다가 사직하고 집에 돌아와서 연구를 계속하였다. 그는 창지創智를 발휘하여 혼천의渾天儀, 자명종 등 기교한 문물을 만들어서 자기 서재 농수각籠水閣에 진열하였다 한다.

그는 1765년(영조 41) 겨울에 35세의 소장 학자로서 수행무관隨行武官의 명목을 갖고 자기 숙부의 동지사절행(서장관書狀官으로)을 따라 연경에 가서 중국의 경제, 정치, 문화 등 여러 방면을 예리하게 살폈으며 천주교당과 서양인 선교사들을 방문하여 서양과학과 기술의 장점을 보고 듣고서 우리나라 청년자제들의 외국 유학을 절대 필요한 것으로 주장하였다.

그리고 그는 연경에 머물러 있는 동안에 육비陸飛, 엄성嚴誠, 반정균潘庭筠 등을 만나 수만 언의 필담을 통하여 깊이 사귀었는데 그들은 모두 중국의 우수한 문장 예술계 인사로서 담헌을 큰 학자라고 평가하였으며 귀국한 뒤에도 항상 서신을 교환하였다. 이 사실에 대하여 담헌의 사후에 연암은 자기 득의得意의 필치로 〈홍덕보묘갈명洪德保墓碣銘〉 가운데 기술하였으며 최근 중국 동지들이 출판한 항미원조지식총간抗米援助知識叢刊의 하나인 〈중조인민적우의관계여문화교류中朝人民的友誼關係與文化交流〉 가운데도 담헌의 《연기燕記》를 인용한 다음 "홍대용과 전당인錢唐人 엄성이 북경에서 단시일의 회합에 깊은 우의를 맺고 정성껏 서로 느꼈으므로 청인淸人은 '홍엄洪嚴의 교의交誼'를 미담으로 전하였다."고 쓰어 있다.

그는 조선 최초의 우수한 과학자였다. 그는 《주해수용籌解需用》 3권을 지어 서양 근대 수학을 소개하였으며 천문학을 깊이 연구하여 전인미답의 경계를 천명하였다. 그의 우주생성설은 칸트, 라플라스의 성운설星雲說에 근사하다. 그는 말하기를 "태고시기에는 이 우주는 기氣(가스)로 충만되어 있어서 안도 바깥도 없고 처음도 끝도 없던 것인데 이 기가 응집되어 질質(고체)로 된 동시에 허공에 두루 분포되어 회전하면서 있게 되니 이것들이 곧 일월성신日月星辰이다." 하였다.[54]

그는 지구의 형상이 원체란 것을 인정하였다. 그에 의하면 대지가 구형과 같이 둥근 것은 다른 모든 물체가 다 둥근 것, 사람의 시계視界에 한도가 있는 것, 또 평야나 해상에서 일출, 월출이 모두 지평-수평선에서 되는 것들로 보아서 역력히 증명된다는 것이었다.

그는 이 지원론地圓論에서 한걸음 더 나아가서 지전론地轉論을 창발創發하였다. 그는 말하기를 지구가 수레바퀴처럼 한번 회전하는 데서 일주야一晝夜가 있게 되며 회전하는 지구의 표면에 만물이 정착되고 떨어지지 않는 것은 마치 개미가 물레바퀴에 붙어 있으면서 그것이 돌고 있는 것을 모르는 것과 같다고 하였다. 또 그는 말하기를 두터운 대기의 막이 지면을 싸고 있으므로 사람은 지구의 회전을 느끼지 못하나 하늘로 높이 올라가면 맹렬한 태풍이 불며 그 바깥은 허정虛靜한 공간이라고 하였다.

그에 의하면 일식과 월식은 달이 지구를 안고 도는 관계에서 생긴 현상이며 춘하추동 4절과 조석 기후의 변화는 일광이 지면을 직사하는 차이에서 생긴다. 우주는 무한한 것으로 상하도 내외도 없으며 지구는 우주의 미소한 한 부분으로 다만 달의 중심이 되어 있을 뿐이며 태양도 5위五緯 우주의 중심이 되어 있을 뿐이며 은하도 한 경계며 하나하나 별은 또한 제각기 중심인 것이다. 그러므로 지구를 우주의 중심으로 보는 것은 인간의 주관적인 편협한 소견에 불과하다. 지구를 자기 구성의 한 미립微粒으로 하고 있는 우주의 생성연대에 대하여 그는 몇천만 년 이전인지 알 수 없다고 하였으며 또 우주는 반드시 괴멸하여 본연의 기(가스)로 돌아갈 것이나 그것도 몇천만 년 뒤가 될는지 알 수 없다고 하였다.

그는 월구月球의 영측盈仄, 조석潮汐의 승강升降으로부터 비, 눈, 구름, 안개, 우뢰, 번개, 화산, 온천, 염정鹽井, 해수의 증감 없음과 짠맛의 계속 등등 여러 중대한 자연 현상과 변화에 이르기까지 이들을 자연과학적으로 논술하고 일체 과거의 점성술적 신비를 타파하였다.

특히 담헌의 자연과학적 학설에서 가장 독창적이며 유명한 것은 지전설이었는데 그의 친우이며 실학파 대문호인 박지원은 〈홍덕보묘갈명〉 가운데에 "처음 태서인泰西人이 지구는 말했으되 지전은 말하지 않았는데 덕보는 땅이 한번 굴러 하루가 된다(地一轉爲一日)고 하였다." 하였으며[55] 또 연암은 자기 노작 《열하일기》 가운데 자기가 중국에 가서 (정조4, 1780) 거인擧人(과거보러 온 사람) 왕곡정王鵠汀과 필담하면서 말하기를 "나는 비록 서양인의 저설著說은 보지 못하였으나 일찍이 지구가 의심 없는 것으로 생각하였다. …… 서양인이 이미 땅을 구求로 인정하고 구가 회전하는 것은 말하지 않았으니 이는 땅이 둥근 것만 알고 둥근 것이 반드시 구르는 것을 알지 못함이다. …… 우리나라 근세 선배 김석문金錫文은 3대환三大丸(日, 月, 地)이 공중에 떠서 있다 하였고 나의 우인 홍대용은 또 지전설을 창발하였다. …… 나는 지전설을 믿어 의심치 않으며 그는 또한 나더러 대신 지전설을 지으라고 권고한 일까지 있었다."[56] 하였다.

이상과 같은 연암의 서술에 의한다면 담헌의 지전설이 확실히 독창적이었으나 서양에서 지전설의 창작자인 코페르니쿠스는 1530년에 벌써 《천체운행天體運行》이란 저서를 완성하였으며 또 그의 학설이 연암시대 이전에 혹은 동시대에도 중국에 소개되었을 터인데 어찌하여 연암은 서양인이 지구만 말하고 지전은 말하지 않았다고 하였으며 또 담헌의 지전설을 동서 학계에 가장 먼저 내놓은 것으로 인정하였는가? 여기에는 반드시 일정한 역사적 이유가 있을 것이므로 필자는 이에 대하여 잠깐 고찰하여 보기로 한다.

물론 지전설은 담헌보다 두 세기 반이나 먼저 출생한 폴란드의 대학자 코페르니쿠스(1473~1543)의 창발로서 1530년에 그가 《천체운행》을 저술하고 교회와 아리스토텔레스 학통의 박해를 두려워하여 비밀에 붙여 두었다가 임종 직전에 공개하였다. 그러나 그의 지동설-태양중심설은 당시 서양인의 과학과 사상계에서 일찍이 보지 못한 혁명적 충동을 일으켰으므로 지구중심사상의 안전판 위에 의존하던 철학, 신학과 일체 보수적 세계관들은 일대 공포와 전율을 느끼게 되어 지동설에 대한 금령은 실로 준엄하였다. 그러므로 17세기 이래 천문학의 외투를 입고 연달아 중국에 와서 천주교를 전파하는 서양인 전도사들은 역법, 지구도 기타 약간의 신기한 제품들을 포교의 미끼로 내어 놓는 반면에 지동설은 의연히 금수품禁輸品으로 되어 있었다.

1624년에 중국에 와서 1638년에 죽은 서양인 교사 나아곡羅雅谷*은 지동설을 맨 처음으로 약간 언급하였으나 그의 《오위력지서五緯曆指書》

---

* Jacques Raho(1593~1638), 《오위역지五緯曆指》 출간, 티코 브라헤의 우주론 소개

중에 코페르니쿠스의 이름은 들지 않고 다만 어떤 사람이 일월과 5성五星의 운행은 천동天動으로가 아니고 지동地動으로 말미암아 그러한 것이라고 말하였다 하고 끝으로 "그러나 고금 여러 학자들은 이것을 실상 정당한 견해가 아니라고 논평하였다." 하여 지동설을 일필 말살하여 버렸다.

그러다가 18세기 말엽 즉 건륭乾隆 30년대에 이르러 전기《천체운행》이 서양 교회로부터 이미 해금되었으므로 전교사 장우인蔣友仁(Benoist)이 비로소 코페르니쿠스의 이름과 그의 학설을 중국에 소개하였다. 그러나 그는 말하기를 코페르니쿠스의 태양중심설은 이색달尼色達(Necetar)*에 근원하여 그를 해석한 데 불과하다 하였고 자기의 저서와 도설에서는 의연히 "천체가 혼원渾圓한데 지구는 천중天中에 처하여 있다."고 주장하였다.

이와 같이 음운암담陰雲暗澹한 속에 광채 희미한 지동설이 중국 학계에 아무런 영향을 주지 못한 것은 당연한 일이었다. 《천체운행》이 세상에 공표된 지 300년이나 경과한 시대인 19세기 중엽 즉 1840년 ─ 도광道光 20년 ─ 에 중국 고증학파 '대가大家' 완원阮元은(그러나 청조 통치자의 대변인) 자기 저작 《주인전疇人傳》 가운데 지동설은 "상하가 역위易位하고 동정動靜이 도치倒置하여 이경반도離經叛道에 불가위훈不可爲訓이라."**고 하여 이단 사설로 규정하고 통렬히 배격하였다. 그리고

---

* 넥타르, 그리스로마 신화의 신들이 마신다는 생명의 술. 중국 사람들에게는 그리스 로마 신화 전체보다는 넥타르가 더 알려져, '넥타르' 하면 그리스 로마 신화를 떠올렸을 듯하다. 결국 '코페르니쿠스의 태양중심설은 그리스 로마 신화의 내용을 과학이라는 이름으로 달리 해석한 것에 불과하다.'고 풀이할 수 있다
** 상하가 위치를 바꾸고 동정이 뒤집혀 경전을 떠나 도를 저버리는 것이어서 가르침으로 삼기 어렵다

코페르니쿠스 학설이 비교적 상세히 중국에 소개되며 동시에 과학상 움직일 수 없는 하나의 진리로 인정받게 된 것은 1859년 이선란李善蘭*과 아열위력亞熱偉力**이 공동 번역(저작)한《담천談天》18권이 나온 후의 일이었다.57

이상에서 간단히 고찰한 바 지동설이 중국 학계에 문제로 등장되지 않은 18세기에 더욱이 서양 문물이 중국을 통해서만 수입될 수 있던 당시 조선의 학계에서 담헌의 지전설은 확실히 독자적인 창설創說이 아닐 수 없었다. 그리고 연암이 중국학자들에 대하여 서양인의 미급한 점을 지적하고 담헌의 독창을 특별히 자랑한 것을 보더라도 당시 중국에서 코페르니쿠스의 지동설이 아직 거의 전연 알려지지 않았음을 단언할 수 있다. 또《담헌서湛軒書》중〈의산문답毉山問答〉에서 논술한 담헌의 어의를 보면 지전설의 선구자는 자기가 아니고 서양이나 중국에 있었다는 것을 전제한 듯하니 이는 응당 담헌이 젊었을 때 자기가 독창적으로 지전을 제창하였는데도 뒷날 서양 지동설이 간단한 제목만으로서 중국을 거쳐 전문傳聞되었고 이를 그대로 승인 찬동한 때문이었다.

또 연암이 1780년 중국 열하에 가서 왕곡정, 윤형산尹亨山 등 여러 사람에게 대기염을 토하면서 담헌의 독창을 자랑하던 때는 서양인의 지동설이 이미 존재한 것을 전연 알지 못하였으며 그 뒤 3년 만인 1782년 담헌이 서거한 뒤에 그의 묘갈명을 지을 때 비로소 서양인이

---

* 1811~1882, 중국 청대의 수학자
** Alexander Wylie(1815~1887), 이선란과 함께 서양의 과학명저《기하원본幾何原本》후편 9권,《대수학代數學》13권,《대미적습급大微積拾級》18권 등을 번역했다. 그 밖에《담천談天》(천문학) 18권을 번역했으며 코페르니쿠스의 학설을 소개했다

지전설을 최근 발표한 것으로 인정하였다. 그러나 담헌과 연암의 여러 서술 가운데 서양 지동설의 선창자 가백니㖼白尼(코페르니쿠스의 음역)와 그의 저서 《천체운행》은 또한 전연 언급되지 아니한 것을 보아 그들이 지동설을 하나의 전언으로 듣고 자기류의 연구를 가한 것이며 앞서 말한 18세기 말경에 발표된 장우인의 저서는 전연 입수되지 못하였음을 알 수 있다.

그러나 담헌의 지전설은 조선 과학사상의 위대한 보재寶財인데도 태양을 안고 주회하는 공전의 궤도를 분명히 그린 것이 아니라 지구가 소정의 자리에서 자체 회전하고 있는 것으로만 보았다. 이는 당시 코페르니쿠스의 태양중심설을 접독接讀하지 못한 데서 제약된 결과라고 하지 않을 수 없다.

그러나 어쨌든 담헌이 자기 지전설을 창안한 연대는 1765년(영조 41) 그가 사절을 따라 북경에 갔던 이전이었으며 그가 북경에 가던 때는 위에서 말한 전교사 장우인이 불분명하게 코페르니쿠스 지전설을 소개한 저서도 그나마 나오지 않은 시기였다. 그러므로 담헌의 지전설에 대하여 그의 천재적인 창안자로서 존귀한 명예를 우리 조선과학 발전사상에서 특별히 기록하지 않으면 안 될 것으로 생각한다.

* * *

담헌은 자기의 자연과학에 대한 깊은 조예에 기초하여 철학적 견해에서도 종래 유학자들의 낡고 묵은 세계관을 반대하고 자기 실학적 특징을 표시하였다.

그는 유교철학의 최대 범주인 '이理', '기氣'에 대하여 종래 학자들이 말하던 '이선기후理先氣後', '이위기재理爲氣宰' 등 관념론을 반대하고 '이기병재理氣並在', '이무주재理無主宰' 등 론을 주장하였다. 그에 의하면 이理란 것은 사물현상에서 고유하여 사물과 서로 시종하는 것이 법칙성이며 기氣란 것은 '형이하形而下' 즉 물질적·감성적인 것이다. 그러므로 무형무체한 사물의 한 법칙성이 구체적으로 활동 작용하는 기를 어찌 주재하겠는가?

또 그는 생각하기를 인간의 성性도 본래 선악이 없는 것인데 다만 구체적인 현실 생활 행정에서 경험적, 감성적 축적에 의하여 선악이 생긴다고 하였다. 그러므로 인성을 악한 방향으로 끌고 가는 물욕과 명리심名利心을 힘써 제거하고 사물의 법칙성을 잘 준수하는 데서만 인성을 악하지 않고 착하게 수양할 수 있다는 것이다.

그러나 이와 기가 그에게는 아직도 객관적인 진리 즉 과학이 말하는 법칙성과 형이하적 세계 즉 형기形氣 일체를 포괄한 물질로서 인식되지 못하였다. 그의 인식에서 이는 사물의 법칙성인 동시에 윤리적 성격을 탈거脫去하지 못하였으므로 소위 인성도 인간 행동의 규범적 의의를 내포하고 있는 것이며 이 규범적 의의는 근저에 아직도 초경험적인 선천적 연계로부터 완전히 결별하지 못하였다.

그러나 그의 철학은 시대적 논리적 제약성을 가지고 있는데도 그의 자연과학적 견해는 종래 신 즉 조물주적 세계관을 부정하고 따라서 중세기적 일체 미신을 깨뜨려 버렸다. 그는 생사화복설에 관련되어 있는 일체 신비성을 배척하고 인간의 생사를 물리의 자연적 현상으로 보아 음양오행설, 도참설, 풍수설 등등을 명확히 비판하였다.

그는 효도의 왜곡화와 후장주의厚葬主義를 반대하면서 지배계급이 인민을 내려 누르고 잡아매고 어리석게 하기 위한 도구로서 만들어 낸 것이 후장의 예라고 하였다. 또 까다롭고 번거로운 예문禮文은 지배계급 자신들이 정권과 관위를 쟁탈하는 구실로 이용하는 것에 불과하다고 그는 논단論斷하였다.

그는 풍수설-묘지화복설의 허망을 증명하기 위하여 그의 명작 〈의산문답〉에서 다음과 같이 말하였다.

> 나는 아직 감옥에 갇혀 있는 중죄인의 아들이 부모의 육체가 고통을 받기 때문에 자기의 몸에도 헐미(종처腫處) 같은 것이 났다는 말을 듣지 못하였는데 하물며 뒤에야 그 신체와 혼백이 그 자손에게 무슨 영향을 끼치겠는가? 그런데 후세 사람들이 만들어 낸 풍수설, 후장설을 맹신하고 흉지니 복지니 하면서 개장改葬 운운하고 칠성판에 백골을 열두 번이나 담고 돌아다니니 이는 도리어 화를 받을 장본이다. 이 때문에 세상에 소송이 번거로이 일어나고 인심이 날로 무너지니 그 폐단을 이루 다 말할 수 있겠는가?

이 하나만을 보아도 그의 생사관에 대한 무신론적 견해가 뚜렷함을 알 수 있다. 이와 같은 무신론적 사상은 종교 신앙에 대해서도 부정하는 태도를 굳게 가졌다.

* * *

담헌은 우수한 자연과학자로서만 있지 않고 그의 통명하고 신진적인 사상은 사회관에서도 실학적 정신을 발휘하였다. 그도 다른 여러 실학자와 같이 사회의 부유富裕와 인민 생활의 향상은 토지제도의 개혁에서부터 시작된다고 하여 "밭을 고루 나누고 인민의 산업을 마련할 것"을 주장하였다. 그는 자기 논문 〈임하경륜林下經綸〉에 다음과 같이 말하였다.

> 정전제井田制를 지금 실행하기 어려운 것은 이미 선배들이 말한 것이나 밭을 고루 분배하고 인민의 산업을 제정하지 않고 능히 나라를 다스릴 수 있다는 것은 빈말일 뿐이다. 지금 세상에서는 비록 완전히 옛날 제도로 돌아가기는 어렵다. 그러나 아무튼 나라를 잘 다스리려는 자는 반드시 제도를 변통變通하는 바가 있어야 할 것이다.

그래서 그는 "전국의 토지를 골고루 나누어서 남자로서 결혼한 자는 각각 2결의 토지를 받게 하고 그가 죽으면 2년 뒤에 딴 사람에게 옮겨 줄 것이며 세액稅額은 수확물의 10분의 1로 할 것이라."고 주장하였다. 그리고 세제稅制에서 균전의 10분의 1의 국세 이외에 포세布稅를 거두되 군포軍布 대신에 15세 이상 50세까지의 여자 세 사람에게는 1년에 베 한 필, 다섯 사람에게는 비단 한 필씩을 징수하되 전국 행정기관의 최말단에서부터 징수하여 각기 세입 포백布帛의 10분의 1씩을 경비로 떼고 나머지를 상급 기관들이 차례로 올려 보내면서 역시 10분의 1씩을 떼고 최후 중앙정부는 세입 포백 총량의 10분의 5 즉 절반을 경비로 사용할 것이라고 하였다.

또 그는 왕실 관청의 대전장大田庄으로서 인민의 기름과 피를 짜먹는 내수사內需司와 궁방전宮房田의 폐지를 주장하였으며 영농 방법에서는 노동과 경리는 물론 각각이지만 될 수 있는 대로 집체적 방법을 취하여 작업능률을 올릴 것이라고 하였다.

그의 유명한 논문 〈임하경륜〉에서 그는 일종의 의무교육과 백만 군대 양성을 주장하고 또 만민개락萬民皆樂, 만민개로萬民皆勞의 이상사회를 상상하였다. 그에 의하면 사람치고는 누구든지 반드시 생산의 직업을 가져야 하므로 사, 농, 공, 상 4민은 물론이요 소경, 벙어리, 앉은뱅이, 절름발이까지도 일정한 생산을 하여야 하며 지금 놀고 입으며 놀고먹는 사람이 많은 것은 양반 자손들이 실무와 노동을 부끄러운 일로 아는 까닭이니 이런 무리는 국가의 형벌과 사회의 제재를 받아야 한다고 주장하였다.

국가가 문벌을 묻지 말고 오직 재능과 학식을 표준하여 인재를 선발, 등용할 것을 그는 주장하였다. 그의 양반타도 사상에 의하면 비록 천민의 자손이라도 재능과 학식만 있으면 정부의 높은 지위에 등용할 것이며 만일 재능과 학식이 없으면 비록 귀족의 자제라도 직업과 지위의 여하를 가릴 바가 아니라고 하였다.

그는 자기의 유명한 논문 〈의산문답〉에 동해東海 허자虛子와 의산醫山 실옹實翁이라는 두 사람을 가설假設하여 서로 문답시키는 가운데 실증과학으로 공담과 미신을 논박하였다. 그들은 먼저 천문학으로부터 지원地圓, 지전地轉과 각 성구星求(별)의 거리, 위치와 일식, 월식, 지진, 천동의 자연현상에 관한 법칙을 설명하고 종래 동양에서 떠들던(서양에서도 그리하였거니와) 천변天變 지계地界가 인간사회의 흥망성쇠에 관련이 있다는 망설妄說과 술수가術數家들이 만들어 낸 오행설, 하도낙서설河圖洛書說이 기괴한 부회附會에 불과함을 증명하였다. 그리고 그 다음 그들은 공자의 《춘추春秋》 내외의 구분까지 논급하여 당시 유학자들의 사대주의와 이와 관련된 '존화양이尊華攘夷' 사상에 엄중한 타격을 주었다.

그에 의하면 하늘로서 보면 화華와 이夷가 일반이요 내외의 구분이 있을 리 만무하다. 다만 중화의 입장으로 보면 중화는 안이요 동이東夷는 밖이며 동이의 입장으로서 보면 동이는 안이요 중화는 밖이 될 것이다. 공자는 주나라 사람이었으므로 주나라를 높였지만 만일 공자가 조선 사람이었더라면 마땅히 조선을 높이는 《춘추》를 지었으리라는 것이다.

그리하여 실옹은 다음과 같이 말하였다.

> 공자는 주나라 사람인데 왕실은 날마다 찌그러지고 제후는 쇠약해지는 반면에 오吳, 초楚는 중원을 어지럽히고 도적은 그치지 않았다. 《춘추》는 주나라 사기史記인즉 내외의 구분을 엄격히 하는 것이 마땅하지 아니한가? 만일 공자가 바다를 건너 동이에 와 살아서 주나라 문화를 중국 밖에다가 건설하였다면 내외 존양存攘의 의리에 있어서 응당 주나라 춘추와는 다른 한 그 나라 춘추를 지었을 것이다. 〔自當有域外一部春秋矣〕

이와 같은 논지는 당시 사회에서는 참으로 대담무비한 주장이었다. 당시 일부, 아니 대다수의 유학자들이 중국을 자기 조국처럼 생각하고 조선을 도리어 오랑캐로 자처하는 맹목적인 존화관념을 폭로 비판한 그의 사상은 인민 속에서 이미 발아하고 있는 새로운 애국주의나 민족주의적 정신을 대변한 것이었다. 이는 그의 선행자들이 능히 갈파하지 못한 역사적 발언이었다.

담헌은 성실한 애국적 정신으로서 정치, 경제, 문화 여러 부면에 자기 논의를 전개하였으며 심지어 법제, 관제, 축성, 양병에까지 광범히 고안하였다. 그는 자기 조국을 부강한 나라로 만들기 위하여 자기 선행자들의 이론을 계승 발전시켰다.

그의 저술은 그의 사후 백수십 년 동안 초고로 있었고 그의 우수한 과학적 사색과 애국적 사상은 주로 연암의 기술에 의하여 세상에 널리 알려졌다. 그의 유집遺集 15권 7책은 1936년 서울 신조선사(권태휘權泰彙 주간)에서 다산의 유집《여유당전서與猶堂全書》와 함께 간행되었으니 이것이 현행《담헌서》이며 그중〈주해수용〉,〈임하경제〉,〈의산문답〉은 유명한 저작이다. 그의《연경기행기燕京紀行記》4권(홍대용 외집 7권~10권)은 문장에서는 연암의 웅혼기걸雄渾奇傑*한 필치로 일관한《열하일기》를 따를 수 없으나 간명 진실한 태도로서 수천 리 여행 도중에 보고 들은 것을 빠짐없이 기록하여 중국의 정세와 풍속에 대한 활화폭活畫幅**을 만들었다. 즉 그는 산야, 건축, 사관寺觀, 시가, 정원, 궁궐, 성새城塞, 인물, 의복, 음식, 책점冊店, 음악, 서화, 병기, 사술射術, 마술魔術, 차車, 선船, 운송, 물화物貨 매매 등 온갖 보고 들은 것을 망라하였으며 심지어 금전출납, 주산珠算의 사용과 속도, 공업 상업의 발전상황까지를 자세히 주목하여 우리나라의 것과 반드시 우세를 비교하고 장점을 채용할 것을 유의하였다. 이 점에서는《열하일기》의 의도와 동일하다.

그리고 우리글로 된《연행록燕行錄》은 필사본이 전하고 있으니 이는 그가 귀국한 뒤에 자기 어머니를 위로하기 위하여 한문본을 번역 첨삭하고 그의 매씨妹氏***가 정사精寫한 것이라 한다. 여하튼 우리글로 기행문을 썼다는 점은 담헌의《연기燕記》가 처음일 것이며 이는 그때 바로 1년 전(1764) 김인겸金仁謙이 서기로 사절을 따라 일본에 갔다 오면

---

* 모두 뛰어나다는 뜻 ** 살아 있는 화폭, 생생하다는 뜻 *** 손아래 누이

서 대장편으로 지은 국문 기행가사紀行歌辭인 《일동장유가日東壯遊歌》와 함께 우리 18세기 문학사에서 쌍벽雙璧적인 기행작품으로 평가된다.

결론

담헌은 당시로 보아 조선이 처음 가진 자연과학자였다. 그는 지전설, 지구비중심론을 제창하여 편협한 동굴적 세계관을 타파하고 유동 전환하며 광활 무한한 개관적 세계를 전개하였다. 그는 우주기성설宇宙氣成說과 천지생사론天地生死論을 통하여 자연과학적 관찰력을 표시하였다.

그는 자연과학적 견해에 입각하여 사회 내부에 광포狂暴한 지배력을 발휘하고 있는 모든 중세기적 암흑과 신비성을 분석 폭로하였다. 그는 한 걸음 나아가 봉건지주의 착취와 토지 겸병을 반대하고 토지균분과 만민개로를 주장하였다. 그의 경제개혁론은 이론의 단순성을 벗어나지 못하였으나 봉건체제의 불합리성을 비판하는 태도에서는 반계와 성호의 전제론들에 비하여 한 걸음 더 나간 감이 없지 않다.

그는 봉건적 양반 가벌 출신으로서 벼슬을 좋아하지 않고 권세가에 아첨하기를 싫어하고 도리어 불우한 처지에 서서 문벌제도를 반대하고 4민 평등과 인재 본위를 정치적 원칙으로 강조하였으니 이는 양반 체제가 물질적 기초로부터 자기모순을 이미 발로하고 있는 것을 사상적으로 반영한 것이었다. 그의 사상은 착취와 압박에 시달리고 있는 농민과 일반 노동 인민을 동정하여 빈부의 차등과 유의유식하는 무리를 미워하는 동시에 재산 평등과 교육 균등을 실현할 수 있는 만민개락의 사회를 이상하였다. 그의 이상이 물론 계급적 지지를 받아 대중의 역량으로 전화될 수 있는 사회적 조건들을 가지고 있지 못하였으므로 하나의 공상에 지나지 않았다. 그러나 그의 사상적 입장은 봉건적 착취 체제를 옹호하며 지주의 이익을 합리화시키는 견해가 아니고 도리어 이들과는 반대되는 방향에 서서 인민 특히 농민의 이익과 행복을 주장하였다.

그는 여러 선행 실학들에 비하여 과학적인 세계관에 한 걸음 더 접근하였으며 《춘추》 내외의 구분은 당시 사대부들의 사대주의에 대한 일대 경종인 동시에 민족 자각적인 사상을 뚜렷이 특징지어 놓은 것이다. 이 점에서 담헌의 사상은 실학풍의 우수한 표지標識를 우리 민족문화사상에 길이 빛나게 남겨 주었다.

박지원

연암燕岩 박지원朴趾源은 반남潘南 박씨며 자는 중미仲美였다. 1737년(영조13) 3월 5일 축시丑時에 경성 안국방安國坊 자택에서 탄생하였다. 어려서 아버지 박사유朴師愈를 여의고 또 몸이 병약하므로 그의 조부 지돈령부사知敦寧府事 박필균朴弼均은 짐짓 놀리고 글을 가르쳐 주지 않았다. 16세에 전주 이씨 집안 딸과 결혼하고 그의 처숙妻叔(호는 영목당榮木堂)*에게 수학하였다. 하루는 처숙이 《사기史記》 신릉군전信陵君傳을 읽혔더니 연암은 물러가서 수백 자의 논설 한 편을 지어 보였다. 그는 크게 놀라서 격찬하였다. 연암은 이로부터 더욱 독서에 힘쓰고 2년을 문밖에 나가지 않았다.

---

* 이양천李亮天(1716-1755), 박지원의 장인 이보천李輔天의 아우

그는 20여 세에 유언호兪彦鎬 등 여러 벗들과 동행하여 금강산과 동해를 구경하였다. 연암전집 가운데 있는 〈총석정관일출叢石亭觀日出〉의 장편 한시漢詩는 이때의 걸작이다.

그는 백가百家의 서적을 널리 읽고 경제, 농업, 전폐錢幣, 조세, 군사 등에 관한 연구를 쌓고 천문, 지리, 음악에 이르기까지 정통하였다. 그는 상모狀貌가 거룩하고 의기가 쾌활하고 재분才分이 뛰어나서 세상에 하지 못할 어려운 일이 없다고 생각하였다.

그는 일찍이 자기 친우 담헌 홍대용과 함께 서양과학과 기술의 수입을 강조하였다. 그는 말하기를 학문은 국가와 인민에게 이익을 주어야만 비로소 필요하다고 하였다. 그는 문학에서 종래 형식주의와 무사상성을 배척하고 민간의 속담, 야설野說, 이언俚言, 격언과 명, 청의 새로 나온 패관소설에 많은 흥미를 가졌으며 과문科文을 연습하여 과거에 응시하기를 싫어하고 귀족양반들의 부패상과 유학자들의 위선적인 정체를 풍자 조소하기에 조금도 기탄하지 않으므로 그가 귀족 출신인데도 가세는 청빈하였으며 집권자들의 박해와 배제를 받아 불우한 생애로서 자기 일생을 마쳤다.

정조의 초년에 홍국영洪國榮이 소위 '세도世道'를 잡고 자기 족숙 판서 홍낙성洪樂性이 자기에게 아부하지 않는 것을 미워하여 장차 모함하려고 하는데 연암을 그의 지지자로 의심한 동시에 연암의 반양반적 태도를 더욱 미워하여 장차 화를 입히려 하였다. 연암의 친우 백영숙白永叔은 이 기미를 탐지하고 연암에게 피신책을 강구하여 준 결과 연암은 즉시 서울을 벗어나 개성開城에 잠깐 숨어 있다가 나중 황해도 금천金天 연암산곡燕巖山谷 중에 은거하였다. 그 산곡 중 바위 벼랑에 구멍들이 있는데 봄이면 제비들이 와서 집을 지으므로 제비바위라는 이름이 있게 되었으며 그도 이를 따서 자기 별호를 연암이라고 하였다.

연암은 이와 같이 피신한 뒤로 무사하게 되었으나 그의 생활은 극도로 곤란하였다. 그의 친우 유언호는 규장각 직제학으로 있다가 마침 외임外任으로 나갈 즈음에 연암의 곤란한 사정을 듣고 일부러 자원하여 금천의 근지近地인 개성의 유수留守가 되어 그의 생활을 도와주었다.

그 뒤 정조 4년(1780)에 홍국영은 정권으로부터 방축되었으며 연암의 삼종형 금성위錦城尉(영조의 사위) 박명원朴明源은 상사上使로 청국에 가게 되어(동년 6월) 동행하기를 청하므로 연암은 기꺼이 승낙하고 44세의 포의布衣로 열하에 가서(이때 청국 건륭황제가 열하행궁에서 70수연을 베풀었다) 6일간 태학太學에 사관하면서 청국의 홍려시소경鴻臚寺少卿 조광련趙光連, 대리사경大理寺卿 윤가전尹嘉銓과 강소성江蘇省 거인擧人(지방에서 선발되어 응시하러 온 사람) 왕민호王民皡 등과 많은 필담으로 사귀었는데 그들은 모두 연암의 박식과 웅문雄文*에 탄복하고 '해상이인海上異人'이라고 불렀다.

6년 후 50세의 연암은 비로소 선공감 감역으로 출사하여 사복시 주부, 의금부 도사, 제릉령齊陵令 등 벼슬을 치르고 한성부 판관으로 있다가 55세에 안의 현감(경상남도)이 되어 극히 청렴하고 인민을 사랑하고 여러 번 의심난 옥사를 밝게 해결하니 현민은 명관이라고 일컬었다.

61세에 면천沔川군수가 되었다. 이때 무관 이방익李邦翼이 제주濟州에서 표풍飄風으로 중국의 팽호도澎湖島에 도착하여 각지 주현의 호송을 받아 귀국하였는데 복건福建, 절강浙江, 강소江蘇, 산동山東, 직예直隷,

---

* 생각이 깊고 기개가 뛰어난 글

봉천奉天에 걸친 만여 리를 지나 왔다. 정조가 그를 불러 보고 경력經歷한바 산천 풍속을 물은 다음 편전에서 연암을 인견하고 이방익의 구두 진술을 글로 써서 올리게 하였다.

그가 면천군수로 있을 때였다. 정조는 22년(1798) 겨울에 농업 발전에 대한 의견서를 중앙과 지방의 인사들에게 널리 구하였다. 그래서 그 이듬해 3월에 연암은 63세의 노인으로서 자기가 일찍이 농사개량에 유의하여 구체적으로 자세히 기술하였던《과농소초課農小抄》1권에다가 결론을 배열하고〈한민명전의限民名田議〉1편을 첨부하여 농업과 농민문제에 관한 자기의 개신안改新案으로서 제출하였다. 정조는 이를 보고 크게 아름답게 여겨서 장차 등용하려 하였더니 얼마 안 되어 정조가 서거하였으며 순조 초년에 양양 부사로 옮겼으나 그 이듬해 65세에 노병으로 사임하고 69세(순조 5, 1805) 10월 20일에 서울 자택에서 빛나는 필전筆戰의 일생을 마쳤다. 그의 가인과 문인들은 그를 그의 장단長湍 선영 내에 장사하였다.

그의 저작은 방대하다. 그러나 그의 고난한 생활 가운데서 잘 간직되지 못하였으며 또 집권자들과 관학파의 박해로 자연 인멸된 것이 많았다. 예를 들면 그의 20여 세 때 작품인《방경각외전放璚閣外傳》의 유명한 9전에〈역학대도전易學大盜傳〉,〈봉산학자전鳳山學者傳〉2전은 관료배와 유학자들이 크게 꺼려하여 제목만 남고 본문은 없어졌으며 그 밖에〈사략불가독론史略不可讀論〉,〈통감불가독론通鑑不可讀論〉등 많은 논문이 있었다 하나 모두 전하지 않는다. 이 두 편은 제목만 보더라도 응당 그가 당시 초학 아동들의 교과서로 사략과 통감을 익히는 데 케케묵은 외국의 고사古史가 우리나라 아동교육에 적당치 않을 뿐만 아니라 자기 조국의 역사를 무시하고 민족자주성을 좀먹는 사대사상을 배양시키는 극악한 해독을 예리하게 폭로하였음을 우리는 넉넉히 짐작할 수 있다.

연암의 저술은 어느 한 편도 당시 관학파와 '순정純正' 문예가들이 물론物論을 일으키지 않은 것이 없었다. 연암이 어느 날 자기 박씨 가계 모某의 집에 가서 술자리에 문담文談 시화詩話를 기탄없이 하고 휴대하였던 자기 문고文稿를 내어 가지고 소리 높여 읽으니 종손宗孫은 그 문고를 빼앗아 집안을 망칠 것이라 하고 화로에 집어넣었다. 연암은 크게 놀라 급히 구출하고 웃으면서 말하기를 "조금트면* 조선의 '금구목설金口木舌'이 숯검정을 삼키고 벙어리가 될 뻔하였구나! 그리고 100년이 못되어 너는 뒷사람들에게 진시황 이상의 악명을 들을 뻔하였구나!"하고 그만 자기 문고를 싸가지고 집으로 돌아가 버렸다고 한다.[58]

또 연암은 위에서 말한 바와 같이 중국을 갔다 오면서 3개월간 만리 여행에 대한 기행문으로서 《열하일기》 26편을 지어서 평생에 쌓였던 비분한 심사와 조국을 부강한 나라로 만들려는 사상을 발표하였다. 그리고 그의 문체도 종래 고전적 형식을 깨뜨리고 풍자와 수법을 좋아하였으며 자유분방하며 기발정한奇拔精悍**하였다. "패稗*** 같으면서도 정正하며 속俗된 듯하면서도 기奇하다."고 한 창강滄江 김택영金澤榮의 평어評語가 어느 정도 적중하다 할 것이다.

조선 문학사상의 일대 걸작인 《열하일기》는 초고로서 신진인사들에게 널리 애독되었다. 당계黨系가 다른 다산 일파도 그것을 인용하였으며 국왕 정조까지 탐독하였다. 연암이 안의 현감으로 있을 적에(57세

---

* 잘못하면   ** 빼어나고 날쌘   *** 쭉정이(피)

때) 정조는 규장각 직각直閣 남공철南公轍의 문체가 기이한 것을 보고 이도 《열하일기》에서 물든 것이라고 하여 속전贖錢을 내게 하여 때마침 북청北靑 부사로 영전하는 성대중成大中(서얼)의 송별연을 규장각 내에서 베풀게 하였다. 또 정조는 남공철에게 말하기를 "근래 문풍이 명, 청 문체를 배우게 된 것은 그 근원을 추구하여 보면 모두 박지원의 탓이 아님이 없다. 《열하일기》는 내가 익히 열람한 바인즉 어찌 속일 수 있겠느냐? 그에게 편지하여 속히 '순정純正'한 글 한 권을 지어서 바쳐서 《열하일기》의 죄를 속량하라." 하였다. 원래 정조는 문학과 정론政論을 좋아하고 학술과 신앙의 자유를 인정하고 문인, 학자를 우대하였으며 연암이 만년에 그만한 출사를 한 것도 정조의 특별한 배려에 의한 것이었다. 그의 내심으로는 《열하일기》 문장을 기이하게 여겨 상당한 평가를 주고 있었으나 다만 가혹하고 고루한 물론物論을 완화시키고 연암의 안전을 보장하기 위하여 이와 같이 희롱 비슷한 명령을 내린 것이었다. 연암은 남씨의 편지를 받고 곧 완곡한 사죄와 우미優美한 필치로 답서를 만들어 보냈더니 남씨는 답서를 정조에게 보여 드디어 불문에 부치게 되었다.[59]

연암은 사후에 손자 박규수朴珪壽의 벼슬이 정승이었기 때문에 규례에 의하여 판서의 증직과 문도文度의 시호를 받았다. 그러나 고종 초년경에 규수는 우의정(제2부수상), 그의 아우 선수瑄壽는 판서로 있으면서도 자기 조부의 유집을 감히 간행하지 못하였다. 이는 연암의 〈호질虎叱〉, 〈허생전許生傳〉 등 작품들이 의연 관료와 유림의 금물로 되어있는 때문이었다.

그의 사후 96년(1900) 만에 한시가漢詩家 김택영의 발의로 본집本集과 《열하일기》와 《과농소초》 중에서 선발하여 《연암선집》을 서울에서

실학파의 사적 발전 · 171

간행하고 그 이듬해에도 그는 또 연암의 유고들을 거두어 속집을 간행하였으며 일제 강점 직후 서울 광문회光文會에서 《열하일기》를 단행본으로 간행하였으며 1916년 김택영은 상해에서 원집과 속집에서 다시 선발하여 《연암집》 7권을 만들어 국내 인사들의 조력으로 간행하였다. 그러나 김택영의 선발본은 대개 문사文辭의 형식적 미를 주중主重한 것이며 1932년 서울 서점상이 간행한 전집은 그의 후손이 보관하고 있던 유고 전부를 교열 없이 인출한 것이니 현행 6책 《연암집》이다.

* * *

연암은 철두철미 18세기 조선이 낳은 천재적 선진 학자며 예술가였다. 당시 조선의 사회적 정세는 어떠했는가?

당시 조선 봉건 양반제도는 경제, 정치, 문화 각 부면에 자기의 모순들을 전적으로 폭로하고 있었다.

첫째로 봉건 경제의 지주적 착취는 공사公私 조세, 환곡, 군포 기타 가렴주구를 반대하여 일어나는 농민봉기는 양적, 질적으로 점차 발전되었다. 영조 3년(1727)에 호남 지방의 농민들은 변산반도와 영암의 월출산에 집결하여 관군과 항전하였으며 9년에 나주와 진도의 농민들은 봉기하여 전폐錢幣를 주조鑄造하였으며 그 후에 신계, 곡산, 수안 등지의 농민들은 탐관오리를 반대하여 일어나서 수안의 진언산眞彦山을 웅거하고 있었다. 이는 약간의 실례에 불과하다.

둘째로 귀족관료의 가혹한 토색과 일반의 천대로 말미암아 삼중오중의 질곡을 쓰고 있는데도 상인자본 세력은 점차 증대하고 있었다. 상평통보의 사용으로 상품의 유통은 보다 유리하였으며 관서지방 채광採鑛의 성황과 연경으로 국내 은화의 탈주와 서울 육주비전의 난전亂廛금지의 특권 등등은 부상대고富商大賈의 금력을 더욱 확대시켜 주었다. 《열하일기》에 서울 변승업卞承業의 재산 총액이 은 50만 냥에 해당해 전국의 재계를 좌우하였다는 점은 즉 이를 증언한다.

셋째로 양반계급 자체 내의 당쟁은 18세기 영조 연대에 이르러 서인 노론의 일당 전제로 전화되어 봉건 귀족적 분권 형태는 편영片影조차 소멸되었고 소위 '탕평' 정책의 허위성은 여지없이 폭로되었다. 그리하여 중소 지주, 지방 양반과 재야당파의 극소수 대귀족에 대한 불평불만은 자못 격심하였다. 영조 4년(1728)에 일어난 이인좌李麟佐, 정희량鄭希良 등의 반란이 이것의 표현이었다.

넷째로 문벌, 적서와 지방의 차별 제도로 인한 광범한 대중적 불평은 장차 양반사회의 기구를 뒤엎지 않고는 마지아니할 형세였다. 소위 문벌제도는 양반사회의 골간으로 되어 있으므로 문벌을 부인하고 평등을 주장하는 사상은 양반사회를 타도하는 민주사상이 아닐 수 없다. 문벌제도는 조선 중기 이후 어느 시대 어느 사회에서보다도 특심特甚하였던 만큼 이에 대응하는 반양반적 사상도 인민대중 속에 광범히 발전되어 특히 18세기 전후로 발생한 민담, 소설, 이언俚言, 은어 어느 장면에서도 양반과 관료를 저주, 조롱하는 인민적 감정이 침투되지 않은 것이 없었다. 문벌제도의 파생물로서 적서 차별은 17세기의 작품인 《홍길동전》이 이미 그 불평을 단적으로 표시하였다. 영조 연대에 서얼 성대중의 문과급제를 비롯하여 정조 초년에 서얼 황경헌黃景憲 등 600여 명이 성균관(국립대학)에 입학할 것을 상소, 청원하였으나 양반사회는 의연히 그들을 천대하였다. 지방 차별도 역시 양반제도의 특수 형태로서 서북지방 인민들의 투쟁대상으로 되었다. 인조 초년 이괄李

遙의 난 후에 조정에서는 서북인을 고루 등용한다고 표방하였으나 이는 기만적 언사에 불과하였으므로 그들의 불평은 쌓이고 쌓여 후래 19세기 10년대의 홍경래洪景來 폭동에서 전적으로 표현되었다.

다섯째로 당시 양반제도의 유일한 지지자인 유자儒者들은 부문허례浮文虛禮와 공리공담에 도취하고 있었으므로 '개물성무開物成務'의 학을 주장하는 실학자들은 이들과 투쟁하는 것을 자기들의 중요한 당면 과업으로 삼았으니 일반 인민에게 학자란 것은 물꼬를 밑으로 막는 '숙맥'으로 간주되었다. 또 그들은 사대주의의 변형인 소위 '존명尊明' 의리로서 집권 당파의 가면적 위선을 합리화시켜 주는 한편 사회의 현실에 눈을 감고 민족적 기개와 자주성을 맹아로부터 거세하려 하였다. 영조 44년(1768) 정언正言 김약행金若行이 국왕에게 건의하기를 지금 중국에 만족이 침입하여 명나라 황통皇統이 끊어졌으니 우리나라는 마땅히 황제칭호를 쓰고 천자의 예악을 쓰자고 한 일은 비열한 '존명' 사상에 대한 하나의 반격이었다.

여섯째로 종래 '정통' 문학과 과문科文에 대항하여 제기한 실학파와 문예파의 문학운동이었다. 그들은 문학의 취재取材를 자기 나라의 역사, 지리, 제도, 풍속들에 치중하는 동시에 인민의 속에 유행하는 민담, 군담軍譚, 영웅전기, 이언, 속담, 전설, 화본話本, 동화, 가요들을 혹은 한문으로 혹은 국문으로 작품에서 취급하였으며 사상에서는 자기 조국의 부강화와 민족적 자각과 인민의 생활감정의 형상화를 지향하였다. 그들은 또 새로운 문학적 내용과 풍격風格을 수립하기 위해서는 통치계급의 부패상과 유학자들의 타락과 위선을 폭로, 비판하고 인민대중의 반봉건적 감정과 기분들을 점차 반영하고 있었다. 연암의 시대 즉 18세기 조선의 물질적·정신적 여러 모순을 이상의 몇 가지로서 분석, 지적하였다.

* * *

연암은 자연과학 중에도 특히 천문학의 새로운 지식에 기초하여 자기의 세계관을 어떻게 전개하였는가?

그는 종래 점성술의 미신과 '천원지방天圓地方'의 편협한 견문을 타파하고 우주의 무한성과 변동성을 깨달음으로써 중세기적 낡은 사회관을 개조하였다. 이는 서구 인문주의자들이 밟아온 사상적 과정을 우리 조선의 실학자들도 예외 없이 과정하여 온 셈이다.

이제 그 실례를 약간 들어 말한다면 실학파의 학조學祖로서 학문의 개신改新과 사회의 개조를 주장한 성호星湖는 은하성무설銀河星霧說과 지구와 지심설地心說을 시인하였으며 "그 말이 극히 옳다.", "중국인의 미급한 바다.", "성인이 다시 나도 반드시 좇을 것이다."는 결론으로서 서양 자연과학을 극력 찬동하였다. 또 조선 사람의 한문학은 앵무새의 언어에 불과하며 나무하는 아이와 물 긷는 부인들의 노래가 도리어 예술의 진실성을 가진 것이라고 갈파하여 실학파 국문학의 창설자로 나섰던 서포西浦 김만중金萬重도 역시 지원地圓 내지 지동地動을 추론함으로써 종래 고루한 동굴적 견해를 비판하고 자기의 새로운 세계관의 과학적 기초를 개척하였다.[60]

연암은 자기 선행자들의 자연과학적 우주관 전통을 계승하며 친우 홍대용과 함께 서양 지구설을 발전시켜 지전설地轉說을 제창하였다. 그는 다음과 같이 말하였다.

하늘이(자연을 가리킴) 만든 물체는 모난 것이 없어서 비록 모기 다리, 벼룩 궁둥이와 빗방울, 눈물, 가래침이 모두 둥글지 않은 것이 없다. 산하, 대지와 일월성수日月星宿가 다 하늘의 만든 바인데 모난 별과 네모난 별들을 찾아 볼 수 없다. 그러므로 땅이 원구圓球란 것을 증명하여 의심할 것이 없다.

나는 비록 서양 사람의 학설과 저서는 보지 못하였으나 지구가 구형임은 의심없다고 한다. 대체로 그 형체는 둥글고 그 덕德은 모나며 그 사공事功은 동작動作이요 그 성정性情은 안정安靜이다. 만일 큰 공간으로 하여금 이 땅을 고정화시켜서 움직이지도 않고 구르지도 않고 우두커니 공중에 달려 있으면 곧 썩은 물, 죽은 흙과 같이 당장에 썩고 삭고 무너지고 흩어질 것이니 어찌 능히 유구悠久하게 자체를 유지하여 많고 무거운 것들을 실어 가지고 있으며 강해江海의 큰물들이 물결을 쳐도 새지 않을 수 있겠는가? 이제 이 지구가 표면의 경계를 열어있고 종종種種의 발[足]을 달고 있으니 그 하늘을 이고 땅을 밟고 있는 자세는 우리 사람과 다를 것이 없다. 서양 사람이 이미 땅을 구형으로 인정하였으나 땅이 구르고 있다고는 말하지 않았으니 이는 땅이 둥근 줄만 알고 둥근 것이 반드시 굴러가는 줄은 알지 못하였다. 땅이 한 번 굴러서 하루가 되고 달이 한 번 땅을 안고 돌아서 일삭一朔*이 되고 해가 한 번 땅을 안고 돌아서 일 년이 되고 세성歲星**이 한 번 땅을 안고 돌아서 일기一紀***가 되고 항성恒性이 한 번 땅을 안고 돌아서 일회一會가 된다. 고양이 눈동자도 1일 12시에 매시마다 변화가 있는데 그것이 한 번씩 변

---

* 한 달 ** 목성 *** 목성이 하늘을 한 바퀴 도는 기간인 열두 해 동안을 이르는 말

하는 동안에 땅은 이미 7000여 리를 달아난다.[61]

이와 같이 연암은 서양의 지원설을 부연하여 담헌 홍대용의 지전설을 찬동하고 종래 좁고 막히고 고정불변한 세계관을 타파하며 우주만물의 원전圓轉 변화하는 진리를 웅변적으로 갈파하였다.[62]

그는 또 자기의 유명한 진적설塵積說을 다음과 같이 말하였다.

> 우리 진계塵界(지구상)의 생각으로서 미루어 보건대 월구月球의 세계에도 또한 물질이 있을 것이다. 쌓이고 모여 엉킨 것이 마치 한 점 미세한 먼지가 쌓여서 대지가 된 것과 같다. 먼지가 모이고 엉켜 흙이 되고 먼지의 거친 것이 모래가 되고 먼지가 굳어서 돌이 되고 먼지의 진액津液이 물이 되고 먼지가 열熱하여 불이 되고 …… 먼지가 찌면 기운이 답답해져서〔진증기울塵蒸氣盁〕온갖 벌레로 된다. 이제 우리 사람은 바로 이 벌레들 중의 한 종족이다.[63]

연암은 물질의 가장 미세한 단위를 먼지〔塵〕로 규정하고 이 먼지를 우주만물의 구성요소로 인정하였다. 그리고 먼지가 찌면 기운이 답답해지는 데서 온갖 벌레가 생기며 사람은 이 벌레들 중 한 종족이라고 갈파한 것은 생명-유기체가 어떤 신神의 조화나 무기체無機體의 밖에서 발원한 것이 아니고 무기체의 가장 미세립微細粒인 먼지의 자체적 결합작용에서 생성, 변화한 결과로 인식한 것이니 이는 연암의 자연과학적 견해가 얼마나 유물론적 성격을 뚜렷이 표시하였는지를 알 수 있다.

그의 견해에 의하면 하늘은 신의 주재가 아니고 인간의 정신과는 독립한 자연 총체의 대명사로 인정하여 종래 인간의 의지와 욕망으로써

감응시킬 수 있는 것으로 하늘을 인식하는 관념론을 배척하였다. 그는 자기 작품 〈담연정기澹然亭記〉*에서 사람이 하늘을 어떤 신처럼 쳐다보고 행운을 바라는 것은 어리석은 일이라고 하며 다음과 같이 말하였다.

> 어떤 조급한 사람이 오늘에 한 가지 착한 노릇을 하고 하늘더러 행운을 달라고 재촉하며 내일에 한 마디 좋은 말을 하고 반드시 보수를 받으려고 하면 하늘도 장차 그 번거로움을 견디지 못할 것이며 착한 노릇을 하는 사람도 또한 지쳐서 주저앉고 말 것이다. 하늘은 원래 텅 비고 끝이 없으며 자연에 맡겨 사시四時가 순서를 잃지 않고 만물이 책임을 어기지 않을 뿐이다. 하늘이 어찌 신의를 지키기에 뜻이 있어서 구구區區히 물건을 따라 다니면서 재어보고 달아보고 할 것인가?

연암은 이와 같이 무신론적 세계관에 입각하여 서양의 자연과학과 기술에 대하여는 어디까지나 그것을 섭취하며 수입할 것을 주장하였으나 서양의 종교 즉 천주교에 대하여는 다른 여러 선행 실학자들과 같이 역시 반대의 태도를 취하였다. 그는 처음부터 경계의 눈초리로서 이마두 이하 서양인 선교사들이 좋지 못한 기도企圖를 품고 "천신天神을 가탁假託하여 중국 사람을 유혹하려고" 중국에 들어온 것이라고 판정하였다.

또 그는 천주교리를 불교리佛敎理와 비교하여 말하기를 "불씨佛氏의 학學은 형기形器(형이하 세계)를 환망幻妄한 것으로 인식하였으니 이러

---

*《연암집》 권1에 수록

하면 인민에게 아무런 사물과 법칙이 없을 것이다. 이제 야소교耶蘇教는 이理를 기수氣數(형이하 세계의 운수運數)라고 하니 이러면 무형無形한 진리를 유형有形한 현상으로 오인한 것이다."고 하였다.[64]

이 두 교리를 비판하는 데 연암의 철학이 아직도 송유의 이기이원론적理氣二元論的 잔재를 청산하지 못하였으므로 그의 이른바 이理란 것은 자연과 사회의 구체적 사물과 어디든지 항상 분리할 수 없는 법칙성으로 보지 못하였으며 또 그의 법칙이란 것도 사물의 필연적 인과를 가리킨 것이 아니고 인간의 주관적 윤리의 개념을 은연히 전제한 것이다. 그러나 어쨌든 연암은 모든 현상세계를 환망으로 간주한 불교의 이론을 배척한 동시에 이와 반대로 모든 현상 내지 환망까지를 진실한 것으로 인정하는 야소교의 설교에 대하여서도 허용하지 않았다. 그리하여 연암은 자기 노작 《열하일기》 가운데 자기 대화자인 왕곡정王鵠汀의 말을 빌려서 야소교리를 다음과 같이 논단하였다.

> 서학(야소교)이 어찌 불교를 나무랄 수 있을까? 불교는 진실로 고묘高妙하나 다만 공허하게 비유譬喩가 많고 마침내 귀착이 없다. 겨우 깨달은 때는 필경 환幻이라는 글자 한 자뿐이다. 야소교는 본디 어렴풋이 불교의 찌꺼기만을 얻었다. 그들은 중국에 들어와서 중국의 문헌을 배워서 비로소 중국이 불교를 배척하는 것을 보고 그제야 이를 본받았으며 중국문헌 중에서 상제上帝, 주재主宰 등 용어를 추출하여 유교에 스스로 아부한다. 그러나 그 본령은 원래 명물名物, 도수度數에 국한되어 이미 유교의 제2의第二義에 떨어져 있다…….[65]

이 인용문 중 소위 명물, 도수란 것은 천문, 역법, 수학, 지구표地球

表, 망원경 등 자연과학의 산물을 가리킨 것인데 연암과 곡정이 모두 서양 사정에 생소하였던 까닭으로 야소교가 서양에서는 과학과 기술의 발명과 발달을 적극적으로 억압, 방해하였는데도 그의 파견자들이 동양에 와서는 포교의 수단으로서 약간의 과학적 산물을 소개하여 그것이 마치 야소교 신력神力의 업적처럼 과장하는 기만적 술책에 대하여 철저히 간파하지 못하고 명물, 도수를 야소교의 본령으로 오인하였던 것이다.

그러나 연암은 다른 여러 선행 실학자들같이 서양의 과학기술은 적극적으로 환영하고 그의 교리는 불교의 천당지옥설에 별반 다름이 없을 뿐더러 사고와 윤리의 방편에서는 그보다 훨씬 유치, 저열한 것을 지적, 폭로하였다. 이는 연암이 반종교적 사상투쟁에서 무신론적인 이성의 횃불을 들고 중세기적 미신의 세계로부터 인간 의식 개명의 방향으로 지시하여 두었던 것이다.

* * *

연암은 우수한 사상가며 문학자로서 민생문제에 깊은 관심을 가지고 해결책을 강구하기에 노력하였다. 위에서 이미 언급한 바 국왕 정조에게 올린 농업대책에서 《과농소초》는 농업발전을 위하여 영농방법의 개량과 기술의 채용을 주장하였다. 그는 일찍이 연암산협 중에서 다년간 자신이 한 명의 농부로서 농민의 고통과 농사의 경험을 속속들이 체득하였으며 또 지방관으로 있으면서 항상 농촌을 순시하고 전야를 답사하여 농사철, 기후의 예측, 전답의 각종 모양, 농구農具, 갈고 개간하는 것, 거름 주는 것, 수리, 종자의 선택, 씨 뿌리는 것, 곡물의 명칭과 품질, 김매기, 충재蟲災 퇴치에 관한 여러 방법, 거둠질, 소 기르는 것 — 농사 전반 — 에 걸쳐 깊이 연구한 결과를 정리하고 고금 많은 농서와 학설과 농민의 일상적인 구담口談, 가요들로부터 다양한 경험을 뽑아내어 《과농소초》란 제목 밑에 내용이 풍부하고 항목이 상세한 저서 상하 두 권을 완성하였다.

그는 이 저서의 총론에서 사농공상 4민 중 사士의 학學은 명농明農, 통상通商, 혜공惠工의 정책에 창지創智를 발휘하여 인민의 생활을 풍부하게 하며 국가에 이익이 있도록 하여야만 '실학'이 된다고 강조하였으며 그 다음 현재 사류士類가 혹은 성리性理를 고담高談하고 경제에 등한하며 혹은 부화浮華한 문사文詞에만 힘쓰고 정치에 아무런 방책이 없는 것을 통절히 공격하였다. 그는 말하기를 "부자는 배부르고 안일하게 살아서 의식이 나오는 바를 알지 못하며 빈자는 벼룩이 꿇어 앉을 땅도 갖지 못하여 농사를 배울 수가 없으므로 농학農學은 드디어 거칠고 성과를 거둘 수가 없다."고 하였다.

그는 《과농소초》 끝에 〈한민명전의限民名田議〉 1편을 첨부하여 자기의 전제개혁안을 논술하였다. 본편 첫머리에 자기가 그때 맡아 보고 있던 면천沔川 1군郡의 전결, 농호農戶와 그들 생계의 현상을 통계학적으로 고찰하여 자작농이 전 농호의 열에 한둘도 안 된다는 것을 지적하고 전 수확에 대한 10분의 1을 공부公賦 즉 국세와 절반의 사세私稅 즉 소작료와 기타 가렴잡세를 제하면 "1년 농사가 소금 값도 안 된다."는 농민의 속언俗諺을 실증하는 이외에 아무것도 없다고 하였다. 그는 이와 같이 비참한 농민 생활의 원인을 호부豪富의 토지 겸병으로 규정하고 이를 바로잡기 위하여 전국토지의 몰수와 재분배의 원칙하에서 한민명전법限民名田法 실시를 주장하였다.

그는 종래 전제론자田制論者들이 흔히 말한 "땅은 적고 사람은 많아서 균전均田 혹은 한전限田의 실시가 불가능하다."는 주장이 근거 없다고 논증하였다. 그의 이론에 의하면 정치 당국자는 정권으로 토지를 몰수하여 인민에게 고루 분배하는 것이 원칙이지만 만일 현실 가능성을 고려한다면 한전법이 제일 좋은 정책이다. 그러면 이 한전법은 어떠한가? 먼저 토지 면적을 호구수로 쪼개서 매 개인이 평균 소유할 토지면적의 한도를 법적으로 규정한 다음에 발령發令하기를 어느 해 어느 달 어느 날부터 이 법정 한도에 넘거나 혹은 이미 찬 토지 면적의 소유자는 더는 매입할 수 없으며 이 발령 전에 매입한 토지는 여하히 과다하더라도 불문에 부치고 그들 자신의 자손과 친족에게 과다분을 분산分産하는 것은 승인한다. 또 자기 토지 소유의 면적을 숨겼거나 혹은 발령 후에 법정 한도 이상으로 매입하는 자에 대하여는 인민이 고발하면 고발자에게 해당 토지를 주며 관서가 고발하면 몰수하여 해당 관서의 관전官田으로 사용하게 할 것이다. 이렇게 하면 수십 년 이내에 전국의 민전民田을 균평히 할 수 있다. 이는 인민을 소동騷動함이 없이 정전井田의 고제古制를 쓰지 않고도 정전의 실리를 얻을 수 있다는 말이다. 그리고 그는 농민봉기가 모두 그들이 토지를 잃어버린 데서 생기므로 무엇보다 토지를 그들에게 분배하여 주는 것이 가장 좋은 해결책이라고 하였다.

연암의 한전론은 그의 선행자인 성호의 전제론과 동일한 견지에 섰다. 이는 연암이 재산사유의 권리와 자유를 고려하는 한편, 주로 중·소농적 이익을 대변한 것이었다.

그에 의하면 한전법이 실시된 후에 겸병이 종식되며 겸병이 종식된 후에 재산이 균평화되며 재산이 균평화된 후에 인민이 비로소 토착

되어 각기 그 땅을 갈고 근면과 태타怠惰가 나타날 것이며 근면과 태타가 나타난 연후에야 농사를 권장할 수 있고 인민을 교육할 수 있다. 그리고 그는 이 한전법의 실시와 함께 '병농일치兵農一致'를 주장하였다.

그는 자기 명작인 〈한민명전의〉의 결어에서 만일 토지의 균분을 전제하지 않고 산업과 교육을 운운한다면 이는 "마치 그림 그리는 자에게 단청丹靑이 비록 구비하고 모사摹寫가 비록 공교하나 그림 바탕인 종이와 비단이 없으면 붓과 먹을 베풀 땅이 없는 것과 같다."고 하였다.

연암은 경제정책에서 자기의 선행자들, 특히 잠곡潛谷 김육金堉의 주론主論을 계승, 발전시켜서 차車*의 사용과 화폐유통과 귀금속 화폐의 주조를 주장하였다.

그의 이론에 의하면 중국에서 화물이 한 곳에만 적체되지 않고 널리 유통되어 무역이 성행하는 것은 차가 많이 이용되기 때문인데 우리나라에서는 차를 쓰지 않아서 교통이 불편하므로 화물이 서로 넘나들지 않은 결과 "영남 아이들은 새우젓을 모르며 관동(강원도) 사람들은 주두[櫨]**를 담가서 장醬을 대신하며 서북 사람들은 감[柿]을 모른다." 또 "연해지방에서는 아감젓[鰔]***이나 미꾸라지[鰌]를 비료로 쓰는데 이것이 일단一旦 서울에 가면 한 움큼에 값이 한 푼이다 …… 육진六鎭의 베, 관서의 명주明紬, 양남(영남, 호남)의 종이, 해서(황해도)의 솜과 철, 내포內浦의 생선과 소금은 모두 인민 생활의 필수품들인데 그 모양도 보지 못한 사람들이 있는 것은 어쩐 일인가? 그것은 그 직위에 있는 사

---

* 수레 ** 노櫨는 거양옻나무. 그 열매를 담근다는 뜻 *** 생선의 아가미와 이리로 담근 젓

람들이 노력하지 않은 때문이다. 수천數千 방리方里의 나라로서 인민의 산업이 이렇듯 빈약하다!"고 하여 그는 개탄하기를 마지않았다. 그래서 그는 자기 〈차제車制〉라는 논문에 각종 차제의 구조와 제작 방법을 자세히 설명하였다.*

연암은 화폐정책에 대하여 화폐가 인민의 경제생활에서 절대 필요한 수단으로서 경제적·도덕적 질서의 파괴자로 인정하는 일반 유학자들의 논지와는 그 성격을 달리하였다. 그의 주장에 의하면 화폐를 잘 조절하여 물가의 안정을 도모하여야 하며 그러기 위해서 정부는 문란해진 화폐의 주조를 통제하고 개혁해야 한다고 주장하였다.[66]

또 연암은 귀금속인 은을 화폐로 사용할 것과 국외 유출을 방지할 것을 주장하였다. 그의 이론에 의하면 "은은 재부財富의 가장 중요한 화폐물로서 온 세상이 다 같이 보배로 하는데 우리나라 풍속은 엽전에만 익숙하고 은화에는 생소하기 때문에 은은 드디어 한 물체일 뿐이고 화폐로 되지 못한다. 만일 중국시장에 나가서 무역에 쓰지 않으면 이는 무용한 물건과 마찬가지로 된다. 매년 북경에 가는 동지사가 휴대하는 은봉銀封은 10만 냥을 초과하므로 10년을 통산通算하면 이미 백만 냥을 보낸 셈이다. 이 막대한 은의 대가로 가져오는 것은 겨우 털모자에 불과하다. 털모자는 삼동三冬을 지나면 해진다. 천년을 지나도 해지지 않는 보물을 가져다가 삼동에 해져버리는 것과 바꾸며 캐내면 없어져 버릴 재물을 가져다가 한번 가면 돌아오지 못할 데 내어 버리니 이보다 더 옹졸한 계책은 이 세상에 다시없다."는 것이었다.[67]

---

* 《열하일기》 일신수필馹迅隨筆 차제車制

또 그는 돈이 귀해지는 것을 완화시킨다는 명목 밑에 국내의 은을 가지고 가서 당전唐錢*을 무역하여 오는 것을 동지사에게 허가하는 정부의 정책을 반대하였다. 그는 은화폐를 실시하고 국외 유출 방지를 엄격히 함으로써 돈이 귀해짐을 구제할 수 있다고 주장하였다. 연암이 은의 사용에 대한 정부의 무가치한 정책을 비난하는 취지는 그의 유명한 작품 〈허생전〉에서도 보였다. 허생이 해외무역에서 은 백만 냥을 벌어 가지고 이것이 우리나라에서는 쓸데없다고 하며 그 절반인 오십만 냥을 바닷물에 던져버렸으니 이는 무슨 의미인가? 이는 연암이 은의 가치를 무시하였거나 혹은 화폐의 필요와 상업자본의 발전을 부정하는 퇴보적 태도가 결코 아니었다. 도리어 이와는 반대로 당시 정부가 은을 화폐로 사용하지 않고 국외로 허황히 유출시켜 그의 귀중한 가치를 몰각하여 무용의 장물長物**로 만들고 있는 극히 우매한 경제정책을 반증적으로 폭로, 풍자한 것이었다.

〈허생전〉의 독자는 이 점에 대하여 위에서 이미 말한 연암의 은화폐 주장과 관련시켜서 이해해야 하며 또 오십만 냥의 은이 아홉 임금의 대가리를 베어 올 수 있는 가치인데도 지금 국내에 쓸데없기 때문에 바닷물에 던지고 말았다는 주인공 허생의 고백이 결국 당시 정치당국이 한갓 빈말로 '북벌北伐'을 떠들면서도 아무런 물질적 준비도 하지 않는 기만적 행동을 측면적으로 조소하였다는 것을 아울러 이해하여야 한다.

---

* 중국 돈　** 불필요한 물건을 가리킴

* * *

    연암은 봉건사회의 신분제와 계급적 차별을 전연 불합리한 것으로 인정한 동시에 소위 양반 사대부들의 정치적 · 도덕적 부패, 타락, 위선의 내용을 여지없이 폭로, 조소하였다. 그의 걸작 〈양반전〉, 〈허생전〉, 〈호질〉 등 여러 편이 이를 비판적 사실주의 방법에 의하여 표현하였다.

    그는 일상생활에서 권문세가를 원수처럼 미워하고 고루한 유생과 소위 도학자들을 경멸히 여겨 그들과의 종유從遊를 싫어하였다. 그 반면에 그는 천민 하인들과 교제하며 담론하기를 좋아하였다. 그의 제자 가운데 한 사람인 강산薑山 이서구李書九의 〈하야방문기夏夜訪問記〉와 연암의 답기答記에 의하면 이서구가 6월 어느 날 밤에 연암을 방문한즉 연암은 식량이 떨어져서 굶은 지가 이미 사흘이나 되었으며 발을 벗고 망건을 벗고 다리를 방문턱에 들어 얹고 행낭살이들과 서로 담론을 친절히 주고받고 하였다. 이는 그가 일상적으로 가지는 평민적 태도였다.

    그의 소시小時 작품으로 유명한 《방경각외전》 중 7전의 주인공들은 대개 양반 사대부가 아니고 도리어 양반을 반대하는 입장에 서있는 인물들을 형상화한 것이다. 우도友道*에 밝고 깊은 말 거간, 마음이 깨끗한 똥장수, 세상을 풍자하는 골계가滑稽家**인 민옹閔翁, 불우한 은자인 전신선全神仙, 빈궁한 거지로서 이름이 높은 광문廣文, 중인의 소년재사

---

* 친구와 사귀는 도리 ** 익살꾼

인 이우상李虞裳, 돈으로 양반 권리를 샀다가 도리어 양반이 도적놈인 것을 깨닫고 그 권리를 내버린 정선군旌善郡의 상놈 부자 — 이들의 언행, 성격, 재예才藝, 양심, 근로 모든 방면이 소위 양반에게는 찾아볼 수 없는 미점美點들을 형상화하여 양반유학자들의 타락, 부패와 위선을 신랄하게 조소, 폭로하였다. 여기에서 연암의 반봉건, 반양반적 인도주의와 혁명적 정열과 미학적 사상을 충분히 볼 수 있다.

그는 당시 신분차별제의 하나인 서얼 천대를 극히 무리한 것으로 인정하고 서얼의 등용과 평등 우대를 청원하는 의소擬疏*를 지어서 적서 차별이 그들 개인의 불행일 뿐더러 국가의 손실이 크다고 강조하였다.[68] 당시 재식才識과 문학으로 유명한 아정雅亭 이덕무李德懋, 영재泠齋 유득공柳得恭, 초정楚亭 박제가朴齊家 등은 모두 서얼이었으나 연암은 조금도 차별을 두지 않고 그들을 지도, 격려하여 자기의 우수한 제자들로서 실학파의 한 자리씩을 차지하게 하였다.

연암은 당시 사대부와 학자들이 정치와 학문을 운운하면서 현실과는 전연 유리되는 방향에서 공담허례를 일삼고 기술과 실무에는 아무런 관심을 가지지 않는 태도에 대하여 최대의 증오와 경멸을 보였다. 더욱이 그들은 큰 갓, 긴 옷으로서 인간의 생산적 활동을 구속하며 소위 '존화양이尊華攘夷'의 말공부로 벼슬을 절취截取하고 당쟁을 선동하며 지식을 널리 세계에 구하지 않고 한갓 편협한 쇄국주의를 고수하여 우물 안 개구리 생활로 자고자대自高自大하고 있으므로 이에 대하여 연암은 무자비한 비판의 공세를 취하였다. 그는 말하기를 "천하를 위

---

* 상소문 형식으로 작성하였으나 왕에게 올리지는 않은 글

한다는 사람은 적어도 그것이 인민에게 이익이 있고 나라를 부강케 할 수 있는 것이라면 그 법이 혹은 오랑캐로부터 나왔다 하더라도 마땅히 그것을 본받아야 한다."고 하여 외국유학과 국제통상을 주장하였다. 이는 그의 제자 박제가의 《북학의北學議》와 공통한 사상이었으며 이 사상은 자기의 걸작 〈허생전〉의 주인공에 의하여 전적으로 또는 첨예하게 표현되었다.

연암의 걸작으로서 제일 세상에 유명하며 또 양반계급의 질시와 박해를 많이 받아 온 것은 〈역학대도전易學大盜傳〉,〈봉산학자전鳳山學者傳〉, 〈양반전〉,〈호질〉,〈허생전〉 등인데 〈역학대도전〉과 〈봉산학자전〉은 이미 인멸되어 버렸으며 나머지 세 편은 현재 널리 읽히고 있다.

조금 자세하게 말하면 〈양반전〉은 정선 지방 어느 가난한 양반이 환곡을 매년 꿔먹은 것이 천석이란 거액에 달하였으나 갚을 길이 없어서 장차 형벌에 처하게 되었다. 그의 이웃집 상놈 부자 하나가 이 내막을 알고 자기 돈으로 그 양반의 관채官債를 갚아 주고 대가로 양반의 권리를 사서 자기 상놈의 비천한 신분을 갈아 버리고 고귀한 양반의 지위에 오르려 하였다. 그래서 군수, 좌수座首와 일반 군민 입회하에 양반권리 매매문서를 작성하게 되었는데 양반 권리의 규정이 너무나 고행적이며 위선적이었으므로 그 상놈은 자기 예상과는 크게 틀렸다고 하여 문서를 개작改作하게 되었다. 개작 문서에는 양반의 권리가 비록 호화, 영달로서 충만되었으나 결국은 탐오, 방종한 생활과 인민을 착취, 억압하는 행동에 불과한 권리였다. 그 상놈은 대경실색하면서 보니까 소위 양반이란 도둑놈이로구나! 하고 그만 머리를 절레절레 흔들며 현장을 떠나가서 종신토록 다시는 양반 노릇할 생각을 하지 않았다.

이 한 편은 양반의 추악한 이면과 배금사상을 폭로, 조소하며 이와 반대로 상놈의 소박성과 양심적인 면을 도리어 찬양하였다. 동시에 양반의 신분이 상놈의 부력富力 앞에 굴복하는 사실은 봉건적 양반사회가 시민계급적 사회로 지위를 양보하지 않으면 안 될 역사적 방향을 예감적으로 반영한 것이었다.

　그의 우화적 작품 〈호질〉(범의 꾸중)은 신성한 도학자로 자처하는 유학자들이 권력과 세력 앞에 무릎을 꿇고 아첨 찬송하는 노예가 되고 있는 정체와 겉으로는 점잖은 척하면서 내면으로 간음, 패행悖行을 마음대로 하는 위선적인 행동을 풍자, 폭로한 걸작이다. 이 작품 주제의 범위는 여기에만 그치지 않고 당시 조선의 양반 사대부가 입으로는 '존화양이'를 부르짖으면서 실지로는 청나라의 반속국半屬國으로서의 지위와 권리를 경쟁하고 있는 것과 또 당시 중국 한족 사대부들이 역시 만족 청조의 통치 밑에서 절개를 팔아 관직을 쟁취하며 청조 제왕의 '신성문무神聖文武'를 백배百拜 찬미하기에 모든 비굴성을 다하는 것을 포괄하여 풍자, 조소하였다.

　연암의 작품으로서 가장 평판이 높은 것은 〈허생전〉이다. 연암은 주인공 허생의 입을 빌려서 당시 무능무책하고 형식주의와 보수적 정신에 사로잡혀 쇄국주의를 고수하고 있는 정권 당국과 공담허례에 얽매여 있는 사대부들을 폭로, 조소하였으며 반면에 문벌 구습의 타파와 큰 갓, 긴 소매와 상투의 폐지와 해외 유학생의 파견과 국제 통상정책의 실행을 주장하였다. 이는 확실히 18세기 서양 문화의 영향을 암시한 것이었으며 동시에 조선 사회가 상업 활동을 발판으로 하여 장래 자본주의 체제로 넘어가려는 역사적 징후를 반영한 것이었다.

　그리고 동 작품의 허생은 상업에서 얻은 거액의 자금으로 전라도 변산 지방의 '군도群盜' 2000여 명을 데리고 해중海中 어느 무인도에 들어가서 땅을 갈고 집들을 짓고 평화스러운 농민의 나라를 건설하였는데 그 나라에는 계급, 문벌, 조세, 화폐, 군주, 관리, 학자, 지주, 노예, 귀신, 문자, 법률, 제사, 번폐煩弊스러운 예문禮文 등 일체가 근절되었고 그곳에 오직 남아 있는 것은 밭갈이하는 법과 어린 아이가 오른손으로 밥숟가락을 잡는 법과 나이 많은 사람에게 양보하는 법뿐이었다. 이것은 연암이 차별과 가혹과 착취와 억압과 부화와 사기와 위선과 미신으로 충만되어 있는 양반적 사회를 철저히 부인하고 그와는 전연 반대되는 깨끗한 사회를 동경하는 이념에서 솟아난 표현이었다.

연암의 무인도 사회는 다산의 여전론閭田論 사회와 함께 특수한 농민 민주주의적 사회를 그렸으나 후자를 학리적 근거의 일면을 가지고 있는 위대한 공상이라고 한다면 전자는 천진난만한 정열과 이상으로 넘치는 공상이라고 할 수 있다.

특히 귀중한 것은 이 〈허생전〉에 농민봉기로 출발한 '군도' 수천이 변산을 웅거하고 관군을 저항하여 싸웠다는 점, 그들은 토지에서 이탈되어 집도 없고 아내도 없는 궁민窮民이므로 착취와 압박이 있는 양반사회에서는 도적의 떼라는 악명을 벗어날 수 없었으나 착취와 압박을 전연 허락하지 않는 무인도에 가서는 모두 개척자, 창조자, 선량한 농민으로 전화되었다는 점 — 이 귀중하고 순진한 일련의 형상은 자기의 반봉건적 농민사상을 단적으로 표시한 것이다. 그리고 착취와 억압을 반대하는 '도적의 떼'가 자기 사회에서 투쟁을 끝까지 계속할 대신에 무인도를 찾아가서 이상의 나라를 건설하는 것은 격렬한 계급투쟁을 회피하는 일종의 소극적 성격으로 볼 수도 있으나 반면에 첫째로 농민들이 지주전제地主專制의 쇠사슬로부터 벗어나서 자유 광활한 새 세계를 탐구하는 욕망이었으며 둘째로 중세기 말경부터 서양 사람이 수다(數多)한 지리적 신발견들이 우리나라 지식인들의 이상국적 고안에 영향을 주었던 까닭이다. 그러므로 여기에는 반봉건적 반구습적인 투쟁사상이 의연히 부여되고 있다.

연암은 자기의 비판적 사실주의적 문학을 통하여 거대한 실학적 사상을 표시하였다. 그의 노작 《열하일기》는 방대한 수필식 저서로서 자기 조국을 부강화시키고 자기 나라의 역사와 문화를 천명하고 외국의 경제, 정치, 문화의 장점들을 비판적으로 섭취하기 위한 정열적인 의도가 전편에 일관되고 있다.

* * *

연암이 창작에서 국문을 두고 한문을 사용한 점 때문에 연암의 문학을 높이 평가하는 뒷사람들은 유감으로 생각한다. 그러나 연암의 시대로 본다면 한문은 문학계에 아직 지배적인 세력을 가지고 있었을 뿐만 아니라 연암의 문학적 목적이 몽매한 대중을 상대로 하기보다도 먼저 교양이 있고 문화상 풍력(風力)이 있는 지식인 계층을 계몽하는 데 있었기 때문이며 또 당시 조선의 문인들이 국제적으로 중국의 문학과 서로 다른 호응, 경쟁할 필요도 있었기 때문이다. 이는 문예부흥시기 각국의 휴머니스트 작가들이 흔히는 자기 민족어를 두고 종래 관용(慣用)하여 오던 라틴어로 자기 작품들을 발표하였던 예와 동일한 사정이었다.

연암의 작품들은 사상성으로나 기술면으로 보아 한문이 조선에 수입, 사용된 후 수천 년 동안 여러 발전 단계를 거쳐 연암에 이르러 최고 절정을 보였다.

연암의 사실주의적 문학은 첫째로 실학적 사상 — 인도주의로 내용을 채웠으며 둘째로 한문을 사용했는데도 인민성이 풍부한 자국의 이언, 속담, 민요, 격언들을 만폭滿幅적으로 구사하였으며, 셋째로 자기의 소설, 전기 등 작품에 반드시 자기 사회와 향토와 인민에서 제재와 주인공을 선택하여 구체적인 사회 정세와 민중의 동요를 반영하였으며 넷째로 표절과 모방을 철저히 배척하고 항상 자기의 창조적인 개성을 전개하였으며 다섯째로 비록 편언片言 집자集字라도 항상 비판적이며 풍자적인 태도를 고수하여 문학의 선전, 교양적 역할을 게을리하지 않았다.

그는 문학의 사실寫實 방법과 인식적 가치를 다음과 같이 강조하였다.

> 글이란 것은 자기 의사를 표현하면 그만이다. 제목을 향하여 붓을 잡고 홀연히 고어古語를 생각하며 경전의 취지를 억지로 찾아내어 근엄성을 가식하며 글자마다 조심스레 쓰면 이는 그림쟁이에게 자기 초상을 그리라 하고 얼굴을 가다듬으면서 그림쟁이 앞으로 다가서서 눈동자를 조금도 굴리지 않고 입은 옷을 조금도 구김 없이 반듯하게 하여 평상시의 자연스러운 자태를 잃어버리면 여하히 잘 그리는 자일지라도 그 사람의 진실을 그릴 수 없는 것과 같다. …… 글을 짓는 것은 오직 그 진실을 취할 뿐이다.[69]

연암은 한문학에서 이미 고질화된 상고주의尙古主義를 통렬히 배격하였다. 그는 〈좌소산인左蘇山人에게 주는 시〉에 다음과 같이 썼다.

나는 보았다 세상 사람들이

남의 문장을 칭찬하는 것을-

산문散文은 반드시 양한兩漢에 비기어

운문韻文은 또한 성당盛唐과 같다고

그러나 같다면 벌써 참이 아니거니

한당漢唐이 어찌 다시 있을쏘냐?

그들은 낡은 누거리를 좋아하나니

그 말이 용렬할 건 고이치 않다.

그 칭찬을 듣는 자들로선

한 사람도 얼굴을 붉히지 않는다.

……(중략)……

눈앞에 벌어져 있는 모든 것이 진실이거니

어찌 반드시 먼 옛 것을 모방하랴?

한당은 지금의 세상이 아니거니

또 우리 풍요風謠는 중국과 다르거니

설혹 반마班馬가 다시 살아 온 들

결코 반마를 배우지 아니하리라.

지금 새 글을 창조하긴 어렵다 한들

자기의 의사는 마땅히 극진히 써야 한다.

어찌나 부질없이 고법古法의 틀에다

조심조심 얽매여 있는 듯 한고!

(반마班馬는 동한東漢의 반고班固와 서한西漢의 사마천司馬遷, 다 유명한 문인이다.)

연암의 운문은 전집 속에 몇 편밖에 전하지 않으나 그의 탁월한 사실적 방법은 산문에 지지 않게 약동하고 있다. 장편시 〈총석정관일출〉은 겹겹이 싸인 암흑의 무거운 장막을 헤치면서 이 세상에 반드시 오고야 말 미래의 광명을 조금도 의심 없이 찾아 나가는 자기의 이상을 다양한 음영과 광선으로 교착交錯, 기복起伏하는 화폭에 옮겨 놓았으며 〈수산해도가搜山海圖歌〉는 마치 온갖 괴물을 염라閻羅의 법정에 잡아다 놓고 온갖 심문을 내리는 듯한 일대활극을 전개하였다. 기타 단시短時들도 사경寫景, 사정寫情에서 봄바람에 물차는 제비처럼 조금도 거칠거나 허소한 점이 보이지 않는다. 그의 우수한 제자들인 이덕무, 유득공, 박제가, 이서구의 유명한 사가시풍四家詩風의 참신, 우미한 특징 또한 연암에게 배웠던 것이다.

그는 많은 서한, 논평, 서기序記, 비명, 수필 등 작품에서도 자기의 실학적 사상과 풍자적 수법과 우미한 필치를 발휘하였다.

이와 같이 연암은 모방과 상고주의를 배척하고 자유분방한 사실적 방법을 강조하였다.

그는 여하히 복잡 미묘한 대상일지라도 조금도 소략함이 없이 자유자재로 표현할 수 있는 천재적 기술을 가졌다. 그는 한문으로 자기 나라 문학의 특징을 나타내기에 성공하였다. 그러나 이 성공은 결국 자기모순을 더욱 폭로하였다. 왜냐하면 그의 문학 내용은 조선적이었으나 형식은 한문이었으므로 그가 대중을 위하여 써 내놓은 문학은 대중이 읽을 수 없는, 대중과 떨어져 있는 것이기 때문이었다.

그리하여 조선에서 한문문학이 연암의 예술적 천재로서 절정에 도달하였다는 사실은 바꿔 말하면 조선의 문학이 더는 전진할 수 없는 한문의 역사적 한계를 발견한 동시에 자기 민족의 언어와 문학에 귀착하여 민족문학을 완성하지 않으면 안 될 필연의 방향을 우리 문학사상의 발전 과정에서 명백히 보여주는 훌륭한 계기였다.

결론

연암은 우리나라 봉건 말기의 위대한 사상가였으며 천재적 예술가였다. 그는 "인간정신 기사技師"로서의 자기 역할을 훌륭히 하였다. 그는 문학에 대하여 내용의 우위성을 강조하고 형식주의를 배척하였다. 그는 우리나라 문학사상에서 비판적 사실주의의 선구자였으며 근대적 단편소설의 창설자였다. 19세기 러시아 문학이 푸시킨의 〈역관지기〉 같은 작품에 의하여 처음으로 수도 귀족들이던 주인공 타입이 하층 소관리小官吏, 평민 근로자 타입으로 교대하여 나타났다면 18세기 조선의 문학은 연암의 《방경각외전》에 의하여 이와 같은 주인공 타입의 교대가 이미 나타났다고 할 수 있다. 또 전자의 작품 〈대위의 딸〉이 푸카초프의 농민폭동을 묘사한 것으로서 문학의 의의가 크다면 '변산 군도'의 농민 봉기를 취급한 후자의 〈허생전〉이 또한 중요한 지위를 우리 문학사에서 차지한다.

　연암의 창작 생활에 대하여 우리는 세 시기로 나누어 발전 과정을 볼 수 있다. 즉 《방경각외전》은 그의 초년기의 특징이었으며 《열하일기》와 그에 포함된 〈허생전〉, 〈호질〉 같은 작품들은 중년기의 특징이었으며 《과농소초》, 〈한민명전의〉, 〈청통서얼소請通庶孼疏〉와 같은 정론문학政論文學은 만년기의 특징이었다. 이 3기에 걸친 그의 문학적 특징들이 그의 실학사상 발전을 여실히 말하고 있다. 요컨대 연암은 위대한 문학가이자 사상가였다.

연암의 창작 생활에 이바지한 조선의 18세기는 경제, 정치, 문화의 여러 모순이 서로 교착하고 서로 압축하고 서로 격발하여 눈이 어지러울 만큼 현란하며 귀가 막힐 만큼 요란스럽던 시기였다. 농민의 지주층에 대한 아우성, 서민의 양반에 대한 반항, 다종다양한 신분제와 중앙지벌中央地閥에 대한 중인, 서얼과 지방 인민들의 불편, 타락과 위선과 파계와 보수주의의 진흙탕에서 헤매는 유교 상투쟁이, 승려들에 대한 실학파적 신진인사들의 도덕적·사상적 항의, 노쇠한 동양 봉건주의의 성벽에 대한 서양 신흥 자본주의의 물질적·정신적 파견가들의 난폭한 발포發砲 등 ― 이 복잡하고도 위험한 갈등들이 연암의 예술적 거울 속에 전폭적으로 반영되었다.

그러나 연암의 문학은 모든 모순과 갈등을 단순히 객관적으로만 반영하는 거울이 아니었다. 그것은 자기의 진보적인 사상의 주관적 연마를 통한 반영이었다. 연암은 자기 창작적 생활을 탁월한 사상가적 입장으로부터 출발시켰다. 그는 첫째 자기의 세계관 형성에 유물론적 요소를 다분히 가지고 있는 무신론자로서 미신과 우암愚暗의 조개껍질 속에 들어앉아서 고정과 영원을 찬미하는 중세기적 신학자가 아니었고 우주 만상의 회전, 변화와 창조적 발전을 달관할 수 있는 과학자였다.

그는 농민의 비참한 상태를 이모저모 그리기만 하는 화공이 아니었고 비참한 상태를 타파하기 위하여 토지제도의 개혁을 고안한 진보적 정론가였다. 그는 빈약한 자기 조국을 뜨거운 눈물로 씻어주려고만 하지 않고 과학기술의 발달과 해외 유학과 국제 통상 등 현실적인 해결책을 강구하여 부국강병의 성과를 획득하려 하였다. 그의 불길 같은 풍자문학은 부패, 무력한 통치계급과 인민의 뇌옥牢獄*이라고 할 수 있는 악착같은 신분제도와 비단보에 개똥을 싸고 있는 유생학자들의 위선적 태도와 개돼지도 그들의 고기를 먹지 않을 만큼 추악한 탐관오리들 — 이 모든 것을 한꺼번에 불살라 버리려는 정열적이며 적극적이며 낙천적인 인도주의로서 횡일橫溢**하고 있다.

레닌은 자기 나라 예술가 톨스토이의 유산에 대하여 다음과 같이 말하였다.

> ……그 약점과 무력이 천재적인 예술가의 철학 속에 표현되어 있으며 작품들 속에서 묘사된 혁명(1905년 혁명) 전의 러시아는 과거로 물러갔다. 그러나 그의 유산 속에는 과거로 물러가지 않고 미래에 속하는 것이 있다. 러시아의 프롤레타리아트는 이 유산을 취하고 이 유산에 대하여 계속 연구할 것이다.[70]

러시아의 천재적 예술가 톨스토이는 레닌이 명확히 지적한 바와 같이 아시아적 제도의 이데올로기에서 나온 금욕주의와 폭력에 대한 무저항주의와 기도와 신앙, 사랑과 양심, 염세주의와 은둔주의, 완전한 공상적인 이상, 물질적인 모든 것은 아무 것도 아니며 오직 '만물의 원리'인 '정신'에 대한 신념 등등 허다한 약점과 해독을 자기 철학의 특징 속에 포괄하고 있다. 그런데도 그의 예술적 역량은 농노제도 하에서 억압되어 있는 농촌의 러시아를 묘사하여 독자대중으로 하여금 지주와 토지사유에 대한 분노와 증오심을 환기시켰으며 동시에 당

---

*감옥   **홀러넘침

시 러시아 인민의 자기투쟁에 대한 자각과 더 나은 생활 추구에 대한 철저성이 부족하였다는 현실들을 보여 줄 수도 있는데서 그의 강점들이 미래에 속하는 유산으로서 러시아 프롤레타리아트 연구를 계속할 것을 요청하고 있다.

이제 레닌적 예술 평가의 과학적 척도에 의준依準한다면 우리 위대한 문학가 연암의 유산은 과연 어떠한가? 그는 톨스토이적 여러 약점을 자기 철학 속에서 거의 가지고 있지 않았으며 반면에 그의 천재적 예술 역량은 지주와 농민의 투쟁, 양반과 서민의 대립, 낡은 설교와 새로운 세계관의 충돌, 장차 폭풍우를 일으키려는 사회적 징후로서 충만되어 있던 18세기의 조선을 선명하고 다채롭고 또 설복력 있게 묘사하였다. 그의 문학이 내포하고 있는 진보적, 혁명적, 애국주의적인 요소들은 자기의 시대가 이미 백수십 년 과거로 물러갔는데도 우리 조선의 새 주인공인 노동 인민의 앞길에 귀중한 참고품으로서, 자극성이 강렬한 민족문화의 보물적 유산으로서 제공되고 있다.

연암이 유토피아로서 표현한 무인도 사회는 물론 원시적 농민민주주의사상으로 구성되었으며 모든 정치와 문화를 부정하는 허무주의의 외관을 독자들에게 줄 수도 있다. 그러나 외관의 내면에서는 자기와 당시 인민들이 가장 증오하고 분노하던 봉건적 착취제도와 양반사회의 불합리한 기구들을 뿌리째 일소하여 버리려는 혁명적 정열을 내포하고 있었으며 평등과 자유와 행복한 생활로 쌓아 올려 미래의 조국을 건설하기 위한 일종의 마당 쓸기 공사를 전개했다. 그의 건설적이며 혁명적인 의의는 의연히 남아 있는 셈이다.

연암의 선진적, 계몽적 사상은 그의 생전에 이미 실학파의 신진인사들에게 많은 영향을 주었으며 그의 사후에 그의 유고가 통치계급의 금서로서 공개되지 못하였으나 19세기 하반기부터 개화운동이 일어나면서 독립당파 청년들에게 우수한 사상독본으로 취급, 전파되었다.

그러나 그들의 민족적 자주성의 미숙과 그들을 지지하는 당시 시민계급의 역량의 미약으로 말미암아 연암의 계몽문학적 역할은 중도반단中途半斷이라는 결과가 되고 말았다. 그의 열렬한 애국주의와 혁명적 민주주의 경향은 오직 혁명적, 대중적 역량을 갖추고 혁명적 실천력이 가장 강하며 과거 일체 고귀한 전통과 진보적 요소와 경험들을 비판적으로 섭취하고 있는 계급적 프롤레타리아트에 의해서만 발전적으로 계승될 수 있다. 오늘날 연암의 천재적 예술 특징과 위대한 민주사상적 요소가 우리의 공동보재共同寶財로서 연구, 비판되는 것은 결코 우연한 일이 아니다.

박제가

초정楚亭 박제가朴齊家는 연암의 우수한 제자였으며 다산의 친애하던 학우 가운데 한 사람이었다. 그는 밀양 박씨며 자는 차수次修 혹은 재선在先이라 하였다. 박평朴坪의 서자로서 1750년(영조 26) 서울에서 나서 어렸을 적부터 재예가 뛰어났으며 학업에 부지런하여 시, 서, 화에 다 능하였다. 그러나 그는 일찍이 연암의 지도를 받아서 새로운 시인 학자로 세상에 유명하게 되었다.

또 그는 다산보다 십여 세의 연장자로서 다산의 '개물성무開物成務'적 학문을 깊이 공명하여 항상 친밀히 교유하고 서양과학을 공동 연구한 관계로 보수당파의 질시를 받았는데 1801년 '사교邪敎' 대탄압 사건이 일어나자 다산이 장기長鬐로 유배가고 동시에 초정도 역시 탄압의 여풍을 벗어나지 못하여 멀리 경원慶源으로 유배 갔다.

그는 유배되어 온 후 1805년(순조 5) 10월에 연암의 최후 호흡을 보고 비통한 눈물을 흘리면서 선생은 우리 후생들을 어째서 버리려 하십니까 하고 그 길로 자기 집에 돌아와 병상에 누워서 연암의 뒤를 따랐다고 한다.

초정은 이덕무, 유득공, 서이수와 함께 국왕 정조의 특별한 등용으로 규장각의 외각外閣 검서檢書가 되어 편찬과 고증사업에 많은 공헌이 있었는데 이들이 그때 유명한 사검서였다. 이 사검서는 서이수를 제외하고 모두 연암의 학도로서 그의 진보적 사상과 청신한 문풍을 계승하였다. 그러나 사검서가 모두 양반집의 서얼이었으므로 적서 차별에 의한 사회적 천대는 그들로 하여금 불우한 처지에서 일생을 마치게 하였으며 그중 이덕무만은 사후에 정조가 그의 문헌적 업적을 특별히 기념하는 우대를 해서 그의 유고가 내각內閣*에서 출판되었으나 초정은 정조를 여의자 곧 방축되어 곤궁한 몸으로 세상을 떠나게 되었다.

그는 세 번이나 사절단의 수행원으로 북경에 가서 중국의 저명한 문인, 학자들과 교제하여 자기의 견식을 넓혔다. 그는 유득공과 함께 기균紀昀, 완원阮元, 손성연孫星衍, 진전陳鱣, 전동원錢東垣, 황비열黃丕烈, 나빙羅聘 등 중국 명사들을 방문하고 필담으로 학술을 토론하며 시문을 서로 주고받고 하였다. 또 초정은 중국의 유명한 시인인 수원隋園 원매袁枚와 서로 창화唱和하여 중국시단에 시명을 크게 날렸으며 또 초정과 유득공 둘의 시고는 청인淸人이 애완愛玩하게 되어 초록抄錄 인쇄

---

* 규장각을 가리킴

까지 되었다.

　초정의 유집으로서 《정유고貞蕤稿》, 《북학의》가 있었으나 간행되지 못하였다. 그가 소년 시절에 지은 시의 약간 부분은 이덕무, 유득공, 이서구의 시와 함께 〈한객건연韓客巾衍〉이란 표제하에 초록되었는데 1778년(정조 2, 건륭 43) 초정과 이덕무가 이를 휴대하고 사절단원으로 북경에 가서 중국 문인 이조원李調元, 반정균潘庭筠에게 보였더니 그들이 서문과 평론을 붙여서 크게 칭찬하였으니 즉 수십 년 전 북경 광문회光文會에서 인출한 〈사가시四家詩〉 1책이 이것이다.

　초정 일파는 북경을 갈 때마다 유리창琉璃廠, 취영당聚瀛堂, 십이가十二家 등 유명한 서점을 열심히 방문하여 신간 또는 진본 서적들을 열람, 구득하여 청조문화를 국내에 수입하는 사업에 중대한 역할을 하였다. 그 실례로서 정조 원년(1777) 즉 청조 건륭 42년에 사절단의 부사 서호수徐浩修와 그의 수행원이며 유득공의 숙부인 유금柳琴이 국왕의 명령을 받고 그때 입수하기 어려운 초인본初印本 《흠정고금도서집성欽定古今圖書集成》 1만 권-5200책을 중가重價로 사가지고 돌아왔는데,[71] 여기에는 중국 인사들에 대한 초정, 이덕무 등의 문학적 교분이 힘을 주었다. 그 다음 해에 초정은 이덕무와 함께 북경에 가서 《통지당경해通志堂經解》 1775권-500책을 사 가지고 왔다.[72] 이상 양대 거질巨帙은 기타 많은 서적과 함께 규장각에 저장되어 지금까지 전하고 있다.

＊　＊　＊

　초정의 선진적 사상을 표현한 저술로서 그의 《북학의》 내외 두 편이 제일 유명하다. 이 논문이 나온 연유와 대의는 연암의 《북학의》 서문에 요약되어 있지만 좀 자세히 말한다면 다음과 같다.

정조 22년(1798) 12월에 정조는 농서農書 즉 농업발전책에 대한 건의서를 구하는 교서를 국내에 반포하였으므로 연암, 다산 같은 국내 저명한 인사들이 이에 응하여 의견서를 올렸는데 이때 영평永平 현령으로 있던 초정은 자기가 평상시에 포부하고 있던 〈경국정책經國政策〉무릇 28목 52조에 걸친 긴 논문을 《북학의》라고 명칭하고 국왕에게 제출하였다.

《북학의》는 옛날 진량陳良이란 사람이 북으로 중국에 가서 배웠다는〔陳良 北學于中國〕 맹자의 문구에서 인용한 술어인데 우리나라 청년자제들을 당시 중국 수도 북경에 유학시키자는 의미였다. 명말청초부터 서양의 과학과 문물이 천주교도와 상인들에 의하여 계속 전승되고 있었으며 또 청나라는 조선 영조시대에 해당한 옹정, 건륭시대에 이르러 한족지식층을 회유, 무마하는 정책으로 중국 고전문화에 대한 수집 편찬사업을 극도로 장려하는 한편 서양 선교사들을 기술자로 (극히 제한된 범위 내에서) 이용하여 서양과학적 산물의 수입을 환영하였다. 이 결과로 조선의 유지有志 인사들은 위에서 이미 언급한 바와 같이 사신 또는 그의 수행원으로서 북경에 가서 일면으로는 청조 고증학풍과 그 학파의 문화에 접촉할 기회를 얻었으며 다른 면으로는 북경을 중계지점으로 서양인과 교제하고 서양문물을 본국에 소개할 수 있었다. 초정도 이런 인사들 중 한 사람이었다. 그래서 그들은 한 걸음 나아가서 당, 송, 원시대에 신라, 고려가 유학생을 파견한 것과 같이 중국 유학제 실시를 절대 필요한 것으로 생각하여 드디어 '북학'이란 표어를 하나의 공공연한 의제로 제출하였던 것이다.

그러나 '북학'의 범위는 경우에 따라서는 중국을 배우자 또는 중국에 유학하자는 데만 그치지 않고 보다 넓은 의미로 서양을 배우자, 서양에 유학하자는 의미까지를 암시했다. 다시 말하면 북학은 해외유학을 넓게 가리킨 용어였던 셈이다. 그래서 《북학의》는 후래 개화운동에 대한 선구적 형태로 제기되었다. 이 '북학'은 연암의 〈허생전〉 가운데도 이미 그 필요를 역설하였을 뿐만 아니라 다산도 자기 노작 《경세유표經世遺表》 가운데 '이용후생利用厚生' 정책을 강구하기 위한 관서로서 이용감利用監을 특설하는 동시에 외국의 과학기술을 배워오기 위하여 '북학법을 인정'할 것을 한 항목으로 내세웠다. 이를 보면 초정과 다산은 비단 학술의 동반자였을 뿐만 아니라 당시 '북학' 운동에서도 긴밀한 협력자였음을 잘 알 수 있다.

그러나 당시 양반 사대부들이 하나의 중대한 정치적, 도덕적 구호로 내걸고 있던 '존화양이'론에 대하여 '북학'론은 거대한 항의였다. 왜냐하면 소위 사대주의는 성리학의 공담주의로부터 이론적 기초를 얻고 엽관도배獵官徒輩*의 표방주의와 서로 결탁하여 시대가 지나면 지날수록 더욱 세습적, 염불적인 관념 형태로 발전되고 있었으며 따라서 초비판적인 문제로 일반에게 인식되고 있었기 때문이다.

당시 지배계급은 다만 입으로만 떠들면서 오랑캐 청나라에게는 아무것도 배울 것이 없고 오직 조선만이 중화 예의의 정통을 계승하고 있다고 자랑하였다. 이러한 사회적, 사상적 환경 속에서 청나라에 가서 배우자는 '북학'론은 형식상 오랑캐를 배우자, 옛날 명나라 원수를 숭배하자는 불의막심한 주장이 될 수밖에 없었다. 그러므로 이 주장을

---

* 온갖 방법으로 관리가 되려는 자를 말함

정면에 내세운 실학자들은 지위와 명예를 돌아보지 않고 오로지 국리민복을 위한 대담한 선각자적 태도가 아닐 수 없었던 것이다.

초정의 《북학의》는 국왕에게 제출하는 글인 만큼 완곡한 어조를 사용하였다. 그는 당시 세습적으로 유행하는 '존명론尊明論'과 서로 표리적인 관계를 가지고 있는 소위 '북벌론' 즉 청나라를 쳐서 원수를 갚겠다는 공론을 다음과 같이 비판하였다.

…… 종래 중국의 인민들을 오랑캐로 인정하여 그들의 법제를 아울러 배척한다면 큰 잘못이다. 사실로 우리 인민에게 이익이 있다면 그 법이 비록 오랑캐에서 나왔다 하더라도 성인도 이것을 취할 것이거든 하물며 중국의 옛 법을 어찌 취하지 아니하랴 …… 이제 중국의 법에 배울 것이 있다고 하면 모두 와 하면서 코웃음을 치고 있다. 이는 누구든지 자기 원수를 갚으려고 하면 원수놈이 잡고 있는 칼을 먼저 빼앗을 방법을 생각하여야 할 터인데 이제 당당한 한 국가로서 대의를 천하에 성명하려 하면서 중국의 한 법도 배우지 않고 중국의 한 인사도 교제하지 않으며 우리 백성으로 하여금 힘들여 일하되 공功이 없고 빈궁과 기아에 싸여 아무것도 이루지 않게 할 것인가? 백배의 이익을 내버리고 실행하지 않으니 중국에서 오랑캐를 물리치기는커녕 우리나라가 도리어 오랑캐로 되는 것을 면하지 못할 것을 두려워한다.

초정은 《북학의》에서 전田, 상桑, 농기農器, 수리水利, 차車, 배, 재부財賦, 태유汰儒(유학자를 도태한다는 것) 등 각 조항에 자기 주장을 진술하였는데 그는 특히 농민이 관료의 가렴주구로 말미암아 극히 비참한 동물적 상태에 빠져 있는 것을 여실히 묘사한 다음 "자신의 걱정보다도 나라가 망할까 근심한다."고 하였다.

그는 유식遊食하는 유생의 수가 100년 전부터 이미 인구의 과반수가 된 점과 대소 과거의 시험장에 몰려오는 수가 현재 거의 십만 명에 달한 점을 통탄하여 이들을 농사에 귀착시킬 것을 주장하였다. 그는 차車의 사용을 장려하여 국내의 교통과 상업을 편리하게 할 것을 역설하였으며 서울 부근에 둔전屯田을 설치하여 모범 농사 시험장을 만들고 기구를 외국으로부터 사들이고 농사기술을 개량할 것을 주장하였다.

그는 〈차車〉와 〈통강남절상박의通江南浙商舶議〉 두 항목에서 상업 장려와 해외 통상을 특별히 강조하였다. 그의 주장에 의하면 상인은 사농공상 사민의 하나이므로 천대하여서는 절대로 옳지 않으며 또 상업은 종래 일반의 오해와 같이 '말기末技'로 인정할 것이 아니라 농업과 마찬가지로 중요시해야 한다고 하였다.

그는 중국, 일본과 기타 나라의 통상 상황을 진술한 다음 우리나라도 일본, 유구琉球, 안남安南, 서양 여러 나라와 같이 중국의 강남江南, 절강浙江 지방에 통상 무역할 것을 건의하였다. 그는 말하기를 조선은 나라가 작고 백성이 가난하여 국내의 상공업으로서는 오히려 부족하니 반드시 해외와 통상하여야만 경제를 풍부히 할 수 있으며 이를 실행하려면 100대의 차가 한 척의 배만 같지 못하니 수로로 교통하는 것이 필요하다고 하였다.

그는 계속하여 말하기를 조선은 삼면이 바다이므로 서쪽으로 등래登萊(중국 산동반도)가 직선 600리며 남해의 남쪽은 오吳, 초楚와 서로 바라보고 있으므로 고려시대에 송나라의 상선이 7일이면 예성강에 와 닿았는데 국조國朝(조선을 말함)가 거의 400년이나 지나는 동안에 외국과 한 척의 배도 서로 통하지 않은 것은 너무나 답답한 일이라고 통탄하였다.

그는 최후로 서양과의 통상을 주장하고 해외통상이 반드시 문화교환을 가져와서 우물 안 개구리의 고루한 폐습을 깨뜨릴 수 있다고 단언하였다.

초정의 '홍상론興商論'은 당시 발전하려는 국내 상업자본의 요구와 이미 동방에 파급하고 있는 서양 자본주의의 대세에 대한 대응책을 표시한 것이었다.

* * *

이상과 같이 초정은 북학론과 홍상론을 통하여 봉건제도의 질곡적 구속을 반대하고 사상과 학술의 해방과 대두하려는 시민계급의 자유활동을 요청하였다. 그는 그때 확실히 진보적 실학자였으며 독실한 애국자였다.

담헌, 연암, 초정 일파는 모두 서인 노론 당계에 속한 인물들로서 남인당계인 성호, 다산 일파와 비록 당계는 달랐으나 다 같이 무원칙한 당쟁을 미워하고 '실사구시實事求是'에 대한 학문적 연결을 서로 가지고 있었다. 연암과 초정이 모두 성호의 학설을 찬동하였으며 또 다산이 연암의 《열하일기》를 애독하였던 점을 보아도 이는 증명된다. 더욱이 초정은 다산의 친우로서 북학론을 다 같이 주장하였을 뿐 아니라 서양의학 특히 종두술種痘術에 대하여서도 공동연구가 있었음을 알 수 있다.[73]

또 초정은 실사구시설의 작자作者 추사秋史 김정희金正喜를 자기의 우수한 제자로 하였고 김정희는 이덕무의 손자며 《오주연문장전산고五洲衍文長箋散稿》의 저자 이규경李圭景을 또한 제자로 하였으므로 초정의

한 줄기 학풍은 조선 말기의 학계에 적지 않은 영향을 끼쳤다.

요컨대 초정은 '실사구시'를 자기 학문적 방향으로 한 학자인 동시에 시인이었다. 그의 시사詩詞는 다산의 시가와 같이 양반제도의 포악성과 농민의 농노적 생활을 비판, 폭로하는 인도주의적 수준에까지는 도달하지 못하였으나 양반사회의 불합리한 현상들을 항상 냉철한 눈으로 흘겨보는 반면에 자연의 경계를 아름답게 모사하여 자기의 문학적 정서를 표현하였다. 그의 사치詞致*는 낡은 답습주의를 싫어하고 청조 시풍을 다소 섭취하였으며 청신경오淸新警悟**한 풍운風韻은 독자에게 감명을 줄 수 있다. 초정, 아정雅亭(이덕무), 냉재冷齋(유득공), 강산薑山(이서구) 사가四家가 동일한 시인으로 평가되어 왔으나 우아한 가운데도 생동력이 있기로는 초정의 시가 첫 손가락을 꼽을 만하다.

* * *

이상에 이미 서술한 실학자들 이외에

* 《청장관전서靑莊館全書》의 저자 아정 이덕무(1741~1793)
* 《시차고詩次考》의 저자 석천石泉 신작申綽(1760~1828)
* 《연경재집硏經齋集》의 저자 연경재硏經齋 성해응成海應(1760~1839)
* 《임원경제지林園經濟志》, 《종저보種藷譜》의 저자 풍석楓石 서유구徐有榘(1764~1845)

---

* 문학적 운치 정도   ** 새롭고 문득 깨달은 듯

* 《해동역사海東繹史》의 저자 한치윤韓致奫(1765~1814)
* 《언문지諺文志》의 저자 방편자方便子 유희柳僖(1773~1837)
* 《연려실기술燃藜室記述》의 저자 이긍익李肯翊(1736~1806)
* 《주영편晝永篇》의 저자 현동玄同 정동유鄭東愈(1744~1808)
* 금석학자이며 《실사구시설》의 저자 추사 김정희(1786~1856) 등

이들은 모두 18세기 후반기 즉 영정시대에 다산과 함께 다소간 선후해서 출생한 학자들로서 각각 자기활동을 통하여 크나 작으나 실학파에 참가하였으며 동시에 그들 대부분이 성호, 다산 일파의 영향을 직접, 간접으로 받았다.

또 호남湖南에서는 《동국문헌비고東國文獻備考》 편저자의 한 사람이며 《여암전서旅庵全書》, 《훈민정음도해訓民正音圖解》의 저자인 여암旅菴 신경준申景濬(1712~1781)과 《환영지寰瀛志》 저자 존재存齋 위백규魏伯珪(1727~1798)와 언어학자이며 《자모고子母考》 저자인 이재頤齋 황윤석黃胤錫이 모두 실학풍을 띠고 일가의 특색을 표시하였는데 이들에 관한 구체적 논술은 다른 기회로 미룬다.

주

1 F.V.콘스탄티노프 등, 《역사적 유물론》 제14장 7절 중 '예술의 계급적 성격의 레닌적 분석' 참조.
2 하간헌왕은 서한西漢 경제景帝의 아들 유덕劉德으로 경제2년(기원전 155) 3월 하간(지금 하북성 내)에 봉封함을 받았다.
3 청조 주대소의 〈실사구시제강의實事求是齋講義〉가 있음. 《독황청경해讀皇淸經解》 171~172 참조.
4 중국 역사연구회, 《중국통사간편中國通史簡編》 하편 734항 '고거학파'.
5 양득중의 호는 덕촌德村. 현종 6년(1665) 생. 영조 18년(1742) 사망. 전라도 영암에서 출생하여 충청도 공주 덕촌에 이거하였다. 박세채, 남구만의 추천으로 효릉참봉孝陵參奉이 되었고 나중에 동부승지가 되었다. 명제明齊 윤증尹拯의 제자였으며 문집 9권이 간행되었다. 《덕촌집》 참조.
6 《완당집阮堂集》 중 '실사구시설' 참조.
7 《고려사》 성종 원년(982) 최승로의 26조 상소문 참조.
8 《회헌실기晦軒實記》.
9 《화담집》권2 잡저雜著.
10 《화담집》권2 잡저雜著.
11 《마르크스·엥겔스 전집》, 제14권, 러시아판, 651쪽
12 《지봉유설》은 20권 25부 3425조의 사항에 걸친 견문과 비평. 광해군光海君(광해왕光海王) 6년(1614) 편성.
13 《지봉유설》, 지리부.
14 위의 책, 제국부諸國部.
15 위의 책, 절의부節義部.
16 위의 책, 군사부軍事部.
17 《충무공전집忠武公全集》 부록.
18 《동국문헌비고東國文獻備考》 159권 123항.
19 《사설유선塞說類選》 재부문財賦門 전폐조錢幣條.
20 '초실稍實'은 재년災年에 홀로 풍豐登한 것을 이른다.
21 100부負가 1결이고 8결이 1부夫인데 징세리徵稅吏가 영세한 부負, 복卜을 취합하여 1원員의 호수戶首를 세워 지세地稅를 징수하는 것을 '작부作夫'라 한다. 《속대전續大典》에는 "민결民結을 착취하며 역가役價를 늑징勒徵하는 것을 속칭 양호養戶라."고 하였는데 원래 '양호'란 말은 부호가富豪家가 잔호殘戶를 비호하여 사적으로 역사役使하고 공역公役에 복무치 않게 하는 것을 이름이다.
'차징丫徵'은 '가로무리'란 이름이다. 예를 들면 김갑金甲이 8부負의 전지를 이을李乙에게 팔면 그

8부는 이을에게로 이동되고도 김갑의 명의로 의연히 관부官簿에 남아 있어서 그럭저럭하는 동안에 변경할 수 없고 판 사람, 산 사람이 다 짐수를 풀어서 1전田 양세兩稅의 결과를 보게 된다. 또 갑향甲鄕의 전지가 그 전부佃夫 즉 경작자를 따라 을향乙鄕으로 가며 병리丙里의 전지는 그 지주를 따라 정리丁里로 가서 이동의 기록이 명백치 못한 탓으로 그만 1전 양징兩徵이 된다. 이를 차징이라고 한다.

'속무망束無亡'이란 '탁호托戶' 또는 '추결抽結'인데 예를 들면 포흠逋欠을 지고 파산한 서리胥吏들이 이속吏屬 서원書員과 공모하여 인민의 전결을 강탈하여 호명戶名을 허작虛作하고 그것을 어떤 제역촌除役村 즉 읍내邑內, 계방촌契房村(이속의 소속), 점촌店村, 학궁촌學宮村, 서원촌書院村, 역촌驛村, 원촌院村, 사촌寺村, 창촌倉村, 궁방전촌宮房田村, 둔전촌屯田村, 포촌浦村(포보전浦保錢이 감영監營으로 납입하는 까닭) 또 병영兵營, 수영水營 재소지의 4리四里 등등 어느 적당한 곳에 이록移錄하여 놓고 해당 촌민을 시켜 현관縣官에게 보고하기를 본촌本村 모호某戶가 금년에 전가全家 사망하였으므로 해호該戶 세미稅米를 징수할 데가 없다고 하면 현관은 곧이듣고 불쌍히 여겨 연기하여 준다. 이것을 기회로 당해 결세미를 집어먹고 혹은 저치미儲置米로써 허록虛錄하여 미봉하는 것이다. - 이상《목민심서牧民心書》호전戶典 제1, 제2조 참조.

22 황오黃五, 《녹차집綠此集》 사본.
23 《조선왕조실록》 영종 26년 균역조均役條와 《목민심서》 병전조兵典條 참조.
24 《선조실록宣祖實錄》 권 141.
25 《조선왕조실록》 광해군일기光海君日記 권 4.
26 《사설유선》 치도문治道門.
27 이중환, 《택리지》 인심편人心篇.
28 《여유당전서》 시문집 중 인재론人才論.
29 정동유鄭東愈, 《주영집晝永集》 사본.
30 〈브루노 바우어와 원시기독교原始基督敎〉, 1925년 일본 개조사판改造社版《마르크스-엥겔스집》 제12권 644-645항.
31 1949년 2월 9일 스탈린 선거 전 연설.
32 《여유당전서》 시문집 중 〈변방辨謗 사동부승지소辭同副承旨疏〉.
33 F.V.콘스탄티노프 등, 《역사적유물론》, 조선노동당출판사 출판 하책下冊 254쪽.
34 이능화李能和, 《조선기독교급외교사朝鮮基督敎及外交史》 참조.
35 《조선왕조실록》 중종 15년 경진庚辰 12월 무술조戊戌條.
36 《잠곡집潛谷集》 중 잠곡필담潛谷筆談.
37 《소재집踈齋集》.
38 프랑스인 달레, 《조선교회사 서설朝鮮敎會史 序說》(Charles Dallet: Historie de eglise de Coree, Paris

1874), 서설에 쓰여 있는 바와 같이 프랑스 외국 전도협회 선교사 다블뤼, 베르뇌, 앵베르, 리델 등이 19세기 중엽 조선에 잠입하여 열심히 전교하는 한편 조선 각지를 순행하면서 수집한 조선천주교사료와 기타 재료를 파리 전도협회 본부에 보내서 동 협회의 문인 달레가 편저編著하고 1847년 인행印行하였다.

39 《레닌전집》, 러시아판 제4판 제105권 65쪽.

40 주 38)과 같음.

41 《반계수록》은 26권. 전편이 전제田制, 전제후록田制後錄, 전제고설田制考說, 전제후록고설田制後錄考說, 교선지제敎選之制, 교선고설교선고설敎選考說, 임관지제任官之制, 직관고설職官考說, 녹제祿制, 녹제고설녹제고설祿制考說, 병제兵制, 병제후록兵制後錄, 병제고설兵制考說, 병제후록고설兵制後錄考說, 속편의 여러 부분으로 나누었다. 영조 45년(1769) 홍계희洪啓禧 건의에 의하여 왕명으로 간행되었다.

42 《사설유선》 권3 하, 치도문일治道門 1 변법조變法條.

43 《여유당전서》 시문집 중 〈답중씨손암서答仲氏巽菴書〉.

44 《사설유선》 권2 상, 논학문論學文 유문금고조儒門禁錮條.

45 《성호집》 권 55.

46 《사설유선》 권10 상, 이단문異端門.

47 위의 책 권2 상, 인사문人事門 제신조齊神條.

48 위의 책 권1 하, 귀신문鬼神門 귀신혼백조鬼神魂魄條.

49 위의 책 권3 하, 치도문일治道門 1 변법조變法條.

50 위의 책 같은 문, 금인적재조今人積才條.

51 위의 책 같은 문, 결울조決鬱條.

52 위의 책 권3, 제노문조祭奴文條.

53 박제가, 《북학의》 참조.

54 《담헌서》 중 〈의산문답〉.

55 서울版 《연암집》.

56 김석문金錫文은 자를 병여炳如, 호를 대곡大谷이라 하였으며 청풍淸風 김씨요 김석주金錫冑의 족제族弟였다. 그는 연구력이 강하고 역학에 깊었다. 40세에 비로소 저서하여 태극으로부터 만물에 이르기까지 체용體用의 묘리妙理를 자세히 설명하고 이를 《역학도해易學圖解》라고 이름 하였는데 도표가 44매요 해설이 12만 7200자였다. 숙종 때 유일遺逸로서 피천被薦하여 여러 고을의 수령을 지내고 노년에 포천抱川 다대곡多大谷에 거주하여 연못 위에 집을 짓고 일공정一空亭이라 이름 하였다. 78세에 별세하였는데 그의 유집은 간행되지 못하였다. 《포천읍지》 참조.

57 중국 《과학통보科學通報》 제5호, 1953년 — 축가정쓰可楨, 〈폴란드의 위대한 과학자 가백니의 공헌〉

실학파의 사적 발전 · 211

참조.

58 금구목설金口木舌은 목탁木鐸인데 경세종警世鍾의 의미다.《논어》에 하늘이 공자로 세상을 경각시키는 목탁을 만든다는 고사를 인용한 것이다.
59 남공철의 원서와 연암의 답서가《연암전집》에 있다.
60 《서포만필西浦漫筆》참조.
61 《열하일기》의〈곡정필담鵠汀筆談〉.
62 지전설에 관한 담헌과 연암의 관계와 그들 지전설이 코페르니쿠스의 태양중심설과 일치되지 않는 점은 본편 담헌론 참조.
63 〈곡정필담〉.
64 위와 같음.
65 위와 같음.
66 《연암전집》,〈하우상김이소서賀右相金履素書〉.
67 위와 같음.
68 위의 전집,〈의소통서얼소擬疏通庶孼疏〉.
69 위의 전집,〈공작관집서孔雀館集序〉.
70 레닌의 톨스토이론 -〈레닌전집〉러시아판 4판 16권 293~297쪽.
71 《조선왕조실록》정조 원년 3월조 참조.
72 이덕무,《입연기入燕記》참조.
73 《여유당전서》시문집〈종두설種痘說〉과 졸저〈종두술과 정다산〉이란 논문 참조.

실학의 대성자 다산에 대한 연구

머리말

본서 상편에서 이미 예견된 바와 같이 하편은 우리나라 봉건 말기 실학의 대성자 다산의 사상과 학설에 대한 논술로 구성되었다.

그런데 필자는 이 위대한 진보적 문필가의 사상과 학설을 고립적이며 단도적單刀的인 형식으로 연구 분석한 것이 아니라 될 수 있는 대로 그의 다방면한 경력과 사회적 배경을 교차 반영하는 가운데서 그의 사상과 학설의 발전 기복을 지적하여 그가 지니고 있던 시대적 산아産兒의 성격을 좀 더 구체적으로 천명하려 하였다. 이는 속담에 한 척의 배를 그리기 위해서는 온 강의 물을 그려야 한다는 방법을 채용하였기 때문이며 따라서 이에 대한 쪽수가 상당히 많은 부분을 점령하였다. 또 하편에서는 다산에 대한 개별적인 독립 논문들이 여러 편 이상 연구 요강에 의하여 배정 편입되어 있다.

우리 민족의 문화적 사상적 역사를 이해하기 위하여 조선 실학파의 대표자인 다산의 사상과 학설을 과학적으로 연구하는 일은 매우 중요한 학적 사업의 하나다.

장구하고 완고한 조선 봉건사회의 붕괴기에 다산은 자기 고난한 생활과 여러 방면에 걸친 학설을 통하여 그 사회의 물질적·정신적 모순과 인민의 동향 그리고 역사 발전의 방향을 풍부히 반영하였으며 그의 진지한 애국심과 민주주의적 이념은 우리 조선의 찬란한 이데올로기 전통을 구성하는 데 중요한 요소로 되고 있다.

그러나 엥겔스가 일찍이 우리에게 가르친 바와 같이 "모든 새로운 이론"은 "그 뿌리가 아무리 깊이 물질적, 경제적 사실의 속에 놓여 있다고 하더라도" 우선 그 이론의 "이전에 축적된 사상적 재료에서 출발하지 않으면 안 되었다."[1]

이렇기 때문에 우리나라 봉건 말기의 계몽학자 다산의 반봉건적 이론이 그 시대와 사회의 물질적, 경제적 여러 모순에 근거하였던 것은 물론이지만 이와 동시에 그는 유형원, 윤휴, 이익, 박지원, 이가환 같은 선행자들의 사상적 전통과 영향을 계승하고 서양 근세 자연과학의 실증적 방법을 섭취하는 한편 송유宋儒의 초경험적 성리학을 반대하는 청유淸儒 고증학풍을 참작하여 광채 찬란한 조선 실학의 대성자로 출현하였다.

20세기에 들어와서 우리나라 신진인사들은 다투어 가며 다산의 사상을 논술하였으며 그의 저작을 소개하였고 또 그의 학문적 업적을 찬양하였다. 그러나 그들은 대체로 다산에게 제일 중요한 혁명적 사상의 알맹이에 관해서는 무의식적으로 혹은 의식적으로 간과하고 그의 제2차적인 부분에 대해서만 말하려는 편향이 일반적이었다. 그러므로 진정한 진보적 사상가로서 다산의 면모는 범속화凡俗化한 박학가 혹은 법제학자 혹은 고증학자로서의 다종다양한 음영 속에 숨어 버렸다. 이는 종래 천박한 자유주의자들과 조선을 '연구' 한다는(실제로는 조선을 잘

먹기 위하여) 일제 어용학자들과 또는 내용 없는 추상적 문구로 계급적 분석을 회피하는 우익적 평론가들의 값싼 논문과 출판물에 의하여 조장되어 왔다.

19세기 전반의 농노제 러시아가 낳은 위대한 사상가 가운데 한 사람인 게르첸*을 추억하는 논문에서 레닌선생은 자유주의자와 인민파가 "혁명가 게르첸이 자유주의와 다른 점을 주도하게 엄폐하고" 있는 것과 "노예적인 '합법적' 출판물을 자기들의 진지로 삼고 있는 자유주의자들이 게르첸의 약한 면을 과장하고 강한 면을 묵살"하는 것을 신랄하게 지적한 다음 "노동자당은 범속한 것을 위해서가 아니라 자기들의 과업을 해명하기 위하여 러시아 혁명을 준비하는 데 위대한 역할을 한 이 문필가의 진정한 역사적 위치를 천명하기 위하여 게르첸을 기념해야 하는 것이다."고 증언하였다.[2]

이제 우리가 19세기 초엽-봉건 말기의 조선이 낳은 탁월한 사상가 다산에 대해서도 과장된 약한 면과 묵살된 강한 면을 과학적으로 적발하여 그 시대에 그가 사상적으로 공헌한 진보적 역할과 이에 관련된 그의 역사적 위치를 정당히 천명하려 한다. 이는 오늘날 우리 영웅 조선의 고귀한 문화적 유산을 비판적으로 계승 발전시키는 중요한 과업에 한갓 범속한 찬미를 일삼을 수 없는 때문이다.

---

* Aleksandr Ivanovich Gertsen(1812~1870), 러시아의 언론인 · 정치사상가

제1부 다산의 사상가적 경력에 대한 사회적 개관

1장 다산의 약전略傳

다산은 나주羅州 정씨丁氏며 이름은 약용若鏞 혹은 용鏞이라고 하였고 자字는 미용美鏞이라고 하였다. 그의 호는 사암俟庵, 여유당與猶堂, 열초洌樵, 탁옹籜翁, 균암筠庵 기타 많은 칭호가 있었으나 다산이 대표적인 호로 불리어져 왔다. 1762년(영조38) 6월 16일 경기도京畿道 광주廣州 초부면草阜面 마현리馬峴里(마재, 現今 廣州郡 瓦阜面 陵內里)* 정재원丁載遠의 넷째 아들로 탄생하였다.

그의 탄생지인 마현은 천마비등天馬飛騰하는 듯한 철마산鐵馬山을 뒤에 두고 남북한강과 소천강苕川江이 이 곳에서 삼강 합류하는 장쾌한 형승形勝을 앞에 두어 강산 풍경이 극히 아름다우므로 뒷날 다산의 시문에 그의 향토미가 자주 반영되었다.

그의 가정은 남인계의 '시파時派'(장헌세자莊獻世子 보호파)에 속한 사족으로 유학을 숭상하였으며 그의 아버지 재원은 일찍이 출사하다가 영조의 제2자이며 정조의 생부인 장헌세자가 서인 노론 '벽파僻派'(장헌세자 모해파)의 음모에 의하여 참혹하게 피살된 즉시 관직을 버리고 고향에 돌아오니 때마침 다산이 출생하므로 아명兒名을 귀농歸農이라고 지었다.

---

* 지금의 경기도 남양주시 조안면 능내1리에 해당한다

다산은 재질이 뛰어나고 대단히 총명하였으니 7세에 "소산폐대산小山蔽大山 원근지부동遠近地不同"*이라는 시구를 지어 아버지는 이 아이가 장래 수리학에 능통할 소질이 있다고 기뻐하였다. 그는 소년 때 유교 경전과 성리학설을 주로 연구하며 당, 송, 명, 청의 시문을 널리 보고 또 과거체科擧體 시문도 습작하였다. 그러나 그의 문체는 남을 모방하기를 싫어하고 유창流暢하고 명랑하며 진실하고 심각한 풍격을 좋아하였다.

그는 16세에 《성호문집星湖文集》을 읽고 느낀 바가 많았으며 그 후부터 성호학파의 저명한 인사 채제공, 이가환, 권철신 등 선배를 따랐고 연암과 그의 학도인 이덕무, 박제가 등과도 서로 교제하며 영·정조시대의 신문풍에 연마되었다.

그는 23세에 서학자西學者로 유명한 우인友人 이벽李檗(자는 덕조德操, 호는 광암曠庵)으로부터 기독교=천주교리를 들었으며 또 자기 자형 이승훈의 중국 연경행을 통하여 천주교 서적과 서양 근대의 천문학, 수학, 지구도, 자명종, 천리경, 서양풍속기 기타 다수한 서적과 기물을 얻어 보았다. 예기銳氣가 왕성한 다산은 부패하고 대중성이 없는 유교를 싫어하고 과학기술과 부국강병을 배경으로 선전하는 종교에 호기심을 갖지 않을 수 없었으므로 이벽의 권고에 의하여 자기 중형仲兄 약전若銓, 삼형三兄 약종若鍾과 함께 한동안 교회에 비밀히 관계하였으며 '요한'이라는 세례자 영명靈名**까지 받았다고 조선천주교회사는 말하고 있다. 그러나 얼마 안 지나 그 교리와 과학이 본질적으로 상이한 것

---

* 작은 산이 큰 산을 가리니 거리의 멀고 가까움이 같지 않기 때문이구나   ** 세례명

을 인식한 그는 신도의 입장으로부터 탈출하고 과학과 기술을 연구 섭취하여 인민 생활의 개선에 이바지하려 하였다.

그는 22세에 진사가 되어 태학太學 월과月課 답안에 새로운 견해를 많이 발표하였으며 28세에 문과(고등문관시험)에 급제하여 규장각 월과에 풍부한 문식文識과 혁신적인 대책을 많이 제기하였으니 더욱이 한강 주교舟橋* 가설에 관한 설계와 화성華城(수원읍성水原邑城) 축조에서의 성제설城制說과 기중기起重機** 창제 등 기술적 사업을 통하여 그의 유용한 재간에 대한 국왕 정조의 총애와 신임을 실로 적지 않게 얻었다.

그리하여 그는 장차 크게 등용될 수 있었다. 그러나 그의 성격은 대단히 강직하여 권세가에 아부하지 않았으며 33세에 홍문관弘文館 수찬修撰이 된 즉시로 경기도 암행어사로서 재상과 수령 가운데 탐오무법한 자들을 많이 탄핵 처단하였으므로 반대파의 시기와 무고가 또한 심하였다. 정조도 그의 장래를 보장하기 위하여 너무 높은 지위에 올리지 않고 부승지副承旨, 참의參議 같은 중등적 관직에 머무르게 하였으며 또 반대당이 천주교와 서양과학을 구별 없이 '사학邪學' 혹은 '사교邪敎'로 인정하고 이에 관계한 인물들을 고발할 적마다 정조는 항상 변호, 무마의 방침을 취하여 이가환, 정약용 일파의 안전을 도모하고 때로는 그들을 지방관리로 좌천시켜서 반대당의 칼날을 피하도록 하였다. 다산이 34세 때 반년 동안 금정찰방金井察訪으로, 36세부터 거의 2년 동안 곡산부사谷山府使로 외출外黜***된 것은 이러한 실례들이다.

다산은 외관상으로는 중요한 관직에 있지 않았으나 내면으로는

---

* 수많은 배를 일렬로 띄워 놓고 그 위에 널판을 건너질러 만든 다리
** 다산은 거중기擧重機라고 표기하였다   *** 지방관으로 내몰리다

채제공, 이가환과 함께 국왕 정조의 수당처단讐黨處斷(자기 아버지 장헌세자를 무살誣殺한 벽파에 대한 복수), 왕권 강화와 국정쇄신을 목적한 비밀계획에 참가하여 자기들의 새로운 학식과 포부를 이 기회에 정치적으로 얼마쯤 실현하여 보려고 하였다. 또 당시 천주교회의 지도자로서 학식과 명망이 있던 사람들은 거의 예외 없이 정약용, 이가환 일파의 친척과 지우들인 동시에 정조가 극력 애호하는 시파 남인계 출신들이었으므로 정약종, 권일신權日新, 황사영黃嗣永 등은 정조의 이교異敎에 대한 완화정책을 이용하여 지하운동을 활발히 진행하면서 성경을 번역하고 교회를 조직하며 나중에 연경 서양인교회와 연락하여 중국인 주문모周文謨를 신부로 맞아들여 교세를 확장하였다(정조 19, 1795).

이와 같은 동향을 탐지한 보수파 즉 노론 벽파를 중심으로 한 반대당은 이가환, 이승훈, 정약용 형제를 천주교의 주동자로 또 채제공을 사교의 비호자로 무고하여 정계에서 소탕하려 하였으나 정조가 생존한 한에는 어찌할 수 없었다. 그러다가 1799년 수상 채제공이 사망하고 그 이듬해 정조가 사거死去하자(반대당의 모해로?) 반대당은 기뻐 날뛰어 그 이듬해 즉 1801년 순조 원년 정월부터 이가환, 정약용 이하 남인계를 중심한 많은 신진인사를 덮어 놓고 사교도로 몰아 일대박해를 감행하였다. 이것이 소위 '신유사학사건'이었다. 이 사건에 다산의 삼형 약종은 사형을 당하였고 중형 약전은 신지도薪智島(전라남도 강진)에, 다산은 장기長鬐(경북 포항)에 각각 유배되었다.

동년 여름에 주문모(중국인 신부)의 자수사건이 있었고 겨울에 황사영의 백서사건帛書事件이 발각되자 화망禍網은 더욱 확대되어 수백 수천의 군중이 학살과 유형流刑을 입었으며 또 반대당의 앞잡이요 남인계의 분파인 홍희운洪羲運(홍낙안洪樂安의 개명), 이기경李基慶, 목만중睦萬中의 악랄한 음모로 인하여 다산 형제는 다시 검거되었으나 겨우 사형을 면하고 약전은 흑산도에, 다산은 강진에 다시 유배되었다.

이때 반대당은 다산을 꼭 죽이려고 그의 삼형 약종의 '대역부도大逆不道'에 관한 증언을 얻기 위하여 가혹히 심문하였으나 다산은 침착한 기색으로 "신하는 임금을 속일 수 없고 아우는 형을 증언할 수 없다."는 유명한 진술을 한 다음 일체 답변을 거절하여 심문관을 감탄하게 하였다. 또 다산이 일찍이 곡산부사와 황해도 염찰廉察로서 관료의 악정을 혁파하고 농민의 이익을 옹호한 것이 많았기 때문에 그의 투옥에 대한 인민의 동정과 호소가 반영되었을 뿐만 아니라 신진학계의 여론이 자못 비등하므로 반대당은 다산을 감히 죽이지 못하고 유형에 처하였다.

그는 40세의 장년으로 강진 유배지에 가서 18년의 풍상을 겪으면서 자기의 진리에 대한 신념과 불굴의 지조를 고수하는 한편 자기 실학적 척도로서 방대한 유교경전에 신해석을 가하고 공리공담에 흐른 유학을 실학적 철학으로 개조하려 하였다. 더욱이 빈부의 차별과 지주의 착취가 극심한 호남 지방의 농민 생활을 일상적으로 접촉하여 농민의 고혈을 한 방울도 남김없이 빨아먹는 관료 지주적 경제의 불합리한 제도를 분석 비판한 결과 전제田制, 세제稅制로부터 관제官制, 법제法制, 학제學制, 병제兵制 내지 정체政體에 이르기까지 이상적인 고찰과 이론을 발표하여 자기의 반봉건적 민주 이념을 보였다. 그리고 그는 문학에서도 통치계급의 추악한 이면을 폭로, 지적하고 인민대중의 비참한 상태를 뜨거운 정서로 호소하여 애국적이며 인도주의적인 사상을 많이 표현하였다. 그리하여 그의 유형 기간은 그가 조선 실학의 대성자로 출현한 시기였다.

그는 57세에 비로소 석방되어 고향에 돌아왔다. 이때 시파 노론계의 김조순金祖淳은 국왕 순조의 처부妻父로서 벽파노론의 정권을 밀어 내고 소위 장동壯洞 김씨의 '세도世道' 정치를 개시한 후 인심수습의 한 수단으로서 다산을 유배형에서 해제시켰던 것이다.

그러나 다산은 시골에서 돌아온 후로는 출사와 공명을 단념하고 학문 연구와 저술의 정리 완성에 계속 노력하면서 여생을 보냈다. 다산은 천주교회와의 관계를 정조 생존시에 벌써 끊었으나 그의 인간적 관계는 극비밀리에 지속하였으므로 그들을 통하여 세계정세와 서양과학 서적을 또한 극비밀리에 입수하여 국가와 인민에게 공헌할 수 있는 문제를 항상 연구, 논술하였다.

'사학' 사건이 있은 뒤에 천주교와 서양 서적에 관한 취체가 극히 엄중하였으나 민간의 교회 세력은 좌절되지 않았으며 '세도' 정치의 전제專制에 대한 인민 각층의 불평, 불만은 도리어 천주교회의 발전을 조장하였다. 1801년의 대탄압 직후에 교도 유진길劉進吉, 조신철趙信喆, 정하상丁夏祥 등은 비밀히 회의하여 중국인 전도사 유방제劉方濟를 국내에 초빙하였고 헌종 2년(1836), 즉 다산이 서거하던 해에는 프랑스 선교사 모방Pierre Phillibert Maubant(1803~1839) 등이 국내에 잠입하여 서울에 와서 정하상의 집 부근에 숨어 있으면서 포교에 종사하였는데 정하상은 정약종의 아들이며 다산의 친조카였다. 그리고 제너Edward Jenner (1749~1823)의 우두술牛痘術은 1796년에 비로소 발명, 실시되어 청나라 가경嘉慶*시대에 벌써 광동廣東을 거쳐 중국에 들어왔는데³ 이 우두 방문方文**이 다산의 손에 비밀히 전달되어 그의 수정문고手正文稿*** 중에 편

---

* 청나라 인종의 연호, 1796~1820   ** 약방문   *** 직접 손으로 작성한 문고

입되어 있으며 또 이규경의 《오주연문五洲衍文》 종두변증조種痘辨證條에 도 다산은 우두 방문을 중국을 통하여 얻었다고 하였으니[4] 이러한 사실들은 모두 다산이 노년에 와서도 서양과학에 대한 긴밀한 연계를 계속하였다는 것을 증명하여 준다.

그런데 종교론과 종교사에 관한 다산의 저술이 교난敎難으로 말미암아 소멸되었다고 조선천주교회사는 말하고 있으나 그 내용은 지금 알 수 없으며 또 동교회사는 다산이 만년에 자기의 배교를 후회하고 속죄하기 위하여 심혈을 기울여가며 부흥운동에 노력했다고 하나 이는 당시 천주교회가 다산의 명망을 빌려 군중을 끌려는 하나의 선전이었거나 그렇지 않으면 다산이 서양과학을 섭취하려는 꾸준한 연계와 유교 개혁과 조국 유신을 위한 고안을 풍부히 발표한 문필적 업적을 그들이 천주교회의 부흥운동으로 오인한 때문이었을 것이다.

그는 헌종 2년(1836) 2월 22일에 75세로 자기의 고난한 일생을 마쳤다. 그의 사후 64년을 지나 융희隆熙 4년(1910) 7월 18일 즉 한일합병 직전에 조선 정부는 당시 사회 선진 인사들의 여론을 존중한다는 이유로 개화운동의 선각자인 다산에게 정헌대부正憲大夫 규장각 제학의 증직과 문도文度의 시호를 주었다.

500여 권에 달하는 그의 방대한 저서 중에 《흠흠신서欽欽新書》와 《목민심서牧民心書》는 널리 재판관과 지방 관리들에게 절대 필요한 참고서로서 다산 서거 직후부터 사색당파를 막론하고 널리 등사, 유포되었고 《아방강역고我邦疆域考》, 《대동수경大東水經》, 《아언각비雅言覺非》와 《경세유표經世遺表》 일부는 1910년 망국 전후에 장지연張志淵의 교열과 광문회光文會, 기타 서점의 출판으로 광포廣布되었을 뿐이므로 다산 학설의 전모는 널리 알려지지 못하였다. 그러다가 1935년경부터 3년 동안 '신조선사新朝鮮社' 권태휘權泰彙의 노력에 의하여 다산 전집이 축소판 76책으로 세상에 출현되었는데 이것이 현행《여유당전서與猶堂全書》다.

그러나 이 전서도 오히려 다산의 저술 전체와 특히 비합법적인 저술로서 이미 행방불명된 부분을 총망라하지 못한 것으로 인정된다. 그러므로 다산의 높은 이상과 진보적 사상은 금후 우리들의 분석 비판의 대상으로 남아 있다.

부기附記 - 중요한 교유交遊 인사들의 약력

다산이 일찍이 학문적 영향을 직접 받은 선배들 중 정헌貞軒 이가환에 대하여 간단히 말하지 않을 수 없다.

다산은 소년 시절부터 이가환, 이승훈을 통하여 성호의 유집을 얻어 읽고 그의 학풍을 계승하였다. 그런데 다산이 노년에 유형으로부터 해방되어 돌아온 후 1801년 자기와 함께 소위 '사학邪學'으로 몰려 참화를 당하였던 선배 학자들 ― 정헌 이가환을 필두로 하여 복암茯庵 이기양李基讓, 녹암鹿庵 권철신, 매장梅丈 오석충吳錫忠과 자기 중형 손암巽庵 정약전까지 각각 묘지명을 지어서 그들의 인격, 사상, 학문과 피화被禍 경로를 밝혀 악당의 무함誣陷을 변명하였으나 자기 자부 이승훈과 삼형 정약종에 관해서는 아무런 구체적인 서술이 없었다. 그 이유는 무엇인가? 요컨대 정헌, 복암, 녹암, 매장, 손암 등 선진학자들은 혹 천주교회에 일시적으로 관계를 가졌다 하더라도 신앙보다는 교회 서적과 서양과학을 연구하는 데 주로 취미를 두었으므로 반대당이 이를 구실로 하여 사교도邪敎徒로 몰아 버린 것이니 이는 변명하지 않으면 안 될 객관적 사건이었지만 이승훈과 정약종 같은 인물은 사정이 그들과 달랐다. 즉 이승훈은 중국 연경 교회와 직접 연결을 맺고 또 우리나라의 지명知名한 인사로서 맨 처음 세례를 받았을 뿐만 아니라 귀국한 즉시 교회의 서적과 의식을 신도들에게 전달하고 교회를 조직하여 교리를 선전하고 소위 구서사건購書事件*의 주범으로 되었으며 정약종은 열렬한 신앙자로서 교회를 조직하고 성경을 번역하고 '명도회明道會' 장으로 최후까지 그들이 말한 순교자로서 피살당하였으므로 다산은 이 두 사람에 대해서는 변명과 논술의 필요를 느끼지 않았다.

정조 당시에는 차당此黨, 피당彼黨과 선의, 악의를 물론하고 채제공, 이가환, 정약용을 남인의 삼걸물三傑物로 지목하였고 1801년 소위 사학사건 당시에는 반대당이 이가환, 정약용을 사학의 양대 괴수로 낙인찍었으며 이 뒤부터는 둘의 이름이 재예才藝와 박학博學의 상징으로 일부 민간에 전설화되고 있었다. 그렇기 때문에 정약용과 이가환은 서로 떠날 수 없는 쌍벽적인 존재였다. 그러나 가환은 다산보다 12세 연장자였으며 학문과 사상에서도 동일한 수준으로 평가할 수 없다.

가환은 여주驪州 이씨李氏요 자字는 정조廷藻요 호號는 정헌貞軒 또는 금대錦帶였다. 18세기 조선의 위대한 실학자 성호는 그의 종조從祖며 '기굴신교奇崛新巧'**한 풍격을 가진 문학으로서(다산의 평) 일세를 울리던 혜환거사惠寰居士 이용휴李用休는 그의 아버지였다. 이와 같이 우수한 전통을 계승한 가정에서 생장하였을 뿐만 아니라 그의 풍채는 괴위魁偉하고 문명은 일국을 덮었으며 특히 그의 기억력과 이해성은 일반이 상

---

* 서양책을 구입한 사건　** 발랄하고 독특한 기풍의 참신한 묘사

상할 수 없을 만큼 절등絶等하였다. 다산의 말에 의하면 "구경九經,* 사서四書, 이십삼사二十三史**로부터 제자백가와 시부詩賦, 잡문雜文, 패관총서稗官叢書와 상역象譯(외국어)산수, 음률의 학과 우의牛醫, 마무馬巫의 설과 악창惡瘡, 잡질雜疾의 처방에 이르기까지 문자로 표현된 것은 물으면 무엇이든지 얼음에 박 밀듯이 외워 들려주는 동시에 그 정상精詳한 연구에서 나오는 설명은 전문가와 흡사하므로 듣는 사람은 모두 놀라 그를 귀신으로 여겼다."

그는 정조 초년에 문과 급제하여 광범한 학식과 간실簡實한 문학과 정밀한 고증으로 문학을 좋아하는 국왕의 특별한 지우知遇를 받고 벼슬이 형조판서에 이르렀다. 왕명에 의하여 《대전통편大典通編》을 편찬하고 《어정규장전운御定奎章全韻》(이덕무의 기초起草)을 교열하였으며 또 다산과 함께 《화성정리통고華城整理通考》를 작성하고 《규장전운옥편奎章全韻玉篇》을 교열하였다. 그는 기하학과 역법을 깊이 연구해 "내가 죽으면 기하학은 장차 우리나라에서 종자가 끊어지겠다."고 개탄하였으며 일월오성日月五星의 교식交食,*** 복현伏現****의 시기와 황도, 적도의 교차거리의 도수度數와 지구 원경圓徑의 계산에 대한 도식과 설명을 작성하여 후생들에게 보였다. 이와 같이 종래 유학자들의 점성술적 세계관을 타파하고 자연과학적 사상을 고취하였으므로 반대당은 이를 구실로 하여 서양 사학이라는 패를 붙여 정계로부터 구축하려 하였다.

그는 문명과 직위가 높아질수록 사면수적四面受敵의 위경에 더욱

---

* 중국 고전인 아홉 가지의 경서. 《주역》, 《시경》, 《서경》, 《예기》, 《춘추》, 《효경》, 《논어》, 《맹자》, 《주례》
** 중국의 중요 사서史書를 가리키는데 시대마다 숫자가 다르다. 지금은 이십오사二十五史라고 함
*** 일식과 월식   **** 숨고 나타남

빠지게 되었다. 그가 첫째로 이하진李夏鎭(그의 증조), 이잠李潛(그의 종조)을 산출한 남인당계의 명가였다는 점, 둘째로 국왕 정조의 특별한 신임을 받고 있었다는 점, 셋째로 채제공, 정약용 일파의 주론자主論者였다는 점, 넷째로 신진학풍의 지도자였다는 점 — 몇 가지 특징을 당시 반대파와 보수당은 공포 질시하여 맹렬한 화살을 그의 일신에 집중적으로 퍼부었다. 그러나 정조가 살아 있는 한 용의주도한 보호를 받고 있다가 정조가 사거한 즉후로 심환지沈煥之, 서용보徐龍輔 등 벽파 대신들과 이들에 아부한 홍의호洪義浩, 목만중, 홍낙안 등 남인 분파 분자들은 유언비어를 주고받고 하여 1801년 대탄압사건에 그를 사교의 주범으로 몰아 '기시棄市'*의 형에 처하였다. 그리하여 그는 61세의 일생을 비참하게 마쳤다.

그는 과학과 교리를 혼동할 수 없다는 점을 여러 번 성명하였으며 또 천주교의 본질이 노불老佛의 지엽에 불과하다고 하여 준엄히 배척하였다. 일찍이 광암 이벽이 서울 수표교水標橋에서 교리를 선전한다는 소식을 듣고 말하기를 "《천주실의》와 《칠극七克》 등 서적을 나도 전에 보았는데 거기에 비록 훌륭한 비유들이 있으나 결국은 정도正道가 아니다. 이벽이 어찌 이것으로 우리 도를 바꾸려 하는가?" 하고 그를 찾아가서 한바탕 격렬한 논쟁을 하고 돌아와서 다시는 교회와 접촉한 일이 없었다.(《여유당전서》〈정헌묘지명貞軒墓誌銘〉 참조)

이상의 논술에서 우리가 볼 수 있는 것은 즉 정헌이 본래 '개물성무開物成務'의 학을 주장한 실학자로서 서양의 자연과학은 극도로 환영

---

* 사람들이 많이 모인 곳에서 죄인의 목을 베고 그 시체를 길거리에 버리던 형벌

한 반면에 천주교리는 역시 환망한 미신으로 인정하였던 점이다. 이 점에서는 다산의 학문적 방향에서 적지 않은 방조幇助*를 주었으리라고 생각된다. 교회의 기록에 의하면 가환은 "소시부터 이기학理氣學(천문학)을 믿고 천체를 쳐다 볼 적마다 감탄하며 이와 같은 대배포大排布**에서 어찌 주재자가 없다고 할 것인가 하고 외쳤다." 한다. 이로써 그의 신앙사상을 증언하려 하였으며 또 황사영의 백서帛書 가운데도 가환은 "본심을 승인하고 사형에도 변치 않았다."고 씌어 있으나 소위 주재자란 것은 천체의 운행과 삼라만상의 변화무궁하는 자연법칙의 통일성을 지칭하는 데 비유적으로 쓸 수도 있는 용어이며 또 그가 보수당의 형장하에서 자기의 최후를 각오하고 학리적 신념을 굽히지 않았던 것이요 천주교의 신앙을 고수한 것은 아니었다. 당시 천주교인들의 아전인수식 기록들에 대하여 우리는 주의할 점들이 적지 않다.

정헌의 저술은 피화被禍한 후 수습 간행되지 못한 채로 대부분 인멸되었으며 다산의 〈정헌묘지貞軒墓誌〉에는 《금대관집金帶館集》 10책이 있다 하였고, 〈인물지人物志〉에는 《기전고箕田攷》가 있다고 하였다. 그러나 모두 시휘時諱*** 관계關係로 행세하지 못하였다.

복암 이기양은 임진왜란 당시 저명한 공신인 한음漢陰 이덕형李德馨의 후손이며 언론과 풍채가 동료를 압복壓服****하였다. 그는 천주교에 아무런 관계가 없었으나 다만 정조 당시에 이가환, 정약용과 같이 국왕의 특별한 신임을 받았다는 점, 성호의 학도로서 이가환, 권철신, 홍

---

* 곁에서 도와줌   ** 큰 계획   *** 그 시대에 용납되지 않는 행동   **** 억눌러서 복종시킴

낙민洪樂敏과 인친姻親의 관계를 가지고 있었다는 점 — 이 몇 가지가 반대당의 시기와 질시를 받아 왔으며 따라서 그들의 앞잡이인 목만중 등의 무고로 1801년 '사학' 사건에 연좌되어 단천端川에 유배되었다가 그 이듬해 유형지에서 사거하였다.

그는 성호의 비판적 학풍을 계승하고 백호白湖 윤휴尹鑴의 학설을 많이 찬동하였다. 또 그는 1799년 부사로(상사上使는 김재찬金載瓚) 연경에 가서 박면교거剝綿攪車 즉 솜 트는 기계 한 대를 중가重價로 사서 가지고 돌아와서 전국적으로 본떠서 사용케 할 것을 정부에 건의하여 실행에 옮기려 하다가 정조의 사거로 중지되고 말았다.

녹암 권철신은 권근權近, 권람權擥의 후손이며 성호의 소년 제자 중 한 사람이었다. 다산의 평가에 의하면 성호의 문하에 우수한 학자들이 배출되었으나 재덕이 겸비하고 이론과 실천이 일치하여 성호학의 정통을 계승한 자는 오직 녹암 한 사람이었는데 그가 참사한 후에는 성호의 학맥이 끊어져 버렸다고 하였다.

그는 양근楊根(지금 경기도 양평) 감호鑑湖에서 강좌를 열고 학도를 교육하니 와서 배우는 사람들이 많아서 그의 문정門庭*이 저자를 이루었는데 다산의 중형 정약전도 그의 제자 가운데 하나였다.

정조 8년(1784) 이벽이 천주교리의 선전을 개시하고 군중을 획득하기 위하여 "녹암은 사류士類의 영수인즉 그가 이 교리를 계승하면 대중은 풍미風靡할 것이다." 하고 감호를 찾아가서 녹암과 10일 동안이나

---

* 거처하는 집을 이름

토론하였다. 조선천주교회 사료에 의하면 이벽의 설교를 들은 권철신은 처음에는 주저하다가 나중에는 신교新教를 승인하고 세례와 암브로시오라는 영명靈名까지 받았다고 하였으나 이는 확신할 수 없는 아전인수식 기록일 것이다. 왜냐하면 1801년 소위 '사학' 사건에 수천의 피고의 구초口招가 한 번도 권철신이 신자라고 입증한 일이 없었으며 또 당시 권엄權欕, 목만중, 이익운李益運, 이만수李晚秀 등의 논문 문건에도 교주教主 일신日身의 형이라거니 혹은 그의 전가全家와 전향全鄕이 사교에 감염되었다거나 하면서도 그가 직접 개종하였다고는 한 번도 지적되어 있지 않은 때문이다. 다만 그의 아우 일신이 이벽의 설교를 찬동하고 곧 그의 뒤를 이어 교주적 역할을 해서 양근 일대가 드디어 신교의 요람지로 되었으며 또 철신 자신도 당시 공리공담과 부문허식浮文虛飾에 흘러버린 유학에 통절한 불만을 가졌던 나머지 과학과 교리를 혼합하고 유교 수양설의 장점을 부분적으로 절취竊取하여 선전하는 《주제군징主制君徵》,《칠극七克》 등 서한과 특히 이벽의 광장설적廣長舌的 설교에 대하여 실천성과 군중성의 일면을 긍정하고 준절히 배척하지 않았을 뿐만 아니라 자기의 친제親弟 일신 이하 친척, 지구知舊, 제자와 향리 인민들의 열렬한 신앙에 대해서도 자유방임하고 금지 억제하는 방법을 취하지 않았다. 이와 같은 사실들이 결국 그로 하여금 1801년 사건에 증거가 없어 사교신봉자 가운데 한 명으로 몰려 66세의 일생을 옥중에서 절명으로 끝내게 하였다.[5]

 그의 저작은 《시칭詩稱》 2권, 《대학설大學說》 1권이 있고 그 밖에 것은 모두 산실散失되었다. 그러나 다산의 소개에 의하면 유교 경전 해설에서 그는 주자朱子와 달리 자기 창견創見을 많이 주장하였던 까닭으로 속학배俗學輩들의 비방을 받게 되었으나 이 때문에 자기 소견을 굽히지 않았다. 그는 관학파 거장인 송시열에게 '사문난적斯文亂賊'으로 몰려 죽은 백호 윤휴에 대하여 그의 학문이 본말을 구비하였다고 하며 그의 저서《만필漫筆》1권에 극히 탄복하였다.

유교 경의經義의 해설에서 녹암은《중용中庸》의 '들리지 않는 바에도 두려워하고 보이지 않는 바에도 경계하고 삼간다[恐懼乎其所不聞 戒愼乎其所不睹]'*이라는 문장의 뜻에 대하여 '소불문所不聞', '소불도所不睹'를 같은 책 중 '상천지재上天之載, 무성무취無聲無臭' 즉 하늘의 일은 소리도 없고 냄새도 없다는데 해당한다고 보았는데 이는 물론 주자의 해석과는 다르나 반면에 녹암이 아직 관념론적 세계관을 벗어나지 못하고 무형 무체한 추상적인 상천上天＝상제上帝의 존재를 인정 혹은 적어도 가정하여 공구恐懼 계신戒愼하는 즉 경건히 신봉하는 대상을 설정하려는 신학적 요소를 내포하고 있는 것이다. 이 점에서 그가 천주교리를 깨끗이 결별하지 못하고 따라서 다산의 철학 사상에도 영향을 끼친 중요한 계기였던 것을 우리는 발견할 수 있다.

그러나 그가《대학大學》의 명덕明德을 종래 유학자들이 무조건 확신해 온 '허령불매虛靈不昧'**한 선험적 본체로 인정하지 않고 윤휴의 주장과 같이 효·제·자孝悌慈***의 실천에서 얻어진 결과로 본 것이라든지《맹자》의 인의예지仁義禮智를 4개 천부天賦의 선성善性으로 보지 않고 사회적 실천에서 성립된 명사名詞로 본 창견이라든지 또 같은 책의 '사단四端'을 선천적인 인의예지의 단서端緖로 보지 않고 후천적인 인

---

* 본래《중용》원문에는 '戒愼乎其所不睹 恐懼乎其所不聞' 순서로 서술되어 있다
** '빈듯하나 신령스럽고 어둡지 않다.' 인간이 태어날 때 하늘로부터 부여받았다는 명덕明德의 본질을 설명한 말 *** 부모에게 효도하고 어른에게 공경하고 아랫사람에게 자비로운

의예지적 행사의 발단으로 보아서 조기趙岐(후한인後漢人,《맹자장구孟子章句》의 작자)의 '단端=수首'라는 설을 취하고 주자의 '단端=서緖'라는 설을 반대한 것이라든지는 그 의의가 자구 해석에만 그치지 않고 한 걸음 나아가 유학의 초경험적인 인성론과 도덕론을 반대하고 경험과 실천을 강조하는 유물론적 경향을 표시한 것이었다. 이와 같은 이론들은 다산의 철학적 여러 견해에 뚜렷이 계승 발전되었다.

다산의 중형 정약전은 다산보다 4년 위였다. 자字는 천전天全이요, 호號는 일성재一星齋였는데 흑산도에 유배된 뒤로 손암巽庵이라고 하였다. 그의 성격은 호방하였으며 소시에 권철신의 문하에 출입하여 성호의 학풍을 받았다. 26세에 경의진사經義進士가 되었고 33세에 오행문제五行問題에 대한 책문策問으로 초시初試에 일등 당선하고 회시會試에 문과 급제하였는데 5년 후 목만중이 박장설朴長卨(소북인小北人)을 사주하여 약전의 대책문 중 오행설을 버리고 서양인의 사행설四行說을 연역하였는데도 시관試官 이가환은 정실에 끌리고 사설에 유혹되어 일등으로 매겼다 하여 가환을 공격하니 국왕 정조는 본문을 심사한 다음 친절히 변명하여 주었으나 그의 사진仕進*은 이 일로 저지되었다. 그 뒤 다시 등용되어 병조좌랑이 되었으나 반대파의 방해로 물러갔다.

그는 일찍이 이벽에게 천문, 수리학을 듣고 기하학에 정통하였으며 정조 8년(1784) 4월에 한강 두미협斗尾峽의 배 가운데서 다산과 함께 이벽의 설교를 듣고 찬의贊意를 표하였으나 신교에 종사한 일은 없었

---

* 관직에 나아감

다. 그리하여 그의 아우 약종은 후일 교회 동사자同事者들에게 보낸 편지 가운데에 자기의 중형, 계제季弟*와 함께 성교聖敎를 받들지 못하는 것이 한스러운 일이라고 하였다.

1801년 사학사건에 형제가 붙잡혔고 그는 처음에는 신지도薪智島에 나중에는 흑산도에 유배되어 16년 만에 59세의 나이로 병사하였다(1816년 6월 6일). 그의 평민적 성격은 유배생활 중에 도중島中 인민의 환심을 크게 얻었다. 그리하여 그가 자기 편의상 흑산도에서 우이보牛耳堡로 이주하려 하니 도민島民은 군중적으로 길을 막고 만류하였다.

그는 평소 저술하기를 좋아하지 않아 《영남인물고嶺南人物考》 이외에 별반 없었고 유배된 뒤에 《논어의난論語疑難》 2권, 《역간易柬》 1권, 《자산어보玆山漁譜》 2권, 《송정의松政議》 1권을 저작하였는데 그중 《자산어보》는 수족水族과 해초海草를 상세히 관찰, 분류하여 우리나라에서 해산물에 관한 과학적 저작으로서의 첫 시도다(인행印行되지 못하였다).

그의 유배지가 강진과 근접하였기 때문에 형제간에 서신이 자주 왕래되었으며 다산은 저술이 있을 때마다 반드시 그의 검열과 비평을 요청하였다. 뒷날 그의 〈선중씨묘지명先仲氏墓誌銘〉 가운데 형제로서 이 세계에 오직 하나인 지기知己를 겸하였다고 하였으며 자기의 두 아들에게 보낸 서한 중에 선중씨先仲氏**의 '대덕대기大德大器와 수학정식邃學精識***'을 칭찬하였다. 요컨대 손암의 학문적·사상적 수준은 다산에 못하지 않았으나 다만 그의 명성과 저술에서 가려졌다고 할 수 있다.

---

* 막내 동생, 정약용을 가리킴   ** 돌아가신 둘째 형님, 여기서는 정약전을 가리킴
*** 심오한 학문과 정밀한 지식

다산의 삼형 약종의 교명은 아우구스티노였으며 그의 사상과 방향은 비록 다산과 달랐으나 서학 교파의 주창자로서 권일신의 뒤를 이어 교회 조직 선전에 많은 공헌이 있었고 1801년 교난敎難에 자기의 신념을 조금도 굴하지 않고 순교자로서 끝까지 지켰다고 교도들은 떠들고 있다.

그는 다산보다 2년 위였다. 조선천주교회 사료에 의하면 그는 천성이 강직하여 연구심이 강하며 해박한 지식을 가졌다. 그는 일찍이 신선술을 배우고 천지개벽설天地開闢說을 믿었다가 어느 날 "천지가 개벽할 때에는 신선도 또한 소멸을 면치 못할 것이니 그러면 장생長生의 도가 아니며 배울 것이 못된다!"고 탄식하였다. 그리하여 그는 신선술을 버리고 서교西敎에 의귀依歸한 뒤로는 열렬한 신자로서 추위와 주림을 참아가며 설교에 힘을 다하였다.

그는 무지무학한 신도를 가르치기 위하여 조선 글로써 《주교요지主敎要旨》 2권을 저술하였는데 이는 널리 교회 독서 중에서 요지를 발췌하고 자기 의견을 첨부하여 비록 부인, 소아小兒라도 일목요연하도록 만들었으므로 중국 교회가 발행한 《성세추요盛世芻蕘》보다 나은 점이 있다고 하였다. 그 당시 교인들 가운데 덕망은 관천冠泉 최창현崔昌賢(중인)에 미치지 못하였으나 종교지식은 정약종이 훨씬 우월하였다고 하였다. 그는 또 천주교의 각종 교리가 여러 서적에 산재하고 요약된 논설이 없어서 독자가 이해하기 어렵다고 보고 이를 종합하여 문門과 류類로 나누어 한 책자에 포괄시켜 《성교전서聖敎全書》라 제목 하였는데 교난의 돌발로 탈고되지 못한 채 중단되었다.

그가 체포되어 옥문에 들어갈 때 관헌이 국왕의 금교령을 위반한 죄를 문책하니 그는 성교聖敎가 진실하므로 금지할 이유가 없다고 항변하였다. 관헌이 크게 노여워하며 국왕의 명령을 논박하는 불경으로 규정하고 대역부도죄에 처하였다. 그는 42세로 자기의 일생을 마쳤다.

당시 서학의 학파 수령과 교파 수령이 정씨 형제에 집중되었다는 것은 특기할 사실이었으나 후자의 입장에서 보면 전자는 비겁한 배교자로 보였고 전자의 입장에서 보면 후자는 무익한 희생으로 보였을 수 있다.

그러나 정약종의 이와 같은 순교자적 행동은 당시 서민 신도들에게는 평범한 한 표현에 불과하였다. 왜냐하면 1801년 대선풍旋風이 불어오기 이전 즉 정조 생존시 여러 차례 교난의 작은 파란 가운데서 소위 양반 지식층 신도들은 내심 여하를 불문하고 거의 다 배교를 표명하였고 죽음으로써 신념을 고수한 자는 대부분 하층 군중 신도였기 때문이다. 다산은 이 점에 대하여 신앙의 위력을 깊이 느낀 동시에 종교 문제를 자기의 경세가적 이념에 의하여 다시 고려하지 않을 수 없었다. 그러나 그의 재고려는 결국 반신관적半神觀的 제약성으로 종결되고 석연한 해결에 도달하지 못하였다.

요컨대 정약종과 같은 양반 신도가 죽음의 순간까지 천상의 군부君父를 부르고 지상의 군부에 항변하였다는 것은 봉건 윤리의 파탄과 유교 도덕의 무력화를 의미하므로 관헌의 준엄한 형벌은 도리어 그들의 환상을 그들의 피와 정열로 미화시켜 준 결과에 지나지 않았으며 동시에 서방 종교가 온갖 고난과 희생을 각오할 만한 정도로 동방의 인사를 파악하였다는 것은 또한 소위 '서세동점西勢東漸'의 물질적 신호였다.

그러나 여기서 잠깐 분별하여야 할 점은 1801년 대박해가 빚어낸 괴사건 — 소위 서양 군함과 청제淸帝의 간섭을 청구하려던 황사영黃嗣

永 백서사건帛書事件에 대하여 다산 일파가 전연 관계하지 않았다는 것은 물론이며 정약종도 또한 관여하지 않았다. 약종은 동년 2월 11일 권철신과 함께 의금부에 구류되었으니 동월 9일 정약용, 이승훈, 홍낙임의 피체보다 겨우 2일밖에 늦지 않았으며 동월 26일에 최창현, 최필공崔必恭, 홍교만洪敎萬, 홍낙민, 이승훈과 함께 사형되었으나 황사영의 백서는 동년 양력 10월 29일에 작성되었고 이를 북경교회로 송치를 위탁받은 황심黃沁과 옥천희玉千禧는 11월 2일에 체포되었고 또 동월 5일에 사영이 체포되었으므로 약종 일파와는 전연 연결이 없었다. 또 백서란 것은 동년 대박해에 대한 궁여일책으로 나왔으며 전연 실현 가능성이 없는 요청이었으므로 설혹 압수되지 않고 북경교회에 전달되었다 하더라도 한 잠꼬대의 화병話柄*으로 되고 말았겠지만 내용에 담긴 정신은 매국적인 경향을 가지고 있었으므로 여기서 그 관계에 대한 당시 사실을 간단히 언급했다.

다음으로 광암曠庵 이벽李檗을 들지 않을 수 없다. 광암은 18세기 말기(정조 초년)의 조선 사상계에 한 혜성으로 지나갔으나 긴 꼬리와 현란한 빛은 많은 사람에게 깊은 인상을 끼쳤다. 더욱이 그는 다산의 소년 친우로서 성명性命, 이기理氣의 학설을 토론하고 서양과학과 교리에 관한 견해를 서로 교환하였으므로 비록 그가 조사早死하여 종유從遊한 기간이 짧고 또 사상적 방향도 일치하지 않았으나 다산은 자기 만년까지도 그를 아까워하며 가끔 회상하였다.

---

* 화제 또는 이야깃거리

이벽의 자字는 덕조德操(혹은 德祚)요 광암은 호號며 경주 이씨였다. 그는 임진왜란 시기 공신의 한 사람인 이정형李廷馨(정암廷馣의 아우)의 후손으로 양반 출신이었으며 누이는 다산의 백형수伯兄嫂였으며 그의 가계는 남인당에 속하였다. 그의 아버지 보만溥萬은 자기 아들의 정신 기질이 무용武勇한 것을 보고 무관 출세를 강요하였으나 그는 종시 듣지 않고 문학 방향으로 진출하였다. 그는 체격이 장대하고 체력이 뛰어났고 재기가 활발하며 더욱이 웅변 박식과 심오한 연구력은 특출한 인걸로 평가되었다.

그는 어릴 적부터 학문을 전공하였으나 고루하고 진부한 유학에 흥미를 잃고 서학에 주의를 돌렸는데 초보적인 계발을 누구에게 받았는지는 알 수 없다.

천주교회의 사료에 의하면 일찍이 성호 문하에 홍유한洪有漢*이란 사람이 천주교 서적을 입수하여 열독한 결과, 신앙의 마음이 생겨서 매월 7일, 14일, 21일, 28일에 정기적으로 휴식하고 재계齋戒와 묵상을 열심히 하고 자선사업을 실행하였으며 순흥順興(경상북도 영주) 소백산 중에 들어가서 13년간 수도자 생활을 계속하다가 나중 예산禮山 자택에 돌아와서 사거하였다. 그 뒤 이를 본받는 자가 속출하여 18세기 조선 천주교회가 지식층에서 탄생하는 기초가 되었다고 하였다((송신부수기宋神父手記), 윤형중尹亨重,《사성師聲》제758호 참조).

성호 학도에서 신앙생활을 별문제로 하고 서학(서양의 과학과 종교를 혼합한) 연구는 남모르는 가운데에 상당히 진행되었다. 왜냐하면 성호

---

* 1726-1785, 예산 명문가 출신으로 본관은 풍산, 이익의 제자로서《천주실의》,《칠극》,《직방외기》 등 천주교 서적을 얻어 보고 천주교를 믿었다. 그의 묘는 경북 봉화군 봉성면 우곡리 가톨릭 우곡성지에 있다

자신부터 서양인 선교사들의 저서 대여섯 종을 열독하고 천당 지옥설 등은 반대하였으나 수양과 과학적인 부분은 십분 칭찬하였으니 그의 영향을 받은 학도들이 어찌 이에 대하여 무관심할 수 있었으랴? 그중 최대 관심을 가진 자 가운데 한 사람이 광암이었다.

정조, 순조 양대 실록과 당시 보수파의 논죄 문건들은 정조시대 즉 18세기 말기 성호학파로서의 서학파의 발단을 대개 1784년 봄 이승훈의 연경 구서사건購書事件에 귀착시켰으나 사실은 이미 진행되었다. 앞서 다산의 〈녹암권철신묘지명鹿庵權哲身墓誌銘〉중에 "옛날 기해년己亥年(정조 3, 1778) 겨울에 권공이 천진암天眞庵 주어사走魚寺에서 강학하는데 눈이 쌓인 밤에 이벽이 와서 촛불을 켜고 경의經義를 담론하였는데 7년 후 비방이 생겼으니 이는 이른바 성대한 회합이 두 번 있기가 어렵다는 것이다."고 하였는데 이를 보면 서학에 대한 연구와 토론은 권철신, 이벽의 주최로 진작 진행되었으며 7년 후에 비방이 생겼다는 것은 이승훈 구서購書가 있은 이듬해(1785) 역관 김범우金範禹(혹은 佑)가 형조에 체포된 일을 발단으로 한 제1차 금교禁敎사건을 말한다.

조선 천주교회 사료에 의하면 주어사 회합에서 이벽은 권철신 강좌의 초빙을 받고 100리 밖의 눈길을 걸어 어두운 밤과 호랑이 위협을 무릅쓰며 목적지에 도착하였다. 이 회합은 10일 이상 계속한 특별 토론회로서 참가 인원은 권철신 문하 우수한 학자들과 정약전, 정약용 형제로 구성되었다. 그들은 천天, 세계, 인간 등 문제와 옛 성현의 주요한 학설들을 내걸고 갑론을박하여 일일이 결론을 구하였으며 다음으로는 종래 중국을 통하여 수입되어 전래해 온 서양과학과 종교에 관한 서적들을 연구 토의하였는데 교리 서적으로서는 천주天主, 섭리攝理, 영혼불멸, 칠악칠덕七惡七德을 논술한 《천주실의》, 《성리진전性理眞

詮》,《칠극》 등이 토의 대상으로 되었다. 이를 토의한 다음에 그들은 대개 감탄한 생각으로 매월 4휴일四休日 침묵사상을 일삼고 계명을 엄수하였으나 이 상태는 얼마 안 되어 포기하였고 오직 이벽만이 시종여일하게 신앙의 초지를 지키고 있었다고 한다. 다만 그는 서적이 부족한 것과 교회가 창설되지 못한 것을 개탄하면서 5, 6년을 지내다가 앞서 말한 이승훈의 연경행을 기회로 하여 교리와 과학에 관한 다종한 서적, 기물을 가져와서 본격적으로 서학의 조직, 선전에 종사하여 제1착으로 서울 중인의 지식분자를 교회에 흡수하였으며 제2착으로 양반 지식층을 획득하기 위하여 권일신 이하 철신의 문도를 많이 포섭하였으며 제3착으로 서울 수표교에 설교 본부를 정하고 반공개적으로 선전을 개시한 결과 의귀자依歸者가 날로 증가되었다. 한편 신교를 반대하는 이가환과 토론을 펴고 3일간 격렬한 논전을 계속한 것이 역시 이 때의 일이었다. 또 교회의 기록에 의하면 이 유명한 양이兩李 논전에 결국 이벽의 장광설 앞에서 또는 이 논전의 결과를 보아 자기들의 향배를 결정하려는 많은 군중의 방청 밑에서 일대의 명성明星 이가환도 궁지에 빠져서 자기의 패전을 인식하고 "그 교는 실상 훌륭하다. 진리가 있다. 그러나 교도에게 불행이 올 것은 예정된 운명이다. 어찌하면 좋을까?" 하고 퇴장하여 이 뒤부터 그는 천주교 문제에 대하여는 입을 다물고 다시는 말하지 않았으나 마침내 화를 면치 못했다고 한다. 이 기록에 이벽에 대한 과장이 다소 있었음은 물론이지만 다산의 〈정헌묘지명貞軒墓誌銘〉 가운데도 수표교 논전에 관하여 "이벽은 웅변이 장하長河와 같고 고수固守가 철벽과 같으므로 공公은 말로써 논쟁할 수 없음을 알고 다시는 가지 않았다."고 썼으며 이 외에 여러 글에서도 다산은 이벽의 박식과 웅변을 항상 찬양하였다.

광암은 이승훈을 시켜 연경 서양인 천주교회와 연결을 짓고 교리 서적과 신앙 의식을 가져 온 즉시로 승훈으로부터 광암 자신과 권일신 두 사람이 먼저 세례(이벽은 요한 밥티스트, 권일신은 프란시스코 자비에스)를 받고 포교사업에 열심히 진출하여 교세를 튼튼한 기초 위에 올려놓았으므로 교회사는 양이일권兩李一權을 조선천주교회의 창립자로 인정하였다.

그러나 앞서 말한 이가환의 예언과 같이 천주교 교인에게 불행의 운명이 찾아오게 되었다. 양이일권이 포교를 개시하여 요원燎原의 형세로 발전되는 도중 겨우 1년을 경과하여 앞서 말한 김범우의 형조 체포사건이 발생하여 검거 확대의 위험과 관료와 유생의 서학 배척의 기세는 교회 신도에게 돌연히 일대 공포를 주었다. 그러나 이 공포는 마치 저기압 구역의 공기와 같이 상승하기를 좋아하였다. 즉 빈궁과 고통이 '밑져야 본전'으로 남는 비천한 신도보다 지위와 영달이 자기들의 앞길을 유도하는 양반신도에게 공포의 파문이 일어나기 시작하였다. 일찍이 연경 교회의 성당에서 자기는 앞으로 어떠한 고난과 박해에도 신앙을 포기하지 않을 것과 일부일처一夫一妻로 평생을 지낼 것과 또 귀국한 날부터 벼슬을 단념하고 전원田園에 은퇴하여 구령사업救靈事業*에 헌신할 것을 세례와 베드로란 영명靈名으로 맹서한 이승훈은 자기의 말제末弟 이치훈李致薰의 '악마적'인 강요에 의하여 교서를 소각하고 배교문을 형조장刑曹長에게 보내어 자기 앞길의 장애를 제거하기에 고심하였다.

---

* 신앙의 힘으로 영혼을 구원하는 사업

그 다음은 이벽의 배교 표시가 계속되었다. 이는 일종의 비극을 연출하였다. 그의 아버지는 자기 애자愛子를 '사도邪道'로부터 구출하기 위하여 온갖 수단을 써서 권유하였으나 종시 움직이지 않으므로 실망한 나머지 밧줄로 목을 매어 원하지 않은 천당으로 가려 하였다. 이 순간을 본 이벽도 하는 수 없이 자기들의 용어와 같이 제삼부第三父의 육체를 구출하기 위하여 제일부第一父의 영혼을 배반하고 드디어 배교를 선언하였다. 그는 한동안 종교적 '양심'의 가책을 받아 불면증에 걸렸으며 눈물로 날을 지내다가 다시 생각한 바가 있어서 건강이 회복되고 따라서 벼슬길에 나서려는 동향도 있었다. 그러다가 이듬해 1786년 역병에 붙잡혀 병상에 누운 지 8일 만에 전도다망한 청년으로서 그만 갔다.

다산은 16세부터 이벽과 창화唱和*한 시편이 그의 문집에 실려 있는데 교제가 친밀하고 기대가 심장深長하였던 것을 볼 수 있으며 친우의 최후를 애도한 시는 다음과 같다.

仙鶴下人間	선학이 인간에 내리니
軒然見風神	그 풍신 하도 헌연하여라
羽翮皎如雪	희고 흰 눈빛 같은 깃은
鷄鶩生嫌嗔	닭과 따오기가 샘을 낸다.
鳴聲動九宵	창공에 사무치는 울음소리,
嘹亮出風塵	맑고도 명랑하여 풍진에 뛰어났다.

---

* 시를 서로 주고받음

| 乘秋忽飛去 | 가을바람을 타고 문즉 날아가니, |
| 怊恨空勞人 | 이 아니 서러울쏜가! |

다산의 실학적 연원과 경로에 대한 고찰

1. 가계와 학파

다산의 《제가승촬요題家乘撮要》에 의하면 조선이 도읍을 정한 후 다산의 선세先世는 황해도 배천白川으로부터 한양에 이주하였는데 정승, 이조판서, 대제학과 같은 큰 벼슬은 없었으나 옥당화직玉堂華職(홍문관 벼슬)이 9대를 계승하였으며 고조高祖 이하 3대가 벼슬하지 못하고 한양을 떠나 마현馬峴에 이주하였으며 그의 아버지 정재원丁載遠은 음사蔭仕(조상덕에 받은 벼슬)로서 진주晋州 목사에 이르렀으니 그의 가벌은 봉건시대의 양반사회에서 중류 양반인 유사儒士 가문이었다.

당시 양반계급의 이데올로기 체제는 유교였으므로 그 분위기 속에서 생장한 다산은 역시 유학으로 출발하지 않을 수 없었다.

원래 유교는 본질이 동양적 이데올로기 체계였다. 이것의 방사선인 부문허례浮文虛禮는 그 지배계급이 낡고 썩어감에 따라 말할 수 없는 위학僞學과 폐습으로 전화하여 인간의 이성적 발작發作과 진보적 요소를 억누르고 비틀어 죽이는 사상적 임무를 담당하고 있었다. 이러한 문화적 뇌옥牢獄의 암흑 한가운데서 다산은 어떻게 자기를 구출하였나? 묵고 낡고 좀먹은 문화뇌옥文化牢獄*의 바람벽에 몇몇 구멍이 뚫리

---

* 특정한 문화 속에 갇힌 감옥

지 않을 수 없었다. 이 구멍들을 통하여 몇 줄기 광선을 받아들여 어둠의 장막을 깨뜨렸으니 그의 학문의 연원과 경로가 얼마나 잠류潛流적이었으며 우회가 많았는지를 넉넉히 짐작할 수 있다.

그의 모계인 해남海南 윤씨는 쟁쟁한 유가인 동시에 남인당의 명가였다. 조선의 시조 대가인 고산孤山 윤선도尹仙道의 증손인 공재恭齋 윤두서尹斗緖(진사進士)는 다산의 외증조였는데 그는 박학가로서 경제 실용에 관한 도서를 많이 간직하였고 화예畵藝가 절세하여 현재玄齋 심사정深師貞의 산수와 겸재謙齋 정선의 절벽고송絶壁古松과 공재의 인물이 조선 화계의 이른바 '삼재三齋'였으며 또 공재의 조선지도는 유명하였다. 다산의 얼굴과 모발이 공재와 비슷하다 하였다. 그는 일찍이 자기 제자더러 말하기를 나의 정신과 재분才分은 외가의 유전을 많이 받았다 하였으나 정신과 재분뿐만 아니라 실학의 경향도 역시 공재의 영향이 많았다.

그러나 그의 학문 연원은 주로 성호학파였다. 당시 실학의 정예부대인 남인 일부는 모두 성호의 학도들이었으므로 그의 가내에서 중형 약전과 삼형 약종도 대개 그러하였다. 그가 16세 때 성호 유고를 비로소 얻어 보고 느낀 바가 있었는데 그의 자기묘지명 중에 그 경위를 이렇게 말했다.

> 나는 15세에 결혼하였는데 마침 나의 아버지가 다시 출사하여 호조좌랑이 되어 서울에 거주하므로 나도 서울에 머물게 되었다. 이때 이공 가환은 문학으로서 명성이 높아 일세를 떨치며 자부 이승훈도 몸을 닦고 뜻을 가다듬어서 모두 성호선생의 학을 조술祖述하므로 나 역시 선

생의 유집을 얻어 읽고 흔연히 학문을 전공하게 되었다……

그리고 그는 20세에 성호의 섬촌剡村 구택을 방문하고 다음과 같은 오언시편五言詩篇을 지었다.

道脉晩始東	늦게도 일어난 우리나라 도학의 힘줄은,
薛聰啓其先	설총이 첫 머리로 열어 주었다.
流傳逮圃牧	그 흐름이 포은圃隱, 목은牧隱에 이르러,
忠義濟孤偏	충의로써 그 외롭고 홑짐을 건졌다.
退翁發閫奧	퇴계退溪는 주자朱子의 심오한 것을 흔들어,
千載得宗傳	천추에 그 종통宗統을 얻었다.
六經無異訓	육경에 다른 해석이 없었고,
百家共推賢	여러 학파가 함께 떠받들었다.
淑氣娶潼關	맑은 정기는 동관에 모였으며,
昭文耀剡川	밝은 별은 섬천에 빛났어라.
指趣近鄒阜	사상은 공맹孔孟에 접근하였으며,
箋釋掊融玄	주석은 마융馬融, 정현鄭玄을 비판하였다.
至義愚莫測	지극한 뜻은 어리석은 자가 헤아릴 수 없고,
運動微且淵	운동은 미묘하고도 깊도다.

(성호선생星湖先生은 벽동군에서 태어났다 - 원주)

이 시편에는 다산이 성호의 학문에 대한 평가가 대체로 표시되었다. 그 대의를 다시 말하면 다음과 같다.

유교도학의 계통이 우리 조선에서는 신라 설총으로부터 시작하여 고려 말기의 포은圃隱 정몽주鄭夢周, 목은牧隱 이색李穡 등의 충의로써 그 도통道統이 외롭고 홑진 것을 건져 내었고 퇴계에 이르러 비로소 주자의 심오한 학설을 천명하고 경전 주석에 주자의 것을 일체로 준수하여 각 학파의 존숭을 받았다. 그러나 성호에 와서는 도학계의 일대 변화를 일으켰다. 즉 그의 사상은 퇴계와 주자를 지나 직접 공맹의 원형을 추구하며 경전 해석은 송유의 해설을 제쳐 놓고 마융馬融, 정현鄭玄* 등 한유漢儒의 주소註疏**를 분석하였다. 이와 같은 성호의 유학에 내포된 혁신적 사상은 속류 학자로서는 이해할 수 없으며 그 혁신적 운동은 미묘하고 깊다. 또 한 번 솔직한 공맹의 본래 자태로 돌아가려는 것이니 이는 즉 유교에서 새로운 운동을 일으켰다.

성호의 학풍에 대하여 다산이 소년 시절부터 이와 같이 평가한 것은 자기의 학문적 경향을 스스로 표명한 것이다. 더욱이 성호의 거지居地인 섬촌(첨성촌瞻星村이라고도 하였다)은 광주廣州였으므로 동향 관계를 가지고 있던 다산은 성호학파에 접촉할 수 있는 기회가 누구보다도 빠르고 유리하였다. 그가 만년에 자기 자질子侄***더러 "나의 큰 꿈은 성호를 추모하고 배운 데서 깨었다."고 하였고 또 강진 유형 중에서 자기 중형 약전에게 올린 편지에 "우리가 능히 천지의 큼과 일월의 밝음을 알게 된 것은 모두 이 선생의 힘이다."고 하였으니 다산의 성호에 대한 숭배는 일생을 통하여 한결같았다. 그리고 다산이 학문체제에 가장 새로운 요소를 기여한 서양학을 취사선택한 태도를 보면 또한 성호

---

*마융과 정현은 중국 후한의 학자　　**경전에 대한 여러 학자의 주장을 모음　　***자식과 조카

의 저작에서 배운 점이 많았다.

이제 성호의 명저인《사설유선》을 보면 사양과학에 관한 독서뿐만 아니라 서양인으로서 중국에 와서 포교에 종사하며 저작을 남긴 이마두의《천주실의》와 방적아의《칠극》과 필방제畢方濟*의《영언여작靈言蠡勺》**과 탕약망의《주제군징主制群徵》등 많은 저서를 모두 정독하여 학문적 비판을 기탄없이 진술하였으며 당시 속유俗儒들과 같이 배타적인 편견을 가지고 서양학을 일률적으로 배격하는 고루한 태도는 취하지 않았다.

성호는 서학에 대하여 두 가지 태도를 취하였다. 하나는 천문, 지리, 수학, 역법, 생리학 등 과학기술에 대하여는 긍정적 태도를 취하였으며 다른 하나는 야소耶蘇, 천국, 영혼불멸 등 교리에 대하여는 부정적 태도를 취하였다. 종래 중국에 와서 포교에 종사한 서양인 천주교사들이 중국어를 습득하고 유교 색채를 자기들의 교리 설명에 끌어들여 포교사업에 유리하게 하였으므로 이른바 성호의 '복례復禮' 공부에 도움이 되었다는 것은《칠극》과 같은 부분을 일컫는다.[6] 이런데도 성호는 그들 교리의 중심점 역시 불교와 같이 환망한 것에 불과하다고 단언하였다.(본서 상편 4장 '이익' 참조)

16세부터 성호의 유집을 애독한 다산이 유학과 서학에 관한 비판적 태도를 성호에게 배운 바가 많았다는 것을 쉽사리 짐작할 수 있다.

여기서 하나 첨부하여 말할 것은 다산과 반계 학통 사이 관계다.

---

* Francesco Sambiasi(1582~1649), 이탈리아 선교사
** '바다처럼 무한한 영혼의 세계를 감히 표주박으로 재려한다.'는 뜻(김철범·신창석 옮김,《영언여작》일조각, 2007). 그런데 원문에는《영언나작靈言蠡酌》이라고 되어 있다

성호는 300년간 유학자 중에서 '시무時務' 즉 정치경제를 제일 잘 아는 사람으로서 반계를 숭배한 동시에 그의 개혁론을 율곡의 개혁안과는 달리 근본적인 개혁안으로 평가하였다. 이 점에서는 다산도 성호와 동일한 태도를 가졌다.

다산의 젊을 때 저작 가운데 반계에 대한 평론을 전집 중에서 잘 발견할 수 없으나 그가 강진 유배 이전인 34세 때 지은 〈고시24수古詩二十四首〉 중에 반계를 추앙한 시는 다음과 같다.

> 拳拳經世志 獨見磻溪翁　끈지고 간절한 경세의 뜻은,
> 　　　　　　　　　　　　홀로 반계선생에서만 보오리라.
> 深居慕伊管 名聞達王宮　산림에 살며 이윤伊尹, 관중管仲을 사모하고
> 　　　　　　　　　　　　그 명성은 왕궁에까지 사무쳤더니라.
> 大綱在均田 萬目森相通　큰 강령은 토지를 고루 분여한다는 데 있고,
> 　　　　　　　　　　　　온갖 조목은 삼엄하게 서로 통한다.
> 精思補罅漏 爐錘累苦工　정밀한 생각으로 틈들을 메우고,
> 　　　　　　　　　　　　단련과 저울질에 수고를 쌓았도다.
> 燁燁王佐才 老死山林中　빛나고 빛난 정치가의 재주로,
> 　　　　　　　　　　　　헛되이 산림 속에서 늙어 버렸구나.
> 遺書有滿世 未有澤民功　끼친 글이 비록 세상에 가득하나,
> 　　　　　　　　　　　　에처롭다! 인민은 그 혜택을 입지 못했어라.

다산이 영조 45년(1769)에 간행된 《반계수록》을 평가한 시편인데 평가의 정도는 또한 성호의 논지와 다름없다. 이 시편을 보더라도 다산의 뒷날 발전된 정치, 경제 이론이 그 우수한 전통을 반계에게서 물

려받았음을 부인할 수 없다.

2. 무학武學과 이술吏術의 전통

다산은 문사文事에서뿐만 아니라 무사武事에 대해서도 상당한 소양을 가졌다. 지금 충분히 고증할 자료가 없으나 문과급제 전 즉 26세에 그가 반시泮試(성균관 학생들의 시험) 우등생으로 국왕 정조를 중희전重熙殿에서 입대入對*하였다가 국왕이 주는 계탕주桂錫酒 한 사발을 마시고 크게 취하여 내감內監**에게 부축 받고 나와 빈청賓廳에 잠깐 머물러 있더니 승지 홍인호洪仁浩(그의 처종형妻從兄)가 한 권의 서책을 가져다 주는 동시에 국왕의 밀교密敎를 전하였는데 밀교에 말하기를 "너는 장재將才를 겸하고 있으므로 특히 이 책을 주노니 이 다음 날에 만일 동철東喆(때마침 영동 嶺東에서 정진성鄭鎭星, 김동철金東喆 '적옥적獄' 사건이 있었다)*** 같은 자가 일어나면 너는 가히 출전할 것이라." 하였다. 집에 돌아와서 그 책을 펴 보니 《병학통兵學通》이었다 한다. 이를 보면 그가 어릴 적부터 군사학에 유의하였을 뿐 아니라 지략과 풍모에서 삼군을 지휘할 만한 자질이 있다고 제3자도 인정했음을 알 수 있다.

다산은 자기 처부妻父 홍화보洪和輔에게 얻은 바 많았다. 홍화보는 문무겸비한 인물로서 젊었을 때부터 병법을 담론하기를 좋아하고 오공진蜈蚣陣, 칠성진七星陣 등 진법을 창작하였으며 장재將才의 명성이 지우 간에 높았다. 그는 영·정조시대에 무과 출신하여 동부승지 겸 경

---

* 궁중에 들어가 임금을 알현함   ** 내시감
*** 정조 11년에 일어난 반란사건. 《정조실록》 정조 11년 6월 경술(14일)에 자세히 나온다

연참찬관經筵參贊官의 문직을 지내고 일도一道의 수사水使와 삼도三道의 병사兵使를 역임하면서 이르는 곳마다 병마 행진行陣 훈련을 힘써 행하였다. 그리하여 다산은 처부의 묘갈명 중에 "병법에 능통하고 재략이 많았다."고 썼으며 또 그가 결혼 직후부터 처부의 임소任所*에 자주 가서 전술을 담론하고 조련을 참관하여 얻은 바가 많았다.

또 홍화보는 성격이 호방 강직하여 권세가에 아부하지 않았으며 정조 초년에 전라좌수사로 있으면서 '세도가' 홍국영에게 뇌물을 주지 않은 탓으로 운산雲山에 유배 가게 되어 출발할 때 어느 친우가 그의 장래를 위하여 뇌물과 서한을 국영에게 보내고 떠나는 것이 유리하다고 권고하였으나 화보는 웃으며 "그대들은 덕로德老(국영의 자)를 태산으로 아는가? 빙산에 불과하다!"고 한마디 냉평冷評을 던져서 많은 전송자들이 혀를 빼물게 하였다. 또 당시 홍수보洪秀輔(화보의 친형), 홍의호洪義浩 부자 이하 일부 남인 분파가 소위 홍당洪黨으로서 채제공 일파를 시기 무욕誣辱**하였으나 화보는 홀로 채제공을 지지하여 자기의 공심公心을 보였다. 이와 같은 염직무협廉直武俠***한 기풍은 그의 사랑하는 사위에게 영향을 주었다.

다산이 사예射藝에 능하였던 사실은 그의 문집 중 《북영벌사기北營罰射記》를 보면 짐작할 수 있다. 그리고 군사에 대한 포부를 표시할 수 있는 《아방비어고我邦備禦考》 30권은 불행히 예정대로 성편成篇되지 못하였거나 혹은 집필하였더라도 시휘時諱 관계로 공개하지 못한 채 인멸되었을 것이며 《상두지桑土志》(1책 미간)와 《민보의民堡議》 이외에는 독

---

*지방 관원이 근무하는 곳   **무고하여 욕되게 함   ***청렴하고 용감한

립한 저서가 없고《경세유표》,《목민심서》등의 책에 단편적으로 언급된 것과 문집 중 전선책戰船策, 병기론兵器論, 폐사군론廢四郡論과 같은 것에 잔술과 국방의 중요한 견해들이 표시되었다. 요컨대 다산은 성지수축城池修築과 군제개선을 주장한 동시에 기술향상을 군사상 가장 중요한 과업으로 내세우며 소위 홍이포紅夷砲 즉 서양포에 대항할 수 있는 포술의 발명을 특히 강조하였다. 이와 같이 다산이 경제 정치뿐만 아니라 병제와 국방 문제도 열심히 논구한 사실로 그의 학적 연원을 《성호사설》과 《반계수록》을 거쳐 서애西厓 유성룡柳成龍의 《징비록懲毖錄》에까지 소급할 수 있다.

《경세유표》,《흠흠신서》와 함께 삼대 저서라고 하는《목민심서》는 지방 치민治民의 방법에 대한 다산의 구체적 논술인 동시에 자기의 명달明達*한 식견, 세밀한 경험과 우수한 이재吏才**를 스스로 표시한 것이다. 그러나 이재吏才의 실지 활용에서는 어느 누구보다도 자기 아버지 하석荷石 정재원에게서 배운 바가 많았다. 다시 말하면 이도吏道는 그의 가정지학家庭之學이었다고 할 수 있다.

그의 아버지는 원래 염결명직廉潔明直***한 인격의 소유자로서 정치적 실무에 밝았다. 그는 과거를 거치지 않고 음사蔭仕로 출신出身****하였으며 장헌세자의 피화被禍를 보고 그만 벼슬을 버리고 집에 돌아와 십여 년을 자질子姪 교육에 전심하다가 정조가 그를 등용하게 되어 2현二縣 1군一郡 1부一府 1주一州를 역임하여 가는 곳마다 치민의 실적이 있

---

* 지혜롭고 사리에 밝음 ** 관리로서 백성을 잘 다스리는 재능 *** 성품이 청렴하고 성정이 곧음
**** 처음으로 벼슬길에 나섬

었다. 다산은 그의 애자愛子로 소년 시절부터 자주 자기 아버지 임소에 가서 실지 견학의 기회를 많이 가졌다. 그의 《목민심서》 서문에 "비록 나의 불초로서도 모시고 배워서 그윽이 들은 것이 있으며 옆에서 구경하고 그윽이 깨달은 것이 있으며 물러가서 시행試行함에 그윽이 효험이 있었다."고 한 것이 이를 일컫는다.

 다산의 이재에 대한 실례로서는 그가 36세에 황해도 곡산谷山부사로 가서 2년 동안 민정, 재정 각 방면에 우수한 치적을 올려서 인민의 환호를 받았던 일을 들 수 있다. 곡산 일대는 종래 탐관오리의 발호가 극심한 동시에 인민의 봉기도 또한 잦아서 다스리기 어려운 지방으로 이름이 있었다. 곡산 평민에 이계심李啓心이란 사람은 인민 속에서 정부와 관리의 폐정弊政을 지적 폭로하며 인민을 결속하여 관리와 투쟁하기를 일삼았는데 전 부사 때 포수보砲手保*의 면포棉布 한 필에 대한 값으로 엽전 아홉 냥씩을 징수하므로 계심이 소민小民 천여 명을 영솔하고 부청府廳에 들어와서 논쟁하니 부사는 계심을 잡아 형벌에 처하려 하였다. 그러나 천여 명의 인민이 계심을 마치 벌떼가 장수벌을 둘러싸듯 하고 동헌東軒 마루에 육박하면서 땅이 꺼지도록 고함을 쳤다. 그리하여 관노官奴와 군교軍校들이 몽둥이를 들고 구축하는 즈음에 계심은 빠져 나가버렸는데 오영문五營門에서 그를 잡으려고 수색하였으나 도무지 잡지 못하였다.

 그러다가 현명한 부사가 새로 도임到任한다는 소문을 듣고 계심은 폐정 십여 조항을 써가지고 다산이 입경入境하는 길가에 와서 자수하

---

* 포수의 보인保人은 군역에 징발된 정군正軍을 경제적으로 돕도록 편성된 장정

였다. 다산의 수종자들이 그를 체포하려 하자 다산은 제지하고 즉시 석방을 선언하며 "관가官家가 정사政事와 민정民情에 밝지 못한 것은 인민이 형벌을 겁내어 관전官前에 직접 논쟁하지 않은 때문인데 그대와 같이 용감히 싸우는 사람을 나는 천금을 주고 사려 한다."고 하여 도리어 그를 격려하였다. 다산은 취임한 후 계심의 진술을 참고하여 곡산 경내에서 중앙정부와 감영에 바치는 군포를 이속에게 맡기지 않고 직접 자기 눈앞에서 재어 받았으며 또 곡산향교에 간직되어 있는 포백척도布帛尺圖*(《오례의五禮儀》에 실려 있음)가 현행 척에 비교하면 2촌寸이나 짧으므로 해도該圖**를 기준하여 길이를 고쳐 중앙정부와 감영監營의 동척銅尺***과 합치시켜서 군포를 받아들이니 인민은 편리하게 여겼다. 그리고 그 이듬해에 베가 심히 귀하므로 다산은 칙수전勅需錢과 관봉전官俸錢 2000여 냥을 대출하여 평안도에 사람을 보내서 베 한 필에 2냥씩 헐값으로 사가지고 와서 중앙정부에 바치는 정수定數를 채우고 그 원가만을 인민으로부터 징수하니 예년에 비하여 인민이 집집마다 송아지 한 마리씩을 사게 되었다고 하였다.

　　그는 곡산 일군一郡에서 분순방량법分巡放粮法을 폐지하였다. 분순이란 것은 당시 국법에 환곡을 대여할 때 인민의 식량절용을 위한다는 이유로 소정량을 한꺼번에 주지 않고 여러 번에 심지어 8, 9회에 나누어 대여하는 것인데 다산은 하루에 수개 면의 인민을 소집하고 소정량을 한꺼번에 대여하여 인민의 내왕과 비용을 절약하게 하였다. 또 그의 의정義政으로써 호적법의 문란을 정리하여 일군 인민에게 막대한

---

* 포백척의 길이를 그려 놓은 것　　** 그 그림, 곧 포백척도를 말함　　*** 구리로 만든 자

폐해를 제거하여 주었다. 당시에는 매번 호적기戶籍期를 당하면 관리는 인민을 위협하여 호구戶口를 증가시켰고 인민은 다투어 가며 뇌물을 주고 모면하므로 부촌은 나날이 번창하는 반면에 빈촌은 나날이 쇠잔해지니 따라서 호적상 허호虛戶, 누호漏戶, 누구漏口와 첩부疊簿가 착잡하게 되었다. 다산은 이 치명적인 민폐를 바로잡기 위하여 호구를 기입하는 양식을 고안하였는데 그것은 지면에 종횡선을 그은 '침기부砧基簿'*를 기초로 한 가좌표家坐表였다. 당시 물론 호구를 사정한 가좌표란 것이 있었으나 기입이 정연치 못하고 지수紙數가 방대하여 검열이 극히 불편하였는데 종횡선과 강목綱目식으로 작성한 다산의 침기표는 상세하고도 편리하였다. 지금 우리가 당시 사회상의 일면을 이해하는 데 도움이 되므로 이하에 그 등본謄本 한 쪽을 소개한다.

이와 같이 매리每里 매호每戶의 호주, 신분, 직업, 가세家世, 재산, 식구 등에 대한 제반 상태를 상세히 기입하여 가좌표를 작성하고 또 경위선을 그린 지도를 호적부에 첨부하여 호구의 분포 상태를 일목요연하게 하였다. 그 결과 다산은 곡산부 내 호구의 허실 강약과 마을의 멀고 가까움이나 넓고 좁음을 두루 알고 앉았으므로 호구의 빈 집, 누락된 인구와 군포의 허감虛勘,** 백징白徵***에 의한 간리奸吏 토호의 농간이 일소되고 다산이 재임한 2년 동안에 한 사람의 호원呼冤****도 없었다. 이 한 가지 실례에서 다산의 애민사상을 말할 수 있는 동시에 그의 실무적 재능이 과학적 기초에 입각하였음을 또한 알 수 있다.

이 밖에도 다산의 이술을 소개할 만한 실례들이 많으나 생략하기

---

* 전묘田畝, 부지敷地를 기록한 장부 ** 실제로는 없는 것을 있는 것처럼 기록 *** 강제로 징수하는 일 **** 원통함을 하소연함

침기표砧基表 (문집 중 '호적의戶籍議' 참고)

	李世昌	金以得	崔東伊	安尙文	鄭一得	朴起同	趙正七	林汝三	黃世云		尹世文	尹世武	尹鑛	李億同	河召史	吳以才	孫昌云	高昌得	白老味
品	鄕	良	良	鄕	良	良	私	良	良	品	班	班	班	良	良	良	中校	班	私冶
業	田	田	佔	田	冶	佔	科	倡	木	業	科	武	科					田	
世役	五	三	二	七當	一	四	二	二		世役	七	七	七	一	三	二		六	二一
宅	九	三	四	七	五	二	八	三	五	宅	廿	十	十	二	二		五	九	五
田	十	五		八	一		九	二	三	田	廿	十	三				五	七	二
畓	三			五		七				畓	十	石	四	石	石		二	二	
錢				百		百	二			錢	千	百				百			
丁	三	二	一	三		一	三			丁	五	二							
老	一						三			老	一						二		
弱										弱		四				二			
女	二	一		二						女	五								
窮				鰥						窮			鰥	寡	獨				
奴										奴	四	二							
婢			一							婢	六	二							
牛										牛	三	一							
馬										馬	一								
舟										舟									
鉎										鉎	一	一							

(좌측 그룹 표제: 藥西里 / 우측 그룹 표제: 大谷里)

* 품品은 신분인데, 향鄕은 향족向族*. 양良은 양민 즉 낮아도 천민은 아닌 것. 사私는 사가私家의 노속奴屬**. 반班은 문무양반 즉 사족仕族. 중中은 향족의 하下, 양민의 상上
* 업業은 직업인데, 전田은 농부, 고佔은 상인, 과科는 과거科學의 士, 야冶는 야금공冶金工. 창倡은 배우. 목木은 木工. 무武는 사예射藝를 학습하는 士, 교校는 향교의 생도
* 세世는 본토本土에 거주한 세대世代인데 이 난의 숫자는 거주한 세대의 수. 당當은 당자當者가 비로소 본사에 이주하였다는 것
* 전田과 답畓은 소유 토지인데 이 난의 십十은 10두락十斗落, 오五는 5두락, 10석十石은 15十五斗 1石의 10배이므로 150두락이며 석락은 1석 즉 15두락 정도(두락=마지기, 석락石落=섬지기는 그 땅에 뿌린 씨 표준한 것)
* 전錢은 소유한 유화游貨***인데 이 난의 백百은 백 냥, 천千은 천 냥
* 궁窮은 환鰥(홀아비), 과寡(홀어미=과부), 고孤(아비 없는 어린이), 독獨(아들 없는 늙은이) 4종류로 구분하는데 가난하고 궁한 자는 관가의 구조를 받음
* 정丁은 남자
* 좌鉎는 금속식정金屬食鼎****을 가리킨 것인데 빈자에 한하여 기입함

---

* 좌수나 별감 따위의 향원鄕員이 될자격이 있는 집안   ** 사노비   *** 금전金錢   **** 쇠솥

로 하거니와 형사刑事에 대한 심리, 판결에서도 우수한 치적을 보였다. 그가 곡산 부사로 있을 때 국왕 정조의 특명으로 호조참판의 가함假啣*을 띠고 황주영위사黃州迎慰使(청국 사절에 대한)로 황주에 50일을 유주留住하면서 황해도 내 수령들의 치적을 염찰廉察하여 국왕에게 보고할 책임을 맡고 도내 미결의옥未決疑獄 두 건에 대하여 사건의 복잡한 내면을 분석하여 구체적인 해결 방법을 진술하여 국왕에게 몰래 아뢴 결과 순조롭게 해결되었다. 국왕은 그의 사법관적 재능을 높이 평가하고 곧 소환하여 형조참의를 시키고 현조판서 조상진趙尙鎭더러 "경은 지금 연로하나 참의는 연소하고 명민하니 모든 심리와 판결은 참의에게 일임하라." 하였으며 따라서 그는 많은 의옥을 쾌도난마와 같이 재결裁決하여 현명한 법관의 명성을 날렸다.

    이상에서 논급한 다산의 이술이 물론 그가 가진 최고의 이상을 표현한 것은 아니다. 그러나 여기서도 그의 애민사상과 과학적 방법을 볼 수 있으며 특히 그의 사법적 재능은 그의 명저《흠흠신서》가 잘 보여 주고 있다.

---

*특명으로 내려 주는 임시 벼슬

3장

실학과의 서학
- 천주교와 서양과학과의 관계에 대한 고찰

1. 기독교-천주교의 입국과 시대적 변질

종래 조선에서는 신분적 계층을 크게 나누어 양반兩班, 중인中人, 상민常民, 천민賤民의 4계층으로 말했다. 양반은 문무양반으로 구별된 동시에 조선에 들어와서 귀문천무貴文賤武의 폐풍이 특히 심하였으나 어쨌든 그들은 다 같이 존귀한 지위를 가지고 고관영직高官榮職을 독점하였을 뿐만 아니라 문인, 학자, 현지자賢智者와 영웅호걸로서 출세하여 명예와 신망을 지닐 수 있는 특권을 선천적으로 장악하고 있었다. 중인은 양반과 상민의 중간에 위치하여 궁정과 관청의 회계관, 통역관, 역관歷官, 의사, 사자관寫字官,* 화원畵員 등 기술적 관직을 세습하고 정치적 발언권은 없었으며 상민은 농, 공, 상을 직업으로 하는 대다수의 인민으로서 착취의 굴레에서 문화적 향락을 거의 가지지 못한 평민들이었다. 천민은 사천私賤과 공천公賤 둘로 나누었는데 노비, 백정, 창우倡優,** 불교승려, 무격巫覡***과 특수 공인工人들이 이에 속하였다.

그런데 조선 봉건사회의 국교적 지위에 있던 유교는 극소수의 상층부 즉 양반계급에 국한된 양반 종교였고 중인 이하 광범한 대중의 호감과 신념을 조금도 장악할 수 없는 반면에 불속佛俗과 잡신雜信의

---

* 승문원과 규장각에서 문서를 정서正書하는 일을 맡아보던 벼슬 ** 광대 *** 무당과 박수

밀림 속에 그들을 방치하였다. 다시 말하면 삼강오륜의 도덕과 관혼상제의 예법은 주로 귀족적 생활의 토대에 적응한 준칙으로 설정되었고 일반 인민의 생활환경에서는 본래부터 허용될 수 없었으므로 사실상 일반 서민은 유교 도덕의 실천에 대하여 아무런 권리도 책임도 없었을 뿐만 아니라 만일 그들이 그것을 충실히 실천하는 경우에는 양반계급에게 도리어 양립할 수 없는 참람하고 방자한 범죄로 나타나서 크게 불리한 방해물이 되었다. 그렇기 때문에 유교 도학계에서 위선과 타락을 운운하는 것은 소수 지배계급의 권내에 국한된 문제였고 일반 인민에게는 아무런 문책도 있을 수 없었다. 따라서 조선 하반기에 들어와서 봉건체제의 쇠퇴와 함께 양반층의 도학적 부패는 유교 전반의 황폐화를 의미했다.

이와 같이 유교 도학이 황폐화한 시기에 기독교-천주교는 우리나라에 들어왔다.

원래 기독교는 노예소유자적 로마의 붕괴기에 노예와 주인, 유산자와 무산자의 모순이 극도로 첨예화된 조건하에서 노예, 빈민, 피압박자, 불행한 평민의 종교로서 발생하였으므로 거기에는 노예와 빈민들의 혁명적 동기와 주인과 부자들에 대한 증오가 내포되어 있었다. 그러나 압박자들에 대한 노예와 평민의 치열하고 장구한 투쟁이 패배를 거듭한 결과 자기 자신들의 역량으로서는 현실을 타파할 수 없다고 절망한 나머지 초자연적인 힘의 원조를 기원하고 초인간적인 기적을 기대하였다. 그들의 현실적인 투쟁역량에 기초하지 못하고 한갓 관념적인 환상에 의거한 기독교는 모든 종교가 다 그러하듯이 열렬한 혁명의 불길을 부채질하는 대신에 달콤한 위안의 술잔을 주었다. 이는 결국 무감각한 인내와 무저항적인 인종忍從을 의미한다.

그리하여 기독교가 발생한 지 약 2세기 지난 무렵에 로마 황제는 노예의 종교를 노예소유자의 종교로 변화시켰다.

> 노예의 종교로부터 노예소유자의 종교로, 지배계급의 종교로 전환된 기독교는 그 내용이 많이 변하였다. 착취계급은 기독교로부터 반란적 반노예소유자적 요인을 몰아내고 거기에다 자기들에게 유리한 원칙 즉 온량溫良, 온순, 순종을 확립하였다.
> 봉건시대에도 기독교는 계속하여 한층 더 진화하였다. 봉건사회의 여러 관계의 위계位階적 체제는 기독교에도 반영되어 천국의 왕을 수위首位로 하는 성자聖子, 천사天使, 사도使徒 등의 위계적 무리를 낳았다. 기독교는 봉건제도의 정신적 지주가 되고 교회는 최대의 영주로서 서유럽 전 토지의 약 3분의 1을 차지하고 있었다.(F. V. 콘스탄티노프 등,《역사적 유물론》제14장 6절 종교의 기원)

이와 같이 현실 타개에 절망하고 지배계급의 잔인한 억압에 공포를 느낀 고대 노예奴隷 무리의 무력한 환상에 영합한 기독교는 노예의 종교로 출발하여 노예를 억압하는 노예소유자 계급의 사상적 수단으로 이용되었으며 이는 다시 중세기 농노를 억압하는 봉건 영주의 정신적 지주로서 복무하였다. 그리하여 "봉건 영주를 반대하는 농노, 농민과 도시 평민층의 치열한 계급투쟁은 종교적 이단, 종파의 형태로 흘러 나왔으며 그 지지자들은 지배적인 기독교회, 가톨릭교회, 정교회와 투쟁하였다.

최초의 부르주아 혁명들(16세기 독일에서 일어난 소위 종교개혁과 농민투쟁, 16세기 네덜란드에서의 혁명, 17세기 영국에서의 혁명)은 종교적 기치하에 진행되었다. 궐기한 부르주아지, 농민과 도시 하층민의 이데올르그들은 승려, 교황과 주교에 의하여 왜곡되기 전의 원시 기독교에 호소하거나 또는 봉건사회를 공인된 교회와 대립되는 기독교 교의에 대한 자기들의 새로운 해석을 들고 나왔다."(위의 책)

서유럽에서 이와 같이 농노와 도시 평민층의 종교적 이단, 종파의 반항과 부르주아지 농민과 도시 하층민의 새로운 종교적 기치와 새로운 교의적 해설의 활발하고 거대한 공세에 뒤흔들림과 공포를 느낀 가톨릭교회는 이미 축소되어 상실하는 교황 세력(그러나 특수한 대영주의 세력)을 광막한 미개지에 뿌리박으려 하였다. 그리하여 그들은 아시아의 동방 — 열등의 우상과 몽매한 약자들로 충만되어 있는 듯이 보이는 중국과 조선으로 눈을 돌렸다. 그런 공작으로서 17세기 초두에 이탈리아 야소교(제수이트)파 선교사 이마두와 독일 야소교회파 탕약망과 벨기에 야소회파 남회인南懷仁* 등을 선두로 한 '천사天使'들이 예수 그리스도의 이름으로 중국 수도 북경을 계속 방문하였다.

그러나 이 천사들은 구름을 타고 천국에서 내려온 것이 아니라 서국西國 상인의 무역선을 타고 들어왔다. 그렇기 때문에 그들이 부르는 성부 성자의 이름 속에는 침략과 정복을 목적으로 한 상업자본주의 원정대의 사명이 숨어 있었다.

그러나 그들은 우리 동방에 와서는 교황의 전제와 교회의 폐습을 숨기고 될 수 있는 대로 추상적인 그리스도의 원형 — 참을 수 없는 억압과 고통으로부터 인간을 구제할 사명을 띤 메시아(구세주)의 최초의

---

* Ferdinand Verbiest(1623~1688), 벨기에 선교사

형상을 보이려고 노력하였으며 따라서 자기들이 이미 유럽에서 경험한 농민과 빈민에게 환영될 수 있는 원시 기독교에 대한 설교를 들려주었다. 그의 '복음'은 모든 차별과 등급을 부인하고 만민이 다 같이 형님 동생하면서 친애할 수 있는 평등과 박애를 말하였으며 조세와 노역을 조금도 요구하지 않고 간단한 신앙 하나에 대하여 행복을 주는 천주를 직접 섬길 수 있다는 교리를 말하였으며 빈궁과 고통과 고약孤弱한 처지에 있는 자만이 쉽게 들어갈 수 있다는 천국을 선전하였다. 이 달콤한 '복음'에 제일 먼저 귀를 기울이고 환희를 느낀 자는 빈약한 인민이었다. 이들은 여기서 자기들의 이상을 찾아보려 하였다.

2. 동서 문화의 상호영향과 반기독·반유교의 사상적 대조

그러나 서양인 전도사들이 우리 동방에 와서 직접 목도한 결과 자기들이 멀리서 예상한 것과는 전연 딴판이었으므로 크게 놀라지 않을 수 없었다. 고래古來 기독교도基督敎徒 그중에도 소위 성직자들은 기독교 이외에는 참다운 종교가 없고 또 기독교도의 문명 이외에는 참다운 문명이 없다고 확신하여 그들이 극동에 건너와서 소위 '만지蠻地'*에 복음을 전파하려 하였으나 4000년래 계속 축적되고 있는 우수한 중국의 문화를 발견하고 경탄을 금치 못하였다. 그리하여 중국에 대한 포교 방법을 재강구하기 위하여 중국의 고서 경전을 번역하고 정치, 문화, 제도, 풍속과 학술을 연구 소개하여 유럽의 교회와 학계의 토의를 호소하였다.

---

* 야만인이 사는 땅

이에 향응響應하여 중국 인민의 신앙 성격과 공자교孔子敎인 유교에 관한 유럽 교회 신학자들의 스콜라적 논쟁은 장기간에 걸쳐 어지러웠고 유럽 일반 지식인들은 전기前記 전도사들의 많은 번역 소개와 만유가漫遊家*들의 다방면한 보고에 의하여 극동의 천지에 기독교국의 문화보다 오히려 우수한 문명국이 존재한 것을 알고 동시에 13세기 베니스 상인 마르코 폴로의 《동방견문록》(15세기 초에 출판되었다)이 과연 황당무계한 기록이 아니었음을 깨닫게 되자 유럽의 시야의 초점도 동인도로부터 중국으로 옮겨졌다.

특히 17~18세기 프랑스의 철학자, 사회학자, 경제학자들을 중심하여 중국찬미론이 성행하였는데 이는 당시 기독교의 만능과 유럽 각국의 봉건제주의를 반대하는 그들에게 중국문명의 발견이 그들 사상투쟁의 유력한 재료로 이용되었기 때문이다.

첫째로 데카르트는 자기 한 사람 또는 자국민의 사상과 감정이 반드시 타국의 문화에 대한 가치판단의 규준規準이 될 수 없음을 알았으며 따라서 중국인 가운데도 프랑스의 성현에 못지않은 성현이 존재한다는 사실을 확인하였다. 그리하여 소위 우상교도偶像敎徒가 반드시 다사교도邪敎徒가 아님과 이교 또한 가치를 가지고 있음을 강조하여 기독교회 특히 구교회의 편견에 일봉一棒을 가하였다.[7]

몽테스키외는 그의 역사주의가 관념론적인데도 사적史的 방법으로 사회현상을 관찰하여 당시 철학계의 패권을 잡고 있는 유물론에서 제일인이었다. 그의 중국관은 중국의 전제제도를 세계 최선의 정체로 과

---

* 한가로이 이곳저곳을 두루 다니며 구경하고 노는 사람

장한 프랑스 야소회 인사들의 기술을 신랄하게 논박하였다. 그는 뒤알드* 전도사가 편찬한 《지나제국전지支那帝國全志》 가운데 "지나를 다스리는 것은 곤봉이라."라는 문구를 논거로 하여 중국인의 명예심과 덕의심德義心을 부정하였다.[8]

그러나 그는 자기의 지리환경론적 견지에서 중국의 중농정책을 설명하였으며 동시에 이를 칭찬하여 당시 자기 나라 지배계급의 천농賤農정책을 간접적으로 비난하였다.

원래 몽테스키외가 《법의 정신》을 자기 정치철학의 선전서로서 기탁한 목적은 루이 14, 15세시대의 전제정치를 비판하려는 데 있었으나 그때 정부의 일반 논설에 대한 검열이 극히 준엄하였기 때문에 학자들은 코란의 이름을 빌려서 성서의 내용을 논하며 혹은 동양의 전제국가의 명의를 이용하여 자기 나라의 전제정치를 비난하였다. 몽테스키외도 이와 같이 우회적인 전술을 쓰지 않을 수 없었다. 그리하여 그가 지은 《페르시아인의 편지》에 동양의 일 국민, 트로글로디트Troglodites**의 전제정치를 실례로 하여 그 폐해를 지적하였으며 중국의 전제정치를 《법의 정신》 가운데 논술한 것도 루이 14세의 독재정치를 논하여 프랑스 통치자의 반성을 재촉하기 위함이었다.

볼테르는 중국광신자라고 할 만큼 중국문화 찬미론자였다. 그는 중국이 4000여 년 전에 건국되었다는 야소회사의 기술에 제일 먼저 놀랐으며 또 중국의 국교인 공자교가 기독교와는 달리 영혼의 불멸, 내세의 생활을 말하지 않고 오직 도덕을 교훈하였다는 사실에 더욱 감

---

* Jean Baptiste Du Halde(1674~1743) ** 혈거인穴居人

복하였다. 그는 중국의 오경五經 고서*가 세계 최고最古의 문헌인 동시에 확실한 기술이란 것을 증언하고 유구하고 거대한 문화를 높이 찬양하였다.⁹

볼테르는 이와 같은 이유에 근거하여 중국의 오경이 확실한 것을 믿고 그 내용이 설명하듯 중국인이 이미 완미完美한 정치제도 아래 생활하고 있는 시기에 프랑스인은 동물 상태에서 생활하고 있었다는 사실을 지적하여 유럽 문명의 진보가 뒤늦었다는 사실을 조소하였다.

그는 중국의 국가구성이 4000여 년 전에 이미 존재한 것을 계단으로 하여 사회 구성은 그 이상 훨씬 유구한 시대에 소급할 것을 논단하였으며 유구한 사회적·국가적 생활을 증명하기 위하여 그의《역사소론歷史小論》중에 중국의 기예 발달을 열거하였다. 그 종목으로서 인쇄술, 도기陶器, 유리제작법, 양잠술, 방적술, 수레, 종이, 종鍾 내지 종두술 등의 발명이 모두 세계에서 앞섰다는 사실을 찬양하였다. 그는 또 중국의 만리장성이 서력기원 300년 전에 건축된 기술적 사실을 높이 찬양한 동시에 그 건축의 전신이 고대 이집트인이 피라미드를 건축하던 허영심과는 달리 순전히 북방 야만족의 침공을 방어하기 위한 정신이었다며 이를 고대 중국인이 야만족과 같이 침략과 겁탈을 일삼지 않는 법치국의 도의적 표지標識로 간파하였다.

그는 공자와 기독基督의 사상적 상이점에 대하여 기독은 악을 금지한데 불과하였으나 공자는 한 걸음 나아가 선을 권하였다고 하였으며 "이직보원以直報怨, 이덕보덕以德報德"**이란 공자의 격언을 칭찬하며

---

* 유학의 다섯 경전《시경》,《서경》,《주역》,《예기》,《춘추》
** 곧음으로 원한을 갚고 덕으로 덕을 갚는다(《논어》헌문편憲問編)

"서양 민족은 어떠한 격언 어떠한 교리를 가지고 이와 같은 순수한 도덕에 대립시킬 수 있겠는가? 얼마만큼 많은 경우에 공자는 이의를 말하였던가? 만일 인간이 이 도덕을 실행한다면 이 지상에도 투쟁이 일어나지 않을 것이다."(Essai sur les moeurs, chapitre Ⅱ '지나의 종교')*

요컨대 볼테르는 기독교의 영혼불멸, 내세생활, 예언, 신비 등을 모두 허위로 인정하고 이러한 허위의 미신으로부터 인류의 불행이 발생하였다고 생각하였다. 더구나 기독교가 교리 해석이 상이하기 때문에 여러 종파로 나누어 논쟁한 결과 인류를 분할하고 종교전쟁과 같은 참화를 초래하였다고 단순하게 생각한 그는 기독교 신앙을 지상으로부터 일소함으로써만 인류의 행복과 평화를 재현할 수 있다고 믿었다. 그리하여 그는 미신도 종파도 없는 덕교德敎 즉 유교가 성행하고 있는 중국에 인류의 불행을 초래하는 종파투쟁과 종교전쟁이 없는 것을 당연한 일로 보았으며 따라서 공자교가 세계에서 우월하다고 주장하였다.

볼테르가 중국문명의 특징에 대하여 열거한 도리의 존중, 미신의 전무, 현명한 전제정치, 법제에 나타난 인애仁愛의 관념, 도덕의 장려, 평등의 정신, 신앙의 자유 등은 사실상 중국 문화의 명의를 빌려서 자기의 주장을 표명한 동시에 기독교회를 공격하고 자기 조국의 혁신을 요구한 것이었다. 그는 중국의 중농장려정책을 듣고 유럽 군주들을 향하여 "찬양하라. 부끄러워하라. 특히 모방하라."고 부르짖었다.

루소의 중국관은 어떠하였는가? 그는 1750년에 간행한 《학예론學藝論》 중에 야소회사의 중국에 대한 관찰과 기술이 정확하다는 사실을

---

* 볼테르 전집 볼륨 volume 1의 2장, 중국의 종교에 관한 내용을 담았다

인정한 반면에 태초 건국 이래 장족 발전하여 온 중국의 학예가 중국인의 악덕을 교정하는 데 아무런 기여가 없다는 사실을 들어서 자기의 문명부정론의 예증으로 사용하였다.[10]

루소는 정치를 잘하고 못한 것은 인구가 많고 적음에 따라 결정할 수 있다고 주장하였다. 왜냐하면 인구의 감소는 국가의 쇠망을 초래하고 인구의 증가는 국가의 번영을 가져오기 때문에 인구의 증감이 정치를 잘하고 못함을 증명할 수 있는 까닭이란 것이다. 그는 이 원칙을 주장하면서 중국의 인구 번성은 예외로 간파하였다. 그 이유는 명백하지 않으나 요컨대 《사회계약설》의 저자인 루소가 중국의 군주정치를 절대주의 전제정치의 예외로 볼 수 없는 보다 높은 원칙적 견지에서 중국의 정치를 인정하지 않은 셈이다. 다시 말하면 그는 중국의 문명을 긍정하면서도 부정하였으며 중국의 정치가 부분적으로 민주주의적 운용을 가지고 있다는 사실을 찬동하면서도 근본적으로 비민주적인 군주 전제로 인정하였다. 요컨대 루소는 중국문명을 자기 문명부정론의 실례로 들어서 유럽 군주정치의 성격을 폭로하고 자기 나라 인민의 반봉건적 의식의 각성을 촉진하였다.

디드로Diderot(1713~1784)*는 첫째로 중국 태고 건국설을 연대기적 입장에서 인정하지 않았으며 다음으로 중국의 학문과 미술이 상고上古에는 장족진보하였으나 근세에 이르러서는 그 진보가 중절되었다는 사실을 지적하였다.

그는 공자교의 개념을 소개하기 위하여 유교경전 중에서 24종의

---

* 프랑스의 문필가 · 철학자

격언을 열거하고 공자 교리의 간결성을 칭찬하며 공자교와 같이 이성 또는 도리만이 인간을 다스릴 수 있다고 역설하여 은연히 기독교의 존재 이유를 부정하였다.[1]

요컨대 디드로는 중국문명의 특징을 대개 풍토의 영향 특히 인구 과다에 원인한 것으로 단정하였으니 이 점은 몽테스키외의 논지와 유사하였으며 그는 또 공자가 다만 도리로써 이와 같이 다수한 국민을 지도하려는 태도를 찬동하였으니 이 점에서는 볼테르의 견지에 근접하였다.

중농학파中農學派의 시조 프랑소와 케네François Quesnay(1694~1774)는 그의 《중국전제정치론中國專制政治論》(1774년 자파의 기관잡지 Ephémérides du citoyen,* 3월, 4월, 5월, 6월, 4호에 걸쳐 A. M이라는 익명으로 발표하였다)에서 유럽의 일반적 해석과는 달리 '폭군〔despote〕'을 두 종류로 설명하여 중국의 군주는 전제군주가 아니라 "중국제국의 국헌國憲이 확고부동한 대법大法**에 기초하여 황제 자신이 이를 정확히 고수하는 동시에 국민으로 하여금 이 대법을 엄수케 하는 것"이라고 하였다. 이 확고부동한 대법이란 것은 요컨대 자연의 대법을 의미한 것인데 그는 먼저 중국 문물제도가 다 자연법에 기초한 까닭을 말하고 그 결과 중국의 전제정치는 압제정치가 아니라고 논단하였다.

그리고 중국인의 신앙 대상에 관하여 케네는 '지고무상至高無上한 것'이라고 하였다. 그들은 이 대상을 '상제上帝' 또는 '천天'이라고 이름 하여 만물의 근원으로 간주하고 예배한다. 또 '상제'와 '천'은 동

---

* '한 시민의 일력'이라는 뜻으로 프랑스 최초의 경제 전문 정간지   ** 가장 중요한 법

일한 것으로서 Souverain, Emperer의 의미에서 벗어나지 않는다. 중국인의 해석에 의하면 '천'은 천상에서 만물을 주재하는 영을 이른다. 중국인은 창천蒼天을 조물주의 가장 완전한 존재로 보았으므로 천문현상 중에서 자연의 법칙을 인식하고 이와 같은 천기天紀를 인기人紀의 기초로 보았다. 그리하여 자연법에 기초한 윤리 도덕이 또한 중국의 정치제도와 사회제도의 기초로 되었으므로 중국의 고전인 경서 중에 도덕뿐만 아니라 민법, 정치법 등이 함께 기술되어 있다. 케네는 이 법제들이 모두 자연법에 기초한 사실을 지적한 다음에 "중국인은 도덕과 정치를 구별하지 않았다. 그들의 생각에 의하면 잘 생활하는 기술은 즉 잘 다스리는 기술이므로 중국에서는 윤리학과 정치학이 필경 동일한 학문이다."고 논단하였다.

그의 해설에 의하면 중국의 황제는 조물주의 의사 즉 자연법의 이행자로서 국민의 사표師表인 동시에 국민의 자부慈父이며 그의 덕은 자연감정인 인애의 정으로서 백성을 무육撫育*한다. 만일 중국 황제가 상제에게 위탁받은 통치권을 남용하면 사표의 자격을 잃어버린 동시에 군주의 자격도 잃어버리고 하부下部는 군주의 명령과 교유敎諭를 거부하게 된다. 이러한 견지에서 본다면 중국 황제는 형식상 전제군주이나 사실상 전단방자專斷放恣**한 폭군이 아니란 말이다. 그리하여 케네는 중국의 전제정치를 '합법적 전제정치'로 규정하여 세계 최선의 정치 형식이라고 논단하였다.

케네는 이상과 같이 노대老大한 중국의 정치적 외피外皮를 추상적

---

* 잘 돌보아 기름 ** 제 마음대로 설침

인 윤리개념으로 분식粉飾하여 당시 프랑스의 포악한 전제군주 정치를 비난하였다. 동시에 그는 기독교의 초윤리적·초이상적인 신앙생활에 환멸을 느낀 나머지 공자교의 윤리적, 정치적 성격을 자기의 자연법적 개념의 틀에 맞추어서 기독교회에 대립시켰다.

또 그의 중농학적 사상은 중국의 농본주의를 깊이 긍정하여 국민의 농부에 대한 존경과 황제와 정부의 농업에 대한 관심과 특히 청조 옹정雍正 황제의 농사 장려책과 농가의 농신제農神祭 등을 소개하며 농업의 산업적 가치와 생산물을 강조하여 프랑스 치자계급治者階級의 경제적 반성을 요구하였다.

이상에서 논술한 바와 같이 유럽문화의 중앙부인 프랑스 그리고 부르주아지 혁명의 전야기前夜期에 선진 지식층 특히 계몽학파를 중심하여 전개된 중국문명론은 유럽 전반에 중대한 영향을 주었다. 그리하여 17세기 이래 서양 기독교의 동점東漸 시도는 그들 전도사들의 의지와는 반대로 도리어 중국문명의 서점西漸 형세를 야기하였다. 다시 말하면 기독교사들의 활동에 의하여 중국 인민의 심리를 파악한 신앙의 위력이 그들 자신의 소개로 중국문화가 유럽 학계에 반영된 영예의 정도에 비하면 자못 불경기 상태에 빠졌다. 그러나 그 반면에 전자는 서구 자본주의의 물질적 공세에 편승하여 침략의 전초병으로 출현한데 비해 후자는 동방 노대국의 중세기 금관金冠이 아무리 휘황한 광채를 발휘하였더라도 결국은 박물관의 귀중한 진열품으로 돌아가고 말았다. 다만 후자가 전자와 같이 국제 범죄자로서 정의의 법정에 호출되지 않은 것만은 당연하다고 생각하지 않을 수 없다.

우리는 여기서 다시 본론으로 돌아와 한 가지 대조 그러나 중요한 비판적인 대조를 간과할 수 없다. 그러면 대조는 무엇인가?

　우리 동방에서 봉건적 전제주의와 유교 도덕은 일반 인민과 선진 인사들에게 더는 견딜 수 없는 고통의 질곡이 되었기 때문에 그로부터 벗어나려는 사상적·정치적 투쟁이 이미 개시되었는데도 서구의 선진 인사들은 이를 이론적으로 수입하여 우수한 것으로 혹은 합리적인 것으로 간주하고 자기 사회의 중세기적 제도와 종교를 비난 공격하는 사업에 유리한 무기로 각각 사용했다. 이와 같은 사실들을 주의 깊게 보고 그 주의를 인정하였다면 서구 인민과 선진 인사들에 의하여 이미 파탄되고 혹은 타기唾棄*되어 버린 기독교회와 교리를 우리 조선의 실학파 인사들이 새로운 흥미를 가지고 감수하며 연구하여 그로부터 대중의 실천성과 열렬한 신도심信道心을 적발 추출하여 유학의 공담공리와 양반계급의 위선, 타락적 행동에 대립시켰던 그 일련의 사실들을 또한 긍정적으로 이해하지 않을 수 없다.

　그렇기 때문에 정약용, 이가환 등 실학자들이 자기들의 소년시절에 사학의 비난을 무릅써가면서 서교西敎 서적을 탐독하고 교회에 관계하며 혹은 그 교리를 선전하였다는 사실은 단순히 그 교리를 위한 미혹이 아니었고 자기 사회의 부패한 도덕과 퇴폐화하는 이데올로기에 대한 일종의 반항적 태도였다는 사실을 우리는 지적하여야 할 것이다. 이들뿐만 아니라 정약종, 홍교만, 최창현 등이 직접 신자로서 비천한 군중과 함께 열렬히 신봉하며 관학자들의 모욕과 통치계급의 극악한 형벌에 조금도 굴복하지 않고 최후의 순간까지 천국을 부른 사실에 대하여

---

* 업신여기거나 아주 더럽게 생각하여 돌아보지 않고 버림

도 우리는 외래 사교의 맹신자들로만 그들을 규정할 것이 아니라 다른 관점으로 봐야 한다. 즉 유럽 중세 말기에 봉건영주와 지배적인 기독교회를 반대하는 농민과 도시 평민들의 치열한 반감은 종교적 이단종파의 형태로 흘러 나왔다는 역사적 사례들을 또한 상기할 필요가 있다.

3. 천주학의 과학적 의상衣裳과 실학자들의 비판적 태도

여기에 우리는 또 하나 간과할 수 없는 대조물을 지적하여야 한다. 그것은 무엇인가?

이상에서 논급한 동방의 유교-공자교는 서구 학계에 소개될 적에 유교로만 서구 인사들에게 접수된 것이 아니었다. 유구한 역사, 광대한 국토, 부유한 물산, 번성한 인구, 집적된 문화, 한우충동汗牛充棟*의 문헌, 통일된 민족, 강력하고도 장구한 중앙집권적 정치조직, 질서정연한 윤리적 설교, 특히 고대에서 이미 발달된 기술, 공예 등등 하나하나가 청소青小**한 유럽의 여러 나라에서는 발견되기 어려운 부려웅대富麗雄大한 역사적 위관偉觀***을 자기 덕교德敎의 배경으로 또는 자기 교리의 실적으로 하여 유럽 인사들의 탐조경探照鏡 앞에 광채 찬란하게 반영되었다. 이에 눈부신 그들은 중국문화의 극광極光을 향하여 서로 앞다투어 찬미하였으며 그런 다음에 경건한 태도로 유교-공자교의 옥좌를 향하여 혹은 철학적으로 혹은 윤리학적으로 천리天理, 천칙天則, 이성, 도덕 등 술어를 연철連綴한**** 축사들을 드렸다. 만일 당시 유교

---

* 짐 수례와 집 안에 가득 찰 정도의 많은 서책   ** 역사가 짧고 경험이 적음   *** 훌륭하고 장엄한 광경
**** 이어 적은

가 그와 같은 극광을 띠지 않고 단순한 자태로 반영되었다면 그것은 곧 유럽 과학계의 일광 아래에서 중세기적 미라의 운명을 면치 못하였을 것이다.

이와 같은 유례는 17세기부터 동방에 전래한 기독교에서도 볼 수 있다. 중국은 원래 세계의 중심으로 자처하며 유구한 문화를 세습하여 모든 외국을 만이蠻夷로서 내려다보고 외인을 배척하였다. 그러나 중국 최초 선교사 이마두는 소위 서이西夷의 승려로서 1601년 중국 수도 북경에 들어와서 명조의 신종황제에게 직접 배알하고 높은 벼슬의 명사들에게 이교의 교리를 선전하게 되었으니 이는 결코 교리의 위력으로서가 아니었고 과학의 매력에 의한 성과였다. 그가 황제에게 헌상한 물품 중 천주도상天主圖像, 성모상, 성경, 십자가 등보다는 《만국도지萬國圖志》, 양금洋琴 특히 자명종이 황제의 탄상歎賞을 받았다.

천문학과 역학이 중국의 과학으로서 고래부터 존중시되는 것을 간파한 서양인 전도사들은 유럽 중세기 말경부터 발달된 천문학, 수리학으로 자신을 무장하여 중국 지식인들의 환심을 얻었다. 다시 말하면 그들은 교리를 전파할 목적으로 먼저 과학의 이름 밑에서 동서 문화를 악수 시켰다. 그리하여 그들의 말과 같이 "천문학과 수학은 지나 궁정에 참내參內*하여 옥좌의 곁에 앉았으며 기독교는 천문학의 의상을 입고 용이하게 총독에게 접근하였던 것이다." 그 후 명조가 망하고 청조가 대신하였으나 황실은 의연히 서승西僧의 과학적 조예를 신뢰하고 그들의 수뇌자首腦者를 흠천감정欽天監正(천문대장)직에 계속 처하게 하였

---

* 입궐

다. 만일 그들이 과학의 의상을 입지 않고 종교의 나체로 출현하였다면 종교에 대한 풍부한 경험과 노련한 감상력을 가진 중국인사들은 기독교에 일고의 가치도 인정하지 않았을 터이다.

그러나 만일 무지한 일부 인민이 아닌 사리를 판별할 능력을 가진 지식층에 속한 인사는 철저히 혹은 어렴풋이나마 서양교사들의 과학적 의상과 종교적 정체에 대하여 종말에는 구별을 짓고 자기 취사의 태도를 표시하였다. 이와 같은 사실은 중국과 조선에 공통적으로 존재하였다. 다만 송유 주희朱熹가 이미 지적한 육조六朝 이래 구마라습鳩摩羅什,* 불도징佛圖澄** 등이 노장사상老莊思想을 불교에 밀수입하여 중국인사를 농락하려던 것과 유사한 방법을 서양교사들도 사용하였다. 즉 이마두 이하 야소회 선교사들이 자기 종교를 해설하는 데 유교의 철학적 원리를 표절하여 유교와 야소교의 합치적 논조로서 자기 교리의 빈혈증을 구료救療하는 한편 불교를 배척하는 태도로서 동방 인사의 환심을 사려고 하였다. 그러나 이와 같은 잠상潛商(법령으로 금지하고 있는 물건을 몰래 사고파는 장수)적 방법도 또한 조선, 중국 인사들의 학문적 조명을 결국 도피할 수 없었다.

우선 중국의 가장 앞선 신교자며 유명한 학자인 서광계徐光啓 일파로 말하면 이마두의 설교를 신봉한 그의 동기와 목적은 천문, 수학 등 자연과학을 섭취하려는 데 있었다. 그리고 뒤이어 명말청초의 중국 문인 전익겸錢益謙, 담원춘譚元春, 고염무顧炎武, 장정옥張廷玉 등은 그들이 물론 유교적인 주관과 편견을 가졌음에도 기독교리의 허위성을 지적

---

* Kumàrajīva(344~413), 인도의 승려   ** 232~348, 오호십육국五胡十六國 시대에 활약한 서역西域의 승려

하고 근본원리를 논파하려 하였다.

우리 조선에서 천주교를 제일 먼저 소개하였다는 지봉 이수광은 자기의 《지봉유설》 가운데 유럽 영불英佛의 지리, 풍속, 선박, 대포 등을 기재하였으며 이마두와 《천주실의》는 이를 전기적傳奇的인 의미로 간단히 소개하였을 뿐이고 다만 그 교화황敎化皇(교황)이 세습이 아니고 택현제도擇賢制度에 의거한다는 것, 풍속이 우의를 존중하며 사재私財를 축적하지 않는다는 것 등에는 (물론 과장된 전문傳聞이었다) 호감을 표시하였다. 그 뒤에 이광정李光庭, 정두원鄭斗源, 유흥발劉興勃, 김육金堉 등이 계속 서양문물의 수입과 모방에 노력하였으나 모두 도서, 기물, 역법에 제한되었으며 소현세자昭顯世子의 탕약망과의 교제, 최석정崔錫鼎의 〈서양건상곤여도이병총서西洋乾象坤與圖二屛總序〉도 서양인의 과학적 제품에 흥미를 가졌던 것이며 김만중金萬重의 《서포만필西浦漫筆》에도 서양인의 지구설을 도의하였을 뿐이었으며 이이명은 서양교사 소림, 대진현에게 준 서한에서 주로 천문, 역법을 문의하였고 이마두, 애유략의 저작에 대하여 유가학설과 합치된 점을 찬동한 다음 천당보응설天堂報應說의 미망을 지적하였다.

천주교리에 대하여 구체적으로 전개한 비판은 성호로부터 개시되었다. 성호는 자기 《사설》 가운데 서양의 지구설, 지도, 역법, 화법, 의학, 생리학, 수학, 화기火器 기타 의기儀器 등 과학적 산물에 대하여 만폭적滿幅的인 찬의贊意를 표하였으나 서양교사들의 교리설에 관하여는 심각한 분석을 주었다. 그는 그들이 말한 천주가 유가의 상제와 동일한 의미란 것을 승인하고 《칠극》의 수양론에 대해서는 유학의 장점을 섭취한 점과 옥석이 혼합된 점들을 지적하고 끝으로 천당, 보응, 미신을 교리의 기초로 삼고 있는 천주교가 불교의 윤회설을 배척하는 것이 결국 무의미한 동시에 동일한 환망에 귀착된 것이라고 명백히 논파하였다. 이와 같은 성호의 비판은 그 후 발전한 실학파 서학론의 기준이 되었다.

그 후 서양학에 제일 많은 흥미를 가졌던 학자는 담헌 홍대용이었는데 그의 연행록은 다만 서양의 과학 기예를 논술하였고 종교에 대하여는 문제도 삼지 않았다.

그 후 홍양호洪良浩(호 이계耳溪, 1724~1802)는 청조 예부상서禮部上書 기균紀昀(호 효람曉嵐)과 왕복하는 서한 중에 서학을 논의하였는데 다소 유교적인 편견이 있었으나 어쨌든 서양의 천문, 지리, 공예 등 기술 과학에 대해서는 찬의를 표하였고 교리에 대해서는 역시 상도常道에 어그러진 것으로 지적하였다. 그리고 기윤의 답서도 홍양호의 의견을 승인하였을 뿐이고 부모의 신주神主와 조종祖宗의 제사를 철폐하는 것을 서교 선포에 제일 장애물이라고 단언하였다.(《이계집耳溪集》 참조)

그 다음 연암의 《열하일기》 중 북경 천주당 기사와 〈곡정필담鵠汀筆談〉*에서 연암은 학술이 천박하고 고루하며 거짓되고, 과장이 많아서 사람을 속이고 중국을 유혹한다고 지적하였으며 불교를 원수처럼 공격하는 그 자신이 도리어 불교의 천당지옥설을 독신篤信하는 것을 조소하였다. 다만 기술 제작 등의 교묘만은 담헌과 함께 칭찬하였다. 연암의 서학 논평에 대하여 청인淸人 곡정鵠汀(왕민호의 호)도 십분 승인한 다음 야소교도가 중국에 와서 중국의 문헌을 배우고 상제, 주재 등 술어로서 유교에 영합하려 한 점과 중국인의 척불斥佛을 본받아 그들도

---

* 원문에는 〈곡정문답鵠亭問答〉으로 잘못 기재하였음

불교를 공격하나 불설佛說의 고묘高妙한 점에 비교하면 야소교리는 한 갓 불교의 찌꺼기에 불과하다고 지적하였다.

이상 일련의 조선 인사들이 서학에 대하여 자기들의 취사선택을 훌륭히 표명하였으나 대개 과학과 교리를 확연히 구분하지 못하였다. 그리하여 그들은 과학과 기술을 천주교의 구성 부분 혹은 그 본령으로〔鵠汀〕 인정하였다. 과학과 종교를 별개물로서, 오히려 상반되는 것으로서 분명히 인식하게 된 것은 이가환, 정약용 일파에 이르러서 비로소 가능해졌다.

4. 가톨릭교회의 '의례 금지령', '사학' 취체의 강화, 실학파─다산 일파의 배교 표명과 '내수외학'의 의의

"종교적 편견은 과학을 반대하여 나간다. 왜냐하면 일체 종교는 과학과 대립되기 때문이다"(스탈린). 코페르니쿠스 지동설과 케플러의 지구자전설이 프톨레마이오스의 옛 이론을 부정하고 구약성서의 천동설과 지구중심설을 일축하여 성서의 권위를 더욱 타격하였으므로 교회는 갖은 박해를 그들에게 더하였다. 그러나 교회의 전도사들은 동방에 와서 노대老大한 동방문화의 환심을 끌기 위하여 할 수 없이 자기 적대자의 의상을 자기들의 몸집에 어울리지 않는 체재體裁로나마 걸쳐 입고 전도사로서가 아니라 먼저 천문학자로서 출현하였다. 따라서 천주교는 학술 간판 하나를 내걸었다.

그리하여 우리나라에도 초기에는 천주교리가 '개물성무開物成務'를 위한 일종의 학리로 인정되어 일반이 천주교라고 하지 않고 천주학이라고 불렀으며 정부와 관학이 연속적으로 발표한 금교령과 토사문討

邪文*에도 사교 대신에 '사학'이라고 규정하였다.

　원래 학계는 서민을 제외하였으므로 그들이 사학을 배우든 아니든 대개 불문에 붙였다. 그렇기 때문에 숙종 12년(1686)에 천주학이 크게 성행하니 조정에서는 이국인이 와서 있는 자를 잡아 보낼 것을 논의하였을 뿐이었다. 영조 34년(1758)경에 천주학이 황해도로부터 강원도까지 뻗어서 크게 성행하여 사당을 헐고 제사를 폐지한 자가 많았다. 영조는 이를 우민愚民이 무지한 데서 나온 행동이라고 인정하고 자기자멸自起自滅에 맡기었다가 연신筵臣(국왕의 경연에 참가하는 문신)의 주청에 의하여 어사를 보내 주창자主唱者를 징치하려 하니 대신 이종성李宗城과 이익보李益輔는 사건의 침소봉대를 염려하여 어사 파송을 중지할 것을 극력 주장하고 다만 관찰사에게 이를 금지하도록 하였다. 이와 같이 거의 방임상태에 있던 천주학이 정조시대에 와서 양반 지식층에 주입되자 돌연히 정계와 학계의 중대 문제로 전화되었다.

　그러나 정조 초년에는 천주학을 불교나 도교와 마찬가지로 보았고 또 천주학자를 이단을 연구하는 사람으로도 간주하였다. 유교는 일종의 조상을 숭배하는 종교이므로 조선의 신주를 없애고 제사를 폐지하는 것은 물론 괴변으로 알고 금지하였지만 이런 행동이 없는 한에는 그 서적을 읽고 교리를 논의 혹은 선전하는 것쯤은 정조 9년(1785) 형조의 서학 안치按治**사건이 발생하기 전까지 아직 물의에 오르지 않았다. 그리하여 신진인사와 박학가들은 가내에서 혹은 산사에서 혹은 강정江亭에서 혹은 태학에서 혹은 국왕 앞에서 무난히 서로 문답 토론하였다.

---

* 사교를 토벌하기를 아뢰는 글　　** 죄를 조사하여 다스림

실례로서 권철신의 주어사走漁寺* 연구회와 이벽의 수표교 설교장說敎場을 들 수 있다. 또 정조 19년(1795)에 언관 박장설朴長卨(小北)은 남인 홍당洪黨 목만중睦萬中의 사주를 받고 이가환의 서학을 탄핵한 데 비하여 정조는 청몽기설淸濛氣說**과 사행설四行說***이 사설邪說이 아니라고 말하여 이가환과 정약종을 변호하고 또 다음과 같이 전교傳敎하였다.

서양 서적이 동국에 나온 지가 이미 수백 년이나 되어 사고史庫와 옥당(홍문관)에 간직된 것이 수십 편에 그치지 않았으므로 연전에 특별히 수취하라고 명령하였으니 중국으로부터 사서 들여온 것이 지금 처음 있는 일이 아님을 이로써 알 수 있다. 고상故相 충문공忠文公 이이명李頤命의 문집에도 그는 서양인 소림蘇霖, 대진현戴進賢과 편지 왕래를 하면서 그 법서를 청구하여 읽고 말하기를 '상제를 공경하고 본성을 회복한다는 것은 본디 우리 유도儒道와 다름이 없으니 황로黃老****의 청정淸淨과 불교의 적멸寂滅로 더불어 한 자리에 두고 평가할 수 없다. 그러나 도리어 불법에 비슷하게 보응론報應論을 취택하고 있으니 이것으로 천하를 변환하기는 어려울 것이다'고 하였으니 이와 같은 고상의 말은 다만 그 이면만을 자세히 변론한 것이며 순연히 공격한 사람도 있었으니 고故 찰방察訪 이서李漵*****의 시에 '오랑캐(서양인)가 이교(기독교)를 전하니 우리 도덕이 무너질까 걱정이다〔夷人傳異敎 恐爲道德寇〕'라고까지 하였다. 대체 근일近日 이전에 박식, 고견이 있는 인사는 서교에 대하여 일찍이

---

* 경기도 여주군 앵자봉 서쪽 기슭에 있었던 사찰 ** 몽기라고도 했으며 대기의 어떤 현상을 뜻한다고 한다
*** 주자의 오행설을 부정하고 기, 토, 수, 화 등 4행을 내세우는 주장
**** 도교에서 황제와 노자를 아울러 이르는 말 ***** 1662~1732, 이익의 형

논평하지 않은 것은 아니었는데 그 논법이 준엄하였건 온순하였건 그 때는 아무 필요가 없었다. 그러나 지금은 정학正學이 밝지 못하기 때문에 그 폐해가 사설보다 더 심하고 맹수보다 더 고약하니 오늘 이 폐해를 없이 하는 방도는 더욱 정학을 밝히는 것이 제일 마땅하여 또 세상 사람들에게 선을 표창表彰하고 악을 나무라는 정책을 행하여야 성과를 볼 수 있을 것이다. 형벌은 풍속을 바로잡는 데도 효력이 없거든 하물며 사학에 대해서랴? 《〈여유당전서〉》 중 〈정헌묘지명貞軒墓誌銘〉 참조)

이 때로 말하면 소위 서인 벽파(정조 부자를 모해하던 노론 일파)와 남인 홍당(체제공 일파를 질시하는 홍의호洪義浩 일파)이 이가환, 이승훈과 정약용 형제를 천주학당으로 몰아 정계에서 구축하여 채당을 파괴하고 따라서 정조의 우익羽翼을 제거하기 위한 책동이 활발한 시기였으며 박장설朴長卨의 이가환 탄핵서는 그 전술의 하나였다. 이 음험한 이면을 통찰한 정조는 크게 분노하였으나 세력 관계상 어찌할 수 없으므로 물의를 진정시키는 방법을 취하여 이가환을 충주목사로, 정약용을 금정 찰방으로 좌천시키고 이승훈을 예산에 유배하여 반대당의 예봉을 일시 회피하게 하고 박장설을 원지遠地유배에 처하였으니 이것이 소위 '을묘처분乙卯處分'이었다. 이 처분과 함께 앞서 말한 전교문傳敎文을 내렸는데 문구 중에 미묘한 악센트를 내포하였다. 즉 이이명의 사적을 들어 서인 노론의 입을 봉하고 이서李溆(호 옥동玉洞, 성호의 백형伯兄이요 가환의 종조從祖)의 시구를 인용하여 가환의 입장을 간접적으로 변명하였으며 또 사교 취체의 방법을 지시하여 신앙과 학술의 자유를 허용하였다. 천주교회의 사료를 보면 그 당시 외인 전교사들도 정조를 영명英明 관인寬仁한 군주로 인정하고 그의 관대한 종교정책을 찬양하였다.

원래 재고才高 박람博覽한 정조는 평소 내각 장서 중에서 서양 서적을 탐독하고 상당히 흥미를 느꼈다. 자신뿐만 아니라 내각 장서 열람의 특전을 가진 다산과도 같이 보고 연구 토론한 적이 있었다. 그 예로서 다산이 어느 날 부자父子의 '시생기始生己'를 해석한 것*과 나닉那搦(노아) 상주箱舟**를 인용하여 그 출전에 대한 추궁을 받자 이는 국왕의 특강 시 서서西書 중에서 보았다고 답변한 사실이 있었다. 그러므로 당시 반대당 — 보수주의자들의 공세가 없었더라면 서서 연구와 서교 신앙은 큰 문제가 되지 않고 오히려 자유 상태에 있었을 것이다.

그리고 다산의 〈선중씨(약전)묘지명先仲氏(若銓)墓誌銘〉에 의하면 정약전은 일찍이 이벽으로부터 역법 수리의 학을 청강하고 《기하원본幾何原本》을 심오하게 연구하였으며 신교의 설명을 듣고 기뻐하였으나 자신이 교회에 종사한 일은 없었다 하였고 또 한화조閒話條에 "갑진년 4월 15일(정조 8, 1784. 이승훈이 연경서 돌아온 직후) 이미 백형수伯兄嫂(이벽의 누나)의 기제忌祭를 지내고 나의 형제가 이덕조李德操(이벽의 자)와 함께 배를 타고 내려가면서 배 안에서 천지조화의 창조와 형신사생形神死生의 이치를 듣고 당황경의倘怳驚疑***하여 마치 하한河漢****이 한량없는 것 같았으며 서울 가서 또 덕조에게서 《천주실의》,《칠극》 등 책 여러 권을 보고 비로소 흔연히 경모하였으나 이때는 제사를 폐지한다는 말을 듣지 못하였다. 그러다가 신해년(정조 15, 1791) 겨울부터 국가 금령이 더욱 엄하여 한계가 드디어 구별되었다."고 하였으니 이를 보면 다산 형제가 처음에는 서학 관계를 하나의 학리 연구로 자인하였음은 물

---

* 《규장전운奎章全韻》에 父자를 '처음 나를 낳으신' 분이라고 훈고하였다   ** 노아의 방주를 가리킴
*** 정신을 차리지 못할 만큼 놀라고 의아스럽게 여김   **** 은하수

론이요 더욱이 초기에는 사당을 헐고 제사를 폐지하는 교회의식이 엄격히 시행되지 않았기 때문에 신자와 비신자의 구별이 아직 사회적으로 판이하게 나타나지 않았다.

앞서 기록했듯 형조 검거가 있었고 또 이벽이 사거한 후에 교회의 부흥을 위하여 북경 교회의 조직을 본받아 권일신은 사교司教*로 이승훈, 이단원李端源, 유항검柳恒儉, 최창현崔昌賢(토사문토邪文에는 崔昌顯으로 씌어 있음) 외 기타 여러 명을 선정하고 설교를 개시하며 세례, 고백, 견진堅振,** 성제聖祭 등 의식을 실행하였다. 그리고 정조 13년(1789) 청조 건륭황제의 팔십 축하례에 가는 조선의 특사를 기회로 세례지원자 윤유일尹有一(권철신의 문인)은 상인으로 변장하고 북경 매물담당자 우모禹某와 함께 사절을 따라 북경 교회에 가서 이승훈, 권일신의 명의로 선교사 파송을 청구한 동시에 조선제사祖先祭祀의 가부를 문의한 결과 그 교회는 선교사를 장차 파송할 것을 약속하고 조선 제사는 미신이므로 절대 행할 수 없다는 회답을 주고 기타 비적秘蹟***과 포도주 제법製法을 주어 돌려보냈다. 이로부터 조선의 교회도 제사 폐지를 여행勵行하는 동시에 신자와 비신자 구분이 금을 그은 듯이 나타났으며 따라서 조선祖先 종교-유교의 쇠망치는 도덕 관습과 국법의 '신성한' 위엄을 발동하게 되었다.

그리하여 금후부터는 명실名實이 일치하게 신자의 생활을 하려면 조선 제사를 폐지하여야만 될 것이고 이렇게 하려면 사회적 교제로부터 격리될 것과 '사교도'로서는 혹독한 박해를 각오하여야 했다. 본래

---

*주교　**견진성사를 가리킴. 성세 성사를 받은 신자에게 성령과 그 선물을 주어 신앙을 성숙하게 하는 성사
***미사 경본 등을 일컫는 듯

독신자篤信者가 아니었을 뿐더러 기독교리를 위하여 희생할 이유를 인정하지 않은 정약용, 이가환 일파는 드디어 교회와 일체 관계를 끊고 심지어 자기 삼형 약종과 인친姻親*의 독신자들과의 교제까지도 삼가고 필요에 따라 신자 아닌 태도를 표명하였다. 다산이 가장 존경하던 녹암 권철신이 〈우제의虞祭義〉 한 편을 지어서 제사의 의의가 미신에 있지 않다는 점을 설명한 한편 비신자적 입장을 표명한 것도 이 시기의 일이었다.

그러나 이때 천주교 신자로서의 제사 폐지가 돌연히 여행勵行되어 일대 문제로 등장한 것은 조선 교회에 국한된 것이 아니었고 일종의 국제적 현상으로서 파급되었다. 제사 존폐 문제는 기독교-가톨릭교회에서 중국의 유교를 둘러싸고 오랫동안 논쟁하던 소위 '의례문제儀禮問題'였다. 앞서 적은 야소회사耶蘇會士 이마두는 명조 말년에 중국에 와서 포교의 전제적 공작으로서 유교-공자교의 경전들을 연구하여 그 신에 대한 개념이 기독교의 그것과 일치한다고 인정하였으며 따라서 중국인은 태고시대부터 우주에 영靈이 있는 것을 인식하고 제사하였다고 단정하였다.

이마두의 의견에 의하면 중국에 기독교의 '천天', '상제上帝', '천주天主'의 의미에 해당한 3개어가 그대로 상용되고 있는데 공자의 '천'은 기독교의 Dieu**와 같은 어의를 가지고 있으며 상제 천주 이개어二個語도 그 내용이 또한 Dieu와 일치한다. 그래서 그는 특히 '천주'

---

*사돈　　**불어로서 하느님, 천주라는 뜻

를 교회 용어로 선택할 것을 제의하였고 로마교황청에도 이 '천주'라는 한어漢語가 보쉬에 장로의 소위 '천에 있어서 지배하는 것이라'는 신의 어의와 합치한다고 인정하고 허가하였다.

이와 같은 견지에서 이마두는 공자교를 우상숭배교로 또 그 교리를 무신론으로 보지 않고 기독교에 입교한 중국인으로서 공자교 혹은 조선교祖先敎*의 의례를 지속하더라도 불문에 붙였다. 이는 그가 중국에서 전도 효과를 거두려면 먼저 유학자 즉 정계와 학계의 요인들을 입교시키는 것이 가장 득책得策이란 것을 알았던 까닭이다. 이와 반대로 만일 조선 제사와 기타 제사의 의례를 금지한다면 기독교 관리官吏와 학장學長들은 국가적 혹은 사회적 제식祭式에 참가하여 그 직무를 실행할 수 없을 것이므로 관료층은 입교하기를 기피했다.

그리하여 이마두가 통솔한 야소회 전도사들은 그의 주장을 좇아서 중국인 입교자들에게 관습적인 의례를 묵인하였으며 따라서 전도 상황도 발전되었다. 이 시기에 《천주실의》, 《칠극》 등 그들의 저서에나 우리나라 이수광, 이이명, 이익, 박지원과 같은 선배들의 논평에도 제사폐지설은 언급되지 않았으며 조선에 먼저 수입된 교파도 역시 야소회파였으므로 제사 문제는 신도의 필수적인 문제로 반영되지 않았다. 이와 같은 타성惰性은 다산의 초년까지 계속되었다.[12]

그러면 이 제사 폐지 문제가 어찌하여 다산 중년기의 조선 천주교회에서 일대 파란을 일으켰는가?

앞서 말한 이마두에 다음하여 중국 전도회장으로 임명되었던 니

---

* 조상 신령 숭배를 근본으로 삼은 종교

코라 몬고발치*는 유교와 의례에 대하여 의문을 일으켰다. 그의 견해에 의하면 유교교리는 유신론有神論이 아니고 유물론唯物論이며 무신론無神論이다. 그들의 이른바 '천', '상제'는 창천蒼天 즉 우주 만물에 퍼져있는 자연력 이외의 힘을 인정하지 않았다. 공자와 그의 학파의 교리로 보면 영혼은 희박한 공기와 같은 존재이며 또 그들이 생각하는 '영혼불멸'설은 인도철학자로부터 전래한 일종의 윤회설에 지나지 않는다. 그렇기 때문에 공자교에 기초한 중국인의 의례를 기독교도에게 묵인하는 것은 우상교의 신봉을 묵인하는 것이 된다. 또 '천'과 '상제'의 어의는 창천을 의미한즉 이런 용어도 사용할 수 없다. ─ 이와 같이 야소회사들 사이에 의견 분열이 생겨 소위 '의례문제'라는 논쟁이 발생하게 되었다.

그리고 야소회파보다 약 50년 늦게 중국에 건너온 도미니크, 프란체스코 두 파의 전도사들은 중국인 의례문제에 관하여 또한 이마두의 견해와 달리하여 공자제孔子祭와 조선제祖先祭를 전적으로 우상적 의의로 인정하고 중국인 입교자에게 이 의례를 묵허默許할 수 없다고 하였다. 요컨대 이 두 파 전도사들은 자기들이 정통적 신앙자라는 자부심과 다년간 종파적 감정으로부터 야소회파가 중국에서 포교에 성공한 것을 질시하여 이와 같은 적대적 행동을 감행하였다.

이들의 논조에 의하면 첫째로 야소회사들은 공자제를 일종의 시정市井의 연중행사라고 주장하나 사실상 그것은 분명한 종교상의 제사며 공자의 신묘神廟는 결코 학자들의 집회소가 아니고 공자를 신으로

---

* 니콜라스 롱고바르디 Nicholas Longobardi(1565~1655)

숭배하는 제장祭場이다. 중국인은 여기에 제단을 설치하고 희생을 바치며 제단 위에는 공자의 위패를 안치하고 '대성지성선사공자지령위 大聖至聖先師孔子之靈位' 혹은 '공부자지령위孔夫子之靈位'라고 써서 모시었으니 그 종교적 의의를 결코 부정할 수 없다. 둘째로 조선제의 의례에 대해서도 이마두가 공자제 의례에 대한 것과 거의 동일한 해석을 하고 있으나 중국인의 조선제는 로마의 영혼제靈魂祭에 해당한다. 교회가 영혼제를 폐지하고 있는 이상 조선제도 엄금하지 않으면 안 될 것이다. 특히 그들의 조선들은 진정한 신앙을 모르고 악덕으로 충만한 생활을 하였는데 이들의 영위靈位 앞에서 점등분향點燈焚香하며 주육酒肉을 바치며 기도문을 읽는 것은 아무런 가치도 없다. 셋째로 중국인이 '천'을 부르는 경우에 진정한 신 즉 우주의 지배자에게 호소하는 것이 아니라 천상에 있는 특정한 신에게 호소하는 것이다. 이는 옛날 로마의 이교도가 Ciel*이란 말로 주피터를 불렀던 것과 동일하다. 또 중국인의 '천', '상제'란 말은 천지를 활동시키는 영을 의미하며 산천에도 영이 존재한다고 믿고 있다. 그렇기 때문에 '천'이란 것도 창천의 의의가 다량으로 포함되어 있다.

 이와 같이 의례문제 논쟁은 북경과 파리를 중심으로 하여 동서 종교계의 분쟁을 일으켰다. 이 분쟁은 많은 신학자의 출동과 철학자의 참가와 여러 번 번복된 교황의 재가와 청제淸帝의 견책과 조정책을 거쳐서도 미해결 그대로 끌다가 결국 교황 베네딕트 14세의 1742년 7월 11일부 교령敎令에 의하여 거의 한 세기를 끈 뒤 종결되었다. 즉 중국에

---

* 불어로 하늘이라는 뜻

서 조선교와 공자교의 의례를 전부 우상교 의례로 간주하고 어떠한 종파에 속한 선교사일지라도 중국인 신도에 대하여는 중국 의례의 준수를 엄금할 것과 신을 부르는 데는 '천주' 만을 사용할 것을 엄명하였다.

이상의 경로를 밟은 소위 의례 금령이 중국을 통하여 거의 하반기 뒤에 조선 천주교회에까지 파급되어 1791년(정조 15) 호남 진도 사인士人 윤지충尹持忠, 권상연權尙然이 신주를 불사르고 제사를 폐지한 사건으로 발로되었으며 따라서 조선의 통치계급은 천주학을 '사학' 으로 개칭하고 천주교도를 배조패륜背祖悖倫의 역도逆徒로 박해하기 시작하였다. 다산 일파가 교회와의 관계를 끊고 배교 태도를 선명히 한 것도 이와 같은 전환적 사태와 관련되었다.

요컨대 공자교-유교는 동양 봉건주의적 윤리개념을 체계화한 것으로서 실천을 강조한 면에서 종교가 아니고 덕교德敎로 인정될 수 있다. 그가 일상적인 윤리를 설교하고 "괴력난신怪力亂神*을 말하지 않았다."는 점에서는 무신론자로 오인될 수도 있으나 그들의 세계관은 의연히 범신론적이었으며 철학 내면에는 물활론적物活論的** 잔재와 일신교적一神敎的 형태가 아울러 포함되어 있었다. 상제를 숭배하고 동시에 산천의 영에 제사하는 것은 곧 이를 설명한다. 그의 후계자들의 발전과 노老, 불佛 기타 교리들의 접촉에 의하여 유교의 신은 이신론***적理神論的 형태를 띤 적도 있었다(송유의 천즉리설天卽理說). 그러나 노대老大한 봉건적 경제체제에 기초하여 수립 확장되고 있는 위계제는 필연적으

---

* 이성적으로 설명하기 어려운 불가사의한 존재나 현상
** 모든 물질은 생명이나 혼, 마음을 가지고 있다고 믿는 자연관
*** 신을 세계의 창조자로 인정하지만 세상일에 관여하거나 계시, 기적으로 자기를 나타내는 인격적 주재자로서의 신은 부정

로 복잡다양한 의례에 반영되지 않을 수 없었다. 이는 동방의 장구한 중세기 사회 문화적 특징이 되었다. 이는 우상숭배를 배격한다는 간단한 원리로서는 극복할 수 없었다.

기독교의 Dieu가 아무리 세계적 일신一神의 지위를 자부하고 또 '천주'로 개명하여 중국을 덮치고 조선의 사상계까지 넘보았으나 지상의 군주를 굴복시키지 못하는 한, 천상의 군주는 무력하다. 이미 묵과하여 오던 의례문제를 그들이 돌연히 문제로 삼는 것은 무엇을 의미하는가? 그것은 즉 동방의 물질적 세력이 서방의 물질적 세력 앞에 용이하게 회유되지 아니할 뿐더러 도리어 반발하는 기세에 대응하는 침략적인 자태였다. 동서 교리의 이와 같은 충돌은 장래할 정치적·군사적 충돌을 예언한 것이었다.

당시 우리 조선에서도 역시 이 의례문제를 계기로 하여 정약용, 이가환 일파가 종교와 과학을 혼동할 수 없다고 강조하며 배교를 성명하고 교회와 단연히 결별하였다는 사실은 또한 무엇을 반영한 것인가? 단순히 그들의 배타적이며 피화적避禍的인 행동으로 규정할 수 없다. 다산은 이와 같은 시련의 과정에서 공예와 기술은 외국으로부터 배워야 하지만 도덕과 의리는 자주적으로 닦아야 한다고 주장하였다. 이는 그의 소위 서학에 대한 자기비판적 태도를 표명한 것이었으며 이 사상을 계승한 '내수외학內修外學'*의 표어는 뒷날 민족의 자주 발전을 위한 개화운동에서 커다란 의의를 부여하였다.

---

* '안으로는 닦고 밖으로는 선진국으로부터 배운다', 계몽사상가들이 내건 구호

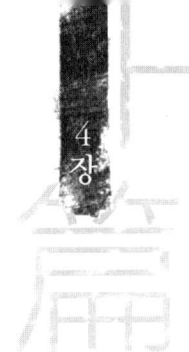

실학파의 발전과 수난에 대한 역사적 고찰

1. 남인 · 서학 · 성호학파 · 채당의 교착관계

조선 말엽에 남인 일파의 서학파와 성호학파가 서로 이중, 삼중으로 교착되어 실학파를 형성하였다. 그 사회적 역사적 조건은 실로 복잡 미묘했다.

이하에 약간의 분석과 도표를 작성하여 근세사상투쟁사의 한 토막을 해명하는 데 도움을 주려 한다.

아래 도표와 같이 당시 서학에 참가한 사람들은 대개 시파 남인 명사들이었으며 특히 성호학파를 중심하였던 일은 결코 우연이 아니었다. 이제 이 문제의 사적史的 근거를 구명하기 위하여 조선 당쟁의 역사적 원류를 잠깐 논급하는 것이 필요하다고 생각된다.

300년의 장구한 기간에 걸친 조선 양반당쟁은 물론 속학배俗學輩 혹은 일상 어용학자들의 잠꼬대와 같이 민족성이나 지리적 기풍에 기인한 것이 아니다. 또 혹은 신구관료의 교체기에 발생한 감정의 충돌이나 혹은 서원의 폐해나 혹은 도학태중道學太重, 명의태엄名義太嚴, 문사태번文詞太繁, 형옥태밀刑獄太密, 대각태준坮閣太峻, 관직태청官職太淸, 벌열태성閥閱太盛, 승평태구昇平太久* 등 팔태八太(이건창李建昌의 《당의통략黨議

---

* 도학이 지나치게 중요한 것, 명분과 의리가 지나치게 엄한 것, 문사가 지나치게 번잡한 것, 옥사와 형벌이 지나친 것, 대각(사헌부와 사간원)이 너무 높은 것, 관직이 너무 맑은 것, 문벌이 너무 성대한 것, 나라의 승평이 지나치게 오래된 것

通略》원론原論)로서 그 원인을 설명할 수 없다. 왜냐하면 사물의 원인은 표면에 나타난 현상과 결과와는 전연 구별되는 까닭이다.

  조선 당쟁이 비록 심의겸沈義謙과 김효원金孝元의 개인적 반목, 질시로 출발하였다 하나 이는 하나의 도화선에 불과하고 근본적 원인은 조선 중앙집권적 봉건제의 특수성에 있다. 조선 당쟁은 한마디로 말하면 토지 점유권을 물질적 기초로 한 정치적 권력과 관직의 지위에 대한 쟁탈전이었다. 조선 건설자들은 농민을 위한 전제개정田制改正이란 표어 밑에서 고려왕조의 귀족과 사원이 광범하게 점유하고 있던 토지를 박탈하여 자기 부하의 신관료들에게 재분배하는 과정에서 조선 건설에 유공有功한 자들에게는 '공신전功臣田', '사패전賜牌田'을 토지분봉 형식으로 영원히 분급하고 문무관료들에게는 '과전科田'을 분급하였는데 이 과전도 예정 법규 그대로 제때 회수하기가 곤란할뿐더러 관리의 두수頭數도 증가해 태조 당시에 신임 관료들에게 분급할 토지가 이미 부족하게 되었다. 그래서 그 지정 구역인 경기도 지역을 확장하며 미간지를 개척하여 군자전軍資田의 일부를 과전으로 편입한 동시에 용관도태冗官淘汰,* 사패지 회수 등의 규례를 세워서 과전 분급의 편법을 강구하였다. 그러나 세가귀족世家貴族의 토지에 대한 세습과 겸병이 의연히 진행되고 있는 한 이와 같은 편법은 문제를 전연 해결할 수 없었다.

  이 같은 사태에 직면한 조선 7대 왕인 세조는 재위 12년(1467)에 과전을 직전職田으로 변경하여 수조권收租權**을 실직재관자實直在官者들에게만 주으나 제9대왕 성종 때에 직전도 점차 구세가舊勢家의 사유私有로

---

* 중요하지 않은 벼슬을 가려냄   ** 국가가 관리에게 부여한 조를 거둘 수 있는 권리

조선 양반 사색당파 계통 도표

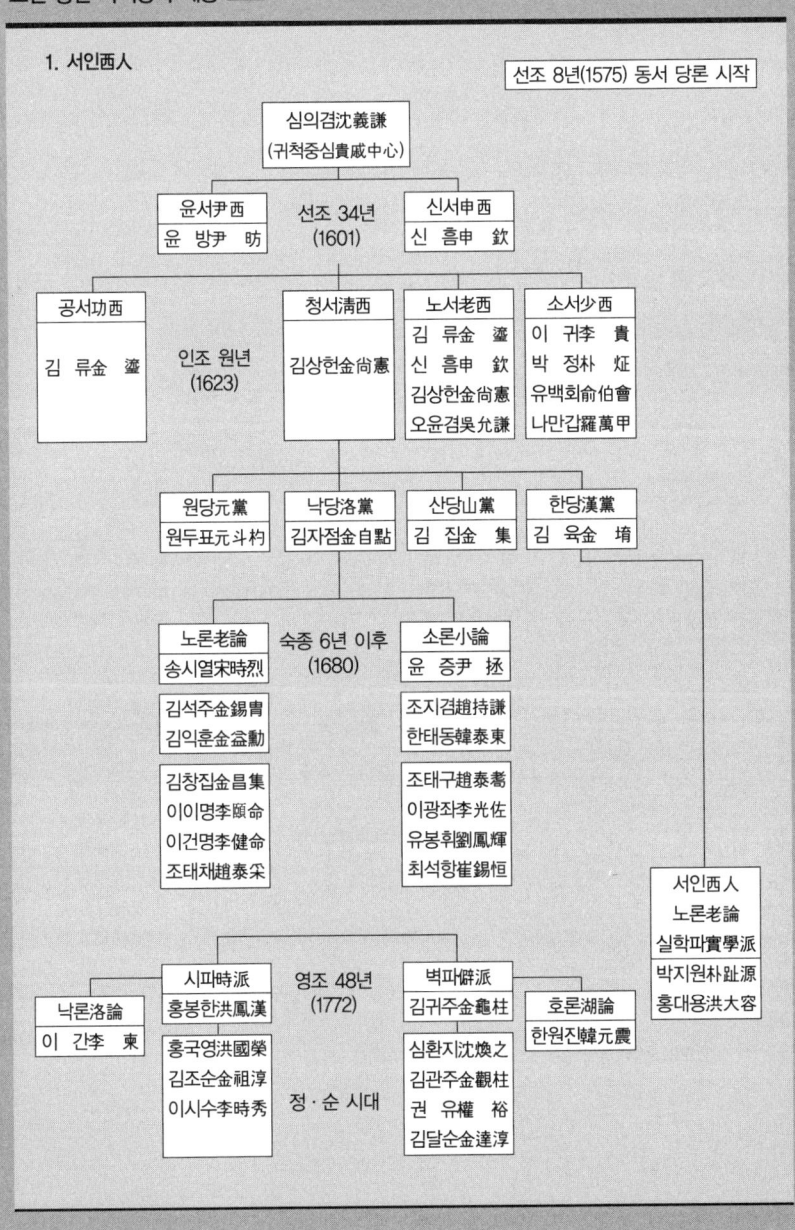

2. 동인東人

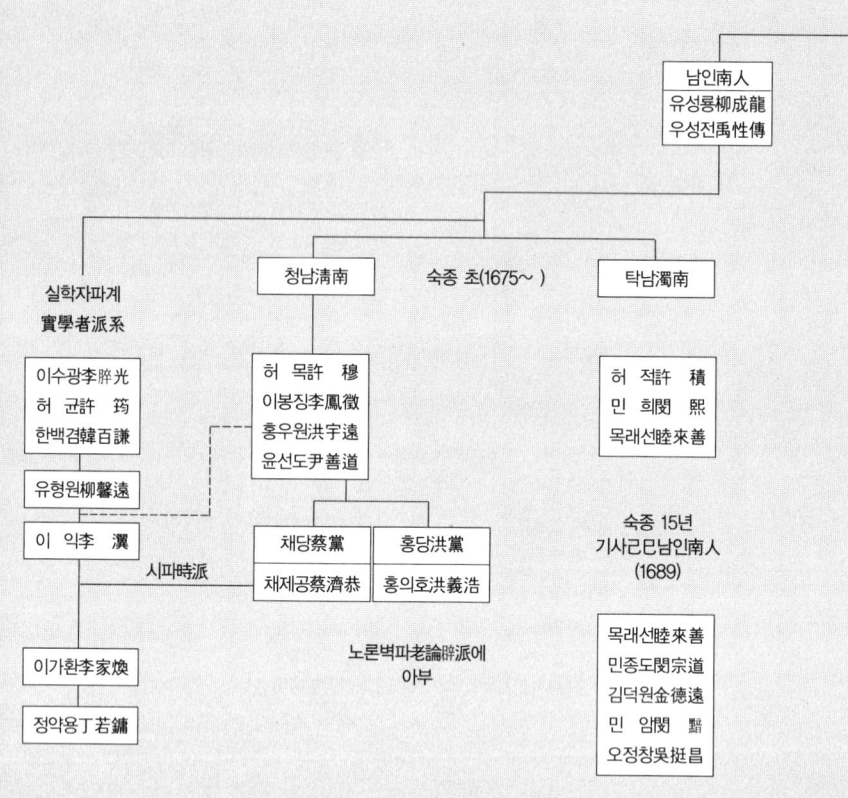

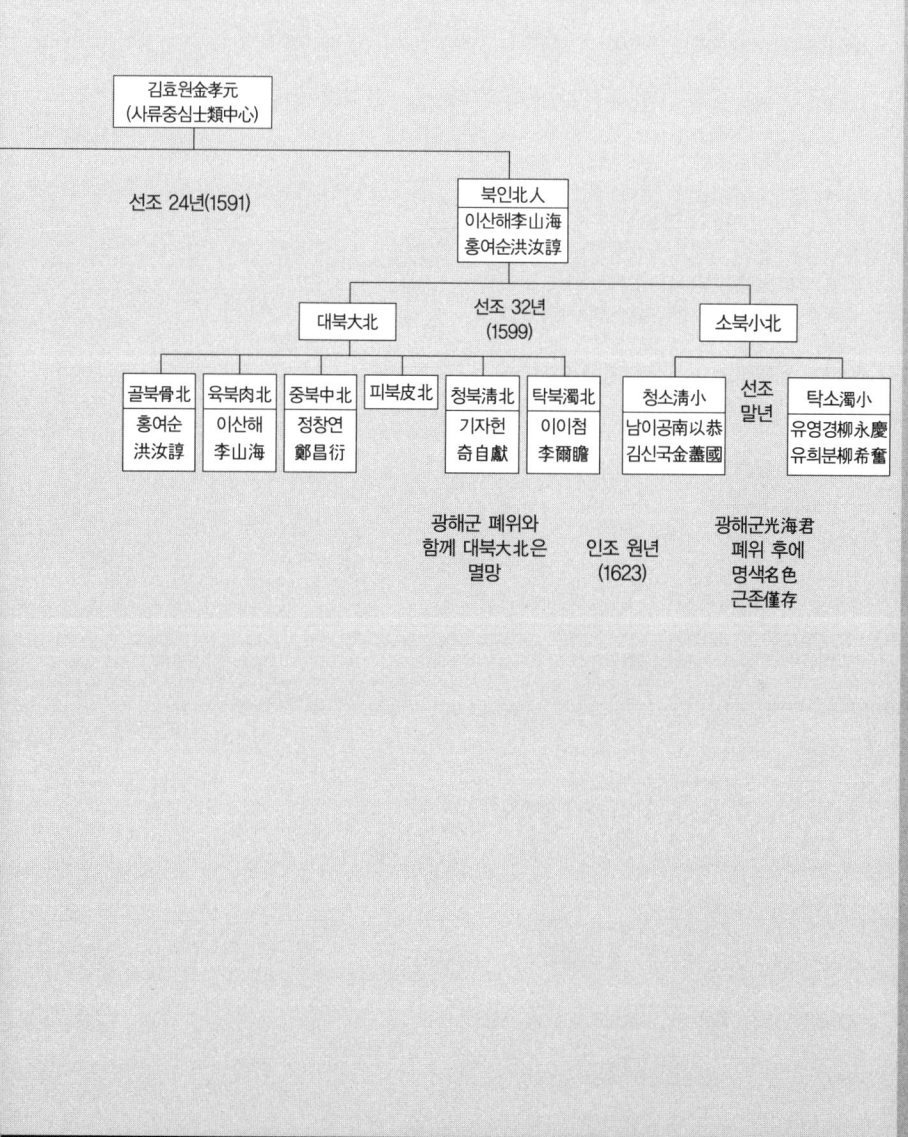

실학파·성호학파 계통 도표

1. 성호가학星湖家學

왕동王洞 이 서李 溆	학행學行과 서예	— 백형伯兄	
섬촌剡村 이 잠李 潛	문식조달文識早達, 반대당에게 피살	— 중형仲兄	
정산貞山 이병휴李秉休	역학易學과 예학禮學	⎤	
만경萬頃 이만휴李萬休	경제와 실학	⎬ 자행子行	
혜환惠寰 이용휴李用休	문학으로 유명	⎦	
장천長川 이정환李晶煥	박고博古과 박물博物	⎤	
목재木齋 이삼환李森煥	경학經學과 예학禮學	⎥	
섬촌剡村 이구환李九煥	가학家學을 계승	⎬ 손행孫行	
청담淸潭 이중환李重煥	《택리지》의 저자	⎥	
정헌貞軒 이가환李家煥	문학과 서학西學	⎦	

2. 성호학파星湖學派

순암順庵	안정복安鼎福	《동사강목東史綱目》《잡동산이雜同散異》 저자	⎤
하빈河濱	신후담愼後聃	문학, 《남흥국기南興國記》 저자	
소남邵南	윤동규尹東奎	지리학에 유명	
현파玄坡	윤흥서尹興緒	역법·수학·의학	⎬ 직접수학
	황운대黃運大	천문수학에 유명	
	정상기鄭尙驥	병학兵學·정론政論·지도地圖	
녹암鹿庵	권철신權哲身	주자학을 비판	
	권일신權日身	서학을 전파	⎬ 정약용丁若鏞
몽수蒙叟	이헌길李獻吉	박학·의학, 이정환 문인	
번암樊巖	채제공蔡濟恭	실학파를 보호	⎦
복암茯庵	이기양李基讓	박면교거를 전래	⎤
	이승훈李承薰	서양 서적을 전래	
송목관松穆館	이언진李彦瑱	역수曆數·문학文學, 이용휴 문인	⎬ 간접수학
남고南皐	윤지범尹持範	시사詩詞로 유명	
광암曠庵	이 벽李 檗	서학西學을 선전주창宣傳主唱	
손암巽庵	정약전丁若銓	역曆 수학數學, 《자산어보》의 저자, 권철신 문인	
낙하洛下	이학규李學逵	박학박물博學博物·능문能文	⎦

3. 채당파 蔡黨派

영상領相 채제공蔡濟恭 실학實學 서학西學 정조음호正祖陰護		이동욱李東郁	승훈承薰 서서사건西書事件으로 피화被禍	이승훈의 부父
		이익운李益運	김조순 친교親交로 면화免禍	홍낙민의 친사親査
		윤지충尹持忠	서교西敎 선참자先參者로 사형	다산의 외종형外從兄
		권상연權尙然	서교西敎 선참자先參者로 사형	윤지충의 외종형外從兄
		이가환李家煥	사교수령邪交首領으로 피무장사被誣杖死	기양소자의 처부妻父
		이승훈李承薰	서교西敎전래의 주범으로 적시謫死	이가환의 생질甥姪
		권철신權哲身	서교西敎연루로 장사杖死	권일신의 친형親兄
		권일신權日身	서교西敎의 사교司敎로 적시謫死	안정복의 사위
		이기양李基讓	서학관계西學關係로 적중謫中 병사病死	권철신의 생질甥姪
		정약전丁若銓	서학관계西學關係로 적중謫中 병사病死	다산의 중형仲兄
		정약종丁若鍾	서교西敎 명도회장明道會長으로 사형	다산의 삼형三兄
		정약용丁若鏞	서학관계西學關係로 장기유형長期流刑	홍의호의 종매부從妹夫
		황사영黃嗣永	백서사건帛書事件 주범으로 사형	정약현의 사위
		홍낙민洪樂敏	서교관계西敎關係로 사형	정약현의 사위
		이학규李學逵	서학관계西學關係로 유형	이가환의 생질甥姪
		오석충吳錫忠	서학西學연루로 적중謫中 병사	이가환의 인친姻親
		이치훈李致薰	서교관계西敎關係로 유형	이승훈의 제弟

반실학·반서학·반채당·남인분파

홍당파 洪黨波	(판서 홍의호洪義浩 수보秀輔의 아들) 남인분파 실학 반대 (벽파僻派에 아부) 채당蔡黨을 모함	홍낙안洪樂安	개명 의운義運, 본래 이승훈의 친우
		이기경李基慶	처음에는 서서西書를 탐독하고 뒤에 고발
		목만중睦萬中	및 그 아들 인규仁圭
		강준흠姜浚欽	
		성영우成永愚	
		김정원金鼎元	
		최헌중崔獻中	
		강세륜姜世綸	
		윤극배尹克培	
		홍광일洪光一	
		권 엄權 欕	본래 채당

변화되므로 직전제 폐지 의견까지 등장하였고 다음 왕인 중종 때 직전제는 전혀 공문화空文化하여 버린 대신에 다만 실직재관자들이 초라한 녹봉祿俸을 받게 되었다. 과전이 직전으로 직전이 녹봉으로 변천해 온 과정은 즉 세가귀족의 토지에 대한 세습과 겸병의 강화과정이었다. 그러나 과전제의 변형인 직전제가 다소라도 잔존한 성종 때까지는 약 100년 동안 조선 봉건체제가 자기의 물질적 근거의 합리성을 어느 정도로 유지해 왔기 때문에 신구귀족과 대소 관료와 내지 중앙 출신, 지방 출신 사이에 필연적으로 빚어진 동료적 알력은 아직 전반화되지 않았다.

그러나 직전제가 녹봉제로 변경된 중종 때에 이르러서는 신진, 지방 출신 관료들이 구귀족과 훈척세가의 세습적 특권을 배제하지 않고서는 토지분봉이나 분급의 어떠한 형식도 그들에게는 절망적인 대상으로 되었다. 이러한 물질적 환경에서 토지 향유권을 내용으로 한 정권과 관위에 대한 쟁탈전이 신구양반 자체 내에 격렬히 전개된 것은 불가피한 사태였다.

정권쟁탈전의 표면적 형태와 구실은 물론 도학적으로 혹은 명분적으로 혹은 문사文詞, 예법, 사소한 절차와 문제 등등으로 장식되었으나 본질은 현상과 일치하지 않았다. 중종 14년(1519)에 일어난 소위 기묘 대사화는 구귀족의 신진관료에 대한 반격이었다. 이것이 조광조趙光祖, 김정金淨 등 소장파와 남곤南袞, 심정沈貞 등 노대신 이하 일파와의 사이에 신왕후愼王后*의 복위, 정난공신봉호靖難功臣封號의 삭탈 등 문제로서 화단禍端을 개시한 것으로 보아 그 성격은 더욱 명백하였다.

---

* 중종의 정비 단경왕후端敬王后 신씨愼氏

중종 이후 인종, 명종 양대를 지나 선조 때에 이르러서는 소수 훈척귀족의 세습 세력이 더욱 강대해진 반면에 신진관료와 그의 예비군들은 수가 크게 늘면서 생활조건은 대체로 그들이 말한 바와 같이 "녹봉이 족히 밭갈이를 대신할 수 없는" 상태였다. 선조 8년(1575) 신진관료의 한 사람인 김효원과 귀척대신의 한 사람인 심의겸 사이에 관위쟁점으로 발단된 알력이 드디어 일반 귀족과 일반 사류의 반목대립으로 확대되어 소위 동인·서인의 색목色目이 양반부류 전체를 휩싸게 되었다. 조선 봉건의 물질적 특수성이 제거되지 않는 한 붕당적 투쟁은 영원히 지속되지 않을 수 없는 필연적 운명이 되었다. 동서로 붕당이 한번 나뉜 뒤에는 그 명호와 분파가 여하히 복잡다단하더라도 본질적인 특징은 의연히 일관되어 있었다.

이상과 같이 귀족의 구세력으로서 출발한 서인당은 항상 대지주인 귀척세가를 중심하여 정부당의 지위를 유지하였으나 신진관료로서 출발한 동인당은 대체로 지방 사류와 중소지주를 중심하여 재야당적 지위에 있었다. 그러므로 시대에 불우하고 현실에 불만을 가진 유능한 인재들이 서인계보다 동인계에 많이 속해 있던 것은 또한 당연한 이세理勢였다.

서인 일파는 동인 별파인 북인北人 세력(북인 중 중앙 출신 양반을 중심한 '대북大北' 세력)을 도괴倒壞하기 위하여 광해군을 폐출하고 인조를 세운 (1623) 이후 조정 실권을 굳게 잡았고 효종 때에 송시열이 '존명대의尊明大義'를 고조한 이후 공언위학空言僞學에 근거한 존화양이론尊華攘夷論은 드디어 집권자가 여론을 겸제鉗制하는 무기가 되어 버렸다. 이로부터 100여 년 동안에 정국의 기복은 이 다소 없지 않았지만 숙종 20년 (1694)에 소위 기사남인己巳南人의 일패도지一敗塗地로 인하여 남인은 영원히 정치실권 무대에서 탈락되었고 영조 때 서인 별파인 소론小論이 실권失權하면서 정권은 영원히 서인 노론의 수중에 들어가게 되었다. 그러다가 장헌세자의 참화(1762)에 이르러서는 당쟁의 포악이 절정에 달하였다.

군주를 노론화시키고(장헌세자 참화의 예) 공, 맹, 정, 주를 노론화시키고 (북인北人 남판서南判書 某의 말) 나아가서는 우주만물을 노론화시키는 서인 일파는 현상유지를 가장 기원하고 있었으므로 공언위학을 반대하고 현상타파를 임무로 한 실학과 새로운 과학으로 종래 전통을 부인하는 서학을 그들이 처음부터 뱀 보듯 꺼리는 것은 또한 필연적이었다.

서인분파인 소론일파로 말하면 영조시대 이후로 주관적 지위는 잃었다 하지만 동일한 서인 집권당의 분파인 만큼 또는 인척과 사우師友의 관계가 서로 얽혀 있던 만큼 궁척宮戚의 지위를 제외한 청환淸宦**과 영작榮爵***에 있어서도 노론과 서로 각축할 여지가 있었으므로 역시 현상을 부인하고 새로운 국면을 요구할 만한 의욕과 기백을 축적하지 못하였다.

이상과 같은 일련의 논구論究는 이미 문제로 제기되었던바 남인 일파가 실학과 서학에 진출한 사회적 이유에 대한 해답을 칠팔분七八分 달성하였다고 생각된다.

그러나 남인계 중에서도 다시 한 번 판별치 않으면 안 될 중요한 사회적 내용이 가로놓여 있다. 남인의 근거지는 어디보다도 영남 일대였지만 영남은 정치중심지로부터 떨어져 있는 관계로 문화변천의 영

---

* 여지없이 패하여 다시 일어날 수 없게 되는 지경에 이름
** 학식과 문벌이 높은 사람에게 시키던 규장각, 홍문관 따위의 벼슬   *** 영예스러운 자리

향에는 둔감한 동시에 견문이 고루하며 또 퇴계가 창학倡學*한 이래로 영남을 지배하는 퇴영근졸退嬰謹拙**한 학풍은 사류士類의 진취적 기백과 학자의 창발적 정신을 적지 않게 거세시켰다. 그리고 비록 실세한 남인의 후손들일지라도 대개는 대가나 사족의 명분으로서 지방에 군림하여 토호생활에 자기만족하였다. 정조와 순조 양조에 여러 번 일어난 남인서학사건 중 영남의 남인으로서는 문제에 오른 인물이 별반 없는 것을 보면 저간의 소식을 가히 알 수 있는 것이다.

그러나 경기 일대에 산거한 남인 일파는 그 취향이 영남의 남인과는 크게 달랐다. 그들은 중앙 상층부의 직접적 억압하에 있어서 정치적 패퇴는 곧 경제적 몰락을 초래하였으며 정치문화의 중심지에 접근해 있던 만큼 견문이 고루하지 않았으며 정치적으로 실세한 나머지 현상 불만에서는 현상 모순을 비교적 쉽사리 직감하게 되었으며 여러 타 당파와의 교착 중에서는 사회적 자극을 항상 강렬하게 받았다. 또 과거科擧와 벼슬길에 소비해버린 기회가 적은 그들은 귀중한 정력을 오로지 유용유위有用有爲***한 학문 방면에 주력할 만한 긴 시간을 가졌던 것이다.

이 몇 가지 조건이 근기지방近畿地方 남인 일파로 하여금 성호학파를 산출케 한 동시에 성호학파를 또한 필연적으로 실학과 서학 영역에 걸치게 한 것이다. 물론 그들 개개인의 우수한 재분才分과 노력도 중요한 요소였고 서학과 남인의 교착적 관계는 얼른 보면 일종 기현상으로 보일 수도 있으나, 저면底面에는 일정한 사회적 역사적 조건이 결정적

---

* 학문을 이끈   ** 뒤처지고 쓸모없는   *** 쓰임이 있고 실천할 수 있는

으로 존재하였을 뿐만 아니라 당시 반대파의 정치적 공세가 더욱 그 기현상을 선명하게 구성시킨 것이다.

당시 서학은 과연 남인 일파에만 국한한 것이었나?

이상에 대강 논술한 바와 같이 조선의 천주교는 이미 선조, 광해군 때부터 수입되었다. 인조 21년(1643) 이후로 점차 전파되었고 숙종 12년(1686)에는 벌써 성행하였으며 영조 34년(1758)에 황해도와 강원도 지방에서는 집마다 사람마다 모두 자기 부조父祖의 사당을 헐고 제사를 폐지하였다. 정조 9년(1785)에 형조가 서교신자 10여 명을 처단하였고 12년(1788)에 또 서교문제가 있어서 각 도 감사들에게 엄금할 것을 명령하였다. 이를 보면 당시 조선 천주교의 유래가 벌써 두 세기에 가까운 역사를 가진 동시에 전파 범위도 실로 광범하였다. 더구나 당시 양반계급의 중압과 봉건제도의 질곡과 탐관오리의 횡포는 필연적으로 인민대중을 냉혹한 현실의 궁경窮境으로부터 소위 '아름다운 이상의 나라'로 끌지 않을 수 없었다.

이렇게 수만 생령이 외래 '사교'에 유혹되어 그 범위가 한 지방을 벗어나 전 도道 또는 수개 도에 뻗쳤는데도 별반 큰 문제로 통감되지 않고 오직 호남 진도珍島의 사인士人 윤지충尹持忠, 권상연權尙然 둘의 신교가 정조 15년(1791) '사교' 사건 문제의 첨단에 올랐다. 홍낙안洪樂安 (후 개명 의운義運)의 장서長書(채제공에게)를 발단으로 하여 사헌부와 사간원이 번갈아 가면서 성토하여 그의 '척사斥邪'적 총부리를 은연히 채당蔡黨 일파로 돌리게 되었으니 그 역사적 이유는 무엇보다도 윤지충과 권상연이 양반계급으로서 남인인 동시에 채당에 속한 것이 문제의 유일한 초점으로 되었다. 그러므로 반채당이 '신성하게' 표방한 사교배척은 결국 그 본질에서 음흉한 당쟁에 지나지 못한 것이다. 당쟁을 떠나서는 조금도 이해할 수 없다.

원래 번암 채제공은 정조의 생부 장헌세자가 소위 벽파 노론의 모해로 피살될 때에 세자를 극력 보호한 소위 남인 시파의 영수였다. 그래서 그에 대한 정조의 신임은 절대적이었다. 이가환과 정약용도 역시 시파 가인家人들로서 그들의 우수한 재학才學은 모두 정조의 특별한 지우知遇를 받아 채제공과 함께 정조조의 삼걸三傑로 지칭되었다.

그러나 그들의 당계는 모두 남인이었을 뿐만 아니라 정조의 총애가 두터운 것이 서인당 특히 벽파(세자모해파)에겐 커다란 눈엣가시가 되었다. 또 채제공은 성격이 호탕하고 기개가 있었으며 사람을 등용하는 데도 같은 당 중에서 인물을 본위하고 가벌家閥이 자기보다 나은 자를 싫어하였으니 이것이 남인 벌족인 홍수보洪秀輔, 의호義浩 부자와 대립한 요인 가운데 하나였다. 그래서 홍수보는 자기 소속 당시黨是를 배반하고 당시 서인과 벽파의 거두들인 소위 환관유달煥觀裕達(심환지沈煥之, 김관주金觀柱, 권유權裕, 김달순金達淳) 등에게 영합하여 그들의 앞잡이가 되고 홍낙안, 이기경李基慶, 목만중睦萬中 등 자파 분자를 사주하여 서교 사건을 기화로 삼아 채당모함전蔡黨謀陷戰에서 선봉적인 역할을 충실히 하였다. 반대파인 시파 남인에 대한 음해계획이 얼마나 간교하고 흉악했던지를 잘 알 수 있는 일례로서 다음과 같은 사실을 들 수 있다. 즉 채당의 한 사람이요 성호의 수제자인 권철신이 천주교를 독신篤信하고 조선祖先의 제사를 폐지하였다는 증거를 위조하기 위하여 그들은 가만히 절도竊盜를 시켜 권씨가의 사세신주四世神主*를 훔쳐 내서 물이나 불

---

* 사당에선 보통 4대의 신주를 모신다

에 던져 버리려 하였다. 이 한 가지로서 소위 사교배척을 표방한 그들의 동기와 성격을 판단하기에 넉넉하지 않을까!

2. 당쟁과 '척사'의 표리적 관계

당시 천주교 전파는 남인 일파뿐 아니라 서울의 중인中人 일파가 더 재빠르게 수행하였다. 북경을 왕래하는 역절曆節, 역관譯官과 홍삼상인紅蔘商人은 모두 중인 '당차當差'*였기 때문에 중국품을 구득하려는 자는 반드시 중인에게 의뢰하였다. 또 역관은 한어漢語와 한속漢俗에 통하였기 때문에 중국에 가면 한인漢人과 서양인 전교사와 교제하고 각종 서적과 물화를 구매하는 데 우선적인 편의를 가졌다. 양반문화의 중압에 역시 불평을 품고 있던 중인계층이 유교를 싫어하고 서교를 환영한 것은 당연한 일이었다.

그러므로 앞서 윤지충은 역관 김범우金範佑의 집에서 《천주실의》와 《칠극》을 빌려 읽었고 권일신도 중인 김모金某와 함께 같은 책을 열람했다. 《실록》에 의하면 정조 15년(1791) 11월 11일 형조는 보고에서 사학죄인 정의혁鄭義爀, 정인혁鄭麟爀, 최인길崔仁吉, 최인성崔仁成, 성손경成孫景, 현계온玄啓溫, 허속許涑, 김계환金啓煥, 김덕유金德兪, 최필제崔必悌, 최인철崔仁喆 등 11명을 체포하였으니 이들 모두 중인이라 하였다. 서울 중인 일파의 서학 관계는 이로써 심상치 않던 정도를 짐작할 수 있다.

그러나 양반이 아닌 중인계급은 정쟁에 대한 발언 자격을 선천적

* 차역差役에 당함

으로 갖지 못하였으므로 그들의 사교邪敎 관계는 유학의 탈춤을 추는 정쟁이라는 무대에서 중대한 물의를 일으키지 못했다.

정조는 벽파와 홍당洪黨의 '척사'적 이면을 밝게 알고 채당 보호에 주밀한 배려를 다하였다. 윤지충, 권상연으로부터 발단된 사옥邪獄사건에 대한 처결권을 채제공에게 위임하고 사건 불확대 방침을 비밀히 지시하였다. 이것이 후일 정조 서거 직후에 '호사수괴護邪首魁'*란 죄명으로 이미 백골화된 채제공에게 작위추탈의 형벌을 가하게 된 원인이었다. 가령 당시에 벽파 서인이 영구히 집권하고 또 왕위 계승자가 정조의 혈통이 아니었다면 정조 자신도 호사護邪의 책임을 사후에 어떤 형식으로든 추궁받지 않았을까 한다.

정조는 원래 서양과학에 흥미를 가졌고 천주교에 대해서도 관대한 정책을 취하였다. 정조 12년(1788) 정조는 정언正言 이경명李景溟의 서양학을 금지하자는 상소와 채제공의 서학에 관한 평주評奏를 비답批答**하면서 "유도儒道와 정학正學만을 크게 밝히면 이런 사교학설은 자기자멸할 것이라.", "중국에는 육학陸學, 왕학王學, 불도佛道, 노도老道의 각종 유파가 있으나 어디 금령을 내렸는가?" 하였다. 또 위에 말한바 정조 15년(1791) 11명이 체포된 사학안邪學案에 대해 정조는 전교하기를 "중인 등의 미혹된 자에 대하여 그들의 소굴을 소탕할 것이로되 나는 한편으로는 그 사람들을 그대로 두고〔人其人〕한편으로는 '화민성속化民成俗'***할 뜻을 가졌으니 경卿 등은 이 뜻을 알고 각별히 조사하여 한 사람도 요행히 모면되거나 잘못 걸림이 없이 다 마음을 고치고

---

* 사교를 수호한 우두머리　** 임금이 상주문의 말미에 적는 가부의 대답
*** 백성을 교화시켜 좋은 풍속을 이루다

새 사람이 되게〔革面圖新〕하라." 하였다.

반대당의 척사운동은 원래 도학 옹호를 위한 것이 아니고 당쟁을 위한 구실에 불과한 것이므로 당시 유교 사회에서 그들이 '문선왕文宣王지고 송사訟事하는'* 판에 일국의 군주인 정조도 할 일없이 쓰라린 가슴을 움켜쥐고 한 걸음 한 걸음 양보하지 않을 수 없었다. 그리하여 정조의 최후 방패는 한유韓愈의 이른바 '그 사람들(노자와 불가를 받드는 사람들)을 보통 사람으로 만들고, 그들의 책을 불사르고'〔人其人 火其書〕** 6자였다.

그러나 이 6자 방패가 채당 일파의 생명을 일시적으로 연장시키는 데 유효하였던 반면에 조선문화의 장래 발전에는 사형선고였다. 정조 15년에 법령으로 서학을 '사학'이라 규정하고 따라서 천주교서는 물론이요 명말청초의 문집과 패관소설까지도 소각, 금단하고 또 금후 연경에 가는 사절은 경서와 사서를 불문하고 일절 당판唐板***은 가져오지 말라고 하였다. 이와 같이 인문의 세계적 연결성을 끊어버린 동시에 역사와 문화를 이끌고 암흑한 뇌옥으로 들어갔다. 당쟁의 참화가 홍수와 맹수보다 더 심하다는 것은 다시 말할 필요도 없다.

소위 '척사벽이斥邪闢異'라는 유학의 무기가 '존화양이'라는 대명분의 기치와 합세하여 사자같이 으르렁거리고 매〔鷹〕처럼 싸그리는**** 통에 군신상하가 모두 두려움에 움추려 물러나 제각기 구생求生의 길을 찾기에 바빴다. 성호의 수제자 가운데 한 사람인 순암 안정복은 서학에 대하여 성호의 비판적 태도와는 달리 배타적 태도를 취하여 그의 자저自著《천학고天學考》,《천학문답天學問答》 등 여러 편에 서학을 일률

---

* 문선왕은 공자, 곧 공자를 등에 업고 소송을 제기하는   ** 한유의 《원도原道》에 나오는 구절
*** 중국 책   **** 완전히 감싸는

적으로 풍각부수風角符水*(주술의 일종)에 비하였고 연경에 가서 서학 서적을 사가지고 온 것을 이승훈의 죄악으로 규정하였으며 그의 사위 권일신이 서학에 관계했다는 이유로 그와는 조면阻面**한 동시에 그의 외손 3명과도 멀지 않은 거리에 서로 살면서 왕래치 않았다. 그의 이 같은 근신한 태도는 '사학' 사건에 조금도 연루되지 않았을 뿐 아니라 봉군封君 숭작崇爵의 영전까지 받았기 때문이었다. 안정복은 서학문제가 격화되지 않던 시기 즉 정조 15년(1791)***에 사거하였지만 그의 서학에 대한 절연적인 태도가 이미 그처럼 선명했던 것은 그의 학문적 성격을 명백히 설명하는 것이다. 그리하여 그들의 호신부護身符로 가장한 유교의 낡은 의상은 도리어 역효과로 유교의 완고성을 더 부여한 동시에 반대당의 '척사'의 권위를 객관적으로 조장해주었다.

그러나 정조 재위 기간(1776~1800)에는 채당에 대한 천만인의 중상과 무함誣陷도 효력을 발휘치 못하였다. 정조의 채당보호는 그 내용이 결코 단순치 않았다. 정조 일생의 최대 목적은 물론 군권을 강화시켜서 소인을 퇴치하고 정치를 개신하며 문화를 향상시켜서 청조 강희, 건륭의 치적을 한 번 능가해 보겠다는 것이었으나 이보다 우선 자기 아버지를 살해하고 자기를 모해하던 불구대천의 원수인 벽파 서인을 토멸하여 복수를 완성하고 따라서 대의명분을 세상에 펴려는 것이었다. 그러나 그의 뿌리 깊은 정적 세력은 군주의 독단으로는 용이하게 하수下手할 바가 아니므로 정조는 채당 일파에 깊은 기대를 가지고 한갓 시기 도래만을 기다린 것이다. 그는 다산의 과학적인 성제설城制說

---

*풍각은 사방과 네 모퉁이의 바람을 이용해 점치는 방술. 부수는 부적을 태우거나 가라앉힌 물을 이용한 치료법
**오랫동안 서로 만나 보지 못한   ***원본에는 정조 10년(1786)으로 잘못 표기하였음

과 기중기起重機 도설을 응용하여 수원성을 쌓고 채제공을 화성(수원) 유수로 하여 성지城池와 궁궐을 장려하게 수축하고 8도 거부들을 뽑아 수원성내에 살게 하여 민물民物*의 번성을 꾀하는 등 — 이 모든 것은 후일 거사할 때 퇴거退據할 수 있는 지반을 만든 것이다.

 이와 같은 정조의 비밀 계획에 참가한 자는 오직 채제공, 이가환과 다산 등 몇 사람에 지나지 않았다. 만일 정조가 더 영단英斷한 성격을 가졌고 또 수명이 좀 더 길었다면 아닌게 아니라 쿠데타에 의한 정권적 변동이 있었을 것은 명약관화한 일이다. 동시에 다산의 정치적 포부가 다소 실현될 기회도 없지 않았을 것이다.

 당시 사갈蛇蝎** 같은 벽파와 홍당이 채당을 크게 시기, 두려워한 나머지 결국 '사교'라는 기화로서 그들을 일망타진하려 하였으나 순서에 있어서는 채당을 제거하려면 정쟁의 최고 대상이요 채당의 최대 보호자인 정조부터 제거하지 않으면 안 되었다. 정조 즉위 초년에 벽파 노론 간신 가운데 하나인 홍계희洪啓禧의 여당餘黨이 자객을 시켜 밤에 정조가 거처하는 침실의 천정을 뚫고 내려와서 가해하려 하다가 발각, 체포된 사건이라든지 또는 어의 심인沈鏔이 그때 정승 심환지 일파의 사주를 받고 독배를 정조에게 올려서 갑자기 죽게 되었다는 전언은 저간의 내막을 단적으로 폭로한 것이다.

 다산문집 중 〈기고금도장씨여자사紀古今島張氏女子事〉에 의하면 영남 인동仁同*** 장현경張玄慶(여헌旅軒 장현광張顯光의 사손嗣孫****)은 그의 이성異姓 친속親屬인 인동부사 이갑회李甲會의 부친을 만나러 인동부청仁同府廳

---

* 민인들의 재물   ** 뱀과 전갈   *** 고을 이름, 현재의 경북 칠곡 북부와 구미 남부 지역
**** 대를 이은 손자

에 자주 방문하여 심인의 일을 말하면서 의분의 눈물을 흘렸는데 이 일이 구화口禍가 되어 전가함몰全家陷沒을 당하였다 한다. 이를 보면 독배사건이 그때 먼 시골에까지 전파되어 일부 사민士民의 분개가 상당했음을 넉넉히 알 수 있다. 당쟁의 참화는 양반 내부의 자기모순을 유감없이 폭로할 따름이었다.

3. 정조의 '벽파' 퇴치 계획과 서학파의 관계

기독교가 우리나라에 처음 들어온 연대는 지금 우리가 기록으로서 고증할 수 있는 것보다도 훨씬 오래되었을 것이다. 일본은 천주교의 수입이 비교적 일찍 되어 임진왜란 당시에 양인교사洋人敎士가 소서행장少西行長*의 행진을 따라왔다고 하나 우리 조선 사람과는 아무런 접촉이 없었으며 천주교가 조선에 처음 수입된 경로는 중국을 통할 수밖에 없었다. 아무리 쇄국시대였지만 연경과 압록강과의 사이는 2000리에 지나지 않으니 해류 몇 만 리를 모험하고 와서 동양문화의 최고 아성인 중국 수도 연경에다가 포교의 문을 열고 천국의 전파자라는 이름 밑에 서양 자본주의의 정신적 탐험대 역할을 하고 있는 천주교사로서 어찌 이 근린국인 조선에 포교의 손을 뻗치려 하지 않았으랴?

명조 말엽에 이마두의 설교에 제1착으로 의귀依歸한 서광계徐光啓는 자기의 신망을 볼모로 하여 자신이 직접 조선의 통치계급에게 전도할 목적으로 사행使行을 자처한 일까지 있었다(그러나 서광계와 같은 중요 인

---

*선봉장 고니시 유키나가

물이 외국에 원행遠行할 수 없다는 이유로 저지되었다). 추측컨대 천주교가 연경에 온 지 얼마 안 되어 그의 교선敎線은 조선에 침입하였을 것으로 생각되나 그 정도는 아직 미약하여 몇몇 명인名人의 천주교 소개와 단평 이외에는 모두 자취가 인멸되어 버렸고 100여 년간 하류층에서만 잠류하고 있었다. 그러다가 정조시대에 들어와서 정치적 불평과 학문적 기근을 통절히 느끼던 남인 일파 즉 성호학파 여러 명사가 경쟁적으로 환영하매 서학은 비로소 지시계급의 선전적 위력을 얻어 갑자기 문화적 사회에 활약의 자태를 나타내었다. 전언에 의하면 정조의 친모 혜경궁 홍씨는 서교의 신자라고 하니 당시 그의 잠행적인 매개가 얼마나 유력했던지를 짐작할 수 있다. 이뿐 아니라 정조의 서제庶弟 은언군恩彦君 인䄄의 처 송씨宋氏와 그 아들 담湛의 처 신씨申氏도 서교를 믿고 외인을 은밀히 통한 것이 후래 순조 원년(1801) 청인 주문모周文謨의 자수, 공술하는 말 가운데서 드러났다. 다산 연보〔丁奎榮 所著〕에 의하면 주문모는 중국 소주인蘇州人으로서 정조 19년(1795) 여름에 변장을 하고 국내에 잠입하여 북악산에 숨어 있으면서 천주교를 널리 전파하였다. 정조와 채당을 차례로 처치한 다음에 왕족까지 음해하려던 벽파 권신으로서는 물론 무함誣陷과 중상이 그들의 상투수단이었지만 어쨌든 교회의 파선波線이 왕실의 규중에까지 미쳤던 것이 사실인데 이는 또한 남인 서학파의 활약에서 결과된 것이었다.

오랫동안 '실지원국失志怨國' 하던 남인 일파의 복권운동과 자기 부자를 모해하던 일당에게 통분을 품은 정조의 복수계획은 모두 벽파 서인 정권을 투쟁 대상으로 하게 되었다. 당시 남인 서학 일파는 이와 같은 정치적 관계에서 절호의 찬스를 발견하였다. 물론 그들의 최종 목적은 왕권 강화와 혹은 사상의 자유와 혹은 소위 이상세계의 실현에 있었고 벽파 타도가 아니었지만 목적을 위해서는 당시 정치적 최대 장애물인 벽파 정권의 도괴倒壞*를 당면 목적으로 하여 남인과 정조의 공동전선에 반가이 참가하였다.

그러면 벽파란 대체 무엇인가? 당시 양반정국의 내면과 실학파의 정치적 환경을 이해하기 위하여 이하에 간단히 말하려 한다.

영조(재위 1724~1776)의 장자 행緈**(시諡 효장孝章, 정조 때 진종眞宗이라고 추존)는 조사早死하고 차자(영빈暎嬪 홍씨 소생, 시諡 사도思悼, 정조 때 장헌莊憲이라고 추시追諡, 고종 때 장조莊祖라고 추존)가 세자로 되어 영조 25년에 대리청정하였는데 그는 성격이 호방하며 서인 노론 일파의 전횡과 척신들의 발호를 미워하여 자기가 왕위에 오르는 날이면 장차 그들에게 일대 철퇴를 내리겠다는 태도를 보였으므로 그들은 크게 두려워하여 화를 미연에 방지하기 위하여 안으로 정순왕비貞純王妃 김씨(영조의 계비)와 총희寵姬 문소의文昭儀와 세자의 이복매異腹妹인 화완옹주和緩翁主와 결탁하고 백방으로 무함하였다. 즉 세자는 광망실성狂妄失性하여 패악무도하며 불효불우不孝不友하니 그대로 두면 장차 패가망국하리란 것이다. 형조판서 윤급尹汲과 김한구金漢耉의 사주로 나경언羅景彦(윤급의 부하)이 세자의 비행 십여 조를 열거하여 상소하니 영조는 크게 미혹하여 세자를 서인庶人으로 삼고 38년(1762) 5월에 창덕궁 명정전明政殿에 나와 앉아서 궁정 한가운데 미리 갖다 놓은 큰 나무 뒤주에 세자를 넣어서 질식케 하였으나 빨리 죽지 않으므로 그 위에 풀을 쌓아 훈증하니 9일 만에 절명하였다. 이 사건에 기절참절奇絶慘絶한 로맨스도 많았다.

---

*허물어짐   **원본에는 '絆'로 잘못 표기하였음

그 뒤에 영조는 세자의 무죄와 무함인 것을 깨닫고 크게 비회悲懷하였다. 다다음해(1764) 그는 휘령전徽寧殿에 친림하여 사관史官을 물리치고 채제공을 특별히 시켜서 자작자서自作自書한 〈동혜혈삼사桐兮血衫詞〉 즉 세자를 비념悲念하는 시사를 정성왕비貞聖王妃 서씨徐氏 신주의 보료 밑에 넣어 두어 뒷날 자기의 비회와 세자의 원사寃死에 대한 증거를 남기게 하였다. 정성왕비는 영조의 제1비로서 자기 소생이 없고 왕실의 장래를 위하여 생전에 세자를 가장 애호해 주던 적모嫡母였으며 채제공은 세자의 피살 당시 극력 변호하던 자기의 충신이었다.

당시 세자 모해파를 벽파僻派(혹은 辟派), 세자 보호파를 시파라고 세상에서 불러온 것인데[13] 남인 관료는 대개 시파를 지지하였고 서인 노론 관료는 대다수가 벽파의 추종자들이었으나 홍인한洪麟漢, 홍계희洪啓禧, 김상로金尙魯, 김구주金龜柱, 심환지沈煥之 등이 벽파의 주동자였다. 벽파는 세자를 모살하는 데 성공하였으나 세자의 아들 산祘(뒷날 정조)이 세자 생전에 이미 세손으로 정립되어 있으므로 그의 장래 복수를 크게 두려워하여 자위의 묘책으로서 영조를 유인하였다. 즉 세손은 소생所生 부父인 장헌세자를 두고 백부 효장세자(진종)의 왕통을 계승한 동시에 소생 부에 관한 추존과 복수는 후일 즉위한 뒤에도 절대로 하지 않기로 자기 할아버지인 영조 앞에서 엄숙히 선서케 하였다. 만일 후일 세손이 서약을 위반하면 이는 망조배부忘祖背父의 패역이 되는 것으로 규정되었다. 그리고 그들은 세손의 외조外祖 홍봉한洪鳳漢을 유도하여 세자 모해에 대한 최고 책임을 상소 자인케 하였으니 이는 후일 세손이 복수할 때 그 수범首犯인 자기 외조에게는 직접 가형加刑할 수 없으리라는 윤리상 약점을 이용하여 종범자들이 안전을 도모한 묘책이었다.

그 후 정조는 즉위 당년(1776)에 세자 모해파인 김상로에게 역률逆律을 추시追施하고 홍인한, 문소의, 정후겸鄭厚謙에게 모두 사사賜死하여 분한憤恨한 심정을 다소 풀었으나 벽파 전체에 대한 토역적討逆的 처분은 감히 하지 못했으므로 그들의 대세는 의연히 조정에 서리고 있었다. 더구나 벽파 수호신인 영조 계비 김대비(정순)는 국왕의 조모라는 최존最尊의 지위를 빙자해서 정사를 견제하였다. 정조가 벽파의 한 놈이라도 건드리기만 하면 대비는 그만 노발대발하면서 "이는 선대왕의 유명遺命에 위반된 것이니 나는 그 꼴을 안보고 사처私處로 퇴출하겠다."고 하였으니 정조의 고정苦情이 심했음은 물론이었다. 정조 즉위 초년에 영안 안동安東 유생 이도현李道顯은 정조에게 장소長疏를 올려 선세자를 무살誣殺한 역도당을 토주討誅할 것을 통절히 논술하였으나 정조는 도리어 그에게 역률을 가하여 울며 겨자 먹는 악광경을 연출하였다. 정조의 고약孤弱한 처지와 벽파의 전횡도 가히 상상할 수 있다.

그러나 정조는 채제공을 어필御筆로 임명하여 오랫동안 수상의 자리에 두고 그 이하 남인의 재능과 학식 있는 인사들을 점차 등용하여 우익羽翼을 부식扶植하는 동시에 정치적 밀모密謀를 획정하였다. 전언(신빙할 만한)에 의하면 영조에게 전기前記한 바와 같이 서약한 정조는 자수自手로 직접 복수할 수 없으니 왕자(순조)가 20세만 되면 그에게 전위傳位하고 자기는 수원행궁에 퇴거하여 신왕의 이름으로 수당讐黨을 토멸하고 대의명분을 밝히려 하였다 한다. 당시 정세를 종합해보면 이는 의심할 여지가 없는 사실인 것이다.

이와 같은 밀모에 참가한 자는 위에 언급한 바와 같이 채제공, 이가환, 정약용 등이었다. 이들 일파의 서학 관계는 당초 어느 정도까지 정조가 묵인한 바요 나중 벽파와 홍당의 합력 공격이 일어난 때 정조는 채제공과 협의하여 그들을 보호하는 데 힘과 기술을 다하였다. 채제공, 이가환, 정약용 등 이외 서학교파 여러 사람도 이러한 정치적 내막을 짐작했다. 그러므로 정조 재위시에 한해서는 '사학개칭邪學改稱'과 포교 금령과 교서소각과 당서唐書 구입 금지와 교인 엄단이 여하히 여행勵行되더라도 교파 여러 사람은 이를 일시적 현상으로만 보고 의연히 정국 변환의 호기회가 도래하기를 기대하고 있었다. 그리하여 그들은 양선洋船 초청과 같은 적극적 수단을 강구하기까지는 이르지 않았다.

이때 서학파 인사들의 배교 표시를 예를 들면 이승훈의 서교를 배척한 시문詩文과 다산의 배교를 표명하는 상소(정조 21년 정사)는 교파인사들도 일종의 방편으로 이해하였고 그것으로 인하여 전연 서로 절교하는 상태에까지는 이르지 않았다.

4. 정조 서거, 서학파의 격화와 신유 사학사건

정조가 살아있는 동안에도 금교의 법망은 날로 세밀화하고 정권의 변동은 용이하게 오지 않았으므로 이에 초조한 서학 일파에서는 대책상 완급의 대립이 내적으로는 없지 않았을 것이나 지금 그 실상을 자세히 탐구할 수 없고 교파 인사들이 정조의 학술 자유와 채당 음호의 정책을 이용하여 교세 확장에 주력한 것만은 청인 신부 주문모의 입국활동으로 짐작할 수 있다. 그러나 정조 · 채당 · 서학파의 공동전선에 벽파와 홍당은 큰 시의猜疑와 공포를 느꼈다. 정조 서거(1800)보다 1년 먼저 채제공이 사망하면서 공동전선 활동은 드디어 급조를 띠었다. 이에 자극된 벽파의 홍계도 발악적이었다. 그들의 최고 장애물인 정조가 서거하매 홍당은 기뻐 날뛰었고 벽파는 더욱 전횡하였다. 김대비를 주신主神으로 영상 심환지를 주장主將으로 한 벽파 일당은 대사옥의 발기를 준비하고 있었다. 이때 채당과 서학파의 창황 초조한 광경은 과연 어떠했는가?

  礁礁嗔鵲繞林梢 검은 바탕 번쩍이는 비늘의 악한 짐승은
         고개를 쳐들고 어린 까치의 보금자리로 들어간다.
  黑質脩鱗正入巢 놀래고 성나고 그러나 어쩔 줄 모르는 어미까치는
         짹짹거리며 이 가지 저 가지로 뛰 날고만 있다.
  何處戛然長頸鳥 어디서 긴 목에 긴소리를 빼고 오는 모진 새가
         세찬 톱으로 그 짐승의 대가리를 움켜잡고
  啄將珠腦勢如虓 날카로운 부리로 그 놈의 뇌수를 쪼아 먹으면
  不亦快哉   그 아니 통쾌할쏘냐! 그 아니 통쾌할쏘냐!

이 시는 다산의 〈불역쾌재이십수不亦快哉二十首〉 중 한 수인데 당시 급박한 정세는 과연 검은 바탕에 번쩍이는 비늘의 악한 짐승이 어린 까치의 보금자리로 들어가는 순간이었으니 세찬 톱과 날카로운 부리를 가진 모진 새가 오지 않으면 그들에겐 오직 사멸의 비운이 있을 뿐이었다.

순조 1년(1801) '신유사옥辛酉邪獄' 사건은 만 1년 동안 대가리와 꼬리가 서로 맞물고 일어났으므로 칼로 베듯이 구분할 수는 없으나 대개 삼단三段으로 볼 수 있으니 초단初段은 이가환, 이승훈, 권철신, 정약전, 정약종, 정약용, 홍교만, 최창현, 이존창李存昌, 강숙완姜淑完(덕산사인德山士人 홍지영洪志榮의 처) 등에 대한 처단이며 중단中段은 청인 신부 주문모의 자수사건이며 말단末段은 황사영의 백서사건이다. 그러나 초단 사건은 요컨대 집권자의 최대 정적인 채당 타도였으므로 이가환, 이승

훈, 정약용 등이 벽파의 가장 첫째 대상으로 되었으나 사교의 중심인물은 누구보다도 정약종이었다. 동년 정월 중추부지사 권엄權欕(처음에는 채당이었다가 나중에는 홍당) 등 36명은 상소에서 다음과 같이 말하였다.

슬프다! 저 역도 약종若鍾은 하나의 요망하고 사악한 괴물입니다. 천륜을 끊고 후미진 곳에 자취를 숨기며 밝은 곳을 등지며 깊숙이 그늘진 굴속으로 숨어들었습니다. 그 자는 처음부터 세상에 군신과 부자의 倫常이 있다는 것을 인정하려들지 않았으며, 그 마음자리에는 邪學 받들기를 부모보다 중시했으며 사학 지키는 일을 굳은 절개라 여겼습니다. 자취를 비밀스럽게 하면서 사람들과의 접촉을 꺼려 했고 그 때문에 사람들은 그가 지하에 숨어서 사악한 법을 만든 사실을 몰랐으니, 이 자는 대체 어떤 물건입니까. 마침내는 이리 같은 성격은 교화하기 어려울 것이고, 듣기 거북한 올빼미 소리는 더욱 기승을 부릴 것입니다. 그리고 이번에는 매우 흉악스럽고 극악하다 못해, 더할 수 없는 悖德한 말들이 그의 문서에서 드러났으니, 이는 참으로 지금까지 보지 못한 괴변입니다. 아! 약종을 형제로 둔 약전과 약용이 감히, '저희는 알지 못합니다.' 거나 또는 '저희는 하지 않았습니다.' 라고 말할 수 있겠습니까?

〔噫彼逆鍾 乃一妖精邪怪也 絶其天屬 匿影別處 背陽明之界 入幽陰之窟 初不識世間 有君臣夫子之論 其所設心 奉邪學甚於父母 守邪學作爲苦節 行跡陰秘 厭與人接 故人不知其暗地作法 是何樣物而畢竟 狼性難化 梟音益肆 乃有今番窮凶極惡 絶悖不道之言 至發於文書 此誠前古所無之怪變也 噫以若鍾爲兄弟 若銓若鏞 其敢曰不知 亦敢曰 吾亦不爲乎……"〕

이 상소는 당시 서교파 수령인 정약종의 비밀 활동과 신앙의 열성을 가장 잘 표현한 글이다. '궁흉극악窮凶極惡, 절패부도絶悖不道' 등의 문구는 단순히 사교신봉을 논죄한 것이 아니고 필시 약종이 왕실에 관한 것 또는 독배에 관한 사실을 폭로하여 벽파를 토죄討罪한 동시에 교도와 군중의 의분을 환기한 선동문서를 지적한 말일 것이다. 그들이 약종의 문서를 구체적으로 논박하기에는 너무나 염치가 없으므로 다만 그와 같은 막연한 악담의 문구로서 그를 죽이려 한 듯하다. 약종의 형제임에도 불구하고 약전, 약용은 이 일에 관여치 않았던 것은 사실이었다.

동년 10월 '토사반교討邪頒敎'문** 중에 "선왕께서 승하昇遐하신 뒤로는 오직 함부로 날뛰기만을 생각하였다〔自仙馭賓天之後 惟事跳梁〕." 하였고 국왕의 명의로 청조에 보낸 토사주문討邪奏文***에는 또 이렇게 말하였다.

> 작년에 나라에 국상이 있었고 신은 어린나이에 대통을 이어받아 모든 일을 처음으로 만지니 사악한 무리들이 차마 이러한 시기를 이용해야 한다고 여겨 도성과 시골에서 들고 일어나 사건이 날로 번져나갔습니다. 올 봄 3월에 한성부가 사당들이 주고받은 편지와 비밀 문건을 찾아냈다고 알려왔기에 이를 근거로 죄인들을 엄중히 문초하고 조사하였습니다 …… 이 때 실제로 사당들과 관련된 정약종이 짓고 떠든 ……

---

* 《일성록》에는 순조 원년 2월 18일 올린 것으로 나온다. 《일성록》에는 요약하여 실었으나 《공거문公車文》(규장각 古 5120-29-V.2-110) 108책에는 원문이 자세히 나온다
** 《조선왕조실록》 순조 원년 12월 갑자(22일)에 실려 있으며 대제학 이만수가 썼다. 정확한 명칭은 〈토사학반교문討邪學頒文〉이다
*** 정조, 순조 때 관리 이만수(1752~1820)의 《극원유고屐園遺稿》에 실려 있다. 그는 그 밖에 토역반교문討逆頒敎文, 토사학반교문 등도 작성하였다

〔"昨年國有喪禍 臣冲年襲封 庶事草創 邪黨等認爲此時可乘 京外響應 日漸滋蔓 本年三月 漢城府斜 得邪黨往復書札及秘書以故 據此始行鞠覈……伊時實係邪黨丁若鍾 所著所鳩……"〕

　　이상 두 글의 어구를 보더라도 정조 서거는 서학교파들에게 정치적 낙망과 전술적 충동을 강렬히 주었으며 동시에 독배사건과 김대비 전제와 권신의 발호와 기타 지배계급의 정치적 강압과 도덕적 타락 등은 도리어 절호의 선전 재료를 제공한 것이다. 그들은 정조의 죽음을 계기로 하여 현 정국을 타도하는 방편으로 독배 운운을 유포하였다. 서인 노론 명가의 자손인 김건순金健淳(청음淸陰 김상헌金尙憲의 사손嗣孫), 김백순金伯淳(선원仙源 김상용金尙容의 후손) 등 채당 교파와 합류한 것은 서교의 신앙이라든가 혹은 벽파의 전횡에 대한 반감이란 것보다도 국왕을 암해暗害하였다는 데 대한 '공분公憤'이 하나의 유력한 동기로 되었던 것이 아닌가? 그들은 국왕의 장사葬事와 왕위 계승으로 심히 분망奔忙하고 있는 시기를 타서 북경교회와 연락하고 유언을 선포하고 민심을 선동하는 데 필연적으로 활동하였다.

　　이상에 말한 바 이가환, 이승훈, 정약종, 정약용 등 채당 일파를 일망타진하여 제1단의 옥사를 완료한 다음에 벽파의 마수는 다시 주문모의 자수를 기회로 하여 '사학邪學', '요언妖言' 양 법안을 겸용하여 시파와 채당을 재검거하는 동시에 벽파의 적인 왕숙王叔 은언군恩彦君 인裀*의 전가全家와 선왕의 신신信臣 윤행임尹行恁과 노론 시파의 우두머리인 홍

---

* 사도세자의 서자이며 정조의 이복동생

낙임(홍봉한의 아들), 노론 신도인 김건순, 김백순까지를 화망禍網에 움켜 넣어서 반대당파들의 정치적 퇴세頹勢를 다시 걷잡을 수 없게 하였다.

    이렇게 험악한 환경에서 다산의 질서姪壻요 교파의 맹장인 황사영은 망명 탈주하여 이름을 고치고 상복을 입고 충청도 제천堤川의 토굴 속에서 반년 이상 숨어 있으면서 교인과 연락하고 교회를 유지하며 동지 황심黃沁, 옥천희玉千禧, 김유산金有山, 김한빈金漢彬(정약종의 행랑아범) 등과 최후의 수단을 강구하였다. 그는 흰 비단폭에다가 잘게 글을 써서 북경 천주교회 서양인 선교사들에게 주문모 이하 여러 교인의 피살 상황을 상세히 보고하고 박해와 포교에 관한 타개책 3개 조항을 진술하였으니 첫째는 청국 황제의 교지를 얻어 내서 조선정부로 하여금 서양인을 국내에 접수토록 할 것, 둘째는 안무사按撫司*를 평안도 안주安州에 개설하고 청조의 친왕親王**으로 하여금 감시하여 포교의 자유와 정치적 기회를 획득하도록 할 것, 셋째는 서양국에 통지하여 대함 수백 척과 정병 5, 6만 명과 대포 등 예리한 무기를 파송하여 조선에 와서 시위하여 자유롭게 포교하도록 할 것 등이었다. 이 밀서를 역속驛屬에게 주어서 북경사행에 딸려 보내려던 것인데 황사영이 제천에서 체포되는 판에 수색한 문서 중에 본 백서가 발견되어 그들의 계획은 수포로 돌아가고 말았다.

    이상 일련의 사건으로서 정조가 서거한 직후 서학교파의 격화가 얼마나 심했는지를 알 수 있다. 백서사건은 요컨대 교파의 무모한 행동이었고 이가환, 정약종 등 저명한 학파와는 아무런 관련이 없었다.

---

* 문제가 발생한 지역의 백성을 위무하는 역할을 하기 위해 설치한 기구   ** 황제의 아들이나 형제

이 백서의 주지와 같이 외국 무력 간섭을 배경으로 하여 자기 국내 문제를 해결하려는 것은 사려 깊은 애국인사가 취할 정책은 아니므로 다산 일파는 절대로 반대하는 입장에 서 있었다. 이에 대한 논구는 절을 고쳐서 진행하려 한다.

5. 서학의 교학 양파 분열과 학파로서의 다산의 사상과 영향

당시 서학 일파 중에서 교파와 학파의 양익兩翼이 분립하여 있던 것을 역사적 색맹이 아닌 우리는 명백히 간파하지 않으면 안 될 것이다. 이상에 여러 번 지적한 바와 같이 정약종, 황사영, 홍교만, 최창현 등은 교파 분자로서 열렬한 신교자였다. 그들은 신교의 자유를 획득하고 조국을 모르는 천국을 실현키 위하여 적극적 수단을 취하였으니 이른바 황사영 백서가 그 일단을 표시한 것이다.

순조 원년 '사학' 대탄압이 전국적 선풍을 일으켜 그들의 육신은 분쇄하였지만 그들의 신념은 죽이지 못하였다. 그들은 가혹한 고문 밑에서 혹은 '죽더라도 후회 않는다고〔至死不悔〕'를 언명하며(정약종) 혹은 서학에 '사邪'자를 가할 수 없다는 이유를 항변하였다(홍교만). "보리 낱〔麥粒〕이 땅에 떨어져서 만일 죽지 않으면 다만 하나로 있지만 만일 죽으면 많은 열매를 맺는다."(《요한복음》)는 격언은 그들의 순교에 대한 신조였다. 중세기 포악한 전제주의에 반항하고 굴복할 줄 모르는 인민성에 호소하며 이용하는 천주교의 유파는 그 뒤 수차 대학살과 연속 박해를 받으면서도 항상 민중의 저층에 침투되고 있었다. 생활에 절망한 서민과 정계에 낙오한 인사들의 의귀依歸를 받아 박멸하면 할수록 그만큼 치열해지는 교파 세력은 개화운동에 자극을 주었으며 혹은 민중의 비밀결사와 신앙 형식에 기술과 경험을 기여하기도 하였다.

그러므로 19세기 중엽부터 일어난 동학당東學黨은 주창자 최복술崔福述(최제우)이 유불도儒佛道 3교를 통합하였다고 자칭하였음에도 불구하고 소위 13자 주문에서 유교의 상제上帝나 도교의 옥황玉皇이나 또 불교의 천왕天王, 혹은 제석환인帝釋桓因 등 용어를 쓰지 않고 당시 금물인 '천주天主' 두 자를 내세운 것은 천주교의 영향이었음을 간과할 수 없다. 또 19세기 말엽 야소교의 신교新敎가 입국하기 전까지는 천주교인이 서북 양도에 거의 없었고 주로 삼남지방에 많이 분포되었으며 그중에도 특히 경상도 대구, 경주 등지에 많았는데 동학 발생지가 경주였다는 사실은 후자가 전자의 영향을 받았다는 점을 증명하는 하나의 실례다.

요컨대 동학의 종교적 형식은 천주교의 영향을 다소 받은 것이 사실이었으나 여기서 반드시 또 엄밀히 변별해야 할 것은 동학이나 서학을 물론하고 종교적 형식보다도 사상적 내용에 관한 문제다.

앞서 서술한 서학의 교파는 천주교리의 맹신을 통하여 서양숭배와 외력外力 의뢰의 경향을 빚어내게 되었다. 그들은 서양인의 종교선전에서 그 계통과 본질과 목적이 무엇인지를 간파하지 못하고 자기 조국 내부의 정치적 문제를 외인의 마수를 빌어서 해결하려 하였다. 황사영백서사건의 실패가 그들에게 훌륭한 교훈을 줄 수 있음에도 불구하고 그들은 항상 맹신적 행동으로 인민의 경각성을 방해하였다. 그 뒤 서학교파들의 비밀 연락을 받은 프랑스 군함들은 헌종 12년(1846) 홍주洪州** 외연도外烟島에 와서 정부를 향하여 헌종 5년에 일어난 프랑스인

---

* 몸이나 정신이 가서 의지함, 귀의   ** 충남 홍성군

선교사 13명의 피살사건을 문책했고 고종 3년(1866) 대원군이 벌인 프랑스인 선교사와 천주교도 학살사건을 구실로 강화도를 침공했다. 이러한 사태는 첫째로 당시 통치계급의 포악한 박해에 책임이 있으며 또 조선인 신도들은 단순히 박해를 모면하고 신앙의 자유를 찾기 위해 프랑스 군함에 비밀 연락을 했으나 이는 객관적으로 서양 자본주의 원정대의 침략에 대하여 내응한 비애국적 행동으로 낙착되고 말았다. 조선 근세 개화 운동사상에 자주 보이는 외국 의뢰주의 발단의 책임이 황사영과 같은 서양교파에게 있다는 것을 지적하지 않을 수 없다.

그러나 당시 서학학파는 정치적 견해를 서학교파와 전연 달리 하였다. 왜냐하면 후자가 자기 조국을 서양화하려는 반면에 전자는 서학을 동학화하려고 한 까닭이었다. 성호, 다산 등 실학파는 천주교리를 결국 '환망'으로 규정하고 다만 서학 가운데 과학 부분만을 섭취하여 조국의 부강화에 이바지하려 하였다. 그들은 한 걸음 나아가 과학과 기술은 서양을 배우되 그들이 고심참담苦心慘憺*하게 고안해 낸 이상적 사회는 권모술수와 약육강식으로 직능을 삼고 있는 서양 '패도霸道'의 나라를 모방하려 하지 않고 오직 토지 공유, 공동 경작, 노력에 의한 분배, 계급 차별의 철폐, 세습군주제의 폐지와 인민선거제 실시 등을 내용으로 한 새 사회, 다시 말하면 동양 '왕도王道'의 나라를 건설하려는 것이었다. 그래서 다산 일파는 서양숭배 대신에 서양경계를 주장하였다. 당시 이미 동양을 위협하는 서양 각국의 상업원정대에 대하여 그들은 일정한 대책을 고려하였다. 다산의 전서 중 '미성未成' 혹은 제

---

* 몹시 마음을 태우며 애를 쓰면서 걱정을 함

목만으로 남아 있는 《상두지桑土志》, 《아방비어고我邦備禦考》 같은 저작들과 다른 실학자들의 이론에서 볼 수 있는 조국의 부강화를 위하여 생산능률과 국방 능력과 물화 유통을 향상시키기에 필요한 과학기술을 국제적으로 섭취하려는 북학론, 통상론 등이 모두 이와 같은 대책을 의미한다.

당시 다산 일파는 부득이한 경우에 외국 세력을 초청하여 국내 정치를 개혁하겠다는 교파의 의도에 대하여 어느 정도로 반대하였나? 이런 사실은 원래 그들 전체의 비밀에 속하므로 그들이 남긴 기록은 이에 관하여 일체 침묵을 지켰으나 간접적인 증언은 여러 방면에서 발견되고 있다. 즉 첫째로 다산 일파는 서학학파로서 입장이 교파와는 달랐으며 둘째로 그들의 정치적 논조는 항상 자주적인 견지를 고수하고 사대주의 혹은 의외주의依外主義를 타매唾罵*하였으며 셋째로 양함洋艦의 위협과 청제淸帝의 간섭을 주지로 한 황사영, 황심 등 백서사건에 다산은 전연 관지關知**하지 않았을 뿐만 아니라 다산의 친형 정약종도 자기 친아우에게 교회 생활을 함께 하지 못한 것을 한탄하고 교회의 비밀을 절대로 통하지 않은 지가 이미 오래였다. 또 다산은 교파 인물에 대하여 한 번도 악언惡言을 가한 일이 없었음에도 불구하고 백서 주범인 황사영에게는 특히 '역적'이란 필주筆誅를 내리어 조금도 관용치 않고 자기의 입장과 적개심을 표시하였다. 이와 같은 관점은 다산이 학파로서 정치적 주관이 교파와 반대되었던 사실을 충분히 입증하여 준다.

---

* 침을 뱉으며 꾸짖음 ** 관련하여 앎

그러므로 다산이 만년에 이가환의 묘지명을 지어서 그의 입장과 사적을 밝히는 가운데 정적政敵이 이가환을 사교의 괴수라고 무함한 것을 극력 변증하였고 또 정조 19년 여름 혹은 14년에 가환이 벌써 권일신, 주문모와 함께 양함 초래를 협의하고 은銀 2일鎰(한 일은 24냥)을 출자하였다는 데 대하여 악당의 엉터리없는 허구와 사리에 어그러진 무고란 것을 명백히 지적하였으니 이를 보더라도 당시 정약용, 이가환 일파에서는 교파와 같은 무모한 계책이 절대로 나오지 않았음을 알 수 있다. 이와 같이 다산의 실학사상은 서향주의西向主義나 의외주의依外主義가 아니고 자주적인 애국사상이었으므로 후래 개화운동과 계몽사상에 우수한 전통과 영향을 주었다.

이제 위에서 잠깐 논의한 동학문제로 다시 돌아와서 본다면 동학이 천주를 표방한 것은 물론 천주교의 영향이며 동학의 외피는 종교적이었으나 내용과 성격은 농민투쟁인 동시에 실학파 즉 다산 일파의 '농민혁명의 이념'과 연결된 대중적 표현이었다. 갑오농민전쟁에서 소위 북접*의 거두인 최시형崔時亨, 손병희孫秉熙 일파는 교회는 정치와 전쟁에 관련하여서는 안 된다고 주장하며 전쟁으로부터 탈퇴한 동학의 교회주의자들이었으며 반면에 남접**의 거두인 전봉준全琫準, 김개남金介男 일파는 교회를 전쟁에 종속시켜 혁명을 완수하려고 한 주전파들이었으므로 이 전쟁의 지도자들은 전자가 아니고 필연적으로 후자였던 셈이다. 이 지도자들은 전쟁의 강령으로서 문벌 타파, 사민평등四民平等, 인재본위, 노예 폐지, 칠반천민七班賤民의 대우 개선, 서얼소통,

---

* 2대 교주 최시형이 이끄는 교단 중심의 동학 조직   ** 전봉준 등이 중심이 된 개혁 중심의 동학 세력

청춘과부의 자유 개가, 신앙 자유 등 사회제도 개혁으로부터 토지의 불균분여不均分與, 부채 탕감, 가렴잡세 폐지, 토호·양반·유생과 탐관오리의 응징* 등 정치경제적 개혁에 이르기까지 열거하였으며 대외적으로 척양척왜, 보국안민保國安民, 왜인과의 간통의 엄징 등 표어를 높이 들었으니 외래 자본주의 침략을 반대하는 자주 독립적 정신이었으므로 서양숭배와 외국의뢰를 내용으로 한 서학교파의 사상(내지 기독교인 일반의 사상)과 또 혁명적 투쟁의 장면으로부터 탈주한 동학교회주의자들의 방향과는 근본적으로 성격을 달리하였다. 다산의 비합법적인 경세사상을 구체적으로 전개한 《경세유표》 별본別本이 전봉준, 김개남 등의 손에 비밀히 전수되어 그들의 투쟁에 이론적 방조傍助**를 주었다는 전설은 결코 우연한 낭설浪說이 아니다. 왜냐하면 과거 우리나라 수백 년 동안 연속적으로 반복한 투쟁 — 한 지방에서 탐관오리와 개별적 폐정을 반대하여 일어난 농민투쟁들과 비교하면 갑오전쟁은 규모로나 강령과 전술로나 말할 수 없을 만치 전개되었으며 따라서 우수한 진보적·계몽적 사상가들의 지도적 이론의 주입 침투가 없이는 이와 같이 발전한 투쟁으로 나타날 수 없기 때문이다. 그리고 신유사옥 당시에 다산은 자기의 배교적 실증이 표명됨에 따라 사형을 면하고 남해南海 변지邊地인 강진康津에서 18년이라는 장기 유형을 겪는 동안에 자기의 문필적 포부를 발휘할 곳이 없어서 경의經義, 예설禮設 등에 신해석을 가하는 것으로 흥미를 붙였다. 그는 서학에서 얻은 과학적 방법과 성호학에서 계승한 실학적 견해를 종합적으로 이용하여 공

---

* 폐정개혁 12개 조항   ** 곁에서 도와줌

맹학孔孟學의 실용적 부분을 자기 척도로 재단하여 당시 유학자들에게 도전하였다. 그러나 이와 같은 경전 해설은 원래 자기의 본원이 아니었고 항상 신학新學과 신정新政을 실시하여 부패한 사회와 빈약한 조국을 이상의 나라로 개조하려는 염원이 간절하였다. 그의 이서일표二書一表가 즉 이를 치의致意한 일부 표현이다. 또 그는 고난한 유배 중에서도 호남 농민의 생활 상태에 계속 주의하며 관료계급의 잔인무도한 행동을 무자비하게 지적 폭로하였다. 그가 유배 중에 발표한 논설과 시편은 부패한 양반사회와 추악한 착취제도를 날카로운 칼날로 샅샅이 해부하고 풍자의 불길로 불살라 버리려 하였다. 그의 사상적·문학적 영향은 실로 거대하였다.

제2부
다산의 여러 철학적 견해

5장 새로운 과학적 견해와 미신타파론

종래 종교적 스콜라철학파가 주장한 바와 같이 태양이나 유성이 지구를 중심하여 회전하는 것이 아니고 이와 정반대로 유성이나 지구가 태양을 중심하여 회전한다는 가설을 주장한 코페르니쿠스(1473~1543)는 중세적 교의에 커다란 진감震撼을 주고 새로운 과학적 사상을 전개하는 데 위대한 역할을 하였으며 그 후 갈릴레오(1561~1642)는 코페르니쿠스의 가설에 결정적인 과학적 기초를 준 동시에 그 시대의 최고 사상가이며 철학자였다. 우리 조선 근세 실학파 학자들도 종래 유학자들이 주장한 천원지방天圓地方, 천동지정설天動地靜說을 일축하고 지원地圓, 지동설을 시인함으로써 유학의 '동굴적 우상'을 타파하는 강력한 사상적 철퇴를 준비하였다.

그리하여 다산은 과학적 사상에 기초한 자기의 새로운 세계관을 먼저 천문지리학에서 전개하였다.

그의 〈지구도설地球圖說〉은 남극, 북극의 땅에 나온 도수度數와 동요東徼, 서요西徼, 정오亭午*에서 시작하는 분수分數를 도시圖示하여 지세地勢가 원구圓球와 같음을 설명하고, "만일 천원지방이라고 하면 하늘이 땅의 사각을 덮지 못할 것이다〔若天圓而地方, 是四角之下掩也〕."라는 증자曾子의

---

* 正午를 가리킴

말*을 인용하며 또 주자朱子가 이의二儀의 설(음양설)에서 심괄沈括 (1031~1095)**의 의견을 좇았다는 것을 인증하여 지원설에 대한 유학자들의 의문을 논박한 동시에 종래 동양에서도 천원지방설이 근거가 없다고 단언하였다.

또 그의 〈지리책地理策〉에 따르면 《주비산경周髀算經》***의 말단末段에 천원지방이란 문구가 있으나 주비周髀는 천지를 측량하는 것인데 측량법이 방方이 아니면 안 되기 때문에 원형의 지면을 방형으로 잠시 가정한 것이요 그 본체가 본래 방형이라고 한 것은 아니니 지원, 지구라고 하는 것이 정당하다. 28수二十八宿의 분야란 것은 중국에 한한 것이요 대지 전체로 보면 아무런 의의가 없다.

또 같은 책문에 "먼 데 것을 소중히 하고 가까운 데 것을 소홀히 하는 것은 고금의 통환通患인데 그중 우리나라 사람들에게 우심하다. 성명聲明과 문물文物은 중국을 모의模擬할지라도 도서圖書의 기록에 있어서는 마땅히 본국을 밝힐 것이라."고 하였다. 이는 세계적 대관大觀이 자아를 반관反觀하여 자아의 위치와 임무를 발견한 것이다.

'연경에 사절로 가는 교리 한치응에게 주는 서문〔送韓校理致應使燕序〕'에서 "나로서 보면 소위 중국은 중中이라 할 수 없으며 소위 동국東國은 동東이라 할 수 없다."고 하여 지구 원형과 지구의 표면에 여러 나라가 분포하여 있는 것을 천문지리상으로 입증한 다음에 "무릇 이미

---

* 《대대례大戴禮》에 있음. 《대대례》는 중국 전한의 대덕戴德이 공자의 제자 72인의 예설을 모아 엮은 책으로 《예기》 214편을 85편으로 정리하였는데 39편만이 전해진다. 참고로 《대대례》에는 "曾子曰天圓而地方者 誠有之乎 天之所生上首 地之所生下首 上首之謂圓 下首之謂方 知誠天圓而地方 則是四角之不揜也"라고 되어 있어 최익한의 인용과는 조금 차이가 있다
** 중국 북송의 학자·정치가
*** 기원전 1000년경 지었다는 중국 천문학과 수학의 고전, 주비는 주나라의 해시계를 가리킨다

실학의 대성자 다산에 대한 연구 · 327

동서남북의 중中을 알게 되면 어디를 가더라도 중국 아님이 없을 것이니 무슨 동국이 있을 것인가? 또 어디를 가더라도 중국 아님이 없다면 무슨 중국이 따로 있을 것인가?"라고 하여 중국이라는 명칭에 이유 없는 것과 우리가 중국을 까닭 없이 세계의 중심으로 숭배하는 사대주의를 학리적으로 비난하였다. 다산보다 30세 연장자인 담헌 홍대용은 자기 논문 〈의산문답醫山問答〉에 천문, 지리를 서술하여 천하 제국諸國이 중국을 홀로 세계의 중심으로 높일 수 없음을 갈파하고 속류학자들이 이를 이해치 못할 것을 논문 첫 머리에 풍자하였으니 이는 다산과 동일한 사상적 조류에 속한 과학적 견해였다. 이와 같은 새로운 과학적 견해는 인간으로서 독립자존적 사상을 계발해 주는 민족적 사상의 맹아 형태다.

그러나 위 서문은 중국이 가지고 있는 수종數種의 장점을 구체적으로 열거하여 "지금 중국에서 마땅히 취할 것은 이뿐이다."고 하였으며 그의 〈기예론일技藝論一〉에 "우리나라의 백공기술百工技術은 대개 예전에 중국에 가서 배운 것이나 수백 년래로 다시 중국에 가서 배울 계획을 하지 않고 중국의 신식 기술은 날마다 증진되어 수백 년 이전의 중국이 아닌데 우리는 막연히 불문에 붙이고 오직 옛것에만 머물러 있으려고 하니 어찌 이렇게 나태하냐!"고 하였다. 이리하여 다산은 우리나라 문물의 진부하고 보수적인 상태를 걱정하고 서양으로부터 나날이 전래하는 중국의 신기술을 흠선欽羨*하여 중국 유학의 필요를 고조하였다.

---

* 공경하고 부러워함

다산은 〈기예론技藝論〉에서 사람이 금수와 다른 이유를 선험적인 도덕, 윤리에 돌리지 않고 기술의 습득에 돌렸으니 이러한 견해는 종래 학자들의 관념적 인식에 비하여 확실히 우수한 과학적 사상이다. 그에 따르면 "기술을 습득하는 사람들의 지혜와 기교는 그 연구에 점차漸次가 있고 그 발전에 한계가 있어서 일석이조로 완미完美한 것을 얻을 수 없으며 비록 성인의 예지睿智로서도 그가 개인인 한에는 천만인의 합의와 중지衆智를 당할 수 없다. 그러므로 사람의 집체集體가 크면 클수록 또 세대가 내려오면 내려올수록 기술의 정교함도 더욱 발전한다."고 하였다.

이와 같은 다산의 사상은 개인주의보다 집체주의가 우월하다는 것, 중의衆意를 존중히 하는 다수가결제와 사회를 발전적으로 보는 진화론 등에 접근한 사상적 표현이다. 그가 이 두 사상적 방법을 사회문화와 제도의 전반에 적용하지 않고 오직 기술에만 국한시킨 듯한 점은 유감이지만 어쨌든 수천 년래 철인哲人, 학자들이 대체로 무조건하고 성인의 전지전능을 극구 칭찬하며 사회 일체의 퇴화를 개탄하여 온 전통적 논법과 복고적 사상에 대하여 다산의 기술에 대한 진화론적 · 집체주의적 견해는 혁신적 의의를 가지고 있다. 다산의 '북학北學' 주장도 이 견해에 근거한다. 북학은 당시 실학파의 새로운 애국주의적 구호였는데 이를 기탄없이 표현하면 북경 유학이나 중국 유학에 그치지 않고 서양 유학 즉 서양의 과학과 기술을 배워야 함을 의미한다.

다산은 도학과 기예가 사회적 관계에서 서로 다른 특성을 간파하고 양자를 구분지어서 말하였다. 그에 따르면 효제충신孝悌忠信과 같은 윤리 도덕은 천성(知, 情의 본능)에 의뢰한 것이므로 성현의 서책을 강명講明하여 확충 수양하면 곧 예의禮儀의 풍속을 이룰 수 있으니 이는 외국의 것과 뒤에 나오는 것에서 구할 필요가 없지만 '이용후생'을 위한 백공기예는 외국과 뒤에 나오는 새로운 것을 광구廣求치 않으면 자국의 고루를 깨뜨리고 인민에게 이택利澤을 줄 수가 없다고 하였다. 그런데 그가 윤리 도덕을 천성에 의거하고 성현의 서책에서만 강구할 수 있다고 생각한 사실은 역시 형이상학적 관념론을 벗어나지 못한 것이었다. 그러나 누구보다도 먼저 개화론을 제창한 그는 자기 명저《경세유표》공조工曹에 이용감利用監을 특별히 설명하여 외국 유학과 기예 수입을 전문적으로 관리할 것을 주장하였다.

다산은 〈기예론〉에서 "농農의 기술이 정精하면 지면地面의 점령이 적어도 곡물 얻는 양은 많을 것이며 그 노력 사용이 경輕하여도 곡물은 미실美實할 것이다. 방직紡織 기술이 정하면 물자의 소비가 적어도 얻는 사량絲量은 많을 것이며 노력 사용이 빠르고도 포백布帛은 치미緻美*할 것이다……."고 하여 일반 산업 발전에 기술 정진이 절대적 조건이란 사실을 고조하였다. 그는 통속경제학이 말하는 '최소 노력, 최대 효력' 원리를 도파道破**한 동시에 산업의 기계화를 기계학자로서 예상하였다.

그의 문집 중 〈해조대海潮對〉, 〈신시대蜃市對〉, 〈동뢰진계차자冬雷陳戒箚子〉 등은 모두 종래 사람들과 같이 과학과 기술을 신비적 현상으로 보지 않고 자연계의 물리적 현상으로서 설명하였다. 〈기중도설起重圖說〉은 역학의 응용이며 〈애체출화도설靉靆(=眼鏡)出火圖說〉은 광학의 일단이다. 복암茯庵 이기양李基讓이 북경에서 박면교거剝綿攪車를 사 가지고 와서 다

---

* 촘촘하고 아름다움   ** 끝까지 다 말함

산에게 보였더니 다산이 답서에 말하기를 만일 한번 국왕에게 상주하여 팔도에 그 양식을 반포하여 인민이 사용하면 '이용후생'의 정치에 이익이 적지 않을 뿐더러 혜택이 만세에 흐를 것이라고 칭찬하였으니 그가 실용과학과 기술을 얼마나 중시하며 유의했는지를 잘 알 수 있다.

그는 축성, 조루造壘, 총포銃砲, 병거兵車 등에 관해서도 일가의 지식과 기술을 가지고 있었다. 그가 31세 때 국왕 정조가 화성華城(지금 수원성) 신축을 계획하므로 다산은 성제城制를 진술하고 기중기起重機, 활차滑車, 고륜鼓輪의 제制를 직접 응용한 결과 경비 4만 냥의 절감을 얻었다. 현존한 수원성과 웅장한 남문南門이 다산 기계학의 산물이며 그때 설계와 공사 과정의 전모가 《화성축조기華城築造記》라는 책자에 상세히 기록되어 종래 기술가들의 진귀한 참고서가 되고 있다.

그의 〈답이절도민수서答李節度民秀書〉에 수차 진술한 윤선제輪船制는 비록 근대 서양인의 기선汽船에는 비교할 수 없을지라도 증기 응용이 있기 전의 선제로서는 훌륭한 고안이었다. 그는 같은 책에서 《동국문헌비고東國文獻備考》 주사조舟師條를 인증引證하여 우리나라에 윤선 창조가 이미 오래되었다고 말하였다. 그는 말하기를 "판서判書 유집兪集(숙종 때 인물)이 황해도 감사가 되었을 때 윤선을 창조했는데 그 제도는 앞뒤에 바퀴가 있고 머리와 꼬리에 키를 만들어 달고 바퀴를 들어 물을 격동시켜 속력을 취하였는데 범선으로는 미칠 바가 아니다."고 하였다. 그러면 조선에서도 윤선이 생긴 지가 상당히 오래되었으나 다만 기술의 천대로 중단되었음을 알 수 있다.

다산의 생년인 1762년은 갈릴레오의 천문학상 명저 《대화對話》가 발표된 후 130년이요, 뉴턴이 광학과 만유인력을 발견한 후 96년이요, 제너가 우두술을 발명하기 24년 전이었다. 당시 서양에서도 실증적

과학이 신학의 신비적 전통 기반羈絆*으로부터 해방된 지가 아직 날이 옅었다. 더구나 신학의 잔당인 서양 선교사들은 멀리 동양에 와서 서양과학 지식을 한갓 미끼와 통상의 선물로 약간 던져 주었다. 이것이나마 남김없이 섭취하기에 다산 일파는 위험을 무릅썼다. 그야말로 되로 배워 가지고 말로 풀어먹으려는 애국적 정신에서 우러나온 열성과 노력이었다.

인간의 미美와 수명에 최대 공헌을 한 우두술은 발명된 지 겨우 3년 뒤에 수만 리 해륙을 거쳐 다산의 손에 비밀히 들어오게 되었다. 정조 서거 전년(1799)에 다산은 의주義州 사람이 북경 가는 편에 종두방문種痘方文을 간신히 얻어 오게 하여 박제가와 함께 즉시 실험하였고 두역痘疫(천연두)에 관한 술가術家의 부정한 설을 일체 논파하였다. 그러나 이 종두방문은 우두술에 선행한 인두술人痘術이었고 제너의 우두술은 다산이 사거하던 전년 즉 헌종 원년인 1835년에 중국을 통하여 비밀히 입수하였다(《여유당전서》〈마과회통〉 종두설 참조). 또 한의학에 정통한 그는 자기 논문인 〈맥론脈論〉에 《맥경脈經》의 촌관척법寸關尺法을 부인하였다. 즉 "왼손의 촌맥은 심장을 진찰하고 오른손의 촌맥은 폐장을 진찰하고, 왼손의 관맥은 간담을 진찰하고 오른손의 관맥은 비위를 진찰하며, 왼촌의 척맥은 신장, 방광, 대장을 진찰하고 오른손의 척맥은 신장, 명문, 삼초, 소장을 진찰한다〔左寸候心 右寸候肺 左觀候肝膽 右觀候脾胃 左尺候腎膀胱大腸 右尺候腎命門三焦小腸〕."는 주장을 전연 망설妄說이라 하여 맥의 동정動靜과 진상을 한의학의 미신적 논법으로부터 해방하였다.

---

* 굴레

그는 간지干支에 관한 미신을 논변하였다. 그에 따르면 갑을甲乙의 십간十干과 자축子丑의 12지支는 고대 기일법紀日法에 불과한 것인데 후세의 방기方技, 잡술雜術, 참위讖緯, 괴력怪力의 설, 예를 들면 태을太乙, 구궁九宮, 기문奇門, 육임六壬, 둔갑遁甲의 법과 풍수風水, 택일擇日, 잡서雜筮, 산명算命, 성요星曜, 두수斗數 등이 혹은 생살의 기밀을 분변하며 혹은 길흉의 징조를 판정하며 혹은 충범衝犯*을 살피며 혹은 의기宜忌**를 분별한다 하여 천세千世를 의혹케 하고 만민을 속이니 이는 모두 갑을자축으로 근본을 삼아 지엽적으로 목화청적용작서우木火青赤龍雀鼠牛 등을 부회한 것이라고 하여 그 허망 무리한 점들을 통쾌하게 지적하였다.***

그는 〈풍수론風水論〉과 〈풍수집의風水集義〉로 풍수술의 미망을 통절히 조변條辨하였다. 그 요지는 이러하다. ― 부조父祖의 사체를 땅에 묻고 복을 바라는 것은 효자의 정이 아니며 예가 아닐 뿐더러 그럴 리도 없다. 옛날 주공周公이 족장법族葬法을 제정하여 소목昭穆(父昭, 子穆)****의 차서次序대로 무덤 터를 만들어 소위 용호사각龍虎砂角*****에 아무 고려도 없이 그냥 매장하였으나 그들의 부귀는 또한 자약自若했던 것이다. 술가의 소위 용호龍虎 좌향坐向 운운은 일고의 가치도 없는 순수한 망설에 불과하다.

그는 또 다음과 같이 말하였다. "일세一世를 어거馭車하고 만민을 부리던 영웅호걸도 명당明堂(帝王의 政廳)에 앉아서도 그 자손의 요사夭死

---

* 부딪혀 범함, 거역함   ** 좋은 것과 나쁜 것   *** 〈甲乙論〉에서 인용함
**** 소목은 사당에 조상의 신주를 모시는 차례를 말한다
***** 양쪽으로 뻗은 좌청룡과 우백호가 옆이나 전면이 불룩한 형세를 이룬 것, 이른바 길지를 말한다

와 폐질廢疾을 구하지 못하는 일이 많거든 하물며 총중고골塚中枯骨*이 산천의 좋은 형세를 점령했다 한들 어찌하여 그 자손에게 복록을 줄 것인가? 고깃덩어리를 땅에 묻어 가지고 사람을 화禍되게 못하는 것과 마찬가지로 복되게도 할 수 없는 것이다."

　이리하여 다산은 풍수술을 일개 요망한 사기술로 단안斷案하고 곽박郭璞의 피주被誅와 도선道詵, 무학無學, 이의신李義信, 담종湛宗의 절사무후絶祀無后**와 기타 일반 풍수쟁이의 후손이 대개 모두 영달치 못한 예를 제시하여 풍수술가의 자기기만을 폭로하였다. 그리고 끝으로 그는 또 풍수설의 유리有理, 무리無理를 단언할 수 없다는 호의론狐擬論***까지 변박하였다. 이 풍수론은 갑을론甲乙論과 함께 동양 특히 원산지인 중국의 최대 미신에 일대 철퇴를 내렸다.

　택일擇日, 시일時日과 방위의 금기 등 여러 미신을 타파하는 미신타파의 여러 논설 중에 〈상론相論〉은 실로 명론탁견名論卓見이다. 본론의 첫머리에 "상은 습관으로 인하여 변하고, 형세는 상으로 인하여 이루어지는데, 그 형국 또는 유년流年의 설을 말하는 사람은 거짓이다. 아주 어린아이가 배를 땅에 대고 엉금엉금 길 적에 그 용모를 보면 예쁠 뿐이다. 하지만 그가 커서는 무리가 나누어지게 되는데 무리가 나누어짐으로써 습관이 서로 갈라지고, 습관이 서로 갈라짐으로써 상도 이에 따라 변하게 된다〔相因習而變 勢因相而成 其爲形局 流年之說者妄 嬰也稺之浦服也 觀其貌夭夭己矣 及其長而徒分而習岐 習岐而相以之變〕." 하였으니 도徒라는 것은 분업分業 또는 직업을 의미한 것이며 습習이라는 것은 습성을 의미한 것

---

* 무덤 속 말라 버린 뼈　　** 자신의 宗祀를 끊고 후손도 없는　　*** 여우처럼 매사에 의심하는 논리

이므로 습성의 차이는 분업 또는 직업의 차이에 원인하고 상相의 변화는 습성의 차이에 원인한다. 만일 상이 이와 같으므로 습성이 이와 같다고 하면 이는 습성 차이의 결과인 상의 변화를 도리어 습성의 원인으로 간주하는 것이니 원인을 전도顚倒시키는 착견과 망론에 불과하다. 하물며 사람의 거처봉양居處奉養의 변화는 반드시 기분과 육체의 변화를 일으키며 부귀와 우환은 또한 심지心志의 음일淫逸과 비애를 일으키니 상의 궁달窮達이 어찌 일정해 있으랴? 백성이 상을 믿으면 직업을 버릴 것이며 관리가 상을 믿으면 관직에 나가지 않을 것이며 제왕이 상을 믿으면 신하를 잃을 것이라고 하였다. 이리하여 그는 상의 가변론可變論을 주장하여 상가相家의 숙명론을 타파한 동시에 상술相術의 허위와 폐해를 인민을 이해하는 입장에서 통렬히 논변하였다. 그의 상술 즉 숙명론에 대한 부인은 당시 인민의 빈궁에 대한 안분생활安分生活과 지배에 굴종하는 마음을 극도로 악용하는 양반계급의 '신성한' 운명과 세습적 특권을 향하여 과학적 철봉 하나를 내렸다.

상술한 여러 논설 이외에도 〈중동변重瞳辨〉, 〈영석변靈石辨〉, 〈종동천변宗動天辨〉, 〈계림옥적변鷄林玉笛辨〉, 〈송광사고벌변松廣寺古鉢辨〉, 〈김백곡독서변金栢谷讀書辨〉 등은 모두 과학적 시각에서 사물의 신화적 미혹성을 변파辯破하였다.

6장 유학 개혁사상과 실용주의

1. 유교경의에 대한 새로운 해설들

본래 유학자인 다산은 서학으로부터 섭취한 과학적 방법으로 유학을 자기 비판하며 동시에 자기의 새로운 견해를 전개하려 하였다. 그러면 유학에 대한 다산의 새로운 견해는 무엇이며 유학에 얼마나 개혁을 가하려 하였나?

그의 〈속유론俗儒論〉에 따르면 "진정한 유학자의 학學은 인민을 편안케 하고 이적夷狄을 물리치고 재정을 넉넉케 하고 능문능무能文能武하여 무엇이든지 담당할 수 있도록 하자는 것이니 어찌 글구와 글장을 찾아내거나 벌레와 물고기를 주석注釋하는 것만을 일삼으며 옛날 의복을 입고 절하며 읍揖하는 것을 익힐 따름이랴? 후래 유학자들은 주지主旨를 알지 못하고 인의仁義, 이기理氣 등 학설 이외의 것은 할 만 하면 그만 잡학雜學 즉 신한申韓*의 학이 아니면 손오孫吳**의 학이라 한다. 그리하여 높은 이름과 도학의 정통을 꿈꾸는 자는 썩어 빠진 논설만 하여서 자기를 어리석게 하고 한 발이라도 이 한계를 넘지 않으려 하니 이러므로 유도儒道는 전연 멸망의 지경에 이르고 당시 군주들은 더욱 유자儒者를 천시한다." 서한西漢의 선제宣帝가 말한 "속유는 시무에 통달치 못하니 어찌 일을 맡길 것인가?"란 것은 정당하다고 하였다.

---

* 신불해申不害와 한비자韓非子   ** 손자孫子와 吳子

다산은 '오학론五學論'으로서 (1) 성리학性理學 (2) 훈고학訓詁學 (3) 문장학文章學 (4) 과거학科擧學 (5) 술수학術數學의 망국적 폐해를 구체적으로 지적하였다. 그는 그 가운데서도 과거학의 폐해가 우심尤甚한 것을 통론痛論하고 일본이 저렇게 강성한 것은 과거법이 없던 까닭이라고까지 말하였다.

다산은 한 걸음 더 나아가 유학의 성전聖典인 육경과 사서의 해석에서 어디까지나 간명하고 실천적인 것을 그 본지로 하고 사변적 탐완耽玩과 논리적 유희와 노불적老佛的 색채를 섞은 해석은 원칙적으로 배제하려 하였다. 경전과 예설에 관하여 그는 송유의 왜곡번쇄歪曲煩瑣한 해설을 많이 정리하고 자기의 선배며 성호의 수제자인 녹암鹿庵 권철신權哲身의 견해를 좇은 바가 적지 않았다.(《녹암묘지명》참조)

다산은 경전의의經典疑義의 해석에 관한 최고 척도는 물론 인민의 사회생활에 대한 실용적 요구인데 이를 다시 심절深切한 의미로 바꿔 말하면 그의 표현과 같이 '신아구방新我舊邦' 즉 우리 낡은 나라를 유신維新케 하려는 사상이다. 그의 주견主見에 따르면 경전 해석의 시비와 불가는 우리가 필경 만연漫然히 판결할 수 없는 경의經義 그 자체에 의거할 수 없고 다만 '신아구방'의 사상적 척도에의 합치 여부에 의준依準하여 판결되어야 한다는 것이다. 이와 같은 주관적 사상을 그는 도리어 객관적 척도로서 인식했다. 그의 실용주의적 척도는 "사람은 만물의 척도"라는 그리스 소피스트 사상과 거의 비슷하나 그의 이론적 솔직성은 궤변적 논리를 극복하고 동시에 현재 소위 프래그머티즘이 미국의 독점자본가의 이익에 복무하는 반동철학적 척도와도 역사적으로 구별된다. 구태여 말한다면 다산의 유교경전 해석은 16세기 이래 프로테스탄트의 성경 해석과 근세 초기 과학자들의 중세 스콜라철학에 대한 배척적 태도를 연상케 한다. 유교 개혁가로서 다산의 학문적 특징은 여기에 있다.

이하에 몇몇 실례를 들려 한다. 다산은 《논어》의 상지하우上智下愚 구별을 송유의 해석과 같이 선천적 성품의 구분으로 보지 않고 후천적 습성의 구분으로 보아서 자포자기하려는 범인凡人에게 누구라도 성자가 될 수 있는 진로를 명시하려 하였다. 《논어》의 "영무자는 그 지혜는 따를 수 있으나 그 어리석음은 따를 수 없다〔寧武子 其知可及也 其愚不可及也〕."*는 데 대해서도 그는 송유의 해석과 정반대로 "그 어리석음〔其愚〕은 위성公衛成公을 좇아 험난을 많이 겪은 무자武子의 망신순국적忘身殉國的 우충愚忠을 지칭한 것이고 그 지혜〔其知〕는 성공成公의 환국還國 후에 공달孔達의 권세를 퇴피退避하여 안신보가安身保家한 무자의 명철을 지칭한 것이다. 만일 후자로서 '그 어리석음을 따를 수 없다〔其愚不可及〕.'이라고 절찬한다면 사람은 모두 헌신성을 버리고 도피만을 일삼을 것이니 누가 험난한 국사國事를 구제할 것이냐" 하여 당시 소위 산림유학자들의 인민과 국가를 떠나는 '염퇴자고厭退自高' 주의를 타파하려 하였다.(경집 《논어고금주》 참조)

번문욕례繁文縟禮**를 하늘이 정한 절목으로 숭상하던 당시 양반사회에서 일정한 고전적 의뢰가 없이는 번잡 고루한 속유의 반대를 압복壓服할 수 없으므로 다산은 예경禮經에 명쾌한 고증과 해설을 가하여 실행할 수 있는 간편성을 제시하였다. 그가 고례古禮의 번문煩文을 싫어하고 오직 〈단궁편檀弓篇〉을 공자의 정론이라고 특별히 표출한 사실

---

* 《논어》 공야장公冶長   ** 번거롭고 까다로운 규칙과 예절

은 그중 간략한 것을 취함이었다.

역학에 관하여는 역시 평이간명을 주지로 하였다. "사람이 높아지는 것은 그가 남모르는 것을 간직한 때문이다. 그러므로 역易을 저작하여서 세상 사람의 이목을 신기케 하매 그 도道가 드디어 높아졌다. 이것은 성인이 그 기지를 써서 천하의 인심을 유지하는 바다."고 한 소순蘇洵*의 말을 반박하고 주역周易이 유현幽玄 난해難解한 글이 아니라는 점과 성인의 소위所爲가 어디까지 소상昭詳 명백明白하여 불가佛家와 술사와 같이 오묘 신비를 위주로 하여 군중을 놀라게 하고 황홀하게 한 동시에 자기를 신성시하게 하려는 그러한 본의가 아니라고 논술하였다.(문집 중 〈역론易論〉 참조)

다산의 논어 해석에서 송유를 비난한 논의는 더 많았는데 그중 중요한 하나는 '인仁'의 해석이다. 그는 인을 주자와 같이 '인은 마음의 덕, 사랑의 이치며'〔心之德 愛之理〕'(《맹자집주》)로 간주하지 않고 구체적 행사인 효제孝悌로서 인이라고 하였다. 그에 따르면 효제가 즉 인인데 인은 총명總名이요 효제는 분목分目이다. 인은 효제의 실천 행사로부터 비롯하는 고로 논어에 "효제는 인을 행하는 근본〔爲仁之本〕이라〔孝悌也者 其爲仁之本與〕."(《논어》 학이편)고 하였다는 것이다. 이 역시 인을 오인吾人의 평범한 실천적 윤리로 보고 고묘한 선천적 범주로는 볼 수 없다는 것이다. 그러므로 부모에게 효하는 것도 인이요, 형에게 공경하는 것도 인이요, 국가에 충성하는 것도 인이요, 붕우朋友에게 신의 있는 것도 인이요, 인민을 애양하는 것도 인이니 '동방東方 생물生物의 이리理'라

---

* 1009~1066, 중국 북송의 문인, 소식, 소철의 아버지

든가 '천지지공天地至公의 심心'이라는 공허한 개념을 가지고 인자仁字를 훈석訓釋할 수 없다는 것이다.(경집《논어고금주》참조)

다산은《대학》의 '명덕明德'에 대해서도 역시 효孝, 제悌, 공恭, 충忠, 자慈 등과 같이 후천적인 행사의 명칭으로 보고 주자의 주설註說과 같이 '허령불매虛靈不昧'* 한 선천적 본체를 가리킨 바가 아니라고 하였다.(경집《대학공의大學公議》참조, 이하 같음)

그는《대학》의 성의誠意, 정심正心 등의 조목에 대해서도 다음과 같이 말하였다. "성의 정심은 우리가 선善을 하는 공부이므로 또한 명덕이 될 수 없는 것이다. 불씨佛氏의 치심治心 방법은 치심으로 사업을 하되 유교의 치심 방법은 일상적인 사업으로 치심을 하는 것이다. 성의 정심이 비록 학자의 고상한 공부이나 배양 실천을 계기로 하여 성誠하고 정正하는 것이요, 선가禪家와 같이 '향벽관심向壁觀心'**하여 허령虛靈의 본체에 티끌 하나도 물들지 않는 것은 성의 정심이라고 할 수 없는 것이다. 지금 학자들은 치심을 정심으로 오인하여 향벽관심적 공부를 하고 있다. 심신을 안정히 하여 의지의 방종과 출입을 반성 제약하며 '조존사망操存捨亡'***의 이理를 체험하는 공부는 오인吾人의 수양상 필요가 아니라고는 할 수 없으나 일이 없는 여가에 할 것이고 그것을 주적主的 사업으로 알아서는 옳지 못할 것이다.《대학》의 정심은 응사접물應事接物****하는 가운데 있고 일부러 주정응묵主靜凝默을 일삼는 데 있지 않는 것이다."

《중용中庸》의 "희로애락이 발하지 않은 것을 중이라 하고 발하여 절

---

* 마음에 잡념이 없고 영묘하여 어둡지 않다는 뜻 ** 벽을 향하여 앉아서 마음을 바라보는
*** 잡으면 있고 놓으면 없는 **** 일에 응하고 사물에 접함

도에 맞는 것을 화라고 한다〔喜怒哀樂之未發謂之中 發而皆中節謂之和〕."에 대하여도 송유의 해석과는 적지 않게 달랐다. 다산에 따르면 "미발未發이란 것은 정주程朱의 말과 같이 심지心知와 사려가 전연 발동하지 않은 공적空寂한 상태를 가리키는 것이 아니다. 사람이 사물을 평심수응平心酬應*할 적이 보통 많고 특이한 경우에서만 희노애락의 감정이 발작하게 되는 것이다. 그러나 희노애락을 가능케 할 사물은 항상 불의와 무심한 때를 타가지고 오는 것이므로 이를 대응하기에 감정은 중절 즉 조절하기가 어려운 것이니 미발시 즉 평상시에 마음을 바로 잡고 덕을 굳게 닦아서 심체心體의 중정성中正性을 지속한 연후에라야 가희가노可喜可怒의 사물을 갑자기 만나더라도 대응하는 마음이 능히 절도節度에 맞아서 과도의 폐가 없게 된다. 이러므로 중中과 화和가 '위천지位天地 육만물育萬物'**의 큰 덕을 얻게 된다. 만일 '적연부동寂然不動,'*** 무사무려無思無慮'****가 미발의 상태라 하면 이는 소림선사小林禪師의 이벽정좌而壁靜坐가 아니면 소위 위천지 육만물의 도경道境에 이를 수 없을 것이니 국가의 학學이 어찌 이러하랴!"하였다. 이리하여 다산은 송유의 선불적仙佛的 기미를 도처에 명쾌하게 지적하였다. (경집《중용강의中庸講義》참조, 이하 같음)

"나선생羅先生(나중소羅仲素)이 고요한 가운데서 마음이 발동하지 않을 때의 기상氣像이 어떠한지를 보도록 하였다〔羅先生 今淨中 看未發時作何氣像〕."고 한 이연평李延平*****의 말에 대해서도 다산은 비평하기를 나중소가 선학禪學에 깊이 물들어서 이렇게 말한 것이니 무릇 '관觀' 즉 정관靜

---

* 평온한 마음으로 요구에 응함　** 천지에 참여하여 만물을 기른다　*** 고요하여 움직이지 않음
**** 아무런 생각이나 염려가 없음　***** 주자의 스승

觀 또 관조는 인간 실천 생활을 떠난 선법禪法에 불과한 것이라 하겠다.

다산은 《서경書經》에서 매색梅賾*의 위작 25편을 단언하고 '인심은 위태하고 도심은 미묘하니 오직 정밀하고 전일하여야 진실로 그 가운데를 잡으리라〔人心惟危 道心惟微 惟精惟一 允執厥中〕.' 16자에 대하여 도심, 인심은 도경道經에서, 유일유정惟一惟精은 순자荀子에서 나왔는데 의의가 서로 연접連接되지 않는다고 지적하였다.(경집《매씨상서평》참조)

다산은 《논어》의 '증자왈부자지도曾子曰夫子之道는 충서이이忠恕而已니라'**에 대하여 충서를 충과 서 둘로 보지 않고 충심행서忠心行恕 즉 충실히 서恕를 한다는 것으로 보아서 '진기지위충盡己之謂忠, 추기지위서推己之謂恕'***라는 종래 해석을 비난하였다. 그에 따르면 공자의 이른바 "오도일이관지吾道一以貫之"는 즉 서恕의 일사一事를 가리킨 것이니 만일 충忠과 서恕를 둘로 본다면 이는 이이관지二以貫之요 일이관지一以貫之가 아니다.

공자는 증자뿐만 아니라 "자공이 한마디의 말로 평생토록 행할 만한 것이 있습니까〔有一言而可以終身行之乎〕"(《논어》15편 위령공)라는 자공子貢의 질문에 대해서도 역시 서恕를 말하여 주었다. 서恕는 용서容恕라는 뜻이 아니고 추서推恕라는 뜻이니 대학의 '혈구絜矩'가 곧 이것이다. 서恕로서 아비를 섬기면 효孝가 되고 서恕로서 임금을 섬기면 충忠이 되고 서恕로서 인민을 다스리면 자慈가 된다. 서라는 한 글자는 육친六親, 오륜五倫과 경례삼백經禮三百, 곡례삼천曲禮三千에 일체 관통되어서 말은 간단하나 뜻은 실로 긴요하고 원대하다 하였다.(경집《논어고금주》, 이하 같음)

---

* 동진의 학자　** 증자가 말하기를 부자의 도는 충서일 따름이라(《논어》이인편里仁編)
*** 자기의 본심을 다하는 것을 충이라 하고, 자기를 미루어 남에게 미치는 것을 서라고 한다

그러면 서恕란 대체 어떠한 것인가? 그의 해석에 따르면(소극적으로 말하면) "아들이 받고자 않는 것은 아비에게 베풀지 말 것이며 신하가 받고자 않는 것은 임금에게 베풀지 말 것이며 이 반면에 아비와 형과 임금도 아들과 아우와 신하에게 또한 마찬가지니 공자의 이른바 '기소불욕己所不慾을 물시어인勿施於人하라'*는 것이 이를 단적으로 지시한 것이다. 그러나 후세 유학자들은 '인人' 자를 소원한 사람으로 범간泛看**하고 천륜골육天倫骨肉의 친족은 이 범위에서 제거하였으므로 인仁을 구하는 긴착성緊着性***과 효용성을 잃어버렸다. 동시에 한漢나라 이후의 사전史傳이 모두 서恕를 용서容恕로만 보고 추서推恕로 보지 못한 것이 옛 성인의 실천의 도가 밝게 되지 못한 요인의 하나인 것이다."

이리하여 다산은 서恕를 인仁하는 유일한 방도로 보고 유교의 중요한 관건으로 인정하였다.

그러면 인仁은 과연 어떠한 것인가? 그에 따르면 위에서 이미 논급한 바와 같이 인仁은 선험적 범주가 아니고 실천적 개념이다. 인仁은 글자꼴로 봤을 때 두 사람을 가리키니 즉 인人과 인人의 교접에 그 본분을 다하는 것이다. 예를 들면 부자가 2인인데 부에게 효성하는 것이 인이요. 형제가 2인인데 형에게 공경하는 것이 인이며, 군신이 2인인데 군에게 충성하는 것이 인이며, 이 반대로 부, 형, 군이 자, 제, 신에게 자慈하고 우애하고 의하는 것이 역시 인이다. 요컨대 인은 2인 즉 인과 인의 교제 다시 말하면 사회 활동에서 실행되는 도덕의 총명이다. 이목구비의 본능은 개인적이며 선천적이나 효제충신孝悌忠信과 같

---

* 자기가 원하지 않는 일은 남에게 베풀지 말라《논어》 안연편顔淵編)
** 눈여겨보지 않고 데면데면하게 봄   *** 절실함

은 인의 도덕은 사회적이며 실천적이므로 인간의 사회적 행사인 인을 하는 데 서恕가 아니면 안 될 것이다. 맹자는 "너그러이 남을 자기처럼 생각하여 용서하는 마음으로 행하면 인仁을 구하는 길이 더없이 가깝다〔强恕而行求仁 莫近〕."* 하였으니 이는 인과 서의 관계에 대한 공맹孔孟 상전相傳의 취지를 명확히 보여 준 것이라 하였다.

위에서도 언급한 바와 같이 다산은 인仁(義禮智도)을 광의, 협의 양 방면에서 모두 선험적이며 내재적인 이理로 보지 않고 즉 실천에서 얻어지는 명칭으로 보았을 뿐 아니라 서恕의 '일관一貫'도 어디까지나 실천적으로 보았다. 그에 따르면 후인後人의 '일관'에 대한 해석은 실천적 의미가 없고 한갓 논리의 만족에 그쳤다. 그들의 '일관'은 즉 천지음양天地陰陽의 화化와 초목금수草木禽獸의 생生의 분운착잡紛紜錯雜** 한 것이 일리一理에 비롯하여 중간에 흩어져 만수萬殊 즉 천차만별이 되었다가 종말에는 다시 합하여 일리一理가 된다는 것이다. 이는 송유들이 노자老子의 "하늘이 하나를 얻어 맑고 땅이 하나를 얻어 편안하며〔天得一以淸 地得一以寧〕",*** "성인은 하나를 품어 천하의 본보기가 된다〔聖人抱一 爲天下式〕."**** 는 것과 불씨佛氏의 "만법은 하나로 돌아가는데, 하나는 어디로 돌아갑니까?〔萬法歸一 一歸何處〕"***** 등 어구를 익히 견문한 결과 유교의 평범하고 천근淺近한****** 논법을 부끄러워 하며 '일관'이란 어의를 고묘高妙하게 부연하여 노불老佛과 더불어 공허하고 추상적인 논리의 무대에서 서로 각축하자는 의도에서 나온데 불과한 것이라고 하였다. 이에 대하여 원元나라 저명한 유학자 오초려吳草廬(이름은 징澄)가

---

* 《맹자》진심장盡心章　** 여럿으로 쪼개지고 뒤섞임　*** 《도덕경》39장　**** 《도덕경》22장
***** 조주선사와 한 수좌 사이의 대화,《벽암록》45책　****** 지식이나 생각 따위가 얕은

과탄무실誇誕無實*하다고 논평한 것은 결코 무의미한 말이 아니며 그 반면에 송유 이하 여러 학자가 '일관'의 본의가 무엇인지 모르는 까닭이라고 다산은 단언하였다.

이상에서 본 인仁, 서恕, 일관一貫 등 유교 경전의 중요한 술어 개념들을 다산은 될 수 있는 대로 선험적이며 고묘高妙, 황홀한 귀족적 및 수도원적 해석으로부터 실천적이며 평이한 평민적이고 일반이 이해할 수 있는 해석으로 끌어들이려 하였다. 이러한 사상은 동양 중세기적 유학자들의 허탄무실虛誕無實하고 오묘난해奧妙難解한 이론을 반대하는 동시에 새로 들어온 서양 종교 즉 기독교가 일반 무지한 군중을 상대로 한 평이 친절한 설교 방법에 또한 영향받은 바가 없지 않았던 것이다. 이는 확실히 근대 자본주의 이데올로기에 접근하려는 사상적 경향을 똑똑히 표시한 것이다.

2. 덕치론과 사공론

다산의 학설은 수기修己, 경세經世 두 부분으로 나눌 수 있다. 그는 철두철미 실용주의자였으므로 학문 영역에서 사회 생활에 실용할 의의를 갖지 못한 것은 일률적으로 배척하였다. 그는 생각하기를 — 가까이는 일용사물의 미세한 것으로부터 멀리는 천문, 지리의 광범한 것까지, 깊게는 심리心理, 신리神理의 오묘한 것으로부터 넓게는 언어, 문자, 풍속, 제도, 예술 등 구체적 문제에까지 사람이 조금이라도 접촉하고 연구하

---

* 허망한 소리만 자랑하고 실상은 없음

게 되면 이는 수기修己를 위한 것이 아니면 경세經世를 위한 것으로 되어야 한다고 하였다. 그리하여 다산의 철학에서는 논리의 유희라든지 지식의 독자적 무도舞蹈는 문제도 삼지 않았다.

그러나 수기는 반드시 수기에 그치지 않고 경세에 와서 종결되므로 경세는 수기의 목적이며 수기는 경세의 출발이라는 것은 은연히 그의 학문적 지향이었다. 이는 종래 유학자들이 대개 귀족적 유식계급遊食階級으로서 노불老佛의 초세사상超世思想처럼 수기에 편중한 경향과는 특징을 달리하였다.

그의 명저 《경세유표》는 그 본명이 《방례초본邦禮草本》인데 그는 예禮를 관혼상제의 의식에 제한하지 않고 종래 고전적 해석을 그대로 답습하여 국가경리國家經理에 관한 절차제도의 일체를 예로 보았다. 다시 말하면 그는 예를 경세술의 전체 혹은 본령으로 인식하였다. 본서 서문에 따르면 선생은 예로서 인민을 인도하였는데 예가 쇠퇴하매 법이란 명칭이 일어났으나 법으로써는 나라를 다스릴 수 없고 인민을 인도할 수 없다. 천리와 인정에 맞는 것은 예요 위협 공박하여 감히 죄를 범하지 못하게 하는 것은 법이니 선왕先王은 예로서 법을 하였는데 후왕後王은 이와 반대로 법으로서 예를 하였다 — 이리하여 다산은 예와 법을 종래 유학자들의 해석대로 구분한 동시에 예치禮治 즉 덕치德治를 주장하고 법을 예의 보조물로밖에는 평가치 않았다.

덕치론자인 다산은 덕치의 해석에서 종래 유자들이 불어 넣은 '무위無爲' 개념을 근본적으로 발거拔去하고 반대 개념인 '유위有爲' 즉 사공주의事功主義를 대신 채웠다. 그는 자기의 새로운 해석을 입증하기 위하여 논어의 한 구절을 인용하면서 종래 주해의 착오를 지적하였다. 다산은 말하기를 논어의 "덕으로 정치를 하는 것은, 마치 북극성은 제자리에 있고 여러 별이 이를 에워싸서 돌고 있는 것과 같다〔爲政以德 譬如北辰 居其所 而衆星共之〕."는 구절에 대하여 종래의 해석은 '공共'을 공수拱手의 공拱(한유漢儒) 또는 귀향歸向(주註)의 의미로 보아 무위지치無爲之治의 덕정德政은 마치 상주부동常住不動하는 북신北辰을 중성衆星이 환공環拱 귀향歸向하고 있는 것과 같다 하였으나 이는 원문의 본지가 아닐 뿐더러 공자의 정론에 대한 적敵이요 이단이라고 하였다.

그러면 정政은 무엇인가? 그는 인증引證해 말하기를 — 공자는 계강자季康子의 문정問政에 대하여 "정치라는 것은 바르게 하는 것이니 그대가 올바른 것으로 솔선한다면(아랫사람을 잘 다스린다면) 누가 감히 바르게 하지 않겠는가〔政者 正也 子率以正 孰敢不正 此謂正己而正也〕?"*하였으며 애공哀公의 문정에 대해서도 "정치라는 것은 바른 것입니다. 임금이 바르게 하면 백성이 정치에 따를 것입니다. 임금의 하는 바를 백성이 따르는 것입니다. 임금이 하지 않는 것을 백성이 어떻게 따르겠습니까〔政者 正也 君爲正 則從政矣 君之所爲 百姓之所從也 君所不爲 百姓何從〕?"**라고 하였으니 그 본의가 결코 부동무위不動無爲를 위정爲政의 방법이라 한 것이 아니며 맹자의 이른바 "한 번 임금을 바르게 하매 천하가 바르고〔一正君而天下正矣〕"***는 것과 동자董子(중서中舒)의 이른바 "군심이 바른 뒤에 백관이 바르고 백관이 바른 뒤에 만민이 바르다〔正君心以正百官 正百官以正萬民〕."****는 것도 모두 공자의 정론을 서술한 것이라고 하였다.

다산의 새로운 해석에 따르면 북신北辰은 북극北極인데 성점星點이

---

* 《논어》 안연편, 그런데 《논어》에는 此謂正己而正也라는 구절이 없다   ** 《예기》 애공문哀公問 제27
*** 《맹자》집주서설에는 '一正君而國定'이라는 구절이 있는데 이를 인용한 것으로 보인다
**** 원본(동중서의 《춘추번로春秋繁露》)에는 '爲人君者, 正心以正朝廷 正朝廷以正百官, 正百官以正憂民'라고 되어 있어 동중서의 글을 대략 표현한 듯하다

없으므로 다만 신辰이라고 하였으며 '거기소居其所'는 그 위치가 자오선子午線에 정당正當하다는 것이며 '공共'은 글자대로 공도라는 뜻이니 임금이 정正에 거하여 덕德으로서 정政을 하매 백관만민이 모두 추종하여 서로 동화하는 것은 마치 북극성이 자오선을 바루어 천추天樞*를 간선幹線하매 하늘에 가득 찬 별들이 모두 함께 같이 회전하여 조금의 어긋남도 없는 것과 같다. 명유明儒 허석성許石城, 소자계 蘇紫溪, 방맹선方孟旋, 소단간邵端簡, 모대하毛大何 등이 모두 본문 해설에 '무위' 개념을 첨부한 것을 부당하다고 평가하였으니 이것이 다산의 창견創見은 아니다. 그러나 다산에게서 나타난 철학적·사상적인 악센트가 명유明儒들의 것에 비하여 보다 더 강하였다.(경집《논어고금주》참조)

  다산에 따르면 원래 청정무위淸靜無爲는 한유漢儒 황로黃老의 학이며 진대晉代 청담淸淡의 풍이니 이는 천하 만물을 괴란壞亂시키는 이단사술을 우심尤甚한 것이다. 한문제漢文帝는 이것으로서 칠국七國의 난**을 빚어내었고 진혜제晉惠帝는 이것으로서 오호五胡***의 화를 초래하였다. 대성大聖인 공자는 어찌 무위로서 치인治人의 도를 삼았는가? 무위면 무정無政이다. 공자는 분명히 위선爲善을 말하였는데 뒤이은 유학자들은 무위를 주장하니 이 어찌 성인을 무욕誣辱하는 이단적 견해가 아니냐? 공자가 말한 "무위로 세상을 다스리신 분은 바로 순임금이시다. 그분이 하신 일이 무엇인가? 공손한 모습으로 남쪽을 바라보셨을 뿐이다〔無爲而治者 其舜也與 夫何爲哉 恭己正南面而已矣〕."는 것은 순임금이 22명이라는 많은 현명한 신하를 얻어 각각 직분을 주어서 천하를 잘 다스

---

* 북두칠성의 머리 쪽에 있는 네 별 가운데 첫째 별   ** 기원전 154년에 일어난 오吳 초楚 7국의 난
*** 진 말기 흉노, 갈, 선비, 저, 강 등 5개 북방민족

리게 하였으므로 공자가 이를 찬탄흠선贊嘆欽羨한 것이었고 후유後儒들의 해석과 같이 순舜이 가만히 팔짱을 끼고 앉아서 아무것도 하지 않았음을 이름이 아니다. 후유들은 이 본문을 오역誤譯하고 본의를 오해하여 요순堯舜의 정치는 본래 무위無爲라고 하는 동시에 유지有志한 인사들이 정치상 조금만 새로운 시책과 창발적인 계획을 보이면 문득 요순의 무위를 인증引證하여 왕도정치를 모르는 비속한 무리로 그들을 인정하며 창안적創案的 시도를 한비韓非, 상앙商鞅의 각박심흑刻薄深黑한 술법으로 지적 배척한다. 그래서 가의賈誼는 호사자好事者라는 낙인이 찍히게 되었으며 급암汲黯*은 도리어 도를 아는 사람이란 미명美名을 얻게 되었다. 종래 정치상 신진 개혁론자들이 무능무재한 보수주의자들의 무리한 억제를 받아온 것은 이 '무위' 두 글자를 유력한 구실로 써 먹은 해독임을 다산은 통렬히 비판하였다.

또 그의 평론에 따르면 일국의 재상으로서 전곡錢穀, 호구戶口, 병마兵馬 등 실태를 불문에 붙이면서 다만 '이음양理陰陽, 순사시順四時'** 한다고 운운한 진평陳平***은 일종 과장으로서 정치적 실무에 암매暗昧한 자기의 무책임성을 문식文飾****하는 대간大姦이 아닐 수 없으며 '무지대체務持大體'*****를 표방한 위나라 재상 병길丙吉과 유명한 대신 원로 대부분은 모두 국록國祿만을 도적질해 먹고 국가의 모든 기능과 법도를 부패 부진케 만드는 노폐老廢한 무리가 아닐 수 없다. 요순은 5년마다 한 번씩 순시하고 해마다 제후의 조회를 받고 정사政事를 묻고 진언進言을 고찰하였으니 이는 무위가 아니라 도리어 천하를 다사多事케 하

---

* 가의, 급암은 중국 진한 때의 정치가   ** 음양의 이치에 따라 사시에 순응하는
*** 중국 한나라의 정치가   **** 겉만 그럴듯하게 꾸밈   ***** 큰 체계를 잡는 일에 힘씀

였다. 뿐만 아니라 그들은 산을 뚫고 물을 빼며 밭이랑을 파고 개천을 소통하여 교육을 세우고 형벌을 밝히며 예禮를 제정하고 음악을 제작하며 흉한 놈을 베이고 간奸한 놈을 물리치는 등의 허다한 사공事功에 전심 노력하여 일시의 안일도 없었으니 어디에 무위의 흔적이 있는가? 소위 '무위이치無爲而治'를 입에 거는 자가 있다면 이는 우리 유가의 무리가 아니라고 다산은 통절히 주장하였다.

이와 같이 다산은 적극적으로 사공주의事功主義를 덕치의 개념으로 도입하였다. 이는 유교의 정치사상에서 중요한 변동을 일으키려는 징후의 한 표현이었다. 종래 유학자들이 정치에서 고수하여 온 무위주의無爲主義를 봉건시대의 자연경제적 침체성과 유장성悠長性을 반영한 특징이라고 한다면 다산의 사공주의는 침체성과 유장성의 물질적 토대가 동요 붕괴되는 데로부터 오는 개변적인 계기를 내포한 사상적 표현이기 때문이다. 이런 환경에서 하부구조와 상층 건축과의 관계에 대한 스탈린적 이론에 다산이 무위를 배척하고 사공을 주장하는 사상을 비춰 본다면 자기의 봉건 경제적 하부구조를 지지 옹호하는 입장으로부터 다른 방향에서 자기가 새로 지지하지 않으면 안 될 물질적 토대를 찾으려는 진보적 태도를 보인 것이다.

다산은 자기 덕정론德政論에서 무위의 개념을 쫓아내고 사공의 개념을 적극적으로 도입하였지만 사공의 개념은 근세 서양 정치사상사상에서 볼 수 있는 공리주의功利主義와는 의의를 달리하였다. 다산의 동시대 사람 — 그보다 15세 연장자였던 영국인 벤담 — 은 그의 공리론功利論에 '최대 다수의 최대 행복'을 자기의 표어로 하여 이것이 도덕의 목적인 동시에 법률의 목적이라고 하였다. 그러나 다산의 사공주의는 공리를 의미하기보다는 차라리 덕정의 실천여행實踐勵行을 의미하므로 '최대 다수의 최대 행복'은 다산에게 덕정의 결과는 될지언정 덕정의 목적은 될 수 없는 것이다. 이 양자의 차이는 유교의 정치철학적 견지 즉 "그 의義를 바로잡고 그 이利는 꾀하지 아니하며 그 도道를 밝히고 그 공功은 계교하지 아니한다."(동중서董仲舒의 말)는 원칙으로 본다면 왕도와 패도의 구별에 귀착되는 것이다.

그러나 계급사회에서 도덕의 발생 성립 과정을 분석하여 보면 도덕은 자기가 소속되어 있는 어느 계급의 공리와 행복에 대한 긍정적 관념에 불과하다. 그러므로 본질에 있어서 다산이 이념한 만민을 교양할 수 있다는 덕정이나 사공의 내용도 이른바 벤담의 공리 행복과 아무런 왕패王覇를 나눌 수 없는 것이다. 다만 후자의 공리설은 당시 자기 나라 자본주의 발전에서 절대다수 인민의 이익을 대표한다고 자처하는 부르주아지의 이념을 대변한 것이며 전자의 사공주의는 당시 우리나라 봉건계급의 위정자들이 무위도식하는 까닭에 정치가 부패하고 국가가 쇠약해지는 것을 분개하며 인민의 노동 역작力作하는 상태를 동정하면서 아직 일정한 계급적 역량에 의거하여 구체적인 목적을 내세우지 못한 미숙한 사상의 표명이다. 이는 두 이론의 역사적·사회적 입장 차이가 설명하는 것이다.

＊　＊　＊

다산은 경세술에서 물론 덕치론자였다. 그러나 덮어 놓고 덕치주의를 동양식이니 상고주의尙古主義니 할 수는 없고 내용과 견지의 여하에 따라 도리어 그것은 새롭고 우수한 의의를 가지기도 한다. 위정자가 팔짱을 끼고 아무런 일도 하지 않는 것이 천하 인민을 감화 복종케 한다는 덕치론을 다산은 단연히 배척하는 바이지만 법제와 법규가 엄밀히 확립되어 위정자의 방종을 입헌적으로 허락하지 않고 인민의 범죄를 모든 방면에서 제재할 수 있다고 하더라도 법규의 운용자가 도의적 정신과 인격적 모범에 의거치 않으면 이러한 법치는 결국 형식의 유폐流弊와 기계적 조종에 지나지 못하여 사회의 질서가 마침내 개선될 수 없는 것이다. 다산은 이에 대하여 구체적으로 설명하진 않았으나 다음과 같은 견해를 보였다.

다산은 그의 〈고요집고수변皐陶執瞽叟辨〉*이란 논문에 고요皐陶의 '불감집不敢執'**을 주장하여 형법은 논리에 종속되어야 한다고 밝혔으니 덕이 법의 본원이요 지도자인 것을 말한 것이다. 더구나 그의 철학은 종교와 도덕을 정치와 구별해 보지 않고 종합적으로 보았으며 주정자主政者의 택현擇賢, 전위傳位를 중국의 요순시대에서만 보았을 뿐 아니라 그가 당시 과장적 선전에 의하여 동경하고 있던 천주교회의 '교화황敎化皇(법왕)'의 비세습적 사속嗣續제도에서도 보았으니 이것이 그의 덕치론에서 이상적 구성에 중대한 영향을 미쳤다.

그러나 다산은 덕치론의 반면에 법치사상 또한 어느 정도로 준비되었다. 명나라 율례律例가 전대에 비하여 자세히 갖추어졌음을 말하였고 자기 저서 《흠흠신서欽欽新書》는 비록 형법의 일부에 국한한 것이나 '부호석망剖毫析芒'***의 세밀한 규정을 취하였으니 이는 간이簡易를

---

* 《여유당전서》 권 12에 수록
** '감히 구속하지 못한다' 는 뜻. 본래 《맹자》 진심장盡心章에는 제자인 도응桃應이 "순 임금이 천자가 되고, 고요가 사士가 되었는데, 고수가 사람을 죽였다면 어떻게 하겠습니까?" 하고 물었을 때 맹자는 "그를 구속할 뿐이다"고 말했는데 다산은 이 부분이 맹자의 말이라는 점에 의심을 하면서 구속할 수 없는 이유를 설명하고 있다. *** 털끝도 잘라보고 가시랭이도 쪼개보고, 곧 철저하게 분석한다는 뜻

위주한 '약법삼장約法三章' 식의 전통적 관념으로부터 해방된 법 인식이다. 그는 '원사原赦' 편에 오한吳漢의 명언 즉 그의 임종시에 '신무사愼無赦'* 3자를 한광무제漢光武帝에게 고한 것을 불인부지不仁不智라고 평박評駁한 반면에 당시 무규칙한 '인경반사지법因慶頒赦之法'***을 아주 혁파하여 인민의 외법관념畏法觀念을 환기할 것을 주장하였으니 이 점은 법가法家의 엄형嚴刑사상을 참고한 것이며 속유俗儒가 용이容易하게 논급하지 못한 것이다.

요컨대 다산의 덕정론은 종래 '무위이치無爲而治'를 운운한 허무사상을 반대하고 유위유공주의有爲有功主義를 고조한 데서 일보 적극적 의의를 가졌다고 할 수 있다. 그러나 정치와 법률을 도덕 원리에 종속시키려는 그의 덕정론은 유럽 근세 자연법론이 인간사회의 현행적인 법률과 정치 일체를 추상적이며 선험적인 자연법에 종속시킨 것과 같이 형이상학적 이성에서 파생된 정치 이론의 일종이다. 다산은 법치사상의 맹아 형태를 표시함과 동시에 덕치주의를 종래와는 다른 새로운 견지에서 주장하였으니 이는 동양 덕화사상德化思想과 서양 입헌사상의 절충적 표현이다.

하여간 다산의 덕치사상은 내용에서 계급 차별의 철폐와 민생문제의 해결을 유일한 기본 조건으로 하였으므로 그의 덕정은 단적으로 말하면 인민 생활에 가장 유리한 제도로서 법률의 제재와 강요를 기다릴 것 없이 인민이 저절로 낙종樂從하는 정치를 의미한다. 다산의 덕정론은 민주주의 정치 개념과 긴밀히 결합된 것을 특징으로 하였다. 이에 대하여는 그의 정치 경제론에서 따로 구명하려 한다.

---

* 동한東漢 때 사람으로 지모智謀가 있었으며 광무제光武帝를 도와 많은 공을 세웠다
** 삼가서 사면하지 말라   *** 국가에 경사가 있을 때면 반드시 모든 범죄자를 대사大赦하는 제도

7장 인식과 비판에서의 유물론적 요소

1. 인성론

다산은 우선 '성性' 자를 해석하면서 선유先儒의 성설性說이 모두 맹자의 본지가 아니라 하여 독특한 해석을 가하였다. 그에 따르면 성은 일개 '기호嗜好'로서 육체상 기호와 영지상靈智上 즉 성리상 기호 두 방면으로 나눌 수 있으니 식색食色의 성, 이목구체耳目口體의 성과 '소고召誥'(서경書經의 절성節性), '맹자'의 인성忍性 등 성자性字는 전자에 속하며 '천명지성天命之性', '성여천도性與天道', '성선性善', '진성盡性' 등 성자는 후자에 속한다.(경집《맹자요의孟子要義》참조, 이하 같음)

성자性字는 치성雉性, 녹성鹿性, 목성木性*과 같이 본래 기호로서 명칭을 얻는 것이니 고원광대高遠廣大한 설명을 요할 것이 아니다. 지금 학자들은 성性을 추존推尊하여 천天과 같은 대물大物로 인식하여 태극太極, 음양陰陽이라는 설설을 붙이고 본연本然, 기질氣質이라는 논論을 섞어서 묘망유원渺茫幽遠하고 황홀과탄恍惚誇誕하며 호분누석毫分縷析**하여 천인불발天人不發의 신비를 붙이고 궁극하였다 하나 결국은 일용상행日用常行***의 방법에는 아무런 보익補益이 없다.

---

* 원문에는 본성本性이라고 하였으나 목성의 오자다(《여유당전서》〈심경밀험心經密驗〉性之爲字 當讀之如雉性鹿性草性木性 本以嗜好立名 不可作高遠廣 大說也")   ** 잘게 나누다
*** 날마다 하는 일상적인 행동

《능엄경楞嚴經》에 '여래장성如來藏性이 본래청정本來淸淨'*이라 하였고 《반야경般若經》과 《기신론起信論》에 본연지성本然之性이 신훈新薰의 소염所染이 되어 진여본체眞如本體를 잃어버렸다고** 중언부언하였으므로 송유들이 이것을 유교 해설에 차용하였으나 '본연本然' 두 글자는 육경六經, 사서四書, 제자백가諸子百家 어느 고서에도 도무지 출처가 없다. 본연은 불서佛書에서는 무시無始, 자재自在라는 의미니 유가의 천명지성과 불씨의 본연지성은 동의어가 아니고 도리어 빙탄氷炭과 같이 정반대 관계에 있는 것이다. 성性은 천天으로부터 즉 날 때부터 타고난 바이므로 본연 또는 무시라고 할 수 없는 것이다. 그러나 불씨佛氏의 본연지성은 날 때부터 타고난 본능이 아니므로 시생始生한 바가 없고 천지 사이에 항상 자재自在하며 윤전輪轉***하여 다할 때가 없다는 것이다. 즉 사람이 죽어 소가 되고 소가 죽어 개가 되고 개가 죽어 다시 사람이 되더라도 변하는 것은 형체뿐이고 본연의 성은 깨끗이 그대로 있다는 것이다(형철자재瑩澈自在). 그러면 유가의 경지로 말하면 '역천만성逆天慢性'****과 '패리상선悖理傷善'*****이 본연지성이라는 말보다 더할 수 없는 것이다.

또 그에 따르면 "성性의 영체靈體는 그 기호를 논하면 선을 즐기고 악을 부끄러워하나 만일 그 권형權衡(자유)을 말하면 선할 수도 있고 악할 수도 있으므로 위태불안하니 어찌 순선무악純善無惡이라 할 수 있으랴. 오인吾人의 영체 안에 모두 3개의 이理가 있으니 기호를 말하면 낙

---

* 중생이 감추고 있으면서 여래가 될 수 있는 본성은 본래 청정
** 본연의 성이 새로운 훈습에 물들어 사물의 있는 그대로의 모습의 본체를 잃어버렸다
*** 윤회
**** 하늘을 거스르는 쉽게 고쳐지지 않는 성질
***** 도리에 어긋나고 선을 해치는 것

선樂善, 치악恥惡이니 맹자의 이른바 성선性善이며 권형權衡을 말하면 가선可善, 가악可惡이니 고자告子의 단수湍水*의 비유와 양웅楊雄의 선악혼善惡渾의 설이 있게 된 것이며 행사를 말하면 어렵고 악하기는 쉬운 것이니 순경筍卿**의 성악설이 있게 된 것이다. 그러나 양악과 순자는 성자性字의 뜻을 잘못 보았기 때문에 그 이론들에 차이가 있게 된 것이다. 그러나 오인의 영체 안에 이 3개의 이리(가능성)가 없는 것은 아니다."

이리하여 다산은 맹자의 성선설을 시인한 동시에 순선한 것으로는 인정치 않고 제가諸家의 설도 시각을 따라 각각 승인하되 인성은 '극기복례克己復禮'의 공부에 의뢰치 않으면 괴패壞敗와 사곡邪曲을 면치 못한다는 것을 강조하여 순자의 성악설을 중대히 참고한 것이다.

맹자의 '인의예지仁義禮智'는 송유가 이것을 천도天道의 '원형이정元亨利貞'에 배합하여 인성의 사대강四大綱(범주)으로 규정하였으나 다산에 따르면 "인의예지는 실천적 행사 뒤에 얻은 명칭이므로 이는 인덕人德이요 선천적으로 얻은 인성은 아니다. 가인가의가례가지可仁可義可禮可智의 이리(가능성)는 인성 안에 갖추고 있으므로 맹자가 측은惻隱, 수오羞惡, 사양辭讓, 시비是非 4개를 인, 의, 예, 지 사덕四德의 '단端'이라고 하였으나 이 4개 심心이 일개 영명한 체體에서 출발하여 만사만물을 광범히 대응하는 것인즉 실제로 출발하는 것이 어찌 4개에 한할 것인가? 4개는 맹자가 약간의 예를 든 데 불과한 것이다."

또 그는 말하기를 "송유는 인의예지 4개가 마치 오장五臟처럼 사람의 배 가운데에 담겨 있고 측은, 수오, 사양, 시비는 모두 각기 그것으

---

* 소용돌이치는 물. 《맹자》 고자장에 고자는 사람의 본성을 소용돌이에 비유하였는데 맹자는 이를 비판하였다
** 순자

로부터 나오는 줄로 생각하였으나 이는 잘못 본 것이다. '중용'의 지知, 인仁, 용勇 삼달덕三達德이란 것도 역시 행사의 뒤에 명칭이 이루어진 것이요 본체 내재의 이理를 가리킨 것은 아니다."

그는 계속하여 다음과 같이 말하였다. "맹자는 '인의예지仁義禮智, 근어심根於心'이라 하였으니 비유하면 인의예지는 꽃과 열매 같고 그 뿌리는 심心에 있다. 측은, 수오, 사양, 시비는 내內 즉 심心에서 발출하고 인의예지는 외外 즉 행사에서 이루어지는 것일 뿐 아니라 사단四端의 단端은 안에서 나오는 단서端緒가 아니고 시작始作의 의미니 즉 시연자始燃者는 화火의 시始요 시달자始達者는 천泉의 시始와 마찬가지로 측은은 인仁의 시작이요, 수오는 의義의 시작이다. 또는 시연자를 확충하면 염염炎炎한 대화大火가 되고 시달자를 확충하면 도도한 강하江河가 되는 것과 마찬가지로 측은을 확충하면 인仁은 천하를 덮을 것이며 수오를 확충하면 의義는 천하에 나타날 것이라."고 하였다. 이렇게 보면 다산의 해석은 사덕四德을 내재의 성으로, 사단을 외출外出의 단서로 본 송유의 해석과는 거의 대척 견지에 있는 것이다.

맹자의 성론性論이 성선을 논한 동시에 이목구체耳目口體의 성까지 논하였으니 송유의 오평誤評한 "성性을 논하고 기氣를 논하지 않은 결점〔論性不論氣之病〕"이란 본래 없다고 다산은 변명하였다. 또 그는 《중용》 수절首節의 '솔성수도率性修道'*가 인성人性과 인도人道에 한하여 말한 것이고 주자朱子의 주註와 같이 인人과 물物을 겸언한 것은 아니라 하였다.

---

* '天命之謂性·率性之謂道·修道之謂敎'에서 인용하였다

인人과 물物의 성이 같으냐, 다르냐 하는 문제 즉 '인물성동이론人物性同異論'에 대하여 다산은 맹자의 "견성犬性이 우성牛性과 같으며 우성牛性이 인성人性과 같겠는가"를 인증引證하여 다르다는 이론을 주장하고 같다는 이론을 배척하였다. 그에 따르면 "고자告子가 말한 바는 인人과 물物이 동일하게 얻은 기질氣質이요 맹자가 말한 바는 사람이 특별히 얻은 도의道義의 성이다. 식색食色과 안일安逸에 관한 오인의 지각知覺운동은 금수와 하등 다름이 없으되 오직 도심道心은 무형무질無形無質하고 영명통혜靈明通慧한 것이 기질에 우재寓在하여 주재主宰하는 고로 상고上古부터 벌써 인심人心과 도심道心의 구분을 말하게 된 것이다. 인심은 기질의 소발所發이요 도심은 도의道義의 소발이다. 인人은 이 양개심兩個心을 겸유兼有하였으되 금수는 품수稟受한 것이 기질지성氣質之性뿐이니 어찌 형질形質을 초월한 성性을 가졌으랴? 금수에 한하여는 기질지성이 곧 그 본연이다."

그러나 주자의 소위 본연지성本然之性은 날 때부터 그 이理가 본연한 것이며 인人과 물物이 동일하게 얻었다는 것이다. 그러나 다산에 따르면 "본연지성은 인과 물이 각각 부동不同하다. 인과 물은 각기 천품天品이 달라서 서로 이이移易할 수 없으니 예를 들면 견우犬牛가 인人의 독서讀書, 궁리窮理와 낙선樂善, 치악恥惡을 강행强行할 수 없으며 인人이 또한 견犬의 수야守夜, 식예食穢와 우牛의 임중任重,* 식추食芻**를 강행할 수 없는 것이다. 이는 형체가 서로 달라서 능히 서로 융통치 못한 것이 아니라 그 타고난 이理가 본래 같지 않은 까닭이다."

---

* 무거운 짐을 짐 ** 꼴을 되새김질

그는 계속하여 주자이론의 모호한 점을 지적하였다 — 주자는 일찍이 가로되 "만물이 한 근원임을 논한 즉 이는 같지만 기는 다르고 만물이 다른 몸을 가졌음을 본다면 기는 서로 가깝지만 이는 절대 같지 않다〔論萬物之一原 則理同而氣異 論萬物之異體 則氣猶同而相近 而理絕不同……〕."*이라 하였으니 인人과 물物을 막론하고 만물이 날 때에 일원一原 즉 동일한 본원, 다시 말하면 천天의 명命을 품수稟受**하였다는 관점에서 이동理同이라면 누가 불가不可하다고 하리오만 주자는 또 가로되 "본연의 성은 인과 물이 모두 같으나 기질의 성은 서로 다르다〔本然之性 人物皆同 而氣質之性 差有殊焉〕."***이라 하였으니 이는 인人과 물物의 성性의 품급品級이 동일하다는 말이요 다만 품수稟受의 본원만이 즉 선천적인 근원만이 동일하다는 의미는 아니다. 그러므로 다산은 주자의 인물성동론人物性同論을 부당하다고 하였다. 이것을 우리나라 호락론湖洛論에 대조해 보면 다산은 낙론洛論을 부정하고 호론湖論에 접근하였으나 "금수는 기질지성氣質之性만을 품수했다."는 것과 "금수에겐 기질지성이 즉기본연則基本然이다."라는 등의 말은 호론湖論이 감히 논급하지 못한 바였다.

다산에 따르면 사람의 선악은 실행 여하에 있고 기질의 청탁清濁에 있지 않다. 왕망王莽, 조조曹操는 대체로 기질이 청하되 불선不善하였으며, 주발周勃, 석분石奮은 기질이 대체로 탁하되 선인이었다. 뿐만 아니라 총명재식聰明才識이 있는 인사는 흔히 윤리 실천이 허소하되 우둔질박우둔鈍質樸하기 소 같은 시골 백성은 효행에 독실한 자가 많으며 변혜

---

* 《주자어류》 권4　** 선천적으로 타고남　*** 《주자어류》 권4의 내용 가운데 요약한 것으로 보인다

기경辯慧機警하고 청가묘무淸歌妙舞*에 능한 부인婦人은 음란하지 않은 자가 적되 황수흑면黃首黑面**의 우부愚婦는 흔히 열녀烈女의 절조節操가 있다고 하였다.*** 다산은 자기 내심으로 맹자의 성본선론性本善論을 승인치 않고 자기류의 이론으로 그것을 수정한 동시에 도덕적 실천으로 선성善性을 획득할 것을 고조高調하였다.

* * *

인성론人性論은 유교철학의 인식론에서 중요한 문제 중 하나다. 유교의 조사祖師인 공자는 인성론에 대하여 특별히 전개한 것이 없고 《논어論語》에 "타고난 본성은 서로 비슷하나 습관은 서로 차이가 크다〔性相近也 習相遠也〕."****는 말이 있는데 그가 인성人性을 인간 생활 의지의 본래적 경향과 특징으로 보았기 때문에 이는 각 개인에 꼭 동일한 것이 아니고 대개 근사近似한 것이었으나 그들이 지우知愚, 선악善惡, 충간忠奸과 군자소인君子小人의 현격한 차이로 나누어지게 된 것은 습習 즉 교양, 학문, 직업, 견문 등의 상이한 관계에 기인하였다는 것이다. 그래서 공자의 성론性論은 아직 소박한 유물론적 인식의 영역을 멀리 떠나지 않은 것이다.

그 뒤 전국시대戰國時代에 이르러서 중국 철학이 관념론적 방향으로 진전되자 맹자는 인성본선론人性本善論을 주창하여 인간이 마땅히 그 본선本善의 궤도를 따라 선해야 한다고 하였으며 순자荀子는 이와

---

* 슬기롭고 노래와 춤을 잘춘다는 뜻 ** 누런 머리와 검은 얼굴. 못났다는 뜻
*** 이상 《맹자요의》 고자告子편에 나옴 **** 《논어》 양화편

반대로 인성본악설人性本惡說을 주장하여 본성 그대로 방임할 것이 아니라 예법禮法으로 강력히 절제하고 바로잡아야만 선인善人이 된다고 하였으니 선善과 예법禮法 즉 도덕을 맹자는 선천적으로 본 반면에 순자는 후천적 즉 인위적이며 사회적인 성격으로 보아 전자보다 후자가 유물론적 세계관에 일보 접근한 것이다. 그러면 순자의 성악이란 인위적·사회적 성격인 도덕 예법의 승묵繩墨을 받지 않은 자연적 성질을 의미한다.

이때 맹자의 논적論敵인 고자告子는 인성의 무선무악론無善無惡論을 주장하여 인성이 본디 선천적으로 선도 악도 없고 오직 후천적인 실천 여하에 따라 선악이 결정될 수 있다고 하였다. 그의 단수湍水 비유가 이를 말한 것이다. 이는 확실히 유물론적 견해에 가까운 것이다. 그러나 고자가 (맹자의 답론答論에 의하면) 인간의 식색食色 즉 본능적 지각 운동을 인성으로 열거한데 그치고 이성理性을 후천적 산물로 보아 그의 성론 중에 언급하지 않았으므로 맹자는 이성이 선천적으로 고유하고 인성이 동물성과 판이한 점을 들어 고자를 논박하였다.

후래後來 송유들은 불가佛家 주관적 유심론唯心論의 발전된 방법을 섭취하여 맹자 성선설을 해설하였다. 그들은 인성의 선천적 범주를 무형무질無形無質한 이리로 명명命名한 동시에 이 이리를 인류 도덕의 본래 규범으로 간주하였다. 그들에 의하면 인의예지仁義禮智 네 범주 혹은 인의예지신仁義禮智信 다섯 범주가 선천적으로 인성에 구비하여 순선무악純善無惡한 본연지성으로서 정숙靜淑히 자재自在하다가 외계의 감촉을 받아 인간이 되고 사고 동작을 할 때에 인간 기질이 순수 청명하고 물욕이 담백한 경우에는 그 본선本善의 성性이 그대로 발현되어 선인善人, 지인智人을 이루나 만일 인간 기질이 혼탁불순混濁不純하고 물욕이 교폐

交蔽한 경우에는 본선의 성이 바로 발현되지 못하고 왜곡화되어 악인惡人, 우인愚人을 이루게 되니 이 인간 기질 여하와 또 기질의 순간적 조건 여하에 따라 본성이 그대로 발현될 수도 있고 되지 못할 수도 있으니 이를 그들은 '기질지성氣質之性'이라고 명명하였다. 성性은 하나지만 기질의 부동不同으로 말미암아 선용善用될 수도 있고 악용惡用될 수도 있다는 것이다.

주자의 견해에 따르면 인성은 비록 본래 순선무악하나 그 자체가 무형무질한 것으로 반드시 유형유질한 인간의 기질에 우재寓在하여, 다시 말하면 인성은 인간 기질 자체의 도덕적 이법理法으로 존재하여, 선천적인 규범성을 가지고 있다. 그러나 인의예지의 규범성을 실지 활용하는 기능을 가진 자는 기질이며 또 그 기질은 자기의 도덕적 규범을 복종 혹은 위반하는 자유를 가지고 있다. 이를 비유해 말하면 현명한 군주의 명령을 권신權臣이 그대로 복종하여 선정善政을 할 수 있고 혹은 악용하여 악정惡政을 할 수도 있는 것과 같다. 다시 유치한 비유로 말한다면 이는 에덴동산에 선과善果만 있지 않고 악과惡果도 있었으므로 여호와의 명령을 지키지 못하고 독사의 유혹에 빠져 아담, 이브가 악과를 따먹고 '원죄原罪'를 범하게 된 것과 마찬가지다.

모든 종교철학의 논법이 다 그러한 것과 같이 사회적, 역사적, 계급적 성격으로 구성된 소위 선善이니 도덕이니 하는 기준과 원천을 인간과는 독립하고 있는 자연이나 초사회적인 천리天理, 천도天道에 소구遡求할 때는 필연적으로 인간 도덕의 요청에 벗어난 객관적 현실을 설명, 처리할 수 없는 난관에 봉착한다. 이러한 경우에는 도덕의 주관적 요청에서 벗어난 악과 무지의 종인種因을 어디든지 따로 귀책歸責시켜서 소위 천天이나 신神이나 인성人性이나 영혼의 신성한 지위를 보장해야 한다. 그래서 원시적 논리의 형태로서는 《창세기創世記》의 악과惡果와 《복음福音》의 악마와 발전된 논리의 형태로서는 불교의 무명無明과 유가의 기질이 모두 이런 귀책의 인수자들로서 설정된 것이다.

다산은 이상과 같이 착잡하고 주관적인 인성론에 대하여 도덕의 선천적 범주를 부정하고 인성의 본무선무악론本無善無惡論을 시인하는 동시에 인의예지가 인간의 후천적인 실천에서 얻어지는 사회적 개념이라는 것을 밝혔다. 이는 베이컨이 본유관념론本有觀念論을 부정하고 "우리의 마음은 백패白牌 즉 백지白紙며 경험이 그 위에 외적 대상의 상을 아로새긴다."고 한 견해와 동일한 정도로 평가될 수 있다. 그가 인물성동이론人物性同異論에 대하여 인성과 물성이 동일치 않은 객관적 현상을 승인한 것도 그의 철학이 유물론적 요소를 내포한 것을 증언한다.

영조 49년(1773) 유학자 한원진韓元震, 이간李柬(모두 서인 노론당파)과의 사이에 인물성동이人物性同異에 대한 논쟁이 일어났는데 전자는 상이론相異論을 주장하고 그의 주거住居가 호서湖西(충청도)였으므로 세상에서는 이를 호론湖論이라고 불렀으며 후자는 상동론相同論을 주장하고 주거가 경성京城이었으므로 이를 낙론洛論이라고 불렀다. 이 논쟁이 한 동안 계속되어 호론, 낙론의 분당까지 있게 되었다. 그들의 이데올로기적 성격을 분석해 보면 상동론은 대개 대지주 귀족계급이 무편무당無偏無黨한 것으로 자처하고 피착취 민중들에게 일시동인一視同仁의 태도를 과장하는 보수적 사상을 반영한 것이며 상이론은 중소 지주와 유사층儒士層이 상부 귀족에 대한 불만을 가지고 산림퇴거山林退據의 고답성高踏性을 자랑하는 자기 표방 사상을 반영한 것이다.

다산은 이 동이론同異論에 대하여 상동론을 배척하고 상이론을 발전시켜서 본능적 지각은 인간과 동물이 거의 서로 같으나 영지靈智에서는 오직 사람만이 가지는 특징이라고 하였다. 이는 엥겔스가 오성悟性 활동은 사람과 동물이 공통되게 가졌고 이성理性은 인간만이 가진 고유한 것이라고 주장한 이론과 대체로 같다.

그러나 다산은 물物에 대해서도 종류에 따라 성性이 동일치 않은 점을 지적하여 인물성혼동론人物性渾同論을 반박하였으며 또 동물에게 본능성은 '기질지성氣質之性'이 아니고 즉 '본연지성本然之性'이라고 규정하여 송유의 본연, 기질 양성 구분을 무의미한 것으로 논단하였다.

요컨대 다산은 인성론에서 인의예지의 선천적 범주를 부정하고 후천적인 실천 교양을 고조하며 또 기질의 선천적 차별이 실천에서 결정적 요소가 아님을 지적하여 교양의 의미를 높였다. 이 점에서 다산의 실학사상은 철저히 표현되었다. 다산의 인성론, 따라서 도덕원리론에서 그의 이론적 귀결이 칸트가 말한 정언적定言的 명령命令에 전제하는 절대적 초경험적인 도덕원리와 같은 것을 허용할 수 없다는 사실은 이미 명백한 일이다.

2. 음양·오행론

다산은 음양·오행론에 대하여 종래 견해를 좇지 않고 새로운 논단을 내렸다. 그에 따르면 "음양이라는 명칭은 일광日光의 조照와 엄掩에서 일어난 것이므로 명明, 암暗의 두 상만 있고 체질體質은 없으니 어찌 만물의 부모가 될 수 있으랴? 그러나 남극, 북극 사이에 천하만국이 동에 혹은 서에 위치하여 일日의 출입시각이 각각 같지 않으나 조照와 엄掩의 수數는 만국이 조금도 다르지 않고 그 결과 주야와 한서寒暑의 시각도 또한 모두 균일하므로 성인聖人이 역易을 지을 때에 음양의 대대待對(대립, 의존)로서 천도天道와 역도易道를 삼았을 뿐이요 음양이 만물의 부모가 될 만한 체질이 있다는 것은 아니다." 선철先哲들이 경청輕淸한 것을 양陽이라, 중탁重濁한 것을 음陰이라 한 것도 원래 차명借名(일종의 부호符號)을 쓴 것이요 그 실물의 의미(개념)를 취한 것은 아니다.

음양도 만물의 부모가 못되거든 하물며 오행이랴. 크게 보면 천지수화토석일월성신天地水火土石日月星辰도 오히려 만물과 동열同列에 있거든 금金과 목木이 어찌 만물의 모母가 될 것인가? 이제 주자의 "천이음양오행天以陰陽五行 화생만물化生萬物"*이란 것을 구체적인 말로 고쳐 가로되 "천이음양화수동철송백天以陰陽火水銅鐵松柏 화생만물化生萬物"**이라고 하면 합리적으로 보일 것인가? 초목금수는 화생化生할 때에 생생生生의 이理만 부수賦受하여 종種으로서 종種을 전하여 각기 생명을 보전할 따름이나 오인吾人은 이 위에 영명靈明(이지理智)을 부수하여 만물에 빼어난 것이 되었는데 송유는 건순健順 오상五常의 덕을 인과 물이 동일하게 타고나서 본래 차등이 없었다고 하였으니 천지생물의 이理가 어찌 이러하랴?(이상은 경집 중 〈중용강의中庸講義〉 참조)

또 그에 따르면 (이미 논술한 바와 같이) "인의예지는 행사의 뒤에 얻은 이름이요 마음에 내재한 이理를 가리킨 것은 아니다. 오심吾心의 영명靈明이 인의예지의 가능성을 가지고 있지만 상천上天이 벌써 인의예지 넷을 인성 중에 넣어준 것은 아니다. 오인도 이러하거든 하물며 오상五常의 덕 즉 인의예지신의 행사를 금수초목이 사람과 함께 부

---

* 하늘이 음양오행으로 만물을 만들어 낸다   ** 하늘이 음양, 불물, 동철, 소나무, 잣나무로 만물을 만들어 낸다

수하였으랴? 인물성동론人物性同論은 요컨대 불교의 영향이요, 유가의 본지는 아니다."(경집 중 〈맹자요의孟子要義〉)

이뿐만 아니라 인례仁禮를 건健에, 의지義智를 순順에 분배하거나 또는 오상을 오행五行에 분배하는 종래 이론을 다산은 하나의 망론妄論으로 규정하였다.

대개 오행부정론五行否定論은 다산의 미신타파사상과 서로 결부되어 있는 이론이다. 당시 연암의 《열하일기》와 정동유鄭東愈의 《주영편晝永編》 등 책에서도 모두 오행의 불합리를 논급하였으나 특히 다산은 학리적으로 명쾌하게 말하였다.

* * *

음양과 오행이 참위설讖緯說에 이용되어 여러 가지 기괴한 미신을 빚어 내었으므로 다산이 이에 대하여 일봉一棒을 가한 것은 참으로 통쾌한 일이다.

그러나 음양이라는 글자 뜻의 기원이 어떠했든지 간에 다산 자신의 말과 같이 후래後來 선철先哲들이 그것을 '차명借名' 즉 일종의 부호로 사용하여 우주의 생성과 만사만물의 발전 변화에서 변증법적 계기를 어느 정도로 설명하였다. 즉 음양은 태극일기太極一氣의 대립적 모멘트로서 일기一氣 자체自體 내에 본질적으로 포함되어 '일자一者의 분열分裂'과 그 교호작용이 내적 모순의 투쟁 — 상호침투와 상호이행으로 발전하는 운동 과정에서 천지와 만물이 생성 변화한다는 것이다. 《주역》 계사전繫辭傳의 "일음일양지위도一陰一陽之謂道"와 주렴계周濂溪 〈태극도설太極圖說〉의 "태극太極이 동이생양動而生陽하고 정이생음

靜而生陰하여 일동일정一動一靜이 호위기근互爲其根"이라는 등 어구에서 보는 바와 같이 음양陰陽과 동정動靜은 전연 서로 반대 배척하는 모멘트임에도 불구하고 서로 근거하며 서로 이행하여 대립의 통일로서 무한히 발전 변화한다.

중국 고대 철학에서 음양상반상합론陰陽相反相合論은 내용에서 첨부, 왜곡되어 있는 미신적 요소를 제거하면 하나의 소박한 변증법적 세계관을 훌륭히 가지고 있다. 우선 주역괘상周易卦象에 대하여 점사적占辭的 신비성은 제쳐 놓고 다만 그 괘상 변화에 나타난 철학적 의의를 보면 음양陰陽, 천지天地, 수화水火, 소장消長, 진퇴進退, 길흉吉凶, 선악善惡, 화복禍福 등이 모두 서로 모순 반대됨에도 불구하고 모순 반대의 동력으로 인하여 서로 결합하며 서로 전화하여 고정불변한 동일성을 하나도 갖고 있지 않다. 고대 그리스의 변증법 창시자 헤라클레이토스에 따르면 발전의 본질은 만물이 자기 대립물로 이행하는 데 있다. 즉 "우리에게는 생과 사, 각覺과 면眠, 노老와 소少가 항상 동일하다. 왜냐하면 갑이 변하면 을이요, 또 반대로 을이 변하면 갑이기 때문이다." 주역 괘상의 본의도 이와 같이 모든 발전의 모순에 관한 학설로 출현하였다. 이 주역괘상학은 주족周族이 은족殷族의 기성 사회제도를 변혁하고 보다 새로운 진보적인 사회제도를 창설하려는 투쟁 과정에서 산출된 세계관으로 추정된다. 다시 말하면 은대殷代의 노예소유적 사회를 주대周代의 봉건적 사회로 전환시키는 투쟁 의식의 산물이 아니었나 한다.

그러나 그리스철학에서 변증법은 아직 원시적이며 유치한 단순성을 가지고 있는 것과 같이 중국 고대 변증법도 직관의 결과에 따라 우주 내 모든 현상의 전반적 연결을 보았으며 또 무한히 많은 모든 현상과 만물의 연결과 상호작용 또는 어떠한 것들의 부단한 발생과 다른 것들의 부단한 멸망이 자연에 존재하고 있다는 것을 자연발생적으로 포착하였다. "그러나 이 견해가 현상의 전 정경情景의 일반적 특성을 옳게 파악하였음에도 불구하고 역시 현상의 전 정경을 구성하는 개별적인 것을 설명하기에는 불충분하다. 그런데 우리는 개별적인 정경을 모르고서는 우리에게 전반적인 정경도 명백히 되지 않는다."(엥겔스)

고대 그리스의 변증법과 마찬가지로 고대 중국 철학자들의 변증법 또한 단순하고 불충분한 결점을 많이 가지고 있었다. 음양상반상합론에서도 그들 중 사고가 깊은 자들은 변증법의 4대 특징 중 총연락법칙總聯絡法則과 부단한 운동 변화법칙을 어느 정도로 파악하였지만 질량법칙은 전연 생각하지 못하였으며 모순법칙에 대해서는 계기적 형식은 소박하게나마 이미 파악하였지만 모순의 내재적 본질과 모순의 성장, 폭로의 절차에 관해서는 미개척 그대로 남겨 두었다. 그들의 철학은 최상의 환경에 하나의 소박한 유물론이나 혹은 직관적 변증법을 소유하고 말았다. 중국 고대 철학자들이 자기들의 순환론적이며 미숙한 변증법적인 관찰을 자연계로부터 인사계人事界에 적용하기에 노력하였으므로 그 결과 많은 도식적 사설을 파생시켰으나 어쨌든 이러한 귀중한 노력만은 그들의 사고 발전에서 특징이 아닐 수 없다.

다산의 '음양대대陰陽對待' 즉 음양의 상호 대립과 상호 의존으로서 천도天道와 역도易道를 삼았다고 한 것은 어느 정도 변증법적 견해였다. 그러나 일기一氣의 자기 운동의 본질적 모멘트로서 '일자一者의 분열'인 음양의 상호 대립과 상호 의존에 따라 우주 만물이 생성, 발전 또 변화하고 있는 이상, 음양을 만물의 근원이란 의미로 만물의 부모라고 비유하는 것이 무형무기無形無氣한 신神이나 조물주를 만물의 부모로 인정하는 종교적 관념에 비교해서는 도리어 무신론적이며 변증법적 견해에 가까우며 이런데도 '음양대대'의 진리를 인정한 다산이 그 진리의 일종 결론인 "음양은 만물의 부모라"고 하는 의의를 전적으로 부인한 것은 무슨 이유였나? 이는 그가 음양에 첨가부회添加附會된 미신적 혹(癌)을 떼 버리려 하다가 음양대대의 변증법적 진리의 살까지 다쳤다고 하지 않을 수 없다.

문제의 오행도 본래 신비한 성격으로 출현하지 않았다. 《서경書經》 '홍범洪範'편에서는 자연에 의존하는 인간 생활의 필수적인 물자로서 오행이 열거되었으며 후래 참위가讖緯家*의 생극론生克論에 따라 운명적이며 관념적인 성격을 부여받게 되었다. 그러나 일정한 물질적인 견지에서 오행을 만물의 부모라고 한다면 이는 고대 그리스 철학자들이 수水나 화火나 공기 같은 물질과 인도 사람이 지地, 수水, 화火, 풍風의 네 물질을 자연계의 구성 원소로 보았던 것과 마찬가지인 일종 소박한 유물론적 견해로도 볼 수 있다. 더욱이 오행생극五行生克의 원리는 그 실례에 대한 취재가 십분 타당치 못하다고는 할 수 있으나 상생상극相生相克, 상극상생相克相生의 변증법적 운동에 대해서는 다산이 그것을 발전적으로 해설하는 대신에 도리어 간과하였으니 이는 그의 견해가 변증법적 계기를 일종 사변적 유희의 형식으로 오인한 데 기인한 것이다. 이 점에서 다산은 화담花潭의 자연변증법적 학설을 의의 있게 승계 발전시키지 못한 것이라고 하지 않을 수 없다.

---

* 미래의 길흉화복의 조짐이나 앞일에 대하여 예언을 하던 사람

3. 왕양명의 '치양지致良知'설

다산의 학적學的 안공眼孔*은 당시 유사儒士들에 비하면 대단히 소통하여 '실사구시實事求是, 부주일가不主一家' 학풍을 충분히 발휘하였다.

조선 유학사회에서 불교는 사교邪敎의 하나로 취급되었을 뿐 아니라 불교 승려는 평민과도 자리를 같이 못하는 천민 대우를 받았다. 다산도 물론 불교의 공원허환公遠虛幻한 교리가 인민을 교양하기에 유해 무익하다고 단정하였으나 반면에 불교의 논리적 발달은 유교보다 우수하다고 인정하였다. 그는 강진 유배 중에 시승詩僧 초의草衣와 친밀히 교유하였으며 초의의 요청에 따라《대동선교고大東禪敎考》라는 조선 불교사를 저술하였다. 또 승僧 자홍慈弘에게 준 글 가운데 불교의 진망眞妄, 유무有無의 상相 분변分辨은 유가의 본연本然, 기질氣質의 성性 구별과 같은 것이라고 하여 널리 비교 연구하는 학적 태도를 보였다.

또 고려 말기부터 조선 전 기간을 통하여 조선의 유학이 정주학程朱學 일색으로 발전되어 육상산陸象山,** 왕양명王陽明의 학은 이교異敎처럼 일반에게 인정되었으므로 사류士流로서 만일 육상산, 왕양명의 학설을 연구 혹은 논의하면 곧 '사문난적斯文亂賊'이란 낙인이 그의 이마에 찍히게 되었다. 그러나 다산은 양자를 비교 연구한 결과 육상산, 왕양명의 학이 가진 실천성이 주자학파의 이론 편중에 비하여 일장一長이 있음을 승인하였다. 그래서 그는 자기 중형仲兄 약전若銓에게 회답하는 서한 가운데 불가佛家로 말한다면 주자는 경사經師와 같고 육상산은 선사禪師와 같다고 비평하였다.

---

* 식견의 범위 ** 1139-1192, 중국 남송의 유학자

다산은 유명한 왕양명의 '치양지致良知'설에 대하여 어떻게 논평하였나?

그는 양지良知*를 치致할 수 없다는 것을 먼저 글의 뜻에서부터 변파辨破하였다. 그에 따르면 양良은 자연이란 의意요 치致는 오지 않는 물건을 어떤 방법으로 오도록 하는 것이다. 양지는 맹자의 이른바 "아주 어린아이도 그 어버이를 사랑하지 않음이 없다〔孩提之童, 莫不知愛其親〕."**는 것인즉 어찌 의식적으로 하는 일이겠는가? 양良이면 치致할 수 없고 치致하면 양良이 아니니 치양지致良知란 것은 있을 수 없다고 하였다. 다산은 원래 양지良知를 신통영이神通靈異한 예지叡知로 간주치 않았을 뿐더러 송유, 왕양명과 같이 아이들이 제 어버이를 사랑할 줄 아는 양지를 선천적으로 타고난 도덕적 실체로 보지 않고 교육하는 과정에서 저절로 일어나는 본능적 지각으로 인식하였다.

다산은 왕양명의 치양지설의 불합리를 지적한 반면에 그의 고상한 문장, 통달한 지식, 선善을 즐기고 용勇을 좋아하는 미덕을 높이 평가하였다. 그리고 그는 무릇 일어단구一語單句를 가지고 도학의 종지를 삼는 것은 모두 정학正學과 다른 이단적 방법이라고 하였다. 예를 들면 '존덕성尊德性'은 성인聖人의 말이지만 육상산이 이 세 자를 종지로 삼으매 그 폐弊는 정신을 조롱하였으며 불교가 '돈오頓悟' 두 자를 위주로 하매 그 폐는 환멸에 빠지게 되었는데 양명의 치양지 또한 이와 같은 종류의 학문 방법이라고 다산은 갈파하였다. 다시 말하면 인간 생활의 실천적 성격을 가진 학문이라는 것은 선학禪學의 화두話頭가 아니란 것

---

* 마음의 본성　　** 《맹자》7편 진심장구상盡心章句上

이다.(시문집 중 〈치양지변致良知辨〉)

4. 퇴계·율곡의 이발 기발론

퇴계 이황(1501~1570)은 조선 유학의 집대성자이며 중국 명조明朝의 설문청薛文淸, 구경산丘瓊山과 함께 주자학朱子學의 3대가三大家라는 평판이 있으나 그중 퇴계가 우수하다고 한다. 그의 저서가 진작에 일본에 전파되어 산기암재山崎闇齋* 이하 수백 년간 많은 유학자가 퇴계학을 연구 계승하였다. 그의 생시에는 동서 분당이 아직 발생되지 않아서 각당 각파가 다 같이 그를 숭배하여 왔으나 다만 그의 거지居地가 영남이었고 그의 유명한 문인 유성룡柳成龍, 우성전禹性傳, 김성일金誠一, 김우옹金宇顒 등이 모두 영남 출신으로 동인 또 그의 주력적 분파인 남인의 영수들이던 까닭으로 각 당 중에서도 남인 특히 영남의 남인이 퇴계를 제일 숭배하였다.

그리고 율곡 이이(1536~1584)는 퇴계의 문인으로서 정론政論과 문장이 일세를 울렸으며 퇴계의 성리학설에 대해서는 그의 사후에 비판 수정한 점이 있어서 이것이 후래 퇴계, 율곡 이기론理氣論의 학적 분파를 일으키게 한 것이다. 동서 분당이 개시될 때 율곡은 거중조정居中調整에 힘썼으나 성공치 못하고 도리어 서인을 비호한다는 비난을 받았으며 또 그의 친우와 문인이 대개 서인당의 명사들이었으므로 그는 서인당계의 조사적祖師的 지위를 차지하게 되었다.

---

* 야마자키 안사이(1618~1682), 일본 주자학을 집대성했다는 평가를 받는다

퇴계, 율곡 둘의 이기론에서 제기된 문제는 소위 '사단이발이기수지四端理發而氣隨之, 칠정기발이이승지七情氣發而理乘之'(퇴계)란 것과 '사단칠정四端七情, 개기발이이승지皆氣發而理乘之'(율곡)란 것인데 이 문제에 대한 논쟁이 조선 중기 이후 조선 유학계의 일대 송안訟案이 되어 많은 학자가 토론에 참가하였으나 미결정 그대로 남아 있었다. 대체로 서인계는 율곡설을 옹호하고 남인계는 퇴계설을 주장하여 서로 양보치 않는 동시에 학적學的 논쟁은 드디어 당적黨的 논쟁의 도구로 전화되었다.

이 문제 중에 나타난 소위 이발理發이니 기발氣發이니 하는 어의를 독자들이 이해하려면 먼저 그들이 이기理氣를 사용한 개념을 잠깐 분석할 필요가 있다고 생각된다.

유교철학에서 유기론唯氣論과 유리론唯理論(혹칭 기원론氣元論과 이원론理元論)의 차이는 서양철학으로 말하면 유물론唯物論과 유심론唯心論의 차이와 근사近似하다. 왜냐하면 종래 유학자들은 기氣를 기체이하氣體以下 즉 (형이하形而下) 구체적이며 형적形迹이 있는 동안 객관적인 일체 사물을 포괄한 것으로 보았고 그 반면에 물리物理, 사리事理, 도리道理 등은 이理로서 인간 주관의 추상적 개념에 따라 규범적으로 설정한 까닭이다. 그들이 만일 물리, 사리의 이理를 사물 자체의 법칙 즉 원인, 결과와 필연성으로 보고 사물과 이理를 분리해 볼 수 없는 것으로 인식하였다면 이는 과학적 관찰인 동시에 이理가 아무런 신학적神學的 요소도 띠지 않을 것이다. 그러나 이와는 반대로 이理를 사물의 현실과 분리시켜 사물에 먼저 존재하며 사물을 지도, 관조하는 미묘한 직능職能을 이理의 개념에 부여하였으므로 이 이理는 사물 자체의 본질적 관계가 아니고 사물에 선행하며 또 사물과는 독립한 존재로 규정되지 않을 수 없는 것이다.

주자는 "이理와 기氣가 결정적으로 두 물건이라."고 하였으므로 속학자俗學者들은 덮어놓고 이를 이기이원론理氣二元論으로 평정評定하고 있으나 그의 이理는 기자체氣自體의 법칙이 아닐뿐더러 기氣에 선행하여 기氣를 창조하는 것인즉 필경 그는 이일원론적理一元論的 세계관을 지키고 있던 것이다. 퇴계가 "이理 없는 기氣가 없고 기氣 없는 이理가 없다."고 하여 이기의 간극을 좁혔으나 이는 그 양자를 밀접시킨 데 불과하고 분리할 수 없는 하나로 본 것은 아니었다. 유리론자唯理論者들이 원칙적으로 '이선기후理先氣後'니, '이주기종理主氣從'이니 하는 명제를 내세운 것은 서양철학에서 정신은 물질에 선행하며 물질은 정신에서 파생한다는 관념론적 명제와 공통된 내용을 가지고 있는 듯하다.

화담花潭은 이기 관계에 대하여 다음과 같이 썼다. "……기氣 밖에 이理가 없다. 이理가 기氣의 주재主宰라고 하나 그것은 이가 기의 외부로부터 들어와서 기를 주재하는 것이 아니라 기의 용사用事(활동)가 그 정正(합법칙성)을 잃어버리지 않는 한 소이연所以然(인과)을 가리켜 주재라고 하는 것이다. 기氣는 시始가 없고 이理도 시始가 없는데 이理가 기氣보다 먼저 있었다고 하면 이는 기氣도 시始가 있는 것이 될 것이다."

《화담집花潭集》〈이기설理氣說〉

이와 같이 화담은 이기를 총론하면서 이理를 기氣의 선행자나 혹은 기와는 별개물로 존재하여 기를 주재하는 그 무엇으로 보지 않고 기의 인과와 필연성으로 보아 이기의 선후 주종적 관계를 부정하였는데 이로써 문제는 무신론적 또는 유물론적 방향으로 단순 명쾌하게 해결되어버렸다. 퇴계는 자기 이기이원론적 견지에 서서 화담이 기를 이로 인식(인기위리認氣爲理)하였다고 비난하였으며 율곡은 화담의 자득적自得的인 학풍은 높이 평가하였으나 그의 유기론적唯氣論的 학설에 대해서는 역시 불만을 표시하였다.

요컨대 중국철학이 송유에 와서 성리학이란 특징 밑에서 전개된 것은 그 철학의 관념론이 발달된 것을 설명한 것이다. 그들은 종래 우주 지배자인 천天을 이理로 보아 '천즉리야天即理也'라 하고(정자程子) 또 종래 창세주인 상제上帝를 이理의 존칭으로 규정하여(주자朱子) 유치한 종교적 형태를 세련洗練하고 관념적인 '고묘高妙한' 논리로 수식하였다. 이와 같이 천과 상제가 이로 전화됨에 따라 천의 분가인 인간 '천성天性'의 성性도 성즉리性即理로 해석하고 상제의 분신分身인 인간 '천군天君'의 심心도 이理의 주재로 설명하여 소위 '천인합일天人合一'이니 '천인일리天人一理'니 하는 명제를 무난히 정립시킨 것이다. 성리학의 철학적 임무가 어디 있는가 하면 그것이 천과 상제에 대한 인격화 또는 유치한 예배적 형식을 일단 제거하였다 하더라도 그의 신성하고 순수한 실재의 지위를 인간 정신의 내부에 이론적으로 부식扶植해 주었다는 데 그의 신학적 임무가 의연히 계속되고 있다.

송유의 성리학은 조선에 와서 중기부터 즉 화담, 퇴계, 율곡의 학설이 출현된 이후부터 이기론으로 발전되어 이기의 선후와 이기의 주종이 주로 문제되고 있었으니 이는 무슨 이유였나? 의심할 것도 없이 조선의 철학이 자기 발전 법칙에 따라 서양철학의 근본적 문제 — 사유와 존재와의 관계 즉 정신과 자연 어느 것이 본원적이냐 하는 문제에로 한 발 접근해 온 현상을 표시한 것이다. 레닌의 말과 같이 "그것(철학적 관념론)은 확실히 하나의 헛꽃(徒花)이지만 산 과실을 맺는 참되고 성성한 전면적인, 객관적인, 절대적인 인간의 인식에서 피어나는 헛꽃이다."

이기론은 대체로 아직 열매가 아닌 헛꽃이었다. 왜냐하면 그들이 말한 이理라는 것은 일견 사물의 객관적 진리를 가리킨 것 같아 보이나 내용은 하나의 관념적 실재에 불과한 까닭이다. 그들은 관념적인 것 즉 사상적인 것을 동시에 실재적인 것으로 보았다. 그들에게 실재라는 것은 객관적으로 인간의 의식과는 독립적으로 존재하는 것을 의미하지 않고 다만 존재하는 것 다시 말하면 인간의 관념 속에 존재하는 것도 실재적 존재로 인정하였다. 성리학자들은 사물의 이치가 인간의 의식 밖에 존재한 사물 자체에 고유하다고 인식하였으나 그 반면에 외계外界의 자연과 모든 사물의 이법理法이 인간의 영통靈通한 심체心體 즉 이성 속에 하나도 빠짐없이 선천적으로 구비하고 있으므로 인간이 만사만물의 객관적 진리를 파악한다는 것은 결국 자기 자신의 심성 속에 선천적으로 이미 구비되어 있는 만사만물의 진리를 자기체인自己體認한다는 것이다. 바꾸어 말하면 객관적 진리의 인식은 즉 주관적 진리의 자인自認인 것이다.

그래서 주자는 《대학》의 명덕明德을 해석하면서 "명덕은 사람이 천天으로부터 얻은바 허령불매虛靈不昧하여 중리衆理를 갖추어 만사를 응하는 것이라."고 하였으며 그의 인성론에서도 인성은 인간의 온갖 사려, 행동의 이법만을 선천적으로 구유具有하였을 뿐 아니라 우주 만물의 이법을 전부 구비하고 있으므로 인성은 천리, 물리 모든 것과 질적, 양적으로 아무런 차이가 없다는 것이다. 이와 같은 이론적 근거는 결국 선가禪家의 '만법귀심萬法歸心'론과 조금도 다를 것이 없는 동시에 사물을 연구 대상으로 할 필요도 없이 '향벽관심向壁觀心'의 방법만으로도 우주 만물의 진리를 달관할 수 있게 되는 것이다. 이 점에서 성리학은 객관적 관념론 속에서 출발하여 주관적 관념론으로 종결되는 것이다.

조선의 이기론자들은 화담의 유기론唯氣論을 예외로 하고 대부분 송유와 같이 이理를 천인天人과 물아物我에 공통한 선천적인 실재로 보았다. 다시 말하면 이 실재적인 이理는 구주 중세기 실념론實念論들이 주장한 '보편'의 개념과 유사하다.

퇴계는 자기 '심통성정도心統性情圖'설에 주자의 "사단四端은 발어리發於裡하고 칠정七情은 발어기發於氣라."는 구절을 부연敷衍하여 "사단四端은 이발이기수지理發而氣隨之하고 칠정은 기발이이승지氣發而理乘之라."*고 하였다. 그의 의견에 따르면 오인吾人의 심상心上에도 우주 만물과 마찬가지로 이와 기가 구유具有하고 있는데 심心의 이理는 심心의 기관인 기氣의 규범적 실체로서 기보다 먼저 있고 또 반드시 기의 위에 우재寓在하여 순선무악純善無惡하다. 오인의 감각이 외계의 접촉을 받아 정이 있게 되는 것은 물론 심기心氣의 작용이지만 심기의 작용에서 순선무악한 본성의 이리가 기의 아무런 방해를 받지 않고 그대로 발현되는 것은 이른바 맹자의 측은惻隱, 수오羞惡, 사양辭讓, 시비是非의 사단四端이니 사단의 이리가 직접 발현하는 데 기가 순종한다는 의미로서 "사단四端은 이발이기수지理發而氣隨之라."고 하였다는 것이다. 그리고 희노애구애오욕喜怒哀懼愛惡慾의 칠정七情은 성리性理를 봉행하는 심기의 순역여하順逆如何에 따라 혹선或善 혹악或惡하므로 "칠정은 기발이이승지氣發而理乘之라."고 하였다는 것이다. 물론 퇴계도 동일한 성리性理가 심기조건心氣條件 여하에 따라 순조롭게 발현되는 사단도 있고 순조 또는 불순조의 경우인 칠정도 있다는 것이며 일개 심중心中에 두 성

---

* 사단은 이가 발하여 기가 그를 따르고 칠정은 기가 발하여 이가 그를 탄다

리가 본래 따로 있어 혹은 사단 혹은 칠정으로 발출된다는 것은 아니다. 그러나 "이발이기수지理發而氣隨之, 기발이이승지氣發而理乘之"란 문구를 우리가 여하히 작자 본의대로 양해해 준다 하더라도 이발理發과 기발氣發을 대립적으로 설정하고 각자의 밑에 '기수지氣隨之'와 '이승지理乘之'를 또 대립적으로 첨부해 놓은 이상, 이와 기가 각각 독립적으로 발동할 수 있는 권리를 가졌다는 논리적 결론을 부정하기는 대단히 곤란하다. 퇴계의 본의가 이기의 각자 발동을 의미한 것이 아니라고 하더라도 그의 의식의 근저에 이기를 양개물로 본 동시에 이가 기를 떠나서 먼저 존재하고 또 기 위에서 군림하고 있다는 신학적 관념을 유물론적으로 청산치 못한 데서 자가당착의 표현을 하게 된 것이다. 만일 퇴계가 화담과 같이 이를 기의 운동 변화 법칙 또는 필연성으로 명확히 인식하였다면 어떠한 경우에라도 이발理發, 기발氣發과 같은 표현은 결코 하지 않았을 것이다.

퇴계의 이발기발설理發氣發說에 대하여 그의 유명한 제자 고봉高峯 기대승奇大升은 처음에는 반대하다가 나중에는 퇴계의 우여장황紆餘張皇*한 논변에 자기 이론의 부족을 느끼고 그만 승인하였다. 그러나 율곡은 이기 관계가 '기발이이승지氣發而理乘之'의 일로一路뿐이란 것을 밝혀 '이발이기수지理發而氣隨之'의 무근거한 점을 논파하였다. 율곡도 정주程朱의 학설을 승계한 것만큼 이의 기에 대한 선행과 기의 이에 대한 복종성을 인정하기는 하였으나 그의 논의 발전 과정에서 이의 선행과 기의 복종을 하나의 논리적 추정으로 보고 현실적인 사상事象으로는

---

* 문장이 넉넉하여 막힘이 없음

인식치 않으려 하였다. 또 그에 따르면 그가 화담과 같이 이를 기 자체의 합법칙성으로 기 밖으로부터 들어오지 않은 것으로는 보지 못하였으나 이에 대한 개념이 대단히 평범해져서 하나의 무위무능無爲無能한 규범적 개념으로 본 동시에 유위유능有爲有能한 기능을 가지고 직접 현실적으로 활동 변화하는 것은 기로 인정하였다. 그래서 그의 의견에 따라 이기를 인마人馬에 비유해 말하면 이가 아무리 기의 윗자리에 있다고 하나 직접 활동 변화하는 것은 기요 이가 아니므로 이는 마치 사람이 말을 타고 가는데 가는 것은 말이며 사람이 아닌 것과 같다.

퇴계와 율곡의 이理에 대한 인식 차이는 유럽 중세기 실념론자實念論者와 유명론자唯名論者의 '보편'에 관한 인식 차이와 유사하다고 할 수 있다. 왜냐하면 퇴계는 이理를 실념론자와 같이 하나의 실재實在한 보편으로 보았고 율곡은 이의 존재를 부인하지 않았으나 실지에서는 유명론자와 같이 하나의 명목만 보편으로 간주하려 하였던 까닭이다. 실념론이나 유명론이 다 같이 보편의 본질적인 모멘트를 이해하지 못하였음에도 불구하고 유명론은 실념론과 같이 관념적 추상의 산물을 객관적 실재로 보는 것을 반대하여 중세기적 독단론과 싸우면서 구체적 현실성으로 돌아가려고 하였다. 율곡이 퇴계의 이발기수설理發氣隨說을 비판하여 그의 비실재적 성격을 어느 정도로 지적하고 기발이승氣發理乘의 일로만을 주장하여 자연계와 정신계의 현실적 방향으로 나가려 한 것은 의심할 것도 없이 유교철학의 스콜라적 세계관으로부터 벗어나려는 유물론적 맹아 형태였던 셈이다.

다산은 퇴계, 율곡의 이기론에 대하여 어떠한 태도를 취하였는가? 그는 당습黨習을 초탈하고 공평한 판단을 내리려 하였다. 그에 따르면 퇴계의 "이발이기수지理發而氣隨之, 기발이이승지氣發而理乘之"는 순전히 오인吾人의 심상心上에 나아가 말한 것이니 소위 이理는 즉 본연지성本然之性이요 도심道心이요 천리天理의 공公이며 소위 기氣는 기질지성氣質之性이요 인심人心이요 인욕人欲의 사私다. 그러나 율곡의 "사단칠정四端七情, 개기발이이승지皆氣發而理乘之"는 태극太極 이래 이기를 총론한 것이니 즉 천하 만물이 발동하기 전에는 비록 이理가 먼저 있으나 발동할 때에는 기氣가 반드시 먼저 하는 것인즉 오인吾人 심중心中의 사단칠정四端七情도 또한 이 공례公例에서 벗어나지 않으여 모두 기발이승氣發理乘이다. 그러면 율곡은 외계와 내계의 이기 관계에 대한 일반적 원칙을 논한 것이요 퇴계는 치심양성治心養性의 수양상 필요로서 심상의 이기 관계를 특수적으로 논한 것이니 양현兩賢의 소론所論이 각기 관점을 달리 했을 뿐이요, 차시피비此是彼非는 없다고 하였다.

또 그에 따르면 퇴계론에 의하더라도 사단은 반드시 이발理發만이 아니며 어느 때에 어느 사람에게는 측은惻隱, 수오羞惡가 사욕私欲에 끌리고 천리天理의 공公에 어그러지는 수가 있다. 또 칠정도 반드시 기질만이 아니며 이도 경우에 따라 희노애락喜怒哀樂이 형기形氣의 사私에 국한되지 않고 본연지성本然之性의 직접 발용發用이 있는 것이다. 어쨌든 사단과 칠정이 모두 오심吾心의 소발所發이요 오인吾人의 심상心上에 이와 기의 두 구멍이 따로 있어서 각자 발출하는 것도 아니라고 하였다.(시문집 중 〈이발기발변理發氣發辨〉)

다산은 이와 같이 퇴계, 율곡 양시론兩是論을 주장하여 비판의 공정성을 보였으나 그의 내심은 율곡의 간명 통쾌한 견해를 퇴계의 우회迂回 모호模糊한 논법보다 높이 평가하였다. 그는 23세 경의진사經義進士로 태학太學에서 국왕 정조가 친히 발문發問한 중용강의 80여 조를 답론할 적에 본문제인 이발기발론理發氣發論에 대하여 광암曠庵 이벽李檗은 퇴계설을 주장하였고 다산은 율곡설과 일치하였다고 한다.

요컨대 다산이 이기론에서 퇴계설을 두고 율곡설을 더 낫다고 지적한 사실은 그의 인식이 경험론적 방향으로 접근하였다는 것을 의미한다. 그러나 그가 이기 관계에 대한 율곡의 주관적 진리의 개념을 청산하지 못하고 따라서 화담의 객관적 진리의 개념을 발전시키지 못한 데서 소여所與의 문제는 의연히 해결되지 못한 채로 남아 있다.

5. 귀신과 신앙론

다산은 귀신을 기氣로 보지 않았다. 그의 말에 따르면 "오인吾人은 기질氣質을 가졌으되 귀신은 기질을 갖지 않았다. 《주역》에 이른바 '음양불측지위신陰陽不測之謂神'*과 '일음일양지위도一陰一陽之謂道'는 모두 시괘蓍卦 강유剛柔**의 의의를 말한 것이고 귀신과 천도를 말한 것은 아니니 어찌 음양으로서 귀신이라 할 것인가? 귀신은 이理와 기氣로 말할 수 없는 것이다. 천지 귀신이 소명昭明히 포열布列하여 있는데 지존지대한 것은 상제上帝가 곧 그것이니 문왕文王의 '소심익익小心翼翼'***과 중용의 '계신戒愼', '공구恐懼'는 다 상제를 섬기는 학이다. 그러나 후인後人은 천天을 이理로, 상제를 이의 존칭으로만 알고 신神을 유무망매有無茫昧한 경계에 둔 고로 대군大君의 외경畏敬과 학자의 신독愼獨****이 모두 성

---

* 음과 양을 헤아릴 수 없는 것을 신이라고 한다《주역》계사전)
** 강한 것과 부드러운 것.《주역》에서 천지, 건곤과 함께 사용한다   *** 조심하고 두려워하는 모양
**** 홀로 있을 때에도 도리에 어그러짐이 없도록 몸가짐을 바로 하고 언행을 삼감

실치 못하게 되는 것이다. 무릇 암실暗室에 독처獨處한 사람이 무슨 짓을 하여도 발각되지 않는다면 누가 공공연히 외경할 것이랴? 일식日蝕, 월식月蝕 같은 것을 가지고 군주를 훈계하지만 그것에 대한 조금도 틀림없는 시각時刻을 예지豫知하는 이상 어찌 재이災異라 할 것이랴? 예지睿知의 학은 진심眞心과 심계深戒가 있어야 한다."고 하였다.*

이리하여 다산은 귀신을 소유의 이른바 '이기지양능二氣之良能'(장자張子), '천지지공용이조화지적天地之功用而造化之跡'(정자程子)이란 범신론적 또는 범리론汎理論的 영역으로부터 인출하여 비기비리非氣非理의 신비적 불가지적 범주에 올려놓고 동시에 신앙 대상을 설정할 필요를 주장하였다. 그는 다음과 같이 말하였다.

> 서恕를 힘써 행하는 것이 인仁을 구하는데 보다 더 가까운 것이 없으므로 증자曾子가 도道를 물으매 '일관一貫'으로 고하였으며 자공子貢이 도를 물으매 일언〔恕〕으로 고하였다. 경례삼백經禮三百과 곡례삼천曲禮三千에 서恕로 관통되었다. 인仁을 하는 것은 자기로 말미암으며〔行仁由己〕, 자기를 극복하여 예에 돌아가나니〔克己復禮〕 이는 공문孔門의 정지正旨다. 성誠이란 것은 서恕에 성실하다는 것이며 경敬이란 것은 예에 돌아가는 것이니 그것으로써 인仁하는 것은 성誠과 경敬뿐이다. 그러나 공구恐懼, 계신戒愼하여 상제를 소사昭事(속임 없이 섬긴다는 의미)하면 인仁할 수 있으나 태극太極을 헛되이 높이며 이理로서 천天이라고 하면 인仁할

---

* 다산은 《주역》의 〈계사상전〉의 내용에 근거한 주자의 점술을 참고하면서도, 이를 비판적으로 수용하고 여기에서 점서占筮와 관련된 16구절을 발췌하여 〈시괘전蓍卦傳〉으로 독립시켜 그 나름의 점서법占筮法을 완성하였다

수 없다. 결국은 천天을 섬겨야만 할 것이다.

이 수절數節은 다산의 묘지명에서 인용했는데 그 요점은 즉《논어》의 '인仁', '서恕', '복례復禮' 등 어語와 중용의 '공구恐懼', '계신戒愼' 등 어語를 연결시켜 사천事天 즉 천신天神을 섬기는 종지宗旨를 수립한 것이니 이는 이론의 무대로부터 신앙 경계로 전향한 것이다.

이제 우리는 다산이 이상과 같은 결론에 도달한 경로를 추적하여 이렇게 말할 수 있다. 기독교는 박애의 서恕와 천天에 대한 경건한 신앙과의 결합으로서 교리를 구성한 것이다. 다산은 일찍이 서학 연구가로서 첫째로 기독교리를 학리적으로 본다면 역시 환망무실幻妄無實한 것이나 그 학설의 방법이 간단하고 절실하여 일반대중의 심정에 하소연되는 것, 둘째로 당시 조선의 적지 않은 군중이 열심히 그것을 환영하는 현실이 증대한 것에 깊이 주의하여 신앙의 필요를 느낀 동시에 기독교에서 참고할 바가 많다고 인정하였다. 그래서 그는 자기 대종大宗인 유교를 반관反觀하여 재검토한 결과 논어의 인仁, 서와 중용의 계신戒愼, 공구恐懼를 특별히 추출하여 유교의 경천사상敬天思想을 이론화한 것이다.

원래 유교도 하나의 경천적敬天的 종교이지만 그것은 사회 발전과 함께 인간 의식 형태의 세련화와 노불老佛의 논리적 영향 등으로 말미암아 천天과 상제上帝를 구상적이며 인격화한 지위에 오래 머물러 둘 수 없음으로 보다 '고상高尙'하고 추상적인 신격神格에로 전화시키지 않을 수 없게 되었다. 그리하여 천天은 무형무언無形無言한 최고 존재로 규정되고 상제는 객관적인 실체를 잃어버린 이理의 존호로 변질케 되었다. 그러나 다산에 따르면 이러한 '실재實在'들은 관념론자나 명상가가 탐완耽琓하는 대상은 될지언정 유식有識, 무식無識, 현자賢者, 불초자不肖者의 일반적 대중이 다 같이 숭봉崇奉할 수 있는, 다시 말하면 만민이 다 같이 경외하며 친애할 수 있는 대상은 될 수 없으므로 다산은 천天＝상제上帝를 유무망매有無茫昧한 영역으로부터 구출하여 하민下民과 만물을 직접 감림監臨하며 권선징악할 수 있는 존엄한 지위에 재건하려 한 것이다.

종래 유학의 논리에 따르면 이理는 무형무적無形無迹한 일체를 대표하며 기氣는 유형유적有形有迹한 일체를 대표하므로 우주 내의 무수한 존재가 여하히 다종다양하더라도 이 2대 유별로 나누어 이나 기나 그 어느 계열에 속하지 않을 수 없다. 만일 이, 기 어느 계열에도 속하지 않는 존재란 것은 아무런 논리적 근거를 갖지 못한 하나의 환상이며, 고작 말해야 소위 예지적 직관의 소산에 불과하다. 그러나 다산은 종래 유학자들의 정상적인 논리의 궤도를 무시하고 신앙 대상인 신神을 이도 아니고 기도 아닌 어떤 존재로 규정하였으니 이는 다산이 자기의 신앙 대상이 아무런 논리적 또는 현실적 근거를 가지지 못한 것을 스스로 알면서 자기 실용주의의 주관적 요구에 따라 신앙 대상을 방편적으로 설정하려 한 까닭이었다.

방편적이든 아니든 간에 자기 주관적 환상에 기초하여 신앙 대상을 설정한 것은 그의 과학적 수준이 아직 신비의 세계를 결별하지 못한 사실과 또는 당시 봉건사회의 쇠퇴기에 몰락해 가는 일부 양반층의 동요 불안한 심리를 반영한 것이다. 그 반면에 그가 신앙 대상의 기초를 기 위에 두지 않은 것은 그에게 첫째로 이나 기는 신앙 대상의 적응한 기초가 될 수 없는 까닭이며 둘째로 환상적인 신앙 대상의 기초는 환상의 밖에서 구할 수 없는 까닭이다. 이 점에서 다산의 세계관은 유심론 일색으로 봉쇄되지 않고 유물론과 일맥상통한 것을 반증한다. 이런 경우에는 유럽 중세기 말에 유명한 '이중진리二重眞理' 문제가 연상될 수 있다. 즉 철학상의 진리와 종교상의 진리를 구분한 것은 물론 유일무이한 진리에 대한 인식이 아니지만 철학의 진리를 종교의 진리로부터 분리하여 후자의 전면적 지배를 제한하고 전자의 독자적·국부적인 영역을 보장하는 것이니 이는 당시 진보적 의의를 가졌다. 이와 유사하게도 다산이 이기의 성질과 신神을 엄격히 구별하여 신의 기초를 이기의 영역 밖에 두어서 신의 전면적 체현을 부정한 동시에 이기의 비신적非神的 본질을 인정하였으니 이는 철학 자체의 발전에 대하여 일조로一條路*를 열어 주는 긍정적 의의가 내포되어 있는 것이다.

---

*한 갈래의 길

제3부 다산의 정치 경제 사상

정치사상

1. 균민주의 정치론

다산의 정치사상은 그의 〈원정原政〉 한 편에서 대체로 볼 수 있다. 〈원정〉의 이론에 따르면 어느 계급을 막론하고 '균민적均民的'이 정치적 원리로 규정되어야 한다고 여러 번 강조하였다.

이 균민주의均民主義가 혹은 가부장의 인자仁慈나 부모연父母然하는 봉건 제왕의 회유책을 전제한다면 이는 인민의 계급적 반항을 진무鎭撫하려는 기만적 구호 하나에 불과한 것으로 되고 말겠지만 이와 반대로 차별과 천대와 무권력한 사회적 처지에서 신음하면서 균등적 생활을 위하여 싸우는 인민의 편에 서서 극히 정열적으로 부르짖은 것이라면 이는 혁명적 성격을 내포한 진보적인 표어일 것이다. 다산의 균민주의는 물론 전자가 아니고 후자에 속한다.

〈원정〉의 요항要項을 보면 다음과 같다.

첫째로 빈부 차등의 발생은 토지의 겸병과 토지의 이탈에 그 원천이 있으므로 토지 균등을 왕정王政의 제일책으로 할 것이며 둘째로 교통을 편리케 하고 도량형을 균일케 하여 물화 융통과 교환을 촉진함으로써 지방 생산력의 불균등한 발전을 극복 또는 완화하게 할 것이며 그 다음은 강약의 세勢 즉 정치적 권리를 균등케 할 것, 인민의 노동을 평균히 할 것, 붕당을 제거하고 공도公道를 확장하여 인재의 현우賢愚를 엄격히 구별할 것, 수리水利를 일으켜서 수한水旱을 조절할 것, 이

밖에 임정林政, 축정畜政, 엽정獵政, 의정醫政의 완비책을 열거하였다. 여기서 무엇보다도 주목할 것은 그가 정치의 역점을 민생문제의 균등한 해결과 산업 각 부문 중 특히 농업 발전에 치중한 사실이다.

동편 중에 의료기관 보급에 관한 필요를 열거하면서 교육기관 보급에 대한 필요는 언급하지 않았다. 물론 이 〈원정〉은 정政의 정신을 원론한 것이지 정政의 항목을 축조逐條 열거하려는 것은 아니었지만 어쨌든 그의 열거 항목 중에 교육 균등이 빠졌으며 또 정치의 개신改新에 관한 구체적 강목을 논술한 그의 명저 《경세유표》 중에도 국민 개직皆職, 국민 개병皆兵 등에 대한 주장은 있으나 국민 개교皆敎는 논급되지 않았으니 이는 다산의 정치적 시각이 종래 유교의 교화주의敎化主義 즉 덕치주의에 치우쳤고 근대 보통교육의 이상理想에까지는 도달치 못했음을 스스로 증언한 것이다.

그런데 동편 중에(기타 논문 중에도) '왕정王政' 두 자를 사용하였으나 이는 꼭 민주정치와 반대되는 제왕정치를 의미한 것은 아니고 국정國政 혹은 인정仁政과 동일한 개념으로 사용한 것이다. 다른 유사한 용례로 '왕도王道'는 권모간책權謀奸策을 위주하는 패도를 반대하는 인심정의仁心正義의 도를 의미하며 어느 경우에는 '왕자王者'도 반드시 제왕만을 가리킨 것이 아니라 최고 치자治者의 의미로 썼다. 이는 마치 근대인들이 광산왕, 금융왕이니 혹은 이념의 국왕, 자유의 국왕이니 하는 그 왕과 국왕이 융통성 있는 것과 마찬가지인 용어들이다.

다산의 이론(다른 학자들의 이론도)을 연구하는데 이러한 용어에 대한 심득이 어쭙잖은 듯하면서도 대단히 필요할 것이다. 왜냐하면 이러한 심득이 없으면 속학자俗學者들은 '왕정'이나 '왕도' 등 용어를 보고 그만 그를 군주정치의 절대 지지자로 속단하여 버리기 쉬운 까닭이다.

요컨대 다산의 '원정' 이론은 계급투쟁을 균민정치의 실현에 대한 지렛대(杆)로 이해치 못하였으므로 이는 필경 이상주의의 '헛꽃'으로 피고 말았다.

그러나 그가 정치적 균등의 기초를 경제적 균등에 둔 것은 의연히 우수한 견해였다. 그리고 교통의 편리와 물화의 융통으로 국내 생산력의 지방적 차이성을 완화시키려 하였으니 이는 분산적 지방적인 봉건 경제라는 태내에서 자기모순으로 미동하기 시작한 자본주의 경제의 맹아인 상품 자본이 자기의 무대인 시장의 확대를 요구하는 물질적 징후를 대변한다. 또 인민 근로의 균등화에 대한 착상은 당시 지주 귀족 계급이 자기들의 노예적 혹사를 일반 인민에게 더 광범히 부과하던 의식 형태와는 질적으로 다르다.

다시 말하면 이는 국민 개로皆勞 체제를 엄격히 수립하여 유식遊食, 좌식坐食하는 무리를 퇴치하고 노동 인민에 대한 합리적인 노력 분배와 노동 규율을 예상한 것이다.

2. 《경세유표》에 나타난 개신안

우리는 다산의 사상과 학설을 연구하면서 그의 합법적 저작과 비합법적 저작을 구별해 보아야 할 것이다. 만일 이를 혼동한다면 그의 경세사상에서 최고 강령이 무엇인지를 이해치 못할 뿐더러 그의 최고 이상으로 오인하게 될 것이다.

그의 명작 가운데 하나인 《경세유표》를 세상에서는 흔히 다산의 최대 이상의 결정물로 보고 있으나 사실은 결코 그렇지 않다. 그의 문인 이청李晴이 편차編次한 《사암연보俟庵年譜》에 따르면 다산이 강진 유배를 마치던 전년(순조 17) 즉 그가 56세 되던 해에 《방례초본邦禮草本》 49권이 비로소 편집 중에 있고 완료되지 못하였다 하니 《방례초본》이 즉 《경세유표》의 별명이다. 동서가 동 연보에는 49권으로 씌어 있으나 다산의 만년 수정본手定本과 그의 《열수전서洌水全書》 총목록에는 15책 43권으로 되어 있으니 혹시 후래 정리 중에 권수가 삭제되었다고 볼 수 있으나 그가 61세 때 지은 자기 묘지명[集中本]에 자기 저서의 총목록과 권수가 열거되어 있는데 여기에는 《경세유표》가 '48권 미졸업未卒業'으로 씌어 있으니 권수의 불일치와 미완성이란 것이 의심나지 않을 수 없다.

필자가 어느 다른 기회에서도 이미 소개하였지만 강진 지방 사화史話에 따르면 다산의 저서로서 현존본 《경세유표》 이외 별본別本이 있었는데 그가 강진 유배로부터 해방되기 직전에 이 별본을 밀실에서 저작하였으며 그 가운데에는 만민 평등의 새 사회를 상세히 모사하고 그 실현 방법도 표시되었다. 이 책자를 그가 문인 이청과 친승親僧 초의草衣에게 주어서 비밀히 보관, 전포傳布할 것을 부탁하였으나 그 전문全文은 중간에 행방불명되었고 일부는 후래 대원군에게 박해당한 남상교南尙敎, 종삼鍾三 부자에까지 전해졌으며 일부는 후래 갑오농민전쟁의 지도자인 전봉준全琫準, 김개남金介男 등의 수중에까지 들어가 그 사상과 전술이 그들에게 많이 이용되었다고 한다. 그리고 갑오농민전쟁이 끝난 뒤에 관군은 그 '괴서'의 출처를 조사하기 위하여 다산 유배지 부근 인가와 사찰을 수색한 일까지 있었다고 한다. 이와 같은 사실은 그 지방 인민이 직접 눈으로 보고 입으로 전한 것으로서 《강진읍지康津邑志》의 인물조에 적혀 있다. 이 사화를 음미해 본다면 《경세유표》 현행본 43권이라는 권수 이외에 연보에서 밝힌 49권과 자기 묘지명 중에 밝힌 48권의 그 잔잉殘剩 권수인 여섯 권 내지 다섯 권은 필시 밀실 저작의 별본으로서 다산 만년 수정手定 가장본家藏本의 전서 중에 편입되지 않고 다만 '미졸未卒' 혹은 '미성未成'이란 가표假標만 붙여 세상에 공개되지 못하고 비밀히 유전된 것이 아닌가 한다.

그러면 동일한 《경세유표》란 명칭 밑에 현행 가장본 43권은 공개할 수 있는 합법적 저서인 만큼 서두에 '신臣 열수정용근정洌水丁鏞謹呈'이라고 제표題標하여 국왕에게 헌책하는 정치 의견서로 작성한 것이며 소위 별본 대여섯 권은 비합법적인 저서로서 자기의 이상사회 건설과 구 제도 변혁에 대한 구체적 방략을 대담하게 진술한 것이다. 그리고 후자는 지금 우리가 볼 수 없어서 그 내용을 추측하기 어려우나 〈전론田論〉(여전제론閭田制論), 〈원목原牧〉, 〈탕론湯論〉 등 논문에서 연구할 수 있는 고상 웅대한 정치경제에 관한 이상적 고안과 조국의 개화 유신에 관한 방책이 표시되었을 줄로 생각한다. 남종삼南鍾三 일파의 개화사상과 갑오농민전쟁 지도자들의 투쟁 표어와 전술이 그 저서를 어느 정도로 이용하였는지는 알 수 없으나 어쨌든 그들의 개화사상과 반봉건적 민주운동이 그 저서의 사상적, 이론적 계발에 어느 정도로 힘입은 것만은 사실이다. 그의 최대 이상理想을 발표한 비합법적 저작인 《경세유표》의 별본은 이제 볼 수 없거니와 당시 국왕의 영단에 따라 실현될 수 있다고 한 그의 정치 개신안인 합법적 《경세유표》의 내용은 과연 어떠한 것이었나?

현행 《경세유표》가 위에서 이미 말한 바와 같이 다산의 최대 이상이 아님은 물론이다. 당시 쇠퇴 부패한 국가를 새롭고 부강한 국가로 개선하기 위하여 기구의 결함을 보충하고 제도 운용의 방법을 개작하는 대책을 체계적으로 논술한 저서인데 그중 그가 가장 필요한 것으로

자인한 몇 개안을 제목만이라도 소개하면 다음과 같다. (《경세유표》서문 참조)

1. 중앙정부의 관사官司 총수는 합계 120에 한정하고 육조六曹로 하여금 각기 소속 관서 20씩을 나누어 맡을 것.
2. 관품官品은 9품으로 정하되 일반으로 정, 종의 구별을 없애고 1품, 2품에만 정, 종을 둘 것.
3. 호조戶曹는 교육을 겸임하고 현재 국도國都 내의 5부五部를 주례周禮의 6향六鄕에 의거하여 6부六部로 개정하고 '향삼물鄕三物, 교만민敎萬民'[14]의 고대 면목을 보유할 것.
4. 고적법考績法(성적고사법成績考查法)을 엄격히 세우고 고적 조목을 상세히 규정하여 관의 대소를 물론하고 일체 고적을 실행하여 당우唐虞*의 구제舊制를 회복할 것.
5. 삼관三館, 삼천법三薦法[15]을 개혁하여 신진에게 문벌의 귀천을 가리지 말 것.
6. 수릉관守陵官을 초사初仕로 하지 말아서 옆길로 등용될 수 있는 부정한 기회를 막을 것.
7. 대소과大小科를 합일시키고 급제는 1회에 36인으로 정원하되 3년대비三年大比(比는 시험의 뜻) 이외에 경과慶科, 알성과謁聖科, 별시別試, 정시庭試 등 과는 전부 혁파할 것.
8. 문과와 무과의 원수員數를 동수로 하고 등과자는 반드시 빠짐없이 보관補官할 것.

---

* 중국의 도당씨陶唐氏와 유우씨有虞氏, 곧 요순을 가리킴

9. 10결의 전田에서 1결의 전을 정부가 매수하여 공전公田을 만들고 9결의 전을 경작하는 농부들로 하여금 '조이불세助而不稅'(공전에 조력만 하고 사전에는 납세치 않는 것)케 할 것.
10. 현행 군포軍布의 법을 철폐하고 주대周代 구직九職의 제制를 수행하여 민역民役을 크게 평균케 할 것.
11. 둔전법屯田法을 정하여 군軍의 양식을 절약하며 군의 훈련을 편리케 하되 경성 수십 리 즉 동서남 삼교三郊의 전田을 매수하여 모두 삼영三營의 군전軍田을 만들어서 수도를 호위케 하고 읍성 수리數里 이내의 전도 또한 매수하여 모두 지방 군영의 전을 만들어서 군현을 수 호케 할 것.
12. 사창社倉의 한도와 상평常平의 법을 정하여서 탐관오리의 간행 남비奸行濫費를 막을 것.
13. 중전中錢, 대전大錢과 금전金錢, 은전銀錢을 주용鑄用하여 금은이 국외(주로 북경)로 탈주하는 것을 방지할 것.
14. 향리의 원수員數를 한정하고 그 세습제를 금지하여 간활奸猾을 막을 것.
15. 이용감移用監을 신설한 동시에 '북학北學' 법을 의정議定하여 기예의 신제新制를 수입함으로써 부국강병을 도성圖成할 것

이상 제안 중 제9조는 공정균세론公田均稅論이다. 즉 사전 10결에 1결만을 국가가 매수하여 9결 전의 농부들로 하여금 그것을 공동경작케 하여 1결 공전의 수확은 왕세王稅 즉 국세로 상납하고 9결 사전에는 세를 내지 않는 것이니 이른바 '조이불세助而不稅'란 것이다. 이는 다산의 경세론 중에서 중요한 부분이다. 이에 대한 자세한 설명은 이하 적

당한 곳에서 하기로 한다.

제3조 호조겸교론戶曹兼敎論은 매우 참신해 보이는 명안이다. 그에 따르면 옛날 주제周制에 대사도大司徒는 그 직원이 교육을 전임하였으니 소위 '향삼물 교만민'이었는데 후세에는 호부戶部가 재부財賦를 전임하여 취렴聚斂을 직능으로 하므로 정부에 비록 백관百官이 별같이 벌려 있으되 교양의 직과 육향의 삼물은 한 사람도 맡지 않게 되어 교화와 풍속이 모두 퇴폐頹廢하지 않을 수 없었다. 비록 한문제漢文帝와 당태종唐太宗의 치적으로도 마침내 '3대三代'의 정치에 방불치 못한 것은 오로지 이 까닭이라고 하였다.

교화의 성패를 교화를 운용하는 기관인 정치적 조직 여하에 추인한 것은 확실히 다산의 경세가적 탁견이었다.

그러나 그의 고증에 따르면 소위 육향은 왕도 내 즉 왕궁 좌우의 육향이며 소위 만민은 전 국민을 가리킨 것이 아니고 육향 내의 사족士族 신민을 가리킨 것이니 따라서 소위 교만민이 노예, 천민까지를 포함한 것은 아니다. 사도司徒의 교는 그 덕행과 도예道藝를 주장하였으니 도예가 어찌 노예, 천민까지 능히 배울 바이랴? 오직 위에 있는 자는 효우목인孝友睦婣* 등을 실행함으로써 백성을 교도할 것이요 상서庠序 학교 등 교육기관에 전야田野 천민으로 하여금 혼연히 잡처雜處케 할 수 없는 것이다. 도외都外의 농민(직접 밭갈이 하는 자)은 오직 역농力農으로 본업을 삼아 각기 정상적 재산을 가지고 사심邪心을 일으키지 않을 것이며 도예와 덕행은 그들에게 거론할 바가 아니라고 하였다. 이리하

---

* 《주례》 대사도편의 향삼물 가운데 하나인 효우목인임휼孝友睦婣任恤을 가리킴

여 다산은 "밖으로 군현에까지 특별히 교육기관을 설치하여 인사를 취택하는" 것은 고대의 법이 아니고 고금을 작량酌量한 권의權宜의 정치라고 하였다. 물론 고대 교육기관의 범위가 이와 같이 협소하였다는 것은 그의 옳은 고증이었으나 국민개교國民皆教를 철저히 주장치 못하였으니 이는 그가 봉건시대 통치계급의 지식 독점에 관한 전통적 시야를 아직 완전히 타파하지 못한 결점인 동시에 당시 과거 응시에 매회 10만 이상의 다수가 동원하는 유식인遊食人의 범람 현상을 절제하려는 의도에서 나온 이론이었다.

여하간 경제와 재정을 관리하는 호조가 교육을 겸임해야 한다는 주장은 그의 독특한 정치적 견지를 표시한 것이다. 왜냐하면 인민 교육은 경제적 생활 안정의 기초 없이는 그 효과를 거둘 수 없으며 또 민생문제가 결국 일물一物의 양면으로 결코 분리해서 실시할 수 없기 때문이다. 그의 의견에 따르면 천민대중을 학문으로 교육할 것이 아니라 직접 생활 개선의 현실적 행동으로 교육해야 한다는 것이다. 호조의 교육 겸임은 즉 그가 경제문제 해결이 교육문제 해결의 열쇠임을 정치적 기구로서 표시한 것이다.

제4조 고적법考績法의 여행勵行은 당시 양반 세습제에 대한 중요한 타격이다. 제5조에 이른바 삼관 삼천법을 개혁하고 신진에게 문벌의 귀천을 가리지 말라는 주장은 요컨대 고적법의 여행과 서로 표리적 관계를 가지고 있다.

제1, 2조는 관제를 간정화簡整化시켜서 용관남작冗官濫爵*을 도태시

---

* 복잡하고 넘쳐나는 벼슬

키려는 것이며 제6, 7, 8조는 역시 취사법取士法*과 사진仕進의 길을 통일시켜서 국가의 작위가 몇몇 벌족閥族의 손에 농단되지 않도록 하려는 것이니 이는 당시 막대한 폐단에 대한 엄중한 비판이다.

제11조 둔전법의 고안은 당시 서세동침西勢東侵에 대비한 국방책으로 강조한 것이며 동시에 병농합일兵農合一의 양안良案으로 제기한 것이다.

제12조 사창社倉, 상평법常平法 개선은 종래 실학파 학자들이 이구동성으로 주장했으며 금은주화 통용의 주장은 자연경제를 화폐경제로 전환하려는 시대적 요구를 반영한 것이다.

제14조 향리 세습제 금지안은 귀족 세습제 폐지에 못지않은 개혁안이다. 필자의 고구考究에 따르면 원래 향리는 지방 호족에서 기원하였다. 《연조귀감椽曹龜鑑》(권1, 이직명목해吏職名目解)에 《피문쇄록披文瑣錄》을 인용하여 말하기를 "신라 경순왕이 처음에는 호장戶長 왕씨가王氏家와 결혼하였다." 하였으니 호장戶長은 향직鄕職의 수반首班인 동시에 그 군향郡鄕의 명망가로서 조선시대의 좌수座首와 유사한데 신라 왕실의 진골이 그와 결혼한 것으로 보아 신라시대에 향리의 지위가 상당했음을 알 수 있다. 또 《고려사高麗史》(75권)에 "국초에 향리의 자제를 선택하여 경성에 볼모(인질)로 두고 또 그 군향의 일을 고문顧問하는데 대비케 하니 이를 '기인其人'이라 불렀다." 하였으니 기인제는 일본 에도막부江戶幕府가 지방 '大名(다이묘)'들에게 실시한 소위 '참근교대參觀交代'**제와 다소 비슷한 지방 견제 정책인데 고려 정부가 향리를 지방세역으로

---

* 선비를 취하는 방법, 곧 과거 ** 다이묘들이 일정 기간 수도 에도에 머물러 근무하고 영지에 내려가기를 교대로 하는 제도. 이 때 가족을 에도에 인질로 두고 내려갔다

인정하고 따라서 그 세력을 간접으로 견제하기에 노력하였던 셈이다.

그러나 조선에 들어와서는 양반적 봉건제의 중앙집권이 강화되므로 지방분권 형태인 향리의 세력이 점차 제한되어 왔다. 세종 때에 고려시대에 향리가 잡고 있던 이권이 박탈되었으며《세종실록》20년 4월 기사) 사회상 그들의 의관 복식과 혼인 교유가 일반 사류와 향반에게 구별되어 특별한 하인계급 하나를 형성하였다.《연조귀감》(권1)에 따르면 향리들이 차별대우에 대한 철폐운동을 일으킨 일까지 있다. 그러나 사회적 대우가 저하된 반면에 말단 행정사무에 관한 권한은 오히려 가중해졌다. 왜냐하면 지방관청의 행정, 사법, 군사, 조세, 호구 등 일체에 관한 문부文簿 작성과 실무 집행이 향리의 손에 의존되었던 까닭이다.

더욱이 조선 양반 당쟁은 지방장관의 임기를 조변석개케 하여 그들이 지방 실정과 사무 내용에 관한 지식을 가질 여유가 없었으며 탐관오리들은 향리와의 결탁을 필요로 한 동시에 도리어 그들에게 조종되어 향리의 도필적刀筆的 농간은 말할 수 없이 자행되었다. 그래서 조선 중기에 유명한 유학자 남명南冥 조식曺植은 국왕 선조에게 상소한 가운데서 "이서吏胥가 국정을 전행專行한 것"을 통론痛論하였고《남명집南冥集》〈무진봉사戊辰封事〉) 율곡 이이와 지봉 이수광은 모두 '이서망국吏胥亡國'을 걱정하였다. 그 후《반계수록》,《성호사설》등 저서에도 한결같이 이서의 전권專權을 논박하였다.

다산은 이상 선철들의 논법을 승계하여 그의 구제책으로 향리의 원수 제한과 세습제 폐지를 주장하였다. 그러나 향리 세습제는 귀족 세습제와 절대로 분리할 수 없는 동일한 봉건체제였으므로 전자의 폐지는 곧 후자의 폐지를 전제하며 또 순서를 바꿔서도 생각할 수 있다. 다산이 이 향리 세습제 폐지를 일반 세습제 폐지와 함께 고찰한 데서 그의 혁신적 의의가 주도周到함을 알 수 있다.

그리고 제15조에서 주장한 이용감利用監 설치와 북학법 의정議定은 당시 정치적 환경에서 참으로 대담하고 개명한 주장이다. 인민의 생활과 국가의 부강을 촉진하는 기술과 과학을 장려 발전시키기 위하여 전문적인 관서를 특설하고 유학생을 국외에 파견하여 새로운 기술과 학문을 수입하려 하였으니 이는 다산이 연암, 초정 일파와 함께 조국개화운동의 선구자로서 그의 정치적 지려智慮를 창발한 것이다.

이상에서 논구한 《경세유표》에 나타난 그의 정치적 사상은 비록 합법적 문사文辭로서 표현되었으나 (당시에는 의연히 반합법적인 것) 사상적 내용에서는 부패한 봉건체제를 유지하려는 대책에 그치지 않고 그와는 반대되는 새로운 건설을 지향하였음을 우리는 부인할 수 없다.

3. 문벌계급과 지방 차별의 타파와 '인재위흥' 의 필요에 대한 강조

다산의 정치사상은 귀족 내지 향리 세습제를 폐지하고 인재본위로 등용할 것을 강력히 주장하였다. 또 그는 당시 관제에 대하여 대臺(남대南臺, 즉 사헌부) 간諫(사간원)의 특설을 폐지하고 언로를 공개할 것, 관각館閣(홍문관, 예문관, 규장각)의 특설을 폐지하고 문학사명文學詞命의 임무를 일반 조신에게 널리 담당시킬 것, 청환淸宦을 폐지하여 국가의 공기公器(관작)를 몇몇 화벌華閥의 허식품으로부터 구출할 것 등을 주장하였으니 이는 모두 시폐時弊에 적중한 경세가의 달견이었다.

그의 〈서얼론庶孼論〉에는 서얼의 천대를 반대하고 평등 우대할 것을 주장하였으며 〈통색의通塞議〉에는 계급, 지방에 따른 차별과 인재황폐의 망국적 비운을 통언절론痛言切論하고 동시에 소통의 방법을 지시하여 인재위홍人才蔚興을 통한 국력 왕성을 강조하였다. 인재위홍이란 지금 말로 하면 민족 간부의 대량 양성에 해당한 표어이며 또 어느 시대나 어느 국가를 막론하고 결국 "인재가 모든 것을 결정한다." 다산은 국력왕성의 원천을 인재로 보고 그가 위홍을 강조한 것은 당시로 보아 정치적 조직자의 우수한 식견을 표시한 것이다. 더욱이 그가 인재위홍에 대한 선결 조건으로서 문벌, 계급과 지방 차별제의 타파를 주장하였으니 이는 그의 혁명적 민주사상의 중요한 표현이다.

이 인재 개척의 방법을 문벌, 계급과 지방 차별제의 타파와 문사 말기文詞末技로써 인사를 취택하는 현행 과거법의 폐지와 관련하여 주장한 것은 다산의 학조學祖인 성호가 이미 이론적으로 개척하였다. 성호는 말하기를 "현량하고 재기가 있는 사람을 민간에서 구하지 않고 세습귀족의 가문에서 구하며 인품의 현능은 불문하고 사장詞章의 말기로 사람을 취택하다가 현능한 사람을 구하지 못하면 그만 세상에 쓸 만한 사람이 없다고 하니 지금 재능 있는 사람을 천대하는 것이 극도에 달했다."《사설유선》고 하였다.

또 성호는 양반사회의 문벌제도와 편당偏黨의 폐해가 인재황폐의 주적 원인임을 인민의 입장에서 통렬히 지적하였다. 그는 또한 다음과 같이 말하였다.

> 지금 세상의 인민들이 원통하고 울분할 수밖에 없다. 국가에서 인재를 천대하므로 현능한 사람들이 퇴장退藏되며 문벌제도를 숭고하여 서얼, 중인의 차별이 있으므로 그들의 자손은 백대를 지나도 좋은 관직에 오를 수가 없으며 또 서북 3도는 벼슬길이 막힌 지 이미 400여 년이나 되었으며 노비의 법이 엄격하여 그 자손들이 평민과 같이 서지 못하니 전

국 인민의 10분의 9가 모두 원울怨菀에 싸여 있다.

그리고 지금 양반당쟁이 공공연하게 연행演行되어 셋씩, 다섯씩 끼리끼리 모여 제각기 부곡部曲을 이루어서 한 패가 득세하면 다른 패들은 전부 퇴축을 당하니 이와 같은 살풍경에는 천지도 변하며 초목도 마를 지경이다. (《사설유선》)

이와 같이 계급제도의 부정사상과 밀접한 관련을 가지고 있는 인재중시론은 낡은 사회로부터 새로운 사회로 지향하지 않으면 안 될 사회적 모순을 반영한 것이다.

18~19세기의 조선에서 양반적 봉건체제는 이미 부패성과 함께 자체의 동요성을 표시하게 되었다. 대내적으로 '민요民擾', '민란民亂'의 진전과 서교西敎의 광범한 전파가 있고 대외적으로 서세의 동점과 함께 청조淸朝의 장구한 통치는 소위 종래 존화론자들의 북벌론과 양이주의攘夷主義를 망연자실케 하였다. 이에 대한 사상적 반영으로서 실학 일파는 첫째로 양반제도를 부정하고 둘째로 서양의 기술과 과학의 우수성을 인정하고 셋째로 존화尊華, 북벌론에 환멸을 느끼고 그 다음 조국의 위기와 인민의 불행을 통절히 생각하였다. 그와 같은 정세를 당면한 선각자들은 조국과 인민을 구출할 방도를 어디서 구하였는가? 그들은 낡은 제도를 개신하고 민생문제를 해결하기 위해 새로운 기술과 지식을 구하였으며 새로운 기술과 지식을 준비하기 위해 먼저 인재의 위흥을 요구하였다. 상공계급의 성장이 미약한 당시 조선에서 부르주아지의 계급적 활동을 요구하는 대신에 실학파 학자들은 인재위흥을 요구하였다.

그러므로 인재위흥론은 당시 실학계에 고조된 '북학론'의 설론이었으며 동시에 19세기 말기에 발흥한 개화운동에 대한 선구적 슬로건이었다.

〈통색의〉 중에 인재위흥의 현상을 다산은 이렇게 개탄하였다.

> 인재는 원래 얻기 어려운 것이니 일국의 정영精英을 죄다 뽑더라도 부족할 것인데 하물며 10의 8, 9를 버림이랴! 일국의 생령을 죄다 배양하더라도 오히려 흥성치 못할 것인데 하물며 10의 8, 9를 버림이랴! 서민을 버리고 중인(我國에 의醫, 역譯, 율律, 역曆, 서書, 화畵, 산수算數의 전문가가 중인이다—원주)을 버리고 관서와 관북을 버리고 관동과 호남의 절반을 버리고 북인과 남인은 버리지 않으나 버려진 것과 다름없고 버림을 받지 않은 것은 오직 문벌이 좋은 수십 가뿐이나 그중에도 사변으로 인하여 버림받은 자가 또한 많다. 일체 버림받은 족속은 모두 자포자기하여 문학, 정사政事, 전곡錢穀, 갑병甲兵 등에 유의하기를 즐겨하지 않고 다만 비가강개悲歌慷慨하며 술 마시고 스스로 방종하므로 인재가 드디어 일어나지 않는다. 이 인재가 일어나지 않는 원인은 보지 않고 그 결과만 보아 그들을 마땅히 버릴 것이라고 한다. 이것이 어찌 천의天意랴!"

그의 강진 유배 중 명작 가중데 하나인 〈대주對酒〉 등 시 수편에서 한 편은 다음과 같이 문벌과 계급과 지방의 차별이 인재를 황폐하는 화독禍毒임을 통탄하여 마지않았다.

대주對酒 (갑자 여름甲子夏)

山川鍾英華 本不揀氏族

未必一道氣 常抵崔盧腹

(최여崔盧 양씨는 중국 남조의 귀족들)

賓鼎貴顚趾 芳蘭生幽谷

魏公起叱嗟 希文河葛育

(위공魏公은 한기韓琦인데 천한 출신이며 희문希文은 범중엄范仲淹인데 개가녀 改嫁女의 소생으로 모두 송나라의 유명한 재상)

仲深出瓊厓 才猶拔流俗

(중심仲深은 명나라 유명한 유학자 구준丘濬의 자이며 그의 호는 경산瓊山. 광동廣東의 경애瓊厓에서 출생)

如何賢路隘 萬夫受局促

唯收第一骨 餘骨同隷僕

(新羅貴族曰, 第一骨, 見唐書 — 원주)

산천 정기가 인걸을 산출하는데,

본래 씨족을 가리지 않는다.

한 줄기 정기는 반드시

귀족의 태중에만 들지 않는다.

보정賓鼎은 솥발을 귀중히 하며

방란芳蘭은 그윽한 골짝에서 난다.

한위공韓魏公은 천한 출신이며

범희문范希文은 개가녀의 아들이라.

• 1804년

중심仲深은 경애瓊崖에서 났건만
재질은 오히려 속류에 빼어났다.
우리나라엔 벼슬길이 그리도 좁아서
많은 사람 모두 억울에 잠겼구나!
제일골만이 날개를 펼치고
나머지 뼈들은 모두 종놈과 같구나.

* * *

西北常催眉 庶孼多痛哭

落落數十家 世世吞國祿

就中析邦朋 殺伐互飜覆

弱肉强之食 豪門餘五六

以玆爲卿相 以玆爲岳牧

(악목岳牧은 감사監司와 수령首領)

以玆司喉舌 以玆寄耳目

(후설喉舌은 승정원 벼슬이며 이목耳目은 사헌부와 사간원 벼슬을 가리킴)

以玆爲庶官 以玆監庶獄

(옥관獄官은 의금부)

서북사람들은 항상 눈살을 찌푸리며,
남의 서족庶族들은 흔히 통곡한다.
그리고 한 줌도 못되는 수십 집만이
대대로 국록을 도맡아 먹는구나.

그중에도 그들은 패를 나누어

서로 죽이고 엎치락뒤치락 한다.

약한 놈의 고기를 강한 놈이 먹어

남은 건 겨우 대여섯 호족뿐이라.

이들로 3정승 6판서 삼고

이들로 감사와 목사를 삼고

이들로 승정원의 벼슬아치를,

이들로 사헌司憲 사간司諫의 벼슬아치를.

이들로 모든 관리를 삼고

이들로 모든 옥사를 보게 하는구나.

* * *

避氓産一兒 俊邁停鸞鵠

兒生八九歲 志氣如秋竹

長跪問家翁 兒今九經讀

經術冠千人 倘入弘文錄

翁云汝族卑 不令資啓沃

兒今挽五石 習戎如邵穀

庶爲五營師 馬前樹旗纛

翁云汝族卑 不許乘笠轂

兒今學史事 上可龔黃續

(공승龔勝과 황패黃霸는 한漢의 현명한 수령)

應須佩郡符 終身厭粱肉

翁云汝族卑 不管循與酷

兒乃勃然怒 投書毀弓韣

樗蒲與江牌 馬弔將蹴趜*

(저포樗蒲, 강패江牌, 마조馬弔는 모두 두 손으로 놀며 내기하는 희구戱具)

荒嬉不成材 老悖沈鄉曲

시골 백성이 한 아들을 낳았다

헌칠하고 호매하기가 난곡鸞鵠과 같더라.

그 아이 8, 9세 되고 보니

지기志氣가 가을 댓결 같더라.

그 아이 공손히 묻자오대

저는 지금 구경을 통독하오며

경술經術이 천인에 으뜸이오니

홍문관에 벼슬하올소니까?

그 아버지 - 너는 지체가 낮으니라.

임금의 학문을 도울 수 없느니라.

그러면 저는 큰 활을 잘 쏘며

군사술에 아주 능숙하오니

아마도 오영문五營門 장수 되어

말 앞에 군기軍旗를 세워 보오리다.

그 아버지 - 너는 지체가 낮으니라

---

*일반적으로는 蹴鞠이라고 쓴다

호반의 수레를 탈 수 없느니라
그러면 저는 수령질 배워
옛날의 명관名官들을 이으리니
응당 고을의 인印을 허리에 차옵고
종신토록 고량진미에 묻히오리다.
그 아버지 - 너는 지체가 낮으니라
명관도 악관도 할 줄이 없느니라.
그 아이 문득 얼굴이 붉어졌다.
책도 던지고 활집도 깨뜨려 버렸다.
바둑아 투전아 마작에 술아 하고
쭉방울 차기에 세월을 보낸다.
거칠고 게을러 인재를 이룰쏜가
부질없이 늙고서 터문도 없더라.

         *   *   *

豪門生一兒 桀鰲如驥騄
兒生八九歲 粲粲被姣服
客云汝勿憂 汝家天所福
汝爵天所定 淸要唯所欲
不湏枉勞苦 績文如課督
時來自好官 札翰斯爲足
兒乃躍然喜 不復窺書簏
馬弔將江牌 象棋與雙陸

荒嬉不成材 節次躋金玉

繩墨未曾施 寧爲大廈木

호문豪門에 한 아들 났으니
걸오하기로 새와 같다.
그 아이 8, 9세 되고 보니
그 입성 하도 찬란하더라.
문객門客은 말한다 - 너는 걱정없다.
너희 집은 하늘이 복을 준다.
너의 벼슬은 하늘이 정한바다.
청관요직淸官要職은 너의 마음대로다.
구태여 글공부 할 것 있나.
때오면 벼슬 함께 오리니
편지 한 장 쓰면 그만 아닌가.
이 말들은 그 아이 기뻐하여
다시 서책은 떠들어 보지 않고
마작 투전에 밤을 새우며
장기와 쌍륙에 세월을 보낸다.
거칠고 게을러 인재를 이룰쏜가
금관자金貫子, 옥관자玉貫子 차례로 올라갔다.
먹줄이란 한 번도 못 맞아 봤거니
어찌 크나큰 집의 재목이 될쏘냐?

* * *

兩兒俱自暴 擧世無賢淑

深念焦肺肝 且飲杯中醁

이 아이 저 아이 모두 자포自暴하거나
세상에는 어진 인재 없도다.
깊이 생각하매 간장이 타노니
그만 술이나 한잔 마시련다.

4. 민주=민권주의사상

다산의 민주=민권주의의 사상은 〈원목原牧〉, 〈탕론湯論〉 두 편에서 이론적으로 표현되었다. 이는 종래 실학자들이 도달하지 못한 사상적 수준이며 따라서 조선 근세 정치사상사상 위대한 창발적 이론이다. 편중에 될 수 있는 대로 고전적 사례와 용어를 사용하여 당시 독자의 눈을 과도히 자극하지 않으려 하였으나 그 내용의 의의는 민주제도를 주장하고 군주제도와 왕권 신성을 근본적으로 부정한 비합법적 논문이다.

이제 〈원목〉 편부터 보기로 하자. '목牧'이란 용어는 원래 목우牧牛, 목양牧羊의 목牧에서 출발하였으므로 고자형古字形이 ⿰⿱⿰와 ⿱ 즉 우牛와 우수右手의 '회의會意*'자다. 다시 말하면 사람이 손으로 우축牛畜을 인솔引率 사양飼養**한다는 의미다. 이것이 다시 '전주轉注'***되어 종교에서 쓰는 목사牧師나 관리를 가리키는 목사牧使의 목으로 사용되었

---

* 둘 이상의 한자를 합하고 뜻도 합성하여 글자를 만드는 방법   ** 사육
*** 이미 있는 한자의 뜻을 확대·발전시켜 다른 뜻으로 쓰는 방법

다. '목민지관牧民之官'의 목이 협의적으로는 주군수령州郡守令을 이름이요 광의적으로는 치자계급 전체를 가리킨 것인데, 다산은 이 〈원목〉 편에서 협의의 목을 취재하여 광의의 목까지를 지시하였으니 이도 그의 합법적 표현을 고려한 데서 나온 필태筆態였다.

〈원목〉의 본문은 다음과 같다. "목牧이 민民을 위하여 있는가? 민이 목을 위하여 있는가? 민이 속미粟米와 포백布帛을 내어서 그 목을 섬기며 민이 거마車馬와 종복從僕을 내어서 그 목을 앙송仰送*하며 민이 자기들의 고혈과 진수津髓를 짜서 살찌워 주니 민이 목을 위하여 살고 있는 것이 아닌가? 아니다! 아니다! 목이 민을 위하여 있는 것이다."

본문은 이와 같이 기두起頭하여 봉건제도의 필연적 산물인 관권 신성과 관주민노官主民奴의 사상을 먼저 부정하고 그 다음에 민본제도를 아래와 같이 역사적으로 추론하였다.

> 태고시대에는 민뿐이지 어찌 목이 있었겠는가? 민은 무지하고 자득自得한 상태로 군취群聚해 살고 있는데 어떤 한 사람이 이웃 사람과 분쟁하여 결정을 짓지 못하였다. 한 장로長老가 있어서 공정한 말을 잘하기에 그들은 그에게 가서 판결을 받으매 온 마을 사람들은 모두 그를 복종하고 추존하여 이정里正이라고 명칭하였다. 그리고 수개 촌리의 민이 촌리 상호간의 분쟁을 해결하지 못하였다. 어떤 한 장로가 우수하고 지식이 많기에 그들은 그에게 가서 판결을 받고 수개 촌리가 모두 복종하며 그를 높여서 당정黨正이라고 명칭하였다. 수개 당의 민이 당 상호간의

---

* 윗사람에게 올려 보냄

분쟁을 결정짓지 못하였다. 어떤 한 장로가 현명하고 덕이 있기에 그들은 그에게 가서 판결을 받고 수개 당의 민이 모두 복종하며 그를 주장州長이라고 명칭하였다. 이상과 꼭 같은 사정과 절차에 따라 수주의 장들이 한 사람을 추존하여 장을 삼고 국군國君이라고 명칭하였으며 수국의 군들이 한 사람을 추존하여 장을 삼고 방백方伯이라고 명칭하였으며 사방의 백들은 한 사람을 추존하여 마루〔宗〕를 삼아 황왕皇王이라고 명칭하였으니 황왕은 이정에서 기원起源하였다. 그러므로 목은 민을 위하여 있는 것이다.

다산은 이와 같이 목 즉 치자의 발생, 성립 과정을 필요와 인민 자체의 선택과 약속으로 설명한 동시에 왕권신수설王權神授說을 반대하고 민주제도를 원칙적으로 시인하였다. 그 다음 이렇게 계속 말하였다.

이때에 이정은 민의 희망을 좇아 법을 제정하여 당정에게 올리고 당정은 민의 희망을 좇아 법을 제정하여 주장에게 올리고 주장은 국군에게 올리고 국군은 황왕에게 올렸다. 그러므로 그 법이 모두 민에게 편리하였다.

이는 국가의 대권인 입법立法이 인민의 자유의사에 기본하였으며 법의 제도 순서도 목의 형성 과정과 같이 아래서부터 올라갔으므로 태고 사회의 민권제도가 아무런 계급적 차별을 발생시키지 않았음을 논단하였다.

그리고 그는 문득 다음과 같이 말하였다.

후세에 한 사람이 스스로 서서 황제가 되어 자기의 자제와 시어종복侍御從僕을 봉하여서 제후를 삼으며 제후는 자기의 사람들을 간택하여서 주장을 삼으며 주장은 자기의 사람들을 추천하여서 당정 또는 이정을 삼았다. 그리고 황제는 자기 욕망대로 법을 제정하여서 제후에게 주고 제후는 자기 욕망대로 법을 제정하여서 주장에게 주고 주장은 당정에게 주고 당정은 이정에게 주었으므로 그 법은 모두 군주를 높이고 인민을 낮추며 아랫사람을 박대하고 윗사람에게 아부하여 민이 전연 목을 위해서 사는 것처럼 되었다.

이는 민의와 민권을 떠나 개인 권력에 기초한 후세 통치계급의 구성 과정이 필연적으로 전자와는 전연 역순서로 된 동시에 권력의 이기적 규정인 법도 또한 관주민노官主民奴, 상후하박上厚下薄의 제도로 되지 않을 수 없다는 것이다. 다산은 민권과 반대되는 왕권의 잔악성을 다음과 같이 폭로하였다.

지금 수령은 옛날의 제후다. 그 왕실, 거마의 봉양과 의복, 음식의 공급과 좌우 첩어종복妾御從僕의 수가 국군國君과 비등하며 그 권능이 사람을 복줄 수 있고 사람을 위압할 수 있다. 그래서 거만스럽게 스스로 존대하고 자기가 인민의 목인 것을 태연무심하게 잊어버렸다. 어떤 한 사람이 서로 분쟁하여 판결을 청하면 그는 곧 일축하고 어째서 이렇게 시끄럽게 하느냐 하며 어떤 한 사람이 굶주려 죽게 되었다 하면 그는 그놈이 스스로 죽었을 뿐이지 내게 무슨 관계가 있느냐 한다. 그 반면에 만일 인민이 속미와 포백을 내어서 바치지 않으면 그는 곧 그들을 때리고 쳐서 유혈을 보고야 만다. 그는 날마다 문서, 장부에다가 개서改書,

가필加筆하여 동과 포백을 징수하여 자기의 전장田庄을 이룩하며 세력 있는 재상들에게 뇌물을 바쳐서 뒷날 자기 사리私利를 보장한다. 이 때문에 민이 목을 위해서 살고 있다 하나 이것이 어찌 진리겠느냐? 목이 민을 위해서 있는 것이다.

다산은 이와 같이 협의적 목인 수령의 지위를 고론考論하며 탐관오리들의 현행 죄악을 지적하며 목도牧道에 위반되는 것을 원칙적으로 밝히고 통치자가 인민을 위하여 존재한다고〔牧爲民有〕결론하였으니 그의 본의는 의연히 광의적인 목 즉 군주를 윗머리로 한 지배계급 전체를 비판 규탄한 것이다.

본편이 다산의 정치철학에서 최대 원론 가운데 하나로서 제기된 것을 독자도 인식하지 않으면 안 될 것이다. 그러나 그는 태고 원시사회에 민주제도가 존재한 것과 그것이 후세의 난포무도한 군주제도로 교체된 역사적 대변혁에 대하여 사회적 물질적 기초와 동력의 필연성을 조금도 전제하지 않고 혜성과 같이 우연히 돌발한 일개인一個人의 황제 권력을 군주정치사의 '원죄原罪'로 규정하였으니 이는 그의 정치철학이 18세기 프랑스 계몽학자들의 이성사관理性史觀과 얼마나 공통되어 있는지를 스스로 고백한 것이다. 종교와 자연에 대한 견해와 사회와 정치제도 등 일체를 무자비하게 이성의 재판정에 호출하던 18세기 프랑스 계몽학자들에 대하여 엥겔스는 다음과 같이 비판하였다.

……그 의미는 첫째로 인간의 두뇌와 그 두뇌의 사유에 의하여 발견된 여러 원칙이 인간의 일체 행위와 사회적 관계의 기초가 되어야 할 것을 요구하였다는 것이며 또 그 의미는 점차 확대되어 이 원칙에 모순되는

현실은 정히 그 상하를 전도顚倒하지 않으면 안 된다고까지 되었다는 것이다. 종래로부터 존재하고 있는 사회와 국가의 모든 형태와 전래의 구 관념은 불합리한 것이라 하여 모두 쓰레기통에 던져 버렸다. 세계는 지금까지 편견에 의하여 영도되어 왔으며 과거의 일체 사물은 오직 민련憫憐*과 모멸에 상당할 뿐이다. 지금에야 비로소 태양의 빛, 이성의 왕국이 나타났으며 오늘 이후 미신, 불의, 특권과 억압은 영원한 진리, 영원한 정의, 자연에 근거한 평등, 빼앗을 수 없는 인간의 권리에 의하여 구축당할 것.

엥겔스는 계속하여 다음과 같이 말하였다.

그러나 우리들은 지금 알았다! 즉 이 이성의 왕국은 부르주아지의 왕국을 사상화思想化한 것에 지나지 않으며 영원한 정의는 부르주아지적 법률형태로서 실현되었으며 평등은 법률 앞에서 부르주아지적 평등으로 제한되었으며 부르주아지적 소유권은 인간의 근본적 권리로서 선언되었다. 그리고 이성의 국가로서 루소의 소위 '사회계약설'은 실현되었다. 그러나 그것은 단지 부르주아지 민주공화제로서만 실현될 수 있었다. 이리하여 18세기 대사상가들도 그들의 모든 선행자들과 마찬가지로 그 시대로부터 부과된 제한을 초월할 수는 없었다.

이상과 같은 18세기 프랑스 계몽학자들에 대한 엥겔스의 비판은

---

* 딱하고 가여움

우리 다산의 사상에도 어느 정도 적용될 수 있다. 다산이 주장한 민주제도의 원칙은 사회 발전의 물질적 기초 위에서 발견한 것이 아니고 두뇌의 사유에 따라 발견되었다. 따라서 이 원칙에 모순되는 군주정치의 현실은 그의 이성의 재판에 따라 그 지위와 순서를 바꿔 놓지 않으면 안 되는 것이다.

그의 이상 국가는 확실히 장 자크 루소(1712~1778)의 사회계약설을 연상할 수 있다. 이 점에서 다산은 부르주아지의 왕국을 사상화하는 이론적 방향에 어느 정도로 참가하였다. 다산이 자기 이성의 섬광에 따라 발견한바 원시공동체적 사회의 해체로 인하여 민주주의적 합의제가 붕괴되고 지배계급의 폭력적 독재정치가 출현하였다는 것은 장 자크 루소의 사회계약설 주에 최초 사회로부터 강자의 권리와 노예의 발생을 논술한 것과 그의 별편別篇인 〈인간불평등 기원론〉과도 일기상통一氣相通하였으니 이는 간과할 수 없는 중대한 사실이다. 다산이 탄생한 영조 38년은 루소가 프랑스 봉건전제와 왕권신수설에 대항하여 사회계약설을 발표하던 서기 1762년이었다. 실로 흥미로운 우연이었다. 그러나 당시 동서 문물의 교통 상태로 본다면 루소와 같은 프랑스 계몽학자들의 사상적 영향을 직접 받을 수 없었으므로 다산의 반봉건적 진보적 이론은 그의 천재적인 이성을 증명하는 한편 그가 처하고 있던 사회가 자기발전의 합법칙성에 의한 자기비판의 일단을 표시한 것이다.

위에서 지적한 바와 같이 〈원목〉의 사상이 18세기 계몽학자들의 국가관과 근사한 것은 물론이나 본론 중에 "태고시대에는 …… 민은 무지하고 자득한 상태로 군취해 살고 있는데〔民于于然聚居〕"라고 한 것은 집단생활을 인간 생활의 출발과 특징으로 본 것이니 이는 개개의 엽부獵夫*나 어부를 사회생활의 전 단계에 두던 18세기 계몽학자들의 개인주의적 사회관과 비교해서는 더 현실적이며 일보 전진한 역사적 인식이라고 하지 않을 수 없다. 다산은 18세기 계몽학자들과 같이 동일한 반봉건적 민주주의 사상가로서 출발하여 개인주의적 사상의 방향으로 일주逸走**하지 않고 비록 희박한 것이나마 사회주의적 색채의 방향으로 기울어졌으니 그 이유가 각이各異한 사회적 제약성에 있었겠지만 동시에 다산의 역사적 인식의 각도가 저들과 상이한 데서도 유래한다.

〈원목〉편에 표시한 것과 같이 다산은 광의의 목도牧道를 실시하려는 것이 그의 본래 이상이었으나 이는 사회 전반에 대한 근본적 개혁이므로 실현이 용이하지 않아 이상의 영역에 그쳤으며 2차적으로 협의의 목도 또는 부분적이나마 목민 관리의 양심과 성의에 따라 그것을 실행하면 실현이 불가능하지는 않다는 것이다. 그래서 다산은 협의의 목도인《목민심서》48권을 저작하였다. 그의 자기 묘지명에 "고금을 수라搜羅하고*** 간위奸僞를 척발剔發하여서 목민관들에게 주노니 한 인민이라도 이 저서의 혜택을 입은 자가 있다면 다행으로 아는 것이 나의 염원이다."란 구절은 목민심서 저작의 염원과 의도를 말한 것이다. 본서는 지방관리의 목민술에 대한 귀감으로 일반에게 인정받았다. 다산이 서거한 후 그 전집이 커다란 시대의 금물禁物 하나로 공개되지 못하였을 때부터《목민심서》만은 그의《흠흠신서》와 함께 이 손에서 저 손으로 등사 전포되어 당파의 장벽을 돌파하였다.《경세유

---

* 사냥꾼 ** 도망쳐 달아남 *** 널리 수집하고

표》(현행본)를 광의의 목도에 대한 응급적 합법적인 개혁안이라고 한다면 《목민심서》는 협의의 목도에 대한 응급적 합법적인 대책이라고 할 수 있다.

《목민심서》의 편차 내용을 일람하면 모두 열두 편인데 다음과 같다.

1. 부임 赴任
2. 율기 律己
3. 봉공 奉公
4. 애민 愛民
5. 이전 吏典
6. 호전 戶典
7. 예전 禮典
8. 병전 兵典
9. 형전 刑典
10. 공전 工典
11. 진황 賑荒
12. 해관 解官

이 열두 편은 매편 6조로 나누어 72조로 구성되었다. 매 조에 반드시 수령으로서 알아야 하고 지켜야 할 원칙과 사리를 설정하고 그 다음 당해 원칙에 대한 상세한 설명과 각 조목의 역사적 연혁에 대한 구체적 분석이 있고 그 다음 내외 고금의 현리명관賢吏名官들의 실행 사적들을 비판적으로 진술하여 지방관리의 지침으로 되어 있다. 즉 지방관리의 취임부터 해임까지 행정직무 일체에 관한 절목을 세밀하고 광범히 규정하였다. 옛날 부염傅琰의 《이현보理縣譜》, 장영張詠의 《계민집戒民集》, 진덕수眞德秀의 《정경政經》, 정한봉鄭漢奉의 《환택편宦澤篇》 등이 다 목민에 관한 양서로서 이름이 있었으나 다산의 이 저서에 비하면 오히려 단편적인 것에 불과하다.

특히 다산의 《목민심서》에서 행정제도와 관례의 연혁에 관한 설명은 역사가의 중요한 참고로 되거니와 이보다도 더욱 가치 있는 것은 전정田政, 조세, 공납, 병역, 재판, 진휼賑恤 등 지방행정에서 관료와 향리의 탐오간교貪汚奸巧한 정체와 토대, 열신劣紳의 도량방종跳梁放縱한 행동을 여지없이 폭로 지적하여 인민대중의 잔혹한 피착취 상태를 여실히 표시한 사실이다. 다산은 이 점에 대하여 수령과 이서가 대소의 차는 있을지언정 다 동일한 강도라는 점을 각편 어느 곳에도 강조하지 아니한 데가 없다.

그는 말하기를 "인민은 흙으로 밭을 삼는데 이서는 인민으로 밭을 삼아서 살을 긁어내고 골수를 때려 부수는 것으로 농사를 삼으며 백성의 재물을 가렴주구하는 것으로 추수를 삼는다."고 하였다.(《목민심서》 권4 이전 제1조 속리束吏)

이와 같이 본서가 무자비하게 폭로 배격한 바 다른 나라 봉건영주에 해당한 조선 목민관리의 삼중 오중의 극악한 착취에 대하여 우리는 프랑스 부르주아지가 일찍이 예로 인용한 목양자의 이야기를 상기하지 않을 수 없다 ― 목양자는 양모에만 만족하지 않고 양피를 벗기며 이도 만족하지 않고 그 고기를 긁어 먹으며 최후로 뼈까지 삶아 먹어 아무것도 남기지 않는다고 하였다.

그러나 다산은 당시 인민의 피착취 상태를 지극히 불쌍히 여긴 반면에 어떤 권력으로서도 마침내 이길 수 없는 인민대중의 위력을 옳게 인식하였다. 그는 말하기를 "천하에 지극히 천하고 하소연할 데가 없는 것은 소민小民이지만 천하에 높고 무겁기가 산 같은 것도 또한 소민이다. …… 그렇기 때문에 상사上司가 비록 높으나 인민을 머리에 이고서 투쟁하면 굴복시키지 못할 것이 적다."고 하였다.(《목민심서》 권3 봉공 제4조 문보文報)

다산의 이 저서가 한 번 세상에 전파되매 그것이 양심 있는 관리들의 귀감으로 되었다는 것보다 관리들의 강도적 죄상을 공공연히 폭로한 공연장 하나로 인민에게 반영되었으며 특히 그중 격언 명구를 예를 들면 "일산음중다대도日傘陰中多大盜, 목탁성리소진승木鐸聲裏小眞僧(일산 그늘 밑에는 큰 도적이 많고 목탁소리 가운데는 참된 중이 적다)" 같은 구절은 사람의 입에 광범히 돌아다녀서 대중의 반관료적인 감정을 적지 않게 환기시켰다.

그러나 일찍부터 세상에 전파되어 있던 본서의 초고를 다산의 가장본家藏本과 대조하여 보면 관리와 제도의 추악한 내막을 공격 타매唾罵한 구절에 가끔 결락缺落된 부분이 있으니 이는 관료독자들이 고의로 말살하여 버린 까닭이다.

다산은 《목민심서》 48권의 자매편으로서 《흠흠신서》 30권을 저작하였다. 즉 전자에서 광범한 인민층과 직접 접촉하는 지방관리들의 행정부면에 대하여 그들의 죄악과 무지를 폭로 경성警醒*함과 함께 인민의 권리와 재산을 옹호하였다면 후자에선 역시 지방관리들의 사법부문에 나아가서 극히 신중한 명찰明察을 요하여야 할 사형과 살인범에

---

* 정신을 차려 그릇된 행동을 하지 않도록 타일러 깨우침

대한 그들의 경솔망패輕率妄悖*한 태도를 비판 폭로하며 따라서 자기의 예리한 필설로서 남살오사濫殺誤死**의 폐해에서 인민의 생명을 구제하려 하였다.

그는 본서의 자기 서문에서 사람의 생사는 천명이므로 사람의 생살生殺 또한 천권天權이라고 전제한 다음 치자계급이 이 중대한 천권을 대행하면서 아무런 경외심도 없이 회뢰賄賂에 팔리고 여색에 미쳐 인명을 파리 목숨처럼 알며 원통과 울부짖음에 잠긴 인민의 소리를 전연 귓등으로 듣고 있는 것을 통절히 지적하였다.

본서 30권은 (1) 〈경사요의經史要義〉 3권으로서 고대 경전 중 원칙적 교훈과 이에 대한 후래 학자들의 해설과 논의를 인록引錄한 다음 자기 안설案說을 가끔 첨부하였으며 (2) 〈비평준초批評寓抄〉 5권으로서 비판 상박詳駁***하는 글들을 초록하였으며 (3) 〈의율차례擬律差例〉 4권으로서 청인淸人 의단擬斷****의 예들을 배열하였으며 (4) 〈상형추의祥刑追議〉 15권으로서 정조시대 각 군현의 공안公案들을 수록하고 또한 자기 의견을 가끔 첨부하였으며 (5) 〈전발무사剪跋蕪詞〉 3권으로서 당시에 일어난 사형과 살인사건에 대하여 자기가 의작擬作*****한 판결들을 편차하였다. 요약하여 말하면 본서는 살인과 사죄死罪 수사, 심리와 판결의 원칙 방법과 판결례들을 포괄한 형법론집이다. 당시 봉건적 절대주의의 포학성에 따라 또는 탐관오리의 방종성에 따라 생존권이 선천적으로 박탈되어 있던 인민들의 생명과 육체엔 아무런 법률적 보호와 해석이 없었으며 이는 소위 사법관리들의 법률에 대한 무지와 무관심으

---

* 경솔하여 함부로 처신함　** 함부로 죽이거나 비명에 죽음　*** 상세히 잘못을 지적함
**** 청나라 사람의 죄를 헤아려 형벌을 정함　***** 실제 있었던 일이 아니라 모방하여 만듦

로 더욱 악화되었다.

이 점에 대하여 저자가 말하기를 "사대부가 어릴 적부터 흰 털을 날릴 때까지 익히는 것은 오직 시부詩賦와 잡예雜藝에 있었기 때문에 일조一朝에 목민관리가 되면 사건 처리에 어찌할 줄 몰라서 차라리 간악한 이서들에게 맡겨 두고 자기는 감히 알려고도 하지 않는다……."고 하였다(본서 서문). 이와 같은 견지에서 그는 이 저서를 내어 당시 부패 무질서한 양반 전제 정치하에 짓밟히고 있는 인민의 생명을 법률의 신중성으로 어느 정도 보장하려 한다.

《흠흠신서》는 《목민심서》와 같이 당시 통치계급의 잔학성을 여실히 폭로 비판한 데서 중요한 의의를 가지고 있다. 예를 들면 귀척貴戚이 사람을 마음대로 죽였다. 관장官長이 사람을 마음대로 죽였다. 호족이 사람을 마음대로 죽였다. 노비를 사사로이 죽였다. 심지어 음란한 승려가 기생을 죽였다는 제목 밑에 기술한 사실들이다. 우리는 본서에서 다산의 법률학적 민권사상을 볼 수 있는 동시에 장래할 법치국가의 형태를 어느 정도 그가 예감하였다고도 할 수 있다.

이《흠흠신서》는 역시 다산의 사후에 곧 초고로서 당파의 장벽을 넘어 양심 있는 관리들의 수중에 널리 전파되어 일종의 귀감으로 평가되었으며 동시에 통치계급의 무지와 포악을 대중에게 공개하는 역할을 수행하였다.

《경세유표》,《목민심서》,《흠흠신서》는 소위 '이서일표'로서 세상에 유명하다. 이 3서에 관한 상세한 연구와 분석은 다른 기회로 미루고 이곳에서는 윤곽적인 설명만으로 만족하려 한다.

〈원목〉의 자매편이라고 할 수 있는 〈탕론〉은 주로 중국의 '역성혁명易姓革命' 사실을 빌려서 민권사상을 입증한다. 본론에 따르면 신민으로서 군주를 정벌한 것은 은탕殷湯이 창시하지 않았다. 황제黃帝는 간과干戈를 습용習用하여 염제炎帝와 더불어 판천阪泉들에서 세 번 싸워 이기고 대신 임금질하였으니 만일 신민으로서 군주를 정벌한 것을 죄로 규정한다면 탕보다 황제가 수악首惡*이 될 터인데 세상 사람이 전자만 알고 후자는 불문에 붙인 것은 무슨 일이냐며 속류 이론가들의 무지와 편견을 냉소하였다 (그러나 그는 중국 상고 전설을 역사적 사실로 인용하였다). 그는 이와 같이 군신의 명분은 고정불변하지 않다는 것을 먼저 논파하고 계속 말하였다.

무릇 천자는 무엇을 위하여 있는가? 하늘이 천자를 비처럼 내리어 주겠는가〔雨天子乎〕? 그렇지 않으면 땅에서 샘처럼 솟아나서 천자가 되겠는가? 5가五家가 인隣이 되는데 5가의 추대를 받은 자는 인장隣長이 될 것이며 5인五隣이 리里가 되는데 5인의 추대를 받은 자는 이장里長이 될 것이며 5비五鄙의 추대를 받는 자는 현장縣長이 될 것이며 여러 현장들의 공동 추대를 받는 자는 제후가 될 것이며 제후의 공동 추대를 받는 자는 천자가 될 것이므로 천자란 군중의 추천에 의하여 되는 것이다. 무릇 군중의 추천에 의하여 천자가 될진대 또한 군중이 추천치 않으면 천자가 될 수 없는 것이다. 그러므로 5가가 찬동치 않으면 5가가 회의하여 인장을 개선改選하며 5인이 찬동치 않으면 25가가 회의하여 이장을 개선하며 9후 8백久侯八伯이 찬동치 않으면 9후 8백이 회의하여 천자

---

* 우두머리 죄인

를 개선한다. 9후 8백이 천자를 개선하는 것은 5가가 인장을 개선하는 것과 25가가 이장을 개선하는 것과 마찬가지니 누가 이를 신하가 군상君上을 정벌하는 것이라고 하겠는가?

이는 〈원목〉에서 말한바 "황왕皇王이 이정里正에서 기원하였다."는 원칙을 다른 말로 강조하여 천자는 천강지출天降地出하는 신성한 종자가 아니고 인민의 손에 의하여 임면任免되는 범상凡常한 존재라는 것을 밝힌 것이다.

다산은 그 다음 계속하여 무엇을 말하였는가? 그에 따르면 "또 개선하면 천자가 다시 되지 못하게 할 뿐이요 제후의 지위에 내려오는 것은 허용할 수 있다." 하여 평화적 개선과 도의적 절차에 의하여 수행될 것이요 반드시 살벌殺伐과 폐고廢錮*로 종결 지을 것이 아니라고 하였다. 그는 실례로서 당후唐侯의 단주丹朱와 은후殷侯의 송공宋公을 들었으며 제후의 지위에 두기를 허용치 않는 실례로서는 진秦이 주왕周王에, 한漢이 진왕秦王에 행한 가혹한 처치를 들었다. 이는 정치적 권력 이동을 극히 평화적으로 읍양揖讓하는 분위기 속에서 수행할 수 있다는 그의 이상주의적 특징을 고백한 것이다.

그의 의견에 따르면 중의衆議에 따라 가장 높은 지위에 올랐다가 그의 실덕失德으로 다시 제후의 지위로 내려오는 것은 마치 무사舞師가 무중舞衆에 의하여 지휘대에 승강하는 것과 조금도 다름없다.

그는 다음과 같이 말하였다.

---

* 종신토록 관리가 될 수 없게 하는 것

64인의 무대舞隊 중에서 능자能者라고 인정받은 한 사람이 뽑혀서 '우보羽葆'*(조우鳥羽의 기旗)를 잡고 수위에 서서 춤을 추다가 지휘하다가 그가 만일 절차에 맞게 지휘치 못하면 무중은 곧 그를 무사의 지위로부터 붙잡아 내려 무중의 지위에 도루 세우고 다시 다른 능자를 무중 가운데 가려서 무사의 지위로 올려 세워서 우리 무사라고 존경하여 부른다. 내리는 것도 군중이요 올려 세우는 것도 군중이니 군중이 그를 올려 세워서 전자를 대신케 한 이상 그 대신한 자에게 '하극상'이란 죄명을 붙인다면 어찌 당연한 일이랴?

그러므로 군중의 협의와 요망에 따라 지휘자가 교체된 것이라면 비록 군신의 교체일지라도 '신벌군臣伐君'이란 죄명은 가할 수 없다.

다산은 이와 같이 인민이 자기들의 필요와 협의에 따라 통치자인 천자를 천거 또는 개선하는 것이 마치 무중이 무사를 자기들 속에서 선발 또는 개체改替하는 것과 아무런 다름이 없으므로 항구적이며 원칙적인 인민의 권리 앞에서 일시적이며 유동적인 군신의 명분은 문제도 되지 않는다는 것이다. 유구한 봉건사회에서 군신 관계를 영원불변하는 천경지의天經地義로 일반이 인식하고 있던 윤리적 지주支柱 — 반석같이 견고한 그리고도 신성한 생명을 선천적으로 가지고 있던 지주 — 를 다산은 간단하고 평범한 인민협의권의 철퇴로서 그 근거로부터 분쇄하였다. 이는 확실히 다산의 민주주의적 세계관이 이론적으로 성공한 것이며 동시에 그가 사회제도의 대변혁을 예감한 진보적, 혁명적

---

* 《예기》에 따르면 새의 깃으로 장식한 의식용의 일산日傘을 말한다

사상을 선전한 것이다.

그는 다음과 같이 대단히 예리하게 서술하여 본론을 종결하였다.

> 한漢나라 이후부터는 천자가 제후를 세우고 제후가 현장을 세우고 현장이 이장을 세우고 이장이 인장을 세우게 되었다. 감히 군상을 범하는 불공不恭한 일이 있으면 그 일을 '역逆'이라 한다. 역이란 무엇인가? 옛날에는 정치의 권리가 아래에서 위로[下而上] 하였으니 아래에서 위로 하는 것이 '순順'이었으나 지금은 그와 반대로 위에서 아래로 하니[上而下] 아래에서 위로 하는 것을 역이라고 한다. 그러므로 왕망王莽, 조조曹操, 사마의司馬懿, 유유劉裕, 왕연王衍 등은 위에서 아래로라는 준칙에 따라 '역적'으로 규정되었고 무왕武王, 은탕殷湯, 황제黃帝 등은 아래에서 위로라는 원칙에 따라 명왕성제明王聖帝로 인정되었다. 종래 유학자들은 이러한 (사회적 역사적 사정의) 변천을 이해치 못하고 은탕과 무왕을 (이신벌군以臣伐君했다는 이유로) 요순堯舜보다 낮게 평가하려 하니 이것이 어찌 소위 고금의 변천을 통달한 사람이랴! 장자莊子는 쓰르라미(혜고蟪蛄)가 봄과 가을을 알지 못한다고 하였다.

〈원목〉편에서 우리가 이미 지적한 바와 같이 〈탕론〉에서도 다산은 민권과 군권의 교체에 대하여 사회적 물질적 근거를 구명치 못하고 단순히 역사의 우연한 계기로만 이해하였다. 역사적 유물론의 견지로는 사회의 상모相貌, 사상, 견해, 정치기구 등을 근본적으로 결정하는 '사회의 물질적 생활의 여러 조건'을 제일차적으로 극히 중요하게 보는데 이를 이성주의라는 견지에서는 도리어 사소한 동기로밖에 보지 않았다. 다산은 다른 동시대 학자들과 같이 국가를 지배계급의 권력기관으로 보지 않고 원시사회와 함께 성립한 이상적 기구로 출발하여 개인 강자의 우연한 조작 밑에서 불합리하게도 소수 지배계급의 권력기구로 전락해 버렸다고 이해하였다. 다시 말하면 그는 국가가 없던 사회를 정당한 국가로 보고 국가 있는 사회를 도리어 부정당한 국가로 본 것이다.

그러나 사회주의 국가 창설자인 레닌은 마르크스주의 국가이론을 계승하여 다음과 같이 말하였다. "국가는 계급적 모순의 불상용성不相容性*의 산물이며 표현이다. 국가는 계급적 모순이 객관적으로 조화되기 불가능한 상태에서 발생한다."(《국가와 혁명》). 그러면 다산은 자기의 이상에 가장 적합하지 않게 군주의 전제가 민중의 협의체를 압살하는 권력의 종복들로 충만해 있는 그 시대를 도리어 필연성을 가지고 전성하던 국가의 시대임을 전연 이해치 못한 셈이다. 그래서 그의 이론은 역사 발전에 대한 추상적 모색에 그쳤고 사회 모순의 진상과 계급투쟁의 역사적 임무를 자기의 특수한 이성적 색맹 때문에 간과해 버리고 말았다.

그러나 그는 〈탕론〉에서 사회체제의 시대적 변천에 따라 충순忠順과 반역의 도덕적 윤리적 규정이 서로 전환된다는 것을 갈파하여 왕망, 조조와 황제, 탕무가 혹은 성자로 혹은 역적으로 지칭받는 것이 오직 그 시대 정체에서 결정되는 윤리적 규정에 의하였다는 것을 대담히 언명하였다. 이는 도덕 윤리를 일개 불변적인 정형으로 인식하던 당시 지식군에 비하여 실로 천양의 차가 있는 것이다. 더욱이 탕무를 요순보다 비시卑視하는 일반적 편견을 논박한 점은 공맹 이래 유교학자들

---

* 서로 용납할 수 없는 성질

의 상고주의에 일봉을 가한 창발적 견식이며 동시에 역사 발전의 진화적 법칙을 어느 정도 이해한 귀중한 표현이다. 다산의 사회관은 본편으로서 절정을 이루었다. 그의 정치론에서 이런 논문보다 비교적 더 구체적으로 쓴 비합법적 이론이 많았으리라 추측되나 유감스럽게도 이제 발견되지 않는다.

관존민비官尊民卑, 군주신노君主臣奴라는 전통적 윤리에 대하여 부정적 사상을 표시한 자는 누구보다도 다산의 학조學祖인 성호를 들 수 있다. 성호는 자기 명저 《사설》에서 존군억신尊君抑臣이 진법秦法에서 비롯했다고 하여 이를 위魏의 문벌숭상과 수隋의 사부취재詞賦取才와 함께 3대 악제惡制로 인정하였다.

> 人與人相等　사람과 사람은 본디 평등하건만
> 官何居民上　관리는 어째서 백성의 위에 있는고
> 爲其仁且明　그가 어질고도 밝아서
> 能副衆所望　민중의 소망에 맞기 때문이라.

이 단편 시는 성호의 조카이며 다산이 존경하던 실학파 문학가인 혜환惠寰 이용휴李用休가 지방 수령으로 가는 자기 우인友人에게 지어준 절구絶句 한시漢詩다.* 이 시에도 인간 평등을 강조한 사상이 표현되어 있다. 다산의 사상적 전통을 분석하는 데 참고가 될 것이므로 이에 인록引錄한다.

---

* 이용휴의《탄만집炭曼集》에 수록. 우인은 홍성洪晟(1702~1778)을 가리킴

9장 경제사상

1. 중농경제사상

다산은 경제정책 특히 농업정책에 중요한 관심과 연구를 일찍부터 가지고 있었다.

그가 38세, 곡산부사로 있을 때 국왕 정조에게 올린 〈응지논농정소應旨論農政疏〉에 편농便農, 후농厚農, 상농上農 3개조를 진술하였는데 이는 농업발전책을 중심하여 농촌 미신풍속의 타파, 과거제도의 개정, 광업의 통제와 양민 병역법의 변경 등 여러 정책도 논급하였다.

제1조 편농조는 집약농법, 농구 개량, 잠박蠶箔*·잠실 개량, 관개, 양수揚水, 방보防洑 등 제법과 부전제浮田制(배나 뗏배 위에 채소밭을 만드는 법)를 자세히 논술하였다.

제2조 후농조는 환자법還上法의 폐해와 부업과 다각농법의 필요를 말하였으며 역서曆書에 연신방위年神方位, 금기, 미신 등을 기재하는 종래 방식을 폐지하고 대신 종곡種穀**, 축산에 관한 여러 방법을 적의適宜한 시기에 따라 기입하여 역서를 간편한 농서로 만들어 민간에 배포할 것을 주장하였으며 그 밖에 송림松林의 남벌을 금지하고 종상種桑***에 대한 성적고사成績考査와 토지 품질의 적당 여부와 율도律度, 양형量衡의 균일화와 연초煙草 남종濫種****의 금지 등을 논술하였다.

---

*누에를 칠 때 쓰는 용기 **씨앗으로 쓸 곡식 ***뽕나무를 심음 ****넘치게 심음

제3조 상농(존농尊農)조는 천농賤農의 폐습을 교정하고 과거제를 개선 또는 엄격히 하여 유식민遊食民을 도태 또는 귀농케 할 것, 채금업을 관영으로 통제할 것, 양역법良役法 즉 양민 병역법을 변경할 것, 농업 이탈자를 방지할 것 등을 진술하였다.

이 논책은 당시 국왕의 자문에 대한 답안인 만큼 합법적이며 또 실현 가능한 정도에서 헌책한 것이다. 그러나 종래 자연발생적인 영농방법을 과학적으로 또는 기술적으로 개선하려는 의도가 전편에 일관되어 있는 점은 그 시대로 보아 귀중한 제안이다. 이때 이와 같은 농업정책을 올린 사람은 다산만이 아니었다. 이때는 국왕 정조 23년(1799)이었는데 전년 12월에 정조가 농서 즉 농업 발전에 대한 의견서를 요구하는 교서를 국내에 반포하였으므로 연암 이하 많은 명사들이 이에 응대하였으며 그중 영평永平 현령으로 있던 초정 박제가가 이를 기회로 하여 자기가 평일에 포부하고 있던 경국정책 28목 53조를 올렸으니 이것이 유명한 《북학의》*다. 이는 농서의 범위를 넘어 국외 유학과 국제 통상의 필요까지를 논술하였는데 그 대의는 다산의 주장과 서로 공통되며 다산은 농서의 범위 이내에서 논술하였으나 그 논지 가운데서 유럽 근대 정통파 경제학의 선구자인 중농학파의 중농사상과도 어느 정도 서로 접근하였음을 볼 수 있다. 그러나 다산의 중농학설은 케네 일파와 같이 농업만을 생산 노동으로 간주한 농업 편중주의는 아니었다. 그는 농업국가와 농민사회에서 생장한 만큼 농업을 제반 산업의

---

* 이때 조정에 접수된 글은 모두 69편이었으며 여기서 언급하고 있는 박지원, 박제가 등의 글은 지금 남아 있지만 《일성록》 등 연대기에는 빠져 있다(김용섭, 〈18세기 농촌지식인의 농업관〉, 《증보판 조선후기 농업사연구 [1]》, 일조각, 1970).

기본으로 보았으나 그 반면에 농農이 주제周制 구직九職 중 하나란 점을 강조하고 공업, 상업의 균형적 장려와 식산殖産, 흥업興業, 통상, 통화의 필요를 주장하지 않은 바가 아니었다.

그러나 연암, 초정 등 여러 실학자의 농서들과 동시에 올린 다산의 이 농정소는 불행하게도 채용 기회를 잃어버리고 말았다. 정치 개신에 뜻이 있던 국왕 정조는 위에서 말한 바와 같이 22년 12월에 농서제진農書製進하라는 교지를 국내 인사들에게 반포하였으나 응모자들의 농서가 그의 손에 들어간 때는 이듬해인 23년이었을 것이며 또 그 이듬해 즉 24년 6월에 정조가 보수파인 벽파 권신들의 음해(?)로 서거하였으니 다른 여러 정치적 계획과 함께 농정 개신도 유지미성有志未成* 으로 끝나고 말았다. 이로 인하여 다산 이외 여러 지사의 실망은 자못 컸다.

요컨대 다산의 중농사상은 단순히 농업을 주장하는 것에 그치지 않고 '존농尊農', '상농上農' 등 용어가 표시한 바와 같이 농자 즉 농민을 존대하자는 의미다. 당시 유식양반遊食兩班들은 농업을 천사賤事로 알 뿐만 아니라 농민을 노예로 대우하여 이 양자가 교호 작용하는 과정에 천농賤農, 이농離農 풍습은 말할 수 없는 지경에 빠져 버렸다. 그래서 다산은 농업 발전을 도모하자면 첫째로 사농공상 4민의 지위를 균등적으로 대우할 뿐 아니라 농민을 한층 더 존대함으로써만 귀농歸農과 역농力農을 보장할 수 있으며 유식遊食 이농離農의 악폐를 퇴치할 수 있다고 하였다. 그의 중농주의는 농민대중의 농노적 지위를 개선하려

---

* 뜻은 있으나 이루지 못함

는 민주주의적 사상과 분리해 볼 수 없는 것이다. 케네 일파의 중농주의가 당시 왕성한 비생산적인 중상주의의 지배로부터 생산적인 농업을 해방하려는 자유주의 사상이라고 한다면 다산의 중농주의는 당시 봉건 착취 계급의 유식주의에서 배양된 천농賤農, 학농虐農의 질곡으로부터 농민을 구출하여 농업 발전을 장려하려는 민주주의 사상이라고 하지 않을 수 없다.

2. 농민문제에 대한 제론

ㄱ. 환곡 폐지론

이제 다산의 환곡 즉 환자還上*폐지론을 소개하기 전에 환곡제의 연혁과 폐해를 간단히 설명하는 것이 그의 본론을 이해하는 데 도움이 될 듯하다. 또 환곡제가 조선 봉건 착취제도에서 최대 악정의 하나로서 계속 여행勵行되어 온 반면에 말기에 이르러 각 지방 농민의 봉기가 있을 때마다 반드시 환자제를 철폐하라는 표어가 선두에 내걸렸으니 이를 보더라도 과거 우리 인민들이 이 악제도의 철폐를 위하여 얼마나 피를 흘려가면서 싸웠는지를 알 수 있다. 우리 선대 인민투쟁의 대상과 성격을 연구하기 위해서도 환곡제의 개략을 알아 두는 것이 필요하다고 생각한다.

필자의 연구에 따르면 환곡진대還穀賑貸는 원래 국가의 농민 구제책으로 흉년과 궁절窮節**에 한하여 실행하는 것이 설법設法의 본의였을 것이다. 그러나 흉년을 구제할 목적으로 출발한 진대는 실행의 경

---

* '還上'라고 쓰고 '환자'라고 읽는다   ** 춘궁기

험에 따라 단순히 일시적 구흉求凶 행사에 그치지 않고 농업 생산에 대한 재생산적 조건으로 계속 활용하게 되었다. 즉 봄에 꿔주고 가을에 받아들이는〔春貸秋斂〕정식은 일시 구흉적인 한계를 지나 국가가 저장하고 있는 곡물을 춘경기에 종자와 농량農糧으로 농민에게 대부 분배해 주었다가 수확기에 와서 다시 대출 분량대로 환수하였다. 이는 물론 국가 창곡倉穀 저장 형태의 갱신에 대한 묘책도 되거니와 이보다도 착취경제상 농민의 생산능률을 제고시키는 합리적 방법으로 전용된 것이다. 고구려 고국천왕시대의 '진대항식賑貸恒式'(194)과 신라 문무왕시대(661~681)의 '진적법賑糴法'이 대개 이것이었다.

그러나 환곡의 본래 사명은 운용상에서 또다시 제3단적 전화를 보지 않을 수 없었다. 즉 환곡은 국가의 저장 곡물이 민간에 대출되었다가 다시 국고에 환납되는 것으로서 임무가 완료되기 때문에 출납을 장악한 관부는 사례의 정식화에 따라 필연적으로 환수에 중점을 두었으며 환수의 중점은 원곡元穀 보험保險의 충실과 출납 비용의 보충을 필요로 하여 일정한 이식으로 피진대자에게 징수하게 되었다. 그리하여 환곡진대는 이식을 징수함으로서 구제의 본래 의의를 멸각滅却할 뿐 아니라 도리어 구제라는 의의와는 반대로 인민에 대한 가렴주구를 국가적 합법적 수단으로 전화시켰다.

환곡의 이식징수는 소위 '취모법取耗法'으로 표현되었다. 그러면 취모법은 무엇인가? 곡물이 쥐와 참새에 의하여 소모 감축된 것을 모조耗條라고 하는데 관부가 환곡을 민간에게 진대하고 상응한 모량耗量을 산정하여 원곡에 첨부 환수하는 것이다. 그러나 조선 진대사상에서 고구려의 진대항식과 고려의 의창진대義倉賑貸는 모두 취리取利 취모取耗를 행했다는 사실이 보이지 않을 뿐더러 조선에 와서도 취모 운운이

《경국대전經國大典》에는 전연 없고《속대전續大典》의 호전戶典 창고조倉庫條에 비로소 "……봄에 민간에 대여하는데 절반은 창고에 두고, 가을이 되면 거두는데 10분의 1을 모조로 취한다[春貸于民 留庫 秋成而斂 取耗什一]."는 규정이 있다. 그러면 조선 초엽에는 취모법이 아직 법규로 제정되지 않은 것이며 고구려 진대항식 이후 2000년간 환곡제가 계속 실시되었으나 역대에 누구든지 감히 이식 두 자를 공공연하게 붙이지 못하였고 조선 중엽에 와서 비로소 취모의 규정이 법전에 보였으나 오히려 모耗란 용어로 이식을 대명代名하였으니 이는 환곡제가 구제책으로 출발하였다는 점과 착취계급이 자기들의 취리적 정체를 가리는 기만적 표현이란 점을 명백히 증명한 것이다.

《경국대전》에 취모법이 없을 뿐만 아니라 호전 군창조軍倉條에 "군자창에 별도로 창고를 설치하여 잡곡을 축적하고 민간에 대부하여 가을이면 본래 숫자대로 납부받는다[軍資倉 又置別倉 量蓄雜穀 貸民 秋納本數]."라 하였으니 '추납본수'란 것은 속대전의 '취모십일'과 반대되는 규정이다. 이와 같이 경국대전에 취모법이 규정되어 있지 않았을 뿐만 아니라 '추납본수'의 규정이 설명되어 있는 것을 보면 취모법이 일부 관례에 그쳤고 법령으로서 일반이 시행하기까지에는 이르지 않은 것이며 임진왜란 이후부터 국용國用이 탕갈됨에 따라 보충책으로 모조의 여행勵行이 드디어 일반화한 것이다. 현종 5년 함경감사 민정중閔鼎重의 장계狀啓에 상평취모常平取耗가 원래 조종祖宗의 옛 법이 아니고 다만 전후戰後에 일시 취편取便한데 불과한 것인즉 이를 아주 폐지하여 제도諸道에 혜택이 되도록 하기를 요청하였으니 소위 '전후일시취편戰後一時取便'이란 것인즉 병자호란에 국창國倉이 공핍空乏하므로 상평청常平廳의 모곡耗穀 가운데 3분의 2를 회록會錄(정부 소유 곡물 따위를 본 창고에 두지 못할 때 다른 창고에 보관하던 일)한 사실을 가리킨 것이다. 이를 보면 모곡의 폐해는 이때부터 심하였음을 알 수 있다.

《속대전》에서 규정한 '취모십일'은 당년간 모조가 원본 15두 1석에 1두 5승인데 이 모조 1두 5승은 관부가 15두 1석을 수대자受貸者에게 대출할 때 미리 공제한다. 청묘靑苗, 사창社倉 등의 10분의 2 이식과 민간부호民間富戶의 10분의 5 이식에 비하면 소위 '취모십일'이 관적官糴의 저리低利로 볼 수 있으나 빈민의 보상 능력에서는 10분의 1 이식은 의연히 커다란 부담으로 되었는데 게다가 설상가상으로 모조 이외에 행량行粮, 각은脚銀, 낙정미落庭米 등 다종다양한 명목을 붙여서 탐관오리들이 그 배수倍數를 수취하였다.

원래 환곡진대는 흉년과 궁절에 수대를 필요로 한 농가에 한하며 또 국가의 불의용도不意用度를 대비하여 '절반유고折半留庫' 즉 관부 창곡의 절반 이하로 대출할 것을 법전에 규정하였으나 관부와 지방관리들은 취리와 농간을 목적으로 창곡의 절반 이상 혹은 전부를 들어 연사年事의 흉년과 농가의 필요 여부를 전연 불문하고 매호 농민들에게 매년 일률적으로 강제 대부하였다가 강제 환수한다. 지방수령과 향읍소리小吏들은 서로 결탁하여 대출시에는 소정의 두량斗量에도 차지 않는 공곡空穀, 변질, 불용의 곡물을 분배하고 회수시에는 두량이 후하며 품질이 우량한 것을 수배 이상으로 수탈한다. 수대자가 보상치 못할 경우에는 집달리執達吏*들이 당인當人의 가산을 탈취하며 탈취할 가산도 없는 경우에는 그의 친족과 인리隣里에게 부담시키므로 환곡제는 관

---

* 집행관

부가 인민에게 취리하는 유일한 방법인 동시에 농민에게 최대 원한을 받는 악법이 되었다. 영조 45년(1769)에는 각 도의 각종 환곡 총량이 835만여 석이며 정조 12년(1788)에는 738만여 석이라 하였으니* 이와 같은 환곡의 압도적 수량이 일반 농민대중에게 얼마나 파산 비극을 주었는지 또는 형리들의 곤장이 얼마나 고혹하였는지를 짐작할 수 있다.

    피 좁쌀 못 먹인 해에
    무럽꾸리**도 하도 할샤.***
    양덕陽德, 맹산孟山 주탕酒帑이[16]
    영유永柔, 숙천肅川 화냥년들이
    저 다 타먹은 환자를
    이 늙은 내게 물리려 하네.****

                  *   *   *

    환자還上에 볼기 서른 맞고
    장리長利값에 동銅솥을 뚝 떼어낸다.
    사랑하던 여기첩女妓妾은
    월리차사月利差使*****가 등밀어 간다.
    아희야 죽탕관粥湯罐에 개犬 보아라

---

* 《증보문헌비고》에 따름   ** 무리꾸리 또는 무리꾸럭. 남의 빚을 대신 물어 준다는 뜻   *** 많기도 하다
**** 《청구영언》 원본에는 '변리邊利란 너희 다 물지라도 밑이란 내 다 담당하옴세' 라는 구절이 덧붙어 있다. '밑'은 원금을 가리킨다   ***** 다달이 이자를 걷는 직책

호홍豪興*겨워 하노라.

《청구영언青丘永言》

　이 가요에 나타난 것만 보더라도 환곡제가 출납의 협잡과 토호 간리의 횡포와 인민 생활의 파멸을 광범히 초래하여 인민 최대의 고통과 저주의 대상으로 되고 있었음을 여실히 표시하고 있다.

　성호는 환곡제에 대하여 모조의 불합리와 진대의 취리를 엄혹히 비판하고 반계와 같이 환곡법 폐지를 주장하며 그 대신 상평법을 여행勵行하는 것이 양책이라고 하였다. 성호에 따르면 "소위 모耗라는 것은 모가 아니고 가익加益이다. 10분의 1이란 수가 7년을 지나면 본곡의 수에 상당한다. 이 7년 중에 부정하게 거두어 가는 것이 몇 억만 석이며 이것이 과연 어디로 돌아갈 것인가? 봄에 비록 15두를 받는다 하나 기실은 13두에 불과하고 반세이내半歲以內 즉 추기秋期에 모耗, 잉여과 행량行粮 등으로 그의 배수를 착취당한다. 또는 매호에 강제 대부하는 것이 향곡鄕曲**의 무단武斷보다 더 심하므로 한 번 추기환수를 지내면 촌락이 텅 비게 된다. 그리고 전세와 잡세를 대차貸借 보상케 하고도 오히려 부족하면 인리隣里와 친족에게 강제 징수하는 일이 시끄럽게 발발한다. 무릇 국가의 경비는 경상적인 부세賦稅로서 충복할 것인데 어찌 인민에게 강제 대출하여 이식을 받아 구차스럽게 생활할 것이냐?……" 하였다.(《사설유선》)

　경제학자 다산은 역시 반계, 성호와 같이 환곡제 전폐를 주장하고

---

* 매우 흥겨워　　** 시골의 구석진 곳

그 대신 상평常平, 사창社倉제도를 개정할 것을 논급하였다. 그러나 그의 환곡 폐지론은 종래 폐지론보다 한층 근본적인 의의를 가지고 있다. 그의 〈환상론還上論〉에 따르면 환상법은 비록 부자 간에도 실행할 수 없는데 관민 간에 어찌 실행될 수 있으랴 하였다. 왜냐하면 비단 취모 취리가 불합리할 뿐만 아니라 현행 환곡제가 원래 인정人情 실제實際에 맞지 않기 때문이란 것이다. 즉 강제 대부와 강제 회수를 내용으로 한 환곡제는 국가가 자기 착취계급의 이익을 본위로 하여 민간의 곡물을 간섭 구속하는 이상 필연적으로 인민의 사유권에 대한 흥미를 무리하게 파괴하며 따라서 재산을 자유롭게 처리하는 데 대한 유익성을 방해하는 것이다. 그러므로 다산은 본 논문에서 은연히 산업 자유와 개인방임주의로 방향을 지향하였다. 이는 분명히 봉건전제주의로 침투된 가부장적 산업윤리관을 반대하는 자유주의적 경제사상의 일단으로 볼 수 있다. 〈환상론〉의 본문을 여기에 인록하는 것은 생략하나 비유가 대단 절실하고 착취제의 불합리한 내용을 신랄하게 폭로한 명문名文임을 독자들에게 소개한다.(《여유당전집》 시문집)

다산 일파가 개선할 것도 없이 직접 폐지하기를 주장한 환곡제는 그 뒤 어떻게 진행되었는가?

조선 말기의 환곡제는 더욱 악화되었다. 강제 대부와 강제 환납은 오히려 대차 보상 형식으로 가장하였지만 이보다도 소위 '허감虛勘', '백징白徵'은 실로 파렴치한 착취 방법이었다. 허감은 실곡實穀이 없는 수량을 문헌상에 허록虛錄하는 것이며 백징은 이 허록에 따라 인민에게 강제로 징수하는 것이다.

헌종, 철종의 '세도' 정치가 더욱 부패해 가면서 봉건 붕괴의 서막인 농민봉기는 도처에서 발발하였는데 그중 삼남三南 '민란'의 표어는 소위 군軍, 전田, 환還 삼정三政의 살인적 악정을 가끔 폭로 규탄하였다. 이에 당황한 정부는 철종 13년(1862)에 이정청釐整廳을 설치하고 정리책을 강구한 결과 현물을 전폐錢幣로 전형轉形시키기 위하여 각 도 환곡을 전부 작전발본作錢拔本*하고 취모수곡取耗收穀 절차는 아주 혁파해 버린 다음 국가의 경상 용도와 예비 자금을 위한 특별 조치로서 토지 결수에 따라 분배 수전收錢할 것을 결정하였다. 이것이 소위 '탕환귀결蕩還歸結' 혹은 '파환귀결罷還歸結'**이다. 그러나 이도 의정議定에 그쳤고 즉시 환곡이라는 구제舊制로 돌아갔다.

고종대에 들어와서 수령이 환곡을 받아들이지 못한 데 대한 형벌을 준엄하게 규정하고 3년에는 내탕內帑(국고금) 30만 냥을 각 도에 나누어 보내 작곡취모作穀取耗케 하였으니 이는 환곡제가 왕실 재정의 취리적 방법으로 이용되어 버린 셈이다. 그러나 이후 환곡출납 악정은 인민의 반항을 더욱 더 환기하였다. 갑오농민전쟁을 겪은 정부는 소위 경장안更張案***의 하나로서 팔도 환곡을 사환社還이라 개칭하여 소위 자치단체인 각 면에 하부下賦하고 각 면으로 하여금 이 사환미社還米를 기본으로 하여 사창社倉을 각각 경영케 하고 탁지아문度支衙門은 이에 대한 사환조례社還條例를 설정 발표하였다. 당시 자주성이 없는 정부는 외래 침략 자본의 공세에 부대껴 봉건 경제의 유제遺制인 사환미법을 끝까지 실행할 수 없었다.

앞서 말한 사환조례에 따르면 국고로부터 하부한 환곡을 기초로 하여 사창은 면을 단위로 한 자치단체로부터 면민에게 농량, 종자 등

---

* 돈으로 환산하여 원곡을 없앰
** 탕환귀결, 파환귀결 모두 비슷한 뜻으로 환곡을 파기하고 토지에 세를 매김   *** 개혁안

의 융통을 도모하는 기관이 된 동시에 종래 저축 성격은 제거되었다. 이 사창제도는 일면으로는 종래 관영 환곡의 노골적 처리 형식인 강제 대부제를 혁파하고 다른 면으로는 농촌의 자치적 경영으로서 농민의 생산능률을 제고시켜 납세능률을 조장하려는 것이다. 그러므로 사환 조례는 봉건 경제로부터 자본주의 경제로 넘어가는 과도기 형태의 일종이다.

사환곡은 정리되지 않은 채로 있다가 망국 직전에 이르러 잔존 미곡이 면리 소유의 재산으로 되어 사창제는 드디어 소멸되어 버리고 동시에 강도 일제 자본의 농촌 착취망인 소위 금융조합은 농민 경제에 대한 융자라는 미명 밑에 화폐경제 형태로서 천수백 년래 환곡의 자연경제 형태 폐허 위에서 새로 등장하였다. 과거 환곡보다 한층 가혹하고 파산적인 금융조합제의 착취 형태를 다음 민요 일절이 말하고 있다.

> 방앗간 쌀은 돌아서 돈이 되고,
> 돈은 돌아서 금융조합가네.
> 아리랑 아라리요 아리랑 고개로 넘어 간다.

요컨대 조선 환곡제는 봉건 정부가 광범한 농민층에 실시한 자연경제적 고리대금제였다. 조선 말기 농민들은 이 군포, 전제와 함께 환곡이라는 악법에 대하여 유혈 투쟁을 계속했으며 투쟁의 사상적 반영으로서 다산 일파의 현행 군포, 전제와 환곡제 철폐론이 제창되었다. 다산의 환곡 폐지 주장은 봉건적 착취 형태를 반대한 동시에 농민의 자유로운 생활을 동경한 것이며 자본주의적 착취로서 그것을 대체하려는 의식적 경향이 아니었음을 우리가 또한 인정치 않으면 안 될 것이다.

ㄴ. 지주의 지세 부담론

과거 일제의 식민 통치시기에서 조선의 농민조합 단체들의 경제 투쟁 종류 가운데 "지세地稅와 종자種子는 지주가 부담하라"는 표어가 내걸렸는데 이는 이미 백수십 년 전 당시 지주의 극악한 착취를 받고 있던 조건 밑에서 농업 정책론자 다산이 제기하였다. 즉 지주 국세부담론이 그것이다.

필자의 연구에 의하면 조선경제사상에서 지세를 지주가 부담한 것이 고래 관례였는데 그것이 전부佃夫 즉 소작인의 부담으로 일반화된 것은 조선 말기의 일이었을 터이며 타 도들보다도 전지田地가 풍부하고 지주의 착취가 방대한 전라도 일대에서 먼저 실행되었다.

조선 법전의 전조田租에 대한 규정을 잠깐 고찰해 보면 조선은 입국 초부터 대개 고려의 고제古制를 참고하여 공전, 사전 할 것 없이 조세납부를 원칙으로 하여 공전의 조租는 국가가 직접 받고 사전의 조는 과전科田 절수자折受者가 소여의 전지에 대한 국가의 수조권을 넘겨받아 전주田主라는 명의로 직접 받아먹었다. 조의 비율은 공, 사전이 동일하게 해당 토지 생산고의 10분의 1을 표준하여 1결에 3두씩인데 수전水田 1결은 조미糙米(粗米 즉 현미玄米) 30두며 한전旱田 1결은 잡곡 30두였다. 그리고 능침陵寢, 창고倉庫, 궁사宮司, 공해公廨 등 각 공전公田 즉 국고 소속전과 공처公處 절급전折給田을 제하고 또 사전 중 특히 공신전功臣田을 제하고는 과전科田, 사전寺田 등 모든 전주는 다 세를 국가에 납입하되 수전 1결에 백미 2두, 한전 1결에 황두黃豆 2두를 납입하였다. 위에서 말한 각종 공전은 각종 국가기관이 1결 30두의 조를 직접 받았으므로 따로 세란 것을 받을 일이 없으며 공신전은 국가유공자에게 특별히 사전賜田한 것이므로 국가가 면세의 은전까지를 부여한 것이나 과전, 사전寺田 등 사전私田은 국가가 사인私人에게 해당 전지의 수조를 넘겨받아 수전자가 1결 30두의 조를 받아먹는 동시에 사인으로서 국조國租를 전부 먹을 수 없는 견지에서 또 국가의 용도를 다소라도 보충해야 한다는 견지에서 1결 2두씩의 세를 바치게 되었다. 이 1결 2두의 세는 1결 30두의 수조受租 중으로부터 갈라내는 것을 원칙으로 삼았다.

그러나 그 후 과전의 세습화와 토지소유권의 발전에 따라 사인의 수조는 반드시 10분의 1에 그치지 않고 절반 이상에 달한 것이 통례였으며 또 소위 2두 납세는 1결 30두 중으로부터 할출割出*한 것이 아니고 전부佃夫에게 따로 부담시킨 것이다. 이와 병행하여 사전私田 절수가 아닌 순수한 사인의 소유권은 해당 전지 생산고의 절반 이상을 도조賭租 즉 소작료로 징수하고 그중에서 1결 30두의 국조를 추출하여 상납한 것이 최초의 통례였으나 그것은 개인 지주들의 착취 강화로 인하여 1결 30두의 국조를 자기 개인의 절반 수조량 이외에 공공연히 따로 전부들에게 부담시켰다.

이와 같은 가혹한 속례俗例는 다산의 시대에 다른 도들보다 전라도 여러 읍에서 오래전부터 강행되고 있었으므로 다산은 이것이 극소수 지주들의 악덕에서 유래했음을 지적하고 빈농민의 이익을 위하여 전부 즉 소작인의 지세(국조) 부담을 극력 반대하였다.

다산은 강진 유배 중에 호남 소작인들이 지주 대신에 국세를 부담하고 있는 악현상을 목도하고 그것을 엄금할 것을 주장한 동시에 국왕에게 건의할 서면을 초안하였다. 그의 〈의엄금호남제읍전부수조지유

---

*나누어 받음

차자擬嚴禁湖南諸邑佃夫輸租(王租＝國稅＝地稅)之裕箇子)에 따르면 당시 특히 호남의 구속舊俗이 왕조王租 즉 지세와 종자를 전부 즉 소작인이 모두 부담하고 있으나 이는 전주 즉 지주가 물지 않으면 안 될 것이라고 하였다. 동 차자 중에 다음과 같이 말하였다.

> 이제 계산해 보건대 호남 인민이 대략 백 호면 그중에 자기 토지를 남에게 주어 수조收租(소작료)하는 자는 5호에 불과하며(지주) 자기 토지를 갈아먹는 자는 25호이며(자작농) 남의 토지를 갈아서 그 조를 바치는 자는 70호나 되니(소작농) 이제 만일 그 구속舊俗을 개혁하여 다른 도道들과 같이하게 하면 70호는 모두 기뻐서 춤추고 뛰놀 것이며 25호는 이에 대하여 이해관계가 없으나 인도人道는 제 혼자 비만하는 것을 미워하여 대체로 부자를 싫어하고 빈자를 동정하는 까닭에 그들도 그 개혁을 함께 기뻐할 것이며 실망해서 좋아하지 않을 자는 오직 5호뿐일 것이다. 이 5인의 실망을 겁내서 95인이 기뻐서 춤추고 뛰놀게 할 정사를 감히 실행치 못한다면 누가 왕자王者는 조화의 권병權柄을 가졌다고 할 것인가?

다산은 이와 같이 지세와 종자의 지주부담론을 통하여 지주가 극소수인 것과 소작인이 절대다수인 것을 통계적으로 명확히 지적하여 소수자의 이익을 반대하고 다수자의 이익을 인민 전체의 이익으로 옹호하였으며 또 농민의 반지주투쟁에서 절대다수의 빈농층이 기본 세력으로 되어 중농中農 즉 자작농을 원군으로 획득할 수 있는 물질적 계기를 지시하였으니 이는 농민혁명 사상가로서 우수한 사회적 정치적 인식을 표현한 것이다. 다만 가장 선진적이며 혁명적인 계급 즉 프롤레타리아트의 지도에 의한 노농동맹으로서만 농민혁명이 비로소 성공할 수 있다는 마르크스 레닌주의적 견해를 사회적 역사적 조건에서 강력히 제약받고 있던 다산에게선 원래 조금도 기대할 수 없는 것은 엄격한 사실이다.

ㄷ. 공전균세론

다산의 균민주의는 이상에서 이미 본 바와 같이 인민의 정치적 사회적 균등이 토지 분배의 균등으로부터 출발해야 한다고 주장했다. 그러나 토지의 합리적 분배는 정치제도의 근본 변혁 없이는 불가능하므로 급속히 실현할 수 없고 당시 구체적 조건에 비추어 실현 가능한 정도로서 그는 공전균세론을 제창하였다.

공전균세론은 그의 토지정책에서 제2차적 고안이며 종래 세정世情에 우활迂闊한 경제론자들이 고지식하게 주장하던 정전론井田論, 균전론均田論, 한전론限田論 등과도 취지가 다르다. 이는 그의 독창적인 안출에 속한다.

공전균세는 《경세유표》 제9조를 소개할 때 이미 약간 논급한 바거니와 구체적 내용과 실현 방법은 과연 어떠한가? 다산에 따르면 국가가 먼저 양전관量田官을 국내에 파견하여 전지의 누결漏結과 진황지陳荒地를 상세히 조사하여 전지의 원적에 편입한 다음 관부官府, 군문軍門과 제도諸道의 봉류전封留錢 즉 관공官公 저장금으로 원가를 주고 사전私田 일부를 매수하여 공전을 만들 것이니 예를 들면 원적전原籍田의 400결에는 40결, 500결에는 50결씩을 매수하여 국가가 직접 관리한다. 다시 말하면 농가와 사전의 분포 상태에 적응하게 사전의 10분의 1씩을 국가가 매수하여 9결 사전의 농민으로 하여금 1결 공전을 합력 병작케 하여 수확을 왕세 즉 국세로 전부 상납하고 9결 사전에는 아무런 세도 내지 않는 것이니 이는 주대周代 정전제井田制에 900묘畝를 1정井으로 하여 100묘씩 분경分耕하는 8개 농부가 중앙 100묘의 공전을 합력 병작하며 공전의 수확은 전부 국가에 납입하고 8부의 800묘 수확에 대하여는 아무런 과세도 없던 것과 유사한 양식이다. 이것이 소위 '조이불세助而不稅'다. 다시 말하면 농부가 공전을 조력 경작할 뿐이고 따로 납세하지 않는다는 것이다.

이 공전균세법은 '조이불세' 하는 방면으로 보면 주대 정전의 유제遺制며 10분의 1결을 과세하는 방면으로 보면 조선 종래 세법인 십일세법이다. 그러나 이는 사실상 균세제도고 균전제도는 아니다. 이에 대하여 다산은 특징지어 말하기를 "천하의 전지를 전부 몰수하여 농부에게 분배하는 것이 고법古法인데 만일 이것이 가능치 못하면 천하의 전지를 전부 측량하여 그 10분의 1만을 취하여 공전을 만드는 것이 고법의 반이다."라고 하였다.

그러면 다산의 균세론은 토지몰수론과 토지국유론의 개혁 정책과는 성격이 같지 않고 다만 국가권력과 당시 실정이 이를 가능케 하는 한도 내에서 세정개혁안의 하나로서 제기된 것이다. 그가 당시 세정개혁안을 긴급한 문제로 등장시킨 이유는 어디 있는가?

인민 생활 특히 농민 생활에 깊은 관심을 가지고 따라서 그들의 생활 향상을 위하여 부단한 고안과 정열을 가지고 있던 사상가 다산은 강진 유배 중 실지 답사에 입각하여 전세가 극도로 문란한 것과 이로써 농민이 극도로 피폐한 것을 통탄 분노하였다. 그의 지적에 따르면 당시 강진은 누결漏結이 제일 적은데도 불구하고 원전原田 1000결에 누결전이 2000결이며 근군近郡 나주羅州에도 누결이 원결보다 도리어 많으니 기타 주군은 이것으로 추단할 수 있다. 만일 몇 결을 지정하여 누결로 하면 오히려 그 폐해가 심치 않을 것인데 그렇지 않고 총 전결 중에서 부민요호富民饒戶의 전을 통틀어 누결로 해놓고 소위 방결防結이란 명목 밑에 탐관오리들이 돈과 쌀을 사적으로 징수하며 그 반면에 성천成川, 복사覆沙, 구진舊陳, 금진今陳의 지면地面과 유리, 걸식, 환鰥, 과寡, 고孤, 독獨, 질고疾苦, 병신病身 등의 소유권을 원결의 숫자에 채우니 그 박탈의 악정과 양민의 고사 상태는 참으로 말할 수 없고 족히 천지의 화기和氣를 손상할 바라고 하였다. 이리하여 다산은 이처럼 악화된 세정을 바로잡아 민중 생활의 안전을 도모하자면 먼저 공전균세론을 시행하지 않으면 안 될 것이라고 주장하였다.

그의 신정이론新政理論에 따르면 고대에는 한전旱田이었으나 지금은 수전水田이 많으며 또 우리나라 지세는 산림이 많고 원야原野가 적으니 정전井田은 행할 수 없다. 이제 정전 형식을 버리고 정전의 내용만을 취하면 문제는 해결될 것이다. 즉 매년 10결에 1결을 공전으로 정하고 부근 9결은 사전으로 두되 그 사전 9결을 경작하는 몇 명의 전부佃夫는 공전 1결을 공동경작하여 공점 1결의 수확은 국세로 바치고 사전 9결에는 세稅도 부賦도 없이 그 수확 전부를 사유케 할 것이니 이는 정전의 유법遺法에 십일세의 세법을 가미한 것이다. 그리고 경전사經典司를 특설하여 공전 세법에 관한 정무를 관리케 할 것이라 하였다.

상술한 다산의 공전균세론이 실현된다면 (사실상 실현되기 어렵다) 당시 극도로 문란한 세정稅政 즉 부호富戶의 대량 누결과 빈민의 무리한 허결虛結과 소위 방결이란 명목 밑에 자행되고 있는 간리奸吏들의 파렴치한 협잡 등을 소탕하고 국가 수입을 정상 궤도에 올려 세우는 데 일시적 효과를 거둘 수 있다고 할 것이다.

그러나 공전균세가 고대 정전제와 같이 토지의 전반적 국유(사실은 국유란 명목하에 국왕, 귀족, 영주들이 사유, 강점한 토지였지만)와 균분을 전제적 조건으로 하지 않는 이상 실현은 처음부터 소기와는 반대되는 효과를 초래하지 않을 수 없을 것이다. 어찌 그러한가?

첫째로 공전 10결을 둘러싼 사전 100결의 몇몇 농부들이 공전을 합력 경작하는 데 노력 분배가 우선 곤란한 문제로 될 것이다. 왜냐하면 원칙적으로 매개 농부의 사전 경작 면적이 적으면 적을수록 공전에 대한 출력 분량이 그만큼 적어야 할 것이며 사전 경작 면적이 많으면 많을수록 공전에 대한 출력 분량은 그만큼 많아야 할 것이다. 사실 사전 경작 면적이 적을수록 적은 자는 빈민일 것이며 많은 자는 부호일 것이므로 빈부의 세력 관계는 필연적으로 상기의 원칙적 노력 분배를 역행시키는 악현실을 연출할 수 있는 까닭이다.

둘째로 가령 사전 100결이 대개 자작농의 소유가 아니고 지주의 소유라고 하면 사전에 대한 국세 면제의 은전은 지주들이 가만히 앉아서 향유하는 반면에 공전에 출력하는 예외 노력은 소작인들이 부담하게 되어 일반 빈농은 이중의 노력 착취를 당하지 않을 수 없다.

셋째로 당시 토지 소유의 실정을 고찰하면(다산의 호남 농호農戶에 대한 통계에 따르면) 농가 100호 중 70호가 지주의 땅을 갈아주는 소작인들인즉 이에 상응한 지주의 토지가 얼마나 광대하였는지를 또한 추정할 수 있다. 이와 같은 농촌 환경에서 사전 100결을 경작하는 대다수의 소작인들이 지주의 땅에 오로지 들일 노력을 공전 경작에 분할한다면 지주들은 이를 좋아하지 않을 것이며 또 소작인 자신들도 자기들에게 직접 이해관계가 없는 공전에 성심 있는 노력을 집중하지 않을 것이므로 공전 수확률은 특별한 방침이 병행되지 않는 한 결국 저감되고 말 것이다.

이와 같은 몇몇 논리로 말미암아 공전균세는 지면상 균세 형식에 그치고 실질상으로는 국가가 지주의 납세를 직접 감면해 주는 동시에 다수한 빈농민들의 노력지대勞力地代를 간접 착취하는 것이므로 이는 균세의 의도로 출발하여 불균세의 현실로 전락되고 말 것이다. 토지의 전반적 균등 분배가 없는 한 종래 결두세結頭稅가 오히려 균등납세의 성격에 접근했다고 할 것이다.

필자의 연구에 의하면 토지 균분의 토대 위에서 실시된 주대 정전제가 초기에 태업, 반항, 도주하는 노예군을 이미 무력해진 주인의 철편鐵鞭*으로부터 해방하여 균등 분배한 토지에 정착시켜서 일가一家 백묘百畝의 사전(사유권에 속한 사전이 아니고 경작권에 속한 사전)으로서 그들의 생산 자유 의욕을 유발하고 중앙 백묘 공전의 공동경작으로서 그들의 노력을 직접 착취하였다. 정전제는 노예제적 착취 형태로부터 농노제적 착취 형태로 전환하는 진보적이며 발전적인 생산조직이었다. 그러나 공전 백묘가 부과한 공동 노력은 그것이 노력지대로서 종래 노예 노동을 점유하던 양식의 유물이었다. 이 점에서 정전제는 반半노예 소유자적 착취 형태로 볼 수 있다.

그러나 그 뒤 농업인구의 증가와 농민의 공전 경작에 대한 태업과 영주들의 착취 방법의 발달과 지주, 상인층의 출현에 의한 개인 사유지의 확대 등 사회 사정이 변하여 공전을 폐지하고 토지 전부를 전민佃民(소작인)에게 불균등하게 분배하여 '계묘징세計畝徵稅'한 결과 현물지

---

* 쇠채찍

대로 노력지대를 대신하고 정전제는 드디어 해체되었다. 춘추 말기 노魯 선공宣公 15년 '초세묘初稅畝'와 진秦나라 상앙商鞅의 '폐정전廢井田, 개천맥開阡陌' 등의 사실은 정전제의 폐지와 계묘수세제의 등장을 증언한 것이다. 주진周秦 이후 복고주의 정치가들이 간혹 정전제 복구를 시도하였는데도 모두 실패로 마쳤으니 이는 그들의 시도가 주도치 못한 까닭이 결코 아니고 생산 발전상에서나 착취 방법상에서나 정전제는 역사적 취향을 역행하는 낡은 경제적 형태에 불과하였던 까닭이다.

다산의 공전균세론은 정전제와 십일세제의 절충적 형식이며 정전제 그대로가 아니었다. 그러나 그의 절충적 이론 행정에서 공전균세론은 적어도 두 가지의 큰 모순을 내포하고 있다. 하나는 무엇인가? 정전제의 합리적 기초가 공전 백묘의 공동경작에 있지 않고 8가가 각각 균등적으로 분배받은 사전 백묘에 있던 것인데 다산은 정전의 기초는 사상捨象해 버리고 그 기초 위에 출현한 공전만을 추출하였으므로 이는 사상누각에 유사한 고안이다. 다른 하나는 무엇인가? 십일세든 무슨 세든지 간에 전세의 정확과 공평을 위해서는 납세 능력의 원천인 소유 지면의 결수에 의거치 않으면 안 될 것인데 다산은 세의 원천으로부터 이탈하여 이와 무관한 국유 공전으로서 납세의 균등을 구하려하였으니 이는 소위 나무에 올라가서 고기를 잡으려는 오류로 귀결될 것이다. 그래서 그가 의도한 정전제와 십일세와의 절충적 이론 공작은 결국 파산되고 말았다.

그러므로 공전균세론은 고립적이어서 아무런 현실성과 효과를 가져오지 못하는 공상이다. 이와 같은 공상은 그의 만년에 이르러 근본적인 변동을 보지 않을 수 없었다. 그리하여 다산은 세제보다도 생산체제에서 토지균분 내지 토지공유를 민생문제의 선결 조건으로 주장하였다. 이러한 기본적 조건의 해결을 전제한 경우라면 따라서 공전균세도 또한 다른 형태로서 실현될 가능성과 합리성을 보장할 수 있는 것이다.

요컨대 토지공유론자이며 토지균분론자인 다산은 당시 극도로 문란한 세정을 긴급히 시정하는 임시방법으로서 공전균세설을 제출한 것이며 이는 동시에 토지의 전반적 균분론으로 지향하는 제일보적 출발을 의미한 것이다.

3. 신전제론

ㄱ. 농자득전農者得田 불농자불득전不農者不得田

다산은 주제周制를 인증引證하여 농農은 구직九職의 하나이므로 천하의 인민을 모두 귀농케 할 수 없다는 점과 농부만이 전지田地 분배를 받을 수 있다는 점을 엄격히 주장하였다. 그에 따르면 농자에게는 토지를 주고 불농자에게는 각기 적당한 직업을 주어서 한 사람의 실업자라도 없게 할 것이니 만일 상공商工을 몰아 모두 귀농케 하면 구직 중 여덟 직업이 전부 황폐되어 인민 생활이 파탄에 빠진 동시에 농업 자체도 퇴화되지 않을 수 없을 것이며 또 농자와 불농자를 불문하고 '계구분전計口分田' 하면 이는 중농의 본의에 어그러질 뿐 아니라 불농유식不農遊食을 장려하는 악정이 되고 마는 것이다. 왕망王莽의 정전井田과 후위後魏 이래의 균전均田이 모두 소기의 실적을 거두지 못한 것은 대개 농자와 불농자를 구분치 않고 분전分田의 혜택을 함부로 베푼 까닭이라고 하였다. 그의 농자수전론農者收田論은 상공인이나 유식인遊食人에게 농지를 분배하는 것이 불합리할 뿐만 아니라 직접 녹봉을 먹고 봉직할 수 있는 관료들에게 공신전, 과전, 직전과 같은 토지를 주는 것도 정당치 않음을 의미한다. 다산의 경제적 이론은 그의 〈전론田論〉 일곱 장에서 이상적인 그러나 진보적 의의를 내포한 위대한 이상적 절정을 표시하였다.

〈전론〉 제1장의 대의는 다음과 같다.

어떤 사람 하나가 전田 10경과 아들 열 명을 두었는데 아들 한 명은 3경, 두 명은 각 2경, 세 명은 각 1경을 얻고 나머지 네 명은 1경도 얻지 못하여 도상에서 굶어 죽으면 그가 어찌 부모 노릇을 잘한다 하랴? 이와 마찬가지로 '민지부모民之父母'라는 군목君牧이 인민의 재산을 평균하게 제정치 못하고 서로 공탈攻奪, 병탄倂呑하여 약육강식의 혈극을 연출케 하면 이는 군목이 될 수 없다. 지금 전국 내의 전지를 추산하면 대략 80만 결이요 인민은 대략 800만 구인데 10구 1호로 하면 매호 1결씩 되어야만 재산 균등이 될 것이다. 그러나 현재 문무귀신文武貴臣과 민간 부인富人들은 1호 수확이 수천 석에 달한 것이 심히 많으니 이는 100결의 전을 독점하여 990명을 탈취한 것이며 국내 유명한 부인富人으로 영남의 최씨와 호남의 왕씨 같은 자들은 1호만석이니 이는 400결의 전지를 독점하여 3990명을 탈취한 것이다. 이런데도 조정에서는 하루바삐 부자의 것을 덜어 빈자에게 보태주어서 인민의 재산을 평균하게 하기를 강구치 않으니 어찌 군목의 도라고 할 것인가 하였다.

다산은 이와 같이 전국의 전지와 현실적 인민 수를 들어 재산 균일화에 대한 물질적 가능성을 지적하고 현재 빈부의 차등과 부호富戶의 살인적 죄악을 폭로하며 동시에 소위 '민지부모民之父母'로 자처하는 군주와 관리들이 이러한 살인적 제도를 개혁하여 인민 재산의 균일화를 실행치 못하면 이는 곧 군목이 아니고 인명을 살해하는 도적에 불과함을 통매痛罵*하였다.

그리고 그의 제2장에 따르면 고대 정전은 한전旱田, 평전平田이었으므로 수전水田과 산전山田이 개간되어 있는 현재 정전제 실시는 절대로 불가능하다. 또 호구의 증감이 날마다 달라지는 현시에는 '계구분전計口分田'인 균전제도 불가능하며 소유자의 명의를 얼마라도 서로 가차환롱假借換弄**할 수 있은즉 일정 면적 이상 또는 이하의 매매를 제한하는 한전법도 실행할 수 없다고 하였다. 그래서 다산은 균전, 한전이 정전과 함께 사리에 밝고 시무를 아는 사람으로서는 주장할 바가 아니라고 하며 이어서 예의 농자수전 불농자불수전 원칙을 또 한 번 고조하였다.

필자의 연구에 의하면 봉건국가는 주로 농노적 생산의 기초 위에 존재하므로 초기에는 물론 농자수전을 원칙으로 하였다. 고대 정전제는 이 원칙을 가장 전형적으로 실행한 것이다. 그러나 생산력의 발전과 토착 농민의 태업과 항쟁과 함께 지주 상인층의 토지 겸병으로 말미암아 영주장원제領主莊園制는 파괴되고 지주 대 전부佃夫의 관계가 성립되었다. 지주는 불농자 가운데 하나로 토지를 점유할 뿐만 아니라 전부를 선택할 때 그가 직접 농자인지 불농자인지를 불문하고 일정한 조건이 합의되면 경작권을 허여하므로 여기에는 과거 조선의 마름〔舍音〕과 같은 중간 착취층과 혹은 고용 영농의 부농들이 불농자로 등장하여 농자수전의 원칙을 말살하여 버리고 말았다. 다시 말하면 생산수

---

* 몹시 꾸짖음　** 임시로 빌려서 제 맘대로 바꿀 수 있음

단인 토지가 국유 형태로부터 개인소유 형태로 전화되면서 농자수전 원칙은 와해되어 왔다. 조선 초기 법전 중에 "공사 천구公私賤口·공상 工商(공장工匠과 상인商人)·매복賣卜(점쟁이)·맹인盲人·무격巫覡·창기娼妓·승니僧尼 등과 그 자손에게는 모두 전토를 주지 않았다〔公私賤口, 工商, 賣卜盲人, 巫覡, 娼妓, 僧尼 等人身及子孫不許受田〕."*고 규정한 것을 얼른 보면 농자수전의 원칙을 여행勵行한 것처럼 되나 이보다도 한 걸음 올라가 본다면 소위 공신전, 과전, 직전 등이 직접 농자에게 급여되지 않고 모두 유식遊食 불농자들에게 수여되어 봉건국가 자신이 불농자수전을 도리어 장려하는 정책으로 전락되고 있었다. 그러므로 역사가 고대 정전제 시대로 환원되지 않는 한 농자수전 원칙은 토지국유에 의한 민주주의적 토지 분배로서만 비로소 실현될 수 있다. 다산이 이 원칙 실현에 대한 전제로서 공유전제인 여전제閭田制를 안출한 것은 그의 위대하고 창발적인 경제사상을 특징지은 것이다.

다산의 '농자수전'은 근대 각국에 반봉건적 민주주의 혁명의 토지강령으로서 주장되는 '경자유전耕者有田'과 동일한 내용을 가지고 있으니 백수십 년 전에 이미 다산에 의하여 이 문제가 이론화되고 정식화되었다는 사실은 그의 '농민혁명의 이념'이 얼마나 정확하고 선견적이었는지를 스스로 증언한 것이다.

---

* 고려 말(1391) 과전법에서 만들어진 규정인데(《고려사》 권32 식화1) 조선 초 만들어진 《경제육전》에 수록되었다. 《경제육전》은 현재 전해지지 않는데 이 조항이 있었음을 실록 속에서 확인할 수 있다(《태종실록》 권5 태종 3년 6월 을해조). 실제 《경제육전》은 그 뒤로도 몇 차례 개정되었지만 모두 전하지 않기 때문에 '조선 초기 법전'이라고 서술하였다. 최익한은 1932년 일본인 학자 花村美樹의 논문을 통해 《경제육전》의 내용을 안 것으로 보인다(연세대학교 국학연구원 편, 《경제육전집록經濟六典輯錄》, 다은, 2003).

ㄴ. 여전제閭田制 = 공동경작과 노동 보수제

제3장에선 전론 전편의 중심 문제며 이상적 묘안인 여전제를 제창하였다. 그 대의는 다음과 같다.

이제 농자득전과 불농자불득전 원칙을 완전히 실현하려면 모든 전제 중에 오직 여전법만이 그것을 가능케 할 것이다. 여전은 정전 형식과 달리 산계山谿 천원川原의 자연 형세를 그대로 이용하여 경계를 획정하는데 이 경계의 내부를 여閭라 하고 매여每閭를 약 30가家로 정한다〔周制 二十五家爲一閭〕. 그리고 3여를 리里, 5리를 방坊, 5방을 읍邑이라고 정한다. 여에는 여장閭長이 있고 1여의 전지는 주민으로 하여금 공동경작케 하여 피아의 구분이 없고 오직 여장의 지휘를 잘 좇는다. 매일 매인이 농사에 출역한 분량을 여장이 일역부日役簿에 명세히 기입하고 수확기에 전부를 여의 공청公廳인 도당都堂에 반입하여 먼저 일정량의 공세公稅를 제하고 다음에 일정량의 여장 봉급을 제하고 나머지 전부는 일역부에 따라 여중 출역자들에게 분배한다. 이 일역분배법日役分配法은 그의 예시에 따르면 소득곡이 합계 1000곡斛(10斗 1斛으로 정함)이요, 그동안 여민 전체의 일역이 합계 2만 일이라면 1일분의 소득량所得糧은 5승升인데 가령 1호로서 부부와 자식의 기간 기입된 역일이 모두 800일이라 하면 그 분배량은 40곡이 될 것이요, 다른 1호는 기간 기입된 역일이 10일뿐이라면 그 분배량은 4두밖에 안 될 것이다. 노력의 다과에 따라 분배의 후박이 결정되므로 농부는 모두 힘을 다하고 전지는 지리地利를 다하게 될 것이며 지리가 잘 이용되면 민산民産이 풍부하고, 민산이 풍부하면 풍속이 순후하고 풍속이 순후하면 백성이 모두 효제孝悌를 행할 것이다. 이러므로 여전법은 전제의 상책이라고 하였다.

이상의 개술槪述과 같이 여전법은 조선 경제사상사에 주요한 지위를 점령한다. 순전히 다산의 독창적이고 이상적인 고안에서 나온 것이다. 종래의 동양 경제 이론에서는 이것이 물론 예외 없는 이상적 전제론이거니와 그 시대 서양의 다종다양한 토지개혁론에서도 거의 볼 수 없는 우수한 사상이다. 현행 경제용어로 말하면 일역부는 노동표제勞動票制 또는 노동장부제勞動帳簿制에 해당하며 역일은 노동량 또는 노동시간 개념이다.

여전제는 일면으로는 노력에 의한 보수제를 실시하며 다른 면으로는 소농의 영세적 경영 대신에 농업의 집단화를 목적으로 한다. 이는 분배의 평균뿐 아니라 농업생산력 증진에서도 최선의 정책이다. 경제론의 여전법은 정치론의 〈원목〉, 〈탕론〉과 함께 다산의 경세적 사상에서 최대 철학이다. 《경세유표》 중 공전납세론은 당시 현실에 대응하여 구급적 사회정책을 제시한 것이므로 이 근본적 이상론인 여전제론과는 정도를 같이해서 말할 수 없다.

다산은 자기 일생을 농민문제 해결에 바친 동시에 그의 최종적 해결안으로서 여전제를 제창한 것인데 그의 여전제 제창에까지 도달한 사상적, 이론적 발전 경로를 분석하면 다음과 같다.

다산이 처하고 있던 사회는 농민사회이고 근대적 공업과 프롤레타리아트 계급이 아직 생장하지 못하였으므로 중농경제학자로 출현한 그는 농민혁명 이념을 강렬히 가지고 농민대중의 노예적 생활을 구제하여 만민 평등의 새 사회에 옮겨 놓으려 하였다. 이를 위해서는 농민에게 극악무도한 봉건지주적 착취제도를 낱낱이 제거해야 하므로 그는 그의 사상적 초보 단계에서 존농尊農의 필요와 지세의 지주 부담과 공전균세의 실시와 환곡과 군포법 폐지 등을 주장하였다.

그러나 농민과 농업을 존중하고 지세는 지주가 부담하고 공전균세를 실현하고 환곡, 군포 등 악제를 폐지하였다고 가정하더라도 농민에 대한 토지 분배가 균평치 못하면 불농자의 유식遊食과 농자의 피착취 상태는 의연히 혹은 보다 교묘한 형식으로 존속되지 않을 수 없을 것이다. 이를 통찰한 다산은 빈부의 차별을 근본적으로 해소시키는 정책으로서 토지의 균분과 이에 반드시 반행伴行해야 할 농자수전 원칙을 강조하였다.

그의 사상적 진전은 여기서 멈추지 않았다. 그는 생각하기를 토지가 균분되고 농자가 수전했다고 가정하더라도 정전제는 이미 역사적 현실성을 잃어버린 고물에 불과하며 균전제의 계구분전計口分田과 한전제의 일정량 이상 매매 제한은 복잡 발달한 사회 정세에 비추어 또한 실행될 수 없으므로 이러한 조건 밑에서 소위 토지균분은 일시적 미명에 그치고 마는 것이다. 또 소위 농자수전도 농자들 중에 부지런한 자와 게으른 자가 있는 이상 이들이 구별 없이 동일하게 수전하는 것은 결국 농자와 불농자가 동일하게 수전하는 것과 오십보백보의 차밖에 안 되는 동시에 태타자의 수전은 곧 불농 유식의 폐해를 조장 혹은 산출할 수 있는 원천이 된다. 그러면 불농 유식이 없는 만민개로萬民皆勞 체제가 확립되는 데서만 농자수전 원칙이 비로소 명실과 함께 실행될 것이며 만민개로 체제가 확립되자면 근면과 태타를 구별하여 일하기 싫은 자는 먹지 말라는 엄숙한 제도 즉 노력에 의한 보수제를 확립함으로써만 비로소 가능하다.

이와 같은 노력에 따른 보수제를 농민사회에 실시하자면 종래 균전, 한전, 사전私田의 형식과 영세적이며 분산적인 개인 영농 방법으로는 도저히 불가능하다. 여기에서 다산은 농민 생활의 실정과 농업 생산의 현실적 조건을 가장 합리적으로 개혁한 제도 즉 토지의 촌락 공동소유와 (물론 토지국유의 기초에서) 공동경작 제도를 근본 기초로 하고 이 기초 위에 노동시간 계산에 따른 노동보수를 정확히 실행할 수 있다고 생각하였다. 만민개로 체제 — 노력에 따른 보수제를 실현시키는 데 농업 생산수단인 토지 공동소유와 공동경작을 전제한 데서 다산의 이론이 위대한 농민혁명적 이념에 깊이 뿌리박고 있음을 우리는 다시 인식하지 않을 수 없다. 그의 농민혁명 이론은 농민해방을 위한 부단한 관심과 정열 속에서 발전되고 심화되어 여전제와 같은 위대한 최종적 이상안에 도달한 것이다.

다산은 여전제를 이론적으로 완성하는 과정에서 어디부터 소재적 방면의 암시와 참고를 얻었는가? 우리는 다음과 같이 상정할 수 있다.

다산 자신이 언명한 바와 같이 고대의 정전이나 후대의 균전, 한전은 사회적 현실이 그들의 실현을 허용치 않는 것이므로 여전제는 그들로부터 모방할 수 없었으며 또 상기 각종 전제가 일정량의 사전과 개별적 영농을 원칙으로 하였으므로 이는 여전제의 집단적 공동소유와 공동경작과는 도리어 반대되는 것이다. 그러므로 여전제의 참고 대상은 그들과는 다른 곳에 있었다.

첫째로 여전제의 촌락 공동소유와 공동경작은 당시 각 지방에 남아 있는 촌락공동체의 유물에서 참고되었을 것이다. 예를 들면 동리洞里 소유인 동답洞畓, 씨족 소유인 문답門畓, 계원 소유인 계답契畓 등은 물론 원시촌락공동체의 유물 그대로가 아니고 사회제도의 변천에 따라 변질되며 창작되기도 해왔으나 그들이 오히려 한 단체의 공동소유로 그 경작에서 동민, 문중, 계중 전원이 공동출력하되 그 출력의 차이에 따라 수확물에 대한 분배권이 서로 다르지 않을 수 없는 것이 당시 속례였다.

그리고 생산능률에서 공동경작이 개별경작보다 우수한 것은 상기 동답, 문답 등에서보다도 둔전법에서 중요하게 경험될 수 있었을 것이다. 즉 일정량의 지면에 일정량의 군인이 집단적으로 경작하면 노동의 조직과 절약이 가능한 동시에 그 성과는 동량지면同量地面, 동수농부同數農夫의 개별적, 분산적 노동보다 훨씬 유효할 수 있었을 것이다. 또 일반 농촌의 경험에 따르더라도 촌내 매개 농호가 경종耕種, 이앙, 제초 등 작업을 고립적으로 하는 것보다는 서로 손을 모아 윤번으로 작업하는 것 — 현재 북조선 농촌에서 여행勵行하고 있는 근로호조반勤勞互助班 같은 조직 — 이 작업 능률을 더 많이 올릴 수 있었다. 더구나 당시 국내 약간의 공업 부문에서 생산하기 시작한 매뉴팩처적 양식이 개인적 수공업에 비하여 생산능률이 훨씬 우수함을 볼 수 있었다. 또 노력에 따른 보수제는 종래 농촌 부농들이 고용 농부들에게 단편적으로 이용한 것이다. 이러저러한 경험이 다산의 과학적 주의를 끌었을 것은 의심 없는 일이다.

이와 같은 개개의 경험이 일반의 무각성한 평범성의 발밑에서 짓밟혀 버리지 않고 훌륭한 사회 발전의 물질적 요소로서 섭취되어 활용되는 것은 오직 혁명적 이상의 소유자에 의해서만 이룰 수 있는 일이다. 다산의 여전제는 실로 그의 농민혁명 이념의 위대한 체계다. 이는 그의 민주=민권주의 정치사상과 밀접한 관련을 가지고 있는 이론적 체계다. 그러나 그의 여전제가 이상향의 한 제도에 그치지 않고 실현의 영역으로 나아가자면 당시 착취제도의 전반과 근본적으로 충돌함이 없이는 절대로 불가능한 것이다. 그러면 다산은 실현을 위하여 어떠한 방법을 제시하였는가? 그는 아무런 방법도 제시하지 않았다.

다산의 여전제가 촌락 공유를 전제하여 건설되는 것인즉 촌락 공유는 촌락 인민의 자각과 그들의 자치적 계획으로 실행될 것이 결코 아니고 현존 지주 정권의 근본적 도괴倒壞와 토지의 전국적 몰수와 그리고도 농민의 최대 이익을 절대 보장하는 강력한 새로운 정권의 확립에 의해서만 비로소 가능할 것이며 오직 군주의 인심仁心에 하소연해서 실현될 수 있다고 생각하기에는 그가 너무나 현명하였던 셈이다. 자기의 최고 이상안인 여전제 실현을 위하여 그의 머릿속에는 반드시 일정한 절차가 있었을 것이다. 그는 이에 대하여 침묵을 지켰다. 혹시 《경세유표》의 별본과 같이 비합법적 문건으로서 세상에 공개되지 않고 따라서 우리들에게 전수되지 않았는지도 알 수 없다. 또 혹은 그의 〈원목〉,〈탕론〉과〈전론〉여러 편은 본래 《경세유표》의 별본 중에 포함되어 있던 것인데 직접 투쟁과 혁명에 관한 선동적 문헌들이 아니고 순수한 원리론적 형식을 띠고 있는 독립 논문들로서 전집 중에 일부 편입된 것 같아 보인다.

그가 여전제의 실현 방법에 대하여 표시했든지 혹은 침묵했든지 그의 방법론적 본질이 어떠했는지를 우리는 대강 추단할 수 있다. 즉 그는 사회 발전법칙의 필연성을 이해치 못하고 계급투쟁 사회에서 새 계급의 낡은 계급에 대한 필연적 승리와 또 어떠한 계급이 가장 진보적이며 혁명적인 계급인지를 인식치 못하였으므로 그의 사회개조적 방법은 일정한 피착취계급의 혁명적 투쟁을 주로 하지 않고 18세기 프랑스 계몽학자들이나 생시몽, 오언 등 공상적 사회주의자들이 공통적으로 범한 '이성理性의 재판석裁判席' 앞에 모든 것을 호출하는 방향으로 치우치지 않을 수 없었다.

언젠가 그는 농민의 대중적 항쟁과 폭동이 전제정치와 군주제도를 둘러엎고 만인 평등한 민주사회를 건설할 수 있으리라고 예견하였다. 그러나 역사적 제약성을 강력히 받고 있던 그는 필연적으로 다음과 같이 장래할 사실 — 가장 중요한 사실 — 을 이해할 수 없었다. 즉 노동계급의 혁명적 영도 밑에서 노농의 견고한 동맹 없이는 "농민의 행동은 너무나 분산적이요 너무나 무조직적이며 충분히 공세를 취하지 못하였다. 혁명 실패의 근본 원인 하나가 여기에 있다."(마르크스《도이치 이데올로기》)는 마르크스주의적 진리를 그는 전연 예견하지 못하였다.

다산의 여전제가 오언의 이상촌과 같이 설혹 일시적으로 수개 촌락에서 실현된다 하더라도 전국적인 착취체제가 변혁되지 않는 한 지속할 수 없을 뿐 아니라 다행히 지속되는 경우라도 러시아 농촌공동체인 옵시나와 같이 "부농의 압박을 은폐하는 데 편리한 형태"로 되며 "연대책임 원칙에 따라 농민으로부터 세금을 수집하기 위한 지주 정부의 편리한 도구"로 전화될 것이다.

그러나 다산의 여전제는 19세기 러시아 인민주의자들이 착안한 옵시나와 같은 변질적이며 퇴축退縮된 유물의 부활이 아니고 진보적 내용을 풍부하게 가지고 혁신적으로 창설하려는 인민경제체제의 위대한 시도였다. 더욱이 자본주의 발전의 길에 들어서서 그의 산물인 노동계급이 성장하기 시작하였으며 동시에 프롤레타리아트의 혁명 무기인 과학적 사회주의가 전 유럽을 움직이고 있던 19세기 말기의 러시아에서 인민파들은 자본주의 발전을 저지하려 하고 '프롤레타리아트주의의 역병疫病'을 저주하고 마르크스주의 학설과 그것의 적용을 거부하고 낙후한 경제 형태와 연결되어 있는 농민층을 혁명의 주체로 인정하고 그러므로 역사적 잔재물인 옵시나를 사회주의자 태아로 보아 이를 기초하여 사회주의 사회를 건설하려 하였다. 그 얼마나 시대에 뒤떨어지며 역사를 역행하려는 어리석은 잠꼬대였던가? 이와 대조해 본다면 18세기 말기와 19세기 초기의 조선은 사회 전체가 봉건적 악몽의 가위에 눌려 있던 시대이므로 자본주의의 길은 아직 멀었으며 프롤레타리아트는 아직 태동의 증후도 나타내지 않았으며 과학적 사회주의는 아직 이름조차도 듣지 못하였고 오직 눈앞에 혈극을 연출하는 것은 지주 양반들이 인민의 가죽을 벗기는 특권들이며 농민대중이 주림과 고통에 시달리어 고함치는 뼈저린 소리였다. 이 시기와 환경에서 다산의 '농민혁명 이념'으로 충만한 여전제론은 토지와 자유와 평등을 요구하고 계급차별과 일체 전제를 반대하는 인민의 심정과 이상을 이론적으로 대변한 것이다. 이는 역사의 역행이 아니고 진보적 방향이며 인민에게 유해한 공상이 아니고 인민의 이익을 촉진할 수 있는 유용한 공상이다. 이와 같은 공상은 그의 실학적 성격을 도리어 증명한 것이다.

다산의 〈전론田論〉 7장 역술

다산은 경제학자로서 자기 일생에 농민 특히 빈농민의 이익을 위하여 봉건적 지주와 착취를 반대하고 새로운 토지제도를 여러 형태로 연구 고찰하였는데 그중 자기의 최후안이며 최대 이상으로 제시한 것은 그의 〈전론〉 7장 1편이다. 그는 이 신전제론에 기초하여 상공업의 병진竝進, 교육, 도덕, 세제, 녹제祿制와 병제까지 언급하였다. 실로 거대한 체계다.

다만 원문이 한문으로 되어 있고 또 술어들이 당시 용어였기 때문에 소수의 연구자들과 대중 독자들에게 우리의 고귀한 문화유산이 공동적으로 이용되기가 곤란하므로 필자는 다산의 경제사상을 분석 소개한 나머지에 이 〈전론〉 한 편만은 특별히 지면을 내어 원문을 비교적 평이하게 번역하고 매장의 아래에 사상의 요지와 관련점을 간단히 해설하여 독자들의 조명에 도움을 드리려고 한다.

〈전론〉 1

어떤 한 사람에게 밭은 10경이요 아들이 열 명인데 이 열 명 중 한 사람은 3경을 분배받고 두 사람은 각각 2경씩 분배받고 세 명은 각각 1경씩 분배받았으나 네 명은 조금도 분배받지 못하고 울부짖으며 유리개걸流離丐乞하다가 굶어서 길에 엎어져 죽었다면 그는 남의 부모 노릇을 잘한 사람이라고 할 것인가?

하늘이 인민을 내고는 먼저 전지田地를 두어 거기서 살고 먹도록 하였으며 또 그들을 위하여 군장君長을 세우고 목민관을 세워 인민의 부모로서 그들의 재산을 평균하게 분배하여 다 같이 잘살도록 하라고 하였는데 군장과 목민관이 된 자들은 팔짱을 끼고 가만히 앉아서 자기 여러 아들들이 서로 싸우고 뺏고 삼키는 것을 보기만 하고 금하지 못하여 강한 놈은 더 많이 얻고 약한 놈은 빼앗기어 땅에 넘어져 죽는다면 군장과 목민관이 된 자들은 군장과 목민관 노릇을 잘하였다고 할 것인가?

그렇기 때문에 그들 재산을 균평하게 분배하여 다 같이 잘살게 하는 자는 군장과 목민관이라고 할 수 있지만 그렇게 하지 못하는 자는 군장과 목민관의 책임을 저버리는 자다.

지금 우리나라 안에 전지는 대개 80만 결이며(영조 을축년 현재 수전水田은 34만 3000결이며 한전旱田은 45만 7000결이었는데 간리奸吏들의 누결漏結과 산화전山火田은 이 숫자에 들지 아니하였다—원주) 인민은 대략 800만 구다.(영조 계유년 현재 인구는 730만 조금 미만인데 그때 빠진 인구와 그동안 출생한 인구가 합계 70만에 불과할 것이다—원주) 가령 10구를 1호로 치면 매 1호가 전지 1결을 분배받아야만 재산이 균평하게 될 것이다.

그런데 이제 문무귀신文武貴臣들과 여염 부인富人으로서 1호에 매년 벼 수천 석을 수취하고 있는 자가 심히 많으니 그들 매호 소유의 전지를 계산하면 100결에 내리지 않는다. 이는 990명의 생명을 빼앗아 1호를 살찌게 하는 것이다. 지금 국내 부인으로서 영남嶺南의 최씨崔氏(경주慶州 개무덤이 최부자崔富者를 가리킴)•와 호남湖南의 왕씨王氏(구례求禮 왕처

• 경주시 내남면 이조리에는 개무덤이 있고 이곳에 최씨들이 살았다

중王處中을 가리킴)*와 같이 벼 1만 석을 추수하는 자가 있으니 개인 소유의 전지를 계산하면 400결이나 된다. 그러면 이는 3990명의 생명을 빼앗아 1호를 살찌게 하는 것이다. 이런데도 조정에 앉아서 부지런히 또는 시급히 부자에게는 덜어 내고 빈자에게는 보태주어서 재산을 균평하게 분배하는 것을 중대한 임무로 여기지 않는 자들은 군장과 목민관의 도리로 자기 임금을 섬기는 것이 아니다.

다산은 이 〈전론〉 1장에서 자기의 균민·균산주의均民·均産主義 원칙을 제시하고 조선의 경제 현실이 균산 원칙을 실시할 수 있는 가능성을 숫자적으로 입증하였다. 그는 인권 평등과 재산 평등을 인간의 천부의 권리로 주장하였기 때문에 위정자가 만일 이 권리를 침해하여 빈자의 계급적 차별을 발생케 하면 이는 군상君上으로서 정치적 의무를 이행치 않는 것이기 때문에 위정자적 지위로부터 방축放逐되어야 한다는 결론을 제시한 것이다.

그런데 다산이 재산 균등의 실현을 항상 토지 균분에 귀착시킨 것은 생산수단의 중요성이 토지에 있고 또 이것이 귀족 토호들의 손에 집중되어 있던 봉건사회에서 극히 정당한 주장이었다. 그러나 토지의 겸병과 빈부의 차등이 발생·발전하는 주요 원인에 대하여 사회적 물질적 여러 조건의 기초 위에서 구명하지 않고 항상 지배계급의 의지 여하에 귀인歸因시켰으니 이는 더 말할 것도 없이 다산의 세계관이 이성론자理性論者들의 관념론 입장에서 문제를 해결하려는 역사적 제약

---

* 왕처중은 영조 때 인물, 구례 광의면 지천리 남전마을에 거주

성을 스스로 보여 주는 것이다. 그러나 그는 관념론적 견지를 벗어나지 못하였음에도 항상 인민의 권리와 생활을 옹호하는 진보적 방향에서 봉건제도와 그의 지주인 지주 귀족의 착취적 생활을 반대 폭로함으로서 혁명적 민주주의 성격을 표시하고 있다.

〈전론〉2

장차 정전井田을 할까? 아니다. 정전은 실행할 수 없다. 옛날 정전이란 것은 한전旱田이었으나 지금은 관개가 이미 발달되었고 벼와 메벼들이 이미 잘 되는데 어찌 수전水田을 버릴 수 있겠는가? 옛날 정전은 평전平田이었으나 지금은 삼림작벌에 이미 힘을 들였고 산협과 계곡이 이미 개척되었는데 어찌 멧골* 전답을 버릴 수 있겠는가?

그러면 장차 균전均田을 할까? 아니다. 균전은 실행할 수 없다. 균전이란 전지와 호구를 계산하여 고루 분배하는 것이나 호구의 가감이 달마다 해마다 달라지므로 금년에는 갑의 비율로 분배하고 명년에는 을의 비율로 분배하는데 조그마한 차착差錯**은 아무리 살펴도 지나버릴 수 있으며 비옥과 척박의 구별은 면적으로 한정할 수 없으니 어찌 균전을 하겠는가?

그러면 장차 한전限田을 할까? 아니다. 한전은 실행할 수 없다. 한전이란 매 개인이 소유할 전지를 일정한 면적으로 한정하여 그 한도 이상으로 살 수 없고 또 그 한도 이하로 팔수도 없는 것이다. 그러나 가령 내

* 두메   ** 어그러져서 순서가 틀리고 앞뒤가 서로 맞지 않음

가 타인의 명의로 법정 한도 이상으로 더 사들인들 누가 알 것인가? 그러므로 한전은 실행할 수 없다.

그러나 사람들은 다 정전을 다시 실행할 수 없는 것은 알지만 균전과 한전에 대해서는 사리에 밝고 시무를 아는 자들도 실행할 수 있다고 하니 나는 그윽이 의혹한다.

그리고 천하 사람들이 다 농사를 하게 되는 것은 원래 나의 원하는 바이거니와 천하 사람들이 다 농사를 하게 되지 않는 것도 또한 방임할 뿐이며 다만 농사하는 자만이 밭을 얻고 농사하지 않는 자는 밭을 얻지 못하게 하면 나는 이것으로 만족히 생각한다. 그런데 균전과 한전이란 장차 농사하는 자도 밭을 얻게 되고 농사를 하지 않는 자도 또한 밭을 얻게 되며 심지어 농사도 안 하고 공업도 상업도 안 하는 자들까지도 밭을 얻게 되니 공업도 사업도 안 하는 자들까지 밭을 얻게 되면 이는 천하 인민에게 놀고먹는 것을 가르쳐 주는 것이다. 천하 인민에게 놀고먹는 것을 가르쳐 주는 것은 그 법이 원래 완미完美치 못하다는 것을 의미한다.

이 〈전론〉 2장에서는 1장에 제기한 재산 균분의 원칙을 실현하는 방법으로서 중국 고대에서 이미 실행 혹은 논의된 역대의 유명한 전제田制들 — 정전, 한전, 균전 제법을 조선의 현실에 비추어 보아 모두 실행 가능성이 없다고 단안斷案지었다. 그런데 실학파의 선행자들은 정전을 실행할 수 없다는 것에 대하여는 모두 동일한 결론을 가졌지만 균전은 반계가 과전科田이란 명목으로 실행을 주장하였는데 성호는 반계의 주장을 실시 가능성이 희박하다고 인정하고 대신 한전론을 강조하였으며(상편 반계, 성호 각 본론 참조) 연암도 자기 노작 〈한민명전의限民名

田議)에 또한 한전을 선택하여 이것이 정전보다 실행하기가 쉬우면서 균평 분배의 의식을 잃어버리지 않으므로 정전제도를 쓰지 않고도 정전의 실리는 얻는 것이라고 하였다. 그러나 다산은 한전 실시가 불가능할 뿐 아니라 설혹 실시되더라도 폐해는 불농자와 함께 불공不工, 불상업不商業까지도 전지를 가지고 유식遊食할 수 있게 된다고 지적하였다. 다산의 이른바 사리에 밝고 시세時勢를 잘 아는 자들도 균전과 한전을 주장한다고 한 것은 이상의 여러 선행들을 가리킨다.

특히 필자가 이상 본론 어느 곳에서 천명한 바와 같이 "농자득전農者得田, 불농자부득전不農者不得田" 즉 제 손으로 밭갈이하는 자만이 밭을 얻고 그렇게 않는 자는 밭을 얻지 못한다는 명제는 다산의 농민 혁명적 이념에서 나온 위대한 발견이며 창견임을 거듭 말하여 둔다.

〈전론〉 3

이제 농사하는 자만이 밭을 얻고 농사하지 않는 자는 밭을 얻지 못하게 하려면 여전閭田의 법을 실행함으로써만 내 뜻을 이룰 수 있다.

그러면 어째서 여전이라고 하는가?

산과 개울과 내와 언덕의 형세를 좇아 그어서 지경을 만드니 지경이 포괄한 것이 여閭다(주나라 제도에는 25가家가 1여였는데 이제 그 이름을 빌려서 약 30가로 하되 다소 30가에 넘나들이가 있더라도 수를 일정케 할 필요는 없다). 여가 다섯 번이면 리里가 되고 (《풍속통風俗通》에 50가가 1리인데 이제 그 이름을 빌렸고 반드시 50가로 할 것은 아니다) 리가 다섯이면 방坊이 되고 (방은 읍리의 명칭이며 한나라에 구자방九子坊이 있었는데 지금 우리나라 풍속에도 또한 방의 명칭을 쓴다) 방이 다섯이면 읍邑이 된다(주나라 제도에 사정四井이 읍이었는데 지금 군현의 치소治所를 읍이라고 한다).

여에는 여장閭長을 두고 1여의 전지에는 1여의 인민이 공동경작하여 내 땅 네 땅 구분이 없고 오직 여장의 지휘를 좇는다. 그들이 농사를 하는데 매일 여장이 여내 매 개인의 노력을 기록하며 가을이 이미 성숙되면 오곡의 수확물을 전부 여장의 마루(여중閭中의 도당都堂)에로 끌어들여 놓고 그 곡물을 나누어 먼저 공세公稅를 바치고 그 다음 여장의 봉급을 주고 그 나머지를 일역부日役簿 즉 매일 매개 농부의 노동을 기입한 장부에 의준하여 배당한다. 가령 공세와 봉급을 제한 공동의 곡물이 1000곡斛(10斗가 1斛)이요 기입된 노력이 2만 일이라면 매 일일 배당 곡물이 5승升일 것이다. 이 계산의 기준에 의하여 여내 한 농부의 부부와 자녀 즉 가족 성원들로서 기입된 노력일이 합계 800일이라면 그들에게 배당된 곡물이 합계 40곡일 것이며 또 여내 한 농부로서 기입된 노동일이 10일이라면 그 배당 곡물은 4두일 것이다. 노력의 분량이 많으면 곡물의 배당률은 높을 것이며 노력의 분량이 적으면 곡물의 배당률은 낮을 것이니 노력은 적게 하고 배당은 높이 받을 수가 있겠는가?

이러하면 사람들은 모두 자기 노력을 다할 것이며 따라서 토지는 모두 그 이용성을 발휘할 것이니 토지의 이용성이 잘 발휘되면 인민의 산업이 풍부해질 것이며 인민의 산업이 풍부해지면 풍속이 순후하고 효제의 윤리가 수립될 것이다. 이것은 전제로서 최상의 방법이다.(본 장의 괄호 안은 모두 원주)

본 장에 전개한 여전제는 다산의 전제론에서 최고 최대의 이상안理想案이다. 다산은 농사하는 자만이 밭을 얻고 농사하지 않는 자는 밭을 얻지 못하게 한다는 원칙을 실행하는 구체적 방안으로서 여전제를 안출하였다. 여전제는 토지국유라는 전제 밑에서 조직된 촌락집단농법으로서 공동경작, 공동수확을 제도의 골간으로 하고 노동일에 기준한 보수를 안목으로 하여 당시로 보아 동서고금에 일찍이 없던 이상적인 전제안이었다. 더욱이 노동일 계산과 노동일에 따른 보수는 그의 천재적 고안과 농민혁명적 이념의 결합에서 산출된 이론이다. 그는 여전제의 결과로서 착취와 유식이 근절되는 조건 밑에서 생산능률 — 노동능률과 토지이용률 — 의 증진을 지적하였으며 따라서 산업의 풍부화를 기초하여서만 풍속과 도덕 향상이 가능하다는 점을 강조하였다. 이는 확실히 선행 실학자들의 전제론에 비하여 말할 수 없을 만큼 발전된 이론이었다.

〈전론〉 4

여기에 한 여閭가 있는데 30가가 1여를 구성하였다. 여장은 여내의 농민들에 대하여 갑은 저기를 을은 여기를 매라고 하여 성원 전체에 농사의 분담이 이미 끝났다.

그런데 어떤 한 농부가 농구를 짊어지고 처자를 데리고 그 여에 가서 자기도 그 여에 참가하여 거주하면서 일하겠다고 청원하면 어찌할 것인가? 이런 경우에는 그 여는 그 농부를 받아들여야만 한다. 그러면 1여의 전지는 더 넓어지지 않으며 1여의 인구는 점점 늘어 가는데 어찌 외래의 사람을 받아들이겠는가? 아니다. 인민이 이익을 좇아가는 것은 마치 물이 아래로 흘러가는 것과 같다. 그들이 땅은 넓고 인력은 모자라는 줄 알든지 혹은 전지의 면적은 적어도 수확량은 많다는 것을 알든지 또 혹은 추수 때에 매인 배당률이 크다는 것을 잘 안 연후에야 비로소 농구를 짊어지고 처자를 데리고 와서 그 여의 일원이 되기를 원하기 때문이다.

그것은 그렇다. 그러나 여기에 한 여가 있는데 20가가 1여를 구성하였다. 여장은 여내의 농민들에게 갑은 저기에 묵밭을 이룩하고 을은 여기에 거름을 주라고 하여 성원 전체에 농사의 분담이 이미 끝났다.

그런데 한 농부가 농구를 걸머지고 처자를 데리고 그 여를 떠나며 자기는 살기 좋은 곳으로 간다고 하면 장차 어찌할 것인가? 이도 또한 허용할 따름이다. 왜냐하면 인민이 손해를 피해 가는 것은 마치 불이 물을 피하면서 타는 것과 같다. 그들이 땅은 좁고 인력은 남는 것을 알거나 혹은 인력은 갑절로 들이고 수확은 적게 나는 것을 알거나 또 혹은 추수 때에 매인 배당량이 부족한 것을 안 연후에야 농구를 짊어지고 처자를 데리고 떠나서 다른 좋은 곳으로 가기 때문이다. 그러므로 위에서 법령을 내리지 않아도 인민의 전지가 균평하여지며 위에서 법령을 내리지 않아도 인민의 빈부가 균평하여진다. 마음대로 오며 무리 무리로 간다. 이러하면 8, 9년을 지나지 않아서 국내의 전지는 평균히 배정될 것이다. 그러나 혹자는 인민이 전지로서 주거의 제한을 삼는 것은 양羊이 우리〔牢〕를 가지는 것과 같은데 이제 마음대로 오며 무리 무리로 가서 마치 새나 짐승이 서로 몰려다니듯이 하게 되었다. 인민이 서로 떼를 지어서 몰려다니게 되는 것은 난亂의 근본이라고 한다.

그렇다. 이 여전제를 실행하면 8, 9년에는 인민의 분포가 대강 평균하여질 것이며 10여 년이 되어야만 인민의 분포 상태가 크게 균평화하여질 것이다. 인민의 분포가 크게 균평화하여진 연후에 호적을 만들어 그들의 가옥을 등기하고 문권文券을 만들어 그들의 이동을 관리하여 한 사람이 오더라도 받는데 제한이 있으며 한 사람이 가더라도 허용에 절도가 있게 된다. 그래서 땅은 넓고 사람은 적은 데는 오는 것을 받아들이며 사람은 적고 수확은 많은 데는 또한 오는 것을 받아들이나 이와 반대로 땅은 좁고 사람은 많은 데는 떠나가는 것을 허용한다. 만일 이러한 조건들도 없이 이동하는 자는 손〔客〕으로서 갈 데가 없을 것이니 손으로서 갈 데가 없게 되면 가도 않고 오도 않게 될 것이다.

본 장에서는 여전제가 이미 조직된 다음에는 각 여들의 전지 배당과 노력 분포가 평균화되어야만 하는 것을 문제로 삼았으며 또 이 문제의 해결은 정치 법령이라는 강제 수단에 의뢰할 것이 아니라 인민의 자유이동으로서 해결할 것을 주장하였다. 인민이 이익을 좇고 손해를 피하는 것이 마치 물이 아래로 흐름과 물이 불을 피함과 같이 하나의 천성天性 — 자연적인 권리 — 이란 것을 다산은 강력히 주장하여 이에 대한 정부와 타인의 간섭, 방해 내지 통제를 절대 반대하였다. 18세기 서구의 정통파 경제학자들 역시 봉건전제를 반대하는 입장에서 개인의 경제적 이익에 대하여는 개인 자신이 가장 현명한 지도자인 동시에 개인의 자유를 철저히 방임함으로써만 사회의 질서를 구성할 수 있다는 원리 밑에서 산업의 자유와 무역의 자유를 주장하였다. 다산도 이 전제론에서 인민 자신의 현명성을 강조하고 그들 이동의 자유와 취업의 자유를 주장한 것은 물론 농민을 일정한 토지에 얽매고 농노적인 철퇴로 그들의 이동을 감금하던 봉건지주 계급의 전제주의를 반대하며 그들 해방의 일단으로서 이동의 자유를 방임하려는 것이었다. 그의 사상적 특징의 이면에는 정통경제학자들의 자유방임주의와 일맥상통하는 점을 우리는 간과할 수 없다.

〈전론〉 5

농사하는 자만이 밭을 얻고 농사하지 않는 자는 밭을 얻지 못하며 농사하는 자만이 곡물을 얻고 농사하지 않는 자는 곡물을 얻지 못한다. 공인工人은 그 제품으로써 곡물을 바꿔서 먹고 상인商人은 그 물화로써 곡물을 바꿔서 먹어도 아무런 허물이 없다.

그러나 소위 선비[士]란 자는 열 손가락이 유약하여 힘든 일을 할 수가 없으니 밭갈이를 하겠는가? 김매기를 하겠는가? 묵밭을 이룩하겠는가?* 거름[肥料]을 주겠는가? 자기 이름을 일역부에 기입할 수 없으니 가을에 가서 아무런 분배도 받을 수가 없다. 그러면 장차 어찌할까? 아! 참! 애가 여전의 법을 고안한 것은 바로 이것을 해결하기 위함이다. 대관절 선비란 어떤 사람인가? 선비는 어째서 손을 놀리고 발을 놀리고 가만히 앉아서 남의 토지를 삼키고 남의 노력을 먹는가? 선비들이 놀고먹기 때문에 토지의 이용성이 다 개발되지 않는다. 놀고서는 곡물을 얻을 수 없다는 것을 알게 되면 그들은 또한 농사로 돌아갈 것이다. 선비가 농사로 돌아가면 토지의 이용성이 개발될 것이며 선비가 농사로 돌아가면 풍속이 후해질 것이며 선비가 농사로 돌아가면 난민亂民이 없어질 것이다.

그것은 그러하다. 그러나 반드시 농사로 돌아가지 못할 자는 장차 어찌할까? 그것은 그들이 옮겨서 공인이나 상인이 될 자도 있을 것이며 아침에는 밭에 나가 일을 하고 밤에는 돌아와서 옛 사람의 글을 읽을 자도 있을 것이며 혹은 부민의 자제를 교수하여 생활을 하는 자도 있을 것이며 혹은 실리를 강구하고 토품土品을 분변하고 수리水利를 일으키

---

* 잡초가 가득한 밭을 전지로 일구겠는가?

고 도구를 제조하여 노력을 덜며 혹은 나무를 심고 곡물을 심고 가축을 기르는 방법을 가르쳐서 농사를 도와주는 자들도 있을 것이다. 이러한 사람들은 그 공로가 어찌 팔을 걷고 육체로 노동하는 자들로서 비교될 바랴? 이와 같은 기술적 노동에 대하여는 1일의 노역을 10일로 계산하고 10일의 노역을 100일로 계산하여서 그 곡물을 분배받는 것이 옳을 것이다. 그러면 선비에게 어째서 분배가 없을 것인가?

조선 봉건 말기에 소위 선비라는 명목을 가지고 유의유식하는 무리가 많아져서 농민을 착취하는 층이 대량으로 증가했으며 이는 또 농민을 더욱 피폐케 하고 따라서 농업을 더욱 황폐케 하였다. 이 점에 대하여 실학파의 여러 학자는 입을 같이하여 통절히 지적 폭로하고 강력한 개농체제皆農體制로 이들을 퇴치하려 하였다. 다산은 일찍이 국왕 정조의 발문發問에 응대한 〈농책農策〉에서 선비들의 유식遊食에 관하여 다음과 같이 논박하였다.

> 우리나라의 소위 사대부란 땅에 떨어지면 생원生員이요 강보에 싸였어도 정승 판서라. 높은 갓과 넓은 띠로 글줄을 찾고 글자를 세며 양역良役은 그들을 침범하지 못하고 신포身布도 그들은 내지 않는다. 남을 멸시하고 권세를 부려서 인민의 고혈을 빨아 먹으니 이는 모두 유식하는 사람으로 농사를 해롭게 하는 부류다……

다산은 이 무리를 퇴치하고 개로체제를 확립시키려면 또한 여전법에 의거하지 않으면 안 된다고 주장하였다.

그리고 본 장에서 중농주의를 견지하면서도 상업과 공업을 멸시하지 않은 것은 그의 특색이다. 또 특히 중요한 것은 기술 노동과 보통 노동을 질적으로 구별하여 그 보수의 분량을 달리하자고 주장한 것은 그의 경제학적 이론이 상당히 심화되었음을 의미한다.

〈전론〉 6

전지田地에 10분의 1로 세를 받는 것은 법인데 세를 엷게 하여 10분의 1이 못 되는 것은 맥貊(맹자에 옛날 맥족의 세는 20분의 1이라고 하였다)의 도道며 세를 무겁게 하여 10부의 1이 더 되는 것은 걸桀(중국 하夏나라 말왕末王으로서 가렴중세苛斂重稅한 폭군)의 도다.

그러나 지금은 100두를 수확하는 전지에 공가公家의 세(국세)는 5두에 불과하니 이는 20분의 1이며 사가私家의 세(지주에게 주는 소작료)는 50두나 되니 이는 10분의 5다. 이러므로 공가는 대걸大桀이 되어 국가는 재정 빈곤에 빠지며 소작 농민은 식량을 자급할 수 없다. 이는 어떠한 법을 따랐는가?

겸병의 부호를 없애고 10분의 1의 세를 실시하면 국가와 농민이 함께 부유할 것이다. 그러나 10분의 1의 세는 쉽게 말할 수 없다. 연사年事의 풍흉을 보아 세를 올리고 내리면 좋을까? 이는 오직 정전井田이 할 수 있고 여전은 할 수 없다.

그러면 토지의 비옥과 척박을 보고 수확의 많고 적음을 헤아리고 수개년의 중등점을 계교計較하여서 정상을 삼고 그 세의 총액을 일정케 하여 가감치 못하게 할 것이며 다만 대흉년에 임시로 그 세를 삭제 혹은 면제하였다가 대풍년에 이르러 그 소정 수량대로 보상하도록 하면 국가에는 고정한 수입이 있고 농민에게는 고정한 자급이 있어서 모든 문란이 함께 정돈될 것이다. 흉년에 인민이 공세의 절감을 바라마지 않는 것은 아주 감면되기 때문이니 만일 풍년에 보상하여야만 한다는 사실을 알게 되면 그들은 감면을 바라마지 않는 일이 없을 것이며 감면을 바라마지 않는 일이 없으면 감면하기 위하여 생기는 농간과 허위가 없어질 것이다. 그리고 다만 산이 무너지고 내가 터져서 영원히 다시 개간될 수 없는 것은 그 세를 영원히 면제하여 줄 것이다. 그러나 물을 관개하고 진황지陳荒地를 개간하여 나무를 찍고 돌을 빼내어 전지를 만들어낸 것을 또한 수십 년에 한 번씩 지적에 등록하면 산이 무너지고 내가 터져서 영원히 면제된 것도 또한 배상될 수 있다. 공세가 이미 10분의 1로 되었고 따라서 국가 수입이 이미 갑절이나 증가되었으므로 관리의 봉급을 후하게 주지 않으면 안 될 것이다. 지금은 토지의 겸병이 근절되었는데 그 봉급조차 후하게 주면 나라에 장차 군자君子(관리를 의미한 것)가 없어질 것이다. 그들로 하여금 위로 부모를 봉양할 수 있고 아래로 처자를 먹여 살릴 수 있으며 또 족히 자기 족당族薰들을 도와 줄 수 있고 빈객을 대접할 수 있고 심부름꾼을 데릴 수 있으며 제택第宅을 잘 짓고 의복과 거마를 아름답게 할 수 있는 연후라야만 조정에 나와 벼슬하려는 자들이 있을 것이다.

본 장에서는 여전제 실행을 전제한 세제를 논술하였다. 여전제가 실시되면 지주와 토지 겸병이 근절되어 농민으로서 국세 납입 이외에 수확물의 절반 이상을 지주에게 빼앗기던 사세私稅 즉 소작료 제도가 없어질 것이므로 단일세인 국세를 20분의 1로부터 10분의 1로 올려서 정상적으로 국가에 납입하여야만 한다는 것이다. 이러하기 위해서는 흉년 혹은 재년災年에 국세를 경감 혹은 면제하는 종래 방법을 개정하고 임시적으로 경감 혹은 면제하여 준 수량을 그 뒤 풍년에 가서 보상케 하여야 한다는 것이다.

그리고 10분의 1의 국세를 여전에 적용하는 데는 각 여전의 토품과 수확률을 수개 년의 흉년, 풍년의 실지 상황에서 비교하여 그 중간점을 잡아 10분의 1의 세액을 정하여 정상적으로 국가에 납입케 하는 것이다. 이러한 결과는 자연히 10분의 5 사세가 없어지므로 농민은 부유해지며 10분의 1의 공세가 실행되므로 국가 수입은 전보다 배가 된다는 것이다.

이와 같이 국가 수입이 배가된 다음에는 관리의 봉급을 전보다 훨씬 후히 주어서 관리로서 봉급을 가지고도 생활이 유족裕足할 수 있게 하여야 관직에 대한 의욕과 긍지심을 북돋아 주며 따라서 탐오의 행동도 순조롭게 제지할 수 있게 된다는 것이다.

다산이 본 장에서 국민이 함께 부유해짐과 관리의 후록厚祿과 생활풍족을 주장한 것은 다른 여러 경제 검약 일관론자들보다 일보 전진한 견해를 표시한 것이다.

〈전론〉 7

옛날에는 병兵을 농農에 붙였다. 이제 여전의 법을 실행하면 병역을 제정하기에 더욱 좋을 것이다. 우리나라 병제에 두 가지 용도가 있으니 하나는 대오를 편성하여서 국방상 사변을 대비하는 것이며 다른 하나는 포필布匹을 거두어서 경성京城의 군대에 공급하는 것이므로 이 두 가지는 폐지할 수 없다. 그러나 대오 편성에 소속된 병졸들은 항상 통솔이 없어서 장교와 병졸이 서로 익지 못하고 서로 쓰이지 못하니 이것이 어찌 군대가 될 수 있겠는가?

이제 만일 여에는 여장을 두어 초관哨官이 되게 하고 리에는 이장을 두어 파총把摠이 되게 하고 방에는 방장을 두어 천총千摠이 되게 하고(이장은 큰 여의 여장으로 겸임하게 하고 방장은 이장들 중에서 현명한 자를 선택하여 겸임케 하면 봉급을 이중으로 받지 않게 된다 - 원주) 읍에는 현령을 두어 관하管下를 절제節制하게 하면 이는 전제田制 가운데서 병제가 스스로 들어 있는 것이다. 사람들이 고립적으로 농사를 하며 제 일을 제각기 하므로 조직이 서지 않고 명령이 시행되지 않지만 이제 각 개인의 1가 10구의 생명이 여장에게 달려 있으므로 사철 분주하여서 그의 절제를 받고 있으니 이것을 토대로 하여 병제를 만들면 그 대오의 진퇴가 규율대로 될 것이다. 어째 그러할까? 이는 교련과 연습이 평일에 있었기 때문이다. 대체로 1여 인민의 총수를 셋으로 나누어서 그 하나는 호정戶丁(민호民戶의 장정壯丁)을 내어 대오에 편입시키고 그 둘은 호포戶布(민호의 포필)를 내어 군수軍需를 도와주되 역정役丁(병역 적령자로서 입영할 대신에 호포를 내고 집에 있는 남자)의 다과로 그 호포를 가감하면 '괄정충군括丁充軍'의 폐해가 또한 갑자기 제거될 것이다(괄정충군이란 것은 군총軍摠이 부족할 때 장정壯丁을 전부 수색해다가 군대에 보충하거나 혹은 군포를 받기 위하여 남정男丁 전부를 군인명부에 기입하는 것).

근세近歲에 정승政丞 이병모李秉模가 평안도 관찰사로서 호적법을 중화부中和府 한 고을에 시행하였더니 그 고을 인민들이 서로 모여서 울부짖기 때문에 실행되지 못하고 말았다. 이를 보더라도 국가의 법령 시행은 반드시 높고 가까운 부류부터 시작하여야 하며 낮고 먼 데서 먼저 시행하면 서로 모여서 울부짖지 않을 자가 없을 것이니 법령이 실행될 수 있겠는가?

그렇기 때문에 여전의 법을 시행한 다음 효제의 의리로서 교양하고 학교의 교육으로서 조직시켜서 인민으로 하여금 어버이를 친애하고 어른을 존경하게 하면 호포는 저절로 실행될 것이다.

본 장에서는 병, 농 합체의 원칙을 실행하려면 여전제에 의거하지 않으면 안 된다다고 논술하였다. 다산은 다른 논설에서는 군포의 폐지를 적극적으로 주장하였고 이 곳에서는 호포를 주장하였으니 이유는 무엇인가? 다산에 따르면 대체 군포의 이름부터가 정당치 못하다. 군적에 따라 수포하는 법은 조선 중종시대 대사헌 양연梁淵의 건의로 실행되었고 그 뒤 여러 곡절을 거쳐서 영조 때 균역법均役法이 실행되었는데도 군포는 의연히 오히려 더욱 인민의 극악한 파산적 부담이 되었다. 군정軍丁은 자기 생명을 국가에 바치는 자들인데 그들에게 또 포布, 미米, 전錢 등을 바치게 하는 것은 언어도단의 일이다. 그러므로 군인은 생명만을 바치게 하고 거민居民 즉 병역에 나가지 않는 자들은 일정한 재물을 바쳐서 군수의 비용을 도와주어야 한다. 이런 경지에서 호포는 군포와 달라서 군인의 자격으로서 부담하는 것이 아니라 거민의 의무로서 부담한다는 것이다. 이것이 다산의 이른바 '거자출재居者出財, 병자출명兵者出命'이란 것이다. (《목민심서》병전 제1조 첨정簽丁)

다산은 병, 농 합일 나아가 병, 농, 교敎의 삼정三政 합일을 제시하여 이 전론을 끝마쳤다.

* * *

이제 필자가 다산의 전론 7장의 대의를 간단히 지적한다면 — 1장에는 인민 균산의 원칙을 주장하였으며 2장에는 균산의 원칙을 실행하는 데 정전, 균전, 한전 등 여러 전제가 현실에 적당치 않은 것을 논술하고 '농자득전, 불농자불득전'을 균산 원칙으로 실행하는 요강으로 내놓았다. 3장에는 이 요강의 구체적인 실현으로 여전제를 주장하였는데 이는 촌락 집단 농법으로서 토지공유의 기초 위에 공동경작, 공동수확과 일역부에 따른 노동 보수를 규정하여 속물론적인 평균주의를 배척하고 그 결과로서 생산능률 증진과 따라서 풍속 도덕의 향상을 예상하였다. 4장에는 여전제의 보편화를 위해 여민閭民의 이동 자유를 허용하고 그들 자신의 이해利害에 대한 자기 판단을 방임할 것을 강조하였다. 5장에는 여전제 실시와 함께 공, 상업의 병진과 유식층의 소멸을 예상하고 노동의 기술적인 것, 비기술적인 것에 대한 질적 구별과 따라서 보수에 관한 계일법計日法의 차이를 제시하였다. 6장에는 여전제에 기초한 세제와 녹제를 말하였으며 7장에는 여전제에 합치한 병제를 말하였다.

이 〈전론〉이 다산의 경제사상에서 가장 중심이며 체계적이며 이상적이라는 사실은 더 말할 필요도 없거니와 이 중에도 특히 창안으로서 사상발전사에 일대 광채를 발휘한 것은 그의 '농자득전, 불농자불득전'이란 표어와 '여전'제에 내포된 여러 규정들이다. 이는 확실히 당시 지주와 기생층과 농촌착취제도를 반대하여 투쟁하는 빈농민의 이익과 염원을 대변하는 위대한 사상이다.

제4부

다산의 실학에 대한 간단한 재론

다산의 생애와 학설에 대하여 필자는 이상에서 사회, 경제, 정치, 철학, 문화 각 방면으로 분석 연구한 바 있었으나 지수紙數가 방대하고 논술이 장황하여 일반 독자들에게 일목요연한 이해를 주기가 곤란하지 않을까 하며 또 적지 않은 동호자同好者들의 요청도 있으므로 본 편의 요령을 가장 중점으로 추려서 간단한 재론을 작성하고 또 다산의 문학 특징에 관한 몇 마디 소개를 첨부하여 독자들의 대중적 논평에 다소 편의를 제공하려 한다. 따라서 이것으로 본 편 전체에 대한 결론을 대신하려 한다.

1. 그의 철학 – 세계관

다산은 한때 유교로부터 기독교로 전향한 적도 있었으며 나중에는 서교西敎와 서학西學 즉 기독교와 서양과학을 혼동시할 수 없음을 깨닫고 교회를 탈퇴하였으나 교회가 자기의 포교적 수단으로 전달해주는 과학과 기술에 대해서는 적극적으로 환영하고 우리가 능동적으로 수입할 것을 주장하였는데 바로 그의 '북학' 안이다.

다산은 사회 발전에서 기술의 중요성을 강조하여 인간이 동물과 구별되는 이유를 종래 관념론과 같이 선험적인 도덕성으로 돌리지 않고 오직 기술의 습득에 돌렸으니 이는 그의 유물론적 경향의 중요한 하나다. 또 그는 말하기를 개인은 "지려智慮의 발전에 한도가 있고 기교의 연구에 점차漸次가 있으므로 비록 성인이라도 대중의 공동 토의를 당할 수 없으며 비록 성인이라도 그 완미完美한 것을 다할 수 없으므로 사람이 많이 모일수록 기술은 더욱 정미精美해지며 시대가 내려올수록 기술은 더욱 기묘해진다……."[17]고 하였으니 이는 개인에 대한 집체集體의 우월성을 말한 것이며 보수주의 대신에 사회의 진화를 긍정한 것이다.

다산의 '실사구시實事求是'적 학문이 비록 변증법적 유물론과는 아무런 관련이 없고 또 있을 수도 없으나 그는 인간의 이성을 선험적인 것으로 보지 않고 인간의 실천 과정에서 성취되는 것으로 보았으므로 공자가 말한 '상지上智', '하우下愚'의 구분에 대해서도 종래 설명과 같이 선천적 성품의 구분으로서가 아니라 후천적 습성의 구분으로 보았다. 그리하여 사람들에게 누구라도 노력하고 실행하면 훌륭한 사람이 될 수 있음을 가르쳤다. 이와 같은 그의 이성론적 철학은 당시로는 진보적 개혁적 사상이었다.

다산은 봉건사회의 양반 귀족적 특권을 옹호하며 그의 신비성을 조장하는 미신과 잡신雜信과 숙명적 관념론을 반대하였다. 예를 들면 구시대 천문학 하도낙서河圖洛書, 음양오행설, 참위설讖緯說, 천간지지설天干地支說, 풍수, 택일, 사주팔자, 관상술 내지 동양의학이 촌관척寸關尺*을 운운하는 맥결脈訣 등 — 과학의 실증에 위반되고 인민대중의 생활에 유해무익한 모든 것 — 을 배척하고 실용주의를 주창하였다. 그의 〈상론相論〉에서 사람이 어렸을 때에는 대개 어여쁘던 것이 "자라면서 직업 차이에 따라 습성이 달라지고 습성 차이에 따라 상相이 변해진다."는 전제 밑에서 사람의 상이 부귀빈천과 길흉화복을 결정하는 것이 아니라 이와는 반대로 그가 처해 있는 부귀빈천과 길흉화복이 그의 상을 결정한다고 하는 유물론적 견해에 근거하여 낙후한 사회의 인

---

* 손목에서 맥을 보는 세 자리

심을 지배하고 있는 관상술의 신비성을 타파하였다.[18]

다산은 유교 개혁론자였다. 그는 유교철학 특히 송유宋儒 성리학의 초경험적 성격을 노老, 불佛 사상과 공리공담으로 인정하고 고대 유교 경전을 자기 실용주의의 척도에서 해설함으로써 원시 유교의 소박한 유물론적 요소와 실용적 성격을 추출 발전시켜서 자기가 새로 구성하고 있는 도덕적 체계 안에 포섭하려 하였다. 예를 들면《맹자》의 '희희호호熙熙嗥嗥'란 문구에 대하여 다산은 종래 주해와 같이 태평 안일한 세상을 형용한 것이 아니라 법령과 제도가 찬란한 사회에 밤도 낮같이 명랑하여 암실에 앉아서도 죄를 범하지 않는다는 의미라고 해석하였으며《논어》의 "영무자寧武子의 그 지혜는 미칠 수 있으나 그 어리석음은 미칠 수 없다."는 문구에 대하여는 그 '어리석음'이라는 종래 해석과 같이 영무자가 난세에 처하기를 어리석은 사람처럼 하여 자기 개인의 신명을 잘 보전한다는 뜻이 아니고 이와 반대로 정직하며 억세게 나감을 호칭한 것이라고 해석하였으며,《서경書經》의 '선기옥형璿璣玉衡'에 대하여 다산은 혼천의渾天儀라는 종래 주석을 반대하고 선기璿璣는 선옥璿玉으로 만든 자〔尺〕며 옥형玉衡은 옥으로 만든 저울이니 정치를 하는 자는 마땅히 도량형을 균일케 하여야 한다는 뜻으로 해석하였다.

이와 같은 신 해설들을 얼른 보면 사소한 문구상 해설에 불과한 것 같으나 실제로는 정치와 도덕 이론에서 중요한 차이를 가져올 수 있는 견해들이다.

다산은 또《논어》의 '위정이덕爲政以德' 장에 대하여 주자朱子의 주해는 무위無爲, 무사주의無事主義며 노, 불의 초인간적 사상이라고 지적하고 유위주의有爲主義와 사공주의事功主義를 강조한 동시에 덕치사상을 사공사상事功思想으로 전환하려 하였다.

그는 어떠한 학문이든지 "백성의 일상적 실용에 도움이 없으면 학學이 아니다."고 단언하였다. 다산의 전집을 보면 유교 경전에 관한 고증과 해설이 대부분을 차지하였으므로 속학자들에게는 그가 정력적인 주소가註疏家로 오해되었으나 그의 본의는 단순한 주소에 있지 않았다. 그는 당시 일반 속학자가 한, 당, 송 유학자들의 비실용적이고 번쇄한 주석에 중독되어 학문을 사회 실생활로부터 유리시키고 있는 것을 통탄하였다. 그는 유배 중 한가한 시간을 이용하여 정밀한 분석으로써 원시 유교의 소박하고 평이한 방면을 발전시켜 일반 인민이 이해하고 응용할 수 있는 교리를 구성하는 데 노력하였다. 그는 "나의 썩지 않을 것이 오직 《예기禮記》와 《주역周易》이라."고 하였으니 이는 그가 유학자들이 가장 신성시하는 《예기》와 《주역》을 번쇄하고 신비한 해설로부터 해방하여 자기의 간명하고도 평범한 실용적인 진리로 바꾸어 놓은 것을 두고 자랑함이다. 같은 시대 대산臺山 김매순金邁淳은 유명한 고전 문학자였으며 또 당파 계통이 다산과는 정반대인 서인 노론이었는데도 다산의 서경 해설인 〈상서평尙書平〉을 보고는 해박한 학설과 투철한 견해에 크게 탄복하여 "유림儒林의 큰 사업이 이에 비교할 것은 없다."고 찬양하였다.

요컨대 다산의 유교 경전 고증은 다른 여러 학자의 해설과 같이 경전만을 위한 고증이 아니라 유교 개혁을 위한 목적으로 이용하였다.

다산은 그때로 보아서는 우수한 과학자였다. 대수, 기하, 물리, 기계학, 광학, 역학, 의학으로부터 천문, 지리, 역사, 법률, 경제, 정치, 군사학, 언어, 문학 등 실로 광범한 영역을 포괄한 학자였으며 일체 신비적 전통과 사변적 유희를 반대하고 사회와 제도의 현실적 개혁을 주장하는 진보적 이론가였다. 그는 사회제도의 변천 발전에 대한 기본적 동력이 무엇이며 합법칙성이 어떠한 것인지에 관해서는 구체적으로 인식하지 못하였으나 사회제도의 고정불변성을 부정하고 변혁을 주장하였다. 그는 자기의 유명한 논문 〈탕론湯論〉에 은탕殷湯과 주무왕周武王이 신하로서 임금을 타도한 것이 군주정체君主政體 시대에 와서는 '반역叛逆'이라고 하나 민주정체시대에는 도리어 인민에게 '충성'한 행동이라고 하여 윤리와 도덕 규정이 정치와 국가제도의 변천에 따라 변화되고 고정불변하지 않음을 명쾌히 지적하였다.

다산이 자기 유교 개혁 이론에서 당시 유학자들이 등한시하던 민생문제와 국방문제 즉 '부국강병'에 관한 문제를 학문의 가장 중요한 항목으로 삼은 것은 선배 반계의 사상을 계승한 것이었으며 학문을 편협하고 고루한 세계관에 국한시키지 않고 동서와 고금에 널리 참작하여 새로운 체계를 구성하려는 것은 성호의 방법을 채용한 것이었으며 당시 유학계의 낡은 그러나 거대한 우상인 주자의 경전 집주를 비판하고 창의적 견해를 제창한 것은 백호白湖 윤휴(숙종 때 남인계)의 선각적 태도를 배운 것이다. 공, 맹의 원시적 유교를 자기의 개혁 사상에 복종시키자면 무엇보다도 주자라는 유교의 중세기적 우상을 먼저 타파하지 않고서는 불가능하기 때문에 다산은 주자의 경전 해설을 비판하는 데부터 자기 학설을 출발시켰다.

그는 《대학》의 '명덕明德'이 주자의 주해와 같이 허령불매虛靈不昧한 선천적인 본체가 아니라 인간의 실천적 행사 — 예를 들면 효孝, 제悌, 자慈 등의 실행 — 에서 얻어진 명칭이라는 백호의 견해를 자기 선배 녹암 권철신과 복암 이기양과 함께 찬동하였다.[19] 백호가 일찍이 주자의 《중용집주》를 개작한 데 대해 관학파의 거두이며 서인 노론의 두

목인 우암 송시열이 '사문난적斯文亂賊'이라고 공격하니 백호는 웃으면서 말하기를 "천하 허다한 이교理敎를 어찌 주자만이 알고 나는 모르겠는가? 주자는 그만 덮어 두고 오직 진리만을 논구해야 한다. 주자가 다시 살아온다면 나의 학설이 인정받지 못할 것이나 만일 공자, 맹자가 다시 살아온다면 나의 학설이 비로소 승리할 것이다."고 자신만만하게 언명하였다.[20] 이는 실로 유학계의 혁명적 발언이었다. 다산은 백호의 학문적 전통을 받아 그의 대담한 창발성에 깊이 동정하고 당시 유학자들의 진부한 노예 정신을 반대하였다. 그러나 명나라 학자 모기령毛奇齡과 같이 주자를 이론적으로가 아니라 욕설로 부정하는 것을 일삼는 태도를 도리어 유해무익한 일이라고 비난하였다.

다산은 자기 철학에서 '기원론氣元論'의 유물론적 요소를 계승하여 이理를 신이나 혹은 인간의 초물질적 영혼으로 보지 않고 기氣 즉 유형 세계 자체의 운동 변화 원리 또는 필연성으로 인식하였다. 그리고 그는 퇴계와 율곡의 사단칠정설四端七情說에 대하여는 퇴계의 '이발理發'론을 시인하지 않고 율곡의 '기발氣發'론에 오히려 동의하였으며[21] 호湖, 락洛의 인물성동이人物性同異 논쟁에 대하여는 호론湖論 인물성상이론을 지지하고 낙론의 상동론을 반대하였다.[22]

그는 본성론에서 성性을 초물질적, 초육체적인 것으로 보지 않고 물질과 육체의 자연적인 경향 즉 '기호嗜好'로 보았으며 성본선性本善, 성본악性本惡 등 주관적 견해를 부정하고 성은 본래 무선무악한 것으로 사람의 행동과 관습에 따라 비로소 선과 악의 사회적 평가를 내릴 수 있다고 하였다. 그래서 그의 인성론은 송유와 그의 계승자들의 견해와 같이 인, 의, 예, 지를 인간 본성의 선천적 범주로 보지 않고 후천적인 실천 과정에서 얻어지는 개념과 명칭으로 규정하였으며 따라서 소위

'사단四端' ― 측은惻隱, 수오羞惡, 사양辭讓, 시비지심是非之心 ― 을 인, 의, 예, 지 본성의 '단서端緖'로 보지 않고 '단시端始' 즉 시작의 의미로 해석하였다. 다산의 이러한 관점은 종래 성리학자들의 초경험적 관념론 세계관으로부터 탈출하여 유물론적 견해에도 일보 접근할 수 있는 경향을 표시한 것이다. 더욱이 그의 탁월한 견해는 주역의 소위 원元, 형亨, 이利, 정貞을 종래 학자들과 같이 천도天道로 보지 않고 역시 인사人事로 보아 윤리학적 우주관을 배척한 것이다.[23]

그러나 그는 이론의 출발에서는 유형과 무형의 어느 세계에도 신神의 자리를 허용하지 않았으나 철학적 수준이 '관념론적, 종교적, 윤리적, 잡질雜質을 제거해' 버린 무신론적 체계를 완성하기에는 아직 어렸으며 이 점에서 다산은 화담徐花潭의 탁월한 그러나 소박한 무신론적 견해와 변증법적 요소를 충분히 계승 발전하지 못하였다.

그의 주장에 따르면 "신神은 기질氣質을 가지지 않았으므로 기氣라고도 할 수 없으며 신은 인간을 밝게 감시하고 있으므로 무형한 이理라고도 할 수 없다. 만일 밝은 신이 존재하지 않는다면 권력 있는 제왕이나 홀로 거처하는 학자들이 무엇을 두려워하며 경계하여 자기 행동을 삼가겠는가? 밝고 존엄한 상제上帝는 반드시 존재해야 할 것이다. 그러나 그의 존재는 이도 아니고 기도 아니며 알 수 없다."[24] 다시 말하면 그의 의견은 신=상제는 알 수 없는 것이라기보다 차라리 알 필요가 없다는 것이다.

다산은 이와 같이 자기의 실용주의적 철학의 사변적 판법辨法에 따라 신앙의 대상인 신 즉 상제를 주관적으로 설정하였다. 이는 철학사에서 칸트가 그의 인식론에서 인정치 아니하려던 신의 존재를 '실천이성'의 요청으로 인정하게 되었다는 것과 동일한 견지라고 말할 수 있으며 동시에 겸애=박애론자인 묵자墨子가 "겸애를 요구하는 하늘의 의사는 귀신을 통하여 인간에게 전달된다."[25]는 전제 밑에서 '겸애'를 안 하는 상층계급의 독점물인 신을 반대하고 자기류의 '겸애' 주의적 신을 설정하여 인민의 평등 권리를 보호하려고 한 수법과 유사하다고도 할 수 있다.

요컨대 다산은 종교철학에서 유교의 '경천敬天' 사상과 기독교의 신앙주의를 절충하는 한편 불교의 소위 '수연설법隨緣說法'*의 방편주의를 채용한 것이다.

그의 불철저한 유물론적 요구에서 필연적으로 산출된 이 반신관적半神觀的 이념은 동요하는 소생산자 농민사상과 몰락해 가는 도중에서 자각하고 있는 일부 양반 인텔리층의 이성을 대변한 것이었으며 동시에 완고하고 반성이 없는 보수적인 지주, 귀족계급의 이념과는 구별되지 않을 수 없는 것이다.

엥겔스는 포이어바흐의 철학이 "유물론적 기초에 입각하였는데도 낡은 관념론적 질곡으로부터 아직도 해방되지 못하였다."는 점을 지적하였다.[26] 더구나 이 귀중한 유물론적 기초가 하나의 미숙한 체계로서 동양적 관념론의 현란한 운애運靉** 속에 잠겨 있던 그 시대에 다산의 철학이 유리론唯理論=이원론理原論의 낡은 질곡으로부터 아직도 완전히 해방되지 못한 것은 물론이었다. 그러나 그가 중세기적 모든 미신과 숙명론적 견지를 반대하는 실학자적 대담성에 따라 귀중한 기초로 한 걸음 접근하여 간 사실은 조선 철학사상 중요한 발전 현상으로

---

* 인연에 따라 법을 설함　** 구름이나 안개가 끼어 흐릿한 기운

평가하지 않을 수 없다.

2. 그의 경제 정치사상과 민주주의

레닌은 일찍이 19세기 러시아의 대사상가 가운데 한 사람인 체르니세프스키Chernyshevskil, Nikolal Gavrilovich, 1828~1889*에 관하여 다음과 같이 논평하였다.

> 체르니세프스키는 공상적 사회주의자였다. 그는 낡은 반半봉건적 농민 공동체를 통하여 사회주의로 넘어간다고 공상하였다. 그는 자본주의와 프롤레타리아트의 발전만이 사회주의를 실현할 수 있는 물질적 여러 조건과 사회적 세력을 창건할 수 있다는 것을 몰랐다. 19세기 60년대에는 알 수도 없었다. 그러나 체르니세프스키는 다만 공상적 사회주의자는 아니었다. 그는 또한 혁명적 민주주의자였다. 그는 농민혁명의 이념 즉 모든 낡은 정권을 타도하기 위한 대중투쟁의 이념을 내세우면서 — 다만 검열의 방해와 관문을 경유하여 그 시대의 모든 정치적 사건에 대하여 혁명적 정신으로 영향을 줄 수 있었다.[27]

이 체르니세프스키에 대한 레닌의 평가는 우리 조선 근세의 대사상가인 다산에게도 어느 정도 적용될 수 있다. 그러나 19세기 60년대 러시아의 체르니세프스키도 자본주의와 프롤레타리아트의 발전이 사

---

* 러시아의 혁명적 민주주의자, 공상적 사회주의자, 소설 《무엇을 할 것인가》를 썼다

회주의 실현에 어떠한 관계를 가지고 있는지 알지 못했거든 하물며 그보다 수십 년이나 앞서 산 조선의 다산이 이를 알 수 없었음은 자명한 일이다. 그러므로 다산의 이상은 체르니세프스키가 바야흐로 성장하는 러시아 자본주의를 너무 조속히 부정하는 공상적 사회주의로 출현한 그것과 같은 형태로 출현할 수 없는 반면에 그는 자기가 직접 당면하고 있던 조선의 노쇠한 봉건사회를 부정하는 '농민혁명의 이념'으로 발전하였다. 또한 다산은 체르니세프스키와 같이 '옵시나'의 낡은 반봉건적 농민공동체에 의거하여 사회주의로 넘어가려 하지 않고 그가 천재적으로 창안한 여전제閭田制 즉 농업 집단화 조직을 통하여 계급적 착취가 없는 이상사회로 넘어가려 한 것이다.

다산은 당시 봉건지주 정권을 반대하고 극악한 조세제도와 살인적 노역과 고리대금의 중압 밑에서 신음하는 농민대중의 노예적 생활을 구제하기 위하여 양전법量田法 개선, 지세와 종자의 지주 부담, 환곡제 철폐, 군포법 철폐와 상평법常平法 실행 등으로부터 사전매수와 공유, 공전균세제와 여전제에 이르기까지 각종 경제적 고안들을 논술하였다.

그의 《경세유표》에 따르면 고대 정전제, 균전제와 한전제 같은 것을 실행하기가 불가능한 현재에는 공전균세제가 합리적인 세제라고 주장하였다. 공전균세를 실시하기 위해서는 국가가 국내 사유 경지를 몰수할 대신에 전국 경지 면적의 10분의 1만을 국고금으로 매수하여 공전 즉 국유전으로 만들어서 국세의 유일한 원천으로 삼자는 것인데 예를 들면 9결을 경작하는 농가들로 하여금 부근 1결의 공전을 합력 경작하여 그 수확물을 전부 국세로 바치고 그 밖의 납세를 일체 면제케 하자는 것이다. 이것이 소위 공전균세제로서 이는 정전제와 십일세를 절충한 것이다.

그러나 이 공전균세제는 단순히 세제 형식으로 보아 평균 정책이라 할 수 있으나 토지사유제와 지주가 제거되지 않는 한 재산 불균등과 노역 불균등은 농민의 비참한 상태를 의연히 지속 혹은 격화시킬 것이었다. 그러므로 다산은 최후로 토지국유제의 기초 위에서 여전제 즉 촌락 집단농제를 창안하였다. 여전제는 토지공유의 기초 위에 또는 농민만이 토지를 가질 수 있고 농민 아닌 자는 토지를 가질 수 없다〔農者得田 不農者不得田〕는 원칙 밑에 촌락을 단위로 한 공동경작과 성원의 실지 노력 분량에 따라 수확물을 분배할 것을 내용으로 하였으므로 이러한 고안은 비록 공상적이기는 하나 과학적인 현실성도 내포하고 있다.

다산은 빈곤과 불평등에서 일어나는 농민대중과 일반 피착취 인민의 반정부 반관료 운동을 필연적인 것으로 인정하였다. 그는 장기 유배 중에서 지주와 관료의 착취가 제일 격심한 호남 지방의 농민들과 직접 접촉하여 그들의 비참한 생활을 통찰하고 그들이 나갈 길을 연구하여 멀지 않은 장래에 폭풍우처럼 발발할 농민전쟁을 예언하였다. 그에게 이 예언은 기적이 아니고 정당한 결론이었다.[28]

다산은 농업을 천시하며 농민을 학대하는 제도와 폐습을 개혁하고 유식자遊食者와 태업자怠業者를 퇴치할 것을 강조하는 동시에 제 손으로 밭갈이하는 자만이 토지를 분배받고 밭갈이 안 하는 자는 토지를 분배받을 수 없다는 원칙을 내세웠다. 다산은 종래 토지 분배를 실시한 정치가가 없지 않았으나 농자와 불농자를 구분치 않고 일률적으로 분배하여 준 데서 소위 균전제와 한전제가 모두 아무런 성과를 거두지 못하고 실패로 돌아가고 말았다고 지적하였다. 그는 또 말하기를 농農은 《주례周禮》의 구직九職 중 하나이므로 국내 인민에게 모두 토지를 주어 농민으로 만들 수 없고 오직 밭갈이하는 자만이 토지를 갈아먹어야 할 것이며 밭갈이 안 하는 자는 농업 이외의 상업, 공업 등 어디든지 적당한 직업으로 생활하도록 하는 것이 국가의 정당한 정책이라고 지적하였다.

"밭은 밭갈이하는 자가 가져야 한다."는 원칙은 우리나라에서는 성호가 이미 약간 제시하였으며 중국에서는 명나라 말년, 청나라 초기(17세기)의 유명한 학자 왕부지王夫之가 자기 저작 《악몽噩夢》에서 표시하였는데 중국 학자들은 이를 미증유의 대발명으로 칭찬하였다.[29] 자기 손으로 직후 밭갈이하는 농민만이 토지를 가질 수 있다는 다산의 이론은 오로지 자기 창견에서 나왔는지 성호 혹은 왕부지의 저작 같은데서 다소 참고하였는지는 알 수 없으나 어쨌든 그는 이 원칙을 천재적으로 발전시켜서 자기의 위대한 고안인 여전제에 연결시켰다. 그는 밭갈이 하는 자만이 토지를 가질 수 있다는 원칙을 확보하며 또 발전시키기 위하여 촌락을 단위로 한 공동경작제와 노력 보수제를 실시할 것을 주장하였다. 그는 이것에 의해서만 일을 태만히 하는 것과 놀고먹는 것을 퇴치하고 근로정신과 생산능률을 장려할 수 있으며 따라서 모든 사람이 일할 것과 농사를 존중히 할 것을 실현할 수 있다고 주장하였다.

다산은 중농주의를 제창한 반면에 상공업 부흥을 또한 주장하였으며 삼림 양성과 광산 발굴과 어렵漁獵과 자원 개발과 은화 발행을 주도하게 장려하여 국가를 부강하게 하고 군대를 강화하기 위한 목적을 달성할 것을 주장하였다.[30] 그는 이를 실현하기 위한 첫째 조건으로서 인재 양성과 기술 획득을 주장하였으니 그가 연암, 초정 등과 서로 호응하며 '북학'을 제창한 사실이 이를 의미한다.

다산은 빈부의 차별로부터 사농공상의 차별, 문벌의 차별, 적서의 차별, 지반의 차별 내지 문무의 차별, 관직 청탁淸濁의 차별까지 모든 차별 제도와 학풍을 일체 타파할 것을 주장하였다. 그는 또한 군주세습제의 부당성과 민주선거제의 합리성을 주장하였다. 그는 자기의 유명한 논문 〈원목原牧〉에서 목牧 즉 통치자가 본래 인민을 위하여 존재한 것이요 인민이 통치자를 위하여 존재하는 것은 아니었는데 후세에 통치자가 자기 권리를 남용하여 인민을 사유물로 취급하므로 인민이 통치자를 위하여 존재하는 물건으로서 온갖 고혈을 짜내어 바치게 되었으니 이와 같이 순서가 전도된 악제도를 반드시 통치자가 인민을 위하여 존재하는 인민 본위 제도로 환원하지 않으면 안 된다고 주장하였다. 이 이론은 황종희黃宗羲의 《명이대방록明夷待訪錄》 중 〈원군原君〉편에 이른 "옛날에는 천하가 주인이 되고 군주가 객이 되었으므로 무릇 군주가 종신토록 경영하는 바가 천하를 위하였는데 지금은 군주를 주인으로 삼고 천하를 객으로 삼았으므로 무릇 천하가 안녕할 땅이 없는 것은 군주를 위함이다. …… 그러면 천하의 큰 손해가 되는 것은 군주뿐이니 본래 군주가 있었다면 사람마다 자사자리自私自利할 수 있을 것이라."는 것과 취지가 거의 서로 유사하나 황종희의 이론이 무정부적 개인주의에 접근하고 있는 반면에 다산의 이론은 정치적 조직을 전제로 한 민주주의라고 할 것이다. 그의 논문 〈원목〉의 이론에 따르면 "…… 태고시대에는 인민뿐이었으니 어찌 목牧이 있었겠는가? 인민은 무지하여 집단적으로 살고 있었는데 어떠한 사람이 이웃 사람과 분쟁하여 결정을 짓지 못하였다. 한 장로가 있어서 공정한 말을 잘하므로 그들은 그에게 가서 재판을 받으며 온 마을 사람들이 모두 그에게 복종하고 그를 추존하여 이정里正(=里長)이라고 명칭하였다. 그리고 수개 마을의 인민이 서로 분쟁하여 결정을 짓지 못하였다. 어떤 한 장로가 현명하고 지식이 많으므로 그들은 그에게 가서 재판을 받고 수개 마을의 인민이 모두 그에게 복종하며 그를 추존하여 당정黨正(=面長)이라고 명칭하였다. 그리고 수개 당의 인민이 당과 당과의 분쟁으로 서로 결정을 짓지 못하였다. 어떤 한 장로가 현명하고 덕이 있으므로 그들은 그에게 가서 재판을 받고 수개 당의 인민이 모두 복종하여 그를 주장州長이라고 명칭하였다. 이상과 꼭 같은 사정과 절차에 따라 수개 주의 장들이 한 사람을 추존하여 장을 삼고 국군國君이라고 명칭하였으며 수개 국의 군이 한 사람을 추존하여 장을 삼고 방백方伯이라고 명칭하였으며 사방의 방백이 한 사람을 추존하여 장을 삼고 황왕皇王이라고 명칭하였으니 황왕은 이정에서 기원하였다. 그러므로 목은 인민을 위해서 있는 것이다."

다산은 이와 같이 목 즉 통치자의 발생 과정을 인민 생활의 필요와 인민 자체의 선택과 약속으로 설명하여 왕권신수설을 반대하고 민주제도를 원칙적으로 시인하였다.

> 이정은 인민의 희망을 좇아 법을 제정하여 당정에게 올리고 당정은 인민의 희망을 좇아 법을 제정하여 주장에게 올리고 주장은 국군에게 올리고 국군은 황왕에게 올렸으니 그러므로 그 법이 모두 인민에게 편리하였다.

이는 국가의 입법이 인민의 자유의사와 그들의 편리에 기초하였으며 법의 제정 순서도 목의 선정 순서와 같이 아래서부터 위로 되었으므로 태고 사회의 민권 제도는 아무런 계급적 차별을 발생시키지 않았다고 논단한 것이다. 그리고 그는 다음과 같이 말하였다.

후세에 와서 한 사람이 자기 스스로 황제가 되어 자기의 자제와 시어侍御, 종복從僕 들을 봉하여 제후로 삼으며 제후는 자기 사인을 가려서 주장으로 삼으며 주장은 자기 사인을 천거하여 당정과 이정으로 삼았다. 그리고 황제는 자기 욕망대로 법을 제정하여 제후에게 주고, 제후는 자기 욕망대로 법을 제정하여 주장에게 주고 주장은 당정에게, 당정은 이정에게 주었다. 그러므로 그 법은 모두 군주의 지위를 높이고 인민의 지위를 낮추며 아랫사람에게는 각박하고 윗사람에게는 아부하여 인민이 전연 목을 위하여 사는 것처럼 되었다…….

이는 민의와 민권을 떠나서 개인 권력에 기초한 후세 통치자 계급의 구성 과정이 필연적으로 전자와는 전연 반대의 순서로 되는 동시에 권력의 이기적 규정인 법도 또한 관주민노官主民奴, 상후하박上厚下薄 제도로 되지 않을 수 없다는 것을 폭로한 셈이다.

이 〈원목〉 한 편은 다산의 정치철학에서 최대 원론 가운데 하나다. 그는 태고 사회의 민주제도가 존재한 것과 그것이 후세의 광폭무도한 군주제도로 교체된 역사적 대변혁에 대하여 사회적, 물질적 기초와 동력의 필연성을 조금도 전제하지 않고 우연히 돌발적으로 나타난 일개인인 황제의 권력을 군주정치사 죄악의 근원으로 인정하였으니 이를 보면 그의 정치철학이 18세기 프랑스 계몽학자들의 이성사관과 얼마나 공통되어 있는지를 잘 알 수 있다.

〈원목〉의 자매편이라고 할 수 있는 그의 〈탕론湯論〉은 주로 중국의 '역성혁명易姓革命' 사실을 빌려서 민권사상을 입증한 것이다. 이 논문에 따르면 신하로서 군주를 타도한 것은 은탕殷湯이 창시한 것이 아니고 그보다 먼저 황제皇帝가 염제炎帝를 타도하였다는 것을 말하여 그는 임금과 신하의 명분이 고정불변한 것이 아니란 점을 먼저 논파하고 다음과 같이 말하였다.

> 천자는 무엇 때문에 있는가? 하늘이 천자를 비처럼 내려 쏟아서 되었는가? 그렇지 않으면 땅에서 솟아나서 천자가 되었는가? 5가五家가 한 인隣이 되므로 5가의 추대를 받은 자는 인장隣長이 될 것이며, 5인이 한 리里가 되므로 5인의 추대를 받은 자는 이장이 될 것이며 5비五鄙의 추대를 받은 자는 현장이 될 것이며 여러 현장의 공동 추대를 받은 자는 제후가 될 것이며 제후의 공동 추대를 받은 자는 천자가 될 것이므로 천자란 군중의 추대에 따라 된 것이다. 군중의 추대에 따라 천자가 될진대 또한 군중이 추대하지 않으면 천자가 될 수 없다. 그러므로 5가가 찬동하지 않으면 5가가 회의하여 인장을 개선改選하며 5인이 찬동하지 않으면 25가가 회의하여 이장을 개선하며 구후팔백九侯八伯이 찬동하지 않으면 구후팔백이 회의하여 천자를 개선하므로 구후팔백이 천자를 개선하는 것은 5가가 인장을 개선하고 25가가 이장을 개선하는 것과 마찬가지인즉 누가 이를 신하로서 군왕을 정벌하는 것이라고 할 것인가?……

이는 〈원목〉에서 말한 "황왕이 이정에 기원하였다."는 원칙을 다른 말로 강조하여 제왕은 하늘에서 내려오거나 땅에서 솟아나는 신성한 존재가 아니고 인민의 뜻에 따라 선인 또는 파면되는 보편 존재라는 사실을 밝히어 민권주의를 옹호하고 군주제도와 세습제도의 부당성을 주장한 것이다. 이와 같은 정치이론은 장 자크 루소의 사회계약설과 유사한 민권론적 사상이다. 그는 군주세습제를 반대하였을 뿐만 아니라 향리 말직의 세습제까지도 전부 부정하였다.

그러나 이는 다산의 정치사상에서 가장 이상적이며 비합법적인 고안을 표시한 것이거니와 그 반면에 당시 일정한 정세와 가능성에 즉응하여 또한 합법적인 고안들을 가진 셈이다. 그리하여 그가 일찍이 자기를 신임하던 국왕 정조에게 정치적 기대를 걸고 있던 것도 틀림없는 사실이었다.

당시 정론政論과 문학을 좋아하던 정조(재위 1776~1800)는 조선의 현명한 군주로서 문인과 학자를 우대하고 학술과 사상의 자유를 허용하였으며 청조의 문화를 수입하는 한편 건륭乾隆의 성대한 문헌 편찬 사업과 은연히 경쟁하기에 노력하였으며 더욱이 서양의 과학과 기술을 절대 환영하였다. 그는 종래 일종의 철칙으로 되어 있는 지방지정地方地靜과 오행五行 등 설에 반대되는 지원지전地圓地轉과 사행四行 등 설을 시인하였으며 점성술과 참위설을 반대하는 신학설에 대해서도 아무런 이의도 없이 승인하였으며 이마두, 탕약망, 필방제 등 서양인 선교사들의 천주교에 관한 저서들을 일찍이 열독하였을 뿐만 아니라 국내 인사들의 신교적인 언론 행동에 대하여 대개 불문에 붙였다. 그리고 보수당이 신진인사들을 사학邪學 혹은 사교邪敎의 도당으로 몰아서 고소하였을 때마다 정조는 항상 관용하며 사건 불확대의 방침을 취하였다.

정조는 연암의 《열하일기》를 숙람熟覽(정조 자신의 말)하고 마음으로 대단히 신기하게 여겨서 그 일기가 양반 통치계급의 추태와 유학자들의 위선을 무자비하게 폭로 풍자한 것으로 충만한 내용에 대하여는 아무런 지적과 책벌을 가하지 않고 다만 문체가 패관소설적이라는 점을 지적하여 다시 순정醇正한 글 한 편을 지어 바쳐서 속죄하라고 하여 보수자들의 분분한 물의를 진정시켰으니 이 한 가지 실례만 보더라도 정조의 사상적 태도가 어떠하였는지를 짐작할 수 있다.[31]

정조는 화성華城(수원성) 건축 공사에 다산의 기중기를 사용하여 경비 4만 냥을 절약하고 다산의 기술적 창발성을 크게 격찬하였으며[32] 또 농업정책에 관한 대책안으로서 올린 연암의 《과농소초課農小抄》와 〈한민명전의限民名田議〉와 초정의 《북학의北學議》와 다산의 《농정소農政疏》 등을 크게 평가하고 곧 실시에 옮기려 하였으니 (얼마 안 되어 정조가 서거하여 실현치 못하였다) 이런 사실은 정조가 '이용후생利用厚生' 정책에 얼마나 관심을 가졌는지와 당시 실학자들의 주장을 얼마나 접수하였는지의 사실을 입증하여 준다.

더욱이 정조는 자기 부자가 '시파時派'들의 보호를 받은 관계로 '시파' 남인의 수령인 채제공蔡濟恭 등 신사상 분자들을 등용하여 정치 개신에 유의하였으며 또 일찍이 자기 부자를 모해하던 '벽파僻派' 노론(서인)당파 —보수적 당파— 의 전횡을 타도하기 위한 계획에 다산 일파를 비밀히 참가시켰으므로 그들은 이와 같은 정치적 기회를 이용하여 실학의 포부를 한번 실현하려 하였다. 만일 정조의 영단성과 집행력이 강하고 그의 수명이 길었더라면 또 그들의 정치적 계획이 실패로 돌아가지 않고 참혹한 1801년의 대탄압 사건이 일어나지 않았더라면 물론 위로부터의 개신운동이 어느 정도 실현되었을지 모른다. 즉 학술의 자유 발전, 과학기술의 수입, 농업경제의 개선, 상공업의 부흥, 교통의 발달, 국방력의 강화, 관제와 학제의 개정, 유학자들의 공담주의와 부문허례浮文虛禮에 대한 억제, 실사구시 학풍의 장려 등 — 다산이 자기 저서 《경세유표》에서 합법적으로 실시할 수 있다고 가정한 여러 개혁안이 국왕의 강력한 집행권에 의하여 진행되었더라면, 당시 이미 개통의 단서가 시작되고 있던 서양 선진 문화와 기술을 보다 빨리 일정한 자주적 입장에서 수입하여 민족문화와 자본주의 발전에 중요한 박차를 줄 수 있었을 것이다.

그러나 그들은 실패하였다. 영조의 후취後娶 정순왕후貞純王后 김씨(정조 부자를 미워한 자)와 결탁한 소위 '환煥, 관觀, 유裕, 달達' 즉 심환지沈煥之, 김관주金觀柱, 권유權裕, 김달순金達淳 등 벽파 간신들의 정권 농단과 홍낙안洪樂安, 이기경李基慶 등 남인 분파분자들의 모함으로 말미암아 정조가 죽은 그 이듬해에 실학파 — 시파 남인 — 를 중심한 신진 인물들이 일망타진의 비극에 봉착하였다. 이 비극은 실학 일파의 불행뿐 아니라 실로 근세 조선의 역사 발전에서의 불행이었다.

다산의 경제, 정치에 관한 이론으로서는 《목민심서》, 《흠흠신서》와 《경세유표》 등을 들 수 있는데 일반 속학자들은 이 '이서일표二書一表'를 그의 최고 이론으로 인정하고 이것으로 그의 사상 전체를 평가하고 있다. 그러나 이는 그릇된 고찰이다.

《목민심서》는 당시 무지하고 고루하고, 방종하고 무책임한 지방 관리들을 계몽하기 위하여 다산이 저술한 글인 만큼 당시의 현실 조건들과 현행하는 법제 밑에서 수령들이 최선을 다하면 실행할 수 있는 정책들을 각 부문에 나누어 정밀하고 분명하게 논술하였을 뿐이다. 비록 지방 정책일지라도 역사적 연혁과 실천성에 대하여 그가 긍정적 혹은 부정적 양 방면으로 논의를 전개한 이상, 물론 그의 사상적 지향을 엿볼 수는 있다. 그러나 그의 논지에서 지방적이며 합법적인 한계를 고려하지 않을 수 없음은 물론이다.

그리고 《흠흠신서》는 당시의 무지하고 난폭하고 경솔한 사법 관리들을 교양하기 위하여 그들의 주의사항을 지시하고 우수한 판결례를 수집하여 법률 적용 방법을 논술하여 무고한 인민에게 악형 난벌을 가하지 않도록 할 것을 주요한 목적으로 한 것이므로 국가 법률의 근본적 원칙과 사회적 성격을 논구한 저술은 아니다. 그러나 그의 논지 가운데는 인민을 사랑하고 형벌을 신중히 적용하는 것이 법의 정신임을 강조하는 동시에 덕치주의로부터 법치주의로 전향하는 사상적 계기를 암시하였다.

《목민심서》와 《흠흠신서》는 다산의 우수한 과학적 판단력을 표시한 저서인 동시에 당시 탐관오리의 방종성과 행정 사법의 문란한 이면과 인민 생활의 비참한 상태를 무자비하게 구체적으로 폭로한 문학적 가치를 가지고 있는 저서다. 이 두 저서가 비록 다산의 혁명적 강령에 따라 편집되어 있지는 않다 하더라도 완성된 즉시부터 사색당파의 장벽을 돌파하고 국내에 널리 등사 전포 구독된 사실로 보아 거대한 영향을 주었으리라는 점은 의심할 바 없다. 다산은 이 저서들에 관하여 "한 백성이라도 그 혜택을 입는다면 나의 소원이다."고 말하였다.[33]

《경세유표》는 별명을 《방례초본邦禮草本》이라고도 하는데 중앙정부의 기구와 기능과 정치, 경제, 군사의 제반 시설과 제도에 대하여 구체적으로 논술하였으므로 이 저서를 그의 신국가 건설 계획안으로도 볼 수 있다. 그러나 이는 다산이 어느 유리한 정치적 기회에 왕권의 발동을 빌어서 실시할 수 있다는 사실을 가정한 개혁안이었으므로 역시 합법적인 개혁안이었다. '신臣 정용근정丁鏞謹묘'이란 문구를 《경세유표》 첫머리에 기록한 점을 보면 물론 하나의 '합법적'인 형식을 취하여 자기의 비합법적 내용을 엄호하려는 방법이기는 하지만 그의 본래 의도는 한 건의자로 제출하려는 것이었으므로 '검열의 방해와 관문을 통과' 할 수 있는 합법적 저서였으며 또 저서의 내용을 보더라도 '공전균세公田均稅'와 '북학'을 최대 신안으로 취급하여 당시의 정체政體와 불상용적不相容的 일 그리고 크게 위험시될 만한 논술은 별로 없다고 할 수 있다.

그러면 그의 비합법적이며 최고 이상적인 안은 무엇인가? 현행 《여유당전집》 중에서는 그의 명작 〈원목原牧〉과 〈탕론湯論〉에 논술된 민권 민주사상과 여전제에 나타난 집단 농업의 이상들이다.

다산은 위대한 이상주의자였으며 동시에 소박하고 열렬한 민주주의자였다. 그의 방대한 저술은 민주주의적 경향과 비판 정신으로 일관되어 있다. 강진 지방의 야사에 따르면 그의 저서로서 현행본 《경세유표》 이외에 별본이 있던 것 같다. 《강진읍지康津邑誌》〈명승초의전名僧草衣傳〉〔草本謄寫〕에는 다음과 같이 기록되어 있다.

> …… 초의草衣는 다산의 시우詩友일 뿐 아니라 도교道交다. 다산이 유배로부터 고향으로 돌아가기 직전에 《경세유표》를 밀실에서 제작하여 그의 문생 이청李晴과 친승親僧 초의에게 주어서 비밀히 보관, 전포할 것을 부탁하였는데 그 전문은 중간에 유실되었고 일부는 그 후 대원군에게 박해를 당한 남상교南尙敎, 남종삼南鍾三 부자와 홍봉주洪鳳周 일파에게 전해졌으며 일부는 그 후 강진의 윤세환尹世煥, 윤세현尹世顯, 김병태金炳泰, 강운백姜雲伯 등과 해남의 주정호朱挺浩, 김도일金道一 등을 통하여 갑오년에 기병起兵한 전녹두全綠豆, 김개남金介男 일파의 수중에 들어가서 그들이 이용하였는데 전쟁 끝에 관군은 다산 비결이 녹두 일파의 '비적匪賊'을 선동하였다고 하여 다산의 유배지 부근의 민가와 고성사高聲寺, 백련사白蓮寺, 대둔사大芚寺 등 사찰을 검색한 일까지 있었다…….

이청이 다산 유형 중에 사랑한 제자였던 것은 물론이요 시승詩僧으로 유명한 초의草衣(이름은 의순意洵)가 다산 유배 중에 친밀히 왕래한 사실은 《여유당전집》에서도 볼 수 있는 사실이며 남상교(호 우촌雨村)는 농학에 연구가 깊었고 홍봉주와 함께 다산학파이며 개화론의 선창자들이었다. 그들이 비밀히 받은 《경세유표》라는 것은 이제 그 흔적조차 찾아볼 수 없고 다만 현행 《여유당전집》 중 여전제를 논술한 〈전론〉, 민주 선거제를 주장한 〈원목〉, 〈탕론〉 같은 것들이 별본 《경세유표》 중 부분이 아닌가 한다.

이 야사와 같이 별본 《경세유표》의 존재가 사실이라면 남종삼, 홍봉주 일파가 전수하였다는 내용이 무엇인지는 알 수 없으나 1877년 서교도 학살사건이 발발하기 직전에 홍봉주가 대원군에게 개화를 권유한 요지는 서양 열국과 통상 결교結交하고 기예를 배우자는 것이었으니 이를 보아서는 홍봉주의 논지가 다산의 현행 《경세유표》에서도 이미 논술한 이용감, 북학법 등 정치적 고안을 연역한 데 불과하다 할 것이며 전녹두 일파가 이용하였다는 '비결' 운운은 필시 다산이 일생을 두고 주장하던 농민 구제와 계급 타파에 관한 이론 또는 표어였을 것이다. 갑오년 즉 1894년 5월에 농민군이 실시한 군정軍政과 집강소執綱所와 그들이 제시한 강령인 신교 자유, 탐관오리·양반 부호의 엄징, 노비제도의 철폐, 문벌 타파, 토지 평균 분배 등 12개조와 기타 척양斥洋, 척왜斥倭, 보국保國, 안민安民 등 구호 — 이와 같은 정책과 강령은 물론 당시 인민의 요구를 직접 표현한 것이지만 이론적 부분은 다산의 저서로부터 받았는지도 알 수 없는 일이다.[34]

여하간 다산의 경제 정치사상을 연구하고 평가하면서 그의 사상적 범위를 합법적 저작에만 국한하여서는 안 될 것이다.

3. 그의 애국사상과 민족문화 운동의 선구적 형태

다산은 〈자찬自撰묘지명〉에서 자기 일생의 이상과 노력을 '신아구방新我舊邦' 즉 우리나라를 새롭게 한다는 문구로서 총결지었다. 그의 선진 사상을 학문적 정치적 생활과 연결하여 보면 순결하고 열렬한 애국주의적 사상이다. 그는 당시 공담주의자나 사대주의자나 과문科文 연습자들이나 또는 부문허례를 숭상하는 유학자들이 모두 도외시하는 자기 조국의 역사, 지리, 경제, 제도, 풍습, 언어, 문화 등 일체에 대하여 특별한 관심을 가지고 연구하여 민족적 발전에 반드시 전제되는 자아반성의 태도를 표명하였다.

그는 말하기를 "먼 데를 중시하고 가까운 데를 소연疎然히 하는 것은 고금을 통한 폐습으로서 우리나라 사람들에게는 이러한 폐습이 더욱 심하다. 제도와 문물은 중국을 모방할지라도 도서圖書와 기재紀載는 마땅히 본국의 것을 밝혀야 한다."고 하여 당시 문화인들의 사대사상과 비애국적 태도를 비난하였다.[35]

그는 또 당시 문화적으로나 정치적으로 지도적 책임을 지니고 있다고 자처하는 유학자들이 낡은 서책에만 몰두하고 조국과 인민을 등한히 보며 경제와 민생문제, 군사와 국방문제에 대하여는 전연 관심을 돌리지 않는 것을 크게 미워하고 조소하여 다음과 같이 말하였다.

> 진실한 유학자는 나라를 잘 다스리며 인민을 편안하게 하며 외적의 침입을 물리치며 국민의 생활을 풍족하게 하며 문무 어느 것에나 다 능통한 것이니 어찌 글장과 글귀를 따내며 옛날 옷을 입고 절하는 절차를 익힐 따름이겠는가?[36]

그는 자기의 유명한 〈오학론五學論〉에서 성리학性理學, 훈고학訓詁學, 문장학文章學, 과거학科擧學, 술수학術數學 — 이 다섯 가지 학이 현실과 이탈하여서 그 해독은 장차 국가를 망칠 것이라고 강조하고 그런 경향을 통렬히 배척하였다.

이를 보더라도 그의 실학이 애국주의와 긴밀한 연계를 가지고 있었음을 알 수 있다.

다산이 서양을 맹목적으로 숭배한 일은 없었다. 다산 일파가 천주교회를 통하여 외국의 원조로 자국의 개화를 촉진시키려 하였다고 후래 일부 사람들이 때때로 떠들고 있으나 이러한 말들은 천주교의 외국인 선교사들과 그의 영향 밑에 있던 조선인 신도들이 다산 일파의 높은 학술적 명예를 팔아 교회의 정치적 마수를 유리하게 뻗어 보려는 의도에서 나온 선전에 불과하고 사실은 그렇지 않다. 그의 유력한 증거로서는 다산의 친형 정약종丁若鍾이 1795년 이후 중국인 신부 주문모周文謨가 입국한 것을 기회로 하여 교회의 지도자로서 활동하면서 자기 아우 다산의 '배교'를 안타까워하는 동시에 교회의 일체 비밀을 알려 주지 않았으며 또 1801년 다산의 질서姪婿 황사영黃嗣永이 반동 정부의 박해를 제지하고 신교의 자유를 보장하기 위하여 서양 군함의 원정과 청제淸帝의 내정간섭을 청원한 소위 백서帛書 사건에 대하여 다산은 아무런 관련이 없었을 뿐만 아니라 당시 사학사건[37]에 연루된 많은 사람을(신자와 비신자를 물론하고) 모두 내심으로 깊이 동정하였는데도 황사영만은 역적이라고 호칭하여 적개심을 표명하였다.

또 다산은 만년에 자기 노작 이가환李家煥의 묘지명 가운데 정조 19년 즉 1795년 여름에 이가환이 권일신權日身, 주문모와 함께 서양 군함을 초청하려고 자금으로 은 2일鎰(24냥이 1일鎰)을 내었다는 죄목에 대하여 그것이 전연 사리에 모순된, 반대파의 무함에 불과하다는 것을 특별히 밝혔다.[38] 이를 보더라도 다산 일파는 지배계급의 혹독한 탄압으로부터 신앙의 자유를 보장할 목적에서 외국의 무력간섭을 요청하는 그러한 무모하고도 비애국적인 행동을 시인하거나 혹은 이에 관련하였을 리가 만무한 것이다.

다산은 쇄국정책에 대해서는 물론 반대하고 외국 유학과 외국 통상을 절대 필요한 국책으로 주장하였으나 그 반면에 자기 나라의 자주 자립적 역량이 없어 외국의 상업을 끌어들이거나 외국의 병력을 이용하는 것은 용인하지 않았다.

다산은 일찍이 국왕 정조의 특별한 부탁을 받고 병서를 연구하였으며 그 후 유배 중에도 《아방비어고我邦備御考》, 《상두지桑土誌》 같은 저서를 내어 국방문제에 깊은 관심을 두었다. 위에서도 이미 서술한 바와 같이 "나라를 잘 다스리며 인민을 편안케 하며 외적의 침입을 물리치"는 것을 진실한 학문의 가장 중대한 목적으로 들었으니 여기에 지적한 '외적'이란 서양 동양 할 것 없이 조국을 침입할 수 있는 외적 일체를 의미하며 또 그의 〈기예론技藝論〉에 신식 기예는 외국으로부터 수입할 것이나 도덕 의리는 자주적으로 수립할 것이요 외국으로부터 수입할 것이 아니라고 주장한 점은 주객과 내외를 구별할 줄 아는 민족 자립적 사상으로 볼 수 있다.

다산은 문학에서 부화浮華하고 진실성이 없는 경향을 배척하고 피착취 인민의 고난 불평을 극진히 묘사하며 양반 유생들의 위선적 태도와 관료계급의 횡포 방종한 생활을 폭로 조소하기를 좋아하였다. 음풍농월로 자기들의 유한有閑한 생활을 소일하거나 그렇지 않으면 전원풍경으로 자기들의 도피적 정서를 표현하는 문학이 지배하고 있던 당시의 환경 속에서 다산의 시사詩詞는 비록 한문으로 지어졌으나 내용은 인민에 대한 사랑과 정열로 충만하였다. 예를 들면 그의 시집 중 '기민시飢民詩'는 기아선에서 헤매고 있는 인민의 곤궁한 정상과 이에 대한 관리들의 냉담 무정한 태도를 묘사하였으며 〈용산리龍山吏〉, 〈해남리海南吏〉 같은 시편들은 지방 집달리들의 가혹 횡포한 행동을 묘사하였으며 〈애절양哀絶陽〉(생식기를 베어 버린 것을 슬퍼하다)은 착취계급의 학정을 인민의 비극적인 사건으로서 폭로 조매嘲罵*하였다.

〈애절양〉의 내용은 다음과 같다.

다산이 유배하던 전라남도 강진의 노전蘆田이라는 농촌에 한 빈민이 있었는데 그의 아버지가 늙어 죽은 지 이미 3년이나 되었으며 군보軍保 명부에 제명되지 않고 군포를 계속 납부하며 또 그가 사내아이를 낳자 관리는 벌써 군보의 명부에 기입하여 성인 군정軍丁 하나로 간주하고 군포를 바치라고 독촉하니 그 가난한 농민은 한 몸으로서 3대의 군포를 물지 않으면 안 되게 되었다. 그러나 이와 같은 과중한 부담을 도저히 응할 수 없으므로 이정里正(이장)은 그 농민의 단벌 재산 — 어느 의미에서는 자기 자식보다도 더 애중히 하는 농우農牛 — 을 군포의 대가로 빼앗아 갔다. 아이 아버지는 기가 막혀서 "이 놈의 것이 있기 때문에 이 원수인 군포의 대상자 아이를 낳았구나!" 하고 그만 칼로 자기의 생식기를 베어 버렸다. 그러니까 아이 어머니는 놀라서 아우성을 치며 유혈이 임리淋漓**한 자기 남편의 살점(벌써 생식기는 아니다)을 싸가지고 관아에 달려가서 하소연하려 하였으나 관아 문지기에게 완강

---

* 비웃고 나무람   ** 피, 땀, 물 따위의 액체가 흘러 흥건한 모양

히 거절을 당하여 다만 땅을 치고 울부짖을 뿐이었다.

당시 일반 시인들 같으면 이런 사건을 점잖은 사람의 귀와 입에 담을 수 없는 비속하고 해괴한 일로 보고 작품의 테마로 취택하지 않았을 테지만 다산은 이것이야말로 하나의 엽기적인 심리로 대할 것이 아니라 지배계급의 학정과 인민 생활의 곤궁 비참한 이면을 바로 폭로하는 중대하고 엄숙한 계기로 보아 시편을 지은 것이다. 이 한 가지를 보아도 다산의 문학사상과 미적 인식이 어느 편에 서 있었는지를 알 수 있다.

이 밖에도 그의 많은 시편 중 〈충식송蟲食松〉,〈시랑豺狼〉,〈승발송행僧拔松行〉,〈엽호행獵虎行〉,〈발묘拔苗〉,〈교맥蕎麥〉 등 여러 편은 착취계급을 송충이에 혹은 시랑*에 견주며 록은 호환虎患 이상의 관리 폐해를 지적하여 정치의 포악성과 인민 생활의 비참한 상태를 묘사 풍자하였으며 〈하일대주夏日對酒〉,〈불역쾌재不亦快哉〉 등 장시長詩는 문벌, 계급, 지방 등 여러 불평등한 제도가 사회와 국가를 질식시키는 고질적인 현상을 폭로하고 자유해방에 대한 동경을 표시하였다. 그리고 〈장기농가長鬐農歌〉,〈탐진농가耽津農歌〉,〈어가漁歌〉와 〈촌요村謠〉 등 작품은 향토 풍속에 관한 묘사였으며 그 밖에 조국의 아름다운 산천 풍경과 우수한 고적 명승을 노래하고 자기의 유리流離 곤궁한 생활과 지사志士의 이상理想으로 채워져 있는 정서를 읊은 시편이 이루 헤일 수 없을 만큼 풍부하다.

요컨대 실학파의 문학은 연암, 다산에 이르러 절정에 달하였다고 말할 수 있을 만큼 발전하였는데 연암을 산문 대가라고 한다면 시가의

---

* 승냥이와 이리

대가로는 다산을 첫 손가락으로 꼽지 않을 수 없다. 왜냐하면 시의 형식적 기교에서는 동 시대 초정楚亭 박제가朴齊家, 아정雅亭 이덕무李德懋, 영재泠齋 유득공柳得恭, 강산薑山 이서구李書九 등 소위 사가四家와 또 실학파가 아닌 시인으로 유명한 자하紫霞 신위申緯 등이 모두 중국 시단에까지 이름을 날린 특장特長들을 가지고 있었으나 사상적 내용에서는 모두 다산의 하류에 있었던 까닭이다. 다산의 시는 혜환惠寰 이용휴李用休, 금대錦帶 이가환李家煥 부자의 영향을 직접 받아서 실학파적 시풍을 훌륭히 발휘하였다.

다산의 산문에서도 〈오학론五學論〉, 〈환곡론還穀論〉 같은 논문은 대체로 진실하고도 심각하여 정치문학적 가치를 가졌으며 그중 〈감사론監司論〉 같은 것은 관료제도의 포학성을 폭로한 훌륭한 짧은 작품이다.

〈감사론〉의 내용은 대략 이러하다.

세상 사람이 보통 도적이라고 하는 것은 먹고 살기 위한 좀도둑에 불과하니 실상은 이들이 도적이 아니며 권력과 관직을 공공연히 이용하여 인민의 재산을 강탈하는 토호배와 지방 군현의 수령들이 사실 강도들이지만 그래도 그들은 소강도에 불과하며 참으로 큰 강도는 일도一道의 인민을 약탈하는 감사들이다.

다산은 이렇게 단정하고 그들의 호화 방종한 생활과 난폭한 행동과 시종, 노복, 여첩의 성대한 모양과 탐오 협잡의 내용을 신랄하게 폭로 풍자하는 동시에 감사 이상 왕후장상과 상층 귀족들은 큰 강도 중에 가장 큰 강도들이라는 것을 은연히 지적하였다. 그의 시편 〈운노행運奴行〉도 〈감사론〉과 동일한 내용을 가진 유명한 작품이다.

그리고 《목민심서》와 《흠흠신서》는 본래 문학을 위한 저작이 아니지만 제도와 행정의 내용을 심각히 폭로 비판한 점에서는 많은 일화와 번안翻案을 수집蒐集하여 놓은 감상을 주며, 그와 아울러 문학적 가치를 구비하고 있다. 또《이담속찬耳譚續纂》같은 작품은 민간 격언을 수집하여 운문으로 표현하였는데 '민속'적 문학 가치를 가지고 있다.

다산의 문학은 대체로 답습과 표절을 싫어하고 일정한 구체적 정서와 사상을 담고 있으며 인도주의적 성격을 풍부히 표시하고 있다. 그러나 그의 문학적 가치는 학술적 명성에 가리어졌다.

그의 방대한 저술은 논문, 산문, 시 할 것 없이 그 어느 것이고 향토와 조국을 사랑하고 인민을 사랑하는 정서로 충만되어 있다. 위에서도 이미 지적한 바와 같이 그의 저작이 모두 우리 국문으로 씌어지지 않아서 대중성을 가지고 있지 못하나 이는 다산이 다른 여러 실학자와 같이 학술과 사상의 내용을 개혁하기에 정력을 집중하여 일반 대중을 상대로 하기 전에 먼저 당시의 지식층을 계몽 교양하는 것을 자기의 임무로 인정한 까닭이다. 또 그것은 긴급한 문제로 삼고 있는 사건들을 우리 국문으로 갑자기 표현하기가 곤란한 까닭이다. 그러므로 영조, 정조, 순조시대의 실학파 문학은 당시 일부 문예파의 문학과는 달리 대개 한문 형식을 그대로 지속하였다. 이러한 사정은 마치 유럽 르네상스시기에 각국의 유명한 저작들 많은 부분이 자국의 글이 아닌 라틴어로 표현된 사실과 방불하며 따라서 이는 민족문학 운동이 자체의 역사적 제약성에 의하여 아직 본격적인 계단에 들어서지 못한 일종의 선구적 형태라는 점을 말하여 준다.

그러나 영조, 정조 이후 우리 국문 문학의 창작과 번역 사업이 더욱 활발해짐에 따라 문학운동으로 하여금 자기의 민족적 형식을 찾는 방향으로 나아가게 된 데는 실학파의 애국적 정신에서 영향받은 바가 많았던 점도 부인할 수 없다. 문학의 한문적 고전 형식을 타파하는 국문학 일파의 문학운동과 학술의 한학적漢學的 고전 내용을 비판하는 실학 일파의 사상운동은 그 출발에서는 물론 독자적인 이유와 독립적인 체계를 가지고 있었으나 이 두 유파는 각자의 발전 과정에서 서로 영향하고 서로 교차하며 나중에는 서로 결합하여 근대적 민족문학의 기초를 닦아 주었다.

결어

봉건 말기 조선이 낳은 탁월한 사상가 다산은 자기의 생활 사상과 학설에서 대내적으로는 (1) 지주 귀족과 농農, 공工, 상민商民의 계급적 대립, (2) 정권과 관작의 쟁탈을 위한 양반 동료 자체 내의 당파적 알력, (3) 기호 주민과 서북 주민의 지방 차별, (4) 관학파와 실학파의 사상적 투쟁을 반영하였으며 대외적으로는 동양 봉건주의와 서양 자본주의와의 물질적 모순, 노쇠한 봉건주의의 지배자인 유교 문화와 신흥 자본주의 문화인 서양과학과 기독교-천주교와의 사상적 충돌을 반영하였다.

그는 반계, 백호, 성호 등의 실학적 전통을 계승하고 서양 근세 과학의 실증적 방법을 섭취하는 동시에 송유의 초경험적 성리학을 반대하는 청조 고증학풍을 참작하여 광채 찬란한 조선 실학의 대성자로 출현하였다. 당시 조선의 사회와 문화가 선진 국가들에 비하여 비록 낙후하였더라도 그 역시 예외 없이 자체 발전의 법칙을 밟아온 이상 이 합법칙성의 구체적인 표현을 파악하려는 우리들에게 다산의 존재와 학설을 마르크스-레닌주의적 방법에 따라 연구 비판하는 것은 조선 근세사의 고상한 취향과 문화적 보재寶財를 평가하는 데 중요한 열쇠가 될 수 있을 것이다.

조선 중기의 양대 국난인 임진왜란, 병자호란을 겪은 뒤로 봉건 지배계급의 무능 무력한 정체가 여실히 폭로되자 이를 미봉하려는 그들의 정책은 경제상으로나 국방상으로나 더욱 그 약점을 폭로하였을 뿐이며 이는 소위 영조, 정조의 '치세'로서도 근본적인 문란을 조금도 정리할 수 없었다. 인민의 자각운동은 점차 확대되어 가는 '민요民擾', '민란民亂'을 통하여 그들의 혁명적 대중성을 발휘하는 한편 실학파의 이론적 발전을 통하여 그들의 진보적 사상성을 표시하였다.

국민의 절대 다수를 차지한 빈궁한 인민들이 소수 지배계급의 횡포한 착취와 압제로 인하여 노예적 생활을 계속하고 있는 비참한 현상을 반대하는 동시에 특권과 차별이 없는 그리고 만민이 다 같이 노동하고 서로 친애 협조할 수 있는 평등적이며 부강 행복한 사회를 건설하기 위하여 실학파 학자들은 고심참담한 연구를 거듭한 결과 다산의 여전제론과 민주정체론에 이르러 그들 이상의 절정을 보게 되었다. 그러나 그들은 사회 발전의 기초를 물질적 생산관계에서 보지 못하였으므로 사회제도의 개혁을 주로 계급적 대중투쟁에 기대하지 않고 때로는 통치자들의 양심에 호소하였다. 그리하여 그들은 철저한 혁명론자가 되지 못하였다.

다산의 탁월한 공상적 이상은 레닌이 유토피아를 분석한 말과 같이 물론 '자주성'이 없는 '약자의 운명'을 가지고 있으며 그것은 "사회 여러 세력에 의거하지 않고 정치적 계급적 역량의 성장과 발전에 따라 지지되지 않은 소원인 것이다."[39]

그러나 그의 공상은 지주와 귀족의 번영과 그들 체제의 유지를 위함이 아니고 이와는 반대로 피착취 피압박 인민 특히 농민대중의 행복과 평등적 생활을 옹호하는 입장에 섬으로써 진보적 성격을 띠었고 따라서 '농민혁명의 이념'과 연결되었다.

중국의 명말청초 황종희黃宗羲, 왕부지王夫之, 주이朱彝, 당견唐甄, 대진戴震 등은 당시 계급적 모순과 민족적 모순이 교착한 사회에서 대체로 "일치하게 불교, 도교와 한, 당, 송, 명의 유학을 반대하고(다만 황종희는 왕양명 철학 형식으로 자기 철학의 내용을 설명하였다—원주) 공, 맹학의 부흥 형식으로서 자기들의 사상을 표현함과 함께 시대적 요구를 제출하며 봉건적 초경험적 착취 방법을 배척하고 개인주의적 국민의 부를 주장하며 봉건적 미신과 사상적 속박을 반대하고 개성의 해방을 요구하며 군주제적 정체를 반대하고 실용의 학을 주장하였다……."[40]

이와 같이 진보적 요소를 내포한 청조 초기의 고증학—실사구시학은 임진왜란, 병자호란 이후 반계, 성호, 연암 등에 의하여 전개된 우리 조선의 실사구시학에도 많은 영향을 주었으며 다산의 학설 특히 그의 유교 개혁 사상은 청유淸儒 고증학풍의 유력한 방조를 받았음을 간과할 수 없다. 그리고 다산 일파는 청초 고증학자들이 감행하지 못한 기독교 신앙을 한동안 연구하여 원시 기독교의 박애주의를 은근히 동경하였으며, 따라서 이와 유사한 계기를 원시 유교의 소박성과 실용성 가운데서 발견 추출하여 자기의 사상과 시대적 요구에 유학을 적응시키며 공맹을 종속시키려 하였다. 철학상 이와 같은 주관적 실용주의의 사고방법으로 말미암아 그의 세계관은 상당한 과학적 각도에서 출발하였는데도 마침내 반신관적半神觀的이며 신앙 필요의 견지로 돌아가고 무신론적인 유물론의 영역에 도달하지 못하였다.

다산은 자기의 사상이 그 시대로 보아 상당히 앞섰는데도 사회의 낙후성과 역사적 제약성에 따라 장래할 부르주아지의 사회를 사상화思想化하지 못하고 몰락하여 가는 양반층의 선진 분자로서 빈궁과 압박에 항쟁하는 농민대중의 염원을 주로 대변하였다.

그러나 촌락 집단농적 체제를 전개한 전제론과 군주 없는 민주정치를 동경하는 민권론과 청조 고증학과 서학 종교개혁 정신에 대조할 수 있는 그의 유교 개혁사상은 그의 경제적 정치적 철학적 영역에서 당시 우리 역사상에서 일찍이 보지 못한 탁월한 사상적 체계를 구성하였다. 그는 근세 조선 실학의 대표자로서 봉건주의를 수정 개량하는 이데올로기의 한계를 지나 그것을 반대하고 그와는 다른 새로운 이상적 사회로 지향한 것이다.

그는 물론 변증법적 유물론이나 역사적 유물론과는 아무런 관련이 없던 만큼 스탈린의 말과 같이 "사회주의제도는 밤이 지나면 낮이 뒤따르는 것처럼 그러한 필연성을 가지고 자본주의의 뒤를 잇대어 반드시 올 것"⁴¹을 전혀 알지 못하였으므로 그의 이성주의는 필연적으로 농민 이상사회를 공상하였다. 그러나 레닌은 말하기를 "역사적 공적功績은 역사적 활동가들이 그 시대의 여러 요구에 비하여 준 것이 없다고 하는 그것에 의하여 판단되는 것이 아니라 그들이 자기들의 선행자들에 비하여 새로운 것을 주었다는 그것에 의하여 판단되는 것이다."⁴²라고 하였다. 우리의 위대한 사상가 다산은 그 시대 인민의 요구에 응하여 혁명을 주지 못하였으며 또 줄 수도 없었다. 그러나 그의 사상과 이론은 그의 선행자들보다 비교할 수 없을 만큼 새로운 것을 주었다. 이는 확실히 우리 조선 역사 발전의 도상에서 중요한 사상적 전통의 한 요소로 되었다.

다산 일파는 국왕 정조의 특별한 지우를 받고 군주의 강력한 집행권을 빌려 위로부터의 정치적 개혁을 현존 《경세유표》와 '북학' 안案 정도로 기도하였으나 보수당의 반대와 테러로 말미암아 여지없이 실패하였으며 일시 호전되던 기세는 다시 1801년의 대탄압 사건 이후 소위 외척 '세도' 정치의 암흑한 시기로 들어가게 되었다. 따라서 한동안 (정조시대) 양반 출신의 지식계를 움직이고 있던 선진적 사상은 그만 대중의 침묵 속으로 들어가서 19세기 말엽까지 장차 대폭발을 준비하는 화산맥처럼 땅속에서 끓고 있었을 뿐이었다.

다산을 뒤이어 실학파의 활동은 제자 김정희(유명한 금석학)와 이덕무의 손자 이규경李圭景(《오주연문장전산고五洲衍文長箋散稿》의 저자) 등을 대표로 일종 전문적인 고거학考據學 내지 백과사전식의 박학으로 흐르는 경향을 표시하면서 소위 '정통' 유학파의 보수적 반동적 기세를 저항할 수 없는 궁지에 처하였다. 이는 청조 건륭, 가경시대의 고증학이 초기 고증학의 혁명적 특성을 잃어버리고 고증을 위한 고증학으로서 변화하여 인민의 지지를 받지 못한 것과 유사한 운명이다.

그 귀중하고도 고상한 다산의 사상 — 〈원목〉과 〈탕론〉에 나타난 민주 정체적 사상과 〈전론〉에 나타난 여전제적 공산사상 — 은 20세기 조선의 반제 반봉건적 민족 해방 투쟁이 국내 프롤레타리아트 계급의 성장과 함께 러시아 사회주의 10월혁명의 영향을 받아 전면적으로 발흥하기 전까지 소위 '갑신정변'을 일으킨 귀족 '개화당'과 '갑오농민전쟁'을 지도한 평민 출신들에게 영향을 주었는데도 그들의 이론상에서나 혹은 표어상에서나 뚜렷이 또는 발전적으로 제기되지 못하였다. 이는 어떠한 이유였는가?

첫째로 봉건주의를 반대하여 싸우는 계급의 계급적 자주성과 자각성이 박약하였던 까닭이며, 둘째로 국내에 침입한 자본주의가 이미 자기의 출세적 기치인 민주주의를 자기 부정하는 제국주의 계단에 들어서서 국내 봉건주의적 체제를 파괴할 대신에 도리어 이를 이용 조종하고 자기의 역사적 계몽자 역할을 잃어버리게 한 까닭이며, 셋째로 당시 조선을 포위하고 있던 여러 세력 — 가까이는 일본, 청국과 멀리는 제정 러시아, 영국, 미국 등 — 이 모두 곰팡이가 슨 중세기의 군주적 감투를 그대로 쓰고 있거나 혹은 이를 벗었다 하더라도 침략과 간섭을 상징한 독점자본의 총칼로 무장하려고 하는 국가들이었으므로 이들의 고압적인 분위기는 선진 인사들에게 인민 본위의 경제적 정치적 사상의 자유로운 발육을 방임하여 주지 않았기 때문이다.

다산은 탁월한 실학자이며 봉건사회 붕괴기의 우수한 산아産兒로서 자기의 반봉건적 세계관과 '농민혁명의 이념'을 위하여 투쟁하였으며 잔악한 사형의 위협과 18년간에 걸친 장기 유형의 고난도 그의 강한 신념과 의지를 굴복 좌절하지 못하였다. 그의 조국과 인민을 위한 열렬한 인도주의와 애국사상은 방대한 저작과 다방면한 언론과 사실적인 문학으로서 인민에게 많은 영향을 줄 수 있었다. 연암의 저작이 '갑신정변'을 계획하던 개화 독립당에게 계몽적 역할을 했다고 하면[43] 다산의 이론은 그가 명확히 예견한 '갑오농민전쟁'에 사상적 영향을 주었다고 할 것이다. 그리고 후자의 국가 개혁을 위한 경제적 정치적 이상과 진리의 신념을 위한 순도자殉道者적 기개는 전자와는 비교할 수 없을 만큼 우리 인민의 고상한 전통으로 발전될 수 있다.

주

1 엥겔스, 《공상에서 과학에로의 사회주의의 발전》 제1장.
2 북조선노동당출판사, 《레닌전집》 제1권, 제4분책, 〈게르첸의 추억〉.
3 《중서견문록中西見聞錄》 서문 참조 (1872년 8월, 청조淸朝 동치同治 11년 7월 발행)
4 본서 부록에 실린 필자의 〈우두술과 정다산〉이라는 논문 참조.
5 그의 아우 일신日身이 개종하여 천주교의 유력한 활동가로 나선 뒤에 철신哲身은 〈우제의虞祭義〉 1편을 지어 제사의 의의를 밝혔다고 하는데 그 내용은 지금 알 수 없으나 어림하건대 그가 천주교에 대하여 신앙의 필요를 유교의 경천사상敬天思想과 연결하여 어느 정도 인정하고 다만 조선祖先 제사를 폐지하는 것은 처세상으로나 신앙상으로나 반드시 그리해야만 한다는 이유가 없다는 심적心的 태도 하에서 제사불가폐설祭祀不可廢說을 주장한 듯하다.

일신은 소위 신해辛亥 호남湖南 사학사건(정조 15, 1791)이 있자 목만중, 홍낙안의 고발로 체포되어 옥관獄官의 배교권고背敎勸告와 엄혹한 형장에도 굴하지 아니하므로 제주濟州로 유배가게 되었는데 국왕 정조는 그의 재학才學을 아껴 "80 고령의 노모를 돌아보아서도 조금 뜻을 굽혀 제주 대신에 가까운 시골로 유배하는 것이 어떠하냐?"고 서면으로 그의 회과悔過를 권고하니 그가 처음에는 응종應從하지 않다가 사자使者의 끈기 있는 권고에 의하여 결국 회오문悔悟文을 옥중에서 내고 충청남도 예산으로 유배 가는 길에 죽었다. 이 뒤부터 철신의 문하에 유생 학도들이 다시 모이지 않았다.
6 이 천재적 창안인 여전제에 상응하여 상업, 공업에서도 반드시 일정한 고안이 있었을 것인데 이제 본문 중에는 볼 수 없다. 이뿐 아니라 여전제도 실시하자면 반드시 정치적 경제적으로 전제하지 않으면 안 될 조건들이 당연히 논급되었을 것인데 본문에는 또한 볼 수 없으니 이는 응당 시대 기휘忌諱의 관계로 그 부분을 저자가 발표하지 않았거나 혹은 그 자손들이 그의 본집 중에서 삭제했다고 생각할 수 있다.
7 나는 그 뒤에 여러 나라를 여행하여 우리의 감정과 전연 상용相容되지 않는 감정을 가지고 있는 인간이 존재하고 있는 것을 알았다. 이런 사람들도 야만인은 아니고 미개인도 아닌 것을 인정하였다……. (데카르트, 《방법서설Discours de la methode》, II de partie, Leyde 1637)

어림컨대 페르시아인 가운데도 중국인 가운데도 프랑스인에게 못지않은 현자賢者가 존재할 것이다. 그런데 나는 프랑스의 현자를 본받는 것이 가장 유익한 것으로 생각된다……. (위의 책, III de partie)

• 우리말로는 무자이라고 한다

8 나는 곤봉으로 때리지 않으면 아무것도 실행할 수 없는 국민의 명예심이 무엇인지를 이해하기에 곤란하다.(몽테스키외,《법의 정신》 중 '지나황제支那皇帝')

9 만일 어떤 연대사로써 확실성이 있다고 한다면 그것은 중국의 정사正史다. 나는 다른 곳에서 한 말을 한 것과 같이 지나의 정사는 천지의 역사와 결합한 것이다. 모든 국민 중 오직 지나 국민만이 일식과 성星의 합삭合朔에 의거하여 항상 그들의 시대를 기록하였다. 프랑스의 천문학자는 지나인의 계산을 음미하고 거의 모두 정확한 것에 경탄하였다. 다른 국민들이 정신 전설을 짓고 있는 시대에 지나인은 붓과 천문관측기를 잡고 극히 분명하게 역사를 기술하였다. 그 간명한 필법은 아시아의 타 국민 중에 유례를 발견할 수 없다.(De La Chine: Essai sur les moeuers, introduction ⅩⅤⅢ)*

10 ……그러나 중국인을 지배하지 않은 악덕은 하나도 없으며 중국인이 알지 못한 죄악은 하나도 없다. 만일 이 대국이 재상의 현명, 소위 국법의 우수와 인구의 번영을 가지고도 무지몽매한 타타르족(달단인韃靼人)의 지배로부터 국가를 보장할 수 없었다고 하면 이들 석학은 대체 무슨 쓸모가 있었는가? 중국 제국은 학자를 존중히 하여 마지않았으나 그 존경으로부터 어떠한 결과를 가져 왔던가? 노예와 악인으로써 성립한 국민으로 된 것이 그 결과였을까?

11 중국의 성현 공자의 교만을 예외로 하지 않으면 안 된다. 인간을 다스리는 데는 '미신'이 필요하다고 믿는 사람들의 어둠을 계발하는 데는 이 실례만으로 충분하다. 공자교 가운데는 기적도 영감도 영혼도 없다. 그러나 중국의 국민만큼 잘 다스려지는 데는 이 지상에 존재하지 않다.(《스스로 변화하는 개종자Le prosélyte répondant par lui-méme》)

12 앞서 말한 영조 34년경에 강원 지방 신도들이 사당을 헐고 제사를 폐지하였다는 것은 도미니크, 프란체스코파의 영향이었을 것이다.

13 벽파니 시파니 하는 명칭은 정조 때에 와서 비로소 불려졌다 하나 사실은 영조 48년(1772)경에 영조의 계비 정성왕비 김씨의 오라비 김구주金龜柱(김한구의 아들)와 장헌세자의 처부 홍봉한이 당파를 나누어 서로 공격하며 화완옹주(영조의 딸)의 양자 정후겸鄭厚謙이 또한 용권用權하였다. 이때 시벽時僻이라는 명칭이 있게 되었는데 김구주는 벽동碧洞에, 홍봉한은 시동詩洞에 각각 거주하였으므로 동음이자로 시벽이라 불렀다 한다. 일설에 벽僻은 피벽 僻이란 뜻이요 시時는 시선時宣이라는 뜻이라 한다. 혹설에 벽僻은 본래 벽辟(임금 벽)자인데 즉 영조 편인 까닭이라고도 한다.

14 향삼물鄕三物은 옛날 중국 주周나라 향학교鄕學校의 교정교정敎程이다. 《주례周禮》에 대사도大司徒가 향삼물로서 만민을 교양하니 (1)은 지知, 인仁, 성聖, 의義, 충忠, 화和의 육덕이며 (2)는 효孝, 우友, 목睦, 인嫺, 임任, 휼恤의 육행이며 (3) 예禮, 악樂, 사射, 어御, 서書, 수數의 육예다.

---

* 볼테르 전집 서책序册 18장의 제목이 '중국에 대하여 다

15 삼관三館 삼천법三薦法이란 것은 문삼관文三館, 무삼천武三薦의 규례를 이른다. 조선 중앙정부 내 승문원承文院, 성균관成均館, 교서관校書館 3관의 상박사上博士 이하 박사들이 회의에서 문과급제자들을 삼관에 배정 취직케 하는 것을 분관分館이라고 명칭하였는데 이것이 속칭 삼관법이며 무관에서는 선전관宣傳官, 수문장守門將, 부장部將이 무과급제자들을 각기 추천해 취직케 하는 것을 삼천이라고 하였다. 이들이 인재를 본위로 하지 않고 문벌 본위로 분관 추천하므로 다산은 이 규례를 폐지할 것을 주장하였다.

16 옛날 지방 관비官婢에 두 종류가 있어서 하나는 기생妓生인데 주탕酒湯이라고도 부르며 다른 하나는 비자婢子인데 수급水汲이라고도 부른다. 이 주탕酒帑은 즉 주탕酒湯과 동음이자同音異子다.

17 《여유당전서》 문집 중 〈기예론技藝論〉.

18 위의 책 문집 중 〈상론相論〉.

19 위의 책 문집 중 〈녹암 권공철신 묘지명〉.

20 의령宜寧 남기제南紀濟, 《아아록我我錄》 권1.

21 《여유당전서》 문집 중 〈이발기발변리發氣發辨〉.

22 위의 책 문집 중 〈인물성동이변人物性同異辨〉.

23 위의 책 문집 중 〈답이홍여서答李弘汝書〉.

24 위의 책 《중용강의》 중 〈귀신지덕鬼神之德〉조.

25 《묵자》, 〈명귀明鬼〉편.

26 《마르크스-엥겔스 전집》 러시아판 제14권 652쪽.

27 《레닌전집》 러시아판 15권 1445항.

28 《여유당전서》 문집 중 〈여김공후서與金公厚書〉 참조.

29 위의 책 문집 중 〈농정소農政疏〉와 《경세유표》 참조.

30 위와 같음.

31 상해간행上海刊行 《연암집》 중 〈답남공철서答南公轍書〉과 그의 해제 참조.

32 《화성성역의궤華城城役儀軌》 10권 10책 참조.

33 《여유당전서》 문집 중 〈자찬묘지명自撰墓誌銘〉.

34 오지영吳知永 저, 《동학사東學史》 제2장 - 갑오 5월 동학군은 전라도 53주에 집강소를 설립하여 민간 서정庶政을 처리케 하였다. 각 읍에 집강 1인을 두고 의사원議事員 약 1000명을 두었으며 대소관리는 그를 방조幇助하여 폐정개혁에 착수하였으며 동 폐정개혁 건은 아래 12조로 되었다.

(1) 도인道人과 정부 사이에는 숙원宿怨을 탕척蕩斥하고 서정을 협력할 사.

(2) 탐관오리는 그 죄목을 조사 구명하여 하나하나 엄징할 사.

(3) 횡포한 부호배富豪輩를 엄징할 사

(4) 불량한 유림과 양반배를 엄징할 사.

(5) 노비문서는 소각할 사.

(6) 칠반천민七班賤民의 대우는 개선하고 백정白丁 두상頭上의 평양립을 탈거할 사.

(7) 청춘과부는 개가를 허할 사.

(8) 무명잡세는 전부 물시勿施할 사.

(9) 관리 채용은 지위와 문벌을 타파하고 인재를 등용할 사.

(10) 왜인倭人과 간통奸通하는 자는 엄징할 사.

(11) 공사채를 물론하고 이왕의 것은 전부 물시할 사.

(12) 토지는 평균 분배할 사.

35 《여유당전서》 문집 중 〈지리책地理策〉.

36 위의 책 문집 중 〈속유론俗儒論〉.

37 《조선왕조실록》 순조 원년 신유 '사옥邪獄' 참조

38 위의 책 문집 중 〈정헌貞軒 이가환李家煥 묘지명墓誌銘〉.

39 《레닌 저작 선집》 제1권 제4분책 〈두 날의 유토피아〉.

40 여진우呂振羽《간명중국통사簡明中國通史》 하책 15장 제10절.

41 《스탈린 전집》 러시아판 제1권 34쪽, 조선노동당출판사판 387쪽.

42 《레닌 전집》 러시아판 제2권 제4판 166쪽.

43 박지원의 친손親孫 박규수를 통하여 김옥균, 서광범, 홍영식 등 청년개화당 이물들이 연암 문집을 얻어 읽고 계몽되었다.

부록

본저 하편의 부록으로 〈다산연보茶山年譜〉를 설정한다. 다산의 제자 이청李晴이 기초起草하고 현손 정규영丁奎英이 수식修飾한 사암연보俟庵年譜는 너무나 간략하고 의의가 적은 연대 배열에 불과하므로 필자는 《여유당전서》와 기타 사료를 참고하여 다산의 일생을 3기로 나누어 작성하였다. 그리고 각종 저작의 연월에 대하여 경집經集, 문집文集과 잡찬雜纂 중 단행본으로 될 수 있는 것과 중요한 시편, 서한, 소장疏狀은 대개 그 저작 시일을 이 연보 중에 정확히 하였고 다만 중요한 논설로서도 창작 시일이 모호한 것은 기입하지 않았다.

그 다음 〈다산의 일사逸事와 일화〉와 〈다산의 저서 총목록〉은 1936년경 《여유당전서》를 간행한 '신조선사新朝鮮社'의 요청에 따라 써 보냈던 것인데 다행히 그 초고가 수중에 남아 있기에 부록의 일부분으로 수록한다.

〈종두술─우두술과 정다산〉은 1940년경 폐간 직전의 《동아일보》 학예란의 요청에 의한 논문이었으며 〈정다산의 이상사회와 그 역사적 제약성〉은 2년 전 김일성종합대학 내 특강의 한 부분이었던 바 둘 다 다산의 실학을 연구하는 데 필요하다고 생각되므로 이에 수록한다.

1. 다산 연보

청소년 그리고 유학 정진 시기

탄생 – 1762년(조선 22대왕 영조 38, 청국 건륭 27) 6월 16일(음력) 사시巳時에 다산은 경기도京畿道 광주廣州 초부면草阜面 마현리馬峴里(마재, 현금現今 광주군廣州郡 와부면瓦阜面 능내리陵內里)에서 남인당계 양반 정재원丁載遠(호 하석荷石)의 제사자第四子로 탄생하였다. 압해押海 정씨였는데, 압해는 옛날 전라도 나주羅州의 속현이었으므로 나주 정씨라고도 하였다. 동년에 장헌세자莊獻世子의 화변禍變이 있어서 세자를 보호하던 파 즉 속칭 시파時派에 속한 정재원은 그 화변 후에 벼슬을 버리고 자기 시골로 돌아오니 때마침 다산이 탄생하므로 아명을 귀농歸農이라 하였다.

4세 – 어렸을 때부터 대단히 총명하여 천자문을 비로소 배웠다.

7세 – 산山이라는 제목을 가지고 서당의 아동들과 한시를 짓는데 그가 "소산폐대산小山蔽大山, 원근지부동遠近地不同"이라고 쓰니 아버지가 크게 기이히 여겨서 계량計量에 명철한 재주가 장래 수리학에 능통할 것을 예기하였다. 이 해에 천연두를 곱게 치러 흔적이 하나도 없었으나 오직 오른편 눈썹이 손 터로 가운데가 나눠졌으므로 스스로 삼미자三眉子라고 호칭하였다. 그리하여 10세 전의 습작집인《삼미자집三眉子集》은 선배 장로의 격찬을 받았다.

9세 – 그의 어머니 해남 윤씨海南尹氏 상을 당하였다. 윤씨는 남인당계 명가의 딸이었으며 도학과 시조로 저명한 고산孤山 윤선도尹善道(1587~1671)의 후손이요 박학자와 화가로 유명한 공재恭齋 윤두서尹斗緖의 손녀였다.

10세 – 문식文識과 사리에 깊은 소양을 가진 그의 아버지가 친히 교수하니 그는 더욱 근면하여 독려를 기다리지 않고 유교 경전과 사기史記를 배우는 동시에 그 체제를 본받아 1년 내에 방대한 양의 작문을 내었다.

13세 - 두보杜甫의 시를 애독하고 수백 편의 한시를 지었으며 이때부터 그의 시명이 높았다.

15세 - 1776년(영조 52) 영조가 죽고 세손이 즉위하니 이가 정조였다. 2월에 관례를 치르고 관명冠名을 약용若鏞(뒤에 용鏞이라고도 하였다), 자는 미용美鏞 또 송보頌甫라 하였으며 예산 홍씨禮山洪氏 화보和輔의 딸과 결혼하여 경성의 처가에 자주 왕래하였으며 또 이때 그의 아버지 정재원이 다시 출사하여 호조좌랑이 되었으므로 그는 아버지를 따라 경성 남촌에 거주하였다.

16세 - 1777년(정조 원년) 선배 이가환李家煥과 자형姉兄 이승훈李承薰 등을 추종하여 성호의 유고를 비로소 얻어 읽고 실학에 뜻을 두며 유교 경전과 주자집주에 비판적 태도를 취하게 되었다. 동년 겨울에 그의 아버지가 전라남도 화순和順 현감에 부임하므로 그는 배행陪行하여 청주淸州, 전주全州 등 명승을 역람歷覽하면서 많은 시편을 지었다.

17세 - 가을에 화순 인근지인 동복현同福縣의 물염정勿染亭과 광주光州의 서석산瑞石山에 유람하였다. 겨울에 중형 약전若銓과 화순현 동림사東林寺에서 맹자를 읽으면서 송유宋儒 주해를 많이 비판하였다.

18세 - 2월에 그의 아버지 명령에 따라 중형 약전과 함께 화순을 떠나 경성에 돌아와서 과체科体 시문을 습작하였으며 태학승보太學陞補에 피선되었다. 가을에 감시監試에 낙제되었다. 9월에 다시 화순에 가서 있었다.

19세 - 봄에 그의 아버지는 경상북도 예천醴川 군수로 이임하였으며 그의 처부妻父 홍화보는 전년에 경상우도 병사로 진주晉州에 재임하므로 그는 화순을 떠나 진주를 거쳐 예천에 와서 관아서재에서 독서하였다. 가을에 그의 아버지를 모시고 문경聞慶 조령鳥嶺에 가서 그의 처부의 연병練兵을 참관하였다. 겨울에 그의 아버지가 어사御使의 무함을 받아 예천군수를 사임하므로 모시고 돌아와서 고향 집에서 독서하였다.

20세 – 서울에서 과시科詩를 익혔다.

21세 – 서울 남미창동南米倉洞 형제우물(다산은 이를 체천棣泉이라고 이름 하였다) 부근에 집을 사 가지고 분가 생활을 하였다. 그는 형제와 함께 봉은사奉恩寺에서 경의과문經義科文을 습작하였다.

22세 – 1783년(정조 7) 2월 세자(후일 순조) 책봉경冊封慶 증광과增廣科 감시監試에 백씨伯氏 약현, 중씨仲氏 약전과 함께 경의초시經義初試 입격入格하고 3월 회시會試에 진사 입격하여 동방생同榜生과 함께 선정전宣政殿에서 사은례謝恩禮를 행하는데 정조가 특별히 다산에게 얼굴을 들라 하고 연령을 묻고 비상한 인재임을 인정하였다. 9월 12일 장자 학연學淵(호 유산酉山, 시를 잘하고 의술에 능통하였다)을 낳다. 동년에 서울 창동倉洞에서 회현방會賢坊(지금의 회현동) 재산루在山樓로 이주하였다.

서학 연구와 사진仕進 시기

23세 – 1784년(정조 8, 청국 건륭 49). 태학에 거재居齋 독서하였다. 국왕은 태학생 월과月課로서 중용강의 80여 조를 발문하였으므로 이를 축조逐條 답술하는데 '이발기발理發氣發' 문제에 대하여 당시 박학으로 유명한 광암曠庵 이벽李檗은 퇴계의 이론을 주장하고 다산은 율곡의 논지와 일치하였더니 국왕은 열람한 다음 다산의 답안을 제1등으로 평정하고 그의 학식이 우수할 뿐만 아니라 편당과 습속에 좌우되지 아니한다고 크게 칭찬하였다. 도승지 김상집金尙集이 남더러 말하기를 정약용이 상감에게 그처럼 칭찬을 받으니 반드시 크게 등용될 것이라고 하였다.

동년 봄에 자형 이승훈은 중국 북경으로부터 돌아와서 서학 선전을 개시하였다. 전년 겨울에 승훈의 아버지 이동욱李東郁이 동지사冬至使 겸 사은사謝恩使 창성위昌城尉 황인점黃仁點의 서장관書狀官으로 북경에 가므로 승훈은 전부터 서학에 유의하던 이벽의 권유를 듣고 사행을 따라가서 북경 천주교회 남당南堂을 찾아 프란체스코 제3회에 속한 유명한 선교사 탕사선湯士選(청국의 흠천감정欽天監正 겸 국자관國子館 산학관장算學館長으로 있었다)을 만나서 베드로라는 세례 이름을 받고 많은 교회서적, 십자가, 성회聖繪, 기타 서양과학 서적 기물들을 휴대하고 이해 봄에 귀국하여 대부분 이벽에게 교부하였다.

때마침 4월 15일은 이벽의 자씨姉氏며 다산의 백형수伯兄嫂의 4주기일이었으므로 이벽은 기제忌祭에 참례하기 위하여 마현 정씨가에 와서 수일을 유숙하고 다산과 그의 중형 약전을 따라 한강에 배를 타고 서울로 향하는 도중 두미협斗尾峽에 내려가 배 안에서 3인은 천주의 존재와 그 유일성과 천지창조와 영혼의 무형과 불멸과 내세의 상벌 등 종교문제에 대하여 일장 토론을 했으나 제사폐지설은 이때 없었다고 하며 서울에 가서 이벽으로부터《천주실의天主實義》,《칠극七克》등 교리 서적을 얻어 보고 흔연히 향모向慕하였으나 태학 월과와 시문詩文 공정工程에 정력을 집중하던 때이므로 교리와 서학에 전력하지 못하였다고 하였다. 어쨌든 그가 교회에 관련하고 신도의 지목을 받고 서양과학에 연구를 시작한 것도 이때부터의 일이었을 것이다.

26세 - 이때부터 국왕 정조는 다산의 학식, 재지才智와 인격을 극히 애중하여 특별한 상사賞賜와 포장襃奬을 계속하였다. 특명을 받고 중희당重熙

堂에 입대하고 물러 나왔더니 정조가 승지 홍인호洪仁浩를 통하여 《병학兵學》 한 통을 보내주고 "여汝 겸유장재兼有將才 고故 특사차서特賜此書"라는 밀촉密囑이 있었다.

이때 우인 이기경李基慶의 강정江亭에서 독서 작문하면서 서교에 관한 토론이 있을 때마다 기경도 흥미 있게 듣고 서교 서적 한 권을 손수 초록抄錄하였다(그 이듬해부터 그는 보수파에 아부하여 '사학邪學' 배척에 출진하기 시작하였다).

28세 - 1789년(정조 13) 봄에 태학 표문表文 시험에 제1등으로 당선되었으므로 정조는 제택第宅을 주었다. 직부전시直赴殿試 갑과 제2에 급제하여 비로소 문관으로 희릉직장禧陵直長이 되었다. 희정전熙政殿 대학강록大學講錄 1권을 만들었다. 겨울에 한강(서울 前江) 주교舟橋 가설에 대하여 그는 규제를 진술하였다. 이 해에 대신의 초계抄啓로 규장각 월과에 참가하여 〈지리책地理策〉에서 지원설地圓說의 정당성을 논증하고 금, 은, 동, 철의 광업과 야업冶業에 대한 자유와 경세輕稅로서 국부의 증진을 논술하고 우리나라 지리서의 신제新製를 주장하였다.

29세 - 2월에 김이교金履喬와 함께 한림회권翰林會圈에 피선하여 예문관藝文館 검열檢閱이 되었는데 우상右相 채제공蔡濟恭의 주권主圈에 대하여 대간臺諫의 한 사람(반대파)이 정실 관계로 격식을 위반하였다고 지적하므로 다산은 국왕에게 사직소를 제출하고 그만 퇴출하여 여러 번 소환에 응하지 않았더니 3월에 정조가 엄명을 내려 해미海美에 유배시켰다가 10일 만에 소환하였다. 9월에 사헌부 지평持平이 되었고 훈련원 무과 시험을 감찰하여 정실과 문벌관계를 전연 무시하고 재기 우수한 자들을 많이 선출하였다. 다음 사간원 정언이 되어 사직소와 함께 과거 개혁안을 논술하였으며 규장각 월과에 제1등으로 당선하여 마필마匹과 호피虎皮 등 국왕의 상사賞賜를 받았다. 〈십삼경책十三經策〉에서 고증의 필요와 학풍의 혁신을 역설하였으며 〈문체책文體策〉에서 속류 문체의 개혁을 논술하였으며 〈인재책人才策〉에서 당쟁의 연기緣起가 작록爵祿의 쟁탈에 있고 '의리義理'와 언론에 있지 않으며 조정이 '탕평' 정책을 표방하면서 본디부터 당쟁의 권외에 있는 여항閭巷 천민과 서북 인민을 등용치 아니하는 것을 신랄하게 지적하였다. 또 〈맹자책孟子策〉에서 맹자가 당시 제후에게 왕정을 권고하였을 뿐만 아니라 공자가 먼저 이를 권고하였으며 한 번도 존왕尊王한 일이 없었다고 논증하였다(그러나 이상 여러 책 중 삭제된 부분이 많은 건 다산 자신이 시휘時諱와 화근을 고려하여 대담하게 논술한 부분을 추후 삭제하였기 때문이다).

30세 – 1791년(정조 15) 호남 사인士人 윤지충尹持忠(다산의 외종형), 권상연權尙然(윤지충의 외종형)이 천주교를 믿고 조선祖先 제사를 폐지하고 신주를 집어치운 일로 사형에 처해졌다. 이 사건을 단서로 하여 이기경, 홍낙안洪樂安(희운義運의 개명), 목만중睦萬中(모두 남인당의 분파)은 서양과학과 천주교를 구별 없이 '서학' 즉 '사학邪學'으로 규정하고 이가환, 다산 일파를 사학도로 지목하여 사감私憾을 실현시키려 하였으며 특히 홍낙안은 좌상 채제공에게 장서長書를 보내어 "총명재지한 사대부의 열 중 일곱, 여덟이 모두 서교에 가입하여 장차 황건黃巾, 백련白蓮의 반란이 있을 것이다."고 하여 물론勿論을 일으키고자 하니 정조는 그들의 심사를 잘 알고 사건 처리를 채제공에게 위임하며 그들을 정원政院에 불러들여 반증 사실査實케 하고 이기경을 무고죄로 경원慶源에 유배하였다. 그러나 보수파의 물의를 진정하기 위하여 그해 11월에 이승훈을 구서죄購書罪(연전 북경에 가서 교회 서적을 가지고 온 것)로 삭직하고 권일신權日身을 교주죄教主罪로 서산瑞山에 안치安置하고 그 외

중인中人 신도 정의혁鄭義爀 등 11인에 대한 처단이 있었다. 이것이 소위 신해교옥사건이다. 그리고 보수파의 강요로 홍문관 내 장치되어 있는 서양 서적을 소각하고 금후 명청明淸 문집과 패관소설의 입국을 금지하였다. 이 해 겨울에 다산은 정조가 발문한 시경강의 800여 조를 해답하여 크게 칭찬을 받았다.

31세 - 봄에 홍문관 수찬이 되었다. 4월 9일 그의 아버지는 진주 목사로 임소任所에서 별세하므로 다산 형제는 분상奔喪*하여 충주忠州에 반장反葬**하였다. 겨울에 정조의 특명에 따라 성제城制를 논술하고 기중기, 활차滑車, 고륜鼓輪 등 도안을 창작하여 수원성 수축에 응용한 결과 공사가 성공하였으며 또 경비 4만 냥을 절감하였다.

32세 - 여름에 채제공이 화성華城(수원 고호古號) 유수로부터 돌아와서 영상領相(수상)이 되어 다시 국왕에게 글을 올려 '임오참인壬午譖人'(즉 장헌세자를 모해하던 서인 노론의 벽파)을 논죄하였으며 이어서 정조는 영조의 금등사金縢詞를 내보여 장헌세자의 효성을 증명하였으나 홍인호洪仁浩(의호義浩의 형)는 채제공을 비난하다가 도리어 사류士類의 배척을 받고 이를 다산이 주론主論한 것으로 의심하였다.

33세 - 7월에 부상父喪을 마치고 성균관 직강이 되었으며 8월에 비변사랑備邊司郞이 되었으며 10월에 다시 홍문관 교리, 수찬이 되었는데 '사교리겸진소회소辭校理兼陳所懷疏'에는 내각학사內閣學士 정동준鄭東浚의 탐권호회貪權好賄하는 사실을 직언하였다. 곧 경기도 암행어사가 되어 재상과 수령의 탐오 범법한 악행을 용서 없이 보고하고 법에 따라 처

---

* 먼 곳에서 부모가 돌아가신 소식을 듣고 급히 집으로 돌아감   ** 죽은 이를 고향에 다시 장사 지내는 일

단하였다. 당시 관찰사 서용보徐龍輔의 탐오도 어사 탄핵 중에 들었으므로 서용보는 후일 항상 다산을 저해沮害하였다.

34세 - 정월에 사간원 사간을 지내고 곧 통정대부 동부승지가 되었다. 2월에 병조참의로서 국왕의 현륭원(장헌세자의 묘) 참배행을 따라 수원에 갔다 왔다. 〈기민시飢民詩〉 3장 1편을 지었다. 병조에 숙직하던 어느 날 밤에 정조는 다산의 시재를 시험하고 이어 관각館閣에 승작昇爵시키기 위하여 '왕길사조사王吉謝鳥詞'라는 궁벽한 고전적 시제를 내어주고 칠언 배율 100운을 새벽 전으로 바치라고 돌연히 엄명하였다. 그래서 다산이 곧 비필飛筆로 지어 드렸더니 국왕은 크게 칭찬하고 그 시를 관각 문신 민종현閔鍾顯, 심환지沈煥之, 이병정李秉鼎 등에게 공개하여 평론하게 한 결과 다산의 문명文名과 재명才名이 상하를 경동驚動하였다. 〈고시古詩〉 24수를 지었다.

동년(즉 정조 19년, 1795). 수년 전부터 조선 천주교도는 북경 천주교회에 간절히 요청한 결과 청인 신부 주문모周文謨가 작년 12월에 국내에 잠입해 1월에 서울에 와서 북산北山 하에서 은거하면서 활발히 포교하여 교세가 갑자기 왕성하였다. 이때 다산은 이미 교회와는 관계를 끊었으나 그들의 동정을 들어 알았으며 영상 채제공은 정조와 밀의하여 주문모가 외국인이므로 공개하지 않고 비밀히 체포하여 간단히 처리하려 하였으나 문모는 탈주하였다. 악인 목만중睦萬中 등(남인분파)은 유언을 선동하여 다산 일파의 신학풍을 저해하려 하며 박장설朴長卨〔小北〕을 사촉하여 국왕에게 무고하기를 지난 경술년 증광별시增廣別試에 급제한 다산의 책문策文은 서양 사설邪說을 좇아 오행五行을 사행四行이라고 하였는데도 시관試官 이가환은 이를 제1등으로 평정하였다고 하니 정조는 교지로서 그 무고를 변명하고 박장설을 유배하였다. 그러나 반대파의 물의를 막기 위하여 7월에 이가환을 충주 목사로 다산을 금정金井〔홍주洪州〕 찰방察訪으로 외출外黜시키고 이승훈을 예산현禮山縣에 유배하였다. 이에 다산은 서교와 관계가 없음을 보이기 위하여 홍주 지방의 신도들을 많이 설유說諭하였으며 목재木齋 이삼환李森煥(성호의 조카) 등과 온양溫陽 석암사石岩寺에 모여 매일 유학을 강론하고 〈서암강학기西岩講學記〉를 지었으며 성호 유고를 교정하였다. 12월에 국왕의 소환이 있었다.

35세 - 가을에 국왕은 검서관 유득공을 보내서 다산과 이가환에게 《규장전운옥편奎章全韻玉篇》의 의례義例를 문의하였다. 겨울에 규장각에 들어가서 이만수李晩秀, 이재학李在學, 이익진李翼晉, 박제가 등과 함께 《사기영선史記英選》을 감교하였다. 〈불역쾌재행不亦快哉行〉 20수 시를 지었다. 12월에 병조참지를 거쳐 우부승지로 승직하였다.

36세 - 봄에 이서구李書九, 윤광안尹光顏, 이상황李相璜 등과 함께 《춘추좌씨전春秋左氏傳》을 감교 하였으며 반시泮試*에 대독관對讀官으로 참가하였다. 6월에 다시 승정원에 들어가서 동부승지가 되어 〈변방辨謗 사동부승지소辭同副承旨疏〉를 국왕에게 제출하였다. 이때 반대파는 다산 일파가 국왕의 친신親信을 받고 정치와 문화의 혁신을 창도하는 것을 크게 시기하여 사학邪學으로 무함하므로 다산은 장소長疏를 올려 첫째로 자기 소년 시절에 서양 서적을 보았을 뿐만 아니라 한동안 교리에 경심傾心하였던 사실을 고백하였으며 둘째로 그 교리의 허망 괴탄愧誕한 것을 깨달은 점과 일찍이 제사를 폐지한 일은 없었다는 점을

---

* 성균관 시험

말하였으며 끝으로 반대파의 시기와 중상이 심한 이 환경에 사진仕進을 계속하는 것이 국가로 보나 개인으로 보나 이익이 아니므로 사직을 간청하였다. 그러나 국왕은 만족한 비답을 주어 위안하고 취직하기를 재촉하였다.

때마침 곡산 부사(황해도)의 파체罷遞*가 있으므로 국왕은 친필로 다산을 곡산 부사로 제수하고 "한번 등용하고자 하나 잡음이 자못 심하니 웬일인지 모르겠다. 1, 2년 늦더라도 무방하니 가면 곧 소환하리라. 염려말라."고 하였다. 이는 다산을 애호하는 방법이었다. 다산은 곡산촌에 들어서자 곧 '민란' 두목으로 유명한 이계심李啓心을 석방하고 그의 진술을 청취하여 여러 가지 폐정을 제거하고 민의에 순응하였다. 겨울에《마과회통麻科會通》10권을 지었다.

37세 – 먼저 김이교金履喬, 김이재金履載, 홍석주洪奭周, 김근순金近淳, 서준보徐俊輔 등 여러 문신이 왕명에 따라 작성한《사기선찬史記選纂》주註가 번잡하므로 국왕은 책정册正의 역을 다산에게 위촉하였다. 4월에《사기영선집주史記英選集註》를 완성하였다.

38세 – 봄에 채제공의 부음을 받고 심히 비통하였다. 곡산 부사로 있은 지 2년에 민정, 재정, 형정 여러 방면에서 치적을 크게 올리며 종래 탐관암리暗吏의 폐정을 일소하여 인민의 송성頌聲이 전도全道에 전파하였다. 다산은 종래 호적법의 문란을 바로잡기 위하여 침기표砧基表와 종횡표縱橫表를 만들고 또 경위선經緯線을 그린 지도를 첨부하여 민호民戶의 허실강약과 지역의 활협闊狹** 원근을 일목요연하게 작성하여 간

---

* 파면 교체 ** 넓고 좁음

리奸吏의 강제 증호增戶와 인민의 도피 이산을 방지하였다. 봄에 〈응지론농정소應旨論農政疏〉를 제출하여 농업 발전책에 관한 국왕의 자문에 응하였다.

3월에 호조참판 가함假啣으로 황해 영위사迎慰使(청국 사신에 대하여)가 되어 50일 동안 황주黃州에 머물러 있었으며 동시에 특명을 받고 황해도 내 수령들의 비행 악정과 미결 의옥疑獄*을 엄밀히 탐사하여 보고하였다.

4월에 한재旱災가 있으므로 국왕은 미결 수인囚人들에 대한 심리를 명민明敏히 진행하기 위하여 다산을 병조참지로 소환하고 도중에 동부승지, 입경 즉시에 형조참의로 임명하였으며 또 형조판서 조상진趙尙鎭을 불러서 판서는 늙었으니 금후 일체 판결은 참의에게 위임하라고 부탁하였다. 그리하여 다산은 적체되고 난결로 있던 많은 형사사건을 명쾌하고 민속敏速하게 판결하여 사법관의 재간을 크게 발휘하였다. 또 그가 황해도에서 사찰한 초도둔우椒島屯牛와 청사영접淸使迎接에 관한 폐해들을 국왕에게 진술하여 폐지 정리하였다.

이때 다산에 대한 국왕의 신임이 날로 융중隆重하여 항상 밤 깊도록 기밀을 토의하며 다산 또한 지우에 감격하여 국사의 경장에 뜻을 두었다. 이를 본 반대당은 크게 시기하였다. 그리하여 대사간 신헌조申獻朝가 권철신과 정약전을 걸어 무고하므로 다산은 6월에 〈사형조참의소辭刑曹參議疏〉를 제출하여 자기변명하고 사직하였으며 겨울에 서얼 조화진趙華鎭이란 자가 반대파의 책동에 따라 '고변告變'하기를 이가환,

---

* 의심나는 옥사

정약용 등이 서교를 비밀히 주관하고 반역을 꾀한다고 하니 국왕은 경연 문신들에게 그 무고장을 공개하여 사실이 아님을 밝혀 주었다.

수난과 저술의 시기

39세 - 1800년(정조 24, 청국 가경 5). 봄에 초정 박제가와 함께 종두술(인두술)을 연구 실험하였다.

6월 28일 국왕 정조가 서거하니 다산은 자기들의 정치적 계획이 좌절된 동시에 반대당의 반동적 폭풍이 박두할 것을 통탄불기痛歎不己하였다. 이 반면에 크게 기뻐하며 날뛰는 목만중, 이기경, 홍희운(홍낙안의 變名) 등은 집권당(노론 벽파)의 앞잡이로 유언비어를 만들어 선포하기를 이가환 등이 장차 반란을 일으켜 '사흉팔적四凶八敵'을 제거하려 한다 하여 당국자들을 격동하였다. 다산은 선생 졸곡 후에 곧 고향에 돌아가서 형제가 단취團聚* 강론하고 노자《도덕경》의 "여혜與兮 약동섭천若冬涉川하고 유호猶乎 약외사린若畏四鄰이라"**는 문구를 취하여 당호堂號를 여유당與猶堂이라 하니 이는 근신의 뜻을 보인 것이었다. 《동국문헌비고간오東國文獻備考刊誤》가 완성되었다.

40세 - 1801년(순조 원년) 정월에 사상 탄압과 시파 압살을 예고한 섭정 김대비(영조의 계비, 벽파의 호신護神)의 〈사학엄금교서〉가 선포되었다. 동월 19일 석각夕刻에 천주교 '명회明會' 장 정약종의 비장秘藏 책롱冊籠이 포청捕廳에 압수되었으며 박장설(소북), 이서구(노론), 최현중崔顯重(남인) 등이 계속 상소하여 천주신도를 반역죄로 처단할 것을 주장하였

---
* 집안 식구나 친한 사람들끼리 화목하게 한자리에 모임
** 조심함이여! 겨울에 강을 건너듯 하며, 머뭇거림이여! 사방 이웃사람을 두려워하는 듯하라

다. 2월 9일에 다산은 이가환, 이승훈, 홍낙민 등과 함께 금부禁府에 체포되었으며 권철신, 정약전, 정약종, 이기양, 오석충, 김건순, 김백순(김건순, 김백순은 노론 명가)과 기내畿內 각지 인사와 신도들이 다수 투옥되었다. 그리하여 그들은 사교와 반역으로 몰려 처참處斬 혹은 유배되었다. 악당은 전기前記 책롱 중 서교의 '삼구설三仇說'을 다산 형제의 문서로 위정僞定하고 또 흉언을 보태서 삼형 약종을 대역부도로 죽였으며 다산은 겨우 면사免死하여 장기長鬐에, 중형 약전은 신지도薪智島에 유배되었다. 그는 적소謫所에 가서 〈기성잡시鬐城雜詩〉 27수, 〈자소自笑〉, 〈고시古詩〉 27수, 〈오즉어행烏鯽魚行〉, 〈장기농가長鬐農歌〉 10장, 〈백언시百諺詩〉 등 많은 시편을 지었으며 〈기해방례변고己亥邦禮辨考〉, 〈삼창훈고三倉訓詁〉와 〈이아술爾雅述〉 6권을 저술하였다(동년 겨울 옥중에서 잃어버렸다).

동년 춘옥春獄이 일단락난 뒤에 하옥夏獄에 청인 신부 주문모의 자수 사건과 연관하여 정조의 서제庶弟 인䄄(은언군恩彦君), 척신 홍낙임(시파 두령 홍봉한의 아들), 각신 윤행임 등의 사사賜死가 있었으며 동옥冬獄에 백서 주범 황사영이 체포되매 악인 홍희운, 이기경 등이 다산을 이 사건에 휩쓸어 넣어서 꼭 죽이려고 백방으로 책동하였다. 그리하여 다산은 중형 약전, 이치훈李致薰, 이관기李寬基, 이학규李學逵, 신여권申與權 등과 입옥하였으나 다산 형제는 황사영과의 관계가 전연 없던 것이 판명되었고 또 정일환鄭日煥이 황해도로부터 돌아와서 일찍이 각 도 인민에게 끼친 다산의 선정을 극히 칭도稱道하고 그를 죽여서는 절대로 불가하다는 점을 영상 심환지(노론 벽파 거두)에게 역설하였으므로 다산은 강진에, 중형 약전은 흑산도에 유배되었다. 형제가 동행하여 나주羅州 성북城北 율정점栗亭店에 이르러 비로소 작별하였다. '율정별栗亭別' 시편이 있다. 이곳 작별 후에 약전은 평민 생활로 도민島民의 환심을 크게 얻었을 뿐더러 취체取締가 조금 풀린 뒤로는 서신이 서로 통하고 저술이 있을 적마다 서로 문답 논평하였다. 그들이 체포된 뒤 마현馬峴 본가에는 가산이 전부 탈취되었고 서적과 초고가 모두 산실되었다.

41세 - 사자四子 농장農牂이 요사夭死한 소식을 들었다. 〈탐진촌요耽津村謠〉 20수, 〈탐진농가耽津農歌〉, 〈탐진어가耽津漁歌〉 10장을 지었다.

42세 - 봄에 〈단궁잠오檀弓箴誤〉를, 여름에 〈조전고弔奠考〉를, 겨울에 〈예상의광禮喪儀匡〉을 저작하였고〈애절양哀絶陽〉, 〈충식송蟲食松〉 등 시편을 지었다.

43세 - 봄에 〈아동편훈의兒童編訓義〉(二千文)를 지었다. 〈칠회七懷〉, 〈증문憎蚊〉, 〈하일대주夏日對酒〉, 〈하래夏來〉 12장, 〈유우遺憂〉 12장 등 여러 시편을 지었다.

44세 - 여름에 《정체전중변正體傳重辨》(일명《기해방례변己亥邦禮辨》) 3권을 지었다. 이 뒤부터 혜장惠藏, 색성賾性 등 시승詩僧과 자주 창화唱和하였다. 겨울에 장자長子 학연學淵이 왔으므로 보은산방寶恩山房에서 《예기禮記》를 강론하고《승암문답僧庵問答》 53측을 지었다.

46세 - 5월에 장손 대림大林이 났으며 7월에 형자兄子 학초學樵의 부음을 받았다. 겨울에 《상례사전喪禮四箋》의 〈상구정喪具訂〉을 지었다. 〈승발송행僧拔松行〉, 〈엽호행獵虎行〉 등 시편을 지었다.

47세 - 1808년(순조 8) 다산이 처음 강진 배소配所에 이르러 사관舍館을 정하려 한즉 모두 문을 닫고 거절하므로 심히 곤란한 지경에 빠졌다. 다행히 성동城東에 떡장사 노파가 그를 불쌍히 여겨 받아들이어 비로소 정주하게 되었으나 그 노파의 집은 방이 좁고 더러울 뿐만 아니라 술꾼, 장사꾼들이 항상 모여서 떠들므로 잠시도 견딜 수 없었다. 그러나 그는 8년 동안이나 안연히 지내면서 하층 인민의 생활을 직접 접촉하는 좋은 기회를 얻었으며 더울 때면 조그만 창을 열어 통기하고 대발을 드리어 외부를 막고 필연筆硯과 서적을 정비하여 연구와 저술을 계속하였다. 그러다가 이 해 여름에 비로소 처사 윤박尹博의 산정山亭을 빌려 이주하니 이 산에는 산다山茶가 많으므로 자기 별호를 다산茶山이라고 하였다. 그는 이곳에 대坮를 쌓고 못을 파고 화초와 나무를 많이 심고 물을 당겨 비류폭飛流瀑을 만들고 부근 석벽에 '정석丁石' 2자를 새겼으며 동서 2암二庵에 서적 수천 권을 장치하고 저서로써 낙을 삼았다. 그리고 남해 상선이 왕래하는 편에 해외 서적을 입수할 수 있었으며 빈부의 차와 지주의 착취가 심한 호남 지방의 농민 생활에 대한 재료 수집과 연구를 일삼았다. 이때 절도사 이민수李民秀의 〈선제문의船制問議〉에 대하여 답륜격수踏輪激水*의 선제(약칭 윤선제輪船制)를 서시書示하였다.

다산서당에 배우러 오는 청년들이 많았으며 '추이효변推移爻變'**의 학이란 것은 사회제도와 학술의 변화 발전의 방향을 연구하는 학문을 의미하며 합법적 형식을 고려하여 주역의 술어를 차용한 것이라고 한다. 봄에 《다산문답》 1권, 〈다산제생증언茶山諸生贈言〉을 쓰고 여름에 〈가계家誡〉를 쓰고 겨울에 〈제례고정祭禮考定〉, 〈주역심전周易心箋〉 20권, 〈독이요지讀易要旨〉 18측, 〈역례비석易例比釋〉, 〈춘추관점보주春秋館占補注〉, 〈주역전해周易箋解〉, 〈주역서언周易緖言〉 12권을 저작하였다.

---

* 바퀴를 밟아 물을 치는
** 정약용은 《주역》의 용어 추이, 효변, 물상物象, 호체互體를 골격으로 하여 《주역사전周易四箋》을 썼는데 그 가운데 효변은 양을 음으로 그리고 음을 양으로 해석하는 방법을 가리킴

48세 – 봄에 《상례사전喪禮四箋》의 〈상복상喪服商〉을, 가을에 〈시경강의책록詩經講義册錄〉을 지었다. 〈전간기사田間紀事〉 사언시 여러 편을 지었다. 여름–가을에 김공후金公厚(이름 이재, 이교의 아우)에게 준 서한에 당시 호남을 휩쓰는 미증유의 한재와 탐관간리의 악독과 인민의 파멸 유리하는 참상을 여러 번 자세히 폭로하였다.

49세 – 봄에 《시경강의보詩經講義補》, 〈관례작의冠禮酌儀〉, 〈가례작의嘉禮酌儀〉를 지었다. 9월에 장자 학연이 자기 아버지를 위하여 정부에 호소한 결과 구명을 받았으나 홍명주洪命周, 이기경李基慶 등의 저해로 석방되지 못하였다. 겨울에 〈소학주관小學珠串〉을 지었다. 〈이노행貍奴行〉, 〈산옹山翁〉, 〈용산리龍山吏〉, 〈파지리波池吏〉, 〈해남리海南吏〉 등 여러 시편을 지었다.

50세 – 봄에 《아방강역고我邦疆域考》, 겨울에 《상례사전》의 〈상기별喪期別〉이 완료되었다.

51세 – 봄에 계부季父* 가정稼亭의 부음을 받았다. 봄에 《민보의民堡議》 3권 (홍경래 폭동에 느낀 바 있어서), 겨울에 《춘추고징春秋考徵》 12권이 완료되었다.

52세 – 겨울에 《논어고금주論語古今註》 40권이 완료되었다.

53세 – 4월에 의금부가 석방령을 내리려 하였으나 강준흠姜浚欽이 상소, 저해하였다. 여름에 《맹자요의孟子要義》 9권, 가을에 《대학공의大學公議》 3권, 《중용자잠中庸自箴》 3권, 《중용강의보中庸講義補》, 겨울에 《대동수경大東水經》이 완성되었다.

54세 – 봄에 《심경밀험心經密驗》, 《소학지언小學枝言》을 지었다.

55세 – 봄에 《악서고존樂書孤存》을 지었다. 6월 6일(1816, 순조 16년)에 약전이

---

* 정재진丁載進(1740~1812)을 가리킴

흑산도 적소에서 별세하였다.

56세 - 가을에 《상의절요喪儀節要》를 지었다. 《방례초본邦禮草本＝경세유표》 49권이 비로소 편집 중에 있었다.

57세 - 1818년(순조 18) 봄에 《목민심서》, 여름에 《국조전례고國朝典禮考》가 완료되었다. 8월에 응교應敎 이태순李泰淳의 상소와 상신相臣 남공철南公轍의 조언과 판의금判義禁 김희순金羲淳의 발령으로 다산은 유배 18년 만에 비로소 석방되어 9월 초에 강진을 떠나 14일 만에 마현 본가에 돌아왔다. 유배 중 시휘時諱로 공개하지 못할 저작들은 그가 배소를 떠날 때 친신하는 제자와 승려들에게 맡겼다 한다.

58세 - 여름에 《흠흠신서》, 겨울에 《아언각비雅言覺非》가 완성되었다. 가을에 용문산龍門山〔양근陽根〕에 놀았다. 겨울에 정부 내의 공론이 다산을 등용하여 경전經田 즉 전국 토지측량의 사무를 맡기기로 결정하였으나 상부相府에 재임된 서용보가 숙적으로 극력 저지하였다.

60세 - 봄에 《사대고례책보事大考例冊補》 26편이 완료되었다. 9월에 백형 약현의 상을 당하였다.

61세 - 자기 묘지명을 지었다. 다산은 혹독한 화변을 겪은 이래 20년 동안에 사상과 지기志氣를 서로 통할 수 있던 선배, 지우가 혹은 단두대에서 혹은 유형지에서 모두 사라지고 남은 것은 오직 백발이 드리운 자기뿐이었으므로 더욱 감개하여 붓을 들고 정헌 이가환, 복암 이기양, 녹암 권철신, 매장 오석충, 선중씨 약전 등 묘지명을 지어 자기 문고 중에 편입하여 그들의 실적을 후인에게 전하려 하였다. 봄에 대산臺山 김매순金邁淳과 경의經義에 대한 문답이 있었다. 6월에 석천石泉 신작申綽에게 주례周禮 육향지제六鄕之制를 답론答論하였다.

62세 - 9월 28일 정부政府에서 승지 임명을 결정하였다가 환수하였다.

66세 - 1827년(순조 27) 익종翼宗이 세자로서 순조를 대리한 초년에 다산을 등용할 의향을 보였더니 이극배李克培는 악당의 사촉을 받고 상소하여 참혹히 무고하였으나 정원政院은 익종에게 올리지 않고 도리어 보고하여 극배를 엄중히 심문한 결과 그의 무고 진상이 폭로되었다.

69세 - 5월 5일에 부호군副護軍 탕서蕩敍*의 왕명이 있었다. 이때 순조의 대리 익종의 병상이 오래 평복平復되지 못하던 즈음에 다산이 의술에 정통하다는 것을 듣고 약원藥院에 들어와서 처방을 내라는 명령을 받아 궐내에 가서 진찰하니 벌써 거의 절명에 가까웠다. 그리하여 약품을 내라는 구하겠다고 물러 나온 지 얼마 안 되어 익종은 별세하였다. 즉일 귀가하였다.

72세 - 연천淵泉 홍석주洪奭周가 연경에서 가지고 온 운대雲坮 완원阮元의 《십삼경 교감기十三經校監記》**를 차독借讀하였다.

73세 - 1834년(순조 34) 봄에 《상서고훈지원록尙書古訓知遠錄》 개수합편 31권이 완료되었다. 11월에 국왕 순조의 병세가 위중하여 다산을 약원으로 부르기에 급히 상경하여 13일 새벽에 홍인문興仁門에 들어서니 벌써 순조가 절명하고 백관이 곡반哭班(국상 때 곡을 하던 벼슬아치의 반열)에 나가기에 그 이튿날 곧 귀환하였다.

75세 - 1836년(헌종 2, 청국 도광 16) 2월 22일 진시辰時(오전 8시) 마현 본가에서 병사하여 다난다채한 일생을 마치었다. 이 날은 다산 부부의 회혼일回婚日이었으므로 자손과 친척들이 연회를 베풀려던 것이 상회喪會로 전환되었다. 그의 부인 홍씨도 수일 후에 병사하였다. 4월 1일 본가

---

* 죄를 씻고 다시 관직에 임용함
** 정확한 명칭은 《십삼경주소교감기十三經註疏校敢記》다. 운대는 완원의 호, 雲臺라고도 쓴다

의 후편 산판山坂 자좌오향子坐午向*의 묘지에 장사하였다.

융희 4년(1910) 7월 18일 조서詔書에 고故 승지 정약용은 문장과 경제가 일세에 탁월하다 하여 정헌대부 규장각 제학을 추증하고 문도文度〔博學多聞曰文, 制事合義一度〕의 시호諡號를 주었다.

그의 수정手定 문고 546권(경집 232권, 문집 314권)은 대개 시휘時諱 관계로 공개되지 못하고 본가 후손에게 보관되어 있다가 그의 서거 후 103년에 《여유당전서》가 고故 권태휘權泰彙 주관 '신조선사新朝鮮社'에서 간행되었다.

다산의 장자 학연의 호는 유산酉山이며 자기 아버지 학풍을 계승하여 학식이 해박하고 특히 의학에 정통하였으며 시명詩名이 높았다. 항상 서울 중인 시가詩家 우선藕船 이상적李尙迪과 교유 창화하였으며 그보다 20년 연장이었으나 그의 시제자로 자칭하였으므로 유산 사후에 우선은 만사輓詞 중 '하사자칭시제자下士自稱詩弟子'라고 썼었다.

다산의 마현 고택은 구자형口字型 20간 와가瓦家로서 대단히 청초하고 한강을 굽어보아 서재의 풍경이 극히 명미공활明媚空闊하였으며 그의 현손 정규영까지 고택과 유고를 잘 지켜 내려오다가 지난 을축년(1925) 대홍수에 한강이 밤중에 갑자기 불어서 고택은 떠내려갔고 유고는 다행히 규영이 결사적으로 구출해내었다. 고택과 유고 책장의 사진은 1939년경 《동아일보》에 기재된 일이 있다.**

---

* 정남향을 가리킴　** 〈여유당전서를 독함〉 연재 기사 속에 수록하였다

2. 다산의 일사逸事와 일화逸話

다산의 육체와 풍신을 묘사한 문자는 잘 발견되지 않는다. 이는 그를 사모하는 후인으로서 적지 않은 유감이 되지 않을 수 없다.

신빙할 만한 전언에 따르면 그는 몸집이 중인 이상으로 장대하였다 한다. 자찬 묘지명에는 "유이영오파지문자幼而穎悟頗知文字"*라 하였을 뿐이며 강진 재적在謫시에 지은 〈칠회七懷〉 시 중 〈억사질憶舍侄〉** 편에 "구응사아장軀應似我長"***이라 하였으니 이를 보면 그의 몸이 장대하다는 것은 전언과 서로 합치한다.

그의 소저所著 〈선중씨(약전) 묘지명〉 중에 정조가 일찍이 약전을 보고 형의 준위俊偉****가 동생의 무미嫵媚*****보다 낫다 하였으니 이를 보면 다산이 몸집이 큼직한데다가 자태가 거칠지 않고 아름다웠음을 알 수 있다.

그는 어렸을 때 천연두를 곱게 치러서 얼굴에 한 점 흔적도 없고 다만 미부眉部에 손터로 인하여 미신眉身이 조금 나눠졌으므로 삼미자三眉子라 자호自號하였으니 이는 그의 용모 가운데 후천적 특징이다. 그밖에 자세한 것은 이제 알 수 없다.

그의 재분才分은 여러 야담, 일화를 퍼뜨릴 만큼 신기하였다. 필자도 어렸을 때 촌훈장村訓長과 향선생鄕先生들에게 직접 들은 것이 적지 않았다. 항간에 구전하는 회해詼諧******는 오성대감鰲城大監(이항복李恒福)을 들추는 것과 마찬가지로 재담경구는 대개 다산을 찾는 경향이 없지 않았다. 어쨌든 다산의 기발

---

* 어렸지만 영리하여 자못 글을 알았다   ** 조카를 생각하며   *** 체구는 나를 닮아 건장하려무나
**** 준수한 모습   ***** 아름다움   ****** 해학

한 천분天分이 당시 인사에게 깊은 인상을 준 것만은 이로써 짐작할 수 있다.

그가 15세 혼례식상에서 처종형 홍인호洪仁浩의 "사촌매부四寸妹夫 삼척동자三尺童子"란 희언戱言에 "중후장손重厚長孫, 경박소년輕薄少年"이라고 응성즉답應聲卽答한 일은 세상에 너무나 유명하거니와 정조에게 묻는 대로 거침없이 대답했다는 해어경구諧語警句 예를 보면 다음과 같다.

　○ 정조 – 말니 마치(馬齒의 음) 하나 둘 이리(一二의 음)
　　다산 – 닭의 깃이 계우(鷄羽의 음) 열다섯이오(十五의 음)
　○ 정조 – 보리 뿌리 맥근 맥근(麥根의 음)
　　다산 – 오동 열매 동실 동실(桐實의 음)
　○ 정조 – 아침까지 조작 조작(朝鵲의 음)
　　다산 – 낮송아지 오독 오독(牛犢의 음)
　○ 정조 – 지상홍하池上紅荷 오여점야吾與點也(末句는 논어의 문구)
　　다산 – 전전벽류展前碧柳 첨왈수재僉曰垂哉(末句는 서경의 문구)

일반에선 위 세 대해對諧를 다산이 아닌 윤행임의 것이라 하고 전전벽류의 대구를 번암 채제공의 것이라 하나 필자가 처음 들은 대로 그대로 기입한다.

어느 때에 정조와 다산이 3개자가 1개자로 합성한 한자 즉 정晶, 간姦, 묘森, 삼森, 뢰磊 등 자의 글자모으기 내기를 하게 되었다. 각기 서취한 것을 대조 비교하려 할 때 다산은 문득 아뢰어 가로대 "전하께서 한 자만은 신에게 불급不及할 것이올시다."하니 정조가 가로대 "모든 자전에 있는 것을 하나도 빠짐없이 죄다 기억하노니 일자불급一字不及이 웬 말이냐?" "그래도 한 자만은 불급不及할 것이올시다."하고 비교해 본즉 정조는 '삼三' 자를 기입치 않았다. 그래서 군신이 서로 웃었다 한다.

다산의 다문박식이 일세를 누리게 되니 타당 문사들의 시기도 또한 적지 않았다. 어느 때 어느 회소會所에서 그들이 다산을 곤욕할 양으로 전부 난해한 고자古字를 사용하여 서한 하나를 만들어 다산에게 보내고 즉석 회답을 요구하였더니 그는 조금도 지체없이 회답해 주었다. 그들이 답서를 열어본즉 또한 전부 모를 고자라 자서字書를 뒤져가면서 한참 해독해본즉 결국 그들의 편지를 다른 고자로 베껴 보낸 것이다. 그들은 하염없이 다산의 신랄한 반사적 조롱을 만끽할 뿐이었다 한다.

이러한 일화가 물론 다산의 재분에 대한 칭찬이지만 그 반면에 그를 도학자나 정인군자正人君子로 인정치 않고 한갓 재화인才華人으로만 평가하는 편견이 숨어 있던 것이다. 그를 사학이단, 사문난적의 한 명으로 지칭하고 정통 유학자의 반열에 세워주지 않던 것은 근대까지 시골 유생들의 지배적인 평가였다. 다산의 광명탁월한 정체가 당시 부유악당腐儒惡黨의 귀설鬼舌에 얼마나 쪼들렸던지 넉넉히 짐작할 수 있지 않은가!

〈기성(병조)응교부득왕길사조사일백운騎省(兵曹)應教賦得王吉射烏詞一百韻〉*은 본문과 응교제진應敎製進의 경위가 시집 중에 상기詳記되어 있거니와 다산은 일찍 병조에 숙직하는 밤에 국왕으로부터 시제詩題를 받아가지고 오경삼점五更三點에 완편한 것이다. 정조는 그 속작速作을 탄복하고 대녹피大鹿皮 한 장을 하사했으며 당시 문임文任 제신에 심환지沈煥之, 이병정李秉鼎, 민종상閔鍾祥 등은 모두 다산의 기재와 사화詞華를 높이 평가해 올렸다. 그래서 그의 재화才華와 문명文名은 드디어 상하를 울리게 되었다.

그러나 여기에 달린 일화 하나가 있다. 그의 시제는 '폐하수만세陛下壽萬

---

* 병조에서 임금의 분부를 받고 왕길의 사오사 일백 운을 지었다. 왕길은 서한시대 인물

歲, 신위이천석臣爲二千石'* 10자뿐이므로 그는 이 벽제僻題가 왕길사조시王吉射鳥詩임을 적확히 알지 못했다. 그러나 내각 각장서 중에서 본제의 출처를 광람박고廣覽博考하여 효종효종曉鐘** 이전으로 일백운시를 제진하라고 정조는 엄명하였다. 광람박고는 시간의 제한이 불허하므로 그는 부득이 문직門直을 밀사로 하여 자기 선배요 당시 박식의 신으로 유명한 이가환에게 해제해 달라고 화급히 간청하였다. 그래서 가환이 밤중에 일어나 앉아서 비필즉답飛筆卽答하여 주니 다산은 그에 의거하여 한정한 시간 안에 신속히 제상製上하였다 한다.

이와 같이 정헌貞軒의 박람강기博覽强記***가 일세에 관절冠絶****한 것은 다산으로서도 여러 번 탄복하였다. 그러나 저작의 민활과 요사성料事性:***의 소통과 사변事變에 대한 침착하고 강정剛正한 기상과 학문에 대한 침잠조창沈潛條暢:***한 견해는 정헌보다 훨씬 나았던 셈이다.

전서와 연보를 통관하면 자연히 알게 되지만 다산은 전후 혹독무비한 세고世故와 가화家禍에서 처신응변의 술術이 극히 명철하였으되 급기야 의리를 위하고 학문을 위해서는 부귀와 빈천이 능히 그 뜻을 흔들지 못하고 사생과 화복이 그의 마음을 조금이라도 건드리지 못하였다. 경제재식經濟才識과 학문 포부는 그만두고 지절志節과 조행操行이라는 면만 보더라도 다산은 실로 인민의 사표라 아니할 수 없다.

그가 강진 유배 중에서 이미 수년을 지난 때였다. 그의 지우요 당시 세도가의 친속인 모某가 호남 관찰사로 와서 다산에게 편지를 하여 속히 유배로부터 해방될 방법을 비밀히 서시書示하였다. 요컨대 그것은 다산으로 하여

---

* 폐하의 만수무강 축원하오니, 신의 몸은 2천석 관리입니다   ** 새벽종
*** 여러 가지 책을 널리 많이 읽고 기억을 잘함   **** 가장 뛰어나 견줄 사람이 없음
:*** 일을 처리하는 성격   :*** 조용히 침잠하여 이치에 통달함

금 세도재상에게 칭송하는 뜻을 표시한 시詩나 문文 한 편을 드리면 해배解配될 것이라는 암시였다. 유형 생활은 끝이 없고 가향家鄕에 대한 그리움도 가 없는 터이니 웬만하면 처세술에 응종할 것이지만 그는 의리의 생명을 위하여 일신의 사생화복을 도외시하였다.

그가 보낸 답서의 대의는 다음과 같다―귀의貴意는 감사히 생각한다. 그러나 내 일신은 벌써 늙었고 한 사람의 해배는 국가에 큰 관계가 아니다. 그러나 정말 호남에 장차 대사大事가 있다. 지금 인민의 곤궁은 극도에 달하였고 탐관오리의 박삭剝削은 갈수록 더욱 심하니 어떤 대방침이 미리 서지 않고는 호남의 모순은 구해救解 될 도리가 없으며 이 모순이 구해되지 않으면 미구未久에 대사가 터질 것이다. 내 일신은 유형 중에 종신하여도 큰 문제가 아니니 모름지기 큰 문제에 유념하라 하고 이어서 민생의 질고와 관료의 포학에 대한 진술이 있었다 한다.

이 한 가지로도 다산의 전체를 판단하기에 넉넉지 않은가? 망신우국忘身憂國의 위대한 정열과 지사불변至事不變하는 순도적殉道的 지절志節은 그를 짝할 자가 천고에 몇몇이나 될 것인가? 다산의 애국적 지성至誠은 또한 인민과 역사의 추향趨向을 바로 본 것이다. 고부古阜의 '민란民亂'을 발단으로 한 갑오농민전쟁(1894)은 봉건체제를 타도하던 조국의 대사변이다. 이는 반세기 이상의 시간을 앞서서 다산이 예언했다고 할 수 있다.(문집《여김공후서與金公厚書》참조)

또 해배되던 그 해의 일이었다 ― 1818년, 순조 18년 첫 가을에 당시 세도가 '김조순金祖淳'의 족인族人 김이교金履喬가 강진 유배로부터 해방되어 경성으로 돌아가는 길에 다산초당에 방문하였다. 이교는 원래 다산과 동년이요 또 소시에 한림동료로서 비록 당계는 다르지만 교분이 깊었었는데 이때 서로 만나본즉 청춘이 어느덧 백발이었다. 손을 잡고 서로 눈물을 흘렸으며 하룻밤을 담화로 새웠다. 이교의 심중에는 다산이 자기 신상에 대하여 무슨 부탁이 반드시 있으리라 하였더니 다산은 사정私情의 말은 종시 한 마디도 없고 다만 공통된 정의情誼를 말할 뿐이었다. 떠날 때에 다산은 십리 밖까지 전송하니 이교는 묻기를 "여보 영감 나에게 할 말 없소?" 한즉 다산은 "별로 없소." 하고 이교의 수중에 있는 접이부채(접선摺扇)을 펴서 칠언율시 한 수를 써주어서 이별의 정을 표하였다. 시는 다음과 같다.

驛亭秋雨送人遲	역사驛舍에 가을비 내리는데 이별하기 더디구나
絶域相尋*更有誰	이 머나먼 외딴 곳에 찾아 줄 이 다시 또 누구랴
班子登仙那可望	반자班子의 신선에 오름 부럽지 않으랴만
李陵歸漢竟無期	이릉李陵의 귀향이야 기약이 없네.
尙思酉舍揮毫日	대유사大酉舍에서 글 짓던 일 잊을 수 없고
忍說庚年墜釰時	경신년(1800)의 임금님 별세 그 슬픔 어찌 말하랴.
苦竹數叢殘月曉	대나무 몇 그루에 어느 날 밤 달빛 비추면
故園回首淚垂垂	고향 향해 고개 돌려 눈물만 주룩주룩 흐르네**

이교가 그 부채를 가지고 서울에 돌아온 뒤에 김조순의 사랑에 갔을 때는 벌써 추절秋節인데도 부채를 펴서 슬슬 부치니 조순은 그 부채면에 쓰인 시를 보고 놀라면서 "이것은 미용美鏞(다산의 字)의 시가 아닌가?" 하고 남천南天을 바라보고 초연愀然한 빛이 있더니 곧 국왕에게 아뢰어 다산을 해배하게 하였다고 한다.

---

* 원문에는 '饟'으로 되어 있어서 '아껴줄 이 다시 또 누구랴'로 해석할 수 있다
** 제목은 〈송별送別〉. 위 번역은 박석무 외 편역, 《다산시정선(하)》(현대실학사, 2001) 참조

또 익종翼宗 진찰에 대한 일화다. 익종은 순조의 세자로서 대리를 보면서 자기 외가인 장동壯洞 김씨의 전횡에 대하여 내심 불평을 품고 인재를 구득하기에 노력하였으므로 다산에 대해서도 다시 등용할 예정이었으나 곧 사거하였기 때문에 아무런 효과가 없었다. 그리고 익종의 병세가 위독함에 다산을 미워하는 무리가 일부러 다산을 추천하여 처방과 투약의 책임을 지워서 죽을 고비에 몰아넣을 계획이었다. 이 내막을 잘 아는 다산은 절명에 가까운 익종에 대하여 투약하면 죄책을 질 것이요 투약을 않으면 불충하다는 문책을 받을 것이므로 다음과 같은 방법을 취하였다. 즉 그는 약원에서 선언하기를 이 병증에 대하여 꼭 써야만 할 약물이 자기 본가에 간직되어 있다 하고 급히 사람을 보내어 그 약물을 가져오라고 하였다. 그러나 자기 마현 본가는 경성에서 백여 리나 되니 약물을 가져오는 동안에 익종은 벌써 절명하여 버려서 아무런 문제도 되지 않았다 한다.

3. 다산의 저서 총목總目

우리 조선 선배의 저술계에서 다산의 저서는 수, 양 양자에 절대적으로 수위를 점령하였다. 그는 10세 전에 벌써 시문 저작인 《삼미집三眉集》을 지었으나 한 편도 전하는 것이 없고 현전現傳 전서 중에는 15세 때의 〈회동악懷東岳〉, 〈유수종사遊水鐘寺〉 두 수의 시가 그의 최초의 작품이 될 것이다. 그리고 정조대의 국가 편술사업은 실로 미증유하게 방대하였는데 이 사업에 다산이 직접적 참여한 바가 또한 적지 않았으니 예를 들면 《사기영선집주史記英選集註》, 《규장전운옥편奎章全韻玉篇》, 《두시교정杜詩校正》 등이다.

이러한 종류와 기타 인멸, 혹은 제외된 것을 전부 합산한다면 현존 전서량의 기배幾倍가 되지 않을 것인가? 그가 61세 때 자찬한 묘지墓誌〔集中本〕중에 열거된 저서의 총목과 권수는 다음과 같다.

《모시강의毛詩講義》	12권
《모시강의보毛詩講義補》	3권
《매씨상서평梅氏尙書平》	9권
《상서고훈尙書古訓》	6권
《상서지원록尙書知遠錄》	7권
《상례사전喪禮四箋》	50권
《상례외편喪禮外篇》	12권
《사례가식四禮家式》	9권
《악서고존樂書孤存》	12권
《주역심전周易心箋》	24권
《역학서언易學緖言》	12권
《춘추고징春秋考徵》	12권

《논어고금주論語古今註》　　　　　　40권
《맹자요의孟子要義》　　　　　　　　9권
《중용자잠中庸自箴》　　　　　　　　3권
《중용강의보中庸講義補》　　　　　　6권
《대학공의大學公議》　　　　　　　　3권
《희정당대학강의熙政堂大學講義》　　1권
《소학보전小學補箋》　　　　　　　　1권
《심경밀험心經密驗》　　　　　　　　1권

이상은 경집經集 모두 232권

《시율詩律》　　　　　　　　　　　　18권
《잡문전편雜文前編》　　　　　　　　36권
《잡문후편雜文後編》　　　　　　　　24권
《경세유표經世遺表(방례초본邦禮草本)》　48권(未卒業)

이하 '잡찬雜纂'

《목민심서牧民心書》　　　　　　　　48권
《흠흠신서欽欽新書》　　　　　　　　30권
《아방비어고我邦備禦考》　　　　　　30권(未成)
《아방강역고我邦疆域考》　　　　　　10권
《전례고典禮考》　　　　　　　　　　2권
《대동수경大東水經》　　　　　　　　2권
《소학주관小學珠串》　　　　　　　　3권
《아언각비雅言覺非》　　　　　　　　3권
《마과회통麻科會通》　　　　　　　　12권
《의령醫零》　　　　　　　　　　　　1권

이상은 총위지문집總謂之文集 모두 267권

이상에 인록한 경집, 문집을 합계하면 1권이 부족한 500권의 거질巨帙이다. 이것만 가지고 보더라도 거대한 규모와 풍부한 수량에 참으로 경탄치 않을 수 없다. 규모가 범박한 것은 실학 선구자인 반계, 성호의 미칠 바가 아니다. 양으로만 단순히 말하더라도 시가詩家인 신자하申紫霞라든지 문가文家인 연암이라든지 성리학가인 이한주李寒洲,* 곽면우郭俛宇**라든지 다 유집이 많거나 유명하나 도저히 다산과 비교할 수 없으며 서피西陂 유희柳僖의 《문통文通》 100권과 혜강惠岡 최한기崔漢綺의 《명남루전집明南樓全集》 300권도 역시 비길 수 없다. 다산의 탁월한 정력과 견인한 근면은 또한 후인이 모범할 바라고 할 수 있다.

61세 이후로는 신규 작품으로서 따로 단행본이 될 만한 것은 없었고 몇 편의 시문 이외에 오로지 기성 저작에 대한 분합, 필삭, 윤색을 베푸는 것이 그의 주적 사업이었다. 동시에 그 호대浩大한 편질篇帙을 정사성책淨寫成冊하여 후인의 전독傳讀과 간행에 편리하도록 하는 것이 또한 그의 관심사였다. 이제 이 초고본을 보면 문생門生, 자질子侄이 경건하게 등사한 외에 단정아묘端正雅妙한 필법이 일가를 이룬 다산의 친필이 간혹 발견된다. 지엽紙葉마다 외광내란外框內欄***의 흑선을 정제整齊하게 그었고 균장菌粧과 표제는 모두 명결우아하여 보는 사람으로 하여금 그 공력과 기술에 또 한 번 다시 감탄케 한다.

다산의 필법에 관하여 일화 하나가 있다. 그의 글씨는 해자종획楷字縱畫****의 말단이 조금 왼편으로 경사하였으니 이는 종획의 기두起頭가 보통체보다 왼

---

* 한주 이진상李震相(1818~1886)　** 면우 곽종석郭鍾錫(1846~1919)　*** 바깥 테와 안 칸막이
**** 최익한은 '楷字縱畫'라고 썼으나 '畫'는 '劃'의 의미로 쓰인 것 같음. 아래 획신畫身, 획각畫角도 마찬가지임

편으로 과도하게 첨각을 내기 때문에 획신畫身이 역力의 균형 작용을 취取키 위하여 자연히 조금 궁형弓形에 근사하고 획각畫角은 또한 약간 첨경尖輕하게 되었다. 여기서도 다산의 심기가 호방격앙豪放激昻*한 것을 엿볼 수 있다. 그러나 정조는 이를 좋아하지 않아 일찍이 사체斜體 개정을 요구하였다. 그 후 35세에 왕명을 받아 화성華城〔수원〕 제궁의 상량문과 어람御覽 오경백편五經百篇과 팔자백선八字百選의 책 제목을 정체로 써서 드렸더니 정조는 잘 썼다고 탄상歎賞하여 진찬珍饌, 법주法酒, 백미白米, 땔나무, 숯, 건시乾柿, 생치生雉, 감귤柑橘, 호초胡椒 등 물품을 예사禮賜하고 내각장서의 관람을 특허하였다 한다.

　지금 이 전서 초본 중에도 사체斜體의 흔적을 그의 수필手筆에서 지적할 수 있다.

　이하에 《열수전서총목록洌水全書總目錄》을 인록한다.

　이것은 그의 최후 수정手定 가장본家藏本인 전서초본에 딸려 있는 총목록인데 현존본은 역시 다산의 현손 정규영의 필적이다. 이를 가지고 상기한 다산의 자찬 묘지명 중 열거된 서명, 권수와 분류와 비교 대조해 보면 그 후 50년간 자기 저서에 대한 가감 정리의 공작이 어떠하였는지 거의 고찰할 수 있다.

---

* 기질이 호탕하고 걸림이 없음

열수 전서 총목록

서명	책수	권수
《시경강의》	4	12
《시경강의보》	1	3
《매씨서평》	3	9
《매씨서평속》	2	5

제1책=1, 2권이 여씨고문상서초閻氏古文尙書鈔

《상서고훈》	7	21
《상례사전》	17	50
《상례외편》	5	14

제1책=1, 2권이 전례고典禮考

제2책=1, 2, 3권이 단궁잠檀弓箴

제4책=1, 2, 3권이 정체전중변正體傳重辨

제5책=1, 2, 3권이 조전고吊奠考, 고례영언古禮零言, 예고서정禮考書頂

《상의절요》	2	6
《역학서언》	4	12
《춘추고징》	4	12
《논어고금주》	13	40
《맹자요의》	3	9
《중용자잠》	1	3
《중용강의》	2	6
《중용강의보》	1	3
《대학공의》	1	3
《대학강의》	1	3

(소학보전小學補箋, 심경밀험부心經密驗附)

◎ 이상 경집 합계 88책, 250권, 5483장(매권 장수는 생략함)

《시집전편》	5	15

《시집후편》	3	8
《문집》	12	34
	제10책=27, 28, 29권이 문헌비고간오文獻備考刊誤	
《문집속집》	10	30

◎ 이상 문집 합계 30책, 87권, 1941장

《방례초본(=경세유표)》	15	43
《목민심서》	16	48
《흠흠신서》	10	30
《강역고》	4	12
《수경》	4	10
《소학주관》	1	3
《아언각비》	1	3
《마과회통》	11	11
《민보의》	1	3
《풍수집의》	1	3

◎ 이상 잡찬 합계 64책, 166권, 3993장
◎ 이상 열수전서 경집, 문집, 잡찬 총계는
(1) 182책
(2) 503권
(3) 11만 417장 (매장每張이 대개 22자 20행)
(4) 23개 장궤粧樻, 1개 서장書欌

상기 목록 이외에도《균암만필筠庵漫筆》과《사암연보俟庵年譜》가 말단에 부기되어 있다.
(1) 균암만필 1책 64장
(2) 사암연보 2책 122장

전자는 다산의 소저所著《자균암만필紫筠庵漫筆》이요 후자는 다산의 고제高弟 이청李晴의 기초起草를 현손 정규영이 수식修飾한 것이라고 한다.

4. 종두술 - 우두술과 정다산

종두술이라면 흔히들 우두접종법으로만 알고 또 우두접종법이라면 이를 조선에 맨 처음 수입하여 시술한 자를 고종대 초년의 지석영池錫永으로만 알고 있다. 그러나 사실은 그렇지 않다. 우두접종법의 전 계단에 인두접종법이 먼저 발명되었으며 조선의 우두접종법 수입자로 지석영보다 반세기 이상 앞서서 다산 정약용이 있었다. 이에 대한 몇 마디 유래설을 잠깐 해보려 한다.

두창痘瘡 환자의 딱지[痂皮]와 농즙膿汁을 미환자未患者의 체상體上에 이식하여 두환痘患을 예방하는 방법은 그 유래가 벌써 오래됐다. 소아를 두환자에게서 고의로 접근시켜 전염케 하여 장래의 화환禍患을 감면하려는 기도는 천연두뿐 아니라 마진痲疹[紅疫]에서도 동일한 방법이 전부터 사용되어 왔다. 즉 두창의 약한 독을 접종하여 장래 강한 독을 방지하는 방법은 이른바 인두접종법[Inoculation variolation]이다. 이는 고대 인도, 아라비아 등지에서 이미 실행한 기록이 있으며 중국에서는 두창의 딱지를 솜에 싸서 미환자의 콧구멍을 막아두면 예방의 효과가 있음을 꽤 오래전부터 알았다.

콘스탄티노플에 거주한 그리스의 의가醫家 디오모니*가 1713년에 보고한 바에 따르면 이 지방 어떤 종족은 여아의 미용을 보존하기 위하여 두창환자의 농진 중에 침을 찔러 농즙이 묻은 채로 다시 그 여아의 피부 어디든지 찌른즉 경미한 두창에 걸리게 된다. 그러면 그 다음에는 중증 유행시에도 감염되지 않는다고 하였다. 19세기 초두에 터키 주재 영국공사 부인 몬

---

* Emanuel Timoni, 옥스퍼드 대학 졸업 후 콘스탄티노플에 정착. 1713년 런던에 사는 의사 John Woodward 에게 편지로 알렸다고 한다. 본래 이탈리아 태생이라고 함

테규는 이 그리스법을 전파한 이래로 의가의 주의를 크게 끌었었다.

이상 사실을 종합해 보면 두역痘疫의 원산지는 인도, 아라비아, 소아시아 등지인 듯하며 인두접종술도 또한 이 지방에서 먼저 발명되어 병독과 함께 중국 방면에 전래된 것 같다. 조선은 물론 중국을 중계지점으로 한 것이다.

그러나 이 인두접종법은 완전한 방법이 아니어서 때로는 병독을 확대시키는 우려가 적지 않았다. 이 방법이 18세기 유럽의 귀족 간에 실행된 동시에 이것의 개량을 열심히 연구한 자가 없지 않았으나 성적은 의연히 훌륭치 못했다.

그러나 나중에 오고야 말 우두접종법은 그 원리의 단서를 이 인두접종법에서 추출하였다. 이는 오직 제너의 천재적 발명으로 완성되었다. 이제 그의 발명 경로를 되풀이해 말하면 이러하다.

영국 글로스터셔후侯의 영지 버클리 승려의 아들 에드워드 제너(1749~1823)는 지방 의가의 도제徒弟로 있을 즈음에 우유를 짜는 사람은 소의 유방두창에 접촉하되 우두에 감염되지 않고 또 그 후 인두 유행에도 감염되지 않는다는 경험담을 듣고는 크게 흥미와 힌트를 느껴 주의해본 결과 그것이 사실임을 깨닫고 한 걸음 나아가 인두 대신에 우두를 접종할 것을 고안하였다.

그 후에는 런던에 가서 유명한 의사 존 헌터*라는 사람을 스승으로 섬기고 어느 때 자기의 지향을 고백하여 그 의사의 판단을 빌었던바 "해 보아라. 성심껏 해 보아라."라는 격려를 받고서 다시 향리에 돌아와서 개업을 하면서 숙제의 고안에 대하여 여러 번 실험한 끝에 마침내 인류문화사상에 영원히 기념할 만한 큰 은혜의 날이 이 세상에 왔다. 즉 1796년 5월 14일에 제너는

---

* John Hunter(1728-1793), 유명한 외과의사이며 해부학자 · 박물학자

세어러 네머스라는 우유 짜는 여자가 가시(棘)에 상한 손에 우두가 감염된 것을 보고 그 농즙을 취하여 8세된 건강한 소아인 핍스의 팔에다 이식하여 보았다. 이것이 현대 즉 우두접종법의 최초 시험이었다. 그는 상아로 만든 소도小刀의 끝에 바른 한 방울의 농즙으로써 18세기에 약 6000만의 생명을 희생해 버린 가장 공포스러운 인류의 대적을 퇴치하는 데 훌륭하게 성공하였다. 인류 행복의 세계적 의의에서 제너의 종두술은 근대 세계사의 에포크메이킹*을 자랑한 당시 1789년의 프랑스혁명에 겨눌 수 있는 가치를 창조하였다.

기위 화제가 났으니 만큼 '구세주'의 한 사람인 제너의 고심 성공담을 몇 마디 더 계속하려 한다.

그 이듬해 6월에 악성두창이 유행하였으나 소아 핍스는 아무 탈 없이 안전하므로 제너는 자신이 더욱 굳었다. 그는 그래도 신중한 태도와 세밀한 관찰로 2년간 계속 시험한 다음에 논문 한 편을 지어 1798년에 런던 국립협회보에 기고하여 게재를 청했으나 그만 거절당하였다.

그는 다시 결의하여 자비로 우두 연구에 관한 소책자를 출판하였다. 이것이 한번 세상에 발표되었을 때 마치 170년 전 하비에 의하여 혈액순환에 관한 파천황적 발견이 공개된 때와 같이 일반의 주의와 물의를 비상히 끌어 일으켜서 훼예毁譽와 시비가 물 끓듯 하였다.

그중에도 종교가들은 과학과 지식을 가장 무서워하는 자기들의 전통 입장에서 우두시술이 인류를 수류獸類**와 같이 간주한 것이라 하여 신에 대한 배반으로 토죄討罪하였으며 또 우두를 맞은 사람의 이마에는 소처럼 뿔이 돋는다고 하여 지독하게도 데마***를 뿌렸다. 이들뿐 아니라 의학자들의

---

* epoch-making, 신기원을 이룸   ** 포유류, 곧 짐승
*** 데마고기demagogy, 대중을 선동하기 위한 정치적인 허위 선전이나 인신공격

반박과 조소도 또한 적지 않았다. 그리고 제너의 어린 아들은 그의 동무들 사이에 우두쟁이 아들이란 모욕적 대우를 받고 울면서 집으로 돌아온 적이 가끔 있었다 한다. 대체 무엇이든지 보수의 늙은이는 창신創新의 젊은이를 박해하고 비틀어 죽이려는 것은 예나 이제나 공통된 일이니 이 어찌 제너에만 한한 사실이랴!

그러나 우두접종의 진가는 점차로 학계에서 인정되어 영국의 명의 70여 명이 연명하여 포고하기를 제너의 발명은 진선진미盡善盡美하니 우리는 그대로 수행할 것이라고 하였다. 그 후 즉시 영국 황실의 원조를 받았고 1803년에 종두법 보급을 목적으로 왕립제너협회가 런던에 설립되었고 18개월간 1만 2000명이 종두시술을 받았다. 그리하여 1년간 두창환자 사망수가 2018명에서 일거에 622명으로 줄었다. 1802년 영국 국회는 그에게 1만 파운드의 사금謝金을 주기로 결의하였다.

이때 제너는 매일 300명의 빈민에게 무료 시술하였다. 그의 명성은 국외에까지 떨치었다. 당시 영국, 프랑스 간 평화가 깨졌고 프랑스에 억류된 영국인의 해방에 관한 청원운동이 일어났다. 프랑스 황제 나폴레옹 1세는 이를 거절하였으나 황후 조세핀은 청원인의 열명列名 중에 제너의 명성이 있는 것을 보고 황제에게 거듭 탄원한즉 그는 "이 사람을 위하여서는 무엇이라도 거절할 수 없다." 하여 즉석에서 그 청원을 접수하였다. 그 후 제너의 여생은 나날이 영예 있는 존재로서 일관하였다.

제너의 성공담은 이만 해두고 화제를 다시 우리나라 종두사種痘史 상으로 돌아와야 하겠다.

조선에 종두술이 언제부터 수입되었는가? 정조 이전까지는 종두 운운이 일체 문헌에 나타난 바가 없었다. 이러한 때에 다산(1762~1836)이 인두, 우두 할 것 없이 이 두 접종법을 조선에 최초로 소개한 과학사科學史상 명예를 가졌다.

　　다산은 원래 학문과 포부가 탁월한 학자로서 당시 동양에 와서 전도하는 천주교사를 통하여 서양과학을 섭취하기에 선구적으로 활동하였다. 그는 인민의 현실 생활과 관련 없는 스콜라철학적 분위기 속에 살고 있으면서 '개물성무開物成務'의 실학을 주창하였으며 또 당시 명의라는 칭도稱道를 들었다. 그가 의술로써 민중을 구제하는 데도 중요한 관심을 가진 것은 조금도 괴이하지 않다.

　　이제 순서를 좇아 다산이 인두접종법을 처음으로 조선에 소개한 경로를 말하면 이러하다.

　　그의 《여유당전서》 중 〈종두설〉과 《마과회통》의 종두편에 따르면 그는 《강희자전康熙字典》의 두자해痘字解에 "신두법新痘法 — 무릇[凡] 두즙痘汁을 납비호흡納鼻呼吸하면* 즉출卽出이라."는 문구를 보고 일찍부터 무슨 묘방이 있음을 짐작하였다. 그 후 정조 23년(1799) 가을에 그의 선배 복암 이기양이 의주義州 부윤을 해임하고 돌아와서 다산에게 훌륭한 선물 하나를 주었다. 이는 즉 복암이 정망이鄭望頤가 지은 《정씨종두방鄭氏種痘方》을 연경을 왕래하는 인편에 얻어 가지고 경성에 돌아와서 다산에게 보여준 것이다. 다산은 그것이 인두접종법임을 비로소 알게 되었다.

　　다산은 인두접종법을 당시 시인이며 사상가인 초정 박제가에게 말해주고 또 초정으로부터 종두요지種痘要旨를 얻어 보았다. 이는 즉 초정이 일찍이 내각장서 중에서 초록해 낸 것이다.

　　다산은 드디어 앞서 말한 《정씨종두방》과 《금감金鑑》**을 합편하여 일서

---

* 코 속에 넣어서 숨을 들이쉬면　　** 청나라 오겸吳謙이 지은 《의종금감醫宗金鑑》을 가리킴

부록 · 557

一書로 만들고 그중 이치가 오묘하여 해명하기가 어려운 곳에는 주해를 가하고 또 술가術家의 부정한 미신을 간단히 논파하였다. 이것이 다산이 편술한 《마과회통痲科會通》 중에 있는 종두요지다.

그리고 다산은 초정과 더불어 두묘痘苗의 보호와 시술 방법에 세밀한 연구를 거듭한 다음에 포천抱川 사람 이종인李種仁이란 의사에게 방서方書를 주어 두종痘種을 갖고 경성에 들어와서 시술케 하여 북촌 양반집에서도 많이 종두를 받았고 그 결과의 성적은 매우 양호하였다. 이것이 조선에서 인두접종법의 최초 시행인 것이다. 때는 정조 24년(1800) 3월이니 제너가 우두접종법을 발명 실시하던 1796년에서 5년 후다.

그러나 과학과 기술이 극도로 억압받던 당시 조선 양반사회에서 다산과 초정이 고심으로 소개한 인두접종법은 그 운명의 길이 또한 순조롭지 못하였다. 다산을 극히 애중히 여기던 정조는 동년 6월에 서거하고 그 이듬해 1801년 순조 원년에 이른바 '신유사옥辛酉邪獄' 사건이 일어나매 당시 혁신적 학풍을 부식하여 오던 실학 일파는 방축과 학살로써 한갓 봉건 당쟁과 보수주의자들의 무참한 희생이 되고 말았다. 다산은 '사학'의 거두로서 처음엔 장기長鬐에, 나중엔 강진에 유배되었고 초정도 역시 반동정권 당국의 미움을 받아 경원慶源에 유배되었고 이의李醫도 또한 당국의 미움을 받아 고문의 혹형으로 거의 죽을 뻔 하였다. 이리하여 종두술은 그 주인들과 함께 매몰된 상태에 들어가고 말았다.

이상은 인두접종법이 우리나라에 수입된 내력을 말한 것이려니와 이하에는 우두접종법과의 관계를 고구考究하려 한다.

소운거사嘯雲居士 이규경李圭景(철종 때 시인, 이덕무의 손자)은 《오주연문五洲衍文》 중 〈종두변증설種痘辨證說〉조에 이렇게 말하였다.

헌종 을미년(1835)에 내가 듣건대 중국에 일종의 기이한 방문이 다시 출현하였는데 이를 다산 정약용이 비밀히 간직하고 있다 하니 즉 '우유종두방牛乳種痘方'이다. 시술하면 즉시로 비두飛痘(약간 살짝 돋았다가 스러지는 두痘란 의미인 듯 - 필자)가 나서 하루 지나면 딱지가 떨어지고 다른 증세는 절대로 없으며 다시는 나지 않는다. 참으로 이렇다면 기묘한 방법이다. 나는 다시 남들의 잘못된 전언인가 하고 의심하였더니 그 뒤에 다시 다른 사람들의 말을 들어본즉 모구 한 입에서 나온 듯이 조금도 틀림없으니(우촌雨村 남상교南尚敎의 말도 또한 동일하다 - 원주) 이는 반드시 다산이 그 방문을 보았으므로 이런 의심을 받게 된 것이다. 그러나 다산이 이를 비밀에 붙이고 나에게 보이지 않아 마침내 세상에 전하지 않은 것은 무슨 까닭인가? 그런 방문이 없다면 모르되 이미 있고 또 금물禁物이 아닌데 어째서 널리 실시하여 사람을 구제치 않고 그 묘방으로 하여금 절종케 하였는가? 이것이 나는 옳지 않다고 생각한다.

이와 같이 이규경은 다산이 우두방문을 가장 먼저 얻어 본 것을 설명한 다음에 또 다산의 그러한 묘방을 한갓 비장에 붙이고 세상에 공개하지 않은 것을 깊이 죄책하였다.

이에 대하여 박식가 이능화李能和는 자기 저서 《조선기독교급외교사朝鮮基督敎及外交史》 중 〈대서양의학對西洋醫學〉조에서 다산을 변호해 말하기를 앞서 말한 소운거사의 말과 같이 다산 선생이 우두방서牛痘方書를 얻었다면 그 경로는 응당 북경에 주재한 서양교사와 밀통密通하였을 것이며 또 선생이 그것을 공개치 아니한 것은 사람을 구제할 자비심이 없어서 그런 것이 아니고 악착한 시배時輩가 자기를 '서학'으로 배척하여 죄인으로 취급할 것을 기피해서가 아니였던가 하였다. 그리고 선생의 의서醫書 《마과회통》을 열어 보지 못하여 그중에 우두방서의 유무를 확인치 못한 것을 한탄하였다.

그러나 이제는 다산 선생의 전집인 《여유당전서》가 백년을 지나 세상에 간행되었으므로 《마과회통》 중에 우두방서가 뚜렷이 편입되어 있음을 일반 독자는 신기한 눈으로 보지 않을 수 없는 것이다.

다산이 편술한 의서 《마과회통》의 최후 권을 보면 앞서 말한 인두접종법에 잇대어 〈신증종두기법상실新證種痘奇法詳悉〉이란 단편 방서가 부편附編되어 있는데 자수字數는 약 1500, 1600이요 내용은 우두접종법의 발명 유래와 효과 공적을 서술하고 종두하기에 적당한 지점인 비상臂上의 혈穴과 대모각玳瑁殼의 외과소도外科小刀와 두종주사용痘種注射用의 상아소잠象牙小簪을 도시圖示하였다. 그리고 천화天花(=痘) 접종법 즉 인두접종법이 완전치 못함을 명백히 설명하였다.

이를 보면 다산이 과연 우두방서를 얻어 본 일은 의심할 수 없는 사실이다. 실로 경이를 금치 못할 사실이다.

그러나 다산이 간직한 등사본인 이 우두방서를 보면 (현재 《여유당전서》 간행본에도 원본 그대로) 원문 중에 삭자削字된 공백이 많은데 상하의 문리를 추찰하면 그것은 제너의 성명, 국적, 서기 연대를 삭거削去한 것이 분명하다. 다시 말하면 이 우두술의 출처가 서양인으로 인식될 만한 문구는 일일이 삭거한 것이다. 일례를 들면 편중 '즉 가경원년嘉慶元年'이란 문구 위에는 몇 자의 공백이 있으니 가경원년은 즉 제너가 우두술을 발명 실시한 서기 1796년인즉 이 공백 부분은 응당 서력기년일 것이다. 또 편말에 다만 '집輯', '정訂'이라고 병서竝書하고 집자輯者, 정자訂者는 명시치 않았으니 이도 또한 고의로 삭거한 것이다.

그리하여 제너의 사적事蹟에 소매疎昧한 자가 이 방서를 보면 서양과의 관계는 도무지 보이지 않아서 중국인의 일종 신두방神痘方으로 간주할 수 있게 되었다. 이는 더 말할 것도 없이 당시 다산이 화를 피할 필요로서 교묘히

취한 방법이었다. 학술과 사상의 자유가 비교적 진보되었다는 18세기 말 유럽에서도 제너의 종두술은 신에 대한 반역이란 기독교회의 토죄討罪를 받았거늘 하물며 봉건주의의 검은 구름 속에 잠겨 있던 당시 동양, 그중에도 편협하고 완고하기 짝이 없던 당시 조선 양반사회에서 '서양 오랑캐'의 괴술을 소위 사자士子가 공연히 접근한다면 여기에는 '사학'이란 죄안罪案과 '사서구독邪書購讀'이란 형벌이 벼락같이 내려 인문구망人文俱亡의 참화를 반드시 받고야 말 것이다.

당시 조선 학계에서는 서양의 기하학, 천문학과 같은 것을 연구하더라도 '사학' 또는 '서학'이라는 죄안을 면치 못했거늘 하물며 해괴막심하게 보이는 종두술이랴? 이 방서에 나타난 다산 선생의 학술적 고심은 진실로 참담하였다.

이 방서의 하부에

"여등사월초予等四月初"

"선수입船首入"*

"생협동生協同"

"금여등今予等 견천화지증見天花之症, 도독불천荼毒不淺, 근장목격루효지법謹將目擊屢効之法, 선선先"

"상증번역詳證繙繹, 집성일서集成一書. 전행어세傳行於世. 제명의자諸名醫者 불가불류심어차법야不可不

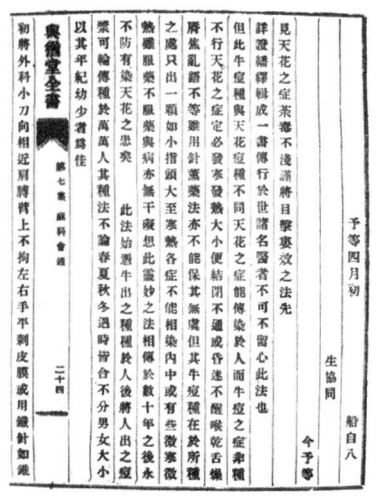

《마과회통》〈신증종두기법상실〉 가운데 일부분 오른편에 지워진 글자의 빈 부분이 보인다

---

* 원문에는 '船自八'로 적혀 있다

留心於此法也"[•]

　등의 공空, 자字 상반相半한 문구들이 있는 것을 보면 당시 중국에 내왕한 소위 서양 천주교의 선교사들이 동양에 와서 포교의 미끼로서 이 우두방서를 혹시 성교의학회聖敎醫學會 같은 명의로 편집 간행하여 마치 우두술이 자기 교회의 신이神異한 업적인 것처럼 민중에게 보이려 한 듯하다. 그리고 다산은 서교의 비밀 연락 혹은 사절의 북경 왕래를 이용하여 이 우두술의 방서를 구득해 본 듯하다.

　이상으로써 다산이 조선에 우두술을 최초 전수했음을 고증하기에 충분하다 할 것이다. 앞서 말한 이규경의 말과 같이 자기가 다산이 우두방문을 비장秘藏하고 있다는 소문을 들은 때가 헌종 원년 즉 서기 1835년이었으며 이는 다산이 서거하던 전년이요 우두술이 발명된 후 40년이요 제너가 서거한 후 13년이 된다. 그러나 다산이 이 방문을 입수한 때가 이규경이 소문을 들은 연대보다 훨씬 이전인 것도 사실이다.

　이 방서의 끝에 "도광道光 8년, 戊子 6월 중간, 판재유리창교서로북板在琉璃廠橋西路北(北京) 규광재奎光齋, 각자포刻子舖, 매본공가문은이분每本工價紋銀二分"이라 하였으니 이 방서의 원본은 북경각본北京刻本인 듯하며 도광 8년은 즉 순조 28년 서기 1828년인즉 이 해는 다산이 67세 때이며 강진 적소로부터 해방되어 집에 돌아온 훨씬 후였다. 그리고 '중간重刊'이라 하였으니 초간본은 벌써 그 전에 중국 북경에서 전포되었음을 알 수 있으며 또 그것을 중간 동년에 다산이 구득하게 되었으며 이는 제너 사후 6년이 될 것이다.

[•] 중간에 빈 부분이 있지만 위의 구절과 묶어서 간략히 해석을 하면 다음과 같다. "지금 우리가 천화天花(천연두)의 증세를 보니 독이 깊이 번져 있어서, 삼가 여러 번 효과를 본 법을 목격한 것으로서 먼저…… 상세히 번역하여 한 책을 만들어서 세상에 널리 전하고 여러 명의들은 불가불 이 법에 관심을 가지기를……"

어쨌든 다산은 제너와 동시대인으로서 수만 리의 거리를 돌파하고 그의 구세적인 신술神術을 남보다 먼저 전수하였으니 이는 동서문화 교류사상에 특서할 위대한 사실 하나다.

필자가 이 우두방서의 다산가장家藏 등사원본을 직접 심사하여 본즉 그 원고본의 용지는 괘인지罫印紙며 이 괘인지의 판심板心에는 '정유각貞蕤閣'이란 문자가 찍혀 있다. 정유貞蕤는 초정의 별호 가운데 하나니 그러면 혹시 우두술도 인두술과 같이 다산, 초정 두 학자 사이에 무슨 밀접한 관계가 있었던 것이 아닌가 한다.

다산이 우두방서를 조선에서 가장 먼저 구득하였다는 것은 이규경, 남상교 등의 말을 기다릴 것 없이 이 현존 방서 자체가 실증하는 바이거니와 다산이 이 방문을 구득한 후 얼마만한 응용을 하였는지는 이제 알 길이 없다. 또 다산이 우두장서에 대하여는 일언의 평론도 전함이 없으니 혹시 다산이 당국의 취체를 염려하여 그러하였는가? 그렇지 않으면 그것이 아직 연구 중에 있고 실험의 지경에는 미처 이르지 못한 것이었는가? 그러나 다산이 우두술을 전수하였다는 사실이 당시 젊은 후배들의 구전에 이미 전파되고 있음을 보아서는 그가 단순히 화禍를 겁내서 방서를 비장하고만 있었던 것은 아님을 또한 짐작할 수 있다.

중국은 동양에서 서양과의 교통이 조선, 일본보다 항상 빠르므로 인두술, 우두술은 물론하고 모두 일찍부터 수입하였다. 《의방금감醫方金鑑》*에 따르면 인두술은 장강長江 이남에서 일어나서 북경 부근 지방에 도달했는데 그 발원을 소구하면 송나라 진종眞宗시에 아미산峨嵋山으로부터 신인神人이 나

---

* 《의종금감》을 가리킴

와서 승상 왕단王旦의 아들에게 종두를 실시한 결과 효과가 있어서 그 방술이 드디어 세상에 전하였다 한다. 이는 준신準信할 수 없는 전설이나 어쨌든 중국의 인두접종술이 오래 전부터 전래한 것만은 분명한 사실이다.

그리고 앞서 말한 '도광 8년 중간'을 표준하면 우두접종법은 유럽에서 채용된 즉시로 서양교회사西洋敎會士를 통하여 중국에 수입된 동시에 방문인행方文印行까지 되었다.

일본에서는 어떠했는가? 연향延享 2년(조선 영조 21, 1745)에 중국 항주抗州 이인산李仁山이란 자가 장기長崎*에 와서 인두접종을 최초로 실시하였으며 그 후 우두접종은 천보天保 12년(조선 헌종 7, 1841) 이동규개伊東圭介**의 《종두기법種痘奇法》과 그 이듬해 소산사성小山肆成***의 《우두략牛痘略》으로서 최초로 소개되었으니 전자는 다산이 인두접종법을 소개한 연대에 비하여 반세기 이전이었으나 후자는 다산이 우두접종법을 전수한 연대보다는 10년이나 뒤떨어져 있다. 어쨌든 조선 종두사상에서 다산의 선각적 지위는 고증의 결과 다시 한 번 경탄치 않을 수 없으며 따라서 인민 생활에 이익을 주는 과학과 기술의 획득을 위하여 그가 얼마나 용감하게 노력하였는지를 알 수 있다.

---

* 나가사키   ** 정확한 이름은 이토 게이스케伊藤圭介(1803~1901). 식물학자, 의사
*** 고야마 시세이(1807~1862), 일본의 유학자, 의학자. 일본 최초로 우두백신 개발

5. 다산의 이상사회와 그 역사적 제약성

① 그의 이상의 역할

어두운 밤에 한 점의 등불은 날 샐 때에 수백 촉 전광보다도 오히려 빛나며 필요한 것이다. 이와 같은 비교는 우리 조선 근세사에서 실학파 사상가들의 이론적 업적이 어떤 선진 국가의 계몽학자들의 것보다도 가치가 있고 고귀하다는 것을 입증하는 데 흥미 있는 적용이 될 수 있다.

15~16세기 이래 유럽에서 계속적으로 일어난 일련의 역사적 변화, 르네상스, 종교개혁, 지리적 발전, 상업자본의 국제적 경쟁, 영국의 입헌정치 운동, 북아메리카의 독립운동, 과학의 발달, 프랑스 유물론의 출현 등은 18세기 프랑스의 유명한 계몽학자들에게 커다란 자극과 경험을 제공하였다. 이들에 의하여 헤겔의 말과 같이 "세계가 머리 위에 서 있는" 이성의 시대를 만들어내게 된 것은 그 시대로 보아 결코 그다지 어려운 사업이 아니었다.

그러나 다산 일파를 포함한 조선 말기의 실학자들에게는 환경과 사정이 유럽과는 대단히 판이하였다. 왜냐하면 당시 조선은 장구한 침체의 특징 속에 들어 있는 아시아의 은자隱者 나라로 있었으며 더욱이 중세기 유럽의 스콜라철학과 유사한 유교철학의 이데올로기가 양반사회의 제도, 윤리와 문화 일반을 지배하고 있는 완강한 봉건적 성벽에 향하여 비판의 총부리를 돌리면서 새로운 학리學理를 제창한다는 것은 용이한 일이 아니었기 때문이다. 그들의 학술적 조직 형식은 18세기 프랑스 계몽학자들에 비하여 손색이 있다 하더라도 그들의 진리를 위한 대담성과 창의성과 심각한 통찰력은 오히려 전자를 능가할 수 있는 부분이 적지 않았다.

엥겔스는 프랑스 계몽학자들을 비판하면서 말하기를 "가까워 오는 혁명을 위하여 사람들의 머리를 깨우쳐 준 위대한 인물"들에게는 "사유하는 이성이 현존하는 모든 것의 유일한 척도로 되었다."고 하였다.[1]

그러나 그들이 이성적 척도로서 만들어낸 도안은 다른 것이 아니고 곧 뒤이어 실현된 부르주아지의 왕국을 예감한 것이었으며 그들이 부르짖은 여원의 정의, 근본적 권리, 자연에 근거한 평등 운운은 결국 부르주아지의 자유 기업과 사유재산과 개인 권리에 대한 법률적 형태를 추상적으로 사상화한 데 지나지 않은 것이다. 그들은 이와 같이 일정한 척도로서 자기들이 희망하는 새 사회를 비교적 용이하게 그려냈다.

그런데 우리 조선 근세 실학파 사상가들은 자기들의 이상적 척도에 따라 무엇을 그려냈는가?

이제 우리는 조선 말기 실학파의 대표자로 지목할 수 있는 다산의 이념적 방향을 검토하여 보기로 하자.

그의 유명한 '신아구방新我舊邦' 즉 우리 낡은 나라를 새롭게 한다는 사상은 두 방면으로 고찰할 수 있다. 그는 대내적으로는 당시 양반 봉건제도를 죄악시하는 동시에 이와는 다른 새로운 제도로 대체하여야 한다고 주장하였으며 대외적으로는 교회와 상업 원정대를 통하여 동방을 침략하여 오는 유럽 자본주의 각국의 약탈성과 침략성에 대하여 경계와 방어를 필요로 할 뿐 아니라 이들의 '전국戰國'적 국가와는 성질이 다른 순결한 낙토를 자기 조국 안에 건설해야 한다고 생각하였다.

그러면 다산이 이상한 새 나라는 그 내용이 어떠하였는가?

그의 의견에 따르면 그것은 정치적으로는 인민의 평등 권리에 기초한 민주제도며 경제적으로는 재산 균등과 노동 균등에 기초하여 착취와 피착취가 없는 행복한 인민 생활이었다. 이 점들에서 다산의 〈원목原牧〉, 〈탕론湯論〉 등 민권론은 루소의 사회계약설과 서로 통하였으며 또 〈전론田論〉7장에 표시한 만민개로萬民皆勞의 이념은 생시몽의 '제네바서한'에 접근하였다. 그리하여 다산이 이상한 새 사회는 소박한 부르주아지 민주주의와 공상적 공산사상을 포함한 것이다. 이와 같은 사상은 당시 반봉건적 사상계에서 실로 거대한 역할을 담당할 수 있었다.

② 그의 이상 구성의 사회적 제 조건

다산의 이상이 이와 같이 미숙한 혼합형으로 구성되지 않으면 안 될 사회적 이유는 무엇이었나? 이에 대한 고찰은 다음과 같이 말할 수 있다.

첫째로 다산이 생존하고 있던 시대와 사회는 그의 물질적 조건이 봉건사회 자체의 모순을 부르주아지 계급의 성장에 의하여 해결할 수 있는 계급에 도달하지 못하였으므로 그의 시대적 의식 능력은 18세기 프랑스 계몽학자들이 자기 목전에 닥쳐오는 부르주아지 국가의 성격과 면모를 명확히 그려낸 것과는 동일할 수 없다.

그러나 다산은 자기의 〈원목〉, 〈탕론〉 등 여러 편에서 민주정체를 주장하고 군주 세습제와 전제적 권리를 불합리한 것으로 지적하였는데 이는 당시 조선 사회에서는 실로 독창적인 혁명적 발언이었다. 그에 따르면 '목牧' 즉 정치는 상고시대에 본래 인민으로부터 선거되었으므로 인민을 위하여 존재하였는데 후세의 제왕이 치자의 권리를 악용하여 인민과의 약속을 배반하고 인민을 자기의 예속물로 취급하였으므로 인민이 도리어 치자를 위하여 존재하는 것으로 되었으니 이와 같이 본말이 전도된 국가 제도는 반드시 바로잡지 않으면 안 된다는 것이다.

다산이 이와 같은 이론을 구명하면서 당시 교통 상태로 보아 루소의 사회계약설 같은 것은 볼 수 없었을 터이며 혹은 중국 근고近古의 민권론자라고 할 수 있는 명나라 말엽, 청나라 초기의 황종희黃宗羲의 《명이대방록明夷待訪錄》²과 왕부지王夫之의 《악몽噩夢》³ 같은 데서 약간의 참고가 있지 않았나 생각한다. 그러나 다산은 서양 교회의 내왕을 통하여 당시 전 세계를 진동하던 북아메리카의 독립과 1789년의 프랑스 부르주아지 혁명에 관한 정치적 소식에 사상적으로 감촉된 바 없지 않았을 것이므로 서양 근대 부르주아지 민주혁명이 다산의 사회 이상에 중요한 영향을 주었을 것이다. 그런데 그 영향이 구체적이라기보다 오히려 더 미화된 추상적으로 그의 머리를 감촉하였을 것은 물론이다.

둘째로 다산이 살고 있던 시대는 조선의 봉건 말기였으므로 비록 선진 국가들에게서와 같이 부르주아지와 프롤레타리아트의 대립 투쟁으로 사회 발전을 표시하지는 못하였으나 연속적으로 일어나는 인민 폭동은 농민대중을 주력으로 하여 빈곤과 천대에 불평불만을 품고 있는 일반 근로인민 즉 도시와 농촌의 고용인부, 수공업자, 소상인, 광부, 노예, 천민 내지 평민, 소리小吏와 몰락한 일부 양반의 합류 호응으로써 반봉건적인 형세가 점차 확대되어 왔다. 1811년 홍경래洪景來, 우군칙禹君則 등에 의하여 지도된 농민폭동이 이를 말하여 준다.

당시 경제적 모순을 심각히 지적한 다산의 이론에 따르면 사회제도를 근본적으로 혁신하자면 반드시 토지제도 개혁으로부터 시작하여야 할 것이며 또 할 수 있다. 농촌의 100호 중 지주는 평균 5호에 불과한데 자작농은 25호이며 소작농은 절대 다수인 70호이므로 (그가 당시 전라도를 표준한 통계)⁴ 만일 극소수인 5호 지주의 이익을 제거한다면 70호는 절대 환영할 것이며 25호의 자작농도 찬동할 것이므로 재산 평등과 계급 철폐의 경제적 이유가 바로 여기에 있다는 것이다. 당시 조선은 농업국가였으며 인민의 절대 다수가 농민이었으며 지배계급의 착취가 농민대중의 피와 땀 위에 집중되어 있었으므로 다산의 탁월하고 예리한 정치적 시각은 언제든지 농민문제와 토지정책을 가장 중요시하지 않을 수 없었으며 따라서 그의 이상적 해결안은 반계의 과전제科田制와 성호, 연암 등 균전제均田制와 같은 고전적 형태를 발전시켜 그의 독창적 신안인 여전제閭田制에까지 도달하였다.

요컨대 다산의 여전제론은 봉건을 반대하는 사상으로 출발하여 자본주의 발전을 전제하지 않은 공상적 공산사상을 내포하였으므로 자본주의와 사회주의 어느 쪽에도 명확히 종속할 수 없는 공상적 이상이었다.

셋째로 당시 산업과 기술을 극도로 천대하는 조선 제도의 중압 밑에서 금점金店, 유기점鍮器店 같은 야금업冶金業과 도자기점 같은 요업窯業들이 단순 협업 혹은 약간의 매뉴팩처 형식을 갖춘 이외에 공업은 대체로 소규모 수공업이었으나 상업은 비교적 발전되어 있었다. 임진왜란과 병자호란 이후 대동법大同法이 실시되고 상평통보常平通寶가 전국에 유통되었고 '엄쪽'·수형手形**이 활발히 사용된 사실은 시장경제의 발전을 의미한다. 그리고 서울시의 육의전六矣廛과 지방 도시와 항구의 여각旅閣, 객주제의 발달과 송상松商, 만상灣商과 부산의 '여호麗戶' 등의 활약과 관서지방의 광업의 흥성과 장변場邊*** 대금업貸金業의 도시와 농어촌에의 광범화 등은 상업자본의 국내적 발전을 설명한다.

다산 일파가 사민 평등과 통화, 통상, 흥업, 식산의 필요를 주장한 것을 보아서는 자본주의적 경제 발전을 예감하지 않지는 않았으나 그러나 특히 상업자본의 필연적인 산물로서 폭리, 사기, 독점과 약탈의 유행과 유식민의 증가는 실학파의 중농주의자들에게 국가의 거대한 폐해로 보였으므로 그들

---

* 어음을 쪼갠 한 쪽   ** 어음의 일본식 이름   *** 5일장 때마다 원금과 이자를 갚아나가는 방식

은 대개 자유방임정책 대신에 정부의 엄격한 통제 밑에 두려 하였다. 그리하여 다산 일파는 봉건주의경제를 반대하는 동시에 자본주의적 자유경제 발생에 대하여서도 지지하지 않았다.

넷째로 다산이 자본주의 사회를 그다지 동경하지 않은 이유는 여기에만 그치지 않았다. 당시 서양으로부터 들어오는 국제적 정치 정세에서나 자본주의 국가의 상업 원정대들의 활동에서나 모두 이성의 처음 기대에 위반되는 악현실들이 발견되었다. 유럽에서는 1789년 프랑스혁명에 대한 외국 무력간섭으로부터 1815년 나폴레옹 군대가 최후로 실패한 워털루 전쟁에 이르기까지 ― 다산의 이성 생활의 전성기간 ― 유럽 각국은 포연탄우로 덮여 있었으므로 그 전쟁의 내용과 성격은 묻지 않고 또 물을 수도 없는 반면에 동양의 인도주의적 안광으로 본다면 그것은 소위 서양문명이 숙명적으로 가지고 있는 약육강식의 불의 무도한 현상으로 반영되었다.

그리하여 다산은 서양의 선진적 기술의 수입은 절대로 요청한 반면에 도덕 의리는 외부에 구할 것이 아니고 자주적으로 자체에서 추구해야 한다고 하여 이른바 '내수외학內修外學' 방침을 주장하였다. 이는 그가 기술상으로는 서양의 우세를 인정하나 도덕상으로는 서양 각국이 정의 인도에서 탈선하고 있다고 인정하였음을 의미한다.

다산은 교회를 탈선함으로써 천주교리에 대한 자기의 불만을 표시하였다. 성호는 서양 사람들의 기술과 과학에 대하여서는 적극적으로 찬의를 표시하면서도 천주교리에 대하여서는 불교의 천당지옥설과 동일하게 허황탄망虛荒誕妄하다고 규정하였는데 성호의 사상적 전통을 계승한 다산도 이 점에서는 견해의 큰 차이가 없었다.

당시 서양 각국은 극동에 대하여 1518년(중종 12) 포르투갈 상인의 중국 광동廣東 통상을 선두로 스페인, 네덜란드 상인들이 중국, 일본, 유구硫球, 대만

등 해안에 출몰하면서 그 나라 인민들과 재산에 위협을 준 지 이미 오래였으며 영국 상인들은 인도를 점령한 다음 중국을 약탈하기 시작하고 있었다. 인조 6년(1628) 네덜란드 사람 박연朴燕의 제주도 상륙과 효종 4년(1656) 네덜란드 사람 하멜 일행 36명의 제주도 상륙과 그 이듬해로부터 5일 동안 조선 포수대砲手隊가 흑룡강에까지 두 번이나 출동하여 청국 군대와 함께 제정러시아 원정 군대와 전쟁한 실례들은 벌써 서양 열강의 극동에 대한 침략 형세가 조선에 파급했음을 예고한 것이었으며 다산의 노년시대 즉 순조 16년(1816) 우리나라 충청도 마량진馬梁鎭에, 또 동왕 31년(1831) 충청도 홍주洪州 고대도古代島에 계속 입항한 영국 '이양선異樣船'(이상한 모양의 배)들은 우리나라에 들어 와서 기독교 성경을 선전하는 한편 통상을 요구하였다. 이러한 사정들은 당시 조선의 애국적 인사와 인민들의 척양보국斥洋保國 사상을 환기하지 않을 수 없었다.

위대한 사상가이며 애국주의자인 다산은 서양에 대한 맹신자가 아니었으므로 서양 자본주의 국가들의 침략적 기세에 대하여 경각심과 증오심을 가지고 국방문제를 중요시하는 동시에 자기의 새로운 이상적 국가 모형을 이기, 경쟁, 차별, 침략 등 악덕으로 충만되어 있는 서양 국가들에서 취하여서는 불가하다는 판단을 가지게 되었다.

이상에서 열거한 바와 같이 당시 국내적 국제적 정세와 이에 상응한 다산의 사상적 제약성은 그로 하여금 의식적인 봉건제도 반대와 함께 무의식적인 자본주의 반대 경향으로 진출하게 되었으며 따라서 그의 공상은 필연적으로 농민적 이상사회의 건설로 매진하였다. 다산의 정치적 이념이 원시적 농민 민주주의사상과 공상적 공산사상의 소박하고 미숙 혼합형으로 형성된 사회적 역사적 이유는 주로 이러하였다.

다시 말하면 봉건주의를 반대하는 행정行程에서 다산의 이념은 일면으로 어느 정도 부르주아지 민주주의적 형태를 예견하였는데도 현실적인 계급적 기초를 가지고 있지 못한 그의 사관史觀은 봉건주의를 대체할 자본주의의 필연적 도래를 이해하지 못한 점에서 농민을 대변하고 부르주아지를 대변하지 못하였으며 다른 면으로는 공상적 공산사상을 다분히 내포하였는데도 자본주의와 프롤레타리아트의 발전을 전제하지 못한 점에서 한갓 공상으로 되었다.

③ 다산의 전론 – 여전제에 나타난 공산사상과 '농민혁명의 이념'

그러면 다산의 이상적 사회제도의 기초가 되는〈전론田論〉– '여전제閭田制'[5]의 내용은 무엇인가? 이를 간명하게 분석하면 다음과 같다.

첫째로 토지공유와 농자 득전 — 토지사유는 농민 착취와 토지겸병의 근본적 조건이므로 무엇보다도 토지공유제를 먼저 실시하여야 하며 또 설사 토지공유제가 실시된다 하더라도 농자와 불농자 즉 제 손으로 직접 밭갈이하는 자와 하지 않는 자가 모두 토지 분배에 참가한다면 이는 결국 지주와 유식민遊食民이 다시 발생할 수 있는 길을 열어 주며 종래 허다한 토지 분배제도가 모두 이 점에서 실패하였으므로 토지 즉 전지田地는 오직 밭갈이하는 자만이 분배받고 밭갈이하지 않는 자는 절대로 분배받을 수 없다는 것이다.

둘째로 매년 촌락을 단위로 한 농민의 공동경작과 공동수확 — 자산은 생산수단의 개인소유와 개개인의 분산적, 고립적 경작은 빈자와 부자와의 계급적 차별을 발생시킬 뿐 아니라 따라서 경제적 생산력을 약화시키는 근본 원인으로 간주하였으며 그리하여 생산수단의 공동소유에 기초한 집단적 생산으로 개인 사유제도를 대신하려고 주장하였다. 그는 이렇게 하는 것을 경제개혁에 가장 적당한 방법으로 인식하고 이를 먼저 농촌에 적용하려 하였다. 그는 당시 국내의 토지와 인구 분포 상태를 참작하여 약 30호의 1여閭(촌락)를 단위로 하여 중요 생산수단인 토지에 대하여서는 네 것 내 것이 없이 공동으로 경작하고 공동으로 수확할 것을 주장하였다.

셋째로 각자의 노력에 의한 보수제의 실시 — 이 여전제 사회에서는 토지공유, 농자득전, 공동경작과 공동수확을 원칙으로 하되 매개 촌락의 농민 단체는 전임專任 여장閭長을 선임하여 그로 하여금 자기 촌락 내 농민 성원들의 각 개인과 가족들이 농사에 투입한 노동의 분량을 노동일 즉 노동시간으로 정확히 계산하여 '일역부日役簿' 즉 노동 장부에 기입하게 하며 공동 수확물은 '도당都堂' 즉 공동창고에 저축하여 일정한 국세, 여장의 봉급과 공용에 관한 부분을 먼저 제한 다음 수확물 전체를 일역부에 기준하여 농민 각 성원들에게 분배할 것을 주장하였다. 이러한 각자의 노력에 따른 보수의 실시로 노동에 대한 착취를 방지하고 생산능률을 장려하는 동시에 인민개로제人民皆勞制를 확립하고 유식遊食과 나태의 폐습을 근절할 수 있다는 것이다.

여전제의 중요한 내용은 이상과 같은데 그 내용의 3대 요강 하나하나가 모두 탁월한 사상적 근거를 가지고 훌륭한 이론적 체계를 구성하였다. 다산의 여전제론은 당시로 보아서는 동서와 고금에 거의 유례가 없던 독창적이며 혁명적인 전제론이었다.

탁월한 사상가 다산은 자기의 농민 해방적 이상사회가 오직 자본주의와 프롤레타리아트의 발전에 의해서만 창설될 수 있다는 것, 인민 전체의 해방에 대한 역사적 공간槓杆은 농민 해방에 있는 것이 아니라 프롤레타리아트의 해방에 있다는 것, 또 농민 해방은 그 지도적 능력이 농민 자신에게나 혹은 이성의 소유자들에게 있는 것이 아니라, 가장 선진적이며 가장 전투적인 계급 즉 프롤레타리아트의 지도 밑에서 그의 강고한 동맹군으로 진출함으로써만 성공할 수 있다는 것을 예견하지 못하였다. 그러나 그 시대의 다산으로서 이러한 것들을 전연 예견하지 못한 것은 누구도 이해할 수 있는 일이다.

사유재산의 권리와 자유와 이에 근거한 빈부의 계급적 차별이 부르주아지 혁명 이념에서는 본질적 원리로 되어 있으나 다산의 여전제론적 이념에서는 최대 적대적 원리로 되어 있다. 이를 보더라도 그의 '농민혁명의 이념'은 일정한 역사적 발전 계단에 이르러서 자본주의를 근본적으로 반대하는 프롤레타리아트 혁명의 이념에 종속될 수 있다. 근대 대공업의 산물이며 가장 진보적 계급인 프롤레타리아트가 자기 계급의 혁명을 수행하는 데 광범한 농민대중을 자기의 가장 견고하고 친근한 동맹자로 만들어 그들의 혁명을 지도 협조하지 않고는 자기 계급의 혁명을 성공할 수 없는 것이다. 이와 같은 사회적 계급적 관계는 자본주의가 발달되지 못한 후진국일수록 더 중요하게 된다. 그러므로 오늘 우리나라 인민민주주의적 혁명 과정에서도 특히 토지와 농민의 문제에 관련된 반제반봉건적 혁명과업이 전국적으로 완전히 해결되지 않고 있는 한(남반부의 농촌사정을 가리킨 것) 다산의 전제 개혁론은 의연히 사상적 의의를 잃어버리지 않아서 한 시각이라도 더 논의할 필요가 없는 그러한 과거에 붙여 버릴 수는 없는 것이다.

엥겔스는 생시몽, 오언, 푸리에 등의 공상적 사회주의자들에 대하여 "우리는 오히려 환상의 껍질을 뚫고 일보 일보 솟아 나오는, 그리고 눈먼 속물들이 보지 못하는 천재적인 사상과 사상의 싹을 기뻐한다."고 하였다.[6]

우리 위대한 사상가 다산에 대하여서도 그가 고안한 새 사회 즉 이상적 농민사회에 관한 이론을 우리는 단순히 하나의 공상으로만 볼 것이 아니라 그 환상이 내포하고 있는 '천재적인 사상과 사상의 싹'을 조선 역사 발전의 도상에서 정당히 평가하여야 할 것이다. 다산의 여전제에 나타난 소박하며 공상적인 공산사상은 지주의 착취제도를 절실히 반대하는 빈농민의 사상을 대변한 것이므로 그 역사적 의의는 실로 중대하다.

그러면 다산의 여전제적 이상은 엥겔스가 말한 공상적 사회주의와 동일한 시대적 성격을 가지고 있는가? 다시 말하면 생시몽, 오언, 푸리에 등의 공상적 사회주의 — 미숙한 초기 프롤레타리아트사상 — 은 봉건사회의 붕괴와 함께 자본주의가 상승하는 시기의 산물로서 유럽 18세기 말경으로부터 19세기 초엽 즉 다산의 생존시대에 특별히 발달되었던 만큼 다산의 여전제적 이상도 세계사적 견지에서 하나의 공상적 사회주의로 볼 수 있지 않은가?

이 문제에 대하여 필자는 우선 아니라고 대답하고 따라서 조금 자세히 구분할 필요가 있다고 생각한다.

이제 일반이 부르고 있는 "공상적 사회주의란 것은 소상품적 생산 형태를 이상화한 것으로 그것을 보존하여 공산주의적 원리 위에다가 조직함으로써 자본주의에 수반되는 빈궁과 영락零落, 무정부 상태와 착취를 극복하려 하였다. 그러므로 공상적 사회주의의 대다수는 소부르주아지의 이데올로기였다."[7]

그런데 다산은 비록 서양학을 연구한 학자로서 당시 서양의 자연과학과 정치경제적 소식과 자본주의 사상의 전초대인 기독교-천주교를 접촉하였고 또 원시 기독교리에 관하여서도 약간의 추구가 있었지만 '저 부르주아지 혁명(프랑스혁명) 후의 사회에 대한 실망'으로 파생된 생시몽, 오언, 푸리에 등의 사상적 조류에 대하여서는 접촉할 수 있는 기연機緣을 가지지 못하였으며 반면에 그가 직접 당면하고 있는 사회 현실은 자본주의의 '부정不正'한 현상이 아니고 주로 봉건주의의 물질적 정신적 모순이었으므로 그의 공상은 필연적으로 농민혁명의 이념과 연결된 농업 이상사회로 편향하게 되었다. 그러므로 농민 이상 사회론자인 다산을 구태여 공상적 사회주의자라고 명칭할 이유는 없는 동시에 그의 이상적 특징도 이들 부류로부터 구별되지 않을 수 없다.

최근 중국 역사가들 중 일부가 남송南宋 초기의 일종 유토피아적 기록인 《작몽록昨夢錄》의 저자 강여지康與之 같은 사람을 '중국 공상사회주의자적 제1인'이라고 규정하고 있으나[8] 이는 엄밀한 정의를 잠깐 도외시한 통속적 의

미에서 해석한 것이다. 다산의 사상을 구체적으로 분석하는 우리로서 그러한 소박한 규정에 공명할 필요는 없다.

혹자는 또 말하기를 — 다산의 이상적 사회는 역사 발전의 전진적 방향이 아니고 차라리 순박 평등한 상고사회, 예를 들면 단군과 원효의 전설적 시대나 공자가 말하였다는 '대동大同의 세世'[9] 같은 원시적 사회를 추상적으로 회상하며 동시에 그 사회의 아름다운 풍속, 관습을 인간 이성의 영단으로 자기의 눈앞에 재현시키려는 관념운동이었으며 복고주의였다고 한다.

그러나 이러한 논평은 사물의 역사적 본질을 바로 보지 못한 현상론에 불과하다. 다산의 사상이 자기의 역사적 제약성에 따라 '원시 공산주의'적 요소를 다소 내포하고 있는 것은 사실이나 그가 자기의 이상을 서술하면서 때로 상고사회를 예증한 것은 그 본의가 결코 상고사회에 있지 않고 당시 보수적인 복고주의자들의 구실을 봉쇄하는 고전적 전략이었으며 강유위康有爲가 '탁고개제託古改制' 즉 "예전을 가탁假託하여 제도를 개선하려는" 기도였다. 구체적인 현시대의 것을 부정하기 위하여 추상적인 고시대의 것을 인증引證하는 일은 창조적이며 과학적인 마르크스 철학이 아닌 다른 일체 철학에서는 적으나 크나 공통적으로 사용하는 낡은 방법이다. 또 현재를 부정하는 것은 레닌의 말과 같이 "외관상 낡은 것에로의 복귀(부정의 부정)"[10]인 듯하나 실제로는 다산의 사상이 단순히 복고주의나 회고주의가 아니라 진보적이며 혁신적인 성격을 충분히 내포하고 있는 것이다. 이는 마치 유럽 인문주의자들이 고대 그리스를 부르짖으면서 중세기적 문화를 반대하던 것과 동일한 태도였다. 그러므로 다산의 이상은 하나의 관념운동이었음에도 불구하고 혁명과 투쟁을 환기할 가능성을 가지고 있는 사상운동으로서 계몽운동적 가치를 잃어버리지 않고 있다.

주

1 엥겔스, 〈공상에서 과학으로의 사회주의의 발전〉, 북조선노동당출판사, 《칼 마르크스 저작선집》 제1권 제1분책.
2 황종희黃宗羲(1610~1695). 세상에서 이주梨州선생이라고 불렀다. 고염무顧炎武와 동시대였다. 명나라 말년에 의병을 일으켜 만주군에 대항하다가 불리하였고 명나라가 망한 뒤 은거하여 저서에 노력하였는데 그의 유명한 《명이대방록明夷待訪錄》 중에 〈원군原君〉, 〈원신原臣〉 두 편은 민권사상을 표시하고 있다.
3 왕부지王夫之의 호는 선산船山. 황종희와 함께 동시대며 행동도 유사하였다. 그의 유명한 《악몽噩夢》 1권은 민생경제문제를 취급하였는데 그 첫머리에 토지는 사유私有할 바가 아니고 밭갈이하는 인민이 소유할 것이라고 주장하였다.
4 《여유당전서》 중 〈의엄금호남제읍전부수조지속차자擬嚴禁湖南諸邑佃夫輪租之俗箚子〉 참조.
5 이 천재적 창안인 여전제에 상응하여 상업, 공업에서도 반드시 일정한 고안이 있었을 것인데 이제 본문 중에는 볼 수 없다. 이뿐 아니라 여전제도 실시하자면 반드시 정치적 경제적으로 전제하지 않으면 안 될 조건들이 당연히 논급되었을 것인데 본문에는 또한 볼 수 없으니 이는 응당 시대 기휘忌諱의 관계로 그 부분을 저자가 발표하지 않았거나 혹은 그 자손들이 그의 본집 중에서 삭제했다고 생각할 수 있다.
6 엥겔스, 〈공상에서 과학에로의 사회주의의 발전〉 제1장, 북조선노동당출판사, 《칼 마르크스 저작선집》 제1권 제1분책.
7 이시첸코, 《청학사전》 중 공상적 사회주의 조.
8 《작몽록昨夢錄》은 금국인金國人이 북송北宋을 멸망시킨 뒤에 강여지康輿之가 장강長杠 유역에 도피하여 울분한 정서를 공상세계에로 돌린 수필적 작품인데 그 대의는 낙양洛陽 산중 한 큰 구멍으로 들어가면 무릉도원 같은 한 큰 촌락이 세상과는 전연 관계없고 그 주민들은 서로 친애 화목하며 각기 수요에 따라 의복과 식량을 분배받으며 따라서 착취와 사유제도가 없다는 이상세계를 묘사하고 있다. 최근 중국 역사연구회가 편찬한 《중국간명통사中國簡明通史》 제9장 제7절 강여지조에 '중국 공상사회주의적 제1인'이라고 규정하였다.
9 《예기禮記》의 〈예운禮運〉 편과 강유위의 《대동서大同書》 참조.
10 레닌, 《철학노트》 변증법 요소 14항.

창해滄海 최익한 선생 연보年譜

1897년(1세) 3월 7일 강원도(현재 경상북도) 울진군 북면 나곡2리 (속칭 골마) 471번지에서 아버지 강릉 최씨 대순大淳(1869~1925)과 어머니 동래 정씨(1865~1928)의 둘째 아들로 태어났다.

1901년(5세) 종조부 현일鉉一에게서 한학 수업,《천자문》,《동몽선습》,《소학》,《격몽요결》등을 그리고 다음 해에는《십구사략》,《삼국사기》,《삼국유사》등을 배웠다.

1903년(7세) 부친에게《논어》,《맹자》,《대학》,《중용》등 사서四書를, 다음 해에는《시경》,《서경》,《역경》,《예기》,《춘추》등 오경五經을 배우고 시부詩賦를 짓기 시작하였다. 그 다음 해에는《제자백가》를 배워 고을에서는 '천재 운거雲擧(최익한의 자字)'라고 소문이 났다.

1906년(10세) 영남의 만초晚樵 이걸李杰 선생을 초빙하여 1년간 수학했다.

1907년(11세) 이때 이미 학문이 뛰어나 이걸 선생의 권유로 영남의 홍기일洪起一 선생을 새롭게 초빙하여 3년간 본격적인 사서오경의 논지와 비판 등과 성현의 문집을 독파하였다.

1909년(13세) 이걸, 홍기일 두 선생의 후원으로 봉화군 법전면 법전리 퇴계 선생의 후손인 유학자 이교정李敎正의 장녀 이종李鍾과 결혼하였다.

1911년(15세) 경남 거창에서 면우俛宇 곽종석郭鍾錫(1846~1919)에게 20세까지 수학하였다. 곽종석은 한말의 거유며 1919년 파리장서사건에 앞장섰던 인물이다.

1914년(18세) 장남 재소在韶 출생.

1916년(20세) 차남 학소學韶 출생

1917년(21세) 3월에 당시 부안 계화도桂花島에 머무르고 있던 호남의 대학자 간재艮齋 전우田愚 선생을 찾아가 성리학에 대해 질의 문답하였다. 그 뒤 6월 14일 간재 선생에게 장문의 질의서를 올리다(〈최익한상전간재崔益翰上田艮齋〉). 그 뒤 면우 선생의 권유에 따라 신학문을 수학하러 중동학교를 다녔는데 1년 만에 졸업하였다.

1918년(22세)　YMCA(조선중앙기독교청년회)의 신흥우申興雨 박사로부터 영문학을 2개년 수료하다.

1919년(23세)　3.1운동 직후에 파리장서사건이 일제에 탄로되어 스승인 면우 선생이 주모자로 대구 감옥에 수감되었다(4월, 곽종석은 그 뒤 병 보석되었으나 1919년 7월 24일 타계하였다). 최익한은 스승이 송치된 대구에 내려갔다가 구례 화엄사로 공부하러 가서 잠깐 머물다가 6월에 신학문을 배우러 서울로 올라갔다. 한족회韓族會에 가입하여 윤7월 경북 영주에서 부호들에게 독립운동 군자금 모금 1,600원을 빼앗아 상해임시정부에 보내고자 하였다. 장녀 분경粉景(나중에 경제학자 이청원李淸源과 결혼) 출생

1920년(24세)　10월경 추수 매각 대금 400원으로 계모와 동생 익채, 익래와 함께 서울 안국동 51번지에서 하숙 경영, 중등학교 야학부를 다니다.

1921년(25세)　군자금 모금 사건으로 체포되어 재판 끝에 8년 구형을 받고 6년을 판결받았으나 그 뒤 3년으로 감형받았다.

1923년(27세)　3월 21일 가출옥하였으나 다시 체포되어 일시 서대문감옥에 투옥되었다가 풀려나왔다. 그 뒤 일본으로 건너가 와세다대학교 정경학부에 입학하였다.

1924년(28세)　삼남 건소建韶 출생. 부친 대순 졸卒. 재일본 거류 조선인과 유학생 사회 내에서 전개되고 있던 조선공산주의 운동에 참가했다.

1925년(29세)　1월 동경의 복성회는 이름을 일월회로 고치고 기구를 개편하였는데(1월 3일) 여기에 최익한도 참여하였다. 그 뒤 《대중신문大衆新聞》, 《사상운동思想運動》, 《이론투쟁理論鬪爭》등 주간을 맡으면서 글도 썼다.

| 1926년(30세) | 신흥과학연구회에서 발간한《신흥과학新興科學》(1926.11)에 〈파벌주의비판에 대한 방법론〉를 싣다.
12월 재일본 일월회, 삼월회, 노동총동맹, 조선무산청년동맹 등 동경4단체의 '파벌주의 박멸'에 대한 성명서 발표에 관여하였다. |

| 1927년(31세) | 4월에는 동경에서 조선공산당 일본부에 가입하여 조직부장으로 선출되었다. 5월에는 조선사회단체 중앙협의회(5월 16일)에 재일본조선노동총동맹 대의원 자격으로 참여하여 의안제작위원으로 선정되었는데 조선의 민족운동은 "반자본주의운동인 동시에 사회주의운동의 일부분"으로 볼 수 있다고 주장하고 "민족단결전선을 결성하여 그 속에 들어가서 모든 것을 전취"해야 하며 "조선과 같은 특수사정에서는 협동단일정당하에 집중하는 것이 필요하다"고 주장하였다.
7월에는 조선에서 제1차, 제2차 조선공산당 탄압으로 검속된 사람들에 대한 재판이 시작되자 재일노총, 신간회 동경지부가 대책을 협의하기 위한 공동위원회를 1927년 7월에 설치하였으며, 이에 일본 노농당에서 변호사 후루야 사다오古屋貞雄과 자유법조단 변호사 후세 다쯔지布施辰治, 공판방청대표로서 대중신문사에서는 최익한, 안광천安光泉을 파견하여 이들과 함께 활동하였다. 차녀 연희蓮姬 출생.
8월에는 재일본조선노동총동맹 명의로 〈중국노동자대중에게 한 메시지〉를 보냈는데(8월 24일) 여기에서 "중국민중의 해방을 위한 일본제국주의 타도는 우리들과 굳게 단결하면 능히 이를 달성할 수 있다."고 주장하였다.
9월에는 국제청년의 날을 기념하여 동경에서 조선청년동맹과 일본무산청년동맹이 연합 주최하는 조선, 일본, 중국, 대만의 재동경 청년들로써 구성된 동방무산청년연합대회를 개최하였는데(9월 4일) 개회 즉후에 해산을 당하였으며 최익한은 바로 체포되었다. '제3차 조선공산당'의 김준연 책임비서 시기인 9월 20일경 최익한은 조직부장, 11월 김세연 책임비서 시기에는 선전부장이 되었다. 한 해 동안 〈朝鮮社會運動의 빛〉(《조선일보》1927.1.26), 〈思想團體解體論〉(《이론투쟁理論鬪 |

	爭》1권 2호, 1927.4.25), 〈在日本 朝鮮勞動運動의 最初의 發展〉(《勞動者》2권9호, 1927.9) 등 중요한 글을 썼다.
1928년(32세)	2월에 제3차 조선공산당 사건('ML당사건')으로 안광천, 하필원 등 여러 간부들과 함께 종로경찰서에 검거되었다.
1930년(34세)	8월 30일 서울지법에서 제3차 조선공산당사건 판결에서 징역 6년을 받았다. 그 뒤 36세(1932년) 7월 9일까지 서대문형무소에서 복역하였다.
1932년(36세)	7월 9일 대전형무소로 이감 도중 대전역 등지에서 조선독립만세를 외치다가 기소되어 1933년 1월 25일 서울복심법원에서 1년의 형을 더 받았다.
1934년(38세)	두 아들 재소와 학소는 각각 21세와 19세의 나이로 조선독립공작당사건으로 함흥형무소에서 2년 반 형을 받고 복역하였다.
1935년(39세)	12월 8일 대전에서 만기 출옥하여 서울로 올라갔다. 이해 정약용 서거 100주년을 맞이하여 신조선의 요청으로 〈다산의 일사逸事와 일화逸話〉, 〈다산의 저서총목〉을 작성하였다.
1937년(40세)	장남 재소가 옥중에서 사망(3월 6일). 재소는 2000년 8월 15일 제55주년 광복절에 건국훈장 애족장을 받고 그 뒤 국립대전현충원 애국지사묘역에 입사했다. 최익한은 아들을 잃은 슬픔을 《조선일보》(1937.4.23~25)에 〈곡아이십오절시哭兒二十五絶詩〉로 실었다. 〈우리말과 정음의 운명〉(《정음 21호》(11월 26일)을 썼다. 3녀 한경漢景 출생.
1938년(42세)	이즈음에 활발히 일어난 국학운동에 참여하여 신문, 잡지를 통하여 많은 글을 발표하였다. 주로 《조선일보》에 1938년 말까지 한문학, 역사, 향토문화 등에 관하여 많은 글을 실었으며, 〈조선어기술문제좌담회朝鮮語記述問題座談會〉(1월 4일)는

횡서橫書와 종서縱書의 시비是非, 외래어표음문제外來語表音問題 등 여러 주제를 가지고 김광섭金光燮, 이극로李克魯, 유치진柳致眞, 송석하宋錫夏, 조윤제趙潤濟, 최현배崔鉉培 등 당대 최고의 국어학자들과 대담을 한 것이다.

1939년(43세) 1938년부터 다시 《동아일보》에 들어가 조사부장을 하면서 〈여유당전서與猶堂全書를 독讀함〉(1938년 12월 9일~1939년 6월 4일)을 비롯하여 유물 및 문헌고증, 민속 등 다방면에 걸쳐 글을 실었다.

1940년(44세) 연초 〈재해災害와 구제救濟의 사적단편관史的斷片觀〉(1월 1일-3월 1일까지 27회 연재)를 시작으로 8월 《동아일보》가 폐간될 때까지 실학, 역사인물, 구제제도 등 다양한 글을 실었다. 특히 〈사상명인史上名人의 이십세二十歲〉는 최치원, 정약용 등 역사에서 이름 있는 인물의 20세 때 행적을 담은 흥미 있는 기획물이었다.

1941년(45세) 《동아일보》 기자 양재하가 중심이 되어 창간(1941년 2월)한 《춘추》지에 과거제도, 후생정책 등 역사 문화에 관한 글을 여러 차례 실었다. 생활난으로 동대문 밖 창신동 자택에서 주류 소매점을 하였다(1944년까지).

1943년(47세) 1월 만주 건국 10주년을 기념하여 간행된 《반도사화半島史話와 낙토만주樂土滿洲》라는 책에 이미 작성한 〈조선朝鮮의 후생정책고찰厚生政策考察〉, 〈조선과거교육제도소사朝鮮過去敎育制度小史〉를 제목만 고쳐서 〈반도후생정책약사半島厚生政策略史〉와 〈반도과거교육제도半島過去敎育制度〉를 실었다.

10월에는 〈충의忠義의 도道 - 유교儒敎의 충忠에 대하여〉(《춘추》10월호)를 실었다. 이 글에 대해서는 친일의 글이 아닌가 문제 제기가 있었지만(임종국, 《친일문학론》) 이 무렵 《춘추》 잡지의 성격 때문으로 그렇게 평가한 것으로 보이며 글 내용으로 봐서는 추정하기 어렵다.

1945년(49세) 8월 15일 해방 직후 ML계 인사들과 함께 조선공산당 서울시당부의 간판을 걸었고,

서울계, 화요계, 상해계 등과 함께 장안파長安派 공산당으로 합류했다.
9월 8일 서울 계동에서 열린 장안파 조선공산당 열성자대회에 이영, 정백 등과 참석했다. 건국준비위원회에서도 활동을 하였다. 건준이 조선인민공화국을 만들면서 최익한은 법제국장을 맡았으며 1945년 12월에는 반파쇼위원회 부위원장을 맡았다.

1946년(50세)	1월 민주주의 민족전선 결성준비위원(24인)의 1인으로 선출되었다. 이후 민전 기획부장을 맡았다. 3월 22일 조선인민공화국 중앙인민위원회의 긴급회의에서 3상회의 결정에 대한 태도 표명을 위한 성명 작성위원으로 최익한, 이강국, 김오성 3인이 선출되었다. 좌우합작이 일어나면서 1946년 3월 31일 회의에서 4월 23일~24일 전국인민대표자대회 개최에 따른 대회준비위원으로 선출되었다. 한국독립당 중앙상무위원으로 선출되었다(4월 18일). 공산당 간부체포령으로 일시 체포되었다가 석방되었다(9월 7일).
1947년(51세)	4월 26일 사회로동당(사로당) 탈당 성명서 발표에 참여하였다. 여운형이 중심이 된 근로인민당이 창당되면서(5월 24일) 상임위원으로 선출되었다. 6월에《조선사회정책사》간행. 일제시기에 쓴〈재해와 구제의 사적 단편관〉,〈조선의 후생정책고찰〉등을 모아서 만들었다.
1948년(52세)	평양에서 열린 남북연석회의에 참석차 월북하였다. 그 뒤 정치적인 활동은 거의 드러나지 않으며, 국학연구에 몰두하면서 김일성대학 등 강연활동 정도를 알 수 있다.
1954년(58세)	《조선봉건말기의 선진학자들》(최익한, 홍기문, 김하명 공저)을 집필하였으며,《연암작품선집》을 번역 간행하였다.
1955년(59세)	《실학파와 정다산》,《강감찬 장군》등을 간행하였다. 특히《실학파와 정다산》은 그의 실학연구를 집대성한 작품으로 손꼽히며,《강감찬 장군》은 아동용으로 썼다.

1956년(60세)   《연암박지원선집》과 임제의 '서옥설鼠獄說'을 번역한《재판받는 쥐》를 간행하였다.

1957년(61세)   《정약용 다산선집》을 번역 간행하였다. 그 밖에도 최익한은 북한에서 1949년부터 1957년 사이에《력사과학》,《력사제문제》,《조선문학》,《조선어문》등 여러 잡지에 논문을 실었다. 1957년 이후 최익한에 대한 소식은 알 수 없다.

찾아보기

ㄱ

가백니哥白尼 158

갈릴레오 326, 331

〈감사론〉 507

갑오농민전쟁甲午農民戰爭 13, 110, 322, 391~392, 438, 513~514, 544

《강진읍지康津邑誌》 26, 391, 500

《경세유표》 별본別本 323, 391~392, 458, 500~501

《경세유표經世遺表》 26, 203, 224, 252, 330, 346, 389~393, 399, 416, 421, 443, 454, 489, 497~501, 512, 537, 548, 552

《고금도서집성古今圖書集成》 98~99, 201

《고려사高麗史》 397

〈고요집고수변 皐陶執瞽叟辨〉 352

고자告子 356, 358, 361, 542

〈곡정필담鵠汀筆談〉 276

《과농소초課農小抄》 169, 171, 180~181, 195, 497

《구암집久庵集》 57

《국조보감國朝寶鑑》 103

권엄權欕 231, 314

권철신 106~107, 149, 219, 225, 229~231, 233, 237, 239, 279, 282~283, 301, 313, 337, 484, 531, 533, 537

귀신사생론鬼神死生論 50

규장각奎章閣 29, 97, 168, 171, 200~201, 220, 224, 399, 525, 529, 539

균민·균산주의均民·均産主義 463

균역법均役法 64, 97, 477

균전법均田法 143~145

《금대관집金帶館集》 229

기대승奇大升 378

〈기예론技藝論〉 329~330, 504

〈기예론일技藝論一〉 328

《기하원본幾何原本》 105, 134, 157, 281

《기효신서절요紀效新書節要》 116

김개남金介男 26, 322~323, 391, 500

김건순金建淳 107, 316~317, 533

김만중金萬重 175, 275

김상범金尙範 104

김육金堉 23, 69, 104, 150~151, 183, 275

김정희金正喜 43, 93, 206, 208, 513

ㄴ

나아곡羅雅谷 155

나중소羅仲素 341

낙론洛論 359, 363, 485

남회인南懷仁 261

《논어고금주》 338, 340, 342, 348, 536, 548, 551

《농정소農政疏》 428, 430, 497, 531

〈농책農策〉 472

ㄷ

〈담연정기澹然亭記〉 178

《담천談天》 157

《담헌서湛軒書》 157, 164

《담헌연기湛軒燕記》 100~101

《대동선교고大東禪敎考》 370

《대문략大問畧》 134

〈대위의 딸〉 195

대진현戴進賢 105, 275, 279

《대학공의大學公議》 340, 536, 548, 551

《대화對話》 331

데카르트 263

《동방견문록》 82, 85, 263

《동호문답東湖問答》 68

뒤 알드Du Halde, Jean Baptiste 264

디드로Diderot 267~268

디오모니 553

ㄹ

라 페루즈La Pérouse, Comte de, Jean François de Galaup 83

레닌 21, 34, 39, 111, 197~198, 216, 375, 426, 443, 488, 509, 510, 512, 576

루소, 장 자크 34, 266~267, 414~415, 495, 566~567

ㅁ

《마과회통麻科會通》 332, 530, 548, 552, 557~560

마르크스 21, 34, 39, 60, 81~82, 95, 426, 443, 459, 509, 576

《만국도지萬國圖志》 273

《매씨상서평》 342, 547

《맥경脈經》 332

〈맥론脈論〉 332

맹자 139, 202, 232~233, 339, 344, 347, 354, 356~358, 360~361, 371, 377, 473, 482, 485, 522, 526

〈맹자요의孟子要義〉 354, 366, 536, 548, 551

〈명승초의전名僧草衣傳〉 26, 500

《명이대방록明夷待訪錄》 492, 568

모방Maubant, Pierre Phillibert 223

《목민심서》 7, 26, 224, 252~253, 416~ 419, 421, 477, 498~499, 507, 537, 548, 552

몬고발치, 니코라 285

몽테스키외 34, 263~264, 268

ㅂ

박연朴燕 83, 571

박제가朴齊家 21, 23, 36, 40, 98, 102, 128, 150~151, 187~188, 194, 199, 219, 332, 429, 507, 529, 532, 557

박지원朴趾源 18, 20~21, 23, 36, 40, 45, 77, 98, 100, 105, 118, 128, 136, 150~151, 154, 166, 171, 215, 284

《반계수록磻溪隧錄》 119, 121, 126, 128, 249, 252, 398

〈발천주실의跋天主實義〉 135

《방경각외전放璚閣外傳》 169, 186, 195

《방례초본邦禮草本》 26, 346, 391, 499, 537, 548, 552

방적아龐迪我 136, 248

백서사건帛書事件 221, 229, 237, 313, 317, 319, 321, 503

《법의 정신》 34, 264, 499

볼테르 264, 265, 266, 268

《북태평양탐험항해기》 83

《북학의北學議》 188, 201~204, 429, 497

브라우튼, 로버트Broughton, Robert 83

ㅅ

《사기史記》 163, 166

사비에르, 프란시스코 87

《사설》 275, 427

《사설유선僿說類選》 131~132, 136, 248, 400~401, 436

《사암연보俟庵年譜》 390, 520, 552

《사회계약설》 34, 267, 414

《삼미집三眉集》 547

《상두지桑土志》 251, 321, 504

〈상론相論〉 334, 481

〈상서평尙書平〉 483

상평법常平法 125, 397, 436, 489

서경덕徐敬德 23, 47, 138

서광계徐光啓 134, 274, 307

〈서양건상곤여도이병총서西洋乾象坤輿圖二屛總序〉 275

〈서얼론庶孼論〉 399

서이수徐理修 98, 200

《서포만필西浦漫筆》 275

서호수徐浩修 100, 201

〈선중씨(약전) 묘지명〉 234, 281, 540

《성교전서聖敎全書》 235

《성세추요盛世芻蕘》 235

《성호선생문집》 131

소림蘇霖 105, 275, 279, 341

송시열宋時烈 76~77, 232, 297, 485

《수리정온數理精蘊》 105

수표교 설교장說敎場 279

신경준申景濬 20, 24, 94, 208

신유사옥辛酉邪獄 23, 37, 106, 130, 313, 323, 558

〈신증종두기법상실新證種痘奇法詳悉〉 560

실사구시학實事求是學 41, 43, 45, 99, 511

ㅇ

《아방비어고我邦備禦考》 251, 321, 504, 548

아열위력亞熱偉力 157

《악몽噩夢》 491, 568

안정복安鼎福 104, 132, 149, 304~305

안토니오 코레아 83

애유략艾儒畧 105, 134, 275

〈애절양哀絶陽〉 505, 534

야소교(제수이트) 179~180, 261, 274, 276~277, 319

양득중梁得中 43

양마락陽瑪諾 134

〈양반전〉 186, 188

엄숙嚴璹 100

엥겔스 33, 52, 81~82, 90, 215, 364, 368, 413~414, 487, 565, 574

《여유당전서與猶堂全書》 12~13, 18~19, 164, 225, 228, 280, 332, 520, 539, 557, 560

여전론閭田論 190

여전제閭田制 25, 145, 392, 452~454, 456~460, 467~470, 474, 477~491, 500~501, 510, 513, 569, 572~575

〈역관지기〉 195

〈역론易論〉 339

《역사소론歷史小論》 265

《연경기행기燕京紀行記》 164

《연기燕記》 152, 164

《연대재유록燕坮再遊錄》 102

《연암선집》 171

《연암집》 172, 178

《연조귀감橡曺龜鑑》 397~398

《연행록燕行錄》 100, 164

《열수전서총목록洌水全書總目錄》 550

《열하기행시주熱河紀行詩註》 100

《열하일기熱河日記》 100, 154, 164, 170~173, 179, 191, 195, 206, 276, 366, 496

염계濂溪 48

《영언여작靈言蠡勺》 248

《오위력지서五緯曆指書》 155

《오주연문五洲衍文》 89, 224, 558

〈오학론五學論〉 337, 503, 507

왕곡정王鵠汀 154, 157, 179

왕부지王夫之 491, 511, 568

우군칙禹君則 74, 568

〈우제의虞祭義〉 283

웅삼발熊三拔 134

〈원군原君〉 492

〈원목原牧〉 392, 409~410, 415~416, 421, 423, 425, 454, 458, 492, 494~495, 500~501, 513, 566~567

〈원이기原理氣〉 48

〈원정原政〉 388~389

유득공柳得恭 98, 100, 102, 187, 194, 200~201, 207, 507, 52

유방제劉方濟 223

유형원柳馨遠 20~21, 23~24, 36, 40, 45, 70, 79, 114~115, 117~118, 121, 215

유흥발劉興發 104, 275

육약한陸若漢 103, 104

윤휴尹鑴 77, 215, 230, 232, 484

을묘처분乙卯處分 280

〈응지논농정소應旨論農政疏〉 428

〈의산문답醫山問答〉 157, 160, 162, 164, 328

이가환李家煥 88, 98, 105~107, 130, 149, 215, 219, 220~221, 225~226, 229, 233, 240~241, 271, 277, 279~280, 283, 288, 301, 306, 311~313, 316~317, 322, 503, 507, 522, 526, 528~529, 531~533, 537, 543

이간李柬 363

이계심李啓心 253, 530

이규경李圭景 89, 206, 224, 513, 558~559, 562~563

〈이기설〉 47, 374

이기양 107, 225, 229, 330, 484, 533, 537

《이담속찬耳譚續纂》 508

이덕무李德懋 24, 98, 100~101, 187, 194, 200~201, 206~207, 219, 227, 507, 513, 558

이마두利瑪竇 87, 103, 105, 135, 178, 248, 261, 273~275, 283~286, 307, 496

이벽李檗 88, 219, 228, 230, 231, 233, 237~242, 279, 281~282, 341, 381, 523~524

이색달尼色達 156

이서구李書九 186, 194, 201, 207, 507, 529, 532

이서李漵 279, 280

이선란李善蘭 157

이수광李睟光 23, 53~57, 87, 103, 132, 275, 284, 398

이승훈李承薰 88, 105~107, 219, 221, 225~226, 237, 239~241, 245, 280, 281, 282, 305, 312~313, 316, 522, 524, 526, 529, 533

이영준李榮俊 104

이원익李元翼 68~69

이이 52, 68, 372, 398

이익李瀷 20~21, 23~24, 27, 36, 40~41, 45, 59, 70~72, 79, 99, 114, 116, 123~124, 128~129, 147, 151, 215, 222, 248, 284

이잠李潛 129, 228

이제현李齊賢 86

이중환李重煥 72, 149

이청李晴 26, 390~391, 500, 520, 552

이황 52, 372

《익재난고益齊亂稿》 86

인물성동이人物性同異 358, 363, 485

《일동장유가日東壯遊歌》 165

〈임하경륜林下經綸〉 161~162

《입연기入燕記》 100

ㅈ

《자본론》 60~61

《자산어보玆山漁譜》 234

〈자찬自撰묘지명〉 502, 540. 550

《잡동산이雜同散異》 104, 149

장우인蔣友仁 156, 158

〈전론田論〉 27, 392, 450, 453, 458, 461, 463, 465, 477, 478, 501, 513, 566, 572

전봉준全琫準 26, 322~323, 391

정계길鄭季吉 104

정동유鄭東愈 24, 78, 208, 366

정두원鄭斗源 103, 104, 275

정약전丁若銓 88, 106, 219, 221~222, 225, 230, 233, 239, 245, 247, 281, 313~315, 370, 522~524, 531, 533~534, 536~537, 540

정약종丁若鍾 88, 106, 219, 221~223, 225~226, 234~237, 245, 271, 279, 283, 313~318, 321, 503, 532~533

《정유고貞蕤稿》 201

정재원丁載遠 218, 244, 252, 521~522

〈정헌묘지명貞軒墓誌銘〉 228, 240, 280

제너Jenner, Edward 223, 331~332, 554~556, 558, 560~563

조선교조선교 284, 287

〈종두변증설種痘辨證說〉 558

〈종두설〉 332, 557

종두술 206, 265, 520, 532, 553, 555~556, 558, 561

《주교요지主教要旨》 235

주돈이周敦頤 48

주문모周文謨 221, 308, 312~313, 316~317, 322, 503, 528, 533

《주비산경周髀算經》 327

주어사 회합 239

주어사走魚寺 연구회 279

《주영편晝永編》 78, 208, 366

《주인전疇人傳》 156

《주제군징主制君徵》 134, 231, 248

《주해수용籌解需用》 153, 164

주희朱熹(주자朱子) 46, 274

《중국전제정치론中國專制政治論》 268

《중용강의中庸講義》 341, 365, 380, 523, 551

〈지구도설地球圖說〉 326

《지나제국전지支那帝國全志》 264

《지봉유설芝峯類說》 54~55, 57, 87, 103, 132, 275

지전론地轉論 153

《직방외기職方外紀》 134

진적설塵積說 33, 177

ㅊ

〈차제車制〉 151, 184

〈차車〉 205

채제공蔡濟恭 98, 107~108, 219, 221, 228, 251, 301, 303, 306, 310~312, 497, 525~530, 541

《천주실의天主實義》 54, 135, 228, 239, 248, 275, 281, 284, 302, 524

《천체운행》 155~156, 158

《천학고天學考》 304

《천학문답天學問答》 304

체르니셰프스키Chernyshevskil, Nikolal Gavrilovich 488~489

최복술崔福述(최제우) 319

최석정崔錫鼎 58, 77, 275

《춘추春秋》 16, 18, 162~163, 166

취모법取耗法 432~433

치양지설 370~371

《칠극七克》 136, 228, 231, 240, 248, 275, 281, 284, 302, 524

침기부砧基簿 255

침기표砧基表 255, 530

ㅋ

카를레티, 프란시스코Carletti, Francisco 82~83

케네, 프랑소와Quesnay, François 286~ 269, 429, 431

코페르니쿠스 31, 34,134, 155~158, 277, 326

콘스탄티노프, F. V. 95, 260

ㅌ

〈탕론湯論〉 392, 409, 421, 425~426, 454, 458, 484, 494, 500~501, 513, 566~567

탕사선湯士選 88, 105, 524

탕약망湯若望 83, 104, 134, 150, 248, 261, 275, 496

《태서수법泰西水法》 134

《택리지擇里志》 72, 149

토사반교討邪頒敎 315

토사주문討邪奏文 315

톨스토이 38~39, 197, 198

〈통강남절상박의通江南浙商舶議〉 205

〈통색의通塞議〉 399, 402

ㅍ

《페르시아인의 편지》 264

폴로, 마르코 82, 85, 263

푸시킨 195

〈풍수론風水論〉 333

〈풍수집의風水集義〉 333, 552

《피문쇄록披文瑣錄》 397

필방제畢方濟 248, 496

ㅎ

하멜 83, 87, 571

〈하야방문기夏夜訪問記〉 186

《학예론學藝論》 266

〈한민명전의限民名田議〉 169, 181, 183, 195, 465, 497

한백겸韓百謙 23, 57

한원진韓元震 363

허균 54, 88

〈허생전許生傳〉 118, 120, 171, 185~186, 188~190, 195, 203

헌터, 존 554

헤라클레이토스 49, 367

호론湖論 359, 363, 485

〈호질虎叱〉 171, 186, 188~189, 195

홍경래洪景來 74, 110, 174, 536, 568

《홍길동전》 54, 88, 120, 173

홍대용洪大容 17, 21, 23, 36, 40, 45, 77, 100~101, 105, 136, 150~152, 154, 164, 167, 175, 177, 276, 328

홍만종洪萬宗 94

홍양호洪良浩 276

《홍재전서弘齋全書》 97

홍화보洪和輔 250~251, 522

《화성축조기華城築造記》 331

〈환상론還上論〉 437

환자법[還上法] 124~125, 428

황사영黃嗣永 106~107, 221, 229, 236~237, 313, 317~321, 503, 533

황오黃五 64

황종희黃宗羲 42, 492, 511, 568

《흠흠신서欽欽新書》 26, 224, 252, 257, 352, 416, 419, 421, 498~499, 507, 537, 548, 552